《故宫珍本丛刊》精选整理本丛书

日讲易经解义

清康熙内府刻本

［清］ 牛钮 等撰

李升召 标点注释

海南出版社

·海口·

图书在版编目（CIP）数据

日讲易经解义 /(清) 牛钮等撰；李升召标点注释
. -- 海口：海南出版社，2012. 12 （2024. 11 重印).
（《故宫珍本丛刊》精选整理本丛书）
ISBN 978-7-5443-4011-3

Ⅰ . ①日… Ⅱ . ①牛… ②李… Ⅲ . ①周易 – 研究
Ⅳ . ① B221.5
中国版本图书馆 CIP 数据核字（2011）第 191307 号

日讲易经解义

RIJIANG YIJING JIEYI

海南出版社出版发行
总社地址：海口市金盘开发区建设三横路 2 号
北京地址：北京市朝阳区黄厂路 3 号院 7 号楼 101 室
邮　　编：570216
网　　址：http://www.hncbs.cn
电　　话：0898-66812392　　010-87336670
读者服务：唐雪飞
责任编辑：张　雪
经　　销：全国新华书店
印刷装订：河北盛世彩捷印刷有限公司
出版日期：2012 年 12 月第 1 版第 1 次印刷　　2024 年 11 月第 2 次印刷
开　　本：880 mm × 1 230 mm　1/32
印　　张：20.25
字　　数：472 千字
书　　号：ISBN 978-7-5443-4011-3
定　　价：68.00 元

目　　录

序:《周易》是什么书（易潇　撰）……………………… 1

御制《日讲易经解义》序（康熙撰）……………… 1

进呈疏…………………………………………………… 5

官衔……………………………………………………… 9

卷之首　朱子图说

河图洛书…………………………………………………… 13

伏羲八卦…………………………………………………… 14

文王八卦…………………………………………………… 18

卦变图……………………………………………………… 18

卦象………………………………………………………… 21

卦变………………………………………………………… 22

卦歌………………………………………………………… 22

八卦取象…………………………………………………… 23

筮仪………………………………………………………… 23

卷之一　上经

《易经》前言……………………………………………… 27

　　一　乾　卦　䷀　乾下乾上　…………………… 30

卷之二　上经

　　二　坤　卦　䷁　坤下坤上　…………………… 59

　　三　屯　卦　䷂　震下坎上　…………………… 75

　　四　蒙　卦　䷃　坎下艮上　…………………… 83

卷之三　上经

五　需卦　䷄　乾下坎上 …………………… 91

六　讼卦　䷅　坎下乾上 …………………… 96

七　师卦　䷆　坎下坤上 …………………… 102

八　比卦　䷇　坤下坎上 …………………… 109

九　小畜卦　䷈　乾下巽上 …………………… 115

卷之四　上经

十　履卦　䷉　兑下乾上 …………………… 123

十一　泰卦　䷊　乾下坤上 …………………… 128

十二　否卦　䷋　坤下乾上 …………………… 135

十三　同人卦　䷌　离下乾上 …………………… 141

十四　大有卦　䷍　乾下离上 …………………… 148

卷之五　上经

十五　谦卦　䷎　艮下坤上 …………………… 155

十六　豫卦　䷏　坤下震上 …………………… 161

十七　随卦　䷐　震下兑上 …………………… 167

十八　蛊卦　䷑　巽下艮上 …………………… 174

十九　临卦　䷒　兑下坤上 …………………… 181

卷之六　上经

二十　观卦　䷓　坤下巽上 …………………… 189

二十一　噬嗑卦　䷔　震下离上 …………………… 196

二十二　贲卦　䷕　离下艮上 …………………… 202

二十三　剥卦　䷖　坤下艮上 …………………… 209

二十四　复卦　䷗　震下坤上 …………………… 215

卷之七　上经

二十五　无妄卦　䷘　震下乾上 …………………… 223

二十六　大畜卦　䷙　乾下艮上　……………………………229
二十七　颐　卦　䷚　震下艮上　……………………………236
二十八　大过卦　䷛　巽下兑上　……………………………243
二十九　坎　卦　䷜　坎下坎上　……………………………250
　三十　离　卦　䷝　离下离上　……………………………256

卷之八　　下经

三十一　咸　卦　䷞　艮下兑上　……………………………265
三十二　恒　卦　䷟　巽下震上　……………………………272
三十三　遯　卦　䷠　艮下乾上　……………………………279
三十四　大壮卦　䷡　乾下震上　……………………………285
三十五　晋　卦　䷢　坤下离上　……………………………291

卷之九　　下经

三十六　明夷卦　䷣　离下坤上　……………………………299
三十七　家人卦　䷤　离下巽上　……………………………306
三十八　睽　卦　䷥　兑下离上　……………………………312
三十九　蹇　卦　䷦　艮下坎上　……………………………320
　四十　解　卦　䷧　坎下震上　……………………………326

卷之十　　下经

四十一　损　卦　䷨　兑下艮上　……………………………335
四十二　益　卦　䷩　震下巽上　……………………………343
四十三　夬　卦　䷪　乾下兑上　……………………………350
四十四　姤　卦　䷫　巽下乾上　……………………………358
四十五　萃　卦　䷬　坤下兑上　……………………………364

卷之十一　　下经

四十六　升　卦　䷭　巽下坤上　……………………………373
四十七　困　卦　䷮　坎下兑上　……………………………379

四十八　井　卦　䷯　巽下坎上 ·················· 385

四十九　革　卦　䷰　离下兑上 ·················· 392

　五十　鼎　卦　䷱　巽下离上 ·················· 399

卷之十二　下经

五十一　震　卦　䷲　震下震上 ·················· 407

五十二　艮　卦　䷳　艮下艮上 ·················· 414

五十三　渐　卦　䷴　艮下巽上 ·················· 421

五十四　归妹卦　䷵　兑下震上 ·················· 428

五十五　丰　卦　䷶　离下震上 ·················· 435

卷之十三　　下经

五十六　旅　卦　䷷　艮下离上 ·················· 443

五十七　巽　卦　䷸　巽下巽上 ·················· 448

五十八　兑　卦　䷹　兑下兑上 ·················· 454

五十九　涣　卦　䷺　坎下巽上 ·················· 459

　六十　节　卦　䷻　兑下坎上 ·················· 466

卷之十四　　下经

六十一　中孚卦　䷼　兑下巽上 ·················· 473

六十二　小过卦　䷽　艮下震上 ·················· 480

六十三　既济卦　䷾　离下坎上 ·················· 487

六十四　未济卦　䷿　坎下离上 ·················· 494

卷之十五　　系辞上传

《系辞传》前言 ················· 501

第一章 ················· 502

第二章 ················· 506

第三章 ················· 509

第四章 ················· 510

第五章 ·· 515
第六章 ·· 519

卷之十六　系辞上传

第七章 ·· 521
第八章 ·· 522
第九章 ·· 528
第十章 ·· 533
第十一章 ··· 537
第十二章 ··· 545

卷之十七　系辞下传

第一章 ·· 551
第二章 ·· 555
第三章 ·· 560
第四章 ·· 562
第五章 ·· 563
第六章 ·· 573
第七章 ·· 576
第八章 ·· 579
第九章 ·· 580
第十章 ·· 582
第十一章 ··· 583
第十二章 ··· 584

卷之十八

《说卦传》前言 ······································· 589
《说卦传》第一章 ··································· 589
《说卦传》第二章 ··································· 591
《说卦传》第三章 ··································· 592

《说卦传》第四章 …………………………………… 593

《说卦传》第五章 …………………………………… 594

《说卦传》第六章 …………………………………… 596

《说卦传》第七章 …………………………………… 597

《说卦传》第八章 …………………………………… 598

《说卦传》第九章 …………………………………… 598

《说卦传》第十章 …………………………………… 599

《说卦传》第十一章 ………………………………… 600

《序卦传》前言 ……………………………………… 606

《序卦传》上经 ……………………………………… 607

《序卦传》下经 ……………………………………… 611

《杂卦传》前言 ……………………………………… 614

《杂卦传》…………………………………………… 615

六十四卦封名注音标…………………………………… 619

《〈故宫珍本丛刊〉精选整理本丛书》出版信息………… 619

序:《周易》是什么书

《周易》是什么书？这个问题今天在我国主流学术界看法是较一致的，没有什么原则分歧。如：

1988年版《辞源》"周易"条："我国古代有哲学思想的占卜书，是儒家的重要经典。"

1999年版《辞海》"周易"条："儒家重要经典之一。……主要是六十四卦和三百八十四爻，卦、爻各有说明（卦辞、爻辞），作为占卜之用。……提出了'刚柔相推，变在其中矣'等富有朴素辩证法的观点。"

2009年版《中国大百科全书·哲学》"周易"条："中国儒家典籍，六经之一。……古人向神灵问卜的方法，有龟卜和占筮。……《易经》虽属占书，但在其神秘的形式中蕴含着较深刻的理论思维和辩证观念。"

很明显，以上所引我国当下三种权威辞书中对《周易》是什么书的基本看法是较一致的，概括起来有三点：《周易》是儒家经典，是占卜书，其中蕴含着朴素的辩证观念。

我认为，以上对《周易》的这三个基本看法都有问题，下面分别讨论，最后再对《周易》究竟是什么书，提出本文的看法。

《周易》是不是儒家经典

《周易》产生在儒、道等先秦诸子百家之前，这是毫无疑问的历史事实；其被尊为儒家经典，并居五经之首，是汉武帝"罢黜百家，独尊儒术"之后的事。在此之前，并没有人将《周易》看作是儒家经典。这一点，最简单有力的证据就是，秦始皇焚书坑儒，却"独不禁"《周易》；如果当时社会上普遍认为《周易》

是儒家经典，秦始皇是不会对其网开一面的。

鉴于上述历史事实，若要认为《周易》是儒家经典，学术上、逻辑上只有一条证明途径：只有儒家继承了《周易》的基本思想，而其他诸子百家均没有继承；或者退一步说，儒家比其他诸子百家更全面地继承了《周易》的基本思想。下面仅以儒、道两家为例进行比较分析。

一般认为，儒家的基本思想是："提倡仁义，作为行为准则；维护君臣、父子、夫妇、兄弟等伦常关系。"而道家的基本思想则是："自然无为是支配宇宙万物的根本规律，也是人类应当信守的行为准则。"（以上分别引自《中国大百科全书·哲学》的"儒家"条和"道家"条）。很明显，儒家或道家的基本思想均不能代表，更不能全面包括《周易》的基本思想(《周易》的基本思想后面将作简单介绍)。

如果说到其中蕴含辩证思想，那么无疑道家比儒家更全面深刻地继承和发展了《周易》。例如，众所周知，《道德经》中没有一处不放射出辩证思想的光辉；宋代道家的太极图，把宇宙结构及阴阳和谐共存、互相对立转化、共同发展的辩证思想表现得甚至比《周易》八卦更简明、直观、形象、全面。因此，如果抛开"《周易》是儒家经典"的先人之见，而仅比较他们所包含的基本思想，我们不是更有理由说"《周易》是道家经典"吗？

那么，汉武帝为什么要将《周易》作为儒家经典，并尊为五经之首呢？我猜想主要原因恐怕是：汉武帝欲将儒家作为皇家的统治思想，那么儒家就应当是一个完整的思想体系；而一个完整思想体系中最重要的，无疑是其哲学基础；被称为儒家五经的，除《周易》外，其他四经明显都不能充当哲学基础，"无所不包"的《周易》却恰好堪当此任了。于是，汉武帝就强霸《周易》成了儒家经典，并居五经之首了。

　　顺便说一件与我上述观点不无关系的有趣的事情。根据通行的看法,儒家五经,只有《周易》的著作权属于包牺氏和周文王,其余四经的著作权都属于孔子。孔子是儒家的创始人,这一点也能说明《周易》本来就不是儒家经典。

　　可能还有人认为,儒家对《周易》思想的继承、发展和普及起了巨大作用,例如孔子为释《周易》而作《十翼》,因此《周易》是儒家经典。我认为,虽然这是确实的,但这与《周易》是不是儒家经典却是性质完全不同的两个问题。事实上,先秦诸子百家均热衷于研究《周易》,他们对《周易》思想的继承发展都应当是有贡献的,但到今天,除了儒家的以及少量道家的成果存世外,其他各家的研究成果均已失传,仅留下某些只言片语或蛛丝马迹(参见湖南出版社 1991 年版《周易研究史》第 11 面),我推想,这恐怕与汉武帝"罢黜百家"有关。应当特别指出的是,流传至今影响最大的《周易》版本,当首推三国魏王弼(道家、玄学家)本,这无疑是道家对《周易》传播的极大贡献。

　　综上所述可以看出,说《周易》是儒家经典,在学术上是没有什么理由的。

《周易》是不是占卜书

　　要正确回答这个问题,必须搞清楚占卜与《周易》之间的关系。不必讳言,二者之间是有十分密切的关系的,这从占卜的全过程中就可以清楚看出。占卜的全过程有以下三个主要程序:

　　1. 凡有事不能决定的主人,可虔诚拜见筮者以求占。这些不能决定的事不论大小,大到一个国家的兴衰、一场战争的胜负,小到一个人命运的好坏,甚至某人某天是否适宜出门、是否适宜办某事等,均可求占。

　　2. 通过一个庄严的仪式和复杂的程序,筮者就可为来求占的主人取得一卦。关于取得一卦的仪式和程序，朱熹《周易本义·首卷·筮仪》一章做了详细介绍，本书《卷之首》也收有此节，有兴趣的读者可参阅。

3. 根据《周易》（即根据卦象、卦辞、爻辞等）分析所得到的卦，以判断所占之事的吉凶；若所占之事特别重要，可分别占三次，然后"三人占，则从二人之言"（《尚书·洪范》），即少数服从多数。

从占卜的过程可以清楚看出，占卜与《周易》是密不可分的，甚至完全可以说，没有《周易》就没有占卜。那么，是否就可以据此认为《周易》是占卜书呢？我认为不能，其理由很简单，第一不符合逻辑，第二不符合事实。

所谓不符合逻辑，就是说，虽然占卜必须依靠《周易》才能进行，但我们不能反过来说《周易》就是占卜书；就像制造核武器必须依靠原子物理学，事实上原子物理学最先主要也是被用于制造核武器的，但我们不能反过来说原子物理学就是核武器，就是为了制造核武器的学问，因为原子物理学揭示了原子结构的秘密，具有更深刻广泛的意义和用途。

所谓不符合事实，就是说，早在远古，《周易》就不止用于占卜。《系辞下传·第二章》告诉我们：网罟佃渔，"盖取诸离"；耒耜耕作，"盖取诸益"；集市交易，"盖取诸噬嗑"；舟楫之利，"盖取诸涣"；等等。虽然此处的"盖"当释作"疑"，但我们决不能认为《易传》的作者是在胡乱猜疑，而应当相信以上所述《周易》的应用是有根据的。

不过，有些学者并不同意《易传》的上述说法。例如顾颉刚先生早在二十世纪二十年代就写道："看了'巽（木）上坎（水）下'的涣会造出木头船，为什么看了'乾（金）上坎（水）下'的讼想不出造铁甲船？为什么看了'离（火）上坎（水）下'的未济想不出造汽船？又为什么看了'离（电）上坤（地）下'的晋想不出造无线电？为什么看了'坤（地）上震（雷）下'的复想不出造地雷？"（见《古史辨》第三册第24面，海南出版社2005年5月出版）很明显，如果心平气和地分析讨论问题，顾先生上述反诘是很难站住脚的，甚至是有点强词夺理的，当年胡适就曾著文表示不同意顾的上述观点。

其实，我国古代也并未都将《周易》看作占卜书，例如先秦荀子就明确指出"善为《易》者不占"（仿此，关于核武器应当说：善为原子物理学者，不制造核武器）；宋朱熹也说："《易》本为卜筮之书，后人以为止于卜筮；至王弼用老庄解，后人只以为理，而不以为卜筮，亦非。"本书日讲官在解义中更明确指出："《易》之理，上穷天道之蕴，下推物则之原，细微曲折，无一渗漏，则岂独为卜筮之书哉？""《易》为尽性至命之书，不徒备卜筮之用也。"（分别见本书第534、第592面）

当然，《周易》是占卜书，这也是古人说过的话，例如前面所引朱熹的话中就有"《易》本为卜筮之书"一语；更早一些的《汉书·儒林传》也说："及秦焚书，《易》为卜筮之书，独不禁，故传受者不绝也。"关于这个问题，本文做两点解释。

首先，"占卜"这个词，在古代和今天，人们对它的认识和评价是完全不同的。今天《辞海》是这样定义"占卜"的："迷信的一种。"而"迷信"现在差不多就是"愚昧、落后、错误、反科学"等的同义词；因此，今天"占卜"肯定是一个贬义词，是一种应当禁止的"活动"。

可是在古代，尤其是先秦，却完全不一样。当时，占卜是一项神圣、庄严、郑重的政治、学术活动；"卜人""占人""太卜"是专门掌管占卜的政府官员，他们的政治地位和学术地位都是很高的。今天出土的甲骨文几乎全都是卜辞（占卜的记录）就足以证明当时神圣、郑重、普遍的占卜盛况。

正由于古人和今人对占卜的认识和评价完全不同，所以，即便古人认为《周易》是占卜书，我们今天也不能这么说；因为古人做这个判断是不包含任何贬义的，甚至还是包含褒义的，而我们今天这么说，就表明对《周易》基本上持否定态度了。

其次还应指出，古人说"《易》为卜筮之书"。并不像今天的辞书一样，是在给《周易》做一个定性的判断和定义，而只是在描述《周易》与占卜的关系，从而探讨另外的问题，如《汉书》是在解释秦始皇不焚《易》书的原因，朱熹则在讲述不能片面看待《周易》丰富内涵的道理。

以上从反面否定了"《周易》是占卜书"的判断，下面将从正面阐明怎样正确认识占卜及其与《周易》的关系。

占卜的整个过程，实质上可以看作是一个分类的过程：首先将欲预测的事根据某种规则取得《周易》六十四卦中的某一卦，即归入六十四类中的某一类；然后根据《周易》的卦爻辞等《易》理再将其分作两类，"吉"或"凶"。

根据《中国大百科全书·哲学》"分类"条的定义，分类指"把具有共同特点的元素归入一个集合，并把这些集合按其特点归入另一集合的思维过程和方法"。很明显，占卜的过程完全符合这个"分类"的定义。

从思辨逻辑上看，上述占卜的过程本身并没有什么问题，就像今天如果有一道数学题不会解，就可以从"数学公式表"中找出一个合适的公式，如果这个公式找对了，那么这道数学题也就正确地解出来了。如果这个类比成立的话，那么，欲占卜的事就相当于欲解的数学题，《周易》则相当于"数学公式表"。

用上述思路分析占卜，我们会发现，即便承认《周易》像"数学公式表"一样本身是正确的，占卜的结果也未必可靠，因为取得某卦的过程总还是让人怀疑。以常人看，不管取得一卦的程序多么神秘复杂，都应当是一个随机的过程，该过程无非是从六十四卦中任取一卦；这种随机过程的结果，我们今天只能承认它有统计学方面的意义，而很难承认它具有别的什么决定论方面的因果关系。试想，如果我们随机从"数学公式表"中抽取一个公式去解一道数学题，那结果会一定正确吗？

当然，古人并不认为取得一卦的过程是随机的，因为他们相信龟和蓍是神物，能通神，有灵气，所以在古人看来，卜筮所取得的卦并不是随机的，而是神的指点，是神的意志的表现，就像老师指导学生在"数学公式表"中选定某一个公式一样。

因此，也许可以这样来表述占卜及其与《周易》的关系：预测和决策是人类永恒的需要，正确的预测和决策最能体现人的智慧和学术水平；占卜就是我国古代（主要是战国前）的一种预测和决策的方法，是我国古代《周易》在预测和决策方面的一种应用；随着社会的发展，古人逐渐认识到占卜取得一卦的过程并非神的指点，而只是一个随机的过程，其结果未必可靠。如战国末韩非子在《饰邪》中写道："龟策（策指蓍草）鬼神不足举胜，左右背乡（指星辰在天空的位置，乡同向）不足以专战，然而恃之，愚莫大焉。"又如东汉王充在《论衡·卜筮》中也说："周武王伐纣，卜筮之，逆，占曰：'大凶'。太公推蓍蹈龟而曰：'枯骨死草，何知而凶'？"请注意，此处姜太公也只是批评"枯骨死草"，即批评取得一卦的过程，而并没有批评《周易》本身；大约自先秦开始，占卜就逐渐退出了主流社会（未考朝廷是何时不举行正式占卜活动的），但民间至今仍存在（今天中外均有不少人相信占卜之类的预测方法，这是一个很有趣的现象，容另文讨论）；虽然占卜退出了主流社会，但《周易》却愈益得到更广泛的重视和应用，这个历史事实，也足以证明《周易》不能定性为是占卜书，而只是被用于占卜而已。

关于《周易》蕴含朴素辩证观念的问题

说《周易》"富有朴素辩证法的观点""蕴含着较深刻的理论思维和辩证观念"，这当然算是从正面肯定《周易》的话，不能算错，但仅仅肯定到这个程度，却是远远不够的。为什么？要回答这个问题，就要求正面回答《周易》到底是什么书，本文后面将要专章讨论这个问题，这儿想先讨论另一个问题：我国权威工具书今天为什么会在对《周易》做出肯定的认识和判断时，还这么有保留呢？

要理解这一点，必须回顾一下我国自清以来的历史大背景。自清中晚期以后，我国国势渐颓，屡遭外侮，割地赔款，几至亡国。无数仁人志士上下东西求索，提出了各种不同的甚至是对立的关于救国图强的主义和思想，但他们对我国之所以落后的原因的分析和认识却基本上是相同的，即都认为：是儒家思想阻碍了我国的发展。于是，近两百年来，我国掀起了一次又一次"打倒孔家店"的浪潮，这股浪潮一直延续到"文化大革命"，再次达到了历史的新高峰。

在这种持续批儒的政治大背景下，作为儒家五经之首的《周易》当然在劫难逃。例如，20世纪二十年代后期，我国学术界进行过一次《周易》的讨论（前面所引顾先生的话即属于这次讨论），关于这次讨论，前面提到的《周易研究史》曾做过介绍："他们一般都视《周易》为'卜筮之书'，视其卦爻辞为灵签符咒，否认其蕴含有哲理思想。"（见该书第400面）该书还对这次讨论做了一个基本评价："这实际上已从将易学尊为经学的一端走到了以贬低《周易》为能事，以否定《周易》为目的来治易的另一端。这种以民族虚无主义为表现特征的易学倾向，其直接来源就是二十年代末、三十年代初的这一场易学讨论。"（见该书第402面）该书认为贬低与否定《周易》的看法，是民族虚无主义的一种表现。这种观点是正确的。

不难看出，本文所引三种权威辞书对《周易》的评价均受到了上述错误易学倾向的影响，这种影响在"文化大革命"刚结束时表现得更加明显。例如1979年版《辞海》的"易经"条，即便在对《周易》有所肯定时也只是说："在宗教迷信的外衣下，保存了古代人的某些朴素辩证法的观点。"幸喜1999年版的《辞海》删去了这一段话，而代之以一段没有那么多贬义而较为客观的评价："内容透露了上古社会的一些情况，保存了古人片断的思想认识资料。其中提出的阴阳概念和'无平不陂，无往不复'的观点，含有朴素辩证法思想。后世对《易经》多所发挥，在中国思想史上有深远影响。"

《周易》是什么书

在回答这个问题之前，必须先讨论古人创造《周易》八卦的过程和目的以及《周易》八卦的基本思想和方法是什么等问题。

古人创造《周易》八卦的过程和目的

古人是怎样创造八卦的？或者说，古人创造八卦的过程是怎样的？《易传》中主要有两段话谈到了这个问题："《易》有太极，是生两仪，两仪生四象，四象生八卦。"（《系辞上传·十一章》）"古者包牺氏之王天下也，仰则观象于天，俯则观法于地，观鸟兽之文与地之宜，近取诸身，远取诸物，于是始作八卦，以通神明之德，以类万物之情。"（《系辞下传·第二章》）

我理解以上所引第一段话的意思是：万物的本原就是混沌的太极；太极一动一静而生两仪，两仪就是一奇（—）一偶（--），也即一阳一阴；两仪之上各加一奇一偶而生四象，即太阳（⚌）、少阴（☵）、少阳（☳）、太阴（☷）；太阳、少阴之上再加一奇一偶而生乾（☰）、兑（☱）、离（☲）、震（☳）；少阳、太阴之上再加一奇一偶而生巽（☴）、坎（☵）、艮（☶）、坤（☷）；于是八卦生矣。（见 p.541"解义"）

　　按《易传》的意思，以上是万物生成的过程和道理，也是八卦生成的过程和道理，它们都是客观存在的，但怎样表示出来"以前（前：引导）民用"（《系辞上传·第十一章》）呢？这就是以上所引第二段说的：包牺氏通过仰观天文，俯察地理，看到鸟兽羽毛（的变化）与地理气候总是适宜的，然后取近身远物（人们常见的事物），最先创作了八卦，以便（使人民能）通晓（八种）神明之德（客观规律），以便（使人民能）根据万物之情（万物的特点）对万物进行分类（八类）。

　　以上说了古人创造八卦的过程。那么，古人为什么要创造八卦呢？或者说，古人创造八卦的目的是什么？前面所引第一段话（"《易》有太极……四象生八卦"）后面紧接着还有一句："八卦定吉凶，吉凶生大业。"这十个字实际上就回答了这个问题。即因为"八卦"能"定吉凶"，"吉凶"能"生大业"。

　　根据我的学习体会对这十个字做如下理解。八卦为什么能"定吉凶"？吉凶为什么能"生大业"？因为，八卦就是万物构成的八种模式，他们之间的区别是，在结构中所包含的阴、阳的多少不同和阴、阳所处位置的不同；正是这种区别决定了一种结构（一个卦）的基本性质及未来变化的两种基本可能性：吉或凶。因此，只要能正确地对万物进行归类，即为欲预测的事物取得正确的一卦，就可以根据八卦的道理来判断该事物未来变化的两种基本可能性：吉或凶；然后据此采取适当的趋避措施，以适应该事物的变化，这样，当然就可以实现你的目的或减少你的损失，即成就你的"大业"了。"言吉固利，言凶而使人避，亦利也。"

（见 p.586）因此，"定吉凶""生大业"就是古人创造八卦的目的；并且古人相信，只要能"定吉凶"，就必然能"生大业"。这个认识从逻辑上看，也是没有问题的。（见 p.541"解义"）

以上是《易传》对古人为什么要创造八卦的解释，以我们今天的认识，也许可以这样叙述。人与动物不同，其间一个最重要的区别就是人有思维，会思考问题。人类思考的问题，除了那些为了生存发展要解决的各种具体问题（首要的当然是求温饱的问题）外，还会思考一些抽象的问题，如：这纷繁复杂的世界是由什么组成的？是怎样组成的？它们过去是什么样子？未来又会怎样变化？这些问题哲学上当属世界观的问题。回答这些问题就要求建立一个能解释现存世界的统一理论，然后还要能用这个理论来进一步说明这个现存世界的过去并预测其未来；如果这个理论能用图形表示，这个图形就叫作"宇宙模型"。八卦《周易》就是我国古人创造的这种统一理论和宇宙模型。

确实，古人认为《周易》是能"彰往而察来"（《系辞下传·第六章》）的，其中尤其是关于天地万物是怎样生成的，即"彰往"方面的认识更令人称奇，如前面所引"《易》有太极，是生两仪……"的说法。三国时徐整著《三五历纪》（收入宋《太平御览》）对此的叙述更生动具体："天地浑沌如鸡子，盘古生其中。万八千岁，天地开辟，阳清为天，阴浊为地，盘古在其中。一日九变，神于天，圣于地。天日高一丈，地日厚一丈，盘古日长一丈。"至明清间《幼学琼林》则更剔除了其中的神话部分，叙述也更简明："混沌初开，乾坤始奠。气之轻清上浮者为天，气之重浊下凝者为地。"

很明显，古人的上述描写，与我们今天对宇宙和太阳系以及地球的原始形成过程的了解大体是一致的。

至于说到《周易》能"察来"，即能预知未来，前面已说了，占卜就是《周易》在预测和决策方面的一种应用。对此，上文也已做了分析和评价，这儿只想强调一点：我们决不能在具体事物发展的预测准确性方面苛求《周易》，因为即便在今天，人类在预测未来方面的能力还是非常有限的。例如：现在人们对日食、月食的发生，彗星的出没等天体的运行规律已能很精确地计算预测，对风雨冷热等天气变化也能基本准确预知；可是对地震、洪水等自然灾害的发生，就没有多大把握进行预报了；至于对人类社会未来的预测（长期的或短期的，群体的或个体的），现在则基本上都没有什么把握。当然，人们也一直在努力提高自己"察来"方面的能力，20世纪五十年代更创立了"未来学"，主要即研究预测人类社会的未来，并已取得不少可喜的成果。

《周易》的基本思想和方法

"《易》道广大，无所不包"，其基本思想和方法也含弘万汇，是足够写一部专著的，此处只能稍微说明一下笔者对其中的一个基本思想和方法，即"分类"的一点学习体会。

"分类"是《周易》中一个十分重要的概念，其重要性充分体现在前面所引包羲氏创造八卦的目的之一就是为了"类万物之情"那句话中。因此，我们认为，"分类"是《周易》的一个基本思想和方法。本文前面已多次提到和使用过"分类"这个概念，但为了更深刻全面地理解认识《周易》，还是应当集中讨论一下《周易》的"分类"思想。关于今天对"分类"概念的解释，见前面所引《中国大百科全书·哲学》的定义。

用今天分类的概念来分析《周易》，八卦就是包牺氏将天地万物分成的八个"类"；每一类的"共同特点"就是八卦所取的"象"，即乾、坤、震、巽、坎、离、艮、兑分别"象"天、地、雷、风、水、火、山、泽。《易传》给"象"下的定义是："圣人有以见天下之赜，而拟诸其形容，象其物宜，是故谓之象。"（《系辞上传·第八章》)"是故《易》者,象也;象也者,像也。"(《系辞下传·第三章》)请注意,《周易》和《易传》说的"象"和"像",都是非常抽象的"像",不是"具象"。

为了使人民能更准确地理解运用八卦取象来分类,《易传》又提出了"推广八卦之象",即"乾为天、为圆、为君、为父、为玉、为金、为寒、为冰、为大赤、为良马、为老马、为瘠马、为驳马、为木果"。(《说卦传第十一章》)等等。

今天应当怎样认识八卦分类的思想和方法呢?我认为至少应注意三点。

第一,不必拘泥于八卦分类的结果,如上面《说卦传》将天、君、金、冰、木果等分作一类。我们今天当然可以不同意这种分类结果,但不能因此而嘲笑贬低古人,因为古人这样分类也自有其理由。如:乾卦中间无阴爻,中实,而木果亦中实;乾天圆,而木果亦体圆,故木果象乾、象天。并且还应当看到,这个分类系统内部是自恰的,是不自相矛盾的。此外,分类结果还常常受时代认识水平的限制,或者分类标准是根据某种需要而建立的,如古人把鲸与鲤、鲫看作一类,而按现代动物学分类,鲸应当与猪、狗同属一类;又如根据世界贸易组织(WTO)的产业分类标准,银行、出版社、饭店、电信等被分属"服务业"一类。

第二,八卦《周易》的创造过程和应用过程都是分类的过程。所谓创造的过程,就是根据万物内部阴阳结构的区别,来建立类别的过程;所谓应用的过程,就是将某一具体事物或问题分类的过程,即该事物或问题应当归作哪一类(卦)的过程。

第三,更应当强调的是分类能力的重要性,"分类"不但是人类所必须具有的一种能力,甚至也是动物所必须具有的一种能力。每一个动物要生存必须学会(也许是天生的本能)分类:将得到的东西分作两类,能吃的和不能吃的,将能吃的吃掉;将自己所处的环境分作两类,安全的和有危险的,有危险就赶快逃离。这大概就是最原始、最根本的"趋吉避凶",也就是先"定吉凶",然后就能"生大业",即生存下去。

人类社会面临的环境和问题远比动物面临的复杂,所以四千年前的包牺氏需要将天地万物分作八类;过了一千年,人类社会发展了,分类需要更细致了,于是周文王重易六爻,进一步将八类细分成了六十四类。很明显,我们今天的生活、生产和科研就更离不开分类了,并且分类还常常是科学研究的基础,有时甚至就是科学研究的目的本身,如动植物的分类、原子的分类和元素周期表,等等。十分有趣的是,毛泽东在《中国社会各阶级的分析》中曾典范地运用了《周易》的分类思想和方法:他首先将中国社会分作了六个阶级(阶层),目的就是为了最后将其归作两类:"谁是我们的敌人?谁是我们的朋友?这个问题是革命的首要问题。"

认识到"分类"的普遍性和重要性(动物的生存和人类的生活、生产、科研都不能须臾或缺),就能更深刻地理解《周易》永恒的生命力,以及"《易》道广大"的一个原因。

《周易》是什么书

现在可以从正面回答《周易》究竟是什么书了。我认为,《周易》就是古人的世界观和方法论,也是古人所描绘的宇宙模型。其基本要点可简述如下:宇宙万物都是由两种最基本的东西构成的;这两种东西性质相反,叫作"阴"和"阳",可分别用符号"--"和"—"表示;阴和阳的结构比例和所处的结构位置的不同,就形成了性质各异的万物;把万物粗一点分类,可分成八类。其模型就是三层结构的八卦,细一点分类,可分成六十四类,其模型就是六层结构的六十四卦;这八类(或六十四类)就表示了八种（或六十四种）不同物质的结构模式和性质特点，也表示了八种（或六十四种）不同的发展变化的可能性；这八种（或六十四种）不同的可能性，最终又应当归作两类：吉或凶；人们不能改变这吉或凶的结局，唯一可做的就是，采取适当的趋吉避凶的措施，来适应万物的发展变化，以达到"生大业"的目的。

我认为，古人的上述认识，除了三层和六层结构我们至今还难以理解其中的奥妙外（当然也可以附会一些含义，如：地球有地壳、生物圈、大气圈，天、地、人三层结构；较稳定的原子最多只有六层电子；等等），其余的认识，尤其是对阴、阳及其之间关系的认识，与我们今天对宇宙的看法是一致的，至少是不矛盾的，或者是我们今天可以理解的。

下面要特别指出的是，《周易》的世界观是唯物的，其方法论是辩证的。

说《周易》的方法论是辩证的，大概不会有什么异议，说其世界观是唯物的，同意的人恐怕就不多了。因为前面所引三种权威辞书将《周易》均定性为"占卜书"，而"占卜"又是一种迷信活动，那《周易》当然就不可能是唯物主义的了。

这完全是一种误解，其理由很简单，前面所引《易传》的第二段，说包牺氏始作八卦，是仰观俯察，取近身远物的结果，这就明白地告诉了我们，八卦的创造遵循了物质是第一性、精神是第二性的唯物主义的基本原则。其实，《周易》（包括《易传》）本质上完全是唯物主义的，例如本文前面提到《周易》的一些基本思想：天地万物是客观的，其发展变化的规律也是不以人的意志改变而改变的，但人是可以认识的，是可以趋吉避凶加以利用的。这些基本思想不都属于唯物主义的思想认识范畴吗？可惜本文不能展开讨论了。

《周易》八卦是我们目前所能见到的最古老的著作（没有比

包牺氏更古老的人有作品存世），也是内容最深刻丰富的哲学著作。汉班固在《汉书·艺文志》中指出："五者（指《乐》《诗》《礼》《书》《春秋》），盖五常之道，相须而备，而《易》为之原。"《四库全书总目提要》曾对《周易》的内容和影响做过一个非常概括而又实事求是的评价："《易》道广大，无所不包，旁及天文、地理、乐律、兵法、韵学、算术，以逮方外之炉火，皆可援《易》以为说，而好异者又援以入《易》，故《易》说愈繁。"正因为"《易》道广大"，所以，各门学科都能以《周易》为依据（"皆可援《易》以为说"），各门学科的发展又极大丰富了《周易》的内容（"故《易》说愈繁"）。

综上所述，我们应当这样来回答"《周易》是什么书"这个问题：《周易》是我国古人的世界观和方法论，也是他们所描绘的宇宙模型；《周易》的基本思想和方法是符合唯物辩证法的，是我们一切传统文化的总源头和哲学基础。

易潇　2012 年 5 月于海口

附注　本文否定了《周易》是儒家经典的看法，但没有涉及对儒家的认识问题，与本书同时出版的《日讲书经解义》前有《序：对儒家的再认识》一文，有兴趣的读者可参阅。

御制《日讲易经解义》序

朕惟帝王道法，载在六经①，而极天人，穷性命，开物前民②，通变尽利，则其理莫详于《易》。《易》之为书，合四圣人③立象、设卦、系辞焉，而广大悉备；自昔包牺、神农、黄帝、尧、舜④，王（去声，统治）天下之道，咸取诸此。盖《诗》《书》之文，《礼》《乐》之具，《春秋》之行，事罔不于《易》会通焉。汉班固有言：六艺具五常⑤之道，而《易》为之原，讵不信欤？

朕夙兴夜寐（夙：音素，早；夙兴夜寐：早起晚睡），惟日孜孜，勤求治理。思古帝王立政之要，必本经学，尝博综简编，玩索精蕴；至于大《易》，尤极研求，特命儒臣参考诸儒注疏传⑥义，撰为《解义》一十八卷，日以进讲反复卦爻之辞，深探作《易》之旨。

大抵造化功用，不外阴阳，而配诸人事，则有贞邪、淑慝⑦之别，运数所由盛衰，风俗所由治乱，君子小人所由进退消长，鲜不于奇偶二画屈伸变易之间见之；若乃体诸躬行，措诸事业，有观民设教之方，有通德类情⑧之用；恐惧修省以治身，思患预防以维世；引而伸之，触类而长之，而治理备矣。于是刊刻成书，颁示天下。

朕惟体乾四德，以容保兆民，且期庶司百执事，矢于野涣群之公，成拔茅允升之美⑨，则泰交媲于明良，而太和⑩溢于宇宙，庶称朕以经学为治法之意也夫。

康熙二十二年十二月十八日

注释

①六经：指《易》《书》《诗》《礼》《春秋》《乐》六种儒家经典；后来《乐》佚，则称五经。

②极：深究；穷：彻底探求；前：引导；开物前民：揭开万物的道理，引导人民（利用）。

③四圣人：此处指伏羲、周文王、周公、孔子四位作《易》及其《传》的圣人，参"卷之一　上经·《易经》前言"（p.27）。

④包牺：即伏羲，也作宓（音伏）羲、庖牺、伏戏，也称牺皇、皇羲，相传与其妹女娲成婚而繁衍了人类，并教人渔猎，始作八卦。神农：相传为农业和医药的发明者。黄帝：姬姓，号轩辕氏、有熊氏，相传曾先后打败炎帝和蚩尤，被拥戴为部落联盟的领袖，并发明创造了养蚕、舟车、文字、音律、医学、算数等。尧：号陶唐氏，名放勋，史称唐尧；相传为父系氏族社会后期部落联盟的领袖，曾制定历法，并选舜为继承人，考核三年后命舜摄位行政，尧死后即由舜继位；这种继位方式叫"禅让"。舜：姚姓，一作妫姓，号有虞氏，名重华，史称虞舜，摄政后打败并流放了四个不服的部族首领，史称"四凶"（即共工、欢兜、三苗、鲧）；并仿尧的做法禅位给治水有功的禹。以上几位人物还可参阅本书《系辞下传·第二章》。

⑤班固：字孟坚，扶风（今陕西咸阳）人，东汉史学家、文学家，历二十年修成《汉书》。六艺：指五礼、六乐、五射、五驭、六书、九数。五礼：古代的五种礼制，即吉礼、凶礼、军礼、宾礼、嘉礼；六乐：指六种金属乐器，钟、镈、镯、镯、铙、铎；五射：古代行射礼时的五种射法；五驭：驾车的五种技术，即鸣和鸾、逐水曲、过君表、舞交衢、逐禽左；六书：创造汉字的六种方式，即象形、指事、会意、形声、转注、假借；九数：古九种算法名，即方田、粟米、差分、少广、商功、均输、方程、赢不足、旁要。

五常：指父义、母慈、兄友、弟恭、子孝，一说指仁、义、礼、智、信；"五者（指《乐》《诗》《书》《礼》《春秋》），盖五常之道，相须而备，而《易》为之原。"(《汉书·艺文志》)

⑥博综：即博通，广泛通晓；简编：指书籍。玩索：反复玩味探索。疏：给"注"做的注；传：去声，解释经典的著作。

⑦贞：正、正派；邪：不正当；淑：美好；慝：音特，邪恶。

⑧观民：观察民风；设教：施行教化。通德类情："以通神明之德，以类万物之情。"(《系辞上传·第二章》)见本书《序》第10面解释。

⑨乾四德：指乾卦卦辞所说的"元、亨、利、贞"，见p.31乾卦卦辞的"解义"。且期……之美：并且期望各部门众官员能推荐在野分散的人才形成拔茅连茹、互相提携而升迁的美好形势。庶司、百执事：众官；矢：陈述，陈献；拔茅：拔茅连茹，比喻同道者相互引进。

⑩泰交：指上下无隔；媲：音僻，比配；明良：明君良臣；太和：太平和乐。

御製日講易經解義序

朕惟帝王道法，載在六經，而極天人、窮性命、開物前民、通變盡利，其理莫詳於易。易之為書，合四聖人立象、設卦、繫辭焉，而廣大悉備。自昔包犧、神農、黄帝、堯、舜、王天下之道，咸取諸此。蓋詩書之文、禮樂之具、春秋之行事焉。漢班固有言：六藝具五常之道，而易為之原，詎不信歟。惟是易理精蘊，包絡萬彙，旁及朕夙夜孜孜，勤求治理，思古帝王立政之本，至於大易，尤極研究，宗簡編，玩索精蘊。特命儒臣，恭撰傳義，求諸儒註疏，為解義一十八卷，日以進講。反復探索，作易化功，配造化，文之辭旨大抵不外陰陽，而諸人事則有貞邪。

进 呈 疏

经筵日讲官起居注、翰林院掌院学士、兼礼部侍郎、加一级、支二品俸、教习庶吉士,臣牛钮

经筵日讲官起居注、翰林院掌院学士、兼礼部侍郎、教习庶吉士,臣孙在丰等

谨题为进呈刊完《日讲易经解义》,仰祈睿鉴事。臣等于康熙十九年三月十九日奉旨[①],"《易经》讲章应行刊刻,钦此。"

臣等叨侍经帏,欣承圣藻。

伏睹皇上体天德以行健,观人文而化成;四子六经[②],讨论原委;百家诸史,综贯古今。

颁行历有成书,研究精于大《易》,盖明天道、察民故,已传四圣之心;而观会通、行典礼,乃冠五经之首;发挥自羲、文、周、孔,参稽于濂、洛、关、闽[③];旨则远,而辞则文。

古皇先哲之精微,悉归典要;阳必扶而阴必抑,君子小人之情状,备极形容。

此盖圣衷自具乾坤,其于彖鄙[④]何知损益?

九重宵旰,时亲东鲁韦编;一介衡茅,日给西清笔札[⑤]。

每聆天语,皆图书未发之英华;

兼授人时,本河洛以来之理数[⑥]。

举而措之为事业,默而成之于象(指卦、爻象)言。

焕发丝纶,光生梨枣。

惟自强不息,虽隆寒盛暑,常披玉轴芸编;

乃教思无穷,俾荒滋遐陬,尽作文河学海。

行且家传而户诵,有如悬象以著明[⑦]。

臣等未测几深,难酬高厚;

用集微尘于山岳,敢同爝火于日星;

抱蓍以求,在儒者学程朱之学,垂裳而治⑧。

惟吾君心尧舜之心,勉效修辞以立诚,犹惭覆饥悚(见p.404"九四")而滋咎;总订二篇之策,汇呈乙夜之观,校刻加详,装潢成帙,伏愿皇上悦心亹亹、成性存存⑨。

王道易知以简能,圣修德崇而业广。临丰履泰,常思谦巽以致中孚;解困涣屯,永跻升恒而登大有⑩,则广矣大矣。推行及乎亿万年而鼓之舞之,利用暨乎千百国。

臣等不胜区区之愿,谨具题恭进以闻。

经筵日讲官起居注、翰林院掌院学士、兼礼部侍郎、加一级、支二品俸、教习庶吉士,臣牛钮

经筵日讲官起居注、翰林院掌院学士、兼礼部侍郎、教习庶吉士,臣孙在丰

经筵日讲官起居注、侍读学士,臣常书

日讲官起居注、侍读学士、加一级、又加一级、支四品俸,臣朱马泰

日讲官起居注、侍读学士,臣王封溁

日讲官起居注、侍讲学士、加二级,臣阿山

日讲官起居注、侍讲学士、加一级,臣邵吴远

日讲官起居注、侍讲学士,臣徐乾学

日讲官起居注、侍讲学士,臣高士奇

康熙二十三年四月二十日

题,本月二十二日奉旨:"《易经》阐发天人理数,道统攸关,朕朝夕披玩,期造精微,讲幄诸臣,殚心剖晰,深有裨于典学。这所奏⑪,知道了,着即颁行该衙门知道。"

注释 ①经筵:古代帝王为研读经史而特设的御前讲席,始

建于汉代，至宋代始称"经筵"，清代又设"日讲起居注"官，皆由翰林院官员充任。仰祈：敬仰地祈求。睿鉴：御览，圣鉴。

②叨：谦词，表示自己不够资格；经帏：研读经典的场所；藻：词藻。伏：表谦敬的词；四子：指孔子、曾子、子思、孟子及其言行录《论语》《大学》《中庸》《孟子》；六经：见 p.2 注①。

③会通：会合变通；参见第 522 面《系辞上传·第八章》"而观其会通，以行其典礼"的解义。五经：见 p.2 注①。羲文周孔：即伏羲、周文王、周公、孔子四圣。濂洛关闽：指濂溪周敦颐，洛阳程颢、程颐，关中张载，闽中朱熹。周敦颐：字茂叔，称濂溪先生，道州（今湖南道县）人，北宋哲学家，传有《太极图说》《通书》。程颢、程颐：兄弟，称二程，兄字伯淳，称明道先生；弟字正叔，称伊川先生；二程曾同师从周敦颐，均为哲学家；颐作《易传》，朱熹题为《周易程氏传》，也简称《程传》。张载：字子厚，称横渠先生，凤翔郿县（今陕西眉县）人，北宋哲学家，著有《易说》（即《横渠易说》）。朱熹：字元晦，一字仲晦，号晦庵，别称紫阳，徽州婺源（今属江西）人，南宋哲学家，继承二程，创程朱学派，作《周易本义》《易学启蒙》等。

④弇：音演；弇鄙：弇陋，浅薄。

⑤九重：指帝王；旰：音干，去声，晚上；宵旰：宵衣旰食的省略，指天不亮就起床，到天黑才吃饭，比喻勤政。东鲁：指孔子；韦编：指孔子晚年"读《易》，韦编三绝"的事。衡茅：横木为门的茅屋，指出身贫寒的读书人；日给：每日供给；西清：指清宫内南书房；笔札：笔和简，借指文章书画。

⑥天语：上天的告语；人时：指节气、历法；图书：指河图、洛书，下文"河洛"亦同义，解释见"卷之首"。

⑦丝纶：帝王的话或诏书；梨枣：指书版；玉轴：指卷轴，借指书籍字画；芸编：指书籍；思：容；教思：见 p.183 临卦《象》

及其解义；荒澨（音是，水边）：荒远的水边；遐陬（音邹，隅，角落）：边远的地方；行且：将要；悬象：天象。

⑧用：以；爝（音决）火：小火，语出《庄子·逍遥游》："日月出矣，而爝火不息，其于火也，不亦难乎！""微尘""爝火"均是"臣"的谦辞。程朱之学：见上注③；垂裳而治："黄帝、尧、舜垂衣裳而天下治"（语出《系辞下传·第二章》，见 p.557），指无为而治。

⑨二篇之策：指《易》上、下经；亹亹：音委委，勤勉不倦貌；成性：天性；存存：存在，谓保其终（"成性存存"见 p.521《系辞上传·第七章》）。

⑩易知、简能："乾以易知，坤以简能"，语出《系辞上传·第一章》，见 p.503。该句中"临、丰、履、泰、谦、巽、中孚、解、困、涣、屯、升、恒、大有"均为卦名，请参阅本书各卦的解义，自能体会此句含义。例如，"常思谦巽以致中孚"，其意思大致为，经常想到谦逊巽顺，就能做到诚信发于中而孚于外。

⑪这所奏：即指此篇《进呈疏》。

官 衔

总裁官

经筵日讲官起居注、翰林院掌院学士、兼礼部侍郎、加一级、支二品俸、教习庶吉士，臣牛钮

经筵日讲官起居注、翰林院掌院学士、兼礼部侍郎、教习庶吉士，臣孙在丰

日讲官起居注、翰林院学士、兼礼部侍郎，臣张英

分撰官

通议大夫、经筵日讲官起居注、詹事府詹事、加一级，臣傅腊塔

日讲官起居注、詹事府詹事、兼翰林院侍读学士、加礼部侍郎、降一级留任，臣沈荃

资政大夫、日讲官起居注、詹事府少詹事、兼翰林院侍讲学士、仍加詹事府詹事，臣蒋弘道

通议大夫、日讲官起居注、詹事府少詹事、兼翰林院侍讲学士、仍加詹事府詹事，臣严我斯

经筵日讲官起居注、翰林院侍读学士、奉政大夫，臣常书

日讲官起居注、翰林院侍读学士、加一级、又加一级、支四品俸、奉政大夫，臣朱马泰

日讲官起居注、翰林院侍读学士，臣王封溁

日讲官起居注、翰林院侍讲学士、加二级、中宪大夫，臣阿山

日讲官起居注、翰林院侍讲学士、加一级、朝议大夫，臣邵吴远

日讲官起居注、翰林院侍讲学士，臣徐乾学

日讲官起居注、翰林院侍讲学士，臣高士奇

日讲官起居注、翰林院侍讲、加侍读学士、加一级，臣董讷

日讲官起居注、翰林院侍讲，臣翁叔元

日讲官起居注、左春坊左中允、兼翰林院编修，臣秦松龄

日讲官起居注、右春坊右赞善、兼翰林院检讨，臣王顼龄

日讲官起居注、翰林院修撰、儒林郎，臣归允肃

日讲官起居注、翰林院编修、文林郎，臣曹禾

日讲官起居注、翰林院检讨、征仕郎，臣严绳孙

校阅官

日讲官起居注、翰林院侍读学士、加一级、又加一级、支四品俸、中宪大夫，臣多奇

翰林院侍讲学士，臣邬黑

翰林院侍读、加三级、中宪大夫，臣明图

翰林院侍读、承德郎，臣思格则

翰林院侍讲、承德郎，臣戴通

翰林院侍讲、承德郎，臣傅继祖

奉直大夫、左春坊左谕德、兼翰林院修撰、加一级，臣陈论

左春坊左中允、兼翰林院编修、加一级，臣朱阜

右春坊右中允、兼翰林院编修，臣李振裕

左春坊左赞善、兼翰林院检讨，臣沈上墉

翰林院编修、文林郎，臣李涛

翰林院编修、文林郎，臣费之逵

翰林院编修、文林郎，臣冯云骕

翰林院检讨、加一级、征仕郎，臣徐潮

翰林院检讨、征仕郎，臣阎世绳
翰林院待诏、登仕郎，臣星格礼

收掌官

翰林院典簿、加一级、文林郎，臣明辅
翰林院孔目、加一级、文林郎，臣图克善
翰林院孔目，臣朱叔琪
翰林院八品笔帖式、修职郎，臣折库纳
翰林院八品笔帖式、修职郎，臣哈什
翰林院八品笔帖式、修职郎，臣李弘文
翰林院笔帖式，臣雅图
翰林院笔帖式，臣鄂琦

翻译官

翰林院侍诏、加一级、又加俸一级、修职郎，臣敦代
翰林院八品笔帖式、加一级、又加俸一级、文林郎，臣郭琜
翰林院八品笔帖式、加一级、又加俸一级、文林郎，臣常绶
翰林院八品笔帖式、加一级、又加俸一级、文林郎，臣石殿柱
翰林院八品笔帖式、加一级、文林郎，臣殷特布
翰林院八品笔帖式、加俸一级，臣阿哈达
翰林院八品笔帖式、修职郎，臣查哈喇
翰林院八品笔帖式、修职郎，臣黑色
翰林院八品笔帖式、修职郎，臣夏之潏
翰林院八品笔帖式、修职郎，臣鲁天锡
翰林院八品笔帖式、修职郎，臣王国华

翰林院八品笔帖式、修职郎，臣阿都
翰林院八品笔帖式，臣汪国弼
翰林院八品笔帖式，臣萨鼐
翰林院八品笔帖式，臣艾哈济
翰林院八品笔帖式，臣额尔泰
翰林院笔帖式，臣迈蜜大

满文眷录官

翰林院八品笔帖式、加一级、文林郎，臣图礼
翰林院八品笔帖式、修职郎，臣倪陇阿
翰林院八品笔帖式、修职郎，臣宋飏
翰林院八品笔帖式、修职郎，臣塞克参
翰林院八品笔帖式、修职郎，臣觉霍拓
翰林院八品笔帖式、修职郎，臣石礼
翰林院八品笔帖式、修职郎，臣吴进泰
翰林院八品笔帖式、修职郎，臣达祖
翰林院八品笔帖式，臣阿哈达
翰林院八品笔帖式，臣黑色
翰林院笔帖式，臣塔兰泰
翰林院笔帖式，臣萨克萨里
翰林院笔帖式，臣花色

河图洛书

原文　《系辞传》曰：河出图，洛出书，圣人则之。又曰：天一、地二、天三、地四、天五、地六、天七、地八、天九、地十。天数五，地数五，五位相得而各有合。天数二十有五，地数三十，凡天地之数五十有五；此所以成变化而行鬼神也。此河图之数也。洛书盖取龟象，故其数戴九履一。左三右七，二四为肩，六八为足。

河　图　　　洛　书

蔡元定曰：图书之象，自汉孔安国、刘歆，魏关朗子明，有宋康节先生邵雍尧夫，皆谓如此。至刘牧始两易其名，而诸家因之，故今复之，悉从其旧①。

注释　以上"卷之首"及本节标题"河图洛书"为整理者所加；以上两段原文，原书置于河图、洛书两图之下。

①蔡元定：南宋理学家，朱熹弟子，被韩侂胄禁道学贬湖南道州，从学者众；著有《律吕新书》《八阵图说》《洪范解》《皇极经》等。孔安国：西汉经学家，孔子后裔。刘歆：西汉末经学家，因参

与谋诛王莽，事败自杀；整理群书，编成《七略》（总论、六艺、诸子、诗赋、兵书、术数和方技）。关子明：魏人，曾作《关朗易传》，但朱熹认为是阮逸伪托之作。邵雍：字尧夫，谥康节，北宋共城（今河南辉县）人，长居洛阳，与二程同时；著《皇极经世书》（收入《四库全书》）等。刘牧：字长民，或字先之，北宋彭城人；曾注《周易》，今不传，尚存《易数钩隐图》，为图书学之始。

伏羲八卦

原文　《系辞传》曰：易有太极，是生两仪，两仪生四象，四象生八卦。邵子（即邵雍，见前注）曰：一分为二，二分为四，四分为八也。《说卦传》曰：易，逆数也。邵子曰：乾一、兑二、离三、震四、巽五、坎六、艮七、坤八，自乾至坤，皆得未生之卦；若逆推，四时之比也。后六十四卦次序仿①此。

伏羲八卦次序　　　　　伏羲八卦方位

《说卦传》曰：天地定位，山泽通气，雷风相薄，水火不相射；八卦相错，数往者顺，知来者逆。邵子曰：乾南、坤北、离东、坎西、震东北、兑东南、巽西南、艮西北；自震至乾为顺，自巽至坤为逆。后六十四卦方位仿此。

伏羲六十四卦次序

伏羲六十四卦方位

注释　第14面两段原文是原书对伏羲八卦次序图和方位图的说明文字，分别置于该两图之下；原图内横排的文字须自右至左读，本书未改；以下各图准此，不再说明。本书标题"伏羲八卦"和下节标题"文王八卦"均为整理者所加。

①原书"仿"多作"放"，本整理本从今习惯改作"仿"，以下均径改，不再说明。

原文　前八卦次序图，即《系辞传》所谓八卦成列者。此图即其所谓因而重之者也，故下三画，即前图之八卦；上三画，则各以其序重之；而下卦因亦各衍而为八也。若逐爻渐生，则邵子所谓八分为十六，十六分为三十二，三十二分为六十四者，尤见法象自然之妙也。

注释　上段原文原书置于"伏羲六十四卦次序"图的下部，是对该图的说明。

右伏羲四图[①]，其说皆出于邵氏。盖邵氏得之李之才挺之，挺之得之穆修伯长，伯长得之华山希夷先生陈抟图南者[②]，所谓先天之学也。此图圆布者，乾尽午中，坤尽子中，离尽卯中，坎尽酉中；阳生于子中，极于午中；阴生于午中，极于子中；其阳在南，其阴在北。方布者，乾始于西北，坤尽于东南，其阳在北，其阴在南。此二者，阴阳对待之数，圆于外者为阳，方于中者为阴。圆者动而为天，方者静而为地者也。

注释　①因原书是自右至左竖排，今改作自左至右横排，故原书"右伏羲四图"应作"前（或上）伏羲四图"（即本书 p.14、15、16 共四图）；原书"左某图"亦准此，均不再说明。

②邵氏：即邵雍，见 p.14 注。李之才：字挺之，北宋青州（今山东益都）人，曾授邵雍《周易》《春秋》，据说"变卦反对图"和"六十四卦相生图"为其所传。穆修：字伯长，北宋浑州（今山东东平）人，散文家，易学上与种放、李之才等属同一学派。陈抟：字图南，自号扶摇子，宋太宗赐号希夷先生；北宋亳州真源（今河南鹿邑）人。曾考进士不第，遂绝意仕途，隐于武当山九室岩，辟谷服气；后移居华山云台观；相传每寝处辄百余日不起。宋初大学问家，于内丹道及易学都有很大影响，传有"易龙图"、"无极图"（刻于华山石壁）、"太极图"等；还著有言导养和还丹之事的《指玄篇》。其说后被周敦颐、邵雍继承发挥，宋史有传。

文王八卦

文王八卦次序

文王八卦方位

右见说卦。邵子曰：此文王八卦，乃人用之位，后天之学也。

注释　上行原文，原书置于"文王八卦方位"图左。原文"右见说卦"，指上二图的内容分别见于《说卦传》第五章和第十章（详见本书《卷之十八·说卦传》）。

卦 变 图

《彖传》或以卦变为说，今作此图以明之，盖《易》中之一义，非画卦作《易》之本指也。

凡一阴一阳之卦，各六，皆自复、姤而来（五阴五阳，卦同图异）。

䷖剥　　䷇比　　䷏豫　　䷎谦　　䷆师　　䷗复

䷪夬　　䷍大有　䷈小畜　䷉履　　䷌同人　䷫姤

凡二阴二阳之卦，各十有五，皆自临、遁而来（四阴四阳，卦同图异）。

䷚颐　　䷂屯　　䷲震　　䷣明夷　䷒临

☶蒙　　☵坎　　☳解　　☳升

☶艮　　☵蹇　　☳小过

☶晋　　☵萃

☶观

☱大过　☲鼎　　☴巽　　☴讼　　☴遁

☱革　　☲离　　☴家人　☴无妄

☱兑　　☲睽　　☴中孚

☱需　　☲大畜

☳大壮

凡三阴三阳之卦，各二十，皆自泰、否而来。

☶损　　☵节　　☳归妹　☳泰

☶贲　　☵既济　☳丰

☶噬嗑　☵随

☶益

☶蛊　　☵井　　☳恒

☶未济　☵困

☶涣

☶旅　　☵咸

☶渐

☶否

☶咸　　☵旅　　☳渐　　☳否

☶困　　☵未济　☳涣

☶井　　☵蛊

☶恒

☶随　　☵噬嗑　☳益

☶既济　☵贲

☶丰

䷮ 节　　　䷨ 损

䷵ 归妹

�泰 泰

凡四阴四阳之卦，各十有五，皆自大壮、观而来（二阴二阳，图已见前）。

䷙ 大畜　　䷙ 需　　　䷍ 大壮

䷥ 睽　　　䷹ 兑

䷼ 中孚

䷝ 离　　　䷰ 革

䷤ 家人

䷘ 无妄

䷱ 鼎　　　䷛ 大过

䷸ 巽

䷅ 讼

䷠ 遯

䷬ 萃　　　䷢ 晋　　　䷓ 观

䷦ 蹇　　　䷳ 艮

䷽ 小过

䷜ 坎　　　䷃ 蒙

䷧ 解

䷭ 升

䷂ 屯　　　䷚ 颐

䷲ 震

䷣ 明夷

䷒ 临

凡五阴五阳之卦，各六，皆自夬、剥而来（一阴一阳，图已见前）。

☰大有　　☱夬

☴小畜

☱履

☲同人

☴姤

☷比　　☶剥

☷豫

☷谦

☷师

☷复

右（前）易之图九（指前面河图、洛书、伏羲四图、文王二图、卦变图，共九图），有天地自然之易，有伏羲之易，有文王周公之易，有孔子之易；自伏羲以上皆无文字，只有图画，最宜深玩。可见作易本原精微之意，文王以下，方有文字，即今之周易。然读者亦宜各就本文消息，不可便以孔子之说为文王之说也。

卦　　象

乾为天	天风姤	天山遯
天地否	风地观	山地剥
火地晋	火天大有	
坎为水	水泽节	水雷屯
水火既济	泽火革	雷火丰
地火明夷	地水师	
艮为山	山火贲	山天大畜
山泽损	火泽睽	天泽履
风泽中孚	风山渐	
震为雷	雷地豫	雷水解

雷风恒	地风升	水风井
泽风大过	泽雷随	
巽为风	风天小畜	风火家人
风雷益	天雷无妄	火雷噬嗑
山雷颐	山风蛊	
离为火	火山旅	火风鼎
火水未济	山水蒙	风水涣
天水讼	天火同人	
坤为地	地雷复	地泽临
地天泰	雷天大壮	泽天夬
水天需	水地比	
兑为泽	泽水困	泽地萃
泽山咸	火山蹇	地山谦
雷山小过	雷泽归妹	

卦　变

讼自遯变泰归妹，否从渐来随三位，
首困噬嗑未济兼，蛊三变贲井既济，
噬嗑六五本益生，贲原于损既济会，
无妄讼来大畜需，咸旅恒丰皆疑似，
震从观更睽有三，离与中孚家人系，
蹇利西南小过来，解升二卦相为赘，
鼎由巽变渐涣旅，涣自渐来终于是。

卦　歌

乾坤屯蒙需讼师，比小畜兮履泰否，
同人大有谦豫随，蛊临观兮噬嗑贲，

　　剥复无妄大畜颐，大过坎离三十备，
　　咸恒遯兮及大壮，晋与明夷家人睽，
　　蹇解损益夬姤萃，升困井革鼎震继，
　　艮渐归妹丰旅巽，兑涣节兮中孚至，
　　小过既济兼未济，是为下经三十四。

八卦取象

☰乾三连　　☷坤六断　　☳震仰盂　　☶艮覆盌
☲离中虚　　☵坎中满　　☱兑上缺　　☴巽下断

注释　上取象"艮覆盌"中"盌"字，即"碗"字。

笔　仪

筮仪　择地洁处为蓍室，南户，置床于室中央。

原注　床大约长五尺，广三尺，毋太近壁。

筮仪　蓍五十茎，韬以绚缥①帛，贮以皂囊，纳之椟中，置于床北。

原注　椟，以竹筒、或坚木、或布漆为之，圆径三寸，如蓍之长；半为底，半为盖，下别为台函之，使不偃仆。

筮仪　设木格于椟南，居床二分之北。

原注　格，以横木板为之，高一尺，长竟床，当中为两大刻，相距一尺。大刻之西为三小刻，相距各五寸许，下施横足，侧立案上。

筮仪　置香炉一于格南，香合一于炉南，日烨香致敬。将筮，则洒扫拂拭，涤砚一、注水，及笔一，墨一，黄漆板一，于炉东；东上，筮者齐②洁衣冠北面，盥手焚香，致敬。（齐，侧皆反）

原注　筮者北面见仪礼。若使人筮，则主人焚香毕，少退北面立。筮者进立于床前少西，南向受命。主人直述所占之事，筮者许诺。主人右还西向立，筮者右还北向立。

筮仪　两手奉椟盖置于格南炉北，出蓍于椟，去囊解韬，置于椟东，合五十策，两手执之，熏于炉上。

原注　此后所用蓍策之数，其说并见《启蒙》③。

筮仪　命之曰：假尔泰筮有常④。假尔泰筮有常，某官姓名，今以某事（云云），未知可否。爰质所疑于神于灵，吉凶得失，悔吝忧虞，惟尔有神，尚明告之。乃以右手取其一策反于椟中，而以左右手中分四十九策，置格之左右两大刻。

原注　此第一营，所谓分而为二，以象两者也。

筮仪　次以左手取左大刻之策执之，而以右手取右大刻之一策，挂于左手之小指间。

原注　此第二营，所谓挂一以象三者也。

筮仪　次以右手四揲左手之策。（揲，食列反）⑤

原注　此第三营之半，所谓揲之以四以象四时者也。

筮仪　次归其所余之策，或一、或二、或三、或四，而扐⑥之左手无名指间。

原注　此第四营之半，所谓归奇于扐以象闰者也。

筮仪　次以右手反过揲之策于左大刻，遂取右大刻之策执之，而以左手四揲之。

原注　此第三营之半。

筮仪　次归其所余之策如前，而扐之左手中指之间。

原注　此第四营之半，所谓再扐以象再闰者也。一变所余之策，左一则右必三，左二则右亦二，左三则右必一，左四则右亦四，通挂一之策，不五则九。五以一其四而为奇，九以两其四而为耦。奇者三而耦者一也。

筮仪　次以右手反过揲之策于右大刻，而合左手一卦二扐之策，置于格上第一小刻。

原注　以东为上，后仿此。

筮仪　是为一变，再以两手取左右大刻之蓍合之。

原注　或四十四策，或四十策。

筮仪　复四营如第一变之仪，而置其挂扐之策于格上第二小刻，是为二变（复，扶又反；营，于平反；下同）。

原注　二变所余之策，左一则右必二，左二则右必一，左三则右必四，左四则右必三。通挂一之策，不四则八，四以一其四而为奇，八以两其四而为耦，奇耦各得四之二焉。

筮仪　又再取左右大刻之蓍合之。

原注　或四十策，或三十六策，或三十二策。

筮仪　复四营如第二变之仪，而置其挂扐之策于格上第三小刻，是为三变。

原注　三变余策与二变同。

筮仪　三变既毕，乃视其三变所得挂扐过揲之策，而画其爻于版。

原注　挂扐之数，五四为奇，九八为耦，挂扐三奇合十三策，则过揲三十六策而为老阳，其画为囗，所谓重也。挂扐两奇一耦，合十七策，则过揲三十二策而为少阴，其画为––，所谓拆也。挂扐两耦一奇，合二十一策，则过揲二十八策而为少阳，其画为一，所谓单也。挂扐三耦合二十五策，则过揲二十四策而为老阴，其画为×，所谓交也。

筮仪　如是每三变而成爻。

原注　第一、第四、第七、第十、第十三、第十六，凡六变并同，但第三变以下不命，而但用四十九蓍耳。第二、第五、第八、第十一、第十四、第十七，凡六变亦同。第三、第六、第九、第十二、第十五、第十八，凡六变亦同。

筮仪　凡十有八变而成卦，乃考其卦之变，而占其事之吉凶。

原注　卦变别有图说，见《启蒙》。

筮仪　礼毕, 韬蓍袭之以囊, 入椟加盖, 敛笔砚墨版, 再焚香致敬而退。

原注　如使人筮, 则主人焚香, 揖筮者而退。

筮仪　筮仪毕。

六爻不变, 则占本卦之彖辞。

一爻变, 则占本卦之变爻。

二爻变, 则占本卦之二变爻, 仍以上爻为主。

三爻变, 则占本卦及之卦之彖辞, 仍以前十卦主贞, 后十卦主悔。

四爻变, 则占之卦二不变爻, 仍以下爻为主。

五爻变, 则占之卦不变爻。

六爻变, 则乾坤占二用, 余卦占之卦彖辞。⑦

注释　据整理者考证, 本"卷之首"的图与文字均出自朱熹《周易本义》中"首卷""周易朱子图说", 仅内容顺序稍有不同(《本义》将"筮仪"置于"卦象"前)。

①韬: 音滔, 包藏; 袭: 掩藏; 缥: 音勋, 浅绛色。

②齐: 通斋, 原书本句中后"齐, 侧皆反"数字, 为"齐(斋)"的反切注音; 凡"××反"皆为反切注音, 不再说明。

③《启蒙》: 指朱熹著《易学启蒙》, 下同, 不再说明。

④泰筮: 美称筮, "假尔泰筮有常"见《礼经·曲礼上》, 义为凭借你的美筮灵验。

⑤揲: 音舌, 点蓍草的数目。

⑥扐: 音勒, 挂于手指之间。

⑦本段"六爻不变"至末似录自朱熹《易学启蒙》。

卷之一 上经

《易经》前言

解义 伏羲画卦，有画无辞。自文王①系卦辞，周公②系爻辞，孔子作《彖传》及大小《象传》、《文言传》，而卦之理无余蕴矣。卦辞统论一卦之吉凶，而《彖传》则或言卦体，或言卦德，或言卦变，或言卦象，皆所以推明卦义，与卦辞相发明者也。至于爻辞，或六爻合撰，或各爻殊趣，或卦言刚健而爻以为强暴，或卦言阴柔而爻以为贞顺，或阴阳相应而位不免于咎，或刚柔当位而时适过乎中，盖有爻辞与卦辞绝不相类，而六爻《象传》与《彖传》亦各不相谋者。

《彖》言一卦之统体，爻言各爻之时位，其不可为典要，固如此矣。若夫爻位得中，惟二与五。而二，臣象也；五，君象也。上下之位殊，尊卑之势异，相济则有功，无应则取戾。六十四卦同一旨也。惟大象③阐因象命名之理，于六爻之外别立一义，责在用《易》之君子，学者观六画之象、玩卦爻之辞，而参合于《彖》《象》传之旨，于以用《易》，殆庶几焉。

注释 以上日讲官这段解义是总的介绍《易经》的作者和《易经》的内容结构及其大意的，原书将其放在乾卦标题之后，现整理者将其移至乾卦标题之前，并另加了标题"《易经》前言"。

相传，伏羲氏"始作八卦"；周文王则"重易六爻"，即将八卦两两重叠，共得六十四卦，并给每个卦命了名，即"卦名"，还给每个卦附上了一句概括该卦蕴义的话，即"卦辞"；之后，周文王之子周公给六十四卦的每一爻（共三百八十四爻）都附上了一句概括该爻蕴义的话，即"爻辞"；此外，周公还在乾卦和坤卦的六条爻辞之后又分别增加了两句解说辞，即"用九"和"用六"。

　　有固定排列顺序的六十四卦（卦象），及其卦名、卦辞，三百八十四条爻辞，再加上"用九""用六"，这就是严格意义上的《易经》的全部内容。

　　相传，后来孔子又作了十篇解释《易经》的文章：《彖（音团，去声）》上、下，《象》上、下，《文言》《系辞》上、下，《说卦》《序卦》《杂卦》。我国古代将可作为经典、典范的文章称为"经"，将解释"经"的文章称为"传（去声）"，因此孔子所作上述十篇文章，又称为《易传》，也叫《十翼》（翼，取辅翼义）。按照广义的或不严格的理解，《易经》也可以包括《易传》，事实上本书就是将《经》和《传》平等对待的。

　　以上所说《易经》和《易传》的作者，是本书日讲官的看法，也是历来最流行、最正统的看法，但至少自宋欧阳修以后就有不少学者对此提出异议，也有理由，此处不必讨论。

　　以下对《易传》，即《十翼》做一最简单的介绍。

　　《彖》是解释卦象、卦名和卦辞的，因此，《彖》中解释每一卦的话均用"彖曰"提起，置于每一卦的卦辞之后，惟乾坤两卦例外。请注意，易学里"彖辞"不是指《彖传》里的话，而是指"卦辞"，不少权威的工具书也弄错了。如1992年版《中国大百科全书·哲学》"易传"条："《彖》又称《彖传》《彖辞》，上、下两篇。"（2009年版已改正）又如1999版《辞海》"彖"字条下："彖传即'彖辞'。""彖辞亦称'彖传'。"以上二书均误。但《辞源》"彖辞"条："易卦辞。如乾下'元亨利贞'四字即彖辞。"《现代汉语词典》"彖辞"条："《易经》中论卦义的文字。也叫卦辞。"以上二书不误。

　　《象》也叫《象传》，是分别解释卦象和爻象的；解释一卦之象的又可叫"大象"，解释一爻之象的则可叫"小象"；因此"（大）象曰"置于每一卦卦辞和"彖曰"之后，"（小）象曰"则置于每一爻的爻辞之后；惟乾、坤两卦例外。

《象传》和《象》都是解释卦象、卦名和卦辞的，但二者的侧重点还是有区别的。《象传》的内容主要是裁断各卦的吉凶，有人将《象传》的裁断结果分成了五类：吉利类有乾、坤、需等共四十三卦；凶险类共有否、剥两卦；吉凶相含类共有屯、比、临等共十卦；吉凶相转类共有既济、讼、坤三卦；条件决定类共有蒙、夬、姤等十三卦。显然，以上分类并不是绝对的，且各类均有交叉现象。《象》则主要是根据六十四卦内外（下上）两个八卦所象征事物的关系来解释该卦。内外两个八卦的关系可以分为三大类：同卦相叠共有乾☰、坤☷、震☳、巽☴、坎☵、离☲、艮☶、兑☱八个卦，这八个卦称为经卦；反卦相叠也共有否䷋、泰䷊、恒䷟、益䷩、未济䷿、既济䷾、损䷨、咸䷞八个卦；异卦相叠共包含其余四十八卦。

《文言》也叫《文言传》，是分别解释乾、坤两卦的；解释乾卦的《文言》也叫《乾文言》，解释坤卦的《文言》也叫《坤文言》。《文言》分别置于乾、坤二卦的《象传》之后。

《系辞》是总论《易经》的来源及思想的；《说卦》主要是解释八个重卦、即八经卦的；《序卦》是对六十四卦排列顺序的解释；《杂卦》则是将六十四卦分成三十二对，错杂进行解释。

原来《易传》与《易经》是分开的，自汉费直始，将《象》《象》《文言》杂入卦中，而《系辞》《说卦》《序卦》《杂卦》则另为一书，或附在经后。后之《易》书多循此例，本书亦如此。因此，《系辞》《说卦》《序卦》《杂卦》的原文及其解义分别见本书第十五至第十八卷。

①文王：指周文王，姓姬名昌，殷时诸侯，曾被纣囚于羑里（今河南汤阴北；羑，音有），在此"重易六爻"，后获释被拥戴为西方诸侯长，在位五十年；其子武王伐纣，灭殷，建立周王朝。

②周公：姬旦、周公旦，文王之子、武王之弟，曾助武王灭
纣；武王死，成王年幼，周公摄政。

③大象：指卦象。与此对应，小象则指爻象。

一　乾卦　䷀　乾下乾上

解义　乾取纯阳至健之义，故其象为天，拟诸物类则为龙，
其功用则曰时成。六爻，潜、见、惕、跃、飞、亢，皆时也，皆圣
人之事也。三居人位，故不称龙，而德则龙德也。上处（上声）
阳极，不能无悔，而处得其正，则变悔为吉也。《文言》反复申
明，不越此理。大抵合乎时，则不过于刚而为群龙无首；不合乎
时，则当初阳在下急于出潜，即宜有悔，不待上九之亢矣。故曰：
惟圣人知进退存亡而不失其正。卦辞言"元、亨、利、贞"，而爻
辞不之及，六爻皆龙，则四德无不毕具也。他卦主阴阳相应，而
乾、坤不相应，纯阳、纯阴，以同德应则不以阴阳应也。乾、坤
二卦之阴阳，未有专于一偏而不相为济者，故六爻之后，复以用
九、用六明之，此则诸卦所不得而同者矣。

注释　本书第一卷至第十四卷均是分别解义六十四卦的，其
中乾、坤二卦的解义体例较特殊，屯以下六十二卦的体例则都相
同；为了方便广大读者，整理者将对乾、坤二卦和屯卦的解义体
例进行详细注释，希望能对读者加深理解有所帮助。

原书每一卦均用卦画和组成该卦的内（下）外（上）两个八
卦的卦名做标题，且单独占行。如本节标题中的"䷀　乾下乾
上"，是原书有的；而卦的序号和卦名，如本节标题中的"一　乾
卦"则是整理者加的。为表示区别，原书有的文字用宋体字排
印，整理者加的文字用黑体字排印。

原书在每一卦的标题后，均有一段日讲官的解义（如上一
段），这一段文字主要就是综合该卦的卦象、卦名、卦辞、爻辞以

及《易传》的解说，指出理解和运用该卦时应注意的最重要、最关键的地方。

易经（卦辞）　乾：元、亨、利、贞。

解义　此卦六画皆奇，上下皆乾，阳之纯而健之至，故名为乾。而卦辞则即天道以明圣人之德也。乾，健也；元，大也，始也；亨，通也；利，宜也；贞，正而固也；卦辞即彖辞。

文王系乾彖辞曰：伏羲画卦而为乾，纯阳至健，有天之象。盖以形体言则谓之天，而以性情言则谓之乾。人能体乾立极，斯人道即天道矣。天以元德始万物，圣人本至健之才，以开物前民（p.2注②），而元一同于天也。天以亨德长（上声）万物，圣人奋有为之力，以设施举措，而亨一同于天也。遂万物者利之德，圣人因性制宜，使无一物不得其所，一如天之利也。成万物者贞之德，圣人化裁曲成①，使无一物不植其命，一如天之贞也。析之则为四德，统之不越一乾。盖乾道至大至通，本无不宜，本无不正。体乾者，实能法天自强，以纯心行纯政，则德化治功，自无不与天合撰耳。

按："元、亨、利、贞"之辞见于诸卦者，皆为大亨而利于正。孔子释乾彖辞，独分指四德，诚以乾德浑全，不可以他卦例也。盖元、亨、利、贞之道，即仁、义、礼、智之德。元、亨、利、贞运于天而本乎乾，仁、义、礼、智具于心而原乎性。维天之命，於穆②不已，乾之道也。至诚无息，纯亦不已，性之德也。故法天在于体乾，尽心由于知性。其实仁、义、礼、智之性，与元、亨、利、贞之天道，非有二也。帝王欲象天行、该（具备）圣德，亦惟于性学加之意而已矣。

注释　以上一句《易经》原文是乾卦卦辞，其下则是日讲官对乾卦卦辞的"解义"。

原书解义部分是一大段文字，没有分小段，为了方便阅读，整理者根据其意思的区别将该大段文字分成了三小段。

　　第一小段包括三项内容：指出该卦的内（下）、外（上）卦的结构，以及叫此卦名的理由；用一句话概括该卦辞的意义；解释该卦辞中日讲官认为需要解释的字词的意义。

　　第二小段是日讲官详细串讲该卦辞，原书是用"文王系乾彖辞曰"这七个字引出日讲官这一小段解义文字的，这七个字的意思是"周文王所作的乾卦卦辞的意思是"。请注意，前面已说过"彖辞"就是"卦辞"。

　　第三小段是日讲官对该卦辞意义的理解和推广，以及在实际运用该卦辞时应注意的最重要、最关键的地方。这一小段原文多用"按"字引出，但有时也不用"按"字，如乾九三爻辞解义的第三小段；用不用"按"字，这中间似乎也有些规律可寻，但一般读者不必细究。

　　①化裁：变化而有节制；曲成：想方设法使成。
　　②於（音乌）穆：赞叹之词；"维天"句出自《诗·周颂》。

　　易经　初九：潜龙勿用。

　　解义　此一爻，是言有德无时者宜退而不宜进也。画卦自下而上，故以下爻为初；九，阳数，故谓阳爻为九；龙性属阳，因取象于龙；潜，藏也。

　　周公系乾初爻曰：初九阳居下位，是有可为之德而阻于时之未遇者，其象如龙之潜藏未出者然。既未出潜，即宜静以自守，若不能藏器待时，而稍有露才躁进、以轻于一试之意，鲜（音显，少）有不致偾（音奋，毁坏）败者矣。抱龙德者，慎勿急求用世以自丧所守焉可矣。

　　按：《易》象虽通于卜筮，而君子观象玩辞，原不待卜筮而后可以学《易》。即此爻而论，未仕者处之，则当隐约以俟时；已仕者处之，则当奉身而远遁（同遁）；等而上之，以天子之尊而玩此爻,或时当主静,或事当谨密,皆"潜"之义也。推之诸卦之中,虽或专言君道臣道,或专指一时一事,亦不当胶执(胶执:拘泥)卦爻之辞,而宜触类引伸以尽其义。如此,则自天子以至庶人,三百八十四爻皆可用矣。

注释 以上一句《易经》原文是初九爻辞,故爻辞"潜龙勿用"之前有"初九"二字;其下则是日讲官对该爻爻辞的解义。原书解义部分是一大段文字,为了方便阅读,整理者根据其意思的区别分成了三小段。

第一小段包括两项内容:用一句话概括该爻辞的意思;解释该爻辞中日讲官认为需要解释的字词的意义。

第二小段是日讲官详细串讲该爻辞的基本含义,原书是用"周公系乾初爻曰"这七个字引出日讲官这一小段解义文字的,这七个字的意思是:"周公所作的乾卦初爻爻辞的意思是"。

第三小段是日讲官对该爻辞意义的理解和推广,以及在实际运用该爻辞时应注意的最重要、最关键的地方。这一段文字原文亦多用"按"字引出。

易经 九二:见(通现)龙在田,利见大人。

解义 此一爻,是言龙德之及于物也。在田,谓处地上;大人,谓大德之人,指九二言。

周公系乾二爻曰:九二以阳刚中正之德当出潜离隐之时,位虽未尊而德已众著,上可致君,下可泽民,如龙之显现[1]于田而霖雨足以及物之象,此盛德济时之大人也。人君见之,则资其谋猷;下民见之,则资其教养。何利如之?!

按:《本义》[2]谓,占者若有"见龙"之德,则利见九五在上之大人,此虽主占法之变通而言,而《易》理变动不居,原自如是。如九二抱德用世之士,非得人主推心委任,无由普德施于天下而成霖雨之功,故其义可以类通,而其象可以互见也。

注释　从"九二"至"上九"和"用九"，其引用《易经》原文和日讲官解义的体例和模式以及本书的处理方式均与初九相同，故不赘述了。

①现：原书"现"多写作"见"，本整理本从今习惯改作"现"，以下均径改，但《易经》原文中的"见"不改作"现"，如本爻辞中的"见龙"。以下不再说明。

②《本义》：指朱熹著《周易本义》。

易经　九三：君子终日乾乾，夕惕若（助词），厉无咎。

解义　此一爻，是言处危地者当知忧惧也。乾乾，兢惕之意；下卦乾之终，上卦乾之始，故取此象。

周公系乾三爻曰：九三才既过刚，又居高位，此危地也。一念不慎，则尤悔丛生，岂能无过？赖三性体刚健，有履危能戒之象。所以终日乾乾警惧，上思国家寄托之重，下念民生属望（属望：期望）之殷，虽至日夕，犹惕若不敢懈焉。夫以投艰遗大①之地，为动心忍性之资，时时思过，即时时求所以寡过；事事思危，即事事求所以持危。虽身处危地，而可以无功高震主之嫌与恃才绝物之患矣，何咎之有？

大抵圣人教人学《易》，归于知惧，不独处（上声）危地为然，天下事未有不成于敬而败于肆者。凡卦言"惕"、言"厉"、言"慎"、言"艰贞"，皆危其辞以使人免过者也，故曰"惧以终始，其要无咎"（语出《系辞下传·第十一章》）。

注释　①投：降给；遗：音卫，交付；语出"予造天役，遗大投艰于朕身"（《书·大诰》），指赋予重大艰巨的任务。

易经　九四：或跃在渊，无咎。

解义　此一爻，是示人以妄进之戒也。或，欲进未定之辞。

周公系乾四爻曰：九四以阳居阴，志主进而不果于进。其位在上下之交，其时在进退未定之际，虽事势若有可为，而犹迟疑

审顾，谋出万全而后动，其象如龙之或跃而起，而仍未离于渊者
然。时止时行，知进知退，又何轻躁妄动之咎哉？

按：先儒释此爻，皆言舜（p.2 注④）与汤武（p.103 注②）之
事而推其义，凡人势位崇高身任天下之重者，皆可以此爻拟之。
惟是处（上声）多惧之地，能常存难进之心，则其树大勋、立大
业，皆自度乎力之所能为与时之所不得不为，而非侥幸以立功名
者，所可得而妄拟也已。

易经 九五：飞龙在天，利见大人。

解义 此一爻，是言圣人在上而万物乐睹也。五，天位；大
人，指九五。

周公系乾五爻曰：九五以刚健中正之德居至尊之位，乘时首
出，功业休（美善）明，有龙飞在天、乘风云以霖雨天下之象。此
德位兼隆之大人，臣民所共仰戴者也。君子见之，则可以得位行
志；小人见之，则可以养欲给求①，何不利之有？

按：《本义》谓，有九五之位则利见九二在下之大人，其义与
二爻互相发明。盖圣人系"乾"之二、五，即首发上下应求之义，
以见体乾图治者必贵乎同德之相济。而在九五居尊临下，汲汲
（汲汲：心情急切）得贤以自辅，较之九二得君而事者，其利更有
不同，尊卑异位故也。

注释 ①养欲给求：人有欲望得不到满足就会相争，"争则
乱，乱则穷；先王恶其乱，故制礼义以分之，以养人之欲，给人之
求；使欲必不穷于物，物必不屈于欲。"（《荀子·礼论篇》）

易经 上九：亢龙，有悔。

解义 此一爻，是言处势位之极者，当知所变通也。亢，过
于上而不能下也。

周公系乾上爻曰：上九居卦之终，阳极于上而不下，如龙之
飞入于天而不复潜蛰于渊之象，是亢龙也。夫时当盛满，不能

持满戒盈,则所处必致失中而所往不能无过,动而有悔,其能免乎?既知有悔,而以亢为戒,则持以惕而返于潜,庶几不失其为龙德也矣。

盖《易》之大义,最忌满盈。日中必昃,月盈必亏。天道之不容亢也;物穷必变,器满必溢,人事之不容亢也。圣人不能不处亢之时,而有善处乎亢之道,故天不能穷圣人,而圣人常能御天,亦曰"随时处中"而已。

易经　用九:见群龙无首,吉。

解义　此一节,是申明体乾之道,在以柔济刚也。群龙,谓六阳;无首,谓变刚为柔。

周公于乾卦六爻之后,复系之以辞曰:乾六爻皆阳,则其数皆九;九者,阳数之极也。体乾之道者,当思阳极则亢,而济之以柔,以善其用。如群龙之刚,皆在于首,惟能变刚为柔,则其首不露而其用不测;人之见之,有若无首者然。本此道以出治,负创建之才而不自矜其才;具绝物之智而不自骄其智;仁以辅义,爱以济威;图事,则事无不理;驭民,则民无不安。何不吉之有?

大抵帝王治法,刚柔相济,必无偏胜之理。刑名法律之治,刚胜而偏者也;虚无清静之治,柔胜而偏者也。且以操切为刚,必流于残忍,则并不得谓之刚;以姑息为柔,必流于委靡,则并不得谓之柔。内健而外顺,体严而用和,庶有得于"用九"之义而无失中之弊矣乎。

易经　《彖》曰:大哉乾元,万物资始,乃统天。云行雨施,品物流形。大明始终,六位时成,时乘六龙以御天。乾道变化,各正性命,保合太和,乃利贞。首出庶物,万国咸宁。

解义　此《彖传》,是释乾彖辞,而合天道人事以明乾德也。彖,兽名,取其能断,故卦辞为彖辞,传为《彖传》;六位,指六爻之位;乘,凭驭也;太和,天地之生气也。

孔子释乾彖辞曰：乾之义，广大悉备，无所不该，而惟天足以当之，惟法天之圣人足以配之。试观天道，元、亨、利、贞，乾之四德，而统言之皆元德之运行也。大矣哉，其惟乾之元乎！天以生物为心，而元则为生生之本。当气机方动，万物初萌，无一物不资元之气以为形之始，亦无一物不资元之理以为性之始。推至成形成性之后，总此一元之德，鼓荡无穷，是不独为万物之始，而且合亨、利、贞之天德，皆统贯于其中矣。此乾元之大也。

由是以观乾之亨，阴阳之气氤氲既久，一旦由静之动，敷布而为云、和泄而为雨，凡品汇之物，迎此化机，皆潜滋默长，一一形露，如水之流而莫御者然。盖资始时，气已毕具，而至此乃有其形；资生时，形已悉萌，而至此乃流于外。此乾之亨也。

惟圣人与天合德，观天道之元亨，即大明于四德贯通之义。元为始，贞为终，而由贞起元，不终则无以为始。终与始之交相循环，总一时之所为而已。以此知乾爻六位变动不居，正以潜、见（通现）、惕、跃、飞、亢之时各有不同。故龙德运行，各以时而成位，于是乘此六龙之德，随时处中，时宜显则显，时宜晦则晦，时宜舒则舒，时宜敛则敛。天道之消长，自我御之而行，则所往无不亨通可知矣。是圣人之元亨，一天道也。

又进观乾之利贞，万物之理，不变则不通，不化则不成。惟乾道运行，由变而之化，于是万物生意充足，凡受于天之性、与天所赋之命，皆各得其正，无有欠缺，而且气机就敛，万物即随之以入。方初生时，阴阳会合冲和之气，至此保固凝合，皆复返于其始。此天道以收敛为发舒之本，以归藏裕宣泄之用。成终成始，循环无迹，乃乾之利贞也。

其在圣人，既法天之元亨以生物，即法天之利贞以成物。凡教养生杀之事，已尽行于乘龙出治之时，至此则恭己穆清①、首出于臣民之上，而深仁厚泽沦洽于人心，风动化行感孚于中外。万国之咸宁与万物之各正保合，俱同鼓舞于太和元气之中。是圣人之利贞，一天道也。

大抵造化之理通乎人事，性命之学合乎治功。孔子传乾《彖》，而天人之义备矣。乾为天之性情，而元则变化之所从出，是即太极也。流形于亨、各正于利者，一物各一太极。资始于元、保合于贞者，万物统一太极。太极者，理也，而气在其中。太和者，气也，而理在其中。明乎此，则帝王在上，仁以育万民，义以正万民，张弛翕辟，总一太极自然之用。而所谓太和在宇宙间者，即其应天时、赞化育之极功而已，宁有二致哉？

注释　以上一段《易经》原文是解释乾卦卦辞的《彖传》，故之前有"《彖》曰"二字；以下则是日讲官对该《彖传》的解义。日讲官解义的体例与模式以及整理者整理的体例与模式均与乾卦卦辞的相同，故此处不赘述。惟应提请读者注意的是，以上第二小段日讲官串讲《彖传》解义文字是用"孔子释乾彖辞曰"引出的，这七个字的意思是："孔子（所作《彖传》）解释乾彖辞（即卦辞）的意思是"。

此外，原书乾《彖传》的解义文字亦未分段，本书则根据朱熹《周易本义》分成了五段，原文部分则作为五句，即用句号断开。以下《象传》《文言传》的分段亦准此，不再说明。

还有一点应提请读者注意，本书只有释乾卦卦辞的《彖传》置于卦辞和爻辞之后，《象传》之前；其余六十三卦的《彖传》均置于卦辞之后，《象传》和爻辞之前。其原因，整理者揣测，可能是日讲官对乾卦《易传》的解义文字较多，因此，将经和传分别集中解义，叙述和阅读都会较为方便的缘故。

①恭己：以恭谨自持；穆清："吉甫作诵，穆如清风"（《诗·大雅·烝民》），指歌乐陶冶人的性情如清风化养万物。

易经　《象》曰：天行健，君子以自强不息。

解义　此《象传》是勉人法天以修德也。象，像也；卦之上下二体为大象，六爻辞为小象。

孔子既作《象传》以释卦辞，又作《象传》以明卦象之义，释乾象曰：乾，天德也，而上下皆乾，则有天道运行之象。天行一日一周，终古不息，非极天下之至健不能，君子观于乾象，以人既受天命以生，即宜与天同运。乃天运不息，而人未免有息者，私欲累之耳。于是克己自强，静专以立体，而所以为万事之根本者，无一时或息也。动直以致用，而所以善万事之化裁者，无一时或息也。天理周流，始终无间，一如天行之一日一周者然；而乘龙配天之业，举而措之裕如矣。

盖天与人初不相远，性与反原可同归。一日自强，即一日之健也；一事自强，即一事之健也。惟日进而不已，则希圣希天，皆其扩而充之之事。所以成汤圣敬日跻，武王以敬胜怠。视尧舜之精一执中，若有安勉之别而及其成功，一而已矣。

注释　以上一段《易经》原文是解释乾卦卦象的《象传》，故之前有"《象》曰"二字，其下则是日讲官对该段《象传》的解义。日讲官解义的体例与模式以及整理者整理的体例与模式均与乾卦辞的相同，故此处不赘述。惟应提请读者注意，以上第二小段日讲官串讲《象传》前的一句话，"孔子既作《象传》以释卦辞，又作《象传》以明卦象之义，释乾象曰"，这一句话的意思是："孔子已作了《象传》以便解释卦辞，又作了《象传》以便阐明卦象的意义：（上一句《象传》）解释乾卦卦象的意思是"。

此外还请注意，以上"《象》曰"是解释卦象的《象传》，即《大象》；下面是解释爻象的《象传》，即《小象》。

易经（象传）　"潜龙勿用"，阳在下也。"见龙在田"，德施普也。"终日乾乾"，反复道也。"或跃在渊"，进无咎也。"飞龙在天"，大人造也。"亢龙有悔"，盈不可久也。"用九"，天德不可为首也。

解义　此《象传》，是分释乾六爻之象而推明系辞之义也。反复，重复；践行，动必于道也；造，起也，谓在天位。

孔子释乾六爻辞曰：文王之系卦辞，示象于全体之中；周公之系爻辞，复示象于各爻之内；所以教天下后世者，至明且切矣。试举乾爻之象观之。

初九曰"潜龙勿用"，谓九为阳德而初居下体，有可为之德而未遇可为之时也。

九二曰"见龙在田"，谓其德既盛则其化自神，如龙之霖雨及物而所施无不遍也。

九三"终日乾乾"，谓体道之心无时敢懈，反复体验以求去危而即安也。

九四"或跃在渊"，谓当欲进之际，更加详审，则谋出万全而可免躁动之咎也。

九五"飞龙在天"，谓大德之人，乘时首出，如龙之上腾于天，而万物皆利见也。

至上九"亢龙有悔"，盖以天道忌盈，进极则退，盛极则衰，理与势皆不可以久也。

六爻皆阳，而系以"用九"，盖以太刚必折，济之以柔则有功，用为物先则致败。故天德虽尊，不可以为首也。

大抵《易》之为道，阴阳消长而已，圣人扶阳而抑阴，故遇阳则进之，遇阴则退之。而于乾之六爻，予（赞许）其潜、戒其亢、复教以无首者，非谓阳不当贵也。诚以阳德至健，而一有恃刚自用之弊，则反为欲所屈矣。故论天道，则曰下济；论君道，则曰下交；论处世，则戒壮往；论济险，则在需时；皆以柔济刚之道。盖必如是，然后阳德为无弊耳。

注释　以上一段《易经》原文是分别解释六爻和"用九"的

《象传》；因此段《易经》原文是承前段解释乾卦卦象的《象传》，故此段原文前省去了"《象》曰"二字，由此可见日讲官之惜墨如金与严谨也。此类情况，后面亦不乏见，不再说明。

以上一段日讲官解义的体例与模式以及整理者整理的体例与模式均与乾卦卦辞的相同，故此处不赘。惟应提醒读者注意的是，仅乾卦释六爻爻象和用九的《象传》是放在一起的，而自坤卦以下六十三卦的释六爻爻象的《象传》均是分别放在各爻爻辞之后的。

易经 《文言》曰：元者，善之长（上声，列首位者）也；亨者，嘉之会也；利者，义之和也；贞者，事之干也。

解义 此一节书，是申言元、亨、利、贞之德，原于天而具于人也。文，释也；言，指彖爻之辞；自此至末节，皆《文言》也；会，聚集也；和，谓无乖戾；干，如木之有身也。

孔子于六十四卦，分作《彖传》《象传》以释卦爻之辞；又以乾、坤二卦，其道至大，而其六爻之义为至广也，复作《文言》释之，以尽其蕴。释乾彖辞曰：元、亨、利、贞之义，既详见于天道矣，试即天之赋于人，与人之全夫天者观之，所谓元者，天之所以始万物也，而赋予人，则为仁。人性之中，众善悉备，而元则得之最先，统之最全，百行由此而出，盖善之长也。所谓亨者，天之所以通万物也，而赋于人，则为礼。人性之中，众美各殊，而亨则天理之节文，人事之品节，百度于此会归，盖嘉之会也。利者，天之所以遂万物也，而赋于人，则为义；义以定分（去声），尊卑上下，制之极其严而皆合乎人心之宜，无所矫强，是义之和也。贞者，天之所以成万物也，而赋于人，则为智；智以察理，经权（经：常；权：变）常变，辨之极其明，而预立夫万事之基，无所摇夺，是事之干也。

大抵在天则有理气，在人则有性情；元、亨、利、贞，理也；

生、长、收、藏，气也；有是理，即有是气。仁、义、礼、智，性也；侧隐羞恶，辞让是非，情也；有是性，即有是情。惟天之理气，全具于人，故人之性情无一不善。《易》书教人尽性，而推本于天命，正以天人本无二理，而人不当以气拘物蔽，自远于天也。

注释　以上一段《易经》原文是解释乾卦卦辞的《文言传》，下一段《文言传》仍是解释乾卦卦辞的。"解义"开始的"此一节书"一语，意思是说以上所引《文言》原文，在《周易本义》中是作为一节的；本整理本则作为一句，在"解义"中则作为一段。

对上一段《文言传》，日讲官解义的体例与模式，以及整理者整理的体例与模式与乾卦卦辞的相同，故此处不再赘释。

应提请读者注意的是，以上第二小段日讲官串讲《文言传》前的一句话"孔子于六十四卦……以尽其蕴；释乾彖辞曰"，简述了孔子作《文言传》的原因。其大意是：因为乾、坤二卦所阐述的道理太重大了，其六爻所包含的意义太广泛了，所以，孔子尽管作了《彖传》《象传》，以便解释这二卦的卦辞、卦象和爻辞、爻象，但是仍然觉得有必要再作《文言传》来解释它们，以便能彻底阐明其中所蕴含的意义；（孔子所作《文言传》）解释乾卦卦辞（即彖辞）的意思是……

易经（文言）　君子体仁足以长（上声）人，嘉会足以合礼，利物足以和义，贞固足以干事。君子行此四德者，故曰"乾，元、亨、利、贞"。

解义　此二节书，是言君子之备德在能体乾也。和义，谓得其宜；贞固，正而固也。

孔子曰：论天命之原，元、亨、利、贞之四德，本人所同具；而论率性之学，则众人能行之者鲜矣。惟君子以仁为心之德，凡其所存所发，莫非天理之流行，则虽伦类（伦类：同类）至众，而度量之含弘，自足以怙冒①天下而有余矣；以礼为身之范，凡其动容周旋，莫不萃集乎众善，则虽经曲至繁，而一心之秩序，自足以节宣（节宣：节制与宣通）礼治而有余矣。以义能利物，而后可以言和，于是因物付物，使各得其所利。而天下之人，既以分（去声）相安，则自以恩相接，岂不足以和义而无乖戾乎？以智能有守而后可以立干，于是择正理之所在，固守之而弗去，而天下之事，既裁制之有方，自推行之有本，岂不足以干事而无阻碍乎？君子之能行四德如此。

　　夫人皆受天之德，而独君子能行之者，何也？自人狃于气质，蔽于物欲，而四德之运行，遂有时而息。惟君子法天行之健，以全天德之刚。由是本此健以体仁、嘉会，则仁礼之德行矣；本此健以利物、贞固，则义智之德行矣。卦辞不徒曰"元、亨、利、贞"，而必首之以"乾"者，诚以天道惟乾，故四德属于天。圣人之法天亦惟乾，故四德归于圣。天人合一之道，一乾之至健而已，故曰"乾，元、亨、利、贞"。

　　夫天德之所以至健者，不外静专、动直。而静专者，健之体，动直者，健之用，是静又主乎动者也。宋儒谓圣人主"静立人极"，又曰"无欲故静"，然则君子体乾之功，其必制私主静，而后能配天行之健哉。

　　注释　以上"解义"开始的"此二节书"一语，意思是说以上所引《文言》原文，在《周易本义》中是作为二节的（本书解义中所说"此×节书"都是这个意思，以下不再说明），在本整理本中，则作为二句，在解义中则作为二段。

　　①怙：音护，恃；冒：覆盖，覆冒。语出"惟时怙冒，闻于上帝"（《书·周书·康诰》）；孔安国云："我西土岐周，惟是怙恃文王之道，故其政教冒被四表，上闻于天也。"

　　易经（文言）　初九曰"潜龙勿用"，何谓也？子曰：龙德而隐者也；不易乎世，不成乎名；遁世无闷，不见是而无闷；乐则行之，忧则违之；确乎其不可拔，潜龙也。

解义　此一节书，是申乾初九《象传》之义也。易，谓变所守；乐，谓道行；忧，道不行也。

初九曰"潜龙勿用"，其义何谓也？孔子曰：初九有神明变化之德，而潜藏在下，是有龙德而隐于下位者也。盖惟龙德刚健无欲，故外物不足以夺之。常人行履（行履：行为）不笃，易为习俗所移；初则自守其德，不随世而变易也。常人学力未坚，易为名誉所动；初则自晦其德，不枉道以求名也。惟不易乎世，则安于遁世矣。虽终身遗佚，而其心处之泰然，何所闷焉？惟不成乎名，则不求见是于人矣，虽举世谤毁，而其心自信有素，又何所闷焉？是以道有可行之机，斯霖雨足以及物，此初之所甚乐者。乐则出其龙德以行于世，而无所矫强（矫强：勉强）也。道无可行之机，斯庶物无由各正，此初之所甚忧者。忧则守其龙德以违于世，而不敢轻试也。总之，用舍（上声）之权在人，而行藏（音仓，阳平；行藏：指出处或行止）之道在我，身可隐而不可屈，道可潜而不可枉。知之既明，守之复固，确乎其不可拔，岂寻常隐遁之学所能及哉？

信乎？初之以龙德而潜处于下位也，盖圣人之学，吉凶与民同患，意本在于用世，不欲独善其身。但既欲行道于天下，则必审天时、度人事，实能有济于世，然后一出而为人所利见。故六龙之德，有隐显而无浅深。初之潜与五之飞，总一灵变不测之用，其不同者，时位而已。所谓易地则皆然者也。

注释　从以上一大段开始，直至本卷结束，共有十六大段，其每大段前面所引的《易经》原文均是《乾文言》，这十六段《乾文言》反复阐明了《象传》和《象》对乾卦六爻的解释。日讲官解义的体例和模式与乾卦辞的相同，兹不赘述。

易经（文言）　九二曰"见龙在田，利见大人"，何谓也？子曰：龙德而正中者也，庸（日常）言之信，庸行之谨，闲（防止）邪存其诚，善世而不伐（伐：自夸其功），德博而化；《易》曰"见龙在田，利见大人"，君德也。

解义　此一节书，是申乾九二《象传》之义也。正中，谓处潜跃之中；善世，善盖一世也。

九二曰"见龙在田，利见大人"，其义何谓也？孔子曰：九二有刚健中正之龙德，而正当不潜未跃之时，位虽未尊，而德则已众著。试于其言行观之，言在人伦日用之间者，庸言也；庸言，人所易忽，而二必加信焉。行在人伦日用之间者，庸行也；庸行，人所易懈，而二必加谨焉。信谨如此，则邪已无自入而诚已无不存矣。乃其德愈盛，其心愈敬。凡私欲之易乘者，必闲之又闲，使不至于或萌；实理之在心者，必存之又存，使不至于或间（去声）。由是备德在身，言皆可师，行皆可法，善盖乎一世矣。而虚受之至，又谦卑自牧（修养）而不伐焉，由是乘时利物，上格君心，下正民俗，德施于极博矣。而功用之神又迁善不知而几于化焉。此虽未居人君之位，而君临天下之德已早见于出潜离隐之时。《易》所谓"见龙在田，利见大人"者，正以其德为君德，故直与九五同称为大人也。

大抵诚敬者，圣学之源；而存诚之功，又必先之以主敬；二之闲邪，即主敬之学也。邪有自外入者，有自内出者；不迩声色，不殖货利，所以闲其外也；不显亦临，无斁（音义，厌弃）亦保，所以闲其内也。内外交养，显微无间，帝王心学相传，孰有逾于此乎？

易经（文言）　九三曰"君子终日乾乾，夕惕若，厉无咎"，何谓也？子曰：君子进德修业。忠信，所以进德也；修辞立其诚，所以居业也。知至至之，可与（此处当漏"言"字）几（阴平，隐微）也；知终终之，可与存义也。是故居上位而不骄，在下位而不忧，故乾乾因其时而惕，虽危无咎矣。

解义　此一节书，是申乾九三《象传》之义也。至，理之极致也；终，理之归宿也。

九三曰"君子终日乾乾，夕惕若，厉无咎"，其义何谓也？孔子曰：君子处危疑忧惧之地，惟恃德业以为自全之道，故九三之"乾乾惕若"，非徒忧而已，实欲其德之进而业之修也。德何以进？凡人无真实之心，则私伪日萌而德日损。惟三内主忠信存于心者，无一念之欺；动于虑者，无一事之妄，所由进德于光大也。业何以修？凡人无笃行之学，则虚辞日盛而业日荒。惟三修省言辞，一言之发，必有一行以应之；是其出言之时，即为诚所植立之地，言无虚罔，行有实效，所由居业于不迁也。若其所以用力则何如？德之极致谓之至，而其微渺则为几。君子知至之所在，而本忠信之心以至之，心与理相洽，则理之几微皆为吾心所默识，可与几也。既有知几之智，复有决几之勇，而德不益进乎？业之归宿谓之终，而其裁制（裁制：节制、控制）则为义，君子知终之所在，而本立诚之心以终之，身与理相安，则事之经权（p.41）皆为吾心所默运，可与存义也。既有辨义之明，复有赴义之力，而业不益修乎？三之"终日乾乾，夕惕若"者，其事如此，是故德愈盛而礼愈恭，业愈大而心愈小。居上位以临下，则持盈而不骄，忘乎其为上也。居下位以事上，则胜任而不忧，安乎其为下也。故其身处危地，宜若有咎，而终日乾乾，无时不惕，则上安下和，处无不当，虽危无咎矣。三之得免于咎也，岂倖致哉？

盖知至知终，即格物致知之事；忠信立诚，即正心诚意之事；其进修不已，则日新又新之功，而乾乾惕若则缉熙（缉熙：光明貌）敬止之心也。详绎（推究）九三一爻，而内圣外王之学无不毕具已。

易经（文言）　九四曰"或跃在渊，无咎"，何谓也？子曰：

上下无常，非为邪也；进退无恒，非离群也；君子进德修业，欲及时也；故"无咎"。

解义　此一节书，是申乾九四《象传》之义也。邪，枉道而冒进也；群，谓在下位之群。

九四曰"或跃在渊，无咎"，其义何谓也？孔子曰：乾之九四，不果于上而又不安于下，迟疑于上下之间而无常位者，迹似有冒进之邪，而其实非为邪也。不决于进，而又不安于退，踌躇于进退之间而无恒处者，迹似离在下之群，而其实非离群也。盖龙德之君子，德已进矣，业已修矣，其意本期有为于天下，特患时未可为，则不敢躁动以取咎耳。今及此可进之时，正欲以忠信之德发为济世之德，以立诚之业著为配天之业，而又何敢避无常无恒之嫌以致坐失事机也哉？四之无轻进之咎，职此故也。盖天下躁进者有咎，失时者亦有咎。

躁进而至于偾（p.32）事，失时而至于废事，其咎不同，而其为害则一也。圣人既不欲人倖进，而又恐人借持重为口实，误几务于目前，故于乾之九四特申其说云。

易经（文言）　九五曰"飞龙在天，利见大人"，何谓也？子曰：同声相应，同气相求，水流湿，火就燥，云从龙，风从虎，圣人作而万物睹，本乎天者亲上，本乎地者亲下，则各从其类也。

解义　此一节书，是申乾九五《象传》之义也。同声、同气，俱泛指物类言；亲上，指动物；亲下，指植物。

九五曰"飞龙在天，利见大人"，其义何谓也？孔子曰：九五之大人，尊居天位，势分（分：去声；势分：权势地位）迥绝于人，而天下皆利见之者，惟其性情同也。试以物类推之。凡声之同者，彼倡此和，无不相应；凡气之同者，彼感此应，无不相求。水之行必流湿，水性趋于湿也；火之炎必就燥，火性趋于燥也。龙兴而云集，云自从夫龙也；虎啸而风生，风自从夫虎也。惟此六者，皆同类相感召，而况人为万物之灵、圣人为人类之首乎？所以圣人作而在上，则凡万物之在下者，莫不近光利见，一如声气之相孚、水火之相就、而风云之相感焉。此岂圣人有意于天下之不应哉？盖圣人之于民，亦类也。本乎天者为动物，动物则同亲乎上；本乎地者为植物，植物则同亲乎下。天为纯阳，而动物亦属乎阳，故从阳之类也；地为纯阴，而植物亦属乎阴，故从阴之类也。万物之于圣人，戴之如天，依之如地，孰非以类相从而自动于其所不容已哉？

所以古帝王有见于此，因人心之同，施推恩之政。教思无穷，正民德也；容保无疆，厚民生也；对时以育物，敬民时也；养贤以及民，重民牧也。而推其本原，必尽己性、乃以尽人物之性。一喜一怒，惟恐拂乎人情；一赏一罚，惟恐违乎众志。声色货利之欲，既不使溺于中，而巧令孔壬（孔壬：大奸佞）之徒，复不使蔽于外，则人主之于天下，常如呼吸之相通而一体之相恤也。此所以为利见大人也与（同欤）？

易经（文言） 上九曰"亢龙有悔"，何谓也？子曰：贵而无位，高而无民，贤人在下位而无辅，是以动而有悔也。

解义 此一节书，是申乾上九《象传》之义也。四以下皆从五而不从上，故曰"无辅"。

上九曰"亢龙有悔"，其义何谓也？孔子曰：从来满招损、谦受益，天之道也。今当盈满之地而一以亢处之，则其悔有不可胜言者。如居卦之上，可谓贵矣，而亢则非常守贵之道，是虽贵而无位也。居卦之上，可谓高矣，而亢则不能得群下之心，是虽高而无民也。下位之贤，未尝无人，而亢则高贤晦迹，不乐为我用，是虽有贤而无辅也。无位，则无以安其身；无民，则无以率其下；无辅，则无以自立于上。动而有悔，固亢所必致。履斯地者，可不思所以慎处之哉？

盖履亢者，天时；致悔者，人事。《易》书以道义配祸福，故不以祸福之至诿之于天，而必归咎于人事之不善。如乾之上，贵而知惧，则有位矣；高而善下，则有民矣；屈己以求贤，则有辅矣；穷上反下，何悔之有？所谓古今有不能尽之人事，而无不可挽之天时者，此也。

易经（文言） "潜龙勿用"，下也。"见龙在田"，时舍（上声）也。"终日乾乾"，行事也。"或跃在渊"，自试也。"飞龙在天"，上治也。"亢龙有悔"，穷之灾也。乾元"用九"，天下治也。

解义　此七节书，是再申《象传》之义也。行事，谓进德修业之事；试，审度也；穷，亢极也。

孔子既详释乾爻之义，复约其辞而申言之曰：

所谓"潜龙勿用"者，非其德不足以利用，因位处于下，故退而安于潜也。

所谓"见龙在田"者，非其德不足以居尊，因暂为时舍，故现而止于田也。

所谓"终日乾乾"者，非徒为无益之忧，实进德修业、力行其所当行之事也。

所谓"或跃在渊"者，非故示迟疑之迹，实审时察势、自试其所可进之机也。

"飞龙在天"者，身居上位，得施云雨之泽，故治功成而物皆利见也。

"亢龙有悔"者，时处穷极，不免盈满之虞，故灾悔生而动辄得咎也。

至于乾爻皆阳，而系以用九，盖以乾之元德，包举众善，不专恃乎阳刚，而能以柔济之，故其用人行政，悉合乎大中至正之道，而天下自无不治也。乾爻之义，约而言之，又有如此者。

大抵乾六爻各有用九之义：潜、见、惕、跃，皆相时而进，不敢自恃其刚；至于五，则德、位、时俱得其中矣；上稍过乎中，因以亢悔示戒。圣人之意，恐后世不知以柔济刚，故特系以用九；又恐不知所以用九，故特冠以"乾元"，明于"乾元"之义，而诸爻之克当（去声）其位者，有一不本于刚柔之相济者乎？

易经（文言） "潜龙勿用"，阳气潜藏。"见龙在田"，天下文明。"终日乾乾"，与时偕行。"或跃在渊"，乾道乃革。"飞龙在天"，乃位乎天德。"亢龙有悔"，与时偕极。乾元"用九"，乃见天则。

解义　此七节书，是又申《象传》之义也。潜藏，指造化言；革，谓变革。

孔子以乾爻之义无穷，又从而申其说曰：

"潜龙勿用"者，谓当阳气未通之时，生意潜藏于下，故君子以阳德之伏处，法造化之收敛也。

"见龙在田"者，谓龙德出潜之始，功用未显于时，而天下被大人之德化者已成文明之俗也。

"终日乾乾"者，谓九三处危疑之时，行兢惕之事，是时当戒惧而能与之偕行者也。

"或跃在渊"者，谓九四离下位而上升，乾道至此，适当变革，是进而不轻于进者也。

"飞龙在天"，岂徒据尊位而已？惟其有天德，故宜居天位，是乃位乎天德者也。

"亢龙有悔"，岂徒逞才势而已？惟其任天时之穷，故不能通人事之变，是殆与时偕极者也。

"乾元用九"，岂徒事浑厚而已？惟其能体天之道，故能同天之化，是乃见天之法则者也。乾爻之义，更（阴平）端言（端言：正言，直言）之，又有如此者。

盖《易》书之义理无穷，圣人之学《易》，亦引伸无尽。以乾居六十四卦之首，故特取其象反复申明之，或以时言，或以位言，或以造化言，或以人事言，正所谓广大悉备、变动不居者。至于乾坤而外，虽无《文言》，而《系辞传》错举诸爻以发其义，是即《文言》之旨也。

易经（文言）　乾元者，始而亨者也。利贞者，性情也。乾始能以美利利天下，不言所利，大矣哉。大哉乾乎！刚健中正，纯粹精也。

解义　此以下，是《文言》第五节，申释首章之意；此四节是即物理明乾之四德，而归本于乾之大也。乾始，即乾元，而亨寓其中；不言所利，即贞也；刚，指体；健，兼体用；中，谓所行得中；正，谓所立得正；纯粹，是四者之至极；精，是纯粹之至极也。

孔子复申《彖传》之义曰：道之运于天者，无形；而化之形于物者，可见。所谓乾元者，盖气机初动，万物皆资以为始，而其自无而有，自微而著，发荣滋长，遂有不可遏之势。非即物之始而亨者乎？

所谓利贞者，盖当元亨之时，万物之性情已毕露于外，而其性情之收敛归藏，实理充足，必至利贞时始见；则乾之利贞，非即物之性情乎？

夫析之虽有四德之名，而合之总属一元之贯；所以乾元资始，不止于始而已。为能长养亨通，以嘉美之利利济天下之物，而且使生物之理保合于既生之后，而其能名言其所以然。统天之德，不其大矣哉？

然而元之德，又乾之所统也。大哉乾乎！专言其体，则四德之运行无所屈挠，何其刚也！兼言其用，则四德之通复，无所止息，何其健也！言其行，则四德之递嬗，无过不及，可谓至中。言其立，则四德之分属，无少偏倚，可谓至正。且刚健不杂于阴柔而极其纯，中正不杂于邪恶而极其粹。纯粹之至，无迹可指而又极其精。乾之大，不可一言尽者如此。所以四德毕该，而及物之功无所不备也。

夫孔子形容乾德，至此已极，而其本则不外一诚。宋儒周敦颐曰："元亨，诚之通；利贞，诚之复。"盖天地之内，无非实理流行，在天为命，在人为性，自性而发则为情。情之善，由于性之善；性之善，由于天命之无不善。是以刚健中正之德，全具于人；而元亨利贞之理，无物不有，惟视人能法乾而已矣。

易经（文言） 六爻发挥，旁通情也。时乘六龙，以御天也；云行雨施，天下平也。

解义 此二节书，是言天道具于《易》，而圣人能体《易》以法天也。发挥，陈示布列之意；情，即乾之情；旁通，谓曲尽。

孔子曰：乾之德，至微难名，而能阐之使显者，莫如《易》。今观乾卦六爻布列，"潜、见、惕、跃、飞、亢"，位既不同，时亦各异。凡天道显藏动静之情、变化不测者，皆于六位时成中曲尽其义，则《易》道，一天道也。

惟圣人知天道备于《易》，而乾之六爻具有神龙变化之德，于是因时建事，乘此六龙之德以运于政事之间。其治洽化流，直与天之云行雨施无异。而天下之被其泽者，遂生复性，翕然和平，亦与物之各正保合无异。观圣人法乾之功用如此，而乾德之大，从可知已。

夫元、亨、利、贞者，乾之德，而《文言》以属之君子，天人同一体也。云行雨施者，乾之功，而《文言》以属之圣人，天人同一用也。约言其义，则一乾元足以尽之矣。体乾者，法天之所以立命；体元者，法天之所以为心。全体大用，直一以贯之耳。

易经（文言） 君子以成德（成德：盛德）为行，日可见之行也；"潜"之为言也，隐而未见，行而未成，是以君子弗用也。

解义 此以下七节，是复申《象传》之义；此一节，是释潜龙所以勿用也。成德，已成之德；日可见之行，谓指日可待也。

孔子复释乾初爻曰：从来德为行之本，行为德之用，二者相因，不容偏废。君子修身体道，德已成矣，以成德而措为事功，宜乎旦夕之间，即可见于实用。乃乾之初九，刚德既成而犹以勿用自守，何哉？盖德以行彰，而行以时显，初九居卦之下，时方处潜。所以谓之潜者，机会未逢，身隐而未见于世；勋业有待，行立而未底于成。虽凤负大有为之才，而时位不足以济之，则终不可枉道以求用。是以君子上观天时，下度（音夺，揣度）人事，宁敛其德以自守，而不敢急于用以失身，此其所以为龙德也。不然，圣人志在用世，岂其乐于隐遁而不欲使大业之成立哉？以此见圣贤用世之学，与豪杰之士踊跃功名者不同。名欲自我立，功欲自我成，时未至而迫于自见，豪杰之士有之，而圣贤不然。或出或处，惟其时之当然而已。

初之弗用，所谓宜潜而潜，适当其可者也。其终于不用，则为箪瓢之颜子；其处下位以待用，则为居莘之伊尹①耳。

注释　①箪：音丹，盛饭的竹器；颜子：颜回，孔子的弟子，安于贫苦生活。"一箪食，一瓢饮，在陋巷，人不堪其忧，回也不改其乐。"（《论语・雍也》）伊尹见 p.88 注①。

易经（文言）　君子学以聚之，问以辨之，宽以居之，仁以行之；《易》曰"见龙在田，利见大人"，君德也。

解义　此一节，是释乾二所以为大人也。宽，优游渐进之意；仁行，谓不为私欲所夺也。

孔子复释乾二爻曰：九二未居大人之位，而天下皆以大人尊之，此非以其位，以其德。夫成德之功，必由学人。君子知天下之理散寄于物，非逊志以典学，无以会其全于一心也。学焉而多闻多见，研索夫古今事物之变，而散者无弗聚已。所学既博，不能无疑，非虚己以下问，无以晰此理于一心也。问焉而亲师质友，穷极夫是非得失之归，而疑者无弗辨已。辨论既明，可以坦然居之矣。而君子又戒其欲速也，养之以宽，使优游涵泳、心与理洽，而后德之积于内者融会而贯通焉。蓄积既裕，可以毅然行之矣。而君子又虑其易杂也，守之以仁，使践履真纯，心与理一，而后德之见于事者，周流而无间焉。聚与辨，人德之始事也；居与行，进德之终事也；圣学至此粲然大备矣。《易》曰"见龙在田，利见大人"，正以君子积学成德，虽未陟尊位，而君临天下之德已具，此大人之所由称，而万物之所以利见也。

以此知圣学之成，知行合一，而究其极，知易而行难。仁以行之，即所谓法"天行健，自强不息"也。体于心，以制私为仁；及于物，以利济为仁。制私者其体，利济者其用。体立用行，而大人之德成矣。

易经（文言）　九三，重（阳平）刚而不中，上不在天，下不在田，故乾乾因其时而惕，虽危无咎矣。

解义　此一节，是释"乾乾兢惕，所以无咎"也。九，阳爻，三，阳位，故曰"重刚"。

孔子复释乾三爻曰："乾之九三，必乾乾惕若，乃得无咎"者，何也？九三以阳居阳，是为重刚，质性既伤于过锐，而又居下之上，不得其中。言乎上，与九五居天位者不同，势近崇高，则嫌于逼主也。言乎下，与九二居田野者不同，位隆朝宁（音住，指宫中门与屏之间；朝宁：指皇帝近臣），则虑其骄人也。君子处此，物望难副，谗谤易生，是时之可危未有过于此者。所以因时顺处（上声），乾乾兢惕，有德而不敢自恃，有业而不敢自矜，力去其过刚任质之偏，而实行其进德修业之事。如是，则虽身处危地，而得免于咎矣。

从来事变无穷，所以处之之道，刚与柔而已。刚柔无定位，所以善其用者，中焉而已。《易》之言中与不中，有就其位言者，有就其德言者。乾之三、四皆所处之位失中，而所行一有不当，则其咎即在人事，故三、四之忧疑，皆能随时修德以善处其位。此君子持危之学也。

易经（文言） 九四重刚而不中，上不在天，下不在田，中不在人，故"或"之；"或"之者，疑之也，故无咎。

解义 此一节，是释"或跃在渊"，所以无咎也。四非阳位，"重"字疑衍文。

孔子复释乾四爻曰：乾之九四所以得"无咎"者，何也？九阳当四阴之位，虽质禀刚强，而居上之下，不及乎中。言乎上，则分（去声）屈于至尊而不在天；言乎下，则望隆于百职，而不在田；言乎中，则进修之学已终，乘时之事方始，而不在人。此进退未定之几，行藏（p.44）可疑之地也。君子处此，欲进而恐失于躁动，欲退而又恐失于后时，故"或"之。"或"之者，正其熟思审处（上声），疑而未决，务求天时人事之归，以为树功立业之本者也。虑善而动，所往合宜，何咎之有？

夫天下事，率意径行者动而多悔，迟回却顾者绩用弗成，故始贵乎能疑，继贵乎能断。乾之九四，独利于用疑者，为其负阳刚之才，居得为之位，不难于遇事勇决，而难其观变审而识时豫也。不然，圣人岂欲人积疑生玩，而致阻其任事之心也哉？

易经（文言） 夫大人者，与天地合其德，与日月合其明，与四时合其序，与鬼神合其吉凶；先天而天弗违，后天而奉天时；天且弗违，而况于人乎？况于鬼神乎？

解义 此一节，是详指九五之德以明天下所以利见也。先天，谓创举未有之事；后天，谓效法已然之理。

孔子复释乾五爻曰：乾之九五为天下所利见者，惟其以道为体，故成尊之为大人也。夫大人者，以刚健中正之德君临万民，举一世之大皆在其覆载之内。以视天地之覆载万物、生成无私

者，同一自然之功化也，而不与天地合德耶？附丽于天地而贞明
者，日月也。大人之德以诚明为体，以光被为用，与日月之无私
照临者合焉。错运于天地而成序者，四时也。大人之德，有阴阳
不测之施，有因革自然之理，与四时之无私运行者合焉。天地之
功用见于惠吉逆凶者，鬼神也。大人之德，有好（音浩）善恶（音
务）恶（音饿）之诚，有彰善瘅恶之政，与鬼神之无私祸福者合
焉。德之同于造化如此，所以大人行事，无一不与天相通。凡天
下有其理而无其事者，是天之所未为者也。大人则先天而为之，
如叙五行以厚民生，备百物以前（引导）民用，极其思虑之所至，
默与道契，而行之无不当（去声）理，即天之不违于大人矣。凡
天下有其理而并著其迹者，是天之所已为者也；大人则后天而为
之，如天可典礼，而我惇之庸之；天有命讨^①，而我刑之赏之；酌
乎事势之所宜，顺时而动，而行之无不中节，即大人之与天为一
矣。夫天体高远，若不能遽格，而道之所在，则人定而天从之。
天且不违，而况人得天之道以生者乎？况鬼神承天之道以行者
乎？其不能违于大人，固无疑矣。所谓圣人首出而天下皆利见之
者，此也。

　　大抵天之从违不可见，可见者，人事之顺逆耳。人事顺则
天心亦顺，人事拂则天心亦拂。大人但求其事之有顺无拂，而
幽明上下自无不应。其修德也，尽人以合天；其出政也，奉天以
治人；总不外此大中至正之道而已。道者，万化之本原，天人之
枢纽也。

　　注释　①惇：音墩，重视；庸：酬谢。命讨：天有命有讨；"天
命有德，五服五章哉！天讨有罪，五刑五用哉！"（《尚书·皋
陶谟》）

　　易经（文言）　"亢"之为言也，知进而不知退，知存而不知
亡，知得而不知丧。其惟圣人乎？知进退存亡而不失其正者，其

惟圣人乎？

解义　此二节，是释亢龙所以致悔而又申言处亢之道也。进、退，以身言；存、亡，以位言；得、丧，以物言。

孔子复释乾上爻曰：凡人履极盛之地，惟守正则不失中，"亢"之为言，盖与时俱亢而失其正者也。即人身而论，有进必有退者，理也；乃徒知有进而不知有退，其究也必不免于退也。即居位而论，有存必有亡者，理也；乃徒知有存而不知有亡，其究也必不免于亡也。即物理而论，有得必有丧者，理也；乃徒知有得而不知有丧，其究也必不免于丧也。盖天下数穷理极，不能已于通变者，虽造物亦无如之何；而处穷极之时，思变通之道，非与造物为徒者不克几于此矣。

其惟圣人乎？圣人知进之极必有退之几，则进不忘退，而不失乎进之正焉。存之极必有亡之几，则存不忘亡，而不失乎存之正焉。或警于未然，先时而预防；或戒于将然，临事而加谨。彼众人蔽于欲而不能前知，贤人知其理而不能即决，皆不得其正者也。其惟圣人能明于处亢之道。斯潜、见、惕、跃，无不乘时而合于天则乎！

要而言之，圣人行事，惟义是从。义之所应为者，圣人必不逆计其难而畏避以谢责；义之所不可为者，圣人亦必不姑试其可而侥幸以漫尝。所谓不失其正者，择是非，非择祸福也；计顺逆，非计利害也。卒之所行合义，而福与利无不归之。全《易》之理，所为教人以趋避者，孰有外于是哉？

情以類族，省以修德，慮以備患，恐懼以豫防，□方之用，恭身以維世……類而長之，而治理，書備矣。於是刊刻成□，體乾四德以容保……

淑慝之別，□由盛衰、治亂、君子小人長消退進，由□解若，諸措施設，二畫之間見之，奇偶易之變，乃事業有體，諸觀民……

兆民執事之公，且矢公成，期于拔萃，應漢升於泰，同野允□，百僚升於□……明良而□，宇宙庶□，學為治□，法之□，朕以□，和經以□，盜於□……夫學為治□之意也。

康熙二十二年十二月十八日

卷之二　上经

二　坤卦 ䷁　坤下坤上

解义　坤取纯阴至顺之义，故其象为地；拟诸物类则为牝马。四德皆与乾同，而独言牝马之贞，明其以顺德承乾也。《象传》释卦辞兼造化人事而言，一以柔顺为正。六爻，则二之德极其盛，三之美含于中，四之慎免于咎，五之黄中（黄，中色）、内充实而外光辉，虽德量深浅不同，而皆有合于地道之贞顺者也。惟初与上，以阴阳消长言：初言坚冰，戒阴势之将长（上声）也；上言龙战，警阴类之过盛也。此与诸爻若不相蒙，然而圣人作《易》之旨实在乎此。盖论造化之理，则阴阳二气对待流行，不容偏废，而论淑慝（见 p.3 注⑦）之分，则阳主生、阴主杀，主生者为善，主杀者即为不善。圣人欲以人事挽造化，尝以扶阳抑阴之意寓于观象系辞之中，故诸卦每遇阴爻，必勉之以柔顺，戒之以守贞。虽阴之取象，不专属于小人，而于君子小人之际，尤加谨焉，以君子小人之进退为世道消长之所系也。坤为纯阴之卦，诸爻皆言坤德，而独于初、上二爻，凛然示小加大、贱妨贵之防，其旨深矣。

注释　以上一段是日讲官综合解义坤卦，指出理解和运用该卦时应注意的最重要、最关键的地方。

易经（卦辞）　坤：元亨，利牝马之贞。君子有攸往，先迷后得，主利西南得朋，东北丧朋，安贞吉。

解义　此卦六画皆偶，上下皆坤，阴之纯而顺之至，故名为坤；而卦辞则欲人法地而安于顺也。牝马，顺而健行者；主利，谓主于顺从；西南，阴方；东北，阳方；朋，谓阴类也。

　　文王系坤象辞曰：伏羲画卦为坤，纯阴至顺，有地之象。凡人履卑下之位，能法地道以自处，则无成有终，动罔不吉，其为大亨何疑？所患者，性禀阴柔，持守不固，则有利有不利耳。必如牝马之行地，其质至驯，其力至健，始终久暂无所变易，斯有得于坤道之贞者矣。所以体坤之君子，凡有所往，即思履顺守贞之道。阴之分（去声），宜居后而不宜居先，若争先而倡天下之事，则必迷惑而致败；惟因势所已然者而后从之，则功易成而有得矣。阴之德，宜主利而不宜主义，若主义而断天下之事，则必矫拂以取戾；惟因势之自然者而顺从之，则事易遂而有终矣。阴之地，宜于西南而不宜于东北，往西南以亲柔顺之贤，则同德相应而有得朋之庆矣；往东北以从刚断之人，则人不我亲而有丧朋之忧矣。凡若此者，皆坤道之至正，而君子之所当安守者也。安于居后之贞，自无偾（p.32）事；安于主利之贞，自无悖德；安于得朋之贞，自无失人。象之有取于牝马而无往不利者，固如此也，吉可知已。

夫坤之义，所该至广而于臣道为最切。圣人立教，非谓人臣事君专主于顺从以为正也。盖坤道承乾，所事者阳刚中正之主，故君令臣共、上下合德、是为天下之至顺。不然，将顺其美，固顺也；弥缝其阙，亦顺也。顺乎正非顺乎邪，顺乎理非顺乎欲。《易》之教，特为宠利居功、骄蹇自用者示戒，而岂苟且充位、阿意取容之徒所可得而借口也哉？

注释　以上《易经》原文是坤卦卦辞，下面则是日讲官对坤卦卦辞的解义，其解义的体例和模式请参阅乾卦卦辞的注释，此处不再赘加说明。

易经　《彖》曰：至哉坤元！万物资生，乃顺承天。坤厚载物，德合无疆；含弘光大，品物咸亨。牝马地类，行地无疆；柔顺利贞，君子攸行。

解义　此《彖传》，是以地道明坤义，而此三节分言元亨利贞之穗,而因及于人事也。生,受形之始;德合无疆,谓合乾德。

孔子释坤象辞曰:坤之义,博矣,而成形之大,莫过于地。试即地道言之:坤有四德,与乾相同,至矣哉!其坤之元乎,盈天地之间为万物。当乾元资始时,止有气而无形;惟坤元一至,则万物凝成胚胎,皆资其理与气以受生矣。然坤非自为之也,天以理为物性之始,坤特顺其理而承之以生,无二理也。天以气为物形之始,坤特顺其气而承之以生,无二气也。乾之所至,坤亦至之,此坤元之功,所以无可加也。

若坤之亨则何如?天以云行雨施亨万物,德之大至无疆也,而坤德之厚,持载万物,有与乾德之无疆适相符合者。方其化机之藏也,生物之意蕴蓄于内者,无所不包,何其含弘也!及其化机之发也,生物之意灿著于外者,无所不周,何其光大也!德之厚如此,由是万物滋荣畅茂,咸得其生意而无不亨通。博厚之载物,与高明之覆物,同一功用,非德合无疆而能若是乎?

若坤之利贞,取象于牝马,则何如?牝为阴属,而马又行地之物,是牝马固地类也;且马之行地,任重致远,而及于无疆,既顺且健,实有坤之象焉,故以牝马之顺象乎坤,为柔顺之德。其承天施而生万物者,未尝居先,未尝专主也,以牝马之顺而健者象乎坤,为利贞之德。其合天行而代有终者,无有间断,无有止息也。体而行之,是在君子。君子法其至顺以养和平之心,复法其行健以坚正固之守,验之物理,合之造化,而所行无不利矣。故曰利牝马之贞。

按:宋儒有阳大阴小、阳全阴半之说,此就施生先后之理言也。若以元亨利贞之四德论,则乾与坤均无缺陷。假使乾施而坤不应,则物何从而生?故乾健坤顺,而坤亦未尝不健。但必天以四德行于物,然后地因以代终;天不资始,地无由资生;君不行令,臣无由奉职,是则乾坤大小偏全之别耳。

注释　以上《易经》原文是解释坤卦卦辞的《象传》，下面则是日讲官对《象传》的解义，其解义的体例与模式请参阅乾《象传》的注释。

易经（象传）　先迷失道，后顺得常；西南得朋，乃与类行；东北丧朋，乃终有庆。安贞之吉，应地无疆。

解义　此二节，是言君子法坤之事也。常，常道也；有庆，谓终有得朋之庆。

孔子释坤象辞曰：君子法坤行事，亦法坤德之正而已。无成者，坤之道，若进居物先，则迷而失道矣。柔顺者，坤之常，若退居物后，则顺而得常矣。盖先者非贞而后者为贞，君子之行，必居于后者也。往西南则得朋，谓阴居阴方，此求彼应，乃得其朋类而与之偕行矣。往东北则丧朋，谓阴居阳方，处非其地，若反而之于西南，乃终得朋而可以获庆矣。

盖西南为贞而东北非贞，君子之行，必于西南者也。惟知居后之为贞而安之，则行不越度，而循分（去声）足以有功；知往西南之为贞而安之，则交不失人而同类足以相济。其获吉也，不有与地道之含弘光大同一无疆者乎？地以厚载配天之无疆，君子以安贞应地之无疆，其理一而已矣。

按：注疏谓东北丧朋，以阴之为物必离其党而后获吉，象人臣离其党而入君之朝。《程传》（指宋程颐所作《周易程氏传》）亦从其说，与《本义》（p.34 注②）不合，而其理可以互相发明。盖人臣无私交，"泰"之朋亡、"涣"之涣群，皆取离散朋党之义，在"坤"（泰、涣、坤均为卦名）为纯阴至顺，自与狎昵柔邪（狎昵柔邪：指男女、阴阳关系不光明正大）者不同，而以阴从阳、刚柔相济，固道之至正，而亦《易》理所不废也。

易经　《象》曰：地势坤，君子以厚德载物。

解义　此《象传》，是言君子法地德之厚也。天以气运，故曰行；地以形载，故曰势。

孔子释坤象曰：坤之象为地，此卦上下皆坤，是地德至顺且厚，故其形势高下相因、愈远而愈无极也。君子体坤之象，知地之德不厚，斯载万物不胜其重；人之德不厚，斯载万民不胜其劳。所以内而与含弘者同体，则积极其厚，举凡地之所载，皆兼容并生而无有不育焉；外而与光大者同用，则施极其厚，举凡地之所载，皆仁渐（阴平，浸）义濡而无有失所焉；其应地无疆之功如此。夫坤，臣道也；而厚德载物，则君道不外乎是。

观于"师"之象，曰容民畜众；"临"之象，曰容保无疆，皆以为君之道取法于地，则"坤"象岂独专属于臣？盖《易》之义，无所不通，惟善体《易》者，神而明之焉耳。

注释　以上一段《易经》原文是解释坤卦卦象的《象传》，下面则是日讲官对此段《象传》的解义，其解义的体例与模式与解义乾卦卦辞《象传》的相同，此处不赘述。

易经　初六：履霜，坚冰至。《象》曰：履霜、坚冰，阴始凝也，驯致其道，至坚冰也。

解义　此一爻，是示人以防微之道也。六，阴数，故谓阴爻为六；霜与冰，皆阴类；驯，顺习也；道，指阴道；《象传》"履霜坚冰"，当作"初六履霜"。

周公系坤初爻曰：坤之初六，阴始生于下，其端甚微，而一阴既萌，则其势日浸月长，必至于极盛，如寒气初结止见为霜，而识微之君子当履霜之时，即知异日坚冰之至已肇于此。思患预[①]防，可勿凛凛乎？

孔子释初象曰：初之取象于履霜者，何也？天下事皆始于微而成于著。阴生于下，是犹阴气始凝而为霜也，惟不能及时消释，而固循渐积以致阴道之极，则不至于为坚冰不止。有世道之责者，失防于始，而徒欲维挽于终，不亦可危之甚哉！

按：圣人作《易》，于阴阳消长之际必慎之于始。"坤"之一阴，即"剥"与"姤"之一阴也。"剥"初曰"剥床以足"，"姤"初曰"羸豕蹢躅（羸：音雷，瘦；蹢躅：犹踟蹰）"，皆言小人始进，有必害君子之势，与"履霜坚冰"之意同，一以戒小人，一以警君子。但"剥"与"姤"言凶，而此止系以象者，正欲君子观象而知所惧，则能思患预防，而不至蒙小人之祸矣。

注释　以上一段《易经》原文，前一句是坤卦初六爻辞，故之前原文有"初六"二字；后一句是解释该爻象的《象传》，故之前原文有《象》曰二字。下面则是日讲官对该爻辞和《象传》的解义。原书的解义部分是一大段文字，没有分小段，为了方便阅读，整理者根据意思的区别将该大段文字分成了四小段。

第一小段包括两项内容：用一句话概括该爻爻辞的意思；解释该爻辞和《象传》中日讲官认为应解释的字词的意义。

第二小段是日讲官详细串讲该爻辞，原书是用"周公系坤之初爻曰"八字引出日讲官这一小段解义文字的，这八个字的意思是，"周公所作的坤卦初爻爻辞的意思是"。

第三小段是日讲官详细串讲该爻的《象传》的，原书是用"孔子释初象曰"六字引出日讲官这一小段解义文字的，这六个字的意思是，"孔子（所作的《象传》）解释初爻爻象的意思是"。

第四小段是日讲官对该爻辞和《象传》意义的理解和推广，并指出在理解和运用该爻辞和《象传》时应注意的最重要、最关键的地方。第四小段多用"按"字引出，但有时也不用"按"字，如下面六二解义的第四小段；用不用"按"字，这中间似乎也有些规律可寻，但一般读者可不必细究。

①原书"预"多作"豫"，本整理本从今习惯改作"预"，以下均径改，不再说明；但《易经》原文中的"豫"不改。

易经　六二：直、方、大，不习，无不利。《象》曰：六二之动，直以方也。不习无不利，地道光也。

解义　此一爻，是言纯德之合于坤也。不习，谓不待学习。

周公系坤二爻曰：坤道至纯，诸爻中惟六二之德能得之。盖六二柔顺中正，其德之存于内者，粹然天理，无所枉曲而直；发于外者，截然当理，无所偏倚而方。且无一念不直，无一事不方而大。其所为直、方、大者，又悉出于自然，不待学习而无往不利。其德之纯为何如哉？

孔子释二象曰：六二之德，合动静而无间者也。而事物未接之时，则其德亦无由而见。惟是动于念虑，则贞固者见其直；动于物感，则有定者见其方，既直且方，而大可知已。然使直、方、大之德，必待学习而后利，或不免有矫揉强制之劳，二之不习无不利，是盛德之蓄于内者极其含弘，英华之现于外者极其光大，以之配乎地道，实全体大用无一不具者也。

何光显如之？观此爻之义，盖指成德而言；惟其成德，故不假于思勉。若论修德之功，则虽圣人不废下学，如《文言》所谓主敬守义，固下学力行之事。而圣人之存养于未发之时，裁制于临事之际，亦未有舍敬与义而能直、方、大者。但功有浅深性反之不同，此则存乎其人矣。

注释　从以上一段至以下共六段，《易经》原文分别是六二至上六的爻辞和用六及其《象传》，下面则是日讲官对其进行的解义，其解义的体例和模式与释坤初爻的相同，故不再赘述。

易经　六三：含章可贞，或从王事，无成有终。《象》曰：含章可贞，以时发也。或从王事，知（通智）光大也。

解义　此一爻，是以坤德有终明臣道也。章，美德也；无成，谓无专成。

周公系坤三爻曰：六三阴居阳位，阳德内含，是有明体达用之才而能养晦退藏、深沈（通沉）不露者，此坤道之至正可以固守者也。然三居下卦之上，德为时用，岂能终于含藏？如或出而从王之事，则其恪守臣顺，固不敢争先居首以取专成之咎，而有守者自能有为，凡其职分（去声）所当为与才力所能为者，务终其事而后已。三之德，真顺而能健者乎？

孔子释三象曰：三之含章可贞，非自私其美而不发也，君子藏器于身，待时而动，必遇可用之时。乃出其内美，以发施于事业耳。至于或从王事而能无成有终，固由才具过人，亦其中有定见。从来识见不明者，器量必隘，偶有一长一善，即不能自抑，欲以表著于人，卒之有喜事之名而无任事之实。其为不智，亦已甚矣！六三知臣分（去声）不可越而不敢专成，又知臣职不可懈而不敢废事。非智虑（智虑：智谋；谋划）之光明广大，何以几此？此其德之所以为章美也。

按：坤属臣道，而诸爻皆别举一义，惟三爻乃专以臣道言。盖三为阳位，又处多凶之地，圣人恐其恃才自专而不能守顺也，故以先迷后得之义皆于此爻发之。然使用《易》者，欲通之于君道，则神明默运而喜怒不形，即含章也；恭己（p.38 注①）励精而百职就理，即有终也。观无成之为臣道，又可知率作兴事，屡省乃成，为君道矣。

易经　六四：括（音扩）囊，无咎无誉。《象》曰：括囊、无咎，慎不害也。

解义　此一爻，是言柔德之宜慎也。括囊，谓结囊口而不出也。

周公系坤四爻曰：坤之六四，以阴居阴，既无刚德，又所处失中，宜以轻躁浅露为戒。故处世则主于退藏，谋事则主于谨密，出言则主于简默，象如囊之结其口而不出者然。夫吉凶悔吝，皆生乎动，过由动生，名亦由动集。今谨守如是，则无妄动之咎者，亦自无成事之誉；盖四处多惧之地，惟此为善道矣。

孔子释四象曰：四之括囊，所谓能慎者也。慎其身而不轻出，斯不辱身；慎其事而不轻举，斯不偾事；慎其言而不轻发，斯不失言，何害之有？惟其不害，是以无咎。而无誉非所计已，盖天下务名干誉之事，皆有必取祸败之道，而在人臣尤所当谨。

市己恩者树私交，矜己才者拂众志；誉之所在，即咎之所归，故于六四之无誉，更见其能慎。然既谓之曰慎，则其委曲济时、小心应变之学，即见于括囊之中。若徒以容悦为老成、窃位为明哲，又非《易》书教人之旨矣。

易经　六五：黄裳，元吉。《象》曰：黄裳、元吉，文在中也。

解义　此一爻，是言中顺之德，无往不利也。黄，中色，象五德之中；裳，下饰，象五德之顺。

周公系坤五爻曰：坤之六五，以阴居尊位，是其徽柔懿恭①之德，积之极其盛，而应事接物之际，又绝不以之自矜。由是形诸身者无非巽顺之容，施于政者无非和平之治，如黄之中色用以为裳者然。如是，则守中履顺、亢厉不形。以之处己能尽己之道，以之处人能得人之心，其为大善而获吉，何疑乎？

孔子释五象曰：五之"黄裳、元吉"，非矫饰于外也。盖居尊位者，出身加民，事事皆本于心德，惟五实有中顺之美德充积于中，故虽不自炫其文而英华发外，自有如此之盛也。

按：五本君位，而在坤，则悦②者多属之于臣，如伊尹（p.88注①）之宠利不居、周公之硕肤几几③，皆以为有得于黄裳之义者也。然而自古帝王，崇效天，卑法地，礼接臣下，俯恤民情，位高而愈自抑，德盛而益守谦，君德之美，又孰有逾于黄裳者哉？

注释　①徽柔：善良仁慈；懿恭：和善恭谨；"徽柔懿恭，怀保小民。"（《书·无逸》）

②悦：原书"悦"多作"说"，本整理本从今习惯改作"悦"，以下均径改，不再说明；但《易经》原文中的"说"不改。

③硕肤：硕大的美德；几几：上声，盛貌；"公孙硕肤，赤舄几几。"（《诗·豳风》）周公：见 p.30 注②。

易经　上六：龙战于野，其血玄黄。《象》曰：龙战于野，其道穷也。

解义　此一爻，是极言阴盛之害也。玄，属阳；黄，属阴；其道，指阴道。

周公系坤上爻曰：阴之不敢与阳抗者，理也，亦分（去声）也。然阳不能制阴，而使阴至于极盛，则阴岂独与阳抗？而且与阳争胜，是战之象也。夫以既衰之阳而与极盛之阴相竞，固自处于必败。然而揆之天道、度之人事，必无阴终胜阳之理，则阴之悖理越分（去声），以求胜乎阳又岂能卒免于祸害乎？如龙战于野而其血玄黄，盖两败俱伤之道也。

孔子释上象曰：龙何以遂战于野耶？阴本起于至微，惟驯致其道，以至于穷极，则势难复遏而日与阳争胜，惜乎其制之不早也。若当其始凝而能预防其渐，又焉有异日之祸哉？

大抵阴柔之性，最为难制。其未盛也，潜伏而不及防；其既盛也，横决而不可御。配诸人事，方小人始进，未尝不降心抑气以求包容于君子，及其党日炽，遂不尽驱善类而去之不止。所以姤一阴始生，合众君子之力以防一小人，而尝虑其计之疏；夬一阴将尽，又合众君子之力以去一小人，而犹戒其势之厉；况由一阴以积至于六阴，虽欲不为阳害，得乎？故坤爻初曰"坚冰至"，警龙战之祸于始；上曰"战于野"，著坚冰之害于终也。

易经　用六：利永贞。《象》曰：用六永贞，以大终也。

解义　此二节，是申明体坤之道，在以刚济柔也。阳大阴小，大终，谓以阳终也。

周公于坤卦六爻之后，复系之以辞曰：坤六爻皆阴，则其数皆六；六者，阴数之极也。体坤之道者，当思阴柔之性，患在不能固守，若能善用其阴柔，而以阳刚济之，则其处心制行，常确守中顺之正道，而私欲不为所屈，常变不为所移，贞固之德安而能永，何不利之有？

孔子释用六之象曰：《易》之理，阳为大、阴为小。永贞者，阳刚之所能也。今体坤而能用六，则阴变为阳，而坤德亦能永贞矣。始虽柔弱，而终则强毅，是始于小者终于大也。坤之与乾合德者以此。

按：乾、坤之用九、用六，即书刚克、柔克之义，一以柔济刚，一以刚济柔，此逆以治之者也，所谓沉潜刚克、高明柔克也。去其刚之偏而刚德全矣，贞其柔之守而柔德全矣，此顺以治之者也，所谓彊（通强）弗友刚克、燮（音谢，和顺）友柔克也。二者之用备，而刚柔无失中之患已。

易经　《文言》曰：坤，至柔而动也刚，至静而德方；后得主而有常，含万物而化光。坤道其顺乎？承天而时行。

解义　此四节书，是申明坤《象传》之义也。方，谓有定体；"主"下当有"利"字。

孔子释坤象辞曰：坤之象，取义无穷，而顺而健足以尽之。其所谓利牝马之贞者，正以极顺之德，能持之以健，有类于牝马也。盖坤之不敢专主者，至柔也。若其动而及物，常承乾之气而发生于不穷。既成物之形，复成物之性，何其刚也！坤之寂然无形者，至静也。若其德之及物，常承乾之施，而予物以各正。物具一形而不相凌夺，即物具一性而不相假借，何其方也！柔与静，其顺也；刚与方，其健也。柔顺利贞之义，于此可见矣。

至卦辞言后得主利，何也？凡天下属于阳者，以居先主义为常；属于阴者，以从阳主利为常。惟坤为纯阴，能居乾之后而守其分所当为，即以顺为利而尽其力所能为，是乃全乎阴柔之常道者。君子之法坤，安贞获吉，亦于此可见矣。

　　且也，坤有柔静之德，故万物之生意悉含于中，而积之极其厚；坤有刚方之德，故化机之凷（通畅）达悉著于外，而发之极其盛，此真所以为含弘光大也。

　　要而言之，乾先而坤代之终，乾始而坤作之成。坤之为道，其天下之至顺乎？从来天之生物，一时之自然而已。天以气赋于物为形，坤即承其气以行于物，而形以时而成矣。天以理赋于物为性，坤即承其理以行于物，而性以时而成矣。时未至不敢先，时既至不敢后，其德之合于无疆者非至健不足以成能，而总全其为顺而已。故曰乃顺承天也。

　　按：坤之德主于柔静，而此兼动刚以为言，盖刚柔动静，乾坤不容偏废，《系辞传》言之详矣。配之人事，则君道震动于上，而臣下不可以退缩承也；君道刚断于上，而臣下不可以巽懦承也。既曰顺承，则并所谓动与刚者而亦承之矣。夫如是，庶可言合德也欤。

　　注释　以上一段《易经》原文是解释坤卦卦辞的《坤文言》；下面则是日讲官对该段《坤文言》的解义，其解义的体例和模式读者应很熟悉了，这里仅再强调重复指出，引出日讲官串讲此段《文言传》的七个字"孔子释坤彖辞曰"的意思是，"孔子（所作的《文言传》）解释坤卦卦辞（即彖辞）的意思是"。

　　易经（文言）　积善之家必有余庆，积不善之家必有余殃。臣弑其君，子弑其父，非一朝一夕之故，其所由来者渐矣，由辩之不早辩也。《易》曰"履霜、坚冰至"，盖言顺也。

　　解义　此一节书，是申坤初六《象传》之义也。辩（通辨），察也；顺，当作慎。

　　孔子复释坤初爻曰：天下事由渐而盛、由积而成，小而一家之盛衰，大而人伦之变故，未有外于此者。如其家积善之久，和气足以召祥，则不独福集于一身，而且及于子孙，有无穷之庆矣。

如其家积不善之久，乖气足以致戾，则不独祸中（去声）于一身，而且及于子孙，有无穷之殃矣。若其变之大者，以臣而至弑君，以子而至弑父，逆天反常，莫此为甚。然推原其故，非始于弑逆之一日也，乱臣贼子之所由来，盖积渐使然也。使为之君父者，早察其奸宄，而逆折其乱谋，则祸必不若是之烈。其至于若是者，由辩之不早辩也。甚矣！防患者当于其渐，而遏萌者当于其微也。《易》曰"履霜、坚冰至"，正言持世之君子宜思辩微之道，而深致其凛凛焉耳。

夫小人之为害于国家极矣，在上者岂有明知为乱贼而故纵之之理？乃竟使其积成凶恶者，何也？小人中藏祸心，外示柔顺；弥缝之智巧，则易为所欺；诒谀之术工，则易为所溺。从来除恶之难，不能察者半，能察而不能断者亦半。明于《易》之言慎，则审辩而谨防之，自不至贻后患已。

注释　从上一段至坤卦最后共六节，每一节《易经》原文均是解释坤卦每一爻爻辞的《文言传》，其解义的体例与模式就不再重复，惟再指出日讲官引出串讲该段《文言传》的七个字"孔子复释坤初爻曰"的意思是，"孔子（所作的《文言传》）重复解释坤卦初爻的意思是"；之所以日讲官说"孔子复释"，是因为孔子已作了《象传》解释坤卦爻辞。

易经（文言）　直，其正也；方，其义也。君子敬以直内，义以方外，敬、义立而德不孤。直、方、大，不习（学习）无不利，则不疑其所行也。

解义　此一节书，是申坤六二《象传》之义也。正，言体；义，言用；不孤，谓德有夹持而大也。

孔子复释坤二爻曰：凡人德具于心而所以成德者，由于学。六二之所谓直者，盖其心本体至正，无少偏倚，故极其直也。六二之所谓方者，盖其心裁制合义，无少邪曲，故极其方也。人心皆有直方之德，而独君子能全之者，内外存发之间，有实学以成此德耳。心不敬则内不直，君子主敬以存心，使私意不杂而专出于理之一途，斯内直矣。事无义则外不方，君子守义以制事，使岐念不生而适合于理之至当（去声），斯外方矣。专求义而不主敬，则存养之功不密，而或挠于其外。专主敬而不守义，则取舍之分（去声）不明，而或淆于其内。惟敬义既立，斯内外夹持，体用兼备，不偏于一善，而其德不孤矣。所谓不期大而大者，此也。其又曰"不习无不利"者，何也？凡人蓄德未大，则临事每多所疑。六二涵养纯熟、矜持俱化，其一身所行之事，皆坦然顺适、无所疑碍，而又何假于习乎？

此修德之始，必致力于敬、义，而成德之后，斯日进于从容也。夫乾九二言诚，坤六二言敬，诚则无不敬，而敬乃所以存诚，故主敬者下学之要也；乾九二言仁，坤六二言义，仁可以统义，而义乃所以成仁，故集义者下学之功也。天道人道之辨，具于此矣。

易经（文言）　阴虽有美，含之以从王事，弗敢成也；地道也，妻道也，臣道也，地道无成而代有终也。

解义　此一节书，是申坤六三《象传》之义也。阴，谓阴位。

孔子复释坤三爻曰：六三有章美之德，而必以含章为正道，何也？六三以阴从阳者也。阴无专制之义，虽内有美德，必蕴含之而不可轻露。即以此德而从王事，亦退处于后，而不敢居专成之名。是非其才力不足，盖揆之于分（去声）而有所不敢也。从来阳为天、阴为地，三，地道也；阳为夫、阴为妻，三，妻道也；阳为君、阴为臣，三，臣道也。地之为道，至柔至静，不敢专成，惟顺承天施而代有终已耳。则三居臣位而代君以终其事，非得臣道之正者哉？

大抵人臣有市美（市：音服；市美：服饰美丽）之念，则骄杳日生；诚明于代终之义，虽勋业媲于伊周，不过自尽其职业而已，负咎之不暇，何敢言功？思惧之不暇，何敢言誉？彼夫小器易盈而卒至于身名俱裂者，其亦未尝学《易》矣夫？

易经（文言） 天地变化，草木蕃；天地闭，贤人隐；《易》曰："括囊，无咎无誉"，盖言谨也。

解义 此一节书，是申坤六四《象传》之义也。变化，谓天地交；闭，蒙塞也。

孔子复释坤四爻曰：君子之出处（上声），关乎世运之盛衰。如天气下降，地气上升，则变化之道行矣，于时太和翔洽，草木亦无不蕃殖，而贤才有不连茹（p.3 注⑨）而起乎？如天气上亢，地气下郁，则闭塞而不通矣，于时运数屯否（屯、否：皆卦名），贤人皆抱道而隐，而又岂肯轻出以取咎乎？《易》曰"括囊，无咎无誉"，正言所遇当闭塞之时，固宜顺时而隐、谨密而不出也。

夫世运之盛衰，虽属气数，而必赖人事以为转移，假使群贤皆隐，则拨乱图治之事将谁责耶？盖《易》为贤人未仕者谋，所以藏器待时，道宜于隐。若以人君而求贤，屯之时，利建侯矣；以大臣而进贤，否之时，畴离祉矣。所处之地不同，故所系之辞各异。且在上诚有用贤之君相，则世道宁有不泰，而贤人宁有终隐者哉？

易经（文言） 君子黄中通理，正位居体，美在其中，而畅于四支，发于事业，美之至也。

解义 此三节书，是申坤六五《象传》之义也。黄，中德也；通，贯通；理，条理也；位，指尊位；体，指下体。

孔子复释坤五爻曰：六五之取象于黄者，何也？黄为中色，而居五之君子，大中之德浑然内含。统而观之，则时出不穷无所不贯通也；分而观之，则条理不紊无所不精晰也。

众理毕备而至善无疵，不犹黄之为中色乎？其取象于裳者，何也？君子正位于上而不以尊贵自矜，谦抑以礼士，和易以近民。其所履者虽崇高之地，而其所执者皆卑顺之体，不犹裳之为下饰乎？

盖中为天下之美德，而顺则其中之用也。六五有此美德充积于内，于是见于四支，而和顺之容极其畅适，美之不言而喻者然也；见于事业，而和顺之治极其发越，美之不现而章者然也。德至此，则自心而形诸身，自身而形诸政，至精至粹而无以加矣。此五之象所以获元吉哉！

按：坤之二、五，皆以德言。二言修德之功，五言成德之效，而其理则可以互通也。能敬以直内，而后中之体全；能义以方外，而后中之用备。直内方外者，内外夹持，交致其力，而黄中通理，则内外一贯，几于圣人之事矣，故曰美之至也。

易经（文言）　阴疑于阳必战，为其嫌于无阳也，故称龙焉；犹未离其类也，故称血焉；夫玄黄者，天地之杂也，天玄而地黄。

解义　此一节书，是申坤上六《象传》之义也。疑，敌也；其类，谓阴类；血，阴属。

孔子复释坤上爻曰：坤至于上而龙战于野，何阴遂敢与阳抗耶？盖阴盛之极，力敌乎阳，则必至有两相争战之事，战则阳气衰而势不能自全矣。何以称龙？圣人以为阴之心虽欲剥阳，而阳必无终绝之理，正为其嫌于无阳也，故称龙焉。且既名为龙，则阴不安其为阴矣。何以称血？圣人以为阴之心虽欲自离其类，而阴必无常胜之理，惟未离于其类也，故称血焉。其玄与黄并称者，何也？阴为阳所败，而阳亦为阴所伤，玄黄之色相混淆，即天地之色相间杂也，事出于至变，故举其相杂者以为言。然而尊卑之定位，贵贱之定分（去声），不可干（阴平）也，亦不可紊也。天之色为玄，固不得下同于地；地之色为黄，终不得上拟于天也。岂其因一日胜负之势而至乱阴阳之常理哉？

观坤上爻所系之辞，而尊阳卑阴之意深切著明矣。大抵阳刚为天下之正气，造化人事俱不容一日息者也。以造化论，则自姤至坤，为纯阴十月之卦，然一阳虽生于子，而实萌于亥，是一岁之内未尝一日无阳也；以人事论，则自古小人之类易盛，君子之类易衰，以小人与君子争胜，君子常不能无伤，然而君子既去，而小人之祸亦不旋踵。非独人事，抑亦天道存焉。是极否之运，未尝一日无阳也。作《易》至此，圣人之为世道虑者远哉。

三　屯卦 ䷂ 震下坎上

解义　屯取济难之义。凡处险难者，必能奋发有为，然后可以出而治险。故下卦以震德之动为亨屯之本，而初画一阳居下，又为成卦之主。所以一卦吉凶，皆视初爻以起义。彖辞虽统论卦体，而与初爻之旨实互相发明。其言利贞，即初之利居贞也；其言勿用有攸往，即初之磐桓也；其言利建侯，即初以贤明刚正之德系天下之望，而宜早建以为侯也。惟初既为民望之所归，则凡有志用世者，必与初相辅，乃克有济。故二乘初则屯邅（音谆沾，难进貌），三不应初则有吝；四与初正应则吉无不利；五位虽居尊，而初得民于下，则屯膏（屯膏：吝于施恩）；上与初地位相远，下无应援则进无所之，而不能自振。盖诸爻之辞，因初起义者如此。至于初为卦主，既曰大得民矣，乃六二不应其求而反以为难，何也？合诸爻而言，则初九以阳统阴，民皆归往；据六二而言，则二以阴柔为初阳所逼，受制于人。此一爻别取一义，非全卦之旨也。《程传》（p.62）言之晰矣。

注释　以上一段是日讲官综合解说屯卦，指出理解、运用该卦时应注意的最重要、最关键的地方。

这里应提请读者注意，本书日讲官解义乾、坤二卦的体例是各有区别的。但自屯卦以下六十二卦，其解义体例都几无区别，因此，本书整理者此处对屯卦的解义体例做些注释，而自蒙卦以下不再注释日讲官的解义体例了。

易经（卦辞）　屯：元亨，利贞；勿用有攸往，利建侯。

解义　此卦震下坎上，以震动遇坎险，故名为屯。卦辞言济险者当守正慎动，而又在立贤以自辅也。侯，谓诸侯，指初九。

文王系屯象辞曰：屯难之世，正人可大有为之时，才足以拨乱，力足以扶危，应时而动，于理当得元亨。但屯时大难方殷，举事一不当，则机会尽失而人心易至解体。故必固守正道、谋出万全，然后可以有济，决不宜欲速见小利而轻有所往以取困也。至于匡济时艰，务在得贤共理，如卦之初九为众望所属，宜亟建立为侯，使人心有所统系，庶几以能济之人行善济之道，而屯难可以悉解矣。

按：帝王图治，非守正不能黜功利之习，非慎动不能抑侥幸之谋，非建贤不能收辅助之益。平险一理，常变一揆，而当屯难之时则所系为尤重，故圣人兢兢垂训如此。

注释　以上一段《易经》原文是屯卦卦辞，解义部分则是日讲官对这一段卦辞的解义；原书解义部分是一大段文字，为方便阅读，整理者根据意思的不同将该大段文字分成了三小段。

第一小段包括三项内容：指出该卦体的内（下）外（上）结构，以及叫此卦名的理由；用一句话概括该卦辞的含义；解释该卦辞中日讲官认为应解释的字词的意义。

第二小段详细串讲该卦卦辞，原书是用"文王系屯象辞曰"这七个字引出日讲官的解义文字的，这七个字的意思是，"周文王所作的屯卦象辞的意思是"；前面已说过"象辞"就是"卦辞"。

第三小段是叙述日讲官对该卦辞意义的理解、推广以及在实际运用该卦辞时应注意的最重要、最关键的地方。这一小段文字原文多用"按"字引出，如屯《象传》的解义文字的第三小段；

但有时也有不用"按"字的；这中间的区别似乎也有些规律可寻，但一般读者不必细究。

易经　《彖》曰：屯，刚柔始交而难（去声）生。动乎险中，大亨，贞。雷雨之动满盈，天造草昧，宜建侯而不宁。

解义　此《彖传》，是释屯彖辞以明济屯之道也。始交，谓乾坤始交，一索而得震；难生，谓遇坎险；雷，震象；雨，坎象；草，谓杂乱无序；昧，谓晦昧不明也。

孔子释屯彖辞曰：卦之名为屯者，盖以卦体震下坎上，是乾刚坤柔，一索得震而始交，再索得坎而难生也。

以世道论，则国家肇造之始，中外多难，经理需人。惟卦以震动之德入于坎险之中，是当大难方殷而能奋发有为、拨乱而为治也，故卦辞系曰"大亨"。但在险则势未易动，必有弘济时艰之才，又有从容观变之略。然后动能出险而所往有功，故大亨，而又系之曰利贞。

夫出险济屯之事，不可枚举，其呶呶于利建侯者，何也？卦象雷雨交作，盈满于天地之间，为天运初开、杂乱晦冥之象。此时人心未定、名分未明，一人之力不能削平大难，必宜择立贤哲，建以为侯，方可徐理天下之纷乱，收集天下之人心。然而立君之后，又未可遽谓安宁之时也，内切履危之戒，外厪（通谨）防患之谋。惟不宁乃所以求宁，惟事事求宁，乃愈不敢自以为宁，此真济屯之正道矣。

按：卦义阴阳不交则为否，始交而未成泽则为屯，泽及于物则为解，万物既通则为泰。由否之泰，全视乎济屯之功，而其道则主于震动。天时动于上，人事应于下，皆震之德也。惟其时至事起，故曰贞。有济屯之责者，其可不奋发以有为哉？

注释　以上一段《易经》原文是解释屯卦卦辞的《彖传》，故之前有"《彖》曰"二字；下面则是日讲官对这一段《彖传》的解义，其解义的体例和模式与前面解义屯卦卦辞的相同，惟串讲《象传》的第二小段是用"孔子释屯象辞曰"七个字引出的，这七个字的意思是，"孔子（所作的《象传》）解释屯卦象辞的意思是"。再次提醒读者注意，"象辞"即是"卦辞"，与《象传》（简称《象》）的意思是完全不同的。

易经 《象》曰：云雷，屯；君子以经纶。

解义 此《象传》，是言君子济屯之事也。云，坎象，郁而未通，故言云而不言水；经纶（音伦），治丝之事，先经以引之，后纶以理之也。

孔子释屯象曰：此卦上坎为云，下震为雷，雷虽动矣，云蓄雨而未降，屯之象也。君子以治乱世如治乱丝，必先整其大纲，而后可举其众目。故经以引之，使统纪既立；复纶以理之，使节目毕详。如制田里以厚民生，而复为之经理树畜，俾区处之尽其宜；设学校以正民性，而复为之斟酌节文，俾施行之有其序。如是，则人心大定、名分昭明，而何险难之不可立平哉？

夫屯与需皆有遇险之义，其象皆为阴阳未和，而需之饮食宴乐独有异于屯者，盖需之时人事已尽，则不可以期速效。屯之时天运未启，则不可以无事功，义固各有取也。

注释 这一段《易经》原文是解释屯卦卦象的《象传》，故之前有"《象》曰"二字；下面则是日讲官对这一段《象传》的解义，其解义的体例与模式与前面解义屯卦卦辞的相同；惟串讲《象传》的第二小段是用"孔子释屯象曰"六个字引出的，这六个字的意思是，"孔子（所作的《象传》）解释屯卦卦象的意思是"。另外，读者还可注意，此第三小段与释屯卦辞的第三小段解义文字不同，未用"按"字引出。

易经 初九：磐桓，利居贞，利建侯。《象》曰：虽磐桓，志行正也。以贵下贱，大得民也。

解义 此一爻，是言济屯者，在有守正之德以得民心也。磐，石也；桓（音环），柱也；皆难进之象。

周公系屯初爻曰：初九以阳刚居动体，当屯难之始，亟宜进而有为。然阳刚有能进之才，而居下则无可进之势；动体有欲进之志，而应柔则无引进之人。是其心虽深切时艰，而未免迟回审顾，有磐桓难进之象。夫天下躁进者非贞，而难进者为贞。惟初九处得其正，故能相时而不轻动，揆之济屯之道，原不利于欲速幸成而利于居贞以自守也。且初为成卦之主，德足济时，天下之仰其德者，自利于建立为侯以削平祸乱，又岂终于磐桓不进已哉？

孔子释初象曰：初之磐桓，虽势不能遽进，而其志原在行正不肯妄为，稍有不合于义，宁从容藏器以待之，此居贞之所以利也。至其以阳刚居阴下，盛德不骄，而日以下恤民隐为念。彼民在水火之中，有不引领望救而愿建以为侯者乎？盖能得民心者，真定祸乱之根本耳。

大抵天下之治乱，全视人心之向背。匹夫匹妇，非可以权制术驭而为我用也。仁足以使之感，义足以使之服，然后奋发举事，而人不得而议之。所以三代之得天下，逆取顺守之说屏（通摒）而不用，行一不义、杀一不辜之事，耻而不为，王道之异于霸功，此而已矣。

注释 以上一段《易经》原文，前一句是屯卦初九爻辞，故之前有"初九"二字；后一句是解释该爻象的《象传》，故之前有"《象》曰"二字；下面则是日讲官对该爻辞和《象传》的解义。原书的解义部分是一大段文字，没有分小段，为方便阅读，整理者根据意思的区别将该大段文字分成了四小段。

第一小段包括两项内容：用一句话概括该爻辞的意思；解释该爻辞和《象传》中日讲官认为应解释的字词的意义；若日讲官

认为没有需要解释的字词，此项内容即付阙如，如屯卦上六爻解义部分的第一小段。

第二小段是日讲官详细串讲该爻爻辞，原书是用"周公系屯初爻曰"这七个字引出日讲官的解义文字的，这七个字的意思是，"周公所作的屯卦初爻爻辞的意思是"。

第三小段是日讲官详细串讲该爻的《象传》的，原书是用"孔子释初象曰"这六个字引出日讲官的解义文字的，这六个字的意思是，"孔子（所作的《象传》）解释初爻爻象的意思是"。

第四小段是日讲官对该爻爻辞意义的总的理解和推广，以及在实际运用该爻辞时应注意的最重要、最关键的地方。这一小段文字此处没有用"按"字引出，其他地方多有"按"字；用不用"按"字，这中间似乎也有些规律可寻，但一般读者不必细究。

易经　六二：屯如邅如，乘马班如，匪寇婚媾。女子贞，不字，十年乃字。《象》曰：六二之难，乘刚也；十年乃字，反常也。

解义　此一爻，是言二能以正自守而不苟于从人也。邅（音沾），邅回也；班如，分布不进之貌；字，许嫁也；乘刚，谓乘初刚之上；反，复也。

周公系屯二爻曰：六二与九五为正应，义所当从，但位逼初九，为其所制。是当屯难之时，君臣不能遽合，而见阻于强梁之人也。其象为屯如邅如，而所乘之马班如而不能进焉。夫初九之强与二合者，原非与二为寇，实欲其合力济屯，如婚媾之相亲耳。惟二阴柔中正、执一不渝，至于历时既久、数穷理极，则妄求既去，而正应乃复合矣，不犹女子守贞不字至十年而乃字乎？

孔子释二象曰：六二之受难于人，止以下乘初刚，欲其变常道而与之合耳。天下变常之事必不能久，二之十年乃字，正复反于常道，而君臣会合，获遂其本志也。君子尚其知所守哉！

按：初九为一卦之主，本为贤明刚正之人，二与之合力济时，未为失节。而圣人于二之守贞不字深加奖许者，凡以出身事人，义无私交，倘或迫于侵逼之势、牵于比昵之情，明知其不可而姑应之，鲜不至于辱身败节，故以不字为正，所以戒后世之怀二心者也。

注释　此六二爻以及以下各爻解义的体例与模式均与解义初爻相同，故不赘述了。

易经　六三：即鹿无虞，惟入于林中。君子几不如舍，往吝。《象》曰：即鹿无虞，以从禽也。君子舍之，往吝穷也。

解义　此一爻，是为躁进者示戒也。即鹿，逐鹿也；虞，虞人（虞人：古掌苑囿、田猎的官）。

周公系屯三爻曰：凡任天下事者，必内度之己、外度之人，然后能进而亦能退。六三阴柔居下，是内无济屯之才也；正应非人，是外无济屯之助也。乃好（去声）动轻进，自取困穷，如逐鹿而无虞人导之，惟有陷入于林莽之中而已。虽欲退，其可得乎？夫其所以轻进取困者，由不能见几故耳。天下事应行应止，原有先见之几，妄行之必致于困，此几之灼然易见者也，惟君子知之。与其侥幸以图利，不如舍而勿往，虽无所得，而必不至有失身之患。若贪利往逐，自不免陷于屯矣，何吝如之？

孔子释三象曰：无虞而即鹿，是以身从禽而不知舍（上声）也。三之贪利躁进，不可动而妄动，亦犹是而已。君子见其当舍即断然舍之，诚以往则必吝，故不得不去之决耳。

圣人戒人急于求进者如此，盖济屯者之入乎险中与田猎者之入于险阻，其危一也。方其猝然遇轶材（轶材：超群）之兽、骇不存之地，虽使虞人导之，犹惧有衔橛之变，况无虞乎？所以圣人取象，以忘身徇（通殉）禽为忘身徇利者之喻，诚以天下利之所在即害之所伏，惟能见几然后利害明，利害明然后取舍决。不然，未有不自取困辱者也。

易经　六四：乘马班如，求婚媾。往吉，无不利。《象》曰：求而往，明也。

解义　此一爻，是言济屯者宜求贤自辅也。求，谓四求初；往，往济屯也。

周公系屯四爻曰：六四居大臣之位，本有济屯之责，而阴柔无才，志欲进而力不逮，故有乘马班如之象。然初九阳刚居下，为四正应，是乃与己为婚媾者也。诚能虚己求之，藉其有为之才以同往济屯，则在初得展行正之志，在四得成出险之功，不亦吉无不利乎？

孔子释四象曰：凡不明者，非昧于知人，即蔽于自恃。六四求初九之贤，同往济屯，量己之不足，资人之有余，不自用而任之，其识见可谓明矣。

盖人臣最忌蔽贤而又最患植党，二者或疑于相妨，不知意主于为国，则其所以勤延揽者皆公也；意主于为己，则其所以广汲引者皆私也；若外避植党之名，而内怀嫉贤之实，其害与树私交者正复相等；以处无事之日，必误国家，况可与之济屯乎哉？

易经　九五：屯其膏，小，贞吉；大，贞凶。《象》曰：屯其膏，施未光也。

解义　此一爻，是言时危无辅而德泽难施也。小、大，谓小事大事。

周公系屯五爻曰：五以阳刚中正居至尊之位，宜若可以有为，但时当屯难陷于险中；而正应六二，又阴柔才弱，不能出而济险；天下民心多系属于初九，五虽有膏泽之施，亦壅而不能下究，为屯其膏之象。以处小事，则守正犹可获吉；若欲图济屯之大业，虽得正不免于凶。甚矣！其时之难为也。

孔子释五象曰：在上者以德及生民为大，九五之屯膏则以陷入险中，阳为阴掩，虽有膏泽（膏泽：喻恩惠），不能遍及于人，故所施为未光也。

按：圣人立教，责重人事。虽时势无可为，犹必教之以出险济难之道，况屯之九五本有阳刚之才，未为失德，而直以大贞凶为戒，何哉？诚以有君无臣，必不能成大业。五专恃六二阴柔之应，斯所往多阻。卦之初九，既为人望所归，使与六四同屈己下贤、倾心委任，而又内修德政以收拾人心，未必膏泽不可以下流而经纶不可以徐布，故辞曰"屯膏"，以明求贤之宜急也。

易经 上六：乘马班如，泣血涟如。《象》曰：泣血涟如，何可长也？

解义 此一爻，是言无才无辅不能出险也。

周公系屯爻上爻曰：从来天道人事，穷极则通，乱极则治。上六居屯之极，正有可亨之机，乃阴柔无才又无辅助，因循不进，坐失事几，徒为无益之忧惧而已，有乘马班如、泣血涟如之象。

孔子释上象曰：上六当屯极之时，昧于出险之义，既不能致治，则必入于败亡。泣血涟如，岂长久之道哉？此圣人危其辞以为济屯者戒也。

《易》之所重，德与应而已。阳刚之德虽无应，犹可有济。若质本阴柔，而复无阳刚之应，鲜不败矣。即此卦而言，二之班如以待五也，四之班如以求一也，皆为阴与阳应，故有吉利而无凶悔。就诸卦而言，否之上九，以才足倾否则喜；蹇之上六，以来就九五则吉；其他如复、如坎、如困，则无德无应，与屯之上同一象矣。故曰：阳为贵、阴为贱，《易》之通义也。

四　蒙卦 ䷃ 坎下艮上

解义 蒙取养蒙之义，物生方稚，养德更难于养身。圣人欲立教者，动合于中而施当（去声）其可，故卦辞予之以亨而又戒之以利贞。六爻四阴为蒙，二阳为治[①]蒙之人，而上九过刚不中，又以九二时中为一卦之主，初承二则有利，四远二则有吝，五应二则得吉。五身居尊位而能自处于蒙，以为天下率教者之倡，此刚柔之所由相接而圣功之所由克成也。至若三近于二，宜与初相同，而其正应在上，舍上而从二，有见利忘义之象，故君子绝之。盖《易》卦之所重在应，屯之二以不附初为有守，所应正也；蒙之三以下从二为失身，所应不正也。应失其正，则身败名辱，虽有包蒙之教，亦无所施。是非用上九之击蒙，不足以遏其邪而止其恶矣。大抵治蒙之法，贵乎宽严适中，而制之于早则易为力，防之于后则难为功。制于早者，发蒙者也，正法以绳之而有余；防于后者，击蒙者也，干戈以御之而不足。所以圣人取象于初，曰脱桎梏；于上，曰利御寇。正以立教之初意原主于宽，其至于击蒙御寇，盖不得已而用之者也。养正之功，诚不可不预矣哉。

注释　此卦以及以下各卦解义的体倒与模式均与解义屯卦的相同，故均不赘叙了。

①治：古通笞；以下"治蒙"连用，多为此义。

易经（卦辞）　蒙：亨。匪我求童蒙，童蒙求我。初筮告，再三渎，渎则不告，利贞。

解义　此卦坎下艮上，山下有险，内险外止，俱有蒙滞未通之意，故名为蒙。卦辞言亨蒙之道贵当其可，而要之以正也。我，指九二言；童蒙，指六五言。

文王系蒙象辞曰：蒙虽稚昧未通，然真明内含，天良未凿，原有可通之机，一开发之即通矣，故蒙者得亨而不终于蒙。然蒙之能亨，虽蒙者有可亨之道，亦由发蒙者得善教之宜。教之之宜何如？师道不可轻亵，有来学、无往教，匪我主教者先求童蒙而强为启迪，乃童蒙虚心逊志、先来求我以决疑辨惑也。且求我之心真实纯一，如初筮之诚，则宜迎其机而告之。庶言不烦而教易人，若至再至三，则烦琐而渎矣。渎则求教之心不切，即告之亦必无益，故隐而不告。如是，则蒙者固能求，而明者又善告，此蒙之所以得亨也。然其所以告之者，又必扩其良知充其良能，非圣人之言勿道，非先王之法勿陈而利于贞焉。

庶蒙者，德日进于高明，业渐臻于光大，而养蒙之道始无愧矣。昔宋儒周敦颐有言：人生而蒙，长（上声）五师友则愚。故师道立则善人多，善人多则朝廷正，而天下治矣。然则择师求道，诚人生第一义也。

易经 《彖》曰：蒙，山下有险，险而止，蒙。蒙亨，以亨行时中也；匪我求童蒙，童蒙求我，志应也；初筮告，以刚中也；再三渎，渎则不告，渎蒙也；蒙以养正，圣功也。

解义 此《彖传》，是释蒙彖辞而备言亨蒙之道也。

孔子释蒙彖辞曰：卦之所以名蒙者，卦体坎下艮上，上有艮山之阻，下有坎水之险；卦德内险外止，内险已杌陧（音务涅；不安定）不安，外止又滞碍难进，正如物生之初，蒙昧未通，故曰蒙也。

至蒙之所以得亨者，卦体九二以可亨之道行以教人，己昭昭而教人昭昭，且启迪合宜、语默（p.523）中节（中节：合乎礼仪法度）而时中也。何以见之？如匪我求童蒙，童蒙求我。盖以六五柔顺虚中，下应九二，非二有求于五，乃五尊贤乐道之志下应于二也。此非二有亨蒙之道，五未必求，若使非时中，则亦不待求而教之矣。初筮告者，以九二有刚中之德，故能施教有节，必待其诚而始告也。若再、三渎，渎则不告者，盖蒙者再、三，固为渎我，我若告之，蒙亦不能听受，弥增疑惑，反渎蒙矣，故不告也。此非二有亨蒙之道，无以告蒙；若使非时中，则告之亦无节矣。又曰利贞者，何也？蒙而养之以正，乃作圣之功也。盖人性本正，当颛蒙之始，其天真未漓（音离，薄），则当保全其正者惟此时；其情识渐开，不可不范之以正者亦惟此时。教者必及此时，

涵育薰陶、扩充培养，日使之亲正人、闻正言全其性命之体、满
其知能之量（去声），则赤子之心不失，而达天立命之学在是矣。
非圣功而何？夫蒙者之求教与教者之发蒙无不以圣人为期，而圣
功惟在养正。

可见天理人欲，全在辨之于早；若待外诱既深，发然后禁，
则扞格而难胜矣。《伊训》云：罔不在初。《召诰》①云：王乃初
服。后世留心国本者，必倦倦以早谕教为言，其亦有见于此乎？

注释　《伊训》《召诰》均为《书经》篇名。

易经　《象》曰：山下出泉，蒙。君子以果行育德。

解义　此《象传》，是言君子自养之道贵内外交致其功也。
果行者，勇决其行；育德者，涵养其德。

孔子释蒙象曰：艮象为山，坎象为泉。山下出泉，其水最清，
其流未达，犹人之童稚、天良内具而郁滞未通，蒙之象也。君子
欲开一世之蒙，必先有以自开其蒙。于是体坎之象，以果其行，
见善必迁，有过必改，如泉之始达，其机莫遏；体艮之象，以育其
德，培其知能，葆其忠信，如山之静正，其源常裕。

如是，则内外交修，本末一致，所以开一己之蒙在是，所以
开天下之蒙亦在是矣。盖德者行之自出，行者德之所形，惟其所
养能厚，故其所应不穷。不然源之不深，其流虽疾而亦易竭，则
育德尤为探本之功欤？

易经　初六：发蒙，利用刑人，用说（通脱）桎梏，以往吝。
《象》曰：利用刑人，以正法也。

解义　此一爻，是言发蒙之道贵宽严相济也。刑人，用刑之
人；桎，足械；梏，手械。

周公系蒙初爻曰：初六阴柔居下，蒙之甚者。教者欲开发其
蒙，当严之以威，使之有所畏惧而不敢不勉于善。用刑人以惩
之，乃为利也。然严以束之，又当宽以待之。用脱①桎梏，以俟

其自悟自新，相观而化焉。若徒恃严威，往而不舍，在我既失张弛之道，蒙者即欲为善，其道无由，吝其能免乎？

孔子释初象曰：治天下有教化，不能无刑罚，教以养童蒙之君子，刑以惧愚蒙之小人。发初之蒙利用刑人者，所以正治蒙之法，使之有所畏惧而不敢犯也。

盖发蒙之道，既用刑以惩其初，即用脱以观其后，则养之意未尝不寓于法之中。《礼》曰：师严然后道尊，道尊然后民知敬学。《书》曰：敬敷五教在宽②。然则宽以济严，严以济宽，发蒙之道，莫善于此矣。

注释　①脱：原书"脱"多作"说"，本整理本从今习惯改作"脱"，以下均径改，不再说明；但《易经》原文中的"说"不改作"脱"，如本爻辞中的"用说桎梏"；以下亦不再说明。

②敬敷五教在宽：语出《书·舜典》；敷：传布；五教：五常之教，即五典，指父义、母慈、兄友、弟恭、子孝。

易经　九二：包蒙，吉；纳妇，吉。子克家。《象》曰：子克家，刚柔接也。

解义　此一爻，是言施教之道贵曲成不遗也。包，涵育之意；纳，受也；妇，群阴之象。

周公系蒙二爻曰：九二有刚中之德，膺发蒙之任，不特乐育英才而已，即阴柔蒙昧之人，亦包之而不遗，则智愚皆可成就，何吉如之？且不特奖掖善类而已，即暗昧无知如妇者，亦纳之而不弃，则贤否悉受陶成（陶成：陶冶使成就），又何吉如之？凡此敷教之任，皆君事也。大君以启蒙之责委之于臣，犹父母以治家之事委之于子也。二能克尽厥职，合智愚贤否而包纳靡遗，是臣之克相（去声，辅助）无负于君，犹子之克家无忝（音舔，有愧）于父也。二诚以亨行时中者哉！

孔子释二象曰：二之子克家，固因二有刚中之德足以发蒙，

亦由六五柔中虚己有以接之，故二得行其时中之道以成发蒙之
功也。不然，上下不交、堂廉（堂廉：堂基的四周，借指朝廷）隔
绝，二虽有师世之才，将安施乎？

　　昔伊尹鼎鼐之才，傅说具盐梅之望，使非成汤尊为元圣、宠
以阿衡，高宗梦寐旁求、爰立作相，彼亦乌能化被当时、声施后
世哉[1]？甚矣！任贤图治为万世人君之要道也。

　　注释　①伊尹：商汤臣；随汤妻有莘氏陪嫁的奴隶，后助成
汤伐桀，以功执国政，尊为阿衡；汤死后，孙太甲破坏商汤法制，
伊尹将其放逐，三年后迎其复位。

　　傅说（音悦）：相传曾版筑于傅岩之野，被殷商王武丁访得，
拜为相，勤修政事，使殷得中兴。

　　成汤：商开国之君，亦称汤、天乙。高宗：殷商王武丁死后
的称谓。

　　鼎鼐（音奈）：喻宰相等重臣。盐梅：调味品，喻治国，后代
指宰相。元圣：大圣人。阿衡：商代官名，职责大致为辅导帝王，
主持国政；伊尹曾任此官。

　　易经　六三：勿用取（通娶）女。见金夫，不有躬，无攸利。
《象》曰：勿用取女，行不顺也。

　　解义　此一爻，是言无德者必见弃，是明行己之当慎也。
女，指六三；勿用娶①，指上九；金夫，指九二；顺，当作慎。

　　周公系蒙三爻曰：六三阴柔，不中不正，是下愚不移之人，
君子之所不屑教者，如无德之女，不可娶之以为妻也。盖上九乃
六三正应，三舍上九而昵比九二，如女之见金夫而不有其躬者，
秽德彰闻，人皆贱之，何所利乎？

　　孔子释三象曰：凡人立身，当兢兢以礼自持。女之所以不可
娶者，以其荡检逾闲（荡检逾闲：谓行为放荡，不守礼法。检、
闲：指规矩、法制）、素行不慎故也。

盖与人为善，固君子之用心；而自暴自弃者，则不得不痛斥之，冀彼或生愧悔之念。故均是女也，在九二则宜纳之，以大其包荒之量，有教无类也；在上九则勿用娶①，以严至正之防，不屑之教也。教固多术矣哉！

注释 ①娶：原书"娶"多作"取"，本整理本从今习惯改作"娶"，以下均径改，不再说明；但《易经》原文中的"取"不改作"娶"，如本爻辞中的"勿用取女"，以下亦不再说明。

易经 六四：困蒙，吝。《象》曰：困蒙之吝，独远实也。

解义 此一爻，是言人贵能得师也。

周公系蒙四爻曰：蒙昧之人，全赖亲近刚明有道之士以开其蒙而启其悟。六四阴柔不中，上承六五，下乘六三，而其应又在初六，所亲近者皆阴柔之人，则蒙将终于蒙而永无开悟之日矣，羞吝其能免乎？

孔子释四象曰：天下无不可变之质，无不可启之蒙，四独致困蒙之吝者，何也？盖九二、上九二阳，俱有刚明之实德，六四独与之远，是众人皆有道义之交，而彼独无贤明之助，其困蒙而吝也，宜矣。

昔仲虺①诰成汤（p.88 注）曰：能自得师者王，谓人莫己若者亡；好问则裕，自用则小。夫成汤，圣君也；仲虺，贤相也。其君臣诰诫，犹谆谆以得师、好（去声）问相劝勉，人固可以孤陋自处而甘致困蒙之吝哉？

注释 ①仲虺（音毁）：汤左相，引文见《书·仲虺之诰》。

易经 六五：童蒙，吉。《象》曰：童蒙之吉，顺以巽也。

解义 此一爻，是言受教之道贵于能虚，纯心亲贤则德业可成也。

周公系蒙五爻曰：六五柔中居尊，下应九二，其心纯而不杂、一而不二，有初筮之诚，无再、三之渎，如童蒙之淳朴未漓

（p.85）、知识未开者然。如是，则主心日明，主德日懋（音貌，盛大），其为吉也，不独在一人，而在天下矣。

孔子释五象曰：六五取象于童蒙获吉者，以其有柔顺之德，故能谦巽以从乎二也。使非五顺而巽，二虽贤，其能强五以从己乎？

盖人主处至尊之位，必亲贤取善，方可辅成其德。然非卑躬逊志以求之，则贤与善虽日在吾前，而终不能得其益。先儒尝言：此道与溺于利欲之人言之犹易，与溺于意见之人言之甚难。诚以人先有意见横于胸中，此心便蔽而不明，虽有忠言谠（音党，正直的）论，亦无由而入矣。此童蒙之所以吉也。

易经　上九：击蒙，不利为寇，利御寇。《象》曰：利用御寇，上下顺也。

解义　此一爻，是言治蒙者宜以刚而又贵当（去声）其可也。寇，害也；御，禁止也。

周公系蒙上爻曰：以九居上，治蒙过刚，有击蒙之象。然刚克之道，施之贵得其宜，始有利而无害。如以过刚之道，责蒙者以未能知之理、未能行之事，则阻其向往之机，反有害于蒙。是为寇也，亦何利乎？惟用此以捍其外诱、以全其性真，如御寇者然，使其私意尽屏（通摒）而醇良不失，庶几作圣之功即在于是，斯无不利矣。

孔子释上象曰：上之击蒙、利用御寇者，盖以威严治蒙者之私心，不悖刚克之道，上固顺矣。蒙因教者之严而改过自新，不敢恣肆于为恶，下亦顺也。上下皆顺，又何不利之有哉？

此卦九二、上九俱有刚明之德，上虽不及二之中，而亦当发蒙之任。九二包蒙纳妇，利用宽；上九击蒙御寇，利用严。宽以养其善机，严以止其邪念，师教之道备矣。

五　需卦 ䷄ 乾下坎上

解义　需有二义。以全体言之，坎险在前，下卦乾体刚健，能不冒进以陷于险，有能需之才；以九五一爻言之，阳刚居尊，值当需之时，能建中表正，不欲速邀功，有能需之德。有其才又有其德，此所以能需而有亨吉涉川之效也。然四阳乾健知险，固能需矣。而四上二阴，亦能出穴终吉，何也？坤顺知阻，能从阳也，四顺听九五，上敬顺三阳，故虽需血入穴而终能出穴获吉，刚德真足贵哉！

易经（卦辞）　需：有孚，光亨。贞吉，利涉大川。

解义　此卦乾下坎上，以乾健临坎险，知险不进，有需待之意，故名为需。卦辞言善需者，必以天德行王道，然后可以济险而成功也。

　　文王系需象辞曰：乾坤开辟而后，既建侯以统治之，复立师以教育之，治道已尽矣。此时或有未通之声教，或有未消之隐忧，惟当静以待之，不宜欲速邀功。卦体九五有阳刚中正之德，其需也，非限于时也，非屈于势也，乃根于至诚恻怛、不欲扰民动众之一心也。有孚如是，则不为利障、不为欲牵，岂不光亨？且本纯王之心发为纯王之政，规模远大，不行险侥幸而贞焉，则久道化成，天下皆享安静和平之福，何吉如之？即一旦临大难而从容可以观变，详慎可以图机，虽涉大川，亦无不利。

　　甚矣！治道之贵需也。昔武王克商，天下已定，其时犹多顽梗未化之民。成王、周公知其当需也，故不以兵刑胜之，惟丁宁诰诫，悠优渐渍而涵濡（涵濡：滋润）之。卒之顽消梗化，不动声色而措天下于泰山之安，非孚贞之明效大验耶？

易经 《彖》曰：需，须也。险在前也，刚健而不陷，其义不困穷矣。需，有孚、光亨、贞吉；位乎天位，以正中也；利涉大川，往有功也。

解义 此《彖传》，是释需彖辞，以明能需之实也。

孔子释需彖辞曰：卦名需者，须待之义。此卦坎在乾上，是险难在前，时固当需；而以乾之刚健临之，刚则能断，健则知险，既有定识，又有定力，自不肯冒进以陷于险。揆之于义，宜乎其不困穷矣。

辞曰有孚、光亨、贞吉者，卦体以九居五，是以阳刚之德居天子之位，为位乎天位，有正中之德也。正则大道为公，无苟且邀功之事；中则定静不扰，无营私计利之心。孚贞如是，其光亨而吉也，不亦宜乎？又曰利涉大川者，盖本此正中之德，往以济险图功，则安详镇定之中，自裕观变济时之略，又何难不可平而何功不可建哉？

夫有国家者，内而宫府，外而海甸（海甸：近海地区），艰难险阻，往往伏于不测，虽盛明之世亦所必有，惟在人主秉刚健之德，审时而动，行正道以成大功耳。信乎！非有德者不能需，非能需者不能涉大川也哉。

易经 《象》曰：云上于天，需。君子以饮食晏乐。

解义 此《象传》，是言君子处需之道也。

孔子释需象曰：卦体下乾上坎，乾为天，坎为云，云上于天，将雨而犹未雨，有须待之意，需之象也。君子法之，以治道值当需之时，不宜妄作生事、劳心扰民。凡所以定祸乱而开太平者，既经纶创作于前，此时惟宜恭己（p.38 注①）无为，饮食晏乐，养其气体、怡其心神，徐以俟德化之成可也。

盖明作固所以图功，而时未可有为，则纷更反以致扰，故优游静镇，以俟运会（运会：时运际会，时势）之自至。诚有不得不需者耳。岂耽溺晏安而矫托清静、坐致废驰者可借口哉?

易经 初九:需于郊,利用恒,无咎。《象》曰:需于郊,不犯难(去声)行也。利用恒,无咎,未失常也。

解义 此一爻,是明远害之道,贵能守其常也。郊,旷远之地。

周公系需初爻曰:初九在下,去险最远,而阳德刚健,又能自守,有需于郊之象。然天下有才之人往往为才所使,倘此心妄动、不能持久而冒进图功,于事无济,只取咎耳。故必慎终如始,超然利害之外,确乎若将终身焉,则收身名两全之利,而决不至躁进以取咎矣。

孔子释初象曰:天下何地无险?何时无险?特患人不明不哲,冥行自犯耳。初九之高蹈远引需于郊者,乃审机明而持志决,自不犯险难而行也。夫无位难以图功,而局外不宜生事。初之不犯难行乃常分(去声),亦常道也。所谓利用恒无咎者,揆之常分常道,未为失也。

盖圣贤处世,时至事起,原无可强致之功业,彼不能义命自安,汲汲有为以速戾者,亦未明乎恒之义耳。

易经 九二:需于沙,小有言,终吉。《象》曰:需于沙,衍在中也。虽小有言,以吉终也。

解义 此一爻,是见二有刚中之德,故终能远害也。沙近水,二近坎,故有沙象;衍,宽裕也。

周公系需二爻曰:九二渐近于险而刚中能需,不肯冒进,有需于沙之象。夫九二上应九五,出身任事,非若初之超然世外者比,乃亦迟回却顾、需而不前,不有退懦之讥,必有观望之诮,小有言所不免矣。然二志存济险,独能观变相(去声)时,不为浮议所摇,则刚健不陷,终成济险之功。何吉如之?

孔子释二象曰:九二之需于沙,由其刚而得中,居心宽裕、誉不加喜、谤不加忧，故虽小有言，毫不动念，卒能从容镇定、险济功成而以吉终也。

自古豪杰有志济世急欲图功，往往因一言不平，逞意气于一击，至于奋不顾身，故圣人以小有言警之，使知济天下之险者，当沈（同沉）其谋、老其识、坚其守，以俟时宜，甚不可因人言而轻动其心、冒昧前进、自贻伊戚（伊戚：烦恼）也。

易经　九三：需于泥，致寇至。《象》曰：需于泥，灾在外也。自我致寇，敬慎不败也。

解义　此一爻，是为过刚不中、不善需者示戒也。泥，陷人之地。

周公系需三爻曰：九三切近坎体，将陷于险，有需于泥之象。夫水涯之泥善陷，三需于此而过刚不中、轻躁妄动，寇害之至实自致之，将谁尤（过错）哉？

孔子释三象曰：初之需于郊，远之而不敢进也；二之需于沙，进矣而未敢逼也；三之需于泥，则逼于水而祸害已在目前矣。此即善需犹恐不免，况刚而不中、意气过激，适足以速寇乎？然此总由不知敬慎故耳。若能兢业小心、时时敬慎，庶操心危而虑患深，犹可转危为安，不至祸败也。

盖天下事，未有不成于敬慎而败于疏忽者。东汉陈蕃窦武，手握大权，欲清宦竖（宦竖：对宦官的贱称），卒之奸恶未除，反遭其害[1]；唐张柬之等，反周为唐，乃忽三思，养虎遗患，丧身误国[2]。非皆不知敬慎之义者耶？

注释　[1]陈蕃：东汉高阳侯；窦武，东汉大将军；二人谋诛宦官曹节等，事泄遇害。

[2]张柬之：唐武后时宰相，神龙元年，武后病重，张首谋逼后归政（即反周为唐），复中宗帝位；后遭武三思诬陷，忧愤而死。

易经　六四：需于血，出自穴。《象》曰：需于血，顺以听也。

解义　此一爻，是明出险之道、在于顺时也。坎为血卦，故有血象；又为隐伏，故有穴象。

周公系需四爻曰：六四人于坎体，是其身当大难之冲，进固不可，退亦不能，有需于血之象。幸顺正知阻、持重括囊，卒能潜身远害、免冒险之祸，又有出自穴之象。则虽未能有济国谋，而明哲亦可以自保矣。

孔子释四象曰：四之需于血、而终能出自穴者，以其有柔正之德，晦迹韬光，不冒进强争、而顺听乎机会之自然也。

按：三能敬慎，虽迫于险而不败；四能顺听，即陷于险而可出，然则能敬且顺，又何险难之不可处哉？

易经　九五：需于酒食（酒食：酒和饭菜），贞吉。《象》曰：酒食、贞吉，以中正也。

解义　此一爻，是言人君处德位兼隆之时，自恭己（p.38 注①）而成化也。

周公系需五爻曰：九五位乎天位、而有刚健中正之德，夫刚健既知险，而中正又善需，是治道至当需之时，闲暇安恬，无系无营，有需于酒食之象。如是，则一人养无为之度，天下享宁谧之休，不亦贞而吉乎？

孔子释五象曰：凡人主值当需之时、而不能需者，皆由无德而求治太急也。五之需于酒食贞吉，以中心无为、克守至正，故喜功之念不作、急遽之谋全消，惟怡然自养、以养天下，故能合乎正道而吉也。

自古帝王未有不历艰危险阻、而底定天下者，及大难既平，小民甫离汤火，急宜安静勿扰，休养而生息之，三代以前尚矣。汉之文帝承高惠之后，一切更定制度，谦让未遑，惟勤勤于劝农养老、薄赋蠲租①。卒致海内向风（向风：闻风仰慕）、几于刑措（刑措：无人犯法，刑法搁置不用），其有合于此爻之义者欤？

注释　①汉文帝：高祖之子，吕后死后即位，在位二十三年，执行与民休息的政策，且生活俭朴。高惠：指汉高祖刘邦和汉惠帝刘盈。另见 p.399 注。

易经　上六：入于穴，有不速之客三人来。敬之终吉。《象》曰：不速之客来，敬之终吉。虽不当（去声）位，未大失也。

解义　此一爻，是言得贤共济为出险之道也。不速之客三人，指下三阳爻言。

周公系需上爻曰：上六阴柔，无济险之才，又处险极，困穷所不免矣，故有入于穴之象。幸下应九三，九三与下二阳同德同体、需极并进，是众贤不用约结、不须号召，合志协谋、偕来赴难，有不速之客三人来之象。倘能竭诚尽礼，敬以待之，借其刚健之才以拯一时之险，始虽不免困穷，终当济险出穴而吉可必也。

孔子释上六象曰：能需固贵有德而出险尤须借才。上六入于穴，是已陷于险矣。以不速之客来，敬之而得终吉者，上虽德不称位、不善处需，然敬贤自辅、集思广益，犹可出险免患，不至于大有失也。

夫德不当（去声）位，苟知敬贤，犹可获吉；若德与位称，而能虚己下贤，其功效更当何如？先儒谓需又有急切相须之义，欲济天下之险艰，必需群才之辐辏，殆于上爻见之矣。

六　讼卦 ䷅ 坎下乾上

解义　讼之六爻，惟五听讼，惟三不讼，余皆讼者也。然初不永所事，二不克讼，四不克讼而得吉，上以讼受服，遂有终朝之褫（音齿，剥夺），皆言讼不可成而使民无讼之意，盖可见矣。初、三两柔爻，皆系以终吉。九二、九四以刚居柔，故皆不克讼。卦辞有孚、惕中，指九二。乃卦辞称吉而爻辞仅曰无眚者，卦辞取其有孚得中，爻则兼以自下讼上为义，所取不同也。

易经（卦辞）　讼：有孚、窒惕，中吉，终凶。利见大人，不利涉大川。

解义　此卦坎下乾上，乾刚坎险，在上下为相制，内外为相济，人己为相敌，皆致讼之道也，故名为讼。卦辞言处讼者，当曲尽其道以归于无讼也。有孚，是理实；窒，是屈而不通；惕，忧惧之意；涉大川，犹驾虚辞以求胜也。

文王系讼象辞曰：讼为争辨之义，非人之得已也。惟理直见枉，情真受诬，屈抑而不能自通，是有孚见窒，势不得不出于讼，然所以处之之道何如？必也反求在我，心存忧惧而能惕；度于事理，辨明即已而能中。则有孚之窒可伸，而讼复于无讼，岂不为吉？若自恃其理，可止不止，终极其讼而不惕中，则尚气以损德、好胜以败业，凶可知矣。且又非自逞其胸臆能剖白以冀免，必利见公明之大人，资其明断，始可据理以获伸。如于孚窒之外妄生事端，驾虚以求胜，如涉川然，冒险侥幸不能惕中之甚者矣。虽讼本有理，而好刚自陷，其何能免乎？此所为不利也。

按：圣人不贵听讼而贵无讼，惟使人怀兢惕、知所畏惧，所以消弭胜心而一反于至当（去声）之理。故能内自讼者，又为无讼之本也，可不加之意哉？

易经　《象》曰：讼，上刚下险，险而健，讼。讼，有孚、窒惕，中吉，刚来而得中也；终凶，讼不可成也；利见大人，尚中正也；不利涉大川，入于渊也。

解义　此《象传》，是释讼彖辞，以明险健为致讼之象，而中正乃无讼之道；反覆开喻，以垂训也。入于渊，犹陷于罪。

孔子释讼彖辞曰：讼之为卦，卦德上乾刚而下坎险，是为上刚以陵（欺凌）其下，下险以伺其上。以一人言，则内险以怀诈，外健以恃强；以二人言，则又己险能攻彼短，彼健能欺此弱，是以为讼也。

夫讼之端，多生于人心之不平。辞所谓有孚见窒、人心所甚不堪者，乃能惕中而吉，何哉？卦变九自遯来而居二，刚来为柔所掩而不能自伸。惟其得中能以情恕而不为己甚，以理遣而不欲过求，有争事而无争心，故涣然冰释得无讼之吉。又言终凶者，天下事惟善者可成，讼则德丧而招尤，怨深而召患，揆之于理，断乎不可成也。终则不可成而成，所以凶也。至所谓利见大人，卦体九五居上卦之中，得阳位之正，中则先事而无偏主，正则临事而决猜疑，所尚如此，讼之不中者咸归于中，不正者一反于正，故利也。又言不利涉大川，卦象坎为险陷，有渊之义焉，乾以刚实乘之，是讼者情真，反驾虚求胜，自陷其身，入于罪恶之渊而不知，何利之有？

按：民生有欲，不能无争，欲莫大于饮食，此讼之次乎需也，若以争济之，则众起兴戎，终为厉阶，故又次之以师，圣人为世道人心，虑至深远矣。然则处讼之道，孰吉孰凶、孰利孰不利，乌可不致审乎哉？

易经 《象》曰：天与水违行，讼。君子以作事谋始。

解义 此《象传》，言君子谨始以虑终，为绝讼之源也。

孔子释讼象曰：天高在上，水流就下，其行相违，此讼之象也。君子体之，以为讼不起于争讼之时，而起于作事之始。其始不慎，少有乖违，始于微而终于著。

讼所由起，故不待发声征色、见于云为。当事几之初，必顺乎人情，息是非于未萌；协乎天理，杜利害于未见。不但无违于言，亦且无违于心，讼何由得生乎？作事如此，则始于自讼、终于无讼，而中吉终凶，更不必言矣。可见修德者贵慎初念，图治者贵忧未然，尧舜君臣反复咨嗟，致警于几微之际。凡有兴作，莫不谋始以塞违，又岂独止讼一端为兢兢欤？

易经 初六：不永所事，小有言，终吉。《象》曰：不永所事，讼不可长也。虽小有言，其辨明也。

解义　此一爻，见能畏慎以处讼，所以终得免讼之吉也。永，即是终意。

周公系讼初爻曰：凡人自恃刚强、居高挟势，往往逞求胜之心，讼所以终极而为凶也。初六阴柔才弱，本无健讼之资；居下势卑，又无能讼之力；故中心畏惕、虚己让人，不敢终极其事而讼不至于成，虽小有言辨，不过明其有孚之窒，而情可以白、理无不伸，有不终吉乎？

孔子释初象曰：初之不永所事者，非特绌于才势而已。以理度之，讼非美事，固不可长也，知其不可长，有惭忿而无遂心，则所发亦易收。小有言说，止于微诉而不敢于大讼，则所争亦易释。其辨既明，终讼何为哉？以是知惕中而能得吉也。

夫人处世，贵乎识时势，尤贵乎明理义。体之于己，有自量之心；衡之于物，无好胜之念。此讼之初所以不言讼而言事者，冀其不成讼而善其中止之意也如此。

易经　九二：不克讼，归而逋。其邑人三百户，无眚。《象》曰：不克讼，归逋窜也。自下讼上，患至掇也。

解义　此一爻，见能守义分可免犯上之患也。克，胜也；归逋（昔补，阴平），犹退避意；邑人三百户，是邑之小者，言自处卑弱之意；掇，自取也。

周公系讼二爻曰：九二阳刚而主险，逞其智谋，有能讼之才，又有欲讼之心。但以刚居柔，得下之中，能反躬自审、裁度于理，而且上应九五之尊，屈于势分（去声），不能相敌，则虽欲讼乌能克胜乎？故幡然退避、自处卑约，不敢与之抗衡，是为归而逋其邑人三百户之象。此正能惧而得中，当屈而屈，不至越礼犯分，何眚之有？

孔子释二象曰：凡人不肯退让，皆由终讼而求胜。二惟不克，宜其归休而逋窜，能全身以远害也。所以然者，上尊下卑，有一定之分，若以下讼上，既乖于分（去声）而不相安，又绌于势而不自下，以之树怨贾祸，患之至也，不犹自取之易乎？

《记》（指《礼记》）有之曰：分争辨讼，非礼不决（语出《礼记·曲礼》）。礼所以别尊卑、定上下，防患于未然也。若后世争夺相尚，僭名越分，驶驶乎出于礼入于刑矣。讼之九二，严其辨于上下之间，不特止讼，亦维世之深意也夫。

易经 六三：食旧德，贞厉，终吉。或从王事，无成。《象》曰：食旧德，从上吉也。

解义 此一爻，见守常安正能始终以求无讼者也。食旧德，是守常分；贞，是守正理也。

周公系讼三爻曰：六三阴柔处险而介二刚之间，非能讼者，但知守其常分、享所固有而已足。由乎正理、行所当然而不违，是食旧德而能贞者也。虽有意外之侵侮，不免于危厉，而能泰然自得，众莫能倾，况必无厉者乎？吉不待言矣。然而守分实难，必若从王之事，事权在握，易逞功能而退逊自处、一无专成之心。此真能守旧居贞而得吉者也。

孔子释三象曰：食旧德，何以得吉？凡讼皆有上人之心，必非能从人者也。三惟委心听命以顺从乎上，则歉（音坎，不自满）然自视、退让于人，不敢自主其事。宜其恪守素分，居卑处厚而得无讼之吉乎？

大抵圣贤学问，不外素位（素位：现在所处的地位）而行，分（去声）所当得，不与人竞利；分所不得越，不与人竞功。盖一有功利之心，即与世相违而不能相从，讼所由作矣。三之从上而吉者，从则安分而不违，为弭讼之善道也。

易经 九四：不克讼，复即命渝，安贞吉。《象》曰：复即命渝，安贞不失也。

解义 此一爻,言能改过以绝讼端,为得理之正也。即,就也;命,犹理也;渝,变也;贞,理之正也。

周公系讼四爻曰:凡人一有好讼之心,更不思正理所在。九四刚而不中,本欲讼者,幸其居柔而刚以柔克,知讼不可成,以理自制,故亦为不克。能平情恕物,反其健讼之行以复就于理,无争事也;且悔过迁善,变其欲讼之心以安处于正,无争心也。是讼可归于无讼,而得惕中之吉者矣。

孔子释四象曰:凡终于讼者,悖理忘害,不知命而大无正,是其失也。今四能不克,至于复而能即、渝而得安、内外一归于正,虽前有欲讼之失,而刚心既尽、忿气自消,讼不至于成,岂尚有失乎?吉可知也。

按:天之所命者,理也。人心惟危,何以遂能安贞?惟在乾健一惕间耳。前念之惕即为后念之贞,竞心之忘即为道心之正。圣人不贵无过而贵改过,于此可见矣。

易经 九五:讼,元吉。《象》曰:讼,元吉,以中正也。

解义 此一爻,见大人以德化民,能得讼之平而尽善也。

周公系讼五爻曰:九五以圣德而居天位,所谓大人而利见者,能以德化生民而使民无讼者也。即有时听讼,无不各得其平,使理直见枉者得以上伸,情真受诬者可由上达。有孚不至于见窒,不惟天下无冤民,而且民自不冤矣,非大善而吉者乎?

孔子释五象曰:讼何以得元吉?以五之德本中,心一于公,则未听之前己无偏主;五之德本正,事得其宜,则既听之后皆能当理。将见刑清民服,谓之元吉,信矣!

按:圣人论治,必言使民无讼,而此曰讼元吉者,正欲化有讼为无讼也。九五以中正在上,正己而物正,是以靡争之化,百辟其刑。最险如九二,已归逋矣;最健如上九,已三褫矣;其余复即命者、食旧德者、不永所事者,皆已忘险忘健,无讼可听,此

讼者所以利见大人也。若止以听不偏、断合理,为得听讼之道,
一明察之吏能之,岂所望于大人者乎?此讼狱之归大舜,虞、芮
之质文王,至德之感人深而化民成俗,斯义得焉耳①。

注释 ①虞、芮:春秋国名;"于是虞、芮之人,有狱不能
决,乃如周。入界,耕者皆让畔,民俗皆让长;虞、芮之人未见西
伯(文王),皆惭,相谓曰:'吾所争,周人所耻,何往为?只取辱
耳。'"(《史记》)

易经 上九:或锡之鞶带,终朝三褫之。《象》曰:以讼受
服,亦不足敬也。

解义 此一爻,甚言终讼之凶,不可幸胜以取辱也。鞶(音
盘)带,命服之饰;褫(音齿),夺也。

周公系讼上爻曰:上九刚居讼极,以健讼之才而济以必讼之
志,诬伪以为真,矫曲以为直,终极其讼以求胜,凶所固然也。
即使恃强而获胜,或锡之以鞶带焉,然是非情伪不逾时而立辨,
以讼得之,必且以讼失之,终朝甚暂,而夺之者至于三矣。况必
无取胜之理而有必败之道乎?甚矣,讼之不可终也。

孔子释上象曰:终讼之人,虽幸胜而有受服之宠,本非德
赏,则授之者非道,服之者不终,纵使受而不褫,亦安足敬哉?
而况终朝之褫,俄顷随至矣。讼之不可成也如此!

按:五服五章,天之所以命有德也。《礼》曰:君子耻服其服
而无其容,况以讼受服,耻孰大焉?亦不足敬,其殆有甚于三褫
者乎?此圣人原心之论,所以深愧之而使人自省也。

七 师卦 ䷆ 坎下坤上

解义 一阳之卦得位者,师、比而已。先王之制民,无事则
为比闾族党,故比卦众在内,一阳在上为之主,君象也;有事则
为伍两①卒旅,故师卦众在外,一阳在下为之主,将帅象也。九二

刚中，所谓丈人、长子者也，故卦辞曰吉无咎，九二爻辞亦曰吉无咎，要之一本乎贞而已。圣人之兵以顺动，犹曰毒天下者，盖兵凶器、战危事也，虽以顺动，犹不免于毒。此圣人之特笔也。六爻中，出师、驻师、将兵、将将，与夫奉辞伐罪、旋师班赏之道，无一不备，后世言兵之书总不出此，而其义光明正大非后世权谋可比。王者不得已而行师，岂舍此而他求哉？

注释 ①伍、两：均为古代军队编制单位，"五人为伍，五伍为两"。

易经（卦辞） 师：贞，丈人吉，无咎。

解义 此卦坎下坤上，坎水为险，坤地为顺，藏险于顺，有寓兵于农之意；九二、六五，有将兵命将之象，故名为师。卦辞言用师之道利于得正，而又在命将得人以制胜也。贞，是正道；丈人，才德老成之人。

文王系师象辞曰：师以兴兵动众，非圣人之得已也，可不正乎？必也顺天人、行吊伐、讨乱诛暴，所至若时雨，出于至正而无私，所谓贞也。然将非其人，以国予敌，又必重专征之选、严阃外①之寄，使得老成持重、好（去声）谋而能惧如丈人者而任焉。斯师出有名，天讨彰而声灵振；兵行有纪，众心服而胜算成。是以有战克攻取之吉而无穷兵黩武之咎，师之道备矣。

按：《传》（指《左传》）有之曰：秦之锐士，不敌桓文之节制；桓文之节制，不敌汤武之仁义②。师以仁义为本，又得仁义之将，如黄发之尚父、元老之方叔③，故吉且无咎。惟三代之师为然。若后世嬴秦之灭六国，吉矣而不免于咎；武侯（诸葛武侯）之伐魏（曹魏），无咎而不能必吉；岂所称出于万全者哉？

注释 ①阃：音昆，国门；阃外：指守国门的将吏。

②桓文：指春秋五霸中的齐桓公和晋文公。节制：节度法制。汤武：指成汤和周武王，见 p.88 注和 P.263 注。此语一般认为出

自《荀子》。

③黄发：指年老；尚父：周武王称吕尚为尚父，特别的尊称。方叔：周宣王时卿士，曾受命北伐南征，有功于周。

易经　《彖》曰：师，众也；贞，正也；能以众正，可以王矣。刚中而应，行险而顺，以此毒天下而民从之，吉又何咎矣？

解义　此《彖传》，是释师彖辞，见师贵乎贞而率师者又贵能顺，以得人心而成王业也。

孔子释师彖辞曰：所谓师者，伍两卒旅之众也。兴师动众，必由仁义以张挞伐，是贞之为言正也。凡行师之道，用以伐暴而不为暴，用以驱害而不为害，一出于正，而凡不正者无不输诚向化（向化：归化）。于以顺天心、答民望、无敌于天下而为王者之师，不亦然乎？此师之所以贵乎贞而率师者贵乎丈人（丈人：见上卦辞解义），盖有在矣。

其在卦体，九二刚中而五应之，是为将者威而能惠、勇而好谋，有丈人之德焉。而且委任既专，事权不患于中阻，是将（去声）固有丈人之德，而君又能任此丈人之将也。卦德坎险而坤顺。兵虽凶器，战虽危事，而行乎险道；然以征不义，则叛者讨而服者舍；以诛暴慢，则近者悦而远者怀。是险而能顺矣。若此者，以刚中之德、行顺民之事，当兵戎所至，见为劳民伤财，不免毒害天下；实则除残救民，东征西怨，民不谓毒而乐从之。将见功成于一举、难靖于四方，是将能顺从乎民而民心始顺从乎上也，吉而又何咎哉？

按：兵者，圣人不得已而用之，有杀戮之惨、供亿之苦，所至荆棘毒害随之，故言乎毒者，如攻病然，毒药所施，非沈疴坚症不可轻用也。然则兵可轻动乎哉？是在率师者以正举、以顺动，庶乎可矣。

易经　《象》曰：地中有水，师。君子以容民畜众。

解义　此《象传》，言兵民合一，为养师之良法也。

孔子释师象曰：坤地之中而有坎水，犹庶民之中而有兵众，师之象也。君子体之，以为师岂一时所能聚哉？古者民与众非有二也，于无事时，制田里、谋生聚，养之者有定制，足民正所以足兵也；设学校、明伦序，教之者有成法，训民即所以训兵也。何则？以之容保者此民，以之畜聚者亦即此众也。故居常则比闾相居，有事则守望相援，不必征求调发，而桓桓之众即在此元元之民矣。以是知藏兵于民，有兵之利而无兵之害，亦犹藏水于地，有水之利而无水之害，君子之善用师也如此。

按：自井田之法废，兵农既分，天下不患无兵而患在有兵。故出己力以卫民，莫若以民卫民之更切；出己财以养兵，莫若以民养民之更易。此管仲①作内政以寓军令，为得井田之遗法，其尚有合于容民畜众之义乎？

注释　①管仲：齐恒公的相，主张通货积财，富国强兵，九合诸侯，使齐恒公成为春秋五霸之一。

易经　初六：师出以律，否臧凶。《象》曰：师出以律，失律凶也。

解义　此一爻，戒出师者当守法以谨其始也。律，法律也；否臧，不善也。

周公系师初爻曰：在卦之初，为师之始，所以鼓三军之气而慑多士之心，可不谨其始哉？故师旅一行，赏罚必明则众志始服，部伍必整则众力始齐。此出师之常道，不可不慎也。若不以律，则号令不足以信服，耳目不能以专一，是为否臧而丧败随之。不教之兵，以卒予敌，凶其可免乎？

孔子释初象曰：师一出而国家之存亡、人命之安危皆系焉，其不可不用律者，必然之理。苟一失其律，则众涣心离，一溃而不可收。无制之兵，难免丧师之辱，所谓否臧之凶，可胜言哉？

按：师之有律，犹乐之有律，森明谐协，法至严也。《书》曰"不愆于四伐五伐、六伐七伐，乃止齐焉"，所以用律也。若后之兵法，所谓以正合、以奇胜者，阴谋秘计，可谓律乎？故善用兵者，教正而不教奇，犹有律之意存焉尔。

易经　九二：在师中吉，无咎，王三锡命。《象》曰：在师中吉，承天宠也。王三锡命，怀万邦也。

解义　此一爻，见命将（去声）得人，受君之宠任，能体君心以立功也。

周公系师二爻曰：九二在下，为众阴所归，有将帅之任，刚而得中则仁义并济、宽猛咸宜，又有将帅之才，卦之所谓丈人者也。以此而在师中，司专阃（专阃：专掌京城之外的权）之命，则勇足以慑众而奋往常先，恩足以结心而捍卫不懈。故能计出万全，有战胜之吉而无荼毒之咎矣。且以六五正应在上，委任独隆，殊恩异数，洊（音荐，再次）加于授钺（授钺：授予兵权）之后，又再三锡命焉，则事权归一、赏罚必行，其肤公（公：通功；肤公：大功）克奏也，不亦宜乎？

孔子释二象曰：自古未有宠任不加而大将能建功于外者。二之在师中吉，实由上承天宠得君既专，自宜克效其心膂尽展其才猷，二固不得矜之为己功也。亦未有君心不在于天下而能任将以成功者。六五之锡命，惟其欲怀保万邦、救民除害，宜其专任必及于有功、宠命不靳于再三，二尤不得私之为己宠也。此吉且无咎，为能无愧于丈人哉！

按：人臣无专制之义，故受阃外之寄者，必协乎中道而适合乎时宜，然后专之可也。又必君命再三，恩礼备至，斯下无专擅之嫌、上无中制之失，志存底定者其亦善用斯道哉。

易经　六三：师或舆尸，凶。《象》曰：师或舆尸，大无功也。

解义　此一爻，见轻敌丧师，为贪功者示戒也。舆尸，师徒挠败之象。

周公系师三爻曰：凡师之道，必审己之力、量敌之形，可进可退，故能全师而保众也。六三阴柔才弱，居阳志刚，不中不正，以此用师则才德俱绌。既患师行失律，在己无制胜之方，犯非其分（去声）；又疑师出无名，在彼无可乘之衅。由此以战，必致徒众挠败，有或舆尸之象。外生敌患，内贻君忧，凶孰甚焉？

孔子释三象曰：三意本在贪功，不能量力度德，玩敌躁进，致有舆尸之凶，膏血涂于原野而残民命，锋镝遍于疆场而损国威，所丧实多而大无功矣，可不戒哉？

从来国家之患，莫大于贪功；师旅之祸，莫甚于轻敌。故兵志有之曰：知彼知己，百战不殆；不知彼而知己，一胜一负；不知彼不知己，每战必败。此行师者，先为不可败，以求可胜，斯无意外之虞矣。

易经 六四：师左次（左次：谓军队驻在高险地的左方），无咎。《象》曰：左次无咎，未失常也。

解义 此一爻，见知难而退为得全师之道也。兵事尚右，左次，谓退舍也，三宿曰次。

周公系师四爻曰：六四阴柔不中，无胜敌之才，非能进而克捷者也。但居阴得正，有量敌之智。故自审才力不足以致胜，外度时势未可以成功，即全师而退，远舍以避其锋、坚壁以图其后，有左次之象焉。虽军庸未奏，而为国虑胜，不敢以众士之死生争一人之功伐，其所见者远、所全者大，何咎之有？

孔子释四象曰：师以能进为勇，将以得俊为功。师左次，似乎退避而辱国矣，何以得无咎？不知见可而进者，自不宜遽退以示弱；知难而退者，又不可轻进以偾事，因时施宜，行师之常道也。四能未失其常，自无舆尸失律之咎矣。

按：《书》曰：同力度德（《书·泰誓上》；同力度德：力量相

同就衡量德），同德度义。帝王之师贵出万全，当计其得失成败，不当论其进退迟速也。若后之言兵者，高坐庙堂之中，逆料境外之事，惟欲其功之速成而不计其势之可否，岂知当退而退者？《易》之垂戒，固已昭然较著乎！

易经　六五：田有禽，利执言，无咎。长子帅师，弟子舆尸，贞凶。《象》曰：长子帅师，以中行也。弟子舆尸，使不当也。

解义　此一爻，是言师出必以正，又任将当专，然后可成出师之功也。禽，是害稼者；执言，谓声罪致讨；长子，谓九二；弟子，谓三、四也。

周公系师五爻曰：六五为用师之主，柔顺居中，非喜功好大、擅启兵端者也。如敌加于己、侵害生民，不得已而声罪以致讨，犹禽暴我田以伤禾稼，利于执言而搏击也。此仁义之师，攻非为暴、取非为贪，何有黩武之咎乎？然师行固不可不正，而任将又不可非人。如刚中之九二，师之所谓丈人而君之所谓长子也，老谋壮事、位望孚人，既使之帅师矣，又使新进弟子如三、四之才德本无足称，得与参谋议，则事权不专、号令不一，必至挠败而舆尸。名义虽正而贞，不免丧败而取凶矣！

孔子释五象曰：二为长子，而以之帅师，是能以刚中之道而行师，恩以济威、谋以济勇，固能胜任而不忝矣。任苟不专、一使非中行者，刚柔宽猛悉违其道，则舆尸致败。是岂弟子之罪哉？由于任使之不当也。可见命将之道，不可不审，尤不可不专。不审则使非其人，或至丧师而辱国；得其人而任之不专，则事无统摄、不归于一，亦覆败之所由也。后世如赵盾河曲之战而谋出赵穿①，荀林父邲之战而令由先縠，可为明鉴矣②。

注释　①赵盾：赵衰之子，春秋时曾掌晋国国政二十年；赵穿，其族人；盾惧晋灵公而出逃，后穿杀灵公，盾归晋；河曲，山西黄河风陵渡一带，秦晋曾战于此。

②荀林父：春秋时晋国中军之将，曾败楚师于城濮；先縠（音胡）：晋景公时大夫。楚围郑，晋出兵救郑，林父为中军，先縠为佐；及至黄河，闻楚、郑已和，林父欲还，先縠不可，率师渡河，林父恐其孤军深入，随之渡河，为楚军大败于邲。

易经　上六：大君有命，开国承家，小人勿用。《象》曰：大君有命，以正功也。小人勿用，必乱邦也。

解义　此一爻，见人君报功当有正典，不可滥及非人，以肇乱之源也。

周公系师上爻曰：六居师之终则武功告成，处顺之极则天下大定，论功行赏正在此时，大君于是有赏功之命。功大者，非封国无以酬其戡定之勋，则开拓疆宇使为诸侯；功小者，非承家无以报其捍御之烈，则宁承世业使为卿大夫。其赏必酬功、报必偿劳如此，然其中或有余于才、不足于德之小人，则又勿用以预政事、临民上焉。是非坚树国本、保全功臣之要道乎？

孔子释上象曰：大君有命，所以程功之大小而赏当其功也。故开国而不为滥，承家而不为吝，无偏无颇，正以论定其功，自可无侥幸怨望之心矣。然曷云小人勿用？小人戮力师中，用之奔走御侮或可以效功；若用之抚绥底定，则挟功自恃，始以靖乱者，终必至于肇乱，岂王者怀保万邦之至意乎？六之垂戒深矣。

按：师之为卦，万世论兵之道，皆不出乎此。至上六之终，于报功之典，寓黜陟（黜：音触，降官；陟：音志，升官）之权，所以优功臣而隆封建。见圣人待天下之公，远小人而绝祸端；见圣人虑天下之深，后之保邦图治者，尚其深鉴于此哉。

八　比卦　䷇　坤下坎上

解义　比之为卦，一阳居尊（指一阳居九五）而五阴应之。《彖》言五阴比一阳，《象》言一阳比五阴，以互相发明，比之义始尽。凡《象传》，"应"字多谓刚柔两爻相应，此则谓上下五阴应乎五之刚，又一例也。六爻自九五称显比外，余五爻皆称比之。比之之词，初比之无咎，二、四比之贞吉，皆以其比五也；独三比之匪人而伤，上比之无首而凶，是三上自相为比而不比五也。自卦言之，群阴皆比于五；自爻言之，或远或近，或来或不来，有未可一律拘者。盖卦以明一统之义，而爻各随其位之所之，所以尽比之变也。

易经（卦辞）　比：吉。原筮，元永贞，无咎。不宁方来，后夫凶。

解义　此卦坤下坎上，以坎水比坤地，故名为比。卦辞言人君比天下，必尽比天下之道，斯能得天下之比也。原，再也；筮，谓审察；元，谓元善之德；永，谓存元善而无间于始终；贞，谓行元善而不流于姑息；不宁，谓未得所比之人；后夫，谓不早归附者。

文王系比彖辞曰：比卦以一阳居尊位而得其正，上下五阴顺而从之。以上之比下言，则以一人而抚万邦；以下之比上言，则以四海而仰一人。比则当为人所亲厚辅助而吉。然民之比我，比于我之有德也，故必再为审察。果有元善好生之德，足以长（上声）人。而元善之德，果永而不至于间断，贞而不失于驳杂，自无忝于作民元后之责而无咎矣。由是仁恩四洽，凡未比而不安宁者，方归来未已。彼负固如后夫，只自贻其戚而凶耳，于王者何损哉？

按：比则天下归心，定于一统，虽或顽梗弗率，亦有自外王化之时。然帝王止自修其德，以尽其安内攘外之实，故虞帝舞干羽于两阶，而有苗自格[1]；南越尉佗自立为帝，汉文以德怀之，而佗遂称臣[2]。则修德又比人之本与（同欤）？

注释　①干羽：舞具。有苗：即三苗，古族名，原居长江中游一带，传说舜时被迁到今甘肃敦煌一带。舞干羽：指用文德感化；格：来，至。事见《书·大禹谟》。

②尉陀：即赵陀，秦二世任其为南海尉，秦灭自立为南越武王，后归顺汉文帝。

易经 《彖》曰：比，吉也；比，辅也，下顺从也。原筮，元永贞，无咎，以刚中也；不宁方来，上下应也；后夫凶，其道穷也。（"比，吉也"，三字衍文。）

解义 此《彖传》，是释比彖辞以明比之义也。刚中，谓九五；上下，谓五阴，指臣民言。

孔子释比彖辞曰：卦名为比者，何所取哉？以比有亲辅之义也。以卦体言之，九五阳刚在上，五阴顺而从之，是在下之臣民莫不倾心向化（p.104）也，故为比。

辞谓"原筮，元永贞，无咎"者，何所取哉？盖君德贵刚，而刚贵乎得中。九五以阳居中，是主之以明作之心而济之以时措之善，则体仁长（上声）人而为元者，一刚中之德为之，且累世不息而为永、无私不杂而为贞，皆刚中之德为之也，此所以当众之来归而无咎。又谓"不宁方来"者，卦体上下五阴皆应九五，是合上下臣民之众而皆比于一人也。又谓"后夫凶"者，盖九五德足致天下之比，则民心之归已非一日，若后夫自弃德化，以比之道揆之，自当困穷，此其所以凶也。

盖上下顺从之日，自外王化，理合致穷。然王者之心，但问吾之可比不可比，不计彼之来与不来，此大公之道，庶几九五之显比者钦？

易经 《象》曰：地上有水，比。先王以建万国，亲诸侯。

解义 此《象传》，是言先王体比象而能尽比天下之道也。

孔子释比象曰：地上有水，水比于地，不容有间，有比之象。先王观比之象而得比天下之道焉，谓天下可以一人统之而不可以一人治之，乃列爵分土而建为公侯伯子男之国；又恐远近不同化、幽隐不得达，制为巡狩述职之典以亲诸侯，令其承宣德意、恩泽下流。天子以亲天下者而亲诸侯，诸侯以亲天下者而报天子，如此则有以比天下而无间（去声）矣。

按：人君以一身居九重之上，万国之广、人民之众，安得一一而亲比之？故建国亲侯，乃比天下之大权，实比天下之要道也。汉贾谊①论众建诸侯，令海内之势如身之使臂、臂之使指，莫不制从，其得比天下之道者哉？

注释　①贾谊：汉文帝召为博士，迁太中大夫，曾陈治安策；其倡改革，改历法、易服色、制法度、兴礼乐，为大臣忌，出为长沙王太傅，三十三岁故。

易经　初六：有孚比之，无咎。有孚盈缶，终来有他，吉。《象》曰：比之初六，有他，吉也。

解义　此一爻，是勉始仕之臣以诚事君也。缶，瓦器也；盈缶，充实之象。

周公系比初爻曰：人臣事君，贵于诚信。初六居比之初，当服官之始，情意尚隔于势分（去声），所恃以进结于君者，惟此孚诚而已。惟内孚之心、外孚之事，无非忠君爱国之念，以此比君，可无忝于臣职而无咎矣。然有孚非易言也，必无一念之不诚，无一事之不实，无少亏欠，若盈缶然。则终当感格君心，而宠遇之来若出意外，"有他吉"焉。

孔子释初象曰：孚在比初，即推之至于盈缶，亦止此一念之诚。以此格君，君恩之来自在寻常意计之外，宜"有他吉"也。

盖人臣事主，其始进之日，一念之诚伪，终身之邪正分焉，始进不以诚，后未有能出于诚者也。圣人于比之初六，以"有他吉"许之，可以为人臣劝矣。

易经　六二：比之自内（自内：指六二内心柔顺中正），贞吉。《象》曰：比之自内，不自失也。

解义　此一爻，是美其以道事君，而能得君以行道也。

周公系比二爻曰：六二柔顺中正，上应九五，其方出而仕也，一本其内之素养者以自靖焉，是进非苟合而可以得君。于比之道，为得其正而吉也。

孔子释二象曰：徇（音旬，曲从）人者失己。比之自内，则达不离道，不自失也，盖得事君之正矣。

可见择才而用，虽在乎上，而以身许国，必由于己。二、五以中正之道相比，故为得正。若降志辱身，汲汲以求比者，非君子自重之道矣，国家亦奚赖有若人而用之乎？

易经　六三：比之匪人。《象》曰：比之匪人，不亦伤乎！

解义　此一爻，是明三之不能择人而比，为可鄙也。匪人，指上六。

周公系比三爻曰：六三阴柔而不中正，阴柔则暗昧而无识，不中正则邪僻而不良，而况上下与？应皆阴则所近举非正人，以三之暗昧邪僻，有不入其流者乎？是所比为匪人矣。

孔子释三象曰：六二、六四之贞吉，由于所比得人也。六三既比匪人，是暗于择友之明，不惟无益而反为累矣。人于不善而同恶相济，不亦伤乎？盖甚言比匪之必伤也。

按：初之应四，二之应五，皆为比得其人。惟三居不正之位，乘、承、应皆阴，是比之匪人也。如马援劝隗嚣专意东方，而嚣乃降于蜀，卒至杀身亡宗为天下笑，亦大可伤矣①。

注释　①马援（前14—后49）：曾依附陇西西州上将军隗嚣（？—后33），后归附刘秀，参与灭嚣。

易经　六四：外比之，贞吉。《象》曰：外比于贤，以从上也。

解义　此一爻，是言人臣尽事上之义，绝内顾之私，为臣道之正也。贤，谓九五。

周公系比四爻曰：六四以柔居柔，外比九五，以柔正之德而居近君之位，是国尔忘家、公尔忘私，得所比之正也。自是明良相遇，有以辅君德而成显比之治矣，何吉如之？

孔子释四象曰：九五以阳刚居上而得其正，不但有其位，而又有其德，盖贤君也。六四固外比于九五之贤矣，然岂止从其贤而已哉？盖君臣天地之大义无所容逃，臣子忠爱之至性必不可解，故必从之以尽其分（去声）也。

按：四当与内应，乃内无可比而外比于五，舍柔暗而事高明，为得其正。此其所以吉软？

易经　九五：显比。王用三驱，失前禽。邑人不诫，吉。《象》曰：显比之吉，位正中也。舍逆取顺，失前禽也。邑人不诫，上使中也。

解义　此一爻，是言九五以大公之道比天下也。显比，谓显其比而无私；三驱，谓天子之田（狩猎），不合围也；不诫，谓不相警备；使中，谓上之德有以使其得中也。

周公系比五爻曰：九五一阳居尊，以刚健中正之德为上下五阴所比，是圣人而在天子之位，亲比天下，普大公无私之心，而天下之戴之者无一不从王者之化而忘于不知。如天子之畋，围合三面，前开一路，使之可去，惟取其不出而反入者，则禽之前去者皆免矣。凡同驱私属之邑人，咸晓上意，亦不相警备以求必得，为王用三驱失前禽而邑人不诫之象。盖在上之人不必求得，而在下化之亦不求其必得也，凡此皆吉之道也。

孔子释五象曰：所谓显比之吉者，以五有正中之德，其自心而达之政，皆荡平而无私，故能为天下所归往也。又谓失前禽者，网开一面，逆我而去者则舍之，如后夫不能强之来则舍之而已；向我而归者则取之，如方来者不能使之去则取之而已，故听前禽之失也。邑人不诫者，由王者建中于上，而下以不偏之德应之，有不期然而然者若或使之耳。

按:《程传》谓显比非唯人君比天下之道如此,如以臣于君言之,竭其忠诚致其才力,乃显其比君之道也。用之与否在君而已,不可阿谀逢迎,求其比己也。在朋友亦然,修身诚意以待之,亲己与否在人而已,不可巧言令色,曲从苟合,以求人之比己也。此于三驱失前禽之义,更为详尽,可为读《易》者之法矣。

易经　上六:比之无首,凶。《象》曰:比之无首,无所终也。

解义　此一爻,是言无德不能为民所比也。无首,谓无德而居上。

周公系比上爻曰:人必有刚中之德,然后可首出庶物而为人所比。上六阴柔居上,无刚健之德以比下,为比之无首之象,如此则何以为人所比乎?众叛亲离,凶其不免矣。

孔子释上象曰:人君为天下所比者,以其德也。比既无首,则不成为比矣,何能保其终以善其后乎?此其所以凶也。

按:"首"对"终"而言。上六以阴居终,不能率先天下以从君,而依险自固,其甘为后夫而自取灭亡者乎?

九　小畜卦　☰　乾下巽上

解义　以大畜小、以阳畜阴,其常经也。然亦有君子欲行事而小人得以扰系之,大事之将就而小故得以邀阻之,皆小畜也。以统体言之,卦惟六四一阴,上下五阳皆为所畜。若析言之,下三爻乾体,受畜者也;上三爻巽体,为畜者也。以一柔下畜三刚本是难事,以得五与合志而后能畜,至上九刚畜道已成,而不雨者变为既雨矣。要之,阴亦岂能畜阳,惟阳失其道乃为所制。乾体三爻,初、二皆复,三昵于四而不复。小畜亦但能畜九三一爻而已,由三之不能正室,自失其道也;四虽畜阳,曰血曰惕,有戒辞焉。圣人扶抑之意深矣。

易经(卦辞)　小畜:亨。密云不雨,自我西郊。

解义　此卦乾下巽上，以巽阴而畜乾阳，故名为小畜。卦辞言君子当小畜之时，道犹可亨而得行其志也。畜，止之之义也；密云，阴物；西郊，阴方；我者，文王自谓也；文王演《易》于羑里（p.29 注①），视岐周为西方也。

文王系小畜彖辞曰：此卦惟六四一阴，上下五阳皆为所畜，是以小畜大也。夫阳之力大方能畜阴，今以巽之柔顺而畜三阳，能系而不能固，则所畜者小矣。夫阳为阴畜，难以得亨。然卦德内健外巽，有能为之才；卦体二、五皆阳，有可为之势，在君子犹得安其位以伸其志而亨。但畜未极而施未行，则所积者未厚而所施者不能及远，如云虽密而不能致雨，徒起自西郊而已，故有"密云不雨、自我西郊"之象焉。

按：云能致雨，今乃密云不雨者，何耶？盖东北阳方，西南阴方，阳唱阴和，阴唱故阳不和而不能成雨也。是密云不雨，以其起自西郊耳。

易经　《彖》曰：小畜，柔得位而上下应之，曰小畜。健而巽，刚中而志行，乃亨。密云不雨，尚往也；自我西郊，施未行也。

解义　此《彖传》，是释小畜彖辞，以明畜而得亨之道，且以勉君子向往之功也。柔得位，指六居四；上下，谓五阳；尚往，言畜之未极，其气犹上进也。

孔子释小畜彖辞曰：卦名小畜者，盖以卦体六四柔得位，而上下应之，上下五阳皆为六四一阴所畜，是一小人处高位而众君子为其所牵制，有以小畜大之义，故为小畜。

夫阳为阴所畜，宜不得亨，而卦辞系曰亨者，何哉？盖以卦德内健外巽，是其立心则有不屈之操，处事复有善人之道，其才可以有为；卦体二、五皆阳，是乾二之阳用事于下，而巽五之阳用事于上，则其势又得以有为，此所以不为其所畜而犹可以亨也。

又云"密云不雨"者，何哉？盖君子以泽及天下为心，若所积未厚，正当懋其进修之力、奋其向往之功，今则畜未极而尚往也。自我西郊者，正言德未能以远及，无以兼济万物、润泽生民，施未行于天下也。

按：自乾坤而下，屯、蒙、需、讼、师、比，皆三男阳卦用事，至此方见巽之一阴用事，而以小畜名焉。圣人于阳既幸其志行，复期其尚往，总不欲阴胜乎阳也如此。

易经　《象》曰：风行天上，小畜。君子以懿文德。

解义　此《象传》，是言君子当尽威仪文辞之美也。懿，美也；文德，谓德之发现于外者。

孔子释小畜象曰：风行天上，但有气而无质，能畜物而不能久畜，小畜之象也。君子当小畜之时，不能厚积而远施，而德之发现于外者，则不可以不修饰而致谨之。故于威仪，则致其美而为君子之容；于文辞，则致其美而为君子之辞。使一身之章、观听之美，无不归于尽善焉。

盖细行不矜终累大德，皆君子之所戒也。由是养盛而为大畜，则所施自不止于淑其身矣。夫君子之文德，所以修身者在是，所以御物者亦在是，故小畜之懿德与大畜之蓄德，虽有功力之殊，原无精粗之别，是以君子尤不可不致谨于斯也。

易经　初九：复自道（复自道：进复自己的正道），何其咎？吉。《象》曰：复自道，其义吉也。

解义　此一爻，是言能以正道自守而无枉己徇人之失也。复者，上进之意；复自道，言以自己道义为复也。

周公系小畜初爻曰：初九体乾，居下得正，前远于阴，虽与四为正应，而能自守以正，不为小人所畜。夫阳本在上之物，今不为小人所畜而得居所当居之位，有进复自道之象。如是则既无枉道之失，而复有正人之功，自不至于有咎而吉矣。

孔子释初象曰：枉己者不能以正人。今初九进复自道，则进必以正，不为阴邪所制，上足以正君而下足以正民，以义揆之，当得吉也。

盖君子未尝不欲进，而特恶进非其道；初之复，能以道自胜而不失足于小人，则大节挺然，邪自不得而浼（同浣，音美，污染）之矣。此正色独立之士，国家祷祀而求之者，实以其足为朝廷重欤！

易经 九二：牵复，吉。《象》曰：牵复在中，亦不自失也。

解义 此一爻，是言同德并进而不为小人所畜也。牵，连也。

周公系小畜二爻曰：九二亦欲上进，而渐近于阴，似若为阴所畜者。以二有刚中之德，则亦能以正自守而与初九之刚正者同德而升，不为阴所系畜，有牵复之象。则正气伸而道可行，故吉也。

孔子释二象曰：九二与初九牵复者，岂无德而能复乎？盖人无自守之德，鲜有不自失者。今九二有刚中之德，自能与初九之刚志合道同，其牵而复也，亦不至于自失矣。

按：君子小人，不容并立，然君子之类常孤，小人之党常众。故君子必刚正自守、援同德以俱升，乃不为小人所制，此九二所以贵牵复也。不然小人众而君子孤，漫然以进而不受其害者，鲜矣。

易经 九三：舆说（通脱）辐，夫妻反目。《象》曰：夫妻反目，不能正室也。

解义 此一爻，是言不能进复自道，始为小人所制，而终与之争也。舆脱辐，谓车脱其辐（同"輹"，钩连车轴与车厢的零件），而不能进也；夫妻，三阳与四阴之象。

周公系小畜三爻曰：九三欲进之心，虽与初、二同，然刚而不中、迫近于四。不中，则无静守之节；近四，则有易昵之私；是援结小人以进，卒为所制而不得进，如舆之脱辐然。乃三之志刚，不安受其制，始则阴阳相悦有如夫妇，究之心不能平而与之争，为夫妻反目之象。

孔子释三象曰：夫妻反目，岂皆妻之过哉？夫为妇倡，未有夫不失道而妻能制之者也。由九三刚而不中，自处不以其道，则脱辐反目，乃三自为之耳，于四何尤乎？

按：初与二皆能复，独三畜于四而不复者，与四相比而悦也。使阳不失道，则阴岂能畜之哉？是可为失身于小人者之大戒也。

易经 六四：有孚，血去、惕出，无咎。《象》曰：有孚、惕出，上合志也。

解义 此一爻，是言六四能以孚诚获上而得免于咎也。血去，谓免于伤害；惕出，谓免于忧惧；上，谓五、上二阳。

周公系小畜四爻曰：六四以一阴畜众阳，势不相敌，本不免于伤害、忧惧者，幸其柔顺得正、虚中巽体，为能取信于上，一诚所感，二阳亦相信而助之，故外之得以安其身而免于伤害，内之得以安其心而免于忧惧，为有孚、血去、惕出之象，如是则可藉二阳之力以成其畜之功而无咎矣。

孔子释四象曰：四之血去、惕出，虽赖二阳之力，然岂无自而得二阳之助乎？以四能有孚固结于上，而上二阳与之合志，故得免于忧患也。

按：六四一爻，为畜众阳之主，然以阴柔力弱，而又与五、上二爻同为巽体，故必借助于二阳共成其畜之道。圣人以"有孚"戒之，欲其反而自求，必诚信在中，足以感孚乎人而后可免意外之灾惧，其辞盖深切矣。

易经 九五：有孚挛如，富以其邻。《象》曰：有孚挛如，不独富也。

解义 此一爻，是言五合上下之力以畜乾也。挛如，固结之意；富，谓富厚之力；以，谓能左右之也。

周公系小畜五爻曰：三阳上进，其势正盛，畜之为难；九五巽体，居中而有孚，处尊而富厚，是其孚诚既足以感人，使上下相为维系，且身处尊位，而富厚之力又足以屈群力而为我用。盖四与上在五左右，有邻之象，而五之力为能左右之以行己意也。心同而力复同，何三阳之不为所畜哉？

孔子释五象曰：九五既有孚挛如，是有孚乃感召之本，则众志之所以信从者，莫非此孚诚为之也，岂独以其富厚之力使（役使；驱使）人乎？

此卦《象传》，言以一阴畜五阳，而爻辞则言在上之阳与阴合志。朱熹《本义》，因谓巽体三爻同力畜乾，是下三爻主阳为阴畜，而上三爻又主以上畜下之义也。《易》理变动不居，一爻各立一义如此！若以全卦之理论，则四为阴柔，五当合诸阳之力以制之，而乃以四同巽体，受其笼络、与之合志，非得处（上声）畜之正道者。爻虽不言凶悔，而亦无吉占，则圣人言外之意亦可见矣。

易经　　上九：既雨既处，尚德载。妇贞厉，月几望，君子征凶。《象》曰：既雨既处，德积载也。君子征凶，有所疑也。

解义　　此一爻，是言君子为小人所制，因戒小人不当害正而君子亦当自防也。既雨，谓与阴相和；既处，谓与阴相止；载，满也；妇，阴柔小人之象；月，阴类；几望，已盛之象也；疑，窒碍而不通也。

周公系小畜上爻曰：上九虽阳爻而居巽体，对下乾爻，亦为阴类，上九居畜之极，是阴力已盛，其力足以制阳；而阳亦受利于阴，阳不得不与之和，是向之不雨者，今阴阳和而既雨矣。既与之和，是阴能制阳，阳至是而不得不止也。所以然者，以君子尊尚阴德至于积满而然耳。夫阴之常分（去声），本不可以加阳，今乃以阴加阳，如妇之抗夫，虽或得正而亦不免于危厉。在君子当阴未盛，尚犹可往，至阴盛如月之几望，则往必受小人之害而凶矣。

孔子释上象曰：阳与阴和而既雨既处者，岂君子之得已哉？由阳不能防之于始，尊尚其德至于盈满，其势不得不与之和也。当此时而征则凶者，阴盛抗阳，动辄得咎，自然窒碍而难行矣，君子至此，岂可以妄行哉？

按：阴虽极盛，不得有加于阳；阳不失道，岂为阴制？乃以阴畜阳，畜极而阴阳俱为不利，则阴亦何利于畜阳哉？细玩上九爻辞，固为君子戒亦深为小人戒矣。

日讲易经解义进
呈疏

经筵讲官……（臣等）谨

题为进
呈刊完

事……等於康熙十九年三月十九日奉

已日易经讲章应行刊列钦此臣等明倳经帏欣

承

皇上
聖謨
伏覩
御製

观

皇上
体天行健
德以行
而化成
……于六經
論原委
百家诸史

颁行
行
歷有成書

研究精於大易基
明天道察民故
已傳四經之旨則
……

十　履卦 ☰　兑下乾上

解义　卦辞之虎尾主九四言，爻辞之虎尾主九五言。以兑悦视乾刚，则乾为虎，自乾之三爻视之，惟五以刚居刚，则谓五为虎亦可。凡卦辞以爻为主，则爻辞亦与卦同，如屯之利建侯是也。卦辞以上下体言，则爻辞与卦多不同，如卦辞"履虎尾不咥（音迭，咬）人"而六三"咥人"是也。合六爻言之，初、上，履之始终也，初言往，上言旋一进一反，而履之象见矣；中四爻以刚履柔者吉，以柔履刚者凶，以刚履刚者厉。阳爻居阴位，谦也，此一卦皆以阳处阴为善。

易经（卦辞）　履：履虎尾，不咥人。亨。

解义　此卦兑下乾上，八卦惟兑为至弱，惟乾为至健，以至弱而蹑于至健之后，有危道焉，故名为履。卦辞言人之所履，虽有危机而贵有善于处危之道也。

文王系履彖辞曰：凡人处世，当是非利害之冲，皆危机之所伏，如猛虎在前而人蹑其后，为履虎尾之象。夫虎尾而履之未有不咥人者，亦甚危矣。然兑以和悦为义，则温厚和平自有以戢（音急，止息）强暴之心而免伤害之及，犹履虎尾而不咥人也。以此求进，则从容而得遂其所欲为，亦何往而不亨通哉？

按：乾体刚健非专为暴者，而象之以虎，所以极言兑之和悦，处至危而无咎也，行于强暴则强暴服，行于患难则患难弭。然君子于此，岂徒务柔媚以取容乎？亦尽其道之当然而已矣。

易经　《彖》曰：履，柔履刚也。说（通悦）而应乎乾，是以履虎尾、不咥人，亨。刚中正，履帝位而不疚，光明也。

解义　此《彖传》，是释履彖辞以明处履之道也。不疚，谓德称其位。

孔子释履彖辞曰：卦之名为履者，盖以卦之二体言之，兑为柔而乾为刚，卦体以兑之至柔而履乾之至刚，履非所履，动有危机，故名之为履也。

夫人之履危，鲜（上声，少）不见伤。乃履危而不伤者，盖卦德悦以应乾，则践履从容、恭顺而不失其正，所履之善如此，将得遂其进而行无所阻，虽危而不至于危也，故卦辞系曰“履虎尾，不咥人，亨”。

夫亨，固以其德矣，而其所以得亨者，卦体五刚中正而履帝位，刚则有神谋雄断之资，而中正则能善用其刚而不过，是德称其位也。德与位称，则无忝帝位，而其心宁至于有疚乎？夫既有其德而复有其位，以理势度之，其功业著于四方，有极光辉发越之盛者矣。有君若此，而臣以和悦应之，此其所以得亨也。

按：圣人释彖既毕，又指九五之德以推广其义，诚见履帝位者不刚不足以制天下，不中不正则刚而过于亢、过于察，一往不顾其所安，虽天下臣民欲和悦以应之，而在我未能免愧悔之萌，则在人亦难泯危疑之迹矣。高而能下，贵而益谦，动容周旋，无不中（去声）礼，斯为可法可则而无恶（音务，厌）无斁（p.45）于天下也乎。

易经　《象》曰：上天下泽，履。君子以辨上下，定民志。

解义　此《象传》，是言君子法履之事以治天下也。

孔子释履象曰：卦象上天下泽，天在上而泽居下，定分（去声，本节"分"均同）不易，履之象也。君子以民心所欲无涯，其志因以不定，皆由于上下之分不辨耳。故观履之象以辨别之，因其定分、制为典礼，使尊卑隆杀（隆：多；杀：音晒，少）截然不紊，如天居于上而不嫌于高，泽居于下而不嫌于卑。上下之分秩然不可逾越，则民志由此而定矣。夫上下之分明，然后民志有定。

然则辩分定志，岂非帝王驭世之大权乎？若使等威无辨、上下无章，如贾谊所言"富民墙屋被文绣之美，倡优下贱为贵者之饰"，则奢侈不已、僭乱易生、民志不定、天下纷然，欲以图治，难矣！故曰：礼者，所以总一海内而整齐万民也。

易经 初九：素履，往无咎。《象》曰：素履之往，独行愿也。

解义 此一爻，是言初仕者当率其素而不可有所变易也。

周公系履初爻曰：初九以阳在下而居履初，是贤人在下位而当方进之始，不为物迁而但循其素履，如是而往，则不至变其初心，何咎之有？

孔子释初象曰：初之素履而往，是率其素履而不变塞，其志确然有不可得而移者，其守不可易其志实不可变耳，是独行一己之愿而不愿乎其外也，此岂功名爵禄之所能动者乎？

按：素履而往。是安于贫贱之素而进足以有为者。若欲贵之心与行道之心交战不决，安能无失其守耶？

易经 九二：履道坦坦，幽人贞吉。《象》曰：幽人贞吉，中不自乱也。

解义 此一爻，是言士人所履之贞而得洁身之道也。坦坦，幽独守贞之象。

周公系履二爻曰：九二刚中在下，有自守之操，且无应于上则上无汲引之人，盖不得志而独行其道者也。乃居易自得，此心坦坦然，真所谓幽人也，则得洁身之贞，乐道之吉矣。

孔子释二象曰：幽人守贞而吉者，以二秉刚中之德，则有确然自守之操，富贵利达不得而乱其心也，岂矫情拒物者哉？

大抵坦与险，不生于世、而生于中之静躁。设以声色货利动其心、爵禄名誉纷其志，则此中先乱，见道必不明、信道必不笃，即有坦者，亦变而为险矣。古之君子，虽遇造次颠沛，而神明晏然，不为摇惑，岂非中有素定者在乎？

易经 六三：眇（音秒，瞎一只眼）能视，跛能履。履虎尾，咥（音迭，咬）人凶。武人为于大君。《象》曰：眇能视，不足以有明也。跛能履，不足以与行也。咥人之凶，位不当也。武人为于大君，志刚也。

解义 此一爻是为所履本无才德，恃刚暴而致伤者戒也。武人为于大君，谓刚武之人得志而肆暴之象。

周公系履三爻曰：六三不中不正、柔而志刚，是才德俱不足者，乃好为自用、不肯下人。本无见事之明，如眇不能视，强自以为能视；本无任事之才，犹跛不能履，强自以为能履。以此作事，动与祸随，犹虎在前而履其尾，必至咥人而凶也。如刚武之人本无能为，而乃为大君，以不仁而在高位，则得志肆暴，是播其恶于众也，岂能久乎？

孔子释三象曰：眇自谓能视，其视能几何哉？实不足以有明也。跛自谓能履，其履能几何哉？实不足以与行也。咥人凶者，由其居位不当，本无和悦之德，则履乾必致于伤害矣。武人为于大君者，武人无刚中正之德，故为大君则肆其暴，盖柔而志刚也。六三自用自专，与悦而应乎乾者相反，此其所以见伤耳。

按：三为悦体，卦与爻一也。卦合而言之，惟见其悦以应乾；爻别而观之，则只见其失于中正，以柔志刚而悦体丧矣，爻与卦相反若是！所谓六爻发挥，旁通情也，能得此意，则凡卦爻相反者，不惟不相悖，而且互相发明，即此爻可以类推矣。

易经 九四：履虎尾，愬愬，终吉。《象》曰：愬愬，终吉，志行也。

解义 此一爻，是言近刚强之君者，必克尽敬慎，斯有得君之庆。愬愬（音素），戒惧也。

周公系履四爻曰：九四亦以不中不正履九五之刚，其初本未有吉者，幸其以刚居柔，则因危知惧、敬慎恪恭、不敢自懈，终得以安其位而行其道。为能愬愬戒惧而得终吉，虽履危机，而可以无害矣。

孔子释四象曰：人臣事君，惟敬谨斯能感格（感格：指感于此而达于彼）。所谓愬愬终吉者，以四心存敬畏，则兢业之虑周而危疑之意去，君得而志可行也。

按：九四近至尊而处多惧之地，能以阳居阴则刚强而以谨畏行之，所以处危惧而终获其志。文王之小心翼翼，周公之赤舄几几（舄：音戏；赤舄：帝王穿的礼鞋；几几：安重貌；此文王周公典分别出自《诗·大雅·大明》和《诗·豳风·狼跋》），诚千古人臣事君之极则（极则：最高准则）欤。

易经　九五：夬履，贞厉。《象》曰：夬履、贞厉，位正当也。

解义　此一爻，是为人君过恃其才者示戒也。夬履者，夬决其履，谓凡事必行，无所疑碍之意。

周公系履五爻曰：九五刚中正，则有能为之才；履帝位，则有可为之势。夫挟可为之才与可为之势，而下又以悦应之，则更得以遂其欲为之志，是遇事即行，无复持重却顾之意，为夬其履之象。纵使事皆得正，然过于自用亦有危道，况未必尽出于正乎？

孔子释五象曰：所谓夬履贞厉者，以九五之德则刚中正，以位则履帝位，位正且当，则必恃其夬之才与夬之权，凡所措施，以为惟吾所欲为而莫之能阻，然才常伤于所恃，而危多出于所安，所以虽正而亦危也。

按：古之帝王，明足以照、刚足以决、势足以专，然而未常不凛凛于自用则小之戒，乃其所以为圣也。是故外宁则思内忧，阳盛则思阴剥，御臣下则恐以愎谏自用而诎忠谋，待小民则恐以恣意妄行而启众怨，如此，则久安长治而无危厉之咎矣。若夫优柔不断者，又当以英果济之，此《洪范》高明柔克、沈潜刚克之说，不可执一而论也。

易经　上九：视履考祥，其旋元吉。《象》曰：元吉在上，大有庆也。

解义　此一爻，是言君子能尽人事而获天道之佑也。考，稽考也；祥，福之兆也；其旋，周旋无亏之意。

周公系履上爻曰：人事多方，其吉凶之应有久有近。上九居履之终，则所履之事已终，其祥兆当有可考，果所履者，事皆尽善、周旋无亏，则得大吉矣。

孔子释上象曰：人情靡不有初、鲜克有终。故有一事吉而余未必吉者，有吉之数多或吉之数少者，元吉所最难也。若元吉而得之在上，则自始至终无少欠缺，非常之福自天佑之，不亦大有庆乎？

盖人身之善否，实与天命相流通，故一事不修即致天行之沴（音利，水流不畅），一时不谨即干上帝之和。昔之圣王，虽履极盛之时，必兢兢自考、图难于易、为大于细、慎终如其始，以迓天休之滋至而不敢少自怠荒焉，是以万福来同而庆及于天下后世也哉。

十一　泰卦　☷　乾下坤上

解义　卦取感通之义，词言消长之机。《易》之阴阳，以天地自然之气言之，则不可相无；以君子小人之象言之，则圣人之意未常不欲天下之尽为君子而无小人也。泰否之象，归宿皆在君子小人之消长，故曰：《易》以天道明人事。泰乃吉亨之时，然九三方过中，圣人即以为戒，制治于未乱、保邦于未危也；泰极生否，圣人于三示其端，于上要其极。平陂（音闭，倾危）往复者，天运之不能无；艰贞勿恤者，人事之所当尽。若上居泰极，虽欲艰贞，已无及矣。丰卦当盛大之时，而《象传》曰：日中则昃，月盈则食，皆圣人思患预防之意也。

易经（卦辞） 泰：小往大来，吉，亨。

解义 此卦乾下坤上，天地交而二气通，故名为泰。卦辞是言隆盛之世，小人屏迹而君子进用也。泰，通泰也；小，谓阴；大，谓阳；往，是退而在外；来，是进而在内。

文王系泰彖辞曰：易之大分（分：去声；大分：大要），阳为大而阴为小，卦体坤往居外，乾来居内，卦变自归妹来，则六往居四、九来居三，有小往大来之象，是小人在外而退听，君子在内而用事。有此阳刚之德而当隆盛之时，凡尽人事以合天道者无不尽善，真治道与世道并隆之日也，自然吉而亨矣。

按：泰之时，其在唐虞雍熙之世乎？极盛之世，不无小人，尧舜之四凶是也，然禹皋益稷钦亮天功，不害其为唐虞之治[①]。故知圣明在上，自能使众正盈廷，此可见转移世运之大权端在人君操之于上而已。

注释 ①唐虞：指陶唐氏（尧）和有虞氏（舜），相传为盛世；雍熙：和乐貌；四凶：指尧舜时四个不服的部族首领，即共工、欢兜、三苗、鲧，皆被流放。禹皋益稷：《书》中之《大禹谟》《皋陶漠》《益稷》。钦亮天功：出自"钦哉，唯时亮天功"（《书·舜典》）；钦：敬慎；亮：信；天功：大功。

易经 《彖》曰：泰，小往大来，吉亨；则是天地交而万物通也，上下交而其志同也；内阳而外阴，内健而外顺，内君子而外小人；君子道长（上声），小人道消也。

解义 此《彖传》，是释泰彖辞以发明天道人事之泰也。天地交，谓二气纲缊；上下交，谓君臣道合；阴、阳，以存主言；健、顺，以作用言。

孔子释泰彖辞曰：卦名为泰，而辞系以小往大来、吉亨者，则是天与地以气交而化生万物之气以通，云行雨施、品物流形也；君与臣以心交，而上下之志相接，君明臣良，一德一心也。然泰虽开于天地、成于君臣，而实本于君心理欲邪正之辨。盖乾为阳而坤为阴，君心所存者，皆阳明之善而不累于阴暗，是内阳而外阴也；君心所发者，皆刚健之德而不即于委靡，是内健而外顺也；君之所用者，君子在内而用事、小人在外而退听，是君子在内而小人在外也。内君子则君子济民利用之道日长，外小人则小人蠹国害民之道日消，是君子道长、小人道消也。

按：君子小人迭相消长，小人进则君子退矣，君子进则小人亦退矣。然欲君子之进，全在上下交而志同，志苟不同，则交以貌不交以心；人君虽欲进君子，而谗邪间（去声）之、逸欲荒之、浮论撼之、事变阻之，君子岂可得而进乎？孔子推明所由然，又在内阳而外阴，内健而外顺，内君子而外小人。盖内阳而外阴，则其心内明而不外炫；内健而外顺，则其心内足以胜私而外顺于理。君志如此，方与君子有相孚之美而不授小人以迎合之端，是以君子常进而小人常退也。信乎？泰不在气数，而在人君之一心哉！

易经　《象》曰：天地交，泰。后以财（通裁）成天地之道，辅相天地之宜，以左右民。

解义　此《象传》，是言人君当尽致泰之道也。后，谓元后；财成，谓制其过；辅相，谓补其不及；道，谓气化自然之运；宜，谓事理当然之宜；左右，谓扶植之也。

孔子释泰象曰：天地之气初交而成气化之盛，此泰之象也。然在天既有其时，则在人当有其事，元后于是有致泰之道焉，如天之道为日月星辰、四时寒暑，地之道为山川丘陵、坟衍原隰。然既滞于形气，则其道未免于过也。元后为之治历明时，使分至（分至：即二分二至，指春分、秋分、夏至、冬至）启闭之不差、春夏秋冬之有序；为之经画井野，使城郭郊原之有制、道里封疆之各定，过者抑而就于中矣。春生秋杀、日晅雨润，为天之宜；高黍下稻、渊鱼薮兽，为地之宜。然既任其自然，则其宜未免于不及也。元后为之教民播种灌溉，使之顺春秋之序以成其功；渔猎薪樵，使之随土地之宜以尽其用，不及者辅而进于中矣。夫为元后者，何若是之过计哉？盖天地生物而不能使之遂其生，以其责付之于君，则元后之财成辅相，凡以为斯民也。使民顺天之时、因地之利，各有以养其生而安其业，是圣人之财成辅相乎天地，正以左右斯民，使民得道天地之道，而宜天地之所宜耳。

　　盖开一代之治运，必在兴一代之治功，《虞书》（《尚书》的一部分）之六府三事（六府：指水、火、金、木、土、谷；三事：指正德、利用、厚生），《周礼》之六官所掌，皆裁成辅相之实事也。然非当日君臣志同道合、一德一心，决不能致此极盛之治，此泰交之所以不可缓欤！

　　易经　初九：拔茅茹，以其汇，征吉。《象》曰：拔茅征吉，志在外也。

　　解义　此一爻，是言君子偕同类以进用而得行其道也。茹，根也；汇，类也；征，进也；外，指天下国家言。

　　周公系泰初爻曰：初九当泰时而有阳刚之德，能与二阳俱进，象犹拔茅，其根以类而起者。以此德而征行，则初固足以有为而二阳皆足以致治，所以成辅泰之功者在是矣，不亦吉乎？

　　孔子释初象曰：所谓拔茅征吉者，初九与二阳并进，欲使君为尧舜之君、民为尧舜之民，进而助财成辅相之功、左右斯民之业，志在天下国家而不在一身也。

　　盖三阳皆同此志，此其所以征行而吉也。从来大厦非一木之支，太平非一士之业，上方合志下交，则下自连类并进。圣王在上，天下之士孰不愿立于其朝乎？

　　易经　九二：包荒，用冯（音平，徒涉）河，不遐遗。朋亡，得尚于中行。《象》曰：包荒得尚于中行，以光大也。

解义　此一爻，是美人臣有刚中之德而皆合乎中道也。包，谓有容；冯河，谓果断；不遐遗，谓不忘远；朋亡，谓无私比；尚，合也。

周公系泰二爻曰：九二有刚中之德，而上应六五，是主乎泰而得中道者也。其待人也恕，其处世也宽，为能包容荒秽，且贤必进而不肖必退，利必兴而弊必革，能用冯河之勇焉；举及侧陋（侧陋：谦词；浅陋），图及隐微，不以遐远而有遗；且不昵于近倖之私，不狃（音扭；贪爱）于便安（便安：便利安稳）之习，而朋比是亡。此四者，各有中行之道。盖不能含容，非中也；当断而不断，亦非中也；忘远，非中也；泄迩，亦非中也。九二惟中行，故因刚而刚、因柔而柔，或用刚而济之以柔，或用柔而济之以刚，皆适合乎天理之当然。人能如是，自合乎九二之中行，而所以治泰者，得其道矣。

孔子释二象曰：九二之包荒、得尚、中行者，何所本哉？盖心之弊者，则不能察乎中；心之隘者，则不能体乎中。九二之心，极其光大，光则明足以有照，大则器足以有容，其得中道而主泰也，岂偶然乎？

按：二虽臣位，实主治泰之责者，故必有包容之量、刚断之才、深远之虑、大公之怀，而均合乎天理当然、不偏不倚之道，庶几泰可常保，而国家深赖有是人耳。

易经　九三：无平不陂，无往不复。艰贞无咎。勿恤其孚，于食有福。《象》曰：无往不复，天地际也。

解义　此一爻，是言世道盛极将衰，君子当尽保泰之道也。平，泰也；陂，不平也；往，谓小人去；复，谓小人来；艰，谓思虑艰难；贞，谓施为正固；恤，忧也；孚，谓泰极否来一定之期；食，享也；际，谓泰复为否之交会。

周公系泰三爻曰：九三当泰过中而否欲来之时，盖天地交泰固为世道之幸，然世无安平而不险陂者，无常泰也。小往大来，固为君子之庆，然小人无常往而不反者，阴当复。夫治乱之相因，阴阳之相胜，乃天运一定之孚信而当忧恤者也。于此之时，惟艰难守正以处之，有戒惧之心而无怠荒之意，人事既尽，可以无咎。由是不必忧恤平陂往复之孚，而太平之福可长享矣。

孔子释三象曰：所谓无往不复者，以九三所处，乃天地否泰之会、阴阳消长之机、正天地泰复为否之交际也，挽回天运全在人事，所以当艰贞守正耳。

按：九三正当泰之时，吉亨之会也。而圣人谆谆告诫者，盖一治一乱，盛衰倚伏自然之理，惟能灼见之于先，兢兢业业，世运未陂而早防其陂，小人未复而早忧其复，如此则用力既省而为功实多。必俟祸患已成而后图之，则虽竭蹶（竭蹶：力竭摔倒）亦奚济乎？诚保泰者不可不知也。

易经　六四：翩翩，不富以其邻。不戒以孚。《象》曰：翩翩、不富，皆失实也。不戒以孚，中心愿也。

解义　此一爻是忧小人复集而言其势之甚易也。翩翩，群飞而下之象；不富，谓不用富厚之力；邻，谓类聚；不戒，谓不待告戒之辞。

周公系泰四爻曰：小人合交以害正道乃其本念。六四当泰已过中，正小往而将复之时也，群小至是乃翩翩然来复，不待力致而其类自从，为不富以邻之象。且无事要约告戒，而志无不孚矣，君子可不防哉？

孔子释四象曰：三阴飞翔而下，不待富厚之力而类自从者，何哉？盖小人居下乃其实位，今在上而据高位，则失其阴分（去声）之实，既失其实，则必忧君子之见攻，故不戒以孚，合交以害正道乃中心之素愿，而何待于戒令哉？

君子于此，诚不可少疏其防矣。盖小人乘间伺衅、以图进用，其心未尝须臾忘，特值明盛之朝无所逞其志耳。三为方中，四已过中，阴道渐长，彼安得不翩然动乎？一小人倡于上，众小人附于下，牵连比合，酿祸无穷，有国家者可不慎于微哉？

易经　六五：帝乙归妹，以祉元吉。《象》曰：以祉元吉，中以行愿也。

解义　此一爻，是见君能虚心下贤而成致泰之功也。帝乙（帝乙：商代君主，纣之父），至尊之象；归（嫁）妹，下贤之象；以祉，谓以此而受福祉；中，谓中德。

周公系泰五爻曰：五为泰主，虚中而应九二之刚，不以势位自高而谦卑以下贤，如帝乙之妹至尊贵也，今乃降尊贵以下归庶人而不以为屈，则得贤致治。以此保泰，真天下之福矣，非大善而吉乎？

孔子释五象曰：所谓以祉元吉者，何哉？盖下贤乃人主之事，而往往不克行者，以不能虚己故也。今六五有柔中之德，虚己以应九二，则下贤也，正以行其所愿耳，其受祉也，宜矣。

按：五以柔中之德任二刚中之贤，君臣之间不惟以情相合而实以道相孚，人自不得而间（去声）之矣。君之任贤愈专，则贤之任事愈力，一人端拱（端拱：端坐拱手）无为而群材效职。万方乐业，天下所蒙之福孰非大君之福哉？

易经　上六：城复于隍，勿用师。自邑告命，贞吝。《象》曰：城复于隍，其命乱也。

解义　此一爻，是泰极为否而当反己自修也。隍，城下池也；自邑，反己之意；告命，谓修正令也。

周公系泰上爻曰：治道积累以成泰，犹筑隍土积累以成城也。上六泰极而否，如城土颓圮复反于隍之象。当此之时，不可用师而力争，但当反己自治，修其纪纲政刑之命以维持之。然时势至此，虽所行皆出于正道，亦不免于羞吝，以不能防之于早耳。

孔子释上象曰：泰极而否，虽天运之自然，实人事之所致。城复于隍者，盖由久安长治之后，法度政令之命已乱，岂徒天运使然哉？倘能励精奋发以修其政令，庶人心感动、天意可回，泰犹可保而不致于终否也。

按：上以阴柔处泰极，不能坚志下交，必致群材解体、成业难支，此内忧，非外患也。故不在用师以远求，而在告命以自治。然自强别无他道，惟有进君子、退小人，使上下常交、情志常通而已。贤者在位、能者在职，及是时，明其政刑，决壅蔽之习而励明作之气，其在主心一振刷（振刷：振作）间乎？

十二　否卦　☰☷　坤下乾上

解义　自乾坤之后，始涉人道，经历六坎，险阻备尝，内有所畜，外有所履，然后致泰，而泰之后，否即继之，以知天下之治，致之难而乱之易。泰先小往大来而后言吉亨，是以天运推之人事；否先言匪人不利君子贞，而后言大往小来，是以人事参之天运。泰则归之天，否则责之人，圣人之深意也。九四爻辞曰有命即泰，九三无平不陂、无往不复之理；泰变为否易，故于内卦即言之，否变为泰难，故于外卦始言之。否、泰之变，皆天也，乃泰三必无咎，然后食福；否四亦必无咎，然后离祉。故泰之方盛，即系艰贞之辞；否之既休，尚有其亡之戒。若以否、泰相仍（相仍：相继）为一定之数，岂圣人作《易》之旨哉？上经当观否、泰，乾下坤上曰泰，上下交而其志通，其斯之谓泰也；下经当观损、益，损上益下曰益，自上下下，其道大光，其斯之谓益也。

易经（卦辞）　否：否之匪人，不利君子贞。大往小来。

解义　此卦坤下乾上，乾上坤下、天地不交，故名为否。卦辞言世运当厄，正道不行而奸邪进用也。否，谓闭塞；匪人，谓非人道之常。

文王系否彖辞曰：坤下乾上则天地不交，二气闭塞而为否。盖泰者人道之常，否则三纲沦、九法①斁（p.45），非复人道之常矣，此时于君子之正道有不利焉。夫阳为大而阴为小，此卦乾往居外，坤来居内；又卦变自渐来，九往居四，六来居三，有大往小来之义，则是君子敛迹、小人得志之时，岂利于君子之正道乎？

按：否下即系以匪人。匪人者，致否者也。上下之情、否塞不通，皆由匪人所致。匪人用事，则必多方蒙蔽，使上下否隔，而后得以恣肆妄行，其意本欲倾害君子，不知君子去、而国亦随之，则其为害，宁独善类蒙祸而已乎？圣人之垂戒切矣。

注释 ①三纲：指君臣、父子、夫妇之道。九法：即九畴，禹治理天下的九类大法。

易经 《象》曰：否之匪人，不利君子贞，大往小来，则是天地不交，而万物不通也；上下不交而天下无邦也。内阴而外阳，内柔而外刚，内小人而外君子，小人道长，君子道消也。

解义 此《象传》，是释否彖辞以明天道人事之否也。

孔子释否彖辞曰：辞谓否之匪人、不利君子贞、大往小来者，以造化言之，则地自为地而地之气不上交，天自为天而天之气不下交，天地不交，万物由此屯塞而不通也；以人事言之，上意不孚于下，下情不达于上，上下不交则情义乖离、不相维系；虽有邦与无邦同也。其在君心，则所存者阴暗而无阳明之善，内阴而外阳也；所发者委靡而无刚断之才，内柔而外刚也；所任用者，小人盈朝而君子在野，内小人而外君子也。惟内小人而蠹国害民之道日长，惟外君子而保邦致治之道日消也。

按：宋臣苏轼有言：无邦者，亡国之谓。上下不交，则虽有朝廷君臣而亡国之形已见矣。原其所以然，皆由小人用事于内，固结其君而尽去君子，使不得与人主相通，斯可以夺其权、固其宠而惟所欲为，国安得而不亡也？可不畏哉？

易经　《象》曰：天地不交，否。君子以俭德辟难（去声），不可荣以禄。

解义　此《象传》，是言君子当无道之时能自晦以全身也。俭，谓收敛；辟，谓避祸。

孔子释否象曰：天地不交，二气闭塞，正否之象，为小人得志之时，君子遭此，可不思所以自全乎？于是韬光晦迹，收敛其德不形于外，以辟小人之难，使名誉不彰而人不得荣之以禄焉；不然，声光外见，则人皆得物色之，爵禄之来，祸患之招也，其可轻身以就之哉？

先儒言，致否者，匪人也；益甚其否者，君子之贞也。东汉党锢之狱①，熙宁正士之窜②，皆缘矜尚名节太过，激成清流之害，而世道遂至于阽（音电，临近）危。所以君子收敛其德、不形于外，非止为一身免祸，而天下实阴受其福，此其异于常人而终有亨否之用欤？

注释　①指东汉桓帝时，李膺反对宦官把持朝政，反被禁锢；灵帝时复起用李膺，李谋诛宦官，后事败被杀。

②指宋神宗熙宁二年起用王安石变法，免黜司马光、苏轼等反对变法的人；窜：放逐。

易经　初六：拔茅茹以其汇。贞吉，亨。《象》曰：拔茅、贞吉，志在君也。

解义　此一爻，是训小人变邪从正成善行以孚人心也。

周公系否初爻曰：初与二阴连类并进，有拔茅连茹以其汇之象。此时在小人之势已不可遏，而小人之心尚或可回。盖人溺于恶则恶，反（通返）于善则善，只在此心一转移之间耳。初之恶未形而犹易变，使变妨贤害国之意而为荐贤利国之谋，则德孚于人、行无不得，自吉亨而为君子之徒矣。世道不遂入于否，苍生犹得享其福，此处（上声）否之贞道也。

孔子释初象曰：所谓拔茅贞吉者，盖君子之志常在于君，若小人但知有身而不知有君，今变而为君子，则能以爱君为念，而所为皆出于正，自不虑及于私而为一身一家之计矣。

盖君子小人，本无定名，惟正与不正而已；正则为君子，不正则为小人。惟初六之过未形，而易于从善，故圣人以正勉之，为小人谋，即所以为君子谋乎？

易经　六二：包承，小人吉，大人否。亨。《象》曰：大人否，亨，不乱群也。

解义　此一爻，是言小人不伤善类则获福，君子守正则道亨也。包，谓包容；承，谓承顺；否，即俭德避难之意。

周公系否二爻曰：六二阴柔，本有伤善之志，而因其所处中正、未忘好（去声）善之良，小人中之君子也。为能包容承顺，不纵其毒于君子，此在小人可阴受君子之赐而得吉，而在大人则彼虽包承乎我，而我不可从入于彼，惟安守其否，则身虽困而道自亨矣。

孔子释二象曰：辞谓大人否亨者，盖君子小人本不可与共事。今小人虽包承乎君子，而君子断不枉道以入小人之群，所以安守其分而道亨耳。苟一失其身，安得亨哉？

盖处否之时，君子固不可泾渭太分，激成小人之祸，亦岂可因卑躬厚貌，遽受彼之笼络，遂至舍己以徇（p.113）之乎？孔子之待阳虎①，孟子之处王驩②，可谓合乎大人之道矣。

注释　①阳虎：即阳货，春秋人，季氏家臣，季平子卒而专鲁国之政。阳货曾送孔子一头猪，孔子不在；后孔子趁阳货不在家时回拜，在途中遇阳货，被阳货羞辱一番，并未反驳。（《论语·阳货第十七》）

②王驩：齐盖邑大夫；孟子为齐卿时，曾为使去滕国吊丧，

王为副使，孟子往返未与王说及为使之事；有人问，孟子说，他自作主张做了，我还说什么？（《孟子·公孙丑下》）

易经　六三：包羞。《象》曰：包羞，位不当也。

解义　此一爻，是见小人伤善而未能也。包，谓包藏；羞，谓可耻之事。

周公系否三爻曰：六三以阴居阳，小人有势位而欲害君子，然不中不正而短于才，是小人志于伤善而未能者。然彼虽小人，其伤善之心、亦必自知其羞、而有所不安，但才不足以成其谋，徒包蓄在心而不能发，为包羞之象，亦可见小人之无良矣。

孔子释三象曰：六三所以包羞者，由三以阴居阳，则非其地，不中正，又短于才，是以志于伤善而未能，君子亦幸而免耳。否则，鲜有不为其所伤者矣。

盖羞恶之心，人皆有之，然君子出之于正，则以蔽贤（蔽贤：埋没贤人）窃位为终身之惭；小人发之于邪，则以不能伤善为生平之耻。当其不得有为，畜愤于中，及一旦据得为之地，萃群小之有才者以佐之，必将无所顾忌，诛锄善类，以快其心。为人君者可不洞察而预制之乎？

易经　九四：有命无咎，畴离祉。《象》曰：有命无咎，志行也。

解义　此一爻，是言否极有转泰之机，能尽其当为之道，则善类皆可得亨也。有命，谓天有开泰之命；畴，谓同类三阳；离，附丽也，福，福祉也。

周公系否四爻曰：九四当否已过中，在时将济，是天有转否为泰之命矣，然非处之有道则善类亦无由而蒙福。九四以阳居阴，其德不极其刚，凡所措施皆尽善而不为已甚，而人事又无咎焉，此岂独九四之福哉？凡同类之君子，皆得丽之获祉矣。

孔子释四象曰：人孰无休否之志？所患天时未至、人事未修耳。今天有其时而人有其事，则道与时合，可以尽展生平之蕴，转否为泰之志不已得行乎？畴类之获福，从可知矣。

按：否泰虽由气化之盛衰，而人事之得失所系尤重，未有人事失而天命降康，亦未有人事得而天命降乱者也。唐臣李泌告君曰：凡人皆可言命，独君相不言命，君相而言命，则政教为无权矣。苟能审察时变，用人行政一专力于其所当为，则人谋既臧，天休自至[①]；彼遇变不省，诿诸气数之厄者，何不思之甚也！

注释 ①李泌：历任唐玄、肃、代、德四朝，位至宰相，屡退屡进，人称智臣。天休：天赐福祐。

易经 九五：休否，大人吉。其亡其亡，系于苞桑。《象》曰：大人之吉，位正当也。

解义 此一爻，是言君子有开泰（开泰：开始平安顺利）之功而又当时深兢惕也。休否，谓息其否；大人，谓有德位之君；系，束缚也；苞桑，丛生之桑。

周公系否五爻曰：否至于五乃否将尽之时也。九五阳刚中正以居尊位，为能拨乱世而反之正，以休息天下之否，此惟德位兼隆之大人乃能当此而吉也。然祸乱每生于所忽，又当常存戒惧、时切危亡之虑，所以制治者无不至，防乱者无不周。苟能常惧其亡，则不至于亡，斯国祚（音坐，皇位）永固，有如苞桑之系矣。

孔子释五象曰：休时之否，非有德而乘权者不能，九五德位兼隆，则既具休否之资而又有休否之势矣，乃所以吉也。

自古理乱所由分，不出敬怠二者。心苟懈弛，虽已治已安，即见危亡之势；心苟兢业，虽未定未靖，自具昌炽之基。盖危亡者所以安存也，常以危亡为念，则用贤不贰、去邪不疑、兴利必力、除害必勇，尚何祸乱之不可戡定而福祚之不可永膺哉？

易经 上九：倾否，先否后喜。《象》曰：否终（否终：否卦之终，指上九）则倾，何可长也？

解义　此一爻，是言上九之才能拨乱为治也。倾，谓倾而尽去之也。

周公系否上爻曰：否极有复泰之势，阳刚有可为之才，故能拯济时艰、辟乾坤于再造、倾其否而尽去之。夫未倾之时为否，既倾之后，则拨乱反治，不且为世道喜乎？

孔子释上象曰：时非否极，虽阳刚英武之才不能尽倾其否。惟当否之终，则时有可倾之会，而阳刚又有能倾之才，尽人事以挽天运正在此时，何可使其长否也？

按：上九与九五，虽皆转否为泰而有难易之不同。九五休否，当否之时而体之，犹似有渐，其为力也难；上九倾否，在否之极而倾之，更无不尽，其为力也易。然非大人兢兢于其亡之戒，岂能有否终之喜？先否后喜，其所谓先天下之忧而忧、后天下之乐而乐者欤？

十三　同人卦　☰　离下乾上

解义　同人六二一爻，居中得正，上应九五之乾，是卦之得名本由乎二；而爻辞之吝异于卦辞之亨者，盖同人之道，贵以大公至正，通天下之志，不可稍有偏系。统一卦而论，则有乾行之德而其同人出于公，故亨。就一爻而言，则有偏比之情，而其同人出于私，故吝。此卦爻之各有取义也。六爻，初未有私主，遂获无咎。上居外鲜应，仅能无悔，以出门可进于大同而于郊则失所同也。至二之于五，本为正应，一有所系则成于宗之吝，是所应得正者，尚无所容其比昵之私，况原非正应，强欲求同，其弗克有济也必矣。三之以伏戎伺敌而不能行，四之以乘墉止攻而反得吉，此又为失正求同者著戒也。若夫九五同人，其先也中直无回如大师之相克，其后也同心无间致正应之允谐。六二虽得位居

中，使非九五之刚毅不惑克去群邪，何由遂明良喜起之遇乎？故
《象》曰：应乾，臣道也。又曰：乾行，君德也。正以文明柔顺之
臣必得刚健独断之主，始能堂廉（p.88 注）合德、吁咈（p.374）相
成而臻天下一家之盛治也。

易经（卦辞）　同人：同人于野，亨。利涉大川，利君子贞。

解义　此卦离下乾上，以离遇乾，天在上而火炎上，其性
同；二、五相应，其德同；又卦惟一阴、而五阳同与之，其情同；
故名为同人。卦辞言同于人者，当大公无私，而贵合于君子之正
道也；涉大川，谓可以涉险。

文王系同人象辞曰：凡人不能无所同，但恐所同之不广，所
同不广、则为私同而非大同也。同人于野，则旷远而无私。如处
一家一乡，则大同乎一家一乡之人；处一国天下，则大同乎一国
天下之人，皆大同也。所同无私，则足以致人之亲辅、来人之信
从，何举不遂？何往不济？凡事皆亨，虽事之大而难者、如大川
之险，亦利于涉矣。然非合于君子之正道，亦不得为大同也。夫
君子之道，岂必人人而求与之同哉？亦惟以正而已。正也者，人
心之公理，不期同而自无不同者也。合于君子之贞，乃为于野之
公，而亨且利涉耳。

宋欧阳修论君子小人之朋，谓小人所好者、禄利，所贪者、
财货，当其同利之时，暂相党引、以为朋者，伪也。君子则不然，
所守者、道义，所行者、忠信，所惜者、名节，以之修身、则同道
而相益；以之事国、则同心而共济（语出欧阳修《朋党论》）。故
为人君者，但当退小人之伪朋、用君子之真朋，则天下治矣。甚
矣，修之言、有合于同人之义也。

易经　《象》曰：同人，柔得位得中而应乎乾，曰同人。同人
曰：同人于野，亨，利涉大川。乾行也。文明以健，中正而应，君
子正也；惟君子为能通天下之志。

解义　此《象传》，是释同人彖辞以明其所以得同之道也。柔，谓六二；乾，谓九五；得位得中，谓六二得中正之道也；"同人曰"，三字衍文。

孔子释同人彖辞曰：卦名为同人者，盖以卦体六二得位而正、得中而中，以柔中正之德应五刚中正之君，上下以中正相应，故曰同人也。

辞谓同人于野、亨而利涉大川者，何哉？卦体以乾行而利涉，盖乾之力甚大，凡义理之所在，勇于必为而无一毫懦怯之意，则亨不待言矣。又曰利君子贞者，卦德文明以健，文明则能烛乎正理而明大同之义，刚健则能行乎正理而尽大同之道。卦体中正而应，是在己既正而无私，所应亦正而无私也。此皆君子之正道也。夫天下之理，正而已矣。苟能顺天理、合人情，是君子之所同者乃天下人心之公理也。既得乎天下人心之公理，自有以通天下之志而亨、利涉矣。

自古至治之世，一道同风。夫人各一心，而可以使无弗同者，惟此中正之理而已。是故君子以中正撤天下之畛（音诊，界限），即以中正峻（加高）天下之防。撤其畛，于人无不可同，而中正者必期于相遇；峻其防，于人有所不苟同，而不中不正者不能以强合。然卦之二、五，既以中正相应于上，则天下不中不正者自皆返于中正，如舜举皋陶（皋陶：舜之掌刑狱之臣）、汤举伊尹（p.88 注）而不仁者远，则峻天下之防者，正所以撤天下之畛乎？

易经　《象》曰：天与火，同人。君子以类族辩（通辨）物。

解义　此《象传》，是言君子审异致同之事也。类族，以人言；辩物，以物言。

孔子释同人象曰：此卦天在上而火炎上，其性相同，故为同人。然天下有不可皆同之理，若不审其异，则混淆杂乱反不得其同矣。君子以为天下之不同者莫如族，于是因其族而类之：如六德者均为诸侯，三德者均为大夫；功之大者同于开国，功之小者同于承家；士农工商，各业其业而不相混，府史胥徒，各事其事而无相紊；内有昭穆之辨，外有尊卑之等。如是，则族得其类矣[①]。天下之不同者莫如物，于是因物而辨之：如朝廷之上，则五瑞、三帛、二生、一死之贽仪；亲疏之际，则三年、期年、大功、小功之服色；律吕阴阳不同，而同于正五音；璇玑玉衡不同，而同于齐七政[②]；菽粟之类，同归于养生；药石之类，同归于卫生；律度量衡之必一，章服器用之不差。如是则物得其辨矣。

按：卦取大同之义，而象则言类族辨物者，盖致同全在于审异。故法乾覆之无私，离明之有别，以类聚而辨析之，俾族类分别而不至于紊，此正所谓物之不齐、物之情者，因其不同以为同耳。若如异端之说，必欲比而一之，则是非杂糅、大小混淆，驯必至于乱矣，乌能使之同哉？

注释　①六德：指知、仁、圣、义、忠、和六项道德标准，见《周礼·地官·司徒》。三德：三种品德，有不同说法，《书·洪范》为正直、刚克、柔克，《周礼·地官·师氏》为至德、敏德、孝德。承家：承继家业。胥徒：小吏及步行供使役的人。昭穆：泛指家族内部的亲疏辈分。

②五瑞：古代诸侯作符信用的五种玉；三帛：纁、玄、黄三种颜色的帛，帛，所以荐玉也；二生：即二牲，指羊羔、雁；一死：指死野鸡；贽仪：表敬意的礼品。三年：臣为君、子为父、妻为夫服丧三年；期年：服丧一年；大功：服丧九月；小功：服丧五月。律吕阴阳：律吕为乐律的统称，阴阳各六律，共十二律；五音：五声音阶，即宫、商、角、徵、羽。璇玑玉衡：古代两种测量天体坐标的仪器，浑仪的前身；七政：指日、月和金、木、水、火、土七个天体的运行规律。

易经　初九：同人于门，无咎。《象》曰：出门同人，又谁咎也？

解义　此一爻，是言同人无私而不失于偏党也。于门，谓于门外也。

周公系同人初爻曰：初九当同人之初，以刚在下、则在己、非有私交，上无系应、则在人、又无私与，为同人于门之象。如是则无所私而不失于偏党，可以无咎矣。

孔子释初象曰：初九之同人于门，是出门而同人也。出门则在外，在外则公之于天下而无私昵之偏，谁得而咎之乎？

按：出门同人，诸爻皆然，特于初首发其义，盖人并生天地间，自其异者观之，一身之内多其障碍，安所谓同者乎？自其同者观之，则六合之广廓然大公，安所谓异者乎？周公曰"于门"，不欲使人自域于门内也。夫子曰"出门"，直不欲使人存一门内之见矣。

易经　六二：同人于宗，吝。《象》曰：同人于宗，吝道也。

解义　此一爻，是见同人当大公（大公：指大公无私）而不可有所私也。宗，党也。

周公系同人二爻曰：同人贵无私系，六二虽中且正，然既有应于上，则有所系矣。既有所系，则情必偏向，而于大同之道有违。所感者私而所应者狭，如同人于宗者然，其致吝也必矣。

孔子释二象曰：二、五相同，虽曰两相与则专，然惟合己者是与而无至公之心，则其道为已狭矣。盖不能大同而专于私系，乃吝之道也。

盖君子之于天下，无适无莫，而惟一出于大公，非独不可少徇于私，亦且不可过泥于理。二、五本为正应，稍有偏向，犹不免吝，况其他乎？人君得此意以为治，赏不遗于仇雠，罚不贷（饶恕）于贵昵，直言虽逆耳而必听，谀言虽悦志而必黜，庶几大道无私之义矣。

易经 九三：伏戎于莽，升其高陵，三岁不兴。《象》曰：伏戎于莽，敌刚也。三岁不兴，安行也。

解义 此一爻，是为妄于求同者戒，见其劳而无功也。戎，谓兵；莽，草莽也。

周公系同人三爻曰：九三刚而不中，上无正应，欲夺二而与之同，然九五在上，九三惧九五之见攻，不敢显发而设戎以备之，象为伏兵戎于草莽之中而升高陵以窥伺者。然义既不正，势复不敌，虽攻之既久而不合，徒三岁不兴，亦何所施其力哉？

孔子释三象曰：所谓伏戎于莽者，三非攻二，所敌者乃五之刚正，故畏惮而伏戎以备之也。至三岁不兴，则事终不谐，而向之设备以求同者，安所行乎？徒取不知量之羞耳。

盖天下同所当同则逸而有功，同所不当同则劳而罔益，不量其理与势而妄求之，虽同人为至易至简之事，而亦有不可行者。故曰：易必知险、简必知阻，不学《易》者，殆不可涉世也夫。

易经 九四：乘其墉，弗克攻，吉。《象》曰：乘其墉，义弗克也。其吉，则困而反则也。

解义 此一爻，是为妄同于人者训，而美其终能改过也。乘，谓升；墉，谓城墉；则，法则也。

周公系同人四爻曰：九四刚不中正而无应，亦欲同于六二而为九三所隔，于是隔三以攻之，为乘墉以攻之象。幸居柔能自反于理，见其不可攻而弗之攻焉，为能改过而得吉矣。

孔子释四象曰：九四既乘墉以攻二，四岂不足于力者哉？知二为五之正应，以义断之，不可攻而弗攻耳。既弗克攻，何以为吉？盖四若欲恃力以攻二，二未必得，祸且不免，今乃能以义断，困心衡虑而反（同返）于法则，是不但改过而且能自反者，此与计穷力屈、不得已而退者有异矣。见义能徙，诚人情之所难，其得吉也不亦宜乎？

按：此卦二、五为正应，而三、四介乎其间，皆欲争之，其不顾义命一也。然三之伏戎，已见争夺之形；四之乘墉，方萌窥伺之意。三之不兴，畏势之不能敌而止；四之弗克，则深知义之不可攻，自返而退矣。昔晋纳捷菑于邾娄，邾人辞以貜且长[①]。赵盾（p.108 注①）曰"非吾力不能纳也，义弗尔克也"，遂举兵而去之，《春秋》予（赞许）焉。即周公取四"弗克攻"之义也哉。

注释　①邾娄：春秋国名，在今山东；貜且：邾定公之名；貜音决；捷菑：邾国公子，貜且之弟。

易经　九五：同人先号咷而后笑，大师克，相遇。《象》曰：同人之先，以中直也。大师相遇，言相克也。

解义　此一爻，是言君臣致同之道，由人君能刚毅自断，故始虽阻而终必合也。号咷（同号啕），谓悲；笑，谓喜；克，谓胜；遇，谓遇二也。

周公系同人五爻曰：九五与二中正相应，本同者也，而为三、四所隔，则失其同矣。其始不得与二合，失其所同而悲；终之得与二遇，遂其所同而喜，为先号咷而后笑之象。然五之得与二遇者，岂偶然哉？贤之用舍（上声），在乎君心，使君心稍有不断，则二终不可得而遇矣。惟在君心刚毅独断如大师焉，则得克去小人而与君子相遇矣。

孔子释五象曰：同人之先号后笑者，以五之中正应二之中正，义理所同，物不得而间（去声）之，其理本直也。大师相遇，以邪正无并立之势，三、四不克，则二、五终睽，言必克去三、四，然后能与二相遇也。

按：六二以柔中正而应五之刚中正，本同心相应者也，自为三、四所隔而不得其同。然二柔正而三、四刚强，柔正者易远，刚强者难去，必然之势也。惟人君见之极明、行之极断而不牵于庸众人之议，夫然后得与二遇而明良交会、上下同孚。否则，思之非不切，念之非不殷，一为物所间阻，遂终于睽隔而不得同矣。然则小人不去则君子不进，刚断者其用贤之本与。

易经　上九：同人于（在）郊，无悔。《象》曰：同人于郊，志未得也。

解义　此一爻，是言孤介之士一无所同也。郊，谓旷远之地。

周公系同人上爻曰：上九居外无应，物莫与交，是其孤介特立、荒僻自守而无与相同者，为同人于郊之象。然物莫与同，如二之私系，三、四、五之相争，皆得免焉，而可以无悔矣。

孔子释上象曰：卦谓之同，必有所同，而后可为志得；今同人于郊，是萧然寂寞之士出于世外、一无所同，是同人之志未得也。

盖至人以万物为一体，未有自外于斯人之徒者，特以所遇之时、所处之地，不可一概而论。禹稷之饥溺，颜子之闭户①，夫固各行其是也，爻言"无悔"，以其不与人同喜之；象言"志未得"，又以其不能同人病之，义殆互相发明耳。

注释　①禹：大禹；稷：音季，谷神；饥溺：比喻生活痛苦。"禹思天下有溺者，由己溺之也；稷思天下有饥者，由己饥之也。"（《孟子·离娄下》）颜子：见 p.53 注。

十四　大有卦 ䷍ 乾下离上

解义　大有，取居尊得众之义，六五一阴在上，五阳从之，所有者大，故曰大有。然而成其有之大者，实本于元后之德。君德不刚不足以制事，而过刚则失之严；不明不足以烛理，而过明或失之察。必离明乾健、顺时而运，乃能制作尽善、治化大行，是德以全乎其势也，《象》故以元亨予之。又欲万世君臣，膺丰亨豫大之庆、励持盈保泰之修，是以诸爻多戒词焉。初则惕以克艰；二则勖（音序，勉励）以任重；三则劝献纳之忠，严小人之辨；四则明分（去声）义之大，抑僭逼之嫌，所以儆夫臣者至矣；五必诚孚于下交，威饬乎无备；上必尊贤而不居其有，行顺而昭格于天；所以儆夫君者至矣。君臣各有当尽之道，而操用人行政之权、辨是非邪正之实，其道又专属乎君。故当大有之朝，含畜甚众，小人虽未即为君子之害，而刚明之主虑切履霜，不第天秩天叙，昭典礼之雍容，尤以天命天讨严贤奸之进退，此大《象》所为以遏恶扬善、著应天时行之实欤。

易经（卦辞）　大有：元亨。

解义　此卦乾下离上，离居乾上，火在天上，无所不照，故名为大有。卦辞言人君当大有之世，德足以致治，则治化四达而元亨也。

文王系大有象辞曰：卦象火在天上，万国九州皆在其照临之下，所有为至大也。人主抚有天下，诚出其明健之德以运治，则天下之事各得其理，天下之民各得其所，海宇有熙皞（皞：音浩；熙皞：和乐）之风，国家有苞桑（苞桑：喻帝王居安思危）之固，大有之业可以保之而无虞矣，岂不大善而亨乎？

按：大有之世，天下一统，治化四讫，虽致有实本于德，而惟德为能治有。岂非王业之盛必由于王道之隆欤？

易经　《象》曰：大有，柔得尊位大中，而上下应之，曰大有。其德刚健而文明，应乎天而时行，是以元亨。

解义　此《象传》，是释大有象辞，以明人君德足以治有而致治化之盛也。柔，谓六五；上下，谓五阳；应天，指六五而言。

孔子释大有象辞曰：卦之名为大有者，盖以卦辞六五一阴居尊而有大中之道，当大有之时而居尊位，则中亦非寻常之中而为大中也。惟大中而五阳应之，是上下五阳皆为六五一阴所有也，故象辞系之曰大有。

大有何以元亨？以其德实有以致亨耳。刚健则能胜私，文明则能烛理，故得天位而行天道，则天叙有典而惇之以时，天秩有礼而庸之以时，天命有德而章之以时，天讨有罪而刑之以时，洵（音旬，诚然）乎大善而亨也。

按：大有之所以亨者，不以势而以德，盖德之体则刚健文明、德之用则应天时行，尽善尽美如此，是以能成大一统之治耳。

易经　《象》曰：火在天上，大有。君子以遏恶扬善，顺天休命（休命：美善的命令）。

解义　此《象传》，是言君子治有之事也。遏，谓遏而绝之；扬，谓扬而显之也。

孔子释大有象曰：卦体上离下乾，有火在天上之象。盖火虽明，若在下则明有所蔽而不能以及远，今在天上，则天下万物皆在所照之中，故为大有。然所有既大而无以治之，其间保无衅孽（衅孽：祸害）之萌乎？故君子于恶者，小则鞭朴之，大则刑窜（放逐）之，而恶者遏矣；其于善者，小则奖劝（鼓励）之，大则爵赏之，而善者扬矣。夫君子所以遏人之恶而扬人之善者，岂一己之私哉？盖天命本无恶，故五刑五用天所以讨有罪也，则奉天命以遏之；天命本善，故五服五章[①]天所以命有德也，则奉天命以扬之。遏其所本无而扬其所固有，正以顺天休美之命耳。

盖以赏罚二者，人君统御天下之大权，亦转移人心之大用，君道既贵能明，又贵能断，然后可以法天为治而享大有之盛也钦。

注释　①五刑五用：秦以前的墨、劓、剕、宫、大辟五种刑法，分别惩罚五类不同的罪行。五服五章：尧舜时指天子、诸侯、卿、大夫、士伍等服饰；章：指服装上的文饰。

易经　初九：无交害，匪咎。艰则无咎。《象》曰：大有初九，无交害也。

解义　此一爻，是言处盛满之时而能尽其道也。交，涉也。

周公系大有初爻曰：初九当大有之时，以阳居下则刚有守而好大之志不萌，上无系应则私未感而有为之气方锐，是未涉乎骄奢之害，本匪有咎者。然或以为无咎而以易心处之，未必终于无咎也。盖贵不期骄而自骄，富不期侈而自侈，既骄且侈，鲜不及矣。故必持盈守满而艰难以处之，然后可以无咎耳。

孔子释初象曰：所有既大，似有涉害之理，今以大有之初而以九居之，则刚毅之德足以有守，是以得免于害耳。

甚矣，处有者之当慎也！盖圣人作《易》，教人以戒谨恐惧之学，无有以为易而可忽者。故虽天下至易之事，亦必以至难之心处之，庶几时时克念，不至以侈肆取咎也哉。

易经　九二：大车以载，有攸往，无咎。《象》曰：大车以载，积中不败也。

解义　此一爻，是言人臣才德之大而能当重任也。刚中在下，故为大车；得应乎上，故为以载。

周公系大有二爻曰：人臣遇君，非才德无以致用，非柄用（柄用：掌权）无以见能，九二刚中在下而得应乎上，是才德独茂而为君所委任者，为大车以载之象。则既有是德而又得是君，如是往而任天下之事，自能成功而免责矣，无咎之道也。

孔子释二象曰：所谓大车以载者，岂徒负载之多乎？以其有积中之实德，足以任重而不至于败事也。

按：二刚健居中而应五，才德兼隆，得君行道乃仅得无咎、仅得不败而不曰"吉亨"者，以见处（上声）大有之难而人臣任事之不易也。古之当此者，伊傅周召①其人乎？

注释　①伊傅：指伊尹和傅说，见 p.88 注。周召：指周公和召公，周公见 p.30 注②。召（音绍）公：姓姬，名奭（音式），曾佐周武王伐纣灭商，被封于燕；周武王死，与周公共同辅佐周成王。

易经　九三：公用亨（通享，本爻辞及其解义中之"亨"均通"享"）于天子，小人弗克。《象》曰：公用亨于天子，小人害也。

解义　此一爻，是美公侯之君子以劝忠，而戒公侯之小人以垂训也。亨，谓朝献也。

周公系大有三爻曰：九三居下之上，有刚正之德，公侯之贤者也。上有六五之君，虚中以下之，是以公而朝献于天子，或先事而为治有之规，或后事而陈保有之道，随其所有以为贡献，而被晋接（晋接：敬辞，接见）之荣，为用亨于天子之象。夫三为人君所贤而得朝献于君者，以有刚正之德也。若公侯中之小人，则无刚正之德，不能如九三之用亨矣。

孔子释三象曰：公之用亨于天子者，以君子则有嘉谟嘉猷（嘉：高明的；谟、猷：谋划）之告、论思献纳之诚，故能用亨于天子。若小人则贡谀容悦，惑君志而祸国家，必至于害也。

自古诸侯，能守臣节而忠顺奉上者，则蓄养其众以为王之屏翰（屏翰：喻重臣），丰殖其财以待上之征赋。若小人处之，则不知为臣奉上之道，至民众财丰则反擅其富强而益为不顺。故圣人于君子小人之防，严为分别如此。

易经　九四：匪其彭，无咎。《象》曰：匪其彭，无咎。明辨晢（音稀，同晰，清楚）也。

解义　此一爻，是为人臣处极盛之时而训之以自全之道也。彭，盛貌；晢，明也。

周公系大有四爻曰：大臣当极盛之时不可无善全之识。九四以刚而近柔中之君，权势既盛，似有僭逼之嫌，幸其处柔而能深自抑损，权重而不以权自恣，势盛而不以势自矜，是盛而不敢极其盛，为匪其彭焉，如是可免于咎矣。

孔子释四象曰：所谓匪其彭无咎者，四之所处（上声）已挟震主之威，今乃得免于咎者，深知君尊臣卑之义、亏盈益谦之理，由明辨之晢而能然耳。

使明或稍昧，矜功挟权以陵轹其上，能无凶乎？为大臣者不可不知此义也。盖人臣位高权隆，苟非于利害之几、盈谦之理，辨之甚晢，鲜有不侈然自大以至凶于家、害于国者。此在为臣者固不可不戒，而人君亦当深思预防，使上下无相逼之嫌，如汉光武不令功臣预政、宋艺祖之解诸将兵权[①]，则抑损之正所以保全之耳。

注释　①汉光武：即东汉建立者刘秀，称帝后加强中央集权，废地方兵权。宋艺祖：指宋太祖赵匡胤，平定天下后收诸将兵权，史称"杯酒释兵权"。

易经　六五：厥孚交如，威如，吉。《象》曰：厥孚交如，信以发志也。威如之吉，易而无备也。

解义　此一爻，是明君道当恩威并用，始能保其所有也。孚，谓以诚任人；交如，谓人以诚归我。

周公系大有五爻曰：六五当大有之世，虚己以应九二之贤，是上以诚信孚于下也。上孚于下则下孚于上，由是上下归之，为厥孚交如之象。然君道贵刚，太柔则废，故又当济之以威，使恩威兼尽，可以保其所有而不坠则吉也。

孔子释五象曰：所谓厥孚交如者，盖上下皆有孚信之志，而推原其本，惟六五在上之孚信有以发之，故能使上下之交孚耳。所谓威如之吉者，以君道太柔则人将玩易而无畏备之心，以威济之则宽厚之中仍有刚制之用，庶上下交孚而无慢易之失也。

大抵帝王之治，恩威并济，汉史臣赞宣帝信赏必罚，吏称其职，民安其业；元帝牵制文义，优柔不断，孝宣之业衰焉[①]。此是以见帝王之所尚矣。

注释　①汉宣帝：武帝曾孙，幼时曾养于民间，故知民间疾苦，后大将军霍光迎立为帝，即位后励精图治，轻徭薄赋，降服匈奴；汉元帝：宣帝之子，曾败于匈奴，并开宦官为政之局，故政治日趋腐败。

易经　上九：自天祐之，吉无不利。《象》曰：大有上吉，自天祐也。

解义　此一爻，是明尚贤致治而蒙天祐也。

周公系大有上爻曰：上九当大有之世，以刚居上而能下从六五，信之极笃而用之极专，其谦退如此，是以满而不溢，合乎天而自（自然，当然）天祐之也。既得天祐，则吉无不利而得以享其大有之庆矣。

孔子释上爻曰：大有在上而得吉者，岂幸致与？盖贤者天之所生，惟尚贤之盛德有以格天，故能合于天而得天之眷祐也，天岂私祐上九者哉？

按：大有之世，万国皆已来王，四海皆已无虞，正当盈满之时。人主处此，必至以泰宁自负而来简贤慢士之失者，今乃能尚贤如此，诚人主之盛德、帝王之极则也，此爻所以独尽善其辞欤。

十五　谦卦 ䷎ 艮下坤上

解义　谦，取退让之义，以山之高而逊居于地之下，能自屈而不居其盈，其象谦。圣人言君子立德立功于持身接物之间，伐施尽化（教化），恭让交孚（诚信），斯无往不亨而身名俱泰，故以亨而有终予之。且谓君子德以谦著，天下莫能掩其光；望以谦崇，群品（群品：万物或众生）莫能加其上。由其秉心抑畏，尽人道而合德于天地，乃为君子之终，而非以退为进、以屈为伸者所可拟也。故合六爻观之，初之善下，二之有闻，三之不有其功，四之㧑不违则，五之不挟富有而得众，六之不骛远略而治私，可以济险难，可以宣义问（义问：好声誉），可以让大美，可以辑臣邻，可以用征伐。为下则罔以宠利居成功，为上则不以崇贵骄天下，宜其无往而不与吉应也。至九三一爻，劳而能谦，天下既仰其丰功，又高其雅量。《象》曰君子有终，爻辞亦不复易。盖乾三君子，严夕惕之修，坤三有终，具含章之美，皆为谦三之所兼有。孔子特以万民服归之，所以深著其忘矜伐（矜伐：恃才自夸）、戒满假（p.157注②），允符（允符：符合）乎好谦之人道也。故《象》曰君于有终，爻亦曰君子有终也。圣人观象系辞之旨，不大可见哉？

　　易经（卦辞）　谦：亨。君子有终。

　　解义　此卦艮下坤上，卦德止内顺外，是心不肆而行不骄，卦象山高地卑，是以至高而屈于至卑，皆有而不居之义，故名为谦。卦辞言谦为人之美德，人能谦则所行无不得也。谦者，有而不居之义；有终，谓先屈而后伸也。

　　文王系谦象辞曰：谦者，有德而不以德自居，有功而不以功自居，内则其心收敛而不矜，外则卑以下人而不亢，如是则行无不得、动无所阻，自无不亨。其先也，不敢自居其有虽似屈；其究也，不能没其所有而必伸。此君子之道，为有终也。

按：《易》六十四卦，皆多危惧之辞，即乾坤尚所不免，独系谦象、爻无不吉亨者，盖海惟善下为百谷之王，人惟能谦为众祥之本。《书》云：满招损，谦受益。《诗》云：彼交匪傲，万福来求。其即亨而有终之谓乎。

易经　《彖》曰：谦，亨。天道下济而光明，地道卑而上行。天道亏盈而益谦，地道变盈而流谦，鬼神害盈而福谦，人道恶盈而好谦；谦，尊而光，卑而不可逾，君子之终也。

解义　此《彖传》，是释谦彖辞，明天地之道以谦而亨，而造化人事俱不外乎谦道也。光明，谓化育光显；上行，谓承天时行；变，谓倾坏；流，谓聚而归之。

孔子释谦彖辞曰：卦之名为谦而得亨者，盖谦道至大，虽天地有不能违者。天虽居上，而其气常下降以济万物，故气一嘘而万物以生，气一缩而万物以成。其道之光明为何如？是下济为谦而光明则亨矣。地道至卑，而能承天时行以上配乎乾，故物之生虽出于天，不得地以承之则生物之功不终；物之成虽主于天，不得地以承之则成物之功不遂。其道之上行为何如？是卑为谦而上行则亨矣。

天地以谦而亨，则人之谦而必亨不待言矣。试博举而旷观之，如在天道，日中而昃，月盈而蚀，寒往暑来，暑往寒来，是亏盈而益谦也；如在地道，盈满者倾变而反陷，卑下者流注而益增，是变盈而流谦也；如鬼神于人物，在人则贪满者多祸、守约者多福，在物则茂盛者渐至于衰谢、凋落者更见其发生，是害盈而福谦也；至于人之好恶则更有可见者，其盈满者必为人之所恶，其谦下者必为人之所好，在人岂有心于好恶哉？亦在己者有以感召其好恶耳。故居尊位而谦，则为人道所好，德因谦而益显；居卑位而谦，亦为人道所好，而人亦莫能过，此皆君子有终之道也。

按：天地鬼神不可知，故据其迹之可见者言之，若人则可知者，故直言其情曰好、恶。以其不可知，故常尊而远之，以其与人无以异，则修吾人事而已。志自满九族乃离，德日新万邦惟怀；人心之所顺，则天地鬼神亦岂能外是也欤？

易经　《象》曰：地中有山，谦。君子以裒（音剖，阳平，取出）多益寡，称物平施（称物平施：称此物之多少，均平而施）。

解义　此《象传》，是言君子治世使谦之象也。裒，谓损；益，谓增。

孔子释谦象曰：此卦地中有山，是地虽卑，而中之所蕴则高，有谦之象。君子法之以处世，不可以自高而卑人，故有持平之道焉。盖自高之见常患有余，自卑之情常患不足，惟裒损其矜高之多而谦以持己，增益其谦下之寡而卑以下人，称量于人己之间而适符其当轻当重之等，则施于人己者自得其平矣。

按：古之帝王皆有谦德，如尧之允恭克让，舜之温恭允塞①，禹之不自满假②，皆此意也。故聪明睿智，守之以愚；功被天下，守之以让；勇力振世，守之以怯；富有四海，守之以谦。斯深得乎裒益之道者欤？

注释　①允：诚信；恭：敬慎不懈；克：能；让：谦让；"允恭克让"（《书·尧典》）。允塞：充实，充满，"濬哲文明，温恭允塞。"（《古文尚书·舜典》）

②满：盈实；假：大；满假：自满自大，"克勤于邦，克俭于家，不自满假，惟汝贤。"（《书·大禹谟》）

易经　初六：谦谦君子，用涉大川，吉。《象》曰：谦谦君子，卑以自牧（修养）也。

解义　此一爻，是见谦德之能济险也。牧，养也。

　　周公系谦初爻曰：初六以柔处下，深自抑损，绝无矜才衒能之意。此乃谦之独至，谦而又谦，君子之行也。本此谦谦之道，用以济险，如涉大川之艰，亦获众心之顺助而得吉，况平居乎？

　　孔子释初象曰：所谓谦谦之君子者，非矫饰而然也。夫居己于高、居人于卑者，人之常情。初六以卑下之道自养而不敢有上人之意，盖蓄于素者咸退逊之心，斯发于外者皆谦抑之度。所以成其为谦谦之君子耳，斯岂致功于旦夕者所可几欤？

　　按：涉川为最险之事，而属之谦谦君子者，盖弘济时艰，必非尊己凌物、一往用壮之士所能胜任也。我心果能深自挹损（挹：音义；挹损：贬抑）、退然处下，则世虽有桀骜难驯之人，见之必且意尽消沮、缩伏而不敢动矣。有何险之不化为平而祸之不转为福也耶？

　　易经　六二：鸣谦，贞吉。《象》曰：鸣谦、贞吉，中心得也。
　　解义　此一爻，是见谦德之盛而得其正也。鸣，谓声闻。

　　周公系谦二爻曰：六二柔顺中正，有谦之资而又得乎谦之道，由是积中著外，谦而有声闻矣。此非违道以干誉，乃理所当然而得其正也，由是人皆知之，则志行乎而名誉著，上可以得君，下可以得民，何往而非吉乎？

　　孔子释二象曰：六二之谦，推原其心，初非欲求闻于外也，乃中心所自得耳。

　　然有是德积于中，则必有是名闻于外，斯岂外袭者哉？朱熹有言：太虚中本无物，事业功劳于我何有？此心体之本然也。能知此意，则禹稷（p.148注）之功名、周公之制作，皆我分内当为之事，何所用其矜伐？然有意为谦，反失之矣。六二中正，适得于心体之本然，其鸣谦也，夫岂以声音笑貌为哉？

　　易经　九三：劳谦，君子有终，吉。《象》曰：劳谦君子，万民服也。

解义 此一爻，是见大臣有功能谦而长保其盛也。劳，谓勋劳。

周公系谦三爻曰：凡为大臣者，皆思建功于天下而恒不能以谦自处。九三以一阳居下之上而为上下所归，是当位任之隆、德盛业著而有功劳于天下者也。乃三不自居其劳而退处于谦，则不矜而天下莫与争能，不伐而天下莫与争功，自能有终而吉矣。

孔子释三象曰：谦固人之所难，若有功劳而能谦，则尤为人之所难。今九三劳而能谦，则丰功有以答天下之心而雅量有以洽人心之好（去声），此万民之所以咸服也。

按：《系辞》于谦九三曰：劳而不伐，有功而不德，厚之至也。惟德厚之至，故不自觉其功之盛。自古有功之臣，令终者鲜（上声），皆由器小易盈、恃功骄恣所致。故谦则终吉，不谦则终凶，出此入彼，间不容发。《系辞》又曰：致恭以存其位，虽赞之，实勉之也夫。

易经 六四：无不利，撝（音挥）谦。《象》曰：无不利撝谦，不违则也。

解义 此一爻，是见大臣之能谦而合乎道也。撝，谓发挥。

周公系谦四爻曰：六四柔而得正，居上而能自下，如是则在彼无恶、在此无斁（p.45），在邦在家，无所往而不利，固已见其谦矣。然四居九三功臣之上，功不及而位过之，故当本谦德之已形，凡见于辞气容貌之际者，一一发挥以示不敢自安于九三之上，如此，则为之上者嘉其谦，而为之下者服其谦矣。

孔子释四象曰：四之无不利而撝谦者，得无疑撝谦之或过乎？不知四居九三功臣之上，推贤让能，道理自当如此，是四之撝谦，乃适合乎谦之则也，岂为过乎？

盖推贤让能，庶官乃和，此一个臣之无他技，而天下之有技彦圣（彦圣：指有才德之人）无不在其休休有容之中也。六四与九三，不惟无相忌之嫌，而且有相让之美。三代而下，若周勃之于陈平，卢怀慎之于姚崇[1]，其犹有此风乎。

注释　[1]周勃：从刘邦起义，封绛侯，惠帝时封太尉；陈平：初从项羽，后从刘邦，封曲逆侯，惠帝、吕后时封右丞相；吕后死，周、陈共诛诸吕，迎文帝即位。卢怀慎、姚崇：唐太宗时，卢怀慎与紫微令姚崇对掌枢密。怀慎以吏道不及崇，每事皆推让之，时人谓之为"伴食宰相"。

易经　六五：不富以其邻，利用侵伐，无不利。《象》曰：利用侵伐，征不服也。

解义　此一爻，是见居尊能谦而得人心之用也。邻，众也。

周公系谦五爻曰：人君驭下，虽有崇高之位，不可无谦德以临之。六五以柔居尊，是在上而能谦者，居尊而谦则从之者必众，为不富而能以其邻之象。夫六五之谦以临下，则在下宜无不服矣，而设有未服者，不可已也。盖六五既得众心之归，即用之侵伐，以诛暴而去恶，何不利之有？然居上能谦，何事不可为者？不但利用侵伐也，即用之他事而亦无不利矣。

孔子释五象曰：五之利用侵伐者，岂观兵以黩武哉？以其冥顽之寇、强暴之敌，负固不服而征之耳，非得已而不已也。

从来兵凶战危，圣王不得已而用之。此爻以征伐为利者，盖师出无名，谓之黩武；师加（施于）不道，谓之义兵。为君者能用谦德绥诸侯而不以力征天下，则师之所至有若时雨，始虽崛强跋扈，终未有不帖然驯伏者。舜舞干而格有苗（p.110注[1]），文因垒而降崇虎[1]，其明证矣。

注释　[1]文：指周文王；降：降服；崇虎：即崇侯虎，时为崇国国君，被周文王灭，建丰邑，今属西安市。

易经　上六：鸣谦，利用行师征邑国。《象》曰：鸣谦，志未得也，可用行师，征邑国也。

解义　此爻，是美其谦德而惜其限于才位也。邑国，谓己之私邑。

周公系谦上爻曰：上六谦德著闻，为人心所乐与，则协力同心，即用谦以行师而亦无不利矣。但质柔无位，则才既患其不足，而力又不能以有余，是师之所行但可征己所治之邑国，而不能以及远也。

孔子释上象曰：上六谦德著闻，宜乎人无不归矣。以其质柔则不足于才，无位则不足于力，故志独未得而至于行师也，虽可用行师，亦不过足以治其私邑而已，然岂不足于谦德者哉？

按：谦之功用，不特可以处常而正可以济变。观初之用涉大川，五之利用侵伐，上之利用行师，可见谦道非徒一于卑巽，而用武尤深戒夫振矜（振矜：据傲，矜持）。人主临事应变，而能以不骄不亢之德行之，则亦安往而不如意哉？

十六　豫卦 ䷏ 坤下震上

解义　豫，取和乐之义。所以致和乐者，由九四一阳统众阴，其志得行，而卦德又顺理以动故也。然豫有二义：卦之豫，乃万方和乐之征，虽建侯行师而亦利；爻之豫，率一己晏安之事，有吉凶悔吝之不同。天下之豫不可无，而一身之豫不可有。若初恃应而鸣其得意，则凶；三援势而溺于久安，则悔；五处尊位，耽乐而致疾；上居动体，纵极而始渝；此皆过于逸乐者也。即四能造天下之豫，恐其治定之后，疑忌易生，故又勉之以开诚布公、合聚同德，相与共保其豫焉；但在本爻，有悦安天下之志。而在五爻，涉揽权逼上之嫌，又《易》之因爻起义者也；惟介石之二，中正自守、无欲而静，绝耽恋之私、炳几先之哲，自能行与吉会，非诸爻之所及也。至于三之悔、上之渝，皆有可以趋吉之机，圣人亟开以自新之路，惟恐其以佚欲终，其垂戒之意切矣。

易经（卦辞）　豫：利建侯行师。

解义　此卦坤下震上，有人心和乐以应其上之义，故名为豫。卦辞言处豫者，能合人心则大事无不可为也。建侯，谓立君；行师，谓命将。

文王系豫彖辞曰：有天下者至于豫，此非常之遇而大有为之时也。盖天下事，以得人心为本，使人心未得而妄有作为，鲜（上声）克济矣。当豫之时，万众归诚，一人悦豫，所谓乐以天下者也。得天下心、行天下事，以之建侯则统驭有方而无强梁跋扈之患；以之行师则大权在握而有除残伐暴之威；则其于他事，亦无不利可知矣。

按：比卦《象》曰：建万国、亲诸侯。师卦《象》曰：容民畜众。而豫之象辞兼此二者。虽皆得坤之顺，然师、比遇坎犹有险难，若豫则四方底定、六服永清，固非同屯之不宁而建侯、谦之不服而侵伐也。人主处此，倘以时际宴安、粉饰至治，甚而滥加封爵、赏非其功，广启兵端、罚非其罪，岂保大定功之善术哉？惟深思安不忘危、治不忘乱，则久安长治、永永无疆已。

易经　《彖》曰：豫，刚应而志行，顺以动，豫。豫顺以动，故天地如之，而况建侯行师乎？天地以顺动，故日月不过，而四时不忒；圣人以顺动，则刑罚清而民服，豫之时义大矣哉。

解义　此《彖传》，是释豫彖辞，极言豫之时义为大也。刚，指九四；应，是上下人心应之；志行，是九四之志得行；不过，以晷刻（晷刻：日晷上的刻度）言；不忒，以节候言。

孔子释豫彖辞曰：卦之得名为豫，岂偶然哉？盖人心不应则吾志不行，而所动不顺则人心不应。今卦体九四一阳，上下应之，是大臣负（担负）天下之望，朝野悦服，而吾志得行矣；卦德坤顺震动，是主豫者顺理而动、随事得宜，而人心协应矣，故其卦名曰豫。

然是顺以动也，岂惟人事为然？从来天人感应无非一理，将见上而阴阳合其度、下而刚柔适其宜，人心和乐而天地以和乐应之，亦如我之顺动而不违矣。何况建侯行师尤人和之可验者乎？

由此推之，彼气机之通复，天地之动也。而顺其常运，则日月往来，晷景（通影）长短，无过差也；四时代谢，分至（p.130）启闭，无愆忒（愆忒：音千特，差错）也；而天地不外乎顺动矣。彼政教之张弛，圣人之动也，而顺其常道，则狱讼衰息、民志大畏，无繁刑也；胜残去杀，久道化成，无怙恶也；而圣人不外乎顺动矣。则是豫顺以动，天地圣人且不能违，其为时义，不诚大哉！

自豫以后，凡十二卦，豫、随、遁、旅、姤言时义，坎、睽、蹇言时用，颐、大过、解、革言时，各随卦体赞之。盖未有有时而无义、有义而无用者，所以皆谓之大哉，以见其赞叹之无尽也。

易经　《象》曰：雷出地奋，豫。先王以作乐崇德。殷荐之上帝，以配祖考。

解义　此《象传》，是言先王法豫之道也。殷，盛也。

孔子释豫象曰：雷始伏声于地，郁而未舒，今出地而作声，鼓天地之太和，畅万物之生意，和之至，豫之象也。先王法此，宣之以声，而宫商律吕之俱谐；饰之以容，而羽旄干戚（干戚：盾与斧，古代两种兵器，亦为舞具；干，平声）之备具。岂徒美观听已哉？凡以一代之兴，必有一代之德，蕴之为精微之懿，发之为漠烈之隆，唯乐能昭明而崇显之，至其用之极盛而蔑（无）以加者，莫大乎祀。冬至祭天于圜丘而配以祖，季秋（季秋：秋季的第三个月，即农历九月）享帝于明堂而配以考，大合众乐，备极九变，达仁人孝子之诚，展荐德歌功之志，而天祖无不来格，乐之洽神人、和上下如此。

先王法豫之功，何其至哉！昔儒有言：观上天下泽而礼定于履，观雷出地奋而乐作于豫。然礼犹可因时制宜，而乐之作，必在治定功成、人心和悦之后，人主当深思豫之为象而精求作乐之本，岂可徒事于声音文貌之间哉？

易经 初六：鸣豫，凶。《象》曰：初六鸣豫，志穷凶也。

解义 此一爻，是言附势之小人自取凶咎也。穷，谓满极。

周公系豫初爻曰：自古小人所以自取败亡者，岂有他哉？惟知势位之可恃，而不识盈满之为忧。初六以阴柔小人上应九四之强援，乘时肆志、悦乐之极，至于夸耀骄矜、自鸣得意，一旦势衰，祸不旋踵，凶莫大焉。

孔子释初象曰：凡人志不可满，乐不可极。初六而至于鸣豫者，以有援在上、求无不得，志盈意满、不自敛戢，以取败亡。其为凶也，不亦宜乎？

按：豫卦得名，本为和乐，然乐同天下则吉，乐专一身则凶，小人附权依势，惟知逞一己之私，肆无忌惮，驯至凶祸而不悟。圣人之垂戒深矣。

易经 六二：介于石，不终日，贞吉。《象》曰：不终日、贞吉，以中正也。

解义 此一爻，是言守正之君子，为能超于流俗、炳于几先也。介石，其守坚确如石；不终日，见几之速。

周公系豫二爻曰：人情易溺于豫，既溺于豫，则必至反乐而为忧矣。若六二中而得正，独能以德自守，凡世间可喜可慕之事，无一足动其中者，故有介于石之象。夫人溺于富贵逸乐，其心易蔽，其神易昏，故事几之来，当前迷眩。以介石者处此，静而能明，安而能虑，则凡微彰刚柔之几，一见即决，转移趋避，有不待事之终日而始知者，良由心中淡然无欲而得操守之正也。贞而获吉，宜已。

孔子释二象曰：六二之不终日贞吉者，以二居下卦之中，得阴位之正，中正自守，不溺于豫，静虚之余，思虑自能精审，所以知几（知几：预知事之几微）之速如此也。使其耽乐是从而心无所主，岂有是贞而获吉哉？

按：豫六爻，九四外，初之鸣豫、三之盱豫、五之贞疾、上之冥豫，皆溺于豫者也。惟二介然守正，操持固而审几决，独贞而且吉。盖常人多欲，其悟也恒在事后，故咎至而不知；至人无欲，其觉也恒在几先，故超然而无咎；圣人为处豫者示之极则如此。

易经　六三：盱（音须）豫，悔，迟有悔。《象》曰：盱豫、有悔，位不当也。

解义　此一爻，是戒附势之小人，望其改过以自新也。盱，上视貌；上悔，为悔悟之悔；下悔，为悔吝之悔。

周公系豫三爻曰：六三阴不中正，素无介石之操，惟知凭藉势力以取富贵，仰视六四大臣，依阿取宠，以恣所欲，宜有悔者也。倘能改弦易辙，舍旧图新，犹可自免。若依违寡断，迟久不决，所谓过而不改，是谓过矣，安能免于悔哉？

孔子释三象曰：三虽近四，亦复何伤？特以不中不正处位不当，故盱豫而有悔，可见豫非溺人，人自溺耳。

盖吉凶倚伏，惟人自取。圣人于六三，始则示以致悔之端，终则勉以改过之勇，为小人者，奈何不翻然自省也哉？

易经　九四：由豫，大有得，勿疑。朋盍簪。《象》曰：由豫、大有得，志大行也。

解义　此一爻，是言大臣当国，宜得人以致豫也。簪，所以聚发；盍簪，言皆速聚于我也。

周公系豫四爻曰：九四一阳居大臣之位，任天下之重，凡君之享和乐于上，民之享和乐于下，皆由我以致之，生平事业无乎不遂，所得孰大焉？然天下之豫，固由于己，而所赖共保其豫者，实在乎天下之贤。但天下之贤，非猜忌嫉妒者之所能致也，必开诚布公，一出于任贤勿贰之志，勿外信而内疑，勿始信而终疑，则我不疑人，人亦不疑我，同类之朋咸乐至而为我用，如发之聚于簪焉。众正皆升，群策并效、一心一德，以成保豫之功，所得不诚大哉！

孔子释四象曰：大臣以道济天下为志，苟有一人之未豫，则志必有所歉而弗行矣。今在上在下莫不由我以致豫，是其凤昔所期，为上为德、为下为民者至此大行而无遗憾也。爻之系"大有得"者以此。

盖大臣弘济艰难，非一手一足可胜任，故以得人助理为急。然必先具知人之哲，而后贤否不致混淆、邪正不相倾轧，庶几盍簪之朋皆同道之君子，而不惑于同利之小人。有任人之责者，尚其致慎于聚之之正而毋溺于谄媚之徒，则几矣。

易经　六五：贞疾，恒不死。《象》曰：六五贞疾，乘刚也。恒不死，中未亡也。

解义　此一爻，是戒人君不可过柔，因豫以致疾也。贞疾，犹言痼疾。

周公系豫五爻曰：六五当豫之时，以柔居尊，沉溺于豫，固有致疾之理矣。且上下皆应乎四，强臣当国，众心附之，以君而反制于臣，太阿（太阿：古宝剑名）倒持、威权尽失，如负疾之人久而不愈濒于危亡者然。然以所处得中，先世之流风善政尚有存者，天下有所畏忌而不敢动，国脉犹可以苟延，又为恒不死之象焉。果能一念振作、奋发有为，则未必不去疾而保豫也。

孔子释五象曰：六五之为贞疾者，九四刚而不逊，五以柔乘其上，权归于下势孤于上故也。其恒不死者，以所处犹中，先世之余泽尚存，故能保其虚位而不至于亡也。

豫卦于五专言为君之道不可偏过于柔，盖威福为人君治天下之具，臣下欲窃之者必先以声色货利荡其主心，使之耽于佚豫（佚：安逸；佚豫：安乐，舒适），然后可惟所欲为，阴盗其柄而不觉。人君诚知陵替（陵替：纪纲废驰，上下失序）之由皆起于耽乐，兢兢业业日厉精于上，则清明在躬、志气如神，自可逆折强臣之萌而主威不至于下移矣。

易经　上六：冥豫，成有渝。无咎。《象》曰：冥豫在上，何可长也？

解义　此一爻，是戒人之终溺于豫（安乐）而勉其迁善也。渝，变也。

周公系豫上爻曰：上六以阴柔居豫极，是从于匪彝、安其危、利其灾而不自觉者，有昏冥于豫之象。幸居动体，冀其能变，若因天理萌动之机，一旦悔悟，痛革前非，事虽成而能有渝，改过不吝，自不罹纵欲败度之愆，何咎之有？

孔子释上象曰：上之为冥豫者，以其昏迷于豫而至于如此，何可长久而不知渝变乎？苟能知逸豫之不可长，幡然变其故我，则冥冥者可为昭昭已，人何不自勉焉？

按：冥豫与冥升迷复同义，圣人不言冥豫之凶而言成有渝之无咎，取其能变则去凶而即无咎矣。初六鸣豫，即断之以凶，甚于初者，所以遏其恶；上六冥豫，则开之以无咎，恕于终者，所以诱其善也，可以识处豫之道矣。

十七　随卦 ䷐ 震下兑上

解义　随，取悦从之义。卦因刚来下柔、此动彼悦得名。盖上有徽柔之德，则刚明之臣来而下之。卦变之所谓随也，有振作之才，则亿兆之心悦而附之。卦德之所谓随也，大抵物之相随与己能致物之随，以德孚则一于贞，以私合难免乎咎。此象辞所为特致其丁宁，而全卦以"利贞"为断也。虽卦言物随，爻言随物。所指不同，义不外此。六爻，初有所渝，则以广大无私为贞；二、三有所系，则以远邪能守为贞；四以同德之阳随刚中之主，则以诚积于中、动合于道者，善全其贞；若九五以刚中正之君应柔中正之臣，是猜嫌泯而嘉会成也；上六以肫笃（肫笃：诚恳笃厚）之极为联属之本，是神明通而幽遐格也，何一非正而固之实效乎？合而观之，公正开随之始，至诚要随之终，尽乎缔交之道矣。处柔勿昵于宵人，得志必敦乎名节，位极人臣，不以危疑存退避之迹，惟以明哲昭靖献之忱，尽乎获上信友之道矣。至于阳刚之君，孚嘉美之佐，精神攸洽，德业交成，致吉之道无过于此。《象》所谓大亨贞无咎而天下随之者，备著乎九五一爻。随之义顾不大哉！

易经（卦辞）　随：元亨，利贞，无咎。

解义　此卦震下兑上，为此动而彼悦，有随之义，故名为随。卦辞言为上者，得人随之益，而又明随之道当出于正也。随，从也；元亨，以事言；无咎，以理言。

文王系随彖辞曰：己有致随之道而物有来随之应，同心者多，则何事不立、何功不建？其得大亨，固已！然必己之致随者无违道之私，而物之随我者非党同之弊，一出于贞，斯于理为顺、于心为安，无愧于随之义矣。何咎之有？若所随非正，则为非道以相与，虽可致亨而亦未免有咎也，可不慎哉？

按：天下之为随不一，而莫大乎君臣之相随。君之致人随，固贵乎正；而臣之随君，尤宜审择天命之所归、人心之所向，必如张良之从汉高、邓禹之从光武（p.153 注）、诸葛之从昭烈，应天顺人，功建名立，虽伊尹（p.88 注）太公之业，何以加兹①？苟不择所随，失身依附，扬雄之臣莽、荀彧之仕魏，甚至冯道之阅历五朝，寡廉鲜耻、丧名败节，其能免当时之非笑、后世之指摘哉②？此不贞之所以取咎也。

注释　①张良：曾助汉高祖刘邦运筹帷幄，决胜千里；邓禹：曾助汉光武刘秀称帝平天下，封高密侯；诸葛：指诸葛亮，昭烈指刘备，因其死后谥昭烈；太公：指姜子牙姜太公，钓于渭滨，遇文王出猎，同载而归，立为师，后辅佐武王灭殷，建立周朝，封于齐。

②扬雄：王莽封为大夫，文字学和文学上多有成就，因被株连，投阁自杀，几死；荀彧：曾依袁绍，后从曹操，为曹之重要谋士，官渡以奇兵破绍，封"万岁亭侯"，后为曹忌，饮药而卒；冯道：唐末、后唐、后晋、后汉、后周五朝为官，不以丧君亡国为意。

易经　《象》曰：随，刚来而下柔，动而说，随。大亨贞无咎，而天下随时。随时之义大矣哉！

解义　此《象传》，是释随卦象辞而极言随之贵于正也。上"随时"之"时"，当作"之"；下"随时之义"当作"随之时义"。

孔子释随象辞曰：卦之名随者，于义何所取哉？卦变自困来者，二之九下居初，初之六上居二。又自噬嗑来者，上之九下居五，五之六上居上。而自未济来者，兼此二变，柔皆自下而上，刚皆自上而下，是刚来下柔，退居阴后也。卦德震动兑悦，是此动而感乎彼，彼悦而从乎我，皆有物来随我之义，此其所以为随也。

夫当随之时，彼此相通、乐从无强（上声），既元亨矣，又必得正而无咎者，何哉？盖正者人心同然之理也，致随之道惟出于正，则一人之心适合乎天下人之心，将见近悦远来、无思不服、尽天下而随之。帝之所以为帝，王之所以为王，皆在乎此，非若欢虞小补之治而已。

此其时义，岂不大哉！

按："天下随时"，《本义》依王肃释作"天下随之"，诸儒之释又皆以为"随时"。盖正适于时之宜，则随乃尽乎正之利，细而一语默、一颦笑、一作息，大而政事之张弛、赏罚之先后、礼乐之质文，各顺乎其时而变通以行其正。是以刚而无虐、柔而不屈、动者不倦、悦者无厌，而天下之相随者，相依固结而不可散也。苟泥于正而违乎时，非其时即非其正矣，天下其孰能随之？此其义固可相发明耳。

易经　《象》曰：泽中有雷，随，君子以向晦入宴息。

解义　此《象传》，是言君子随时静养之道也。向晦，日暮之时。

孔子释随象曰：兑上震下，是泽中有雷、阳气之动奋者，随伏人之时而休息于下，此随之象也。君子体此，以为自强不息，此心固不容以怠荒；而动静相生，此身又不容以不息。盖日出群动皆作，则以作为正；日入群动皆息，则又以息为正。君子昼不居内，夜不居外，各随其宜，固如是耳。

盖天道人事未尝少异，如穷冬闭塞，雷隐泽中，造化之宴息也；日入冥晦，君子处内，人事之宴息也。人身一动一静，嘿（同默）与天运相符，必能保固精神而后可恒久不已。否则，进锐者退必速，始勤终怠之弊，安能免哉？

易经　初九：官有渝，贞吉。出门交有功。《象》曰：官有渝，从正吉也。出门交有功，不失也。

解义　此一爻，是言随人者不可不正而又当广其集益之道也。官，犹主也；渝，变也；卦以物随为义，重物来随己；爻以随物为义，重己往随人。

周公系随初爻曰：初九以阳居下，所谓刚来下柔也，为震之主，所谓此动彼悦也。卦之为随，皆在于初，初为成卦之主，随之官也。在我既有所随，则有心不若无心之公，有主不若无主之虚，而于廓然大公之本怀未免有所渝变，为官有渝之象。夫私于所随，固为未善，然亦顾其所随何如耳；若其所随皆正，则无比匪之伤而有辅仁之益，不亦吉乎？而尤贵广大公溥、出门以交，则己之取于人者无限，人之资于己者靡穷，事无不成，业无不就，其有功更为何如哉？

孔子释初象曰：初既官有渝矣，何以得吉？惟从正，则所与得人而无损友之伤，故吉也。出门交有功者，交之既广，则可以友天下之士，而一善必录，无所遗失，此其所以有功也。

盖随之为义，必以得正为善，而又恐其可者与之、不可者拒之、度量褊（同扁）浅、取益未宏，故以出门交有功勖（音序，勉励）之。前圣之指示后人者切矣。

易经　六二：系小子，失丈夫。《象》曰：系小子，弗兼与也。

解义　此一爻，是言人之失其所随，为不正也。系，牵也；小子，阳之微者，谓初；丈夫，阳之壮者，谓五。

周公系随二爻曰：凡随人之道，当以邪正为取舍，不可以远近为亲疏。今初阳在下，小子之象，虽非正应而近于二；五阳在上，丈夫之象，虽为正应而远于二。以理而言，二当唯五之从，乃以阴柔，禀性躁急，不能宁耐自守，反狃于近习而从初，既从于初，则不得复从于五矣，为系小子、失丈夫之象。夫从所当舍，舍所当从，失随之正，凶吝何待言哉？

孔子释二象曰：人之所随，是非邪正，无两可之道，二既系乎初之小子，则必失乎五之丈夫，其势固不得而兼与也。此君子所以必慎所从，而不可牵于一时之苟合也哉。

夫二本柔顺中正，以五应之则为孚嘉，而爻不之许者，以情牵也。情之所牵，必至以私废公、以欲灭理，所得者微而所失者巨矣。推而广之，如见小利则大事不成，或小不忍则乱大谋，或贪近功而忘远害，孰非此一念致之哉？

易经　六三：系丈夫，失小子。随有求得，利居贞。《象》曰：系丈夫，志舍下也。

解义　此一爻，是言人之得其所随，而又戒以必出于正也。

丈夫，谓九四；小子，亦谓初。

周公系随三爻曰：四阳在上，丈夫之象，所当随者。初阳在下，小子之象，不当随者。三近四而远初，则惟近之从而不暇及于远，为系丈夫、失小子之象。夫四阳当任而己随之，何求不获？何欲不遂？然使以有求必得之故而苟于求，则又岂君子之道义自重者哉？故必利于居贞，不为夤缘（夤：音寅；夤缘：攀附）苟且以图侥幸之富贵而致入于邪媚，庶乎其无失矣。

孔子释三象曰：三之系丈夫，岂独势之弗兼与哉？盖其取舍之极定于中，志在从四，终身以之。其视在下之初，固非所当随者，毅然舍之而不随也。不然，乌能决择如此其有定哉？

按：以六居三，不正也；以九居四，亦不正也。以不正相比，恐其专计弋获，不能以道自处而遂至于诡随。故圣人以利居贞勉之，以见人之失足权门、希图富贵，不过侥幸一时之荣；而身名一玷，千载长羞。孰得孰失，何去何从，可不致辨于此乎！

易经 九四：随有获，贞凶。有孚在道，以明，何咎？《象》曰：随有获，其义凶也。有孚在道，明功也。

解义 此一爻，是戒为臣者不可以权势上陵，而惟当尽诚正之道也。在道，以理自守；明，明哲也。

周公系随四爻曰：九四以阳刚之才处近君之地，是其德之盛、位之隆而奋然大有为于天下，亦何所图而不成？故随而有获也。然四以人臣建不赏之功，挟震主之势骎骎上陵于五，虽其所行咸出于正，而疑忌之端决不能免，凶可知矣。处此者宜何如？必也内焉殚忠君爱国之孚诚而无一念之敢欺，外焉尽奉公守法之常道而无一事之敢僭。以是明哲居之，则此心光明洞达，君嘉其让而安于上，民服其谦而安于下矣，何咎之有？

孔子释四象曰：四既随而有获，则逼上之患易生，以理言之，必得凶也。其所以能有孚而在道者，由其心实明哲，知危疑之地处之甚难，兢兢焉积诚以事君、秉道以律己，所以能有保身之功也。不然，其何以全上下之交欤？

自古人臣，宠利最为难居，惟当竭其诚敬，而以成败荣辱听之于天，区区挟智任数（任数：用权谋，使心计）、以求苟免，讵有幸乎？周公（p.30 注②）恐惧居东、王莽①之谦恭下士，同一卑退，而一诚一伪较若天渊，祸福相去亦甚悬绝。居鼎铉（鼎铉：指宰相）之任者，其当惕然于有孚之戒矣。

注释　①王莽：西汉元帝皇后之侄，父早死，谨事老母寡嫂，以德行著称。后来毒死平帝，立两岁刘婴，莽摄政；三年后称帝，改国号为新，在位十五年。

易经　九五：孚于嘉，吉。《象》曰：孚于嘉、吉，位正中也。

解义　此一爻，是言人君诚信任贤而见上下同德之盛也。嘉，美也，指六二。

周公系随五爻曰：六二柔顺中正，是臣之嘉美者也。九五以阳刚中正应之，是人君当随之时，以同德之与而极信任之至。二之言，嘉言也，吾则听之而不疑；二之谋，嘉谋也，吾则用之而不贰。孚于嘉如此，则上下同心，有以植建中表正之体，而天下随之者其在是矣，何吉如之哉！

孔子释五象曰：从来为政在人，取人以身。九五所居中正，故能以我之正而信二之正，以我之中而信二之中，其相孚有如此也。使己无其德则是非之鉴不明、取舍之权不定，又安能信善而得吉哉？

按：九五居尊，为天下所随，宜于天下之善无不兼收，如出门之初、舍下之三、在道之四与维系之上六，无不可与相孚，而独倦倦于六二之嘉者，盖九五位在正中，则必取天下之正中者以立相随之准，故以六二之柔中配九五之刚中。嘉耦（嘉耦：和睦夫妻）定于是，皇极（皇极：帝王的统治准则）即建于是，凡属臣民，虽欲不随之而不可得矣。苟不能推诚任贤，一德一心，以成明良喜起之治，亲者疏而反欲疏者亲，岂有是理哉？

易经　上六：拘系之，乃从维之。王用亨于西山。《象》曰：拘系之，上穷也。

解义　此一爻，是言随道之极，诚意固结者也。拘系之、从维之，皆固结之意。"亨"，作"享"；西山，即岐山；享于西山，取诚意之象。

周公系随上爻曰：上六居随之极，是其所以随人者，止此无妄之心，合终始而不易，随之固结而不可解者也，故其相知之深、相信之笃如有物焉，既拘系之更从而维之之象。夫诚意之极，可通神明，故又有王用亨于西山之象。明之所以随乎人者以此，幽之所以随乎神者亦以此。

孔子释上象曰：上六拘系之者，以其居卦之上处随之极，无复他往，自然诚意固结而不解，虽欲不如是而不能耳。

按：随之极，言理不言事，不可以一人一事该之。如七十子之随孔子，虽畏匡厄陈蔡而相依不舍[1]；又如舅犯、赵衰、介子推之徒随晋文出亡十九年[2]，备历艰苦至于返国，患难安乐无不共之，皆由诚意固结，之（至）死靡（无）他，所以为随之穷也。

注释　[1]畏：有戒心。匡：地名，在今河南长垣县；"子畏于匡"（《论语·子罕》）。厄：受困；陈：春秋国名，在今河南淮阳安徽亳县一带；蔡：春秋国名，在今河南新蔡安徽凤台一带。

[2]舅犯：即狐偃，字子犯，晋文公之舅，故称舅犯；赵衰、介子推：均为晋文公臣，后赵得封赏，介未得而与其母隐居绵山，文公放火烧山，逼其出山为官，不出，被烧死。

十八　蛊卦　☶　巽下艮上

解义　此见乱极当治而所以治之，在人之有所事也。蛊者，事也，乃既蛊而治之之事也。卦象所以成蛊，卦才所以治蛊，或从天道说向人事，或从人事说向天道，是教人竭力承天，不可自失机会，皆以责人治蛊也。当蛊之时，不可苟安，要必刚柔得中，乃可转祸而为福。刚而不中，则急治而失之贞；柔而不中，则缓而不治失之裕。君虚中以任贤，贤得中以济世，二、五相应，蛊所以不终于蛊也。然失之贞者，犹有拨乱反治之心；失之裕者，终无起弊扶衰之日。盖必有二、五治蛊之君臣，乃得全上九之高尚，不然，将必出而任天下之事，所谓利涉大川、先甲后甲者，必当引为己责矣。是知有国家者，诚宜临变而亟为之图，尤宜未危而预为之防，此持盈保泰之善术也夫。

易经（卦辞） 蛊：元亨，利涉大川。先甲三日，后甲三日。

解义 此卦巽下艮上，上下不交，积弊丛生，故名为蛊。卦辞言当坏极有事之时，能勇往以图功，自可转乱而为治也。甲，干之始；"先甲三日"为辛，取更新之义；"后甲三日"为丁，取丁宁（即叮咛）之义。

文王系蛊象辞曰：天下治乱之机相为倚伏，时至于蛊，败坏已极，天心厌祸，将拨乱而反治，世道之所以得元亨，此也。然致亨之道全在以人事挽天运，自非实有济蛊之力者不能。必也冒险越深、毅然勇往直前，若涉大川然，乃为利耳。涉川何如？如国家之纪纲法度、政令赏罚，其行于夙昔者，前事也。前事过中而将坏，必取先甲之辛以更新之，起敝更化，令来者之必可追。其行于今日者，后事也。后事方起而尚新，更取后甲之丁以丁宁之，思患预防，惩往者之不可谏。兼此二者，前弊可除，后利可久，乃为利涉而元亨也。

按：蛊之为象，虫聚皿中，势必败坏。天下久安无事，君骄于上，臣谄于下，酿祸生衅，日削月割，底于不可救，此正蛊之象也。卦辞垂训，以先甲救蛊之将成，以后甲策蛊之未至，此正治蛊万全之术。如必待蛊之既极而后图之，恐无及矣。彼汉唐之季，外戚宦官、藩镇盗贼①，祸乱已形，而上下泄泄、漫不经心，驯至大坏极敝，徒为他人驱除之资耳，岂不可畏矣乎？

注释　①东汉末年，桓帝、灵帝、献帝朝均是外戚宦官掌握朝政，后致黄巾起义；唐末武宗、宣宗、懿宗、僖宗、昭宗更均为宦官拥立，致内乱不已，至哀帝，唐亡。

易经　《彖》曰：蛊，刚上而柔下，巽而止，蛊。蛊，元亨而天下治也；利涉大川，往有事也；先甲三日、后甲三日，终则有始，天行也。

解义　此《彖传》，是释蛊彖辞，原所以致蛊之由与所以治蛊之道也。天行，天运也。

孔子释蛊彖辞曰：卦之名蛊，岂无故哉？盖世道之治，必以君臣交通、励精图治而后成。今卦体艮刚居上，巽柔居下。又卦变自贲来者，初刚居上，二柔居下；自井来者，五刚居上，上柔居下；自既济来者，兼此二变，则是上情高亢而不下接，下情退缩而不上交，两情睽隔矣。卦德下巽上止，是在下逡巡畏避而无敢为之心，在上因循止息而无必为之志，甘于自弃矣，所以积弊而至于蛊也。

然卦辞曰元亨者，盖斯世之蛊，患在治之无人，当此坏极之际，实有转乱为治之机，时虽未治，而天下之治已决于此。治蛊者诚能艰危自矢，如涉大川，以求必济，是往而有所事，不可辞其责也。至治之之道，必先甲三日、后甲三日者，盖拨乱反正之功，一本倚伏循环之理，时至而事起，天命而人从，有是时即有是事，乱之终正治之始，夫固天道之运行然耳。

按：甲属天干，周而复始之象，故以天言。要之治蛊全关人事，使不勉人事之当然，而坐希天运之自至，是名弃天亵天，而非善承天意者矣。岂圣人系蛊之旨欤？

易经　《象》曰：山下有风，蛊。君子以振民育德。

解义　此《象传》，是言君子体蛊之象尽自新新民之道也。振者，作兴之谓，犹风之鼓为号令也；育者，涵养之谓，犹山之养成材力也。

孔子释蛊象曰：艮山巽风，此卦巽在艮下，是山下有风也，披靡摧落、挠乱解散，蛊坏之象。君子体此，知蛊之时教化衰微、风俗颓敝，民德之委靡甚矣，非大加振作使之去恶迁善、革旧染以自新不可。

然民德之不振实由己德之昏，故新民之本又在于自新。必持养己德，使天之与我者常存不丧，而后推己及人，斯民可得而理也。诚能如此，则成己成物，两极其功，而岂犹有难治者哉？盖世道当积弊之后，斯民陷溺已深，欲以智驱而威胁之，人不堪命，激而成变，速乱之道。惟反而自言其德，则无长（上声）不仁之心，自有以振民生；无犯不义之事，自有以振民行。《尧典》时雍（时雍：和善）于变而先之以克明，《洪范》无有淫朋比德①而先之以作极（中正的准则），此之谓也。

注释　①淫朋：朋比为奸；比德：营私的行为；"凡厥庶民无有淫朋，人无有比德。"（语出《书·洪范》）

易经　初六：干（去声）父之蛊，有子，考无咎，厉终吉。《象》曰：干父之蛊，意承考也。

解义　此一爻，是言干蛊于初者易为功也。蛊为前人已坏之绪（开端），子能干之，则饬治而振起矣。干，如木之干，枝叶所附以立者也。

周公系蛊初爻曰：卦有父母之象，诸爻皆其子也。初六蛊未深而事易济，为子者乘时之易更（更张）而善反之，故为有子，能尽克家之道以盖前人之愆，而考得以无咎矣。然既谓之蛊，处势甚危，不可以为未深而易心处之，必战兢惕厉，竭其干蛊之力而使人不知为子之功，始虽危而终得吉也。

孔子释初象曰：前人之蛊已坏，无不望其子以掩覆之、更张之，有不可明言之隐志焉。初之为干蛊者，事虽违考，意实承考也，有子如此，非为父者所深愿哉？

按：干蛊之时与天下更始，不得不反前人之覆辙，虽改臣改政，有决不容己者，岂可姑息以遂先人之过贻宗祀之忧乎？大禹八年于外修鲧之功，而鲧竟得以配天；蔡仲克盖前愆，复邦于蔡，而蔡叔得以延数百年之祀①；其千古臣子之极则（p.127）欤。

注释　①禹：亦称大禹、夏禹、戎禹，鲧（音滚）之子；鲧曾奉尧命治水，九年未治；禹奉舜命治水，十三年三过家门而不入，以治水有功，舜禅让于禹。蔡叔：名度，周武王之弟，封于蔡，后反周公而被放逐而死；其子为蔡仲，有治绩，周成王复封之于蔡。

易经　九二：干母之蛊，不可贞。《象》曰：干母之蛊，得中道也。

解义　此一爻，是见干蛊者以得中为贵，干母尤难于干父也。母，指六五。

周公系蛊二爻曰：六五柔顺在上，有母象焉，治道太柔则废，丛脞（音错，上声；丛脞：细碎）万几，驯致蛊坏，非为子者之责哉？九二以刚中之德，起而治蛊，干所当干，固其贞也。但恐以刚承柔，未免坚持拂戾（拂戾：不和顺），则于以子事母之道，有未尽安。故当周旋委曲、巽以入之，不可自以为贞而固执之也。

孔子释二象曰：干母之蛊与干父之蛊者不同，二惟刚而得中，自处巽顺，凡事当变革者，有匡救之方无矫枉之过，得中以行，非为子之善道欤？

按：以臣干君，如以子干母，固不可一于柔顺，亦不可一于果决。宋司马光入相，尽变熙宁之法，可谓善矣，而处之太过，遂使奸人藉口改父之道，为后日报复之端，而众正皆不免于得祸①。爻之以"不可贞"垂戒，象以"得中道"申之，两圣人深知干蛊之难者乎。

注释 ①宋哲宗时，高太皇太后听政，用司马光为相，尽废王安石新法，司马为相八个月即故；后哲宗亲政，复用新法，司马光余党遭贬。

易经 九三：干父之蛊，小有悔，无大咎。《象》曰：干父之蛊，终无咎也。

解义 此一爻，是言急于干蛊者，虽蹈小悔而终无深咎也。悔，以心言；咎，以理言。

周公系蛊三爻曰：九居三位，过刚不中，承前人之弊，不惮速于更张，未免施为无渐，振刷太繁，宁无小悔？然幸其巽体得正，巽则可以制其过刚，正则可以救其不中，终于物理人事不甚拂戾，岂有大咎乎？

孔子释三象曰：九三于父之蛊，虽若有悔，然能振既隳之绪、成再造之图，心迹为人所谅，岂有三年无改之嫌？终得无咎，宜也。何患其有小悔哉？

盖人子改父之道，隐衷必介然有所未安，小有悔者，所以原为子之心；然能克盖前非，不显其亲之过，终无咎者，所以策为子之力。《传》（p.103）言魏颗不从乱命而殉妾，屈建不从宗老而荐芰，君子嘉之①。由此以推，可以得蛊九三之义矣。

注释 ①魏颗：春秋时晋国人，其父魏犨（音抽），有宠妾，未生子，及疾，命颗必嫁之，父病笃，又命颗必以妾为殉；父卒，颗以父病重命乱，乃依前命嫁之。

②屈建：春秋时楚国人，周康王令尹，屈到之子。屈到嗜食芰，将死，嘱其宗人祭必以芰；及死后周年，宗人用芰祭，建谓不以私欲干国典不用。荐：无牲而祭。

易经 六四：裕父之蛊，往见吝。《象》曰：裕父之蛊，往未得也。

解义 此一爻，是言怠缓者不能干蛊之失也。

周公系蛊四爻曰：前事既蛊，为之后者，当如拯溺救焚，竭蹶（竭蹶：力竭倾跌）以图，庶几事或有济。六四以阴居阴，不能有为，乐因循而惮改作，若处无事然，有宽裕以治蛊之象。如是以往，则前人之坠绪（坠绪：将消失的事物）终无振兴之日，立见羞吝，可不以是为戒哉？

孔子释四象曰：四知父之为蛊矣，则虽奋起从事，犹惧或失之，今乃宽裕以往，与奋勇从事者正相反，蛊将日甚一日而不可救，未得干蛊之道者也。

按：三以刚居刚，失之太过；四以柔居柔，失之不及，然过者虽悔而蛊已除，不及者终吝而蛊愈亟；权于二者之间，与其为吝，毋宁为悔也哉。

易经 六五：干父之蛊，用誉。《象》曰：干父用誉，承以德也。

解义 此一爻，是言人君能任贤以干蛊，光大业而永令名也。誉，闻誉也。

周公系蛊五爻曰：六五身居尊位，值国事倾颓之会，当图振兴再造之功，但以其具柔中之德，似难一旦奋然有为者，所赖正应九二，得刚中之臣以辅之，虚己尊贤，维持不逮，用此式廓前烈（式廓前烈：以前人的功业为规模），为中兴令辟（令辟：贤王），善继善述（《中庸》："夫孝者，善继人之志，善述人之事者也。"）之名归焉，声称垂于天壤，鸿号施于无穷。干蛊之最善者也。

孔子释五象曰：五之干蛊而用誉者，岂在上独力所能致哉？由其柔中任二，而二承以刚中之德故也。

盖委任得人，自足以成天下之治，故功在九二而名归六五耳。盖运际艰难，虽英明刚断之君，犹不能不望臣邻之助，况六五之柔中在上者乎？太甲之于阿衡（p.88 注①、p.242 注①），成王之于公旦（p.30 注②），惟其倾心信贤，故能转危为安、易乱而治，古今称善守成者，无以加焉，诚任人之道得耳。

易经　上九：不事王侯，高尚其事。《象》曰：不事王侯，志可则也。

解义　此一爻，是言无干蛊之责者可以超然事外也。

周公系蛊上爻曰：上以阳刚处乎人位之外，不与诸爻之为子者同任干蛊之责，是有干蛊之能而无蛊之可干矣，不亦可优游事外、理乱不闻而全身以隐遁哉？故有不事王侯、高尚其事之象。惟居吾仁、由吾义，以自治其一身而超然于天下后世而已矣。

孔子释上象曰：上九不事王侯，是不见用于世而洁清自守，志愿之高足以风厉人群，其功虽不及于一时而其节实可师乎百代，则所裨益岂浅鲜哉？

盖斯世之蛊必待斯世之人治之，有心世道者，岂忍坐视污浊而不之救？惟上九之时，上有用誉治蛊之君，下有刚中干蛊之臣，而己得以从容无事，自全素尚，如际唐尧之盛而后标箕颖之风，遇光武之隆而后全桐江之节，斯足尚耳①。否则，甘为避人避世、沮溺丈人之行，又圣人之所不与也，岂得援高尚以自托哉？

注释　①箕颖之风：指退隐山林。尧曾欲让天下予巢父，巢父拒归隐箕山；尧曾授官予许由，许由洗耳于颖水（许由事见 p.428 注）。桐江之节：指汉光武帝与严光事，见 p.340 注。

十九　临卦 ䷒ 兑下坤上

解义　临之为卦，总见阳当极盛之时，君子道亨则小人自退，然必守正预防，乃可制于未乱也。悦而顺、刚中而应，君子进临小人之道也。教思无穷、容保民无疆，大君临莅斯民之道也。临小人，正以为斯民也。夫以二阳而临四阴，阳虽长（上声）

而阴犹盛，非协力不足以胜，故初、二皆曰咸临。其上四阴，以
阴临阳，宜与阳相应。三无应而近阳求媚，宜无攸利；四、五有
应而当位履中；上虽去阳独远，而志应乎内，故有"吉无咎"之
辞焉。盖为君者不能独临而委之贤宰相，五与二应，明君所以任
贤，故称智临；为相者不能独临而委之贤有司执事，四与初应，
大臣所以亲贤，故称至临。用咸临者，而君子长矣；去甘临者，
而小人消矣。由是司牧有人、司教有人，而敦临之治可以垂衣而
长享也。临天下者，其亦深鉴于此乎？

　　易经（卦辞）　临：元亨，利贞；至于八月有凶。

　　解义　此卦兑下坤上，二阳浸长，以逼于阴，故名为临。卦
辞言阳道之方行，而又戒其当慎始而虑终也。临，进而凌逼于物
也；八月，以爻数言，临与遯反，自临初爻，至遯二爻，在卦经八
爻，于月经八月也。

　　文王系临象辞曰：临之为卦，二阳方长于下，阳道向盛之
时，已有可为之势；而卦德兑悦坤顺，卦体二、五相应，又有善为
之道。则是群阴可以尽去，吾道可以大行，当得元亨而又利于贞
焉。盖阳刚势盛，固君子昌明之日，然所行不正，则德不合卦而
失自处之道矣，又安能得志哉？故不可恃己之盛忽彼之衰，必以
公道存心正理处事，则无疵可议、无隙可乘，乃可以致亨也。然
阳之长固可喜，阳之消又可忧，自临之初爻，至遯之二爻，凡八
月，刚柔皆变，则阳消而阴又长，故有凶。君子贵未然之防，可
不思守正以杜其渐哉？

　　按：临当二阳浸盛，正君子道长之时，必惕之以凶者，盖祸
患之形即伏于方盛之日。狃（p. 132）安富则骄侈生，乐舒肆则纲
纪坏，忘变乱则衅孽（衅孽：祸害）萌，是以浸淫（浸音侵；浸淫：
逐渐蔓延）而至于不可救也。惟及其盛而戒之，则开元之隆不
变为天宝（指唐天宝安史之乱），庆历之治不转为熙宁（p.137 注

②）矣，何患保泰之无术乎？

易经　《彖》曰：临，刚浸而长。说（通悦）而顺，刚中而应。大亨以正，天之道也。至于八月有凶，消不久也。

解义　此《彖传》，是释临彖辞，言当临之时不可忘戒惧也。浸，渐也；悦而顺，以卦德言；刚中，指九二；应，谓六五应之，以卦体言。

孔子释临彖辞曰：卦名临者，方剥尽复生，阳道甚微，至此二阳并进，骎骎乎有不可御之势，自此而泰、而壮、而夬以极于纯乾，皆势所必至，君子非有心于逼小人，而小人殆无容足之地矣。

所以然者，卦德兑悦坤顺，是虽挟刚长之势，而有和悦柔顺之德；卦体刚中而应，又有刚柔交济之美，不同于恃壮用罔，而一归于正。人事所至与天道相符，以此临人临事，莫不大亨而得正也。

又曰至于八月有凶者，一阳固当方长之日，然其退消亦只在数月之间，不待于久，君子宜预为之戒而思患预防，岂可诿之天运之自然哉？

盖阴阳之消长系贤奸之进退，圣人深言消之不久者，以见君子难进而易退、小人难退而易进。故虽正类盈庭之日，而奸邪窥伺其旁，乘间抵隙，不久复炽。为君子者，但当严别邪正、固守其贞，勿使小人得混杂其间，则阳道常亨矣。唐虞之世，岂无四凶（p.129 注①）？惟投之遐荒，以御魑魅，故四岳九官十二牧①、得久安其位，而万世皆颂尧舜知人之明也，可不鉴哉？

注释　①四岳：即羲、和之四子，分掌四岳之诸侯。九官：古传舜设置的九个大臣。十二牧：传说舜时十二州的长官。

易经　《象》曰：泽上有地，临；君子以教思（容）无穷，容保民无疆。

解义　此《象传》，是言君子法临之道而克尽教养之功也。

教思、容保，皆临下之事；教思无穷者，兑也；容保无疆者，坤也。

孔子释临象曰：兑下坤上，是泽上有地，而地临于泽，有临之象。君子观此而得居上临下之道焉。临下不可无教，而教思有穷，非教之至也。君子于是设之庠序（庠：音详；庠序：古代地方学校），未已也，而申之孝弟，尤谆谆焉；为之辅翼，未已也，而加之振德，尤亹亹（p.8注⑨）焉。其教人之心无所不尽，不与兑泽同其深乎？临下不可无养，而容保有限，非养之至也。君子于是泽及畿甸，未已也，外而海隅，亦弗遗焉；惠我四方，未已也，远而要荒（要荒：古称王畿外极远之地），亦勿弃焉。其养人之心无有弗届，不与坤地同其广乎？如是则教施而无一人不安其性，养周而无一人不遂其生。作君作师之道，尽此矣。

按：《彖》言君子临逼小人而《象》以教民养民为言者，盖小人之害民，不啻蟊贼之害稼，君子欲逼而去之，皆为斯民计也。故圣人养贤以及万民，而萧何（p.463注）则云养民以致贤人，言在上能尽教养之道，则在下之贤人必多。世皆君子而无小人，道其可以大行矣，不可以证《彖》《象》相发之旨乎？

易经　初九：咸临，贞吉。《象》曰：咸临、贞吉，志行正也。

解义　此一爻，是见临人者必先自正其身也。咸，皆也。

周公系临初爻曰：卦惟二阳遍临四阴，凡阴柔小人皆在所临者也，故为咸临。然君子于小人，不恃吾有常胜之势而恃我有必胜之理，初九刚而得正，有贞之义，其所以为临者，循乎义理之安而非发于义气之私，自治谨而虑事周，则动出万全，在我无可议之疵，在彼无可乘之隙，小人可去而获吉矣。

孔子释初象曰：咸临以正而得吉者，无他，盖自治之严、虑事之密，君子之正也。诚能以正自持，固不乱于小人之群，而亦不至为已甚之行。如是而吉，又何疑哉？

按：临，一也，而义不同。有临逼之临，初、二爻是也；有临莅之临，三、五、上爻是也；有亲临之临，六四一爻是也。要之皆归于正，则临之道得矣。然独于初云"贞吉"而诸爻不言者，盖二之咸临与初同，不必复言正；三既忧之，则反甘，临之不正而归于正矣；四、五、上，曰至、曰智、曰敦，则正亦在其中矣。独初居临之始，小人众而君子独，非行之以正无以成制邪之功，故卦既戒以"利贞"，而又于此发之也欤。

易经　九二：咸临，吉，无不利。《象》曰：咸临、吉、无不利，未顺命也。

解义　此一爻，是言阳道得势上进而临人之功益盛也。未顺命，谓所临之小人未顺天命。

周公系临二爻曰：初、二皆有咸临之象，初刚得正，二刚得中，而二之势又上进，则加盛矣。举动合宜，所以临之者有其道；权势在我，所以临之者有其机。以是而临小人，则义足以服其心，力足以制其暴，阴邪可尽去而吾道靡不伸，吉无不利，宜也。

孔子释二象曰：二之咸临吉无不利者，何哉？盖君子以正道命令天下，人无不顺而从之。彼小人于君子，心术不侔、趋向各异，独以阴僻之私、排沮挠抑于其间，邪类不诎则正道不伸。君子之临小人，正为其未顺命而不得不去之耳。

按：未顺命，或以为未顺天命，或以为未顺君子之命。要之，君子之命，全乎天理，即天命也。邪正不两立，故小人不顺于君子而君子必欲屏绝之，正以其悖乎天理耳，岂从一己之同异起见乎？

易经　六三：甘临，无攸利。既忧之，无咎。《象》曰：甘临，位不当也。既忧之，咎不长也。

解义　此一爻，是见无德者不可以临人也。

周公系临三爻曰：三居下卦之上，临人者也，阴柔不中正又居悦体，无实德以临人，惟虚示甘美之情以临在下之二阳，而不知君子易事难悦，知其巧伪无实，谁则信之？宜乎无攸利矣。若能知甘临之难以感人，忧之而改行从善焉，则可见容于君子而何咎之有哉？

孔子释三象曰：三之甘临，以其阴柔不中正而位不当也。已无其德，而善柔成性、邪媚存心，是则小人之咎耳。既知其无益而忧之，则悔悟之下必能去伪存诚，而甘临之咎自不长也。

按：六三以甘媚临人而无攸利，见君子之难悦也；既忧之无咎，又见君子之易事也。处己严，故不受不正之悦；与人宽，故不治既忧之人。爻辞为六三开迁善之门，然亦可见二阳之用心矣。

易经 六四：至临，无咎。《象》曰：至临、无咎，位当也。

解义 此一爻，是见相临之切至（切至：切当）而靡间也。

周公系临四爻曰：四以柔顺得正，下应初九，阴阳相得，其情密矣。处近君之位，守正而任贤以亲临于下，情意恳到，自无交疏间隙之咎，宜其为临之至者也。

孔子释四象曰：四之至临无咎者，由其以柔居柔，处位得当，故能与初情投而意洽也；否则貌厚而情疏，乌能切至如此乎？

按：六四坤兑之交，地与泽相临之至，在人事则以顺正之人得正应而与之，宜其相亲爱，如琴瑟之和、埙篪之应矣。然止曰无咎者，盖取其情意切至而不能大有所为，大约柔爻原未易得吉，但以无咎为幸耳。

易经 六五：知（通智）临，大君之宜，吉。《象》曰：大君之宜，行中之谓也。

解义 此一爻，是言临天下者不自用而任人，所以成其为大智也。智临，是有任贤以临下之智。

周公系临五爻曰：五以柔中顺体，居尊位而下应于二刚中之臣，倚任以成治功。盖知天下之大，非一人心思所能周而屈己下贤。资其聪明以广吾之所不及，诚得执简御烦之要者。此其为临，乃智者之事，而大君之所宜也。如是，将见不用其聪而聪无不通，不用其明而明无不照，君道得而治可成矣，吉何如之？

孔子释五象曰：人君劳于求贤而逸于任人，乃天理当然之极，即中道也。世主或聪明自用而不肯下贤，则失之过；或昏昧自安而不知下贤，则失之不及。五以柔中应二之刚中，是能任用贤人，不偏不倚，乃行中之谓也。

按：智以高明为德，六五本柔，何以智称？盖人君沾沾自用，岂能周于万事？故自任其智者适以成其不智。《中庸》称舜大智，惟其好问、好察而约之用中，其得智临之道者欤？又言聪明睿智足以有临，则知自古临天下者未有不要之于智，而又非一人自用之谓也。可以悟为君之道矣。

易经　上六：敦临，吉，无咎。《象》曰：敦临之吉，志在内也。

解义　此一爻，是言上六之能下贤，始终相与而无间也。敦，厚也；内，指下二阳言。

周公系临上爻曰：上六居卦之上、处临之终，与初、二虽非正应，而阴求于阳乃为至顺，故志在乎从二阳。尊而应卑、高而从下，敦厚之至也。夫亲贤取善，常患其不克终，惟敦临者好（去声）德之心出于至诚，始终如一，其为吉而无咎，又奚疑乎？

孔子释上象曰：内卦二阳，咸临之君子也。上九志于顺阳，念兹释兹，专在于是，愈久而愈不忘，是以敦临吉也。临之为道，蔑以加已。

按：上居坤体，坤厚载物，即法坤之厚以为临。坤，土也，故于临之上曰"敦临、吉"。艮，亦土也，故于艮之上曰"敦艮、吉"。可见厚于终者未有不吉，而用之以待贤人，尤为得其正也夫。

阳形极备典归悉徵精之哲先皇古文则辟而

而必林而阴必初君子小人之情状备极形

容此盖圣重复畟曰具乾坤肝胆亲其于争辩何知损益

九重诸肝胆亲疏鲁鲁章编一介衡亭日绘酉清

举札每阶皆图书未发之英华茶

天语昭人时本河洛以来之理数举而措之为事业

授人歇而而成之于象言

焕发丝纶

先生梨枣惟

自恐不息难隆美虚暑带披玉辅芸编乃

教思无穷俾荒逡瓯尽迻作文河等游行且条

传而户谓有如慭象以者明匠等未测几

曰小高卢渎难酬

足视川集微尘于

录瓜同烛火于

书以求在儒者学稊米之学垂裳而治

二十　观卦　☵☵　坤下巽上

解义　观化在民，所以为观者在己。九五居上，四阴仰之，观之位也；内顺外巽，观之德也；以中正示天下，观之道也。然顺巽与中正，实非有二。顺则不假作为，巽则不露形迹。此皆浑然在中不可见者。中与正，即此不可见者，隐跃示人于声臭之表，以默成中正之化。观，道也，即天道也，故谓之神。大抵卦以观示为义，爻以观瞻为义。下四爻皆所以观人者，上二爻皆所以为人观者，天下未有不观诸己而能为观于人者也。故五以君道观天下而必反观我生，上以师道观天下而必反观其生。其道要不外中正而已。盖五之自观则曰生，出于我者也；自四观五则曰光，达于国者也。初无二也，若初六之阴柔，安于浅近而为童观，六二之暗蔽，遗于见闻而为窥观，不惟不能如四之观国之光，亦且远逊三之审于进退。岂得观道者哉？

易经（卦辞）　观：盥而不荐，有孚颙（音拥，阳平）若。

解义　此卦坤下巽上，九五一爻，四阴仰之，有观示天下之象，故名为观。卦辞言为天下所观者，当尽其建极之道也。自上示下曰观（去声），自下观上曰观（平声）；卦名之"观"，去声；六爻之"观"，平声（现代汉语此四"观"已无读音的区别，均读阴平）；盥，将祭而洁手也；荐，奉酒食以祭也；祭未有盥而不荐者，特假此以明慎重之义；孚，信也；颙若，尊敬之貌。

文王系观象辞曰：人主以一身莅万物之上，斯世无不尊而仰之。观化者虽在于人，而为观者实在于己。诚能精一执中、无为守正，冲然穆然、端拱于上，无侯制度文为，从事显然之迹，而实德在中，自足建中表正于天下，犹祭者方盥手致洁、酒食未荐时，孚信在中而颙然可仰也。盖祭者以诚敬为主，未及于荐则诚敬常存；至既荐之后，礼数繁缛，则人心散而精意不若始盥时矣。夫格神以诚不以文，观民以心不以貌。在上者正其仪表以为下民之观；当庄严如始盥之初，勿使诚意少散，如既荐之后可也。

按：四阳二阴之卦曰大壮，四阴二阳之卦曰观。四阳之为大壮，以阳之盛言也。四阴何不以阴盛言，而独取二阳在上为四阴所观仰？盖扶阳抑阴，圣人固有微意存焉。天下多者必受治于少，况阳实为阴所乐从者乎？但当尽其为观之道耳。舜恭己正南面而天下自治，文王不大声以色而万邦作孚，可以得此卦之义矣。

易经　《彖》曰：大观在上，顺而巽，中正以观天下。观，盥而不荐、有孚颙若，下观而化也。观天之神道，而四时不忒；圣人以神道设教，而天下服矣。

解义　此《彖传》，是释观彖辞而极言观之道也。大观在上，以卦体言；顺巽，以卦德言；中正，以所观之道言；下观而化，以效言；四时不忒（音特，差错），天之所以为观也；神道设教，圣人之所以为观也。

孔子释观彖辞曰：卦名观者，以中正示人而为人所仰也。然无位则其道不尊，无德则其道不立，而难达乎天下矣。今卦体九五在上，其下四阴仰之；卦德内顺外巽，而九五以中正示天下焉，则是大观之主身居上位而为臣民所具瞻，所以为观者，有其位矣。温恭以宅心（宅心：放在心上），而内焉于理无所乖；审察以制事，而外焉于理无所拂，所以为观者，有其德矣。由是自一身以达庶政，一皆大中至正之理，为观之道，天下皆得而见之，此其所以称大观也。

夫观道以中正为极，而中正以民化为征。中正为观，一若祭者之盥而不荐、有孚颙若然，所谓建其有极也。其下皆服从而化、革面革心，所谓归其有极也。

此其间有不言而喻之机，非天下之至神，其孰能之？试观天道，无声无臭，气化流行，道何神也？而春夏秋冬不爽其序。试观圣人，不识不知，民皆顺则，道何神也？而一道同风，不显其德。圣人之神道设教，一如天之神道也，观之为道，岂不大哉？

按：中正以观，即圣人之神道以设教也，下观而化即天下服也。卦辞取象于祭，故揭神道言之，视之弗见、听之弗闻、体物而不遗者，神是也。圣人正身以率下，至诚所孚，非有声音、非有象迹，而应感之机捷于影响。盖所存者神则所过者化，岂人力之所能为者欤？

易经　《象》曰：风行地上，观。先王以省方（省方：视察四方；省音醒）观民设教（p.3 注⑧）。

解义　此《象传》，是言先王体观以为治也。

孔子释观象曰：坤下巽上，是风之行乎地上也，吹嘘披拂，无物不遍，为观之象。先王以身率人，固足以范民于中正之路，然虑天下之大，有难以遽齐者。于是因巡狩之期举省方之典，遍考其风俗而设教以示之，如国奢示俭、国俭示礼，使之一轨于中正。是其以道观示天下之民，亦犹天之风行而及天下之物矣，圣治之同天者如此。

按：省方之典，虞、夏、商俱以五载，而周则十二年一巡。有疏数之不同者，盖上古天子之出，车徒省少、供应简略，不致劳民动众；至周而其礼渐繁矣；汉唐以后，出入警跸，仪物滋多，非复前代之简易，岂能复循先王之旧乎？汉武微行东方切谏，孝成嬖出谷永进规，深知万乘之不可轻动也[1]。人主诚能广辟四门、达聪明目，则虽不下堂阶而自灼见万里之外，亦何必古制之是泥哉？

注释　①东方：指东方朔，汉武帝近臣、弄臣，官至太中大夫；微行：便装出行；切谏：直言尽力进谏。谷永：汉成帝臣，累迁光禄大夫给事中，通《易》，喜言灾异，言颇切直，"悉罢北宫私奴车马媞出之具"；媞：通惰；进规：进谏规劝。

易经 初六：童观，小人无咎，君子吝。《象》曰：初六童观，小人道也。

解义 此一爻，是言阴柔无识，不获观光者也。卦以观示为义，据九五以为主也；爻以观瞻为义，皆观乎九五也。童观，如童稚不能远见；君子、小人，以位言。

周公系观初爻曰：九五以中正示天下，天下所乐观者也，唯初六阴柔在下，既无自致之资，又处绝远之地，不足以自振拔而观大君道德之光，有如童稚之见不能远及。此在无位之小人，不足致咎；若有位之君子，当以天下国家为己任，而如是焉可羞吝矣。

孔子释初象曰：初六童观，而曰小人无咎，盖百姓日用而不知乃草野之常分（去声），小人之道固当如此，所以不足咎也。岂君子之所宜哉？

按：童之象，位阳而爻阴，阳则男而阴则稚也。蒙之六五，亦曰童蒙；但蒙者一听于人、受教有地，故吉；观者无识于己、仰德靡由，故吝。义各不同耳。

易经 六二：窥观，利女贞。《象》曰：窥观女贞，亦可丑也，

解义 此一爻，是言在内者不能观乎外，其所见者小也。窥，从门内而窥外。

周公系观二爻曰：凡人所见，贵乎远大，故虽身居一室，而天地民物之事，无不周知，乃丈夫之观也。六二以阴柔之质，居下卦之中，则其见不能及远，天下之事，遗乎见闻之外者多矣，故其象为窥观，乃女子之贞也。盖妇无外事，则自门内以观门外乃分（去声）之常，丈夫得之，则非所利矣。

孔子释二象曰：窥观特女子之贞耳，若丈夫以四方为志，而乃所见如此，局量偏浅有负明时，寡见谀闻（谀：音小；寡见谀闻：见识少，孤陋寡闻），丑孰甚焉？

按：大观之主，虽以神道设教，然不能必天下之人尽知其所以为观之道。初之童观、二之窥观，亦各随其分量所至耳。圣人于童观，名为小人；于窥观，名为女子。正欲在上者衡鉴无爽，勿使小人女子之伦冒昧进干高位，而在童观窥观者，亦宜急审自处而知所励志焉。庶可自立于大观之世矣。

易经　六三：观我生，进退。《象》曰：观我生进退，未失道也。

解义　此一爻，是言君子之出处（上声）当自量也。我生，我之所行也。

周公系观三爻曰：士君子出处之际，既度之人，又度之己。六三居下之上，是其所处在可进可退之间，然则当何所取裒哉？惟反观己之动作施为，能成天下之务，则从而进，时当通而通也；不能成天下之务，则从而退，时当塞而塞也；但取决于己可矣。

孔子释三象曰：君子之进退，有道存焉，而要皆视乎我也。苟不度德量时，贸贸然旅进旅退于其间，则失道者多矣。观我生以为进退，则其进其退，我皆得而主之，何至于有失哉？

按：圣人尝言"乐则行之，忧则违之"，又言"用之则行，舍（上声）之则藏"，皆兼进退之义。此全视乎世以为去就者也。若大观之主在上，惟患我之不能用世，不患世之不能用我，故不必问之世而但当问之己。其殆古人量而后人之义乎？士君子出处之间，可以知所审矣。

易经　六四：观国之光，利用宾于王。《象》曰：观国之光，尚宾也。

解义　此一爻，是言六四近光之盛，而示人以从王之义也。

宾，言为王者所宾礼也。

周公系观四爻曰：六四于中正为观之九五，最为切近，凡大君之盛德发而为邦国之光者，身得亲炙其休，有观光之象焉。夫遭逢圣明，此固一时遇合之盛，而凡豪杰之士争自奋兴之会也。当斯时也，宜何如哉？已仕者则利于朝觐，以膺宾礼之隆；未仕者则利于仕进，以应宾兴之典。皆思乘时委贽（委贽：初次相见，送礼）而致身恐后矣，何其隆乎！

孔子释四象曰：六四谓之观光者，岂枉道以求合哉？亦尚乎人君宾贤之礼而已。盖君子孰无效用之心？惟在上者无下贤之风，故在下者高不见之节耳。今九五以宾礼接天下之贤，则无论在朝在野，皆感慕兴起，孰肯自外于折节之盛者哉？

按：古者诸侯入为卿士，或朝宗觐见于王，王以宾礼接之，既享以训恭俭，又燕（同宴）以示慈惠。故《蓼萧》（《诗·小雅》）之诗曰：既见君子，为龙为光。此所以待已仕者也。乡大夫以三物教万民而宾兴之，献贤能之书于王，王拜受之，论定然后官之。此所以待未仕者也，而皆有宾之义焉。可见人君未有不以礼而能致天下之贤者。若徒以富贵爵禄颐指气使当世之士，则所得皆贪冒无耻、尸素保位之人矣。君子其肯为我用乎？

易经　九五：观我生，君子无咎。《象》曰：观我生，观民也。

解义　此一爻，是言人君以中正示人而为人所观仰也。

周公系观五爻曰：九五阳刚中正，大观之主，巍然在上，其下四阴，仰而观之，君子之象也。居是位者必观己之所行，凡出身加民者，阳刚而无委靡之失，中正而无偏颇之累，诚为履天位而不疚之君子焉，则足以观示天下而答四方之望矣。复何咎哉？

孔子释五象曰：五之所以观我生者，将以考一身之得失也。然欲考所行之当否，但当视民俗之善恶，所谓本身而征民是也。不则徒观诸己而不观诸民，其得其失曷从而验之乎？

按：九五中正以观天下，圣人系辞，何不予之吉亨而仅曰无咎？盖人君一日二日有万几，行一事而违宜，必有一物失其所者矣；用一人而不当，必有一方受其害者矣。兢兢然临深履薄，不遑暇逸，凡水旱之有无、远迩之叛服、刑辟之多寡、财赋之赢缩（赢缩：盈亏，赢也作嬴），无非观民以观我生之事，能如五之无咎足矣。敢以吉亨自诩为哉？

易经 上九：观其生，君子无咎。《象》曰：观其生，志未平也。

解义 此一爻，是言上九居尊位之上，虽无事任，而亦当尽为人观仰之道也。

周公系观上爻曰：上九以阳刚之德处于上，为下之所观而不当事任，是贤人君子不在其位而道德为世羽仪者也。故必反观其身，果言出而为世则、行成而为人师，确乎无忝其生之君子焉，则模范以隆无负师表之望而可以无咎矣。

孔子释上象曰：上九之观其生者，盖以人既望之为仪表，即宜自知戒惧、兢兢业业，期无负乎一世之观瞻。岂以不当其位，遂晏然放废而无所事乎？

按：上九所处，虽超人位之外，而志未尝不在民与物。盖观惟二阳为下所观。五当其位，君也；上不当其位，师也。孟子曰：圣人，百世之师。闻伯夷之风者，顽夫廉、懦夫立；闻柳下惠之风者，鄙夫宽、薄夫敦[1]。谁谓一人之制行，遂不关于斯世斯民之大乎？

注释 ①伯夷：叔齐之兄，其父欲立弟，皆不从；曾谏阻武王伐纣，后耻食周粟，均饿死首阳山。柳下惠：春秋鲁国大夫，掌刑狱。曾三次被黜，与伯夷称"夷惠"，同为清高之士。鄙夫宽、薄夫敦：鄙陋的人（会变得）宽厚，刻薄的人（会变得）敦厚。伯夷、柳下惠事见《孟子·尽心下》。

二十一　噬嗑卦 ䷔ 震下离上

解义　此见天下事所以不和合者，由谗邪间隔于其间。圣人观噬嗑之象，推之天下万事，皆使去其间隔而合之，则强梗去而德化行矣。去天下之间（去声）在任刑罚，小则惩戒，大则诛戮，以除去之。故卦取用刑为义，象雷以用威，象电以用明，明罚敕法以使人不敢犯，此去间之大权也。六爻皆言用狱：初过小而在下，为用狱之始；上恶极而怙终，为用狱之终。中四爻有位，俱属用狱之人：二惟良折狱者也，三困于强御者，四有司执法之义也，五人君矜恤之仁也。卦才之刚柔不同，故所噬之难易以异。统而观之，惟四、五能尽治狱之道。《象》以五之柔为主，故利用独归之五；爻以四之刚为主，故吉独归之四。主柔而言，以仁为治狱之本；主刚而言，以威为治狱之用；仁以寓其哀矜，威以惩其奸慝。刚柔迭用，而治狱之道得矣。

易经（卦辞）　噬嗑：亨，利用狱。

解义　此卦震下离上，为卦上下两阳中虚颐口之象。九四一阳间于其中，必噬之而后合，故为噬嗑。卦辞言凡事必先去间，而去间之道又当用折狱之勇也。噬，啮也；嗑，合也；物有间者，啮而合之也。

文王系噬嗑彖辞曰：凡天下事未得亨通者，皆有物以间之也。噬而去之，则物无所间于我，而凡所措施，推之皆准、动之皆化，亨其宜矣。即如治狱一事，使不得其情而顽梗未服，犹有物以间之，必利用此噬嗑之道为之别白是非、剖析情伪，则奸恶屏除，庶几刑措不用而大化可成矣。

大抵世虽极治，不能保下无方命（方命：违命）之人，奸宄（音鬼；奸宄：坏人，内为奸，外为宄）不法间我治化者也，则合之以刑；寇贼不靖，间我疆圉者也，则合之以兵；推之他事，莫不皆然，盖卦有治间之道，而于用狱尤深切著明，故六爻皆以治狱为言。其实利用狱者，噬嗑而亨之一端耳。

易经　《彖》曰：颐中有物曰噬嗑。噬嗑而亨，刚柔分、动而明，雷电合而章；柔得中而上行，虽不当位，利用狱也。

解义　此《彖传》，是释噬嗑彖辞，而极言去间之道贵于威明得中也。震为雷，离为电，雷取其威，电取其明。

孔子释噬嗑彖辞曰：卦名噬嗑者，盖卦上下两阳中虚，有颐口之象。而九四一阳独间其中，犹颐中有物，必啮去之而后合，故名之为噬嗑也。

辞曰噬嗑而亨者，天下惟有间故不通，噬而嗑则无有强梗以为间者，此其所以得亨也。又曰利用狱者，卦体三阴三阳，刚柔中分，则是刚不过暴而存好（去声）生之仁，柔不过纵而非姑息之爱，得其中也；卦德震动离明，则是可否以断而不屈于势利，是非以辨而不惑于虚辞，有威明之善也。然威明非特卦德为然，卦象震雷离电合而成章，是威而济之以明，其威益有所施；明而济之以威，其明益有所用，威明相需而不偏也。得中亦非特卦体为然，卦变自益六四之柔上行以至于五，而得其中，是有仁恕之德而不失之委靡，有哀矜之念而不流于姑息，一张一弛之当（去声）其可也。凡此皆具用狱之道。故虽六五以阴居阳，或失于柔，然众善悉备，则折狱致刑未有不得其理者，而何用狱之不利乎？

按：柔中虽不当位，而利用狱者，盖人命至重，死者不可复生，断者不可复续，故折狱之道虽贵刚断，而尤贵柔中。禹之泣罪、汤之解网、王制之三宥[1]，皆柔中之谓。三代盛王，卜年久远而非后世可及者，其皆以忠厚为立国之本欤。

注释　[1]泣罪：指哀怜罪人，"禹出见罪人，下车问而泣之。"解网：汤出见四面张网，乃去其三面，使禽兽可逃，"汤德至矣，及禽兽。"(《史记·殷本纪》)三宥:《周礼》中三种可宽宥的情况，不识、过失、遗忘。

易经　《象》曰：雷电，噬嗑，先王以明罚敕法。

解义　此《象传》，是言体威明之象，以见其利用狱也。"雷电"，当作"电雷"；明者，辨别精审之意；敕者，整齐严肃之意。

孔子释噬嗑象曰：离象为电，震象为雷，是威明以去天下之间（去声，嫌隙）者，有噬嗑之象。先王以为与其有间而后合，不若未间而预防。于是因大小之罪定轻重之罚，一出一入，秩然有条而不紊，俾后之用法者有所遵守而罔敢少逾。如此则国宪昭明于一时，纪纲振肃于万世，庶人知警惧而无或犯矣，兹非去间之大权乎？

按：明罚，是明墨、劓、剕、宫、大辟，以至流宥、鞭朴、金赎之类，使罚必当其罪而后人不疑于所坐，奸吏不得舞文以出入也。就此卦言之，如罪薄过小，宜罚之以屦校（音具叫；戴上脚镣之类的刑具）；恶极罪大，宜罚之以何校（何：去声，通荷；何校：带枷），一一彰明而申警之。此往古有读法之制，即今条例中讲读律令一款，但有司奉行不力视为具文，遂至百姓冥趋、犯刑日众耳。欲刑期无刑者，可不以先王为法哉？

易经　初九：屦校灭趾，无咎。《象》曰：屦校灭趾，不行也。

解义　此一爻，见小惩而大戒为小人之福也。初、上无位，为受刑之象；中四爻，为用刑之象；校，足械；屦，如纳屦然，谓著于其足；灭，没也。

周公系噬嗑初爻曰：初阳肆恶，罪所当刑，然无知犯法、罪薄过小，但当轻刑以惩其始，为屦校灭趾之象。夫人之恶方形，而遽为惩戒，则悔其既往、慎其将来，自无怙恶不悛之咎矣。

孔子释初象曰：初之屦校灭趾者，盖趾在下，乃人之所以行；灭趾，则有所警惧而不罹于恶，为不行之象，咎之所自免也。

按：止恶于初，不但小人之幸，即在上者亦易于施法，不致酿成祸患、兴起大狱、殃及无辜；否则，屡校不惩，必至何校，灭趾不戒，必至灭耳。安知罪薄过小之初，不流为恶极罪大之上乎？

易经　六二：噬肤灭鼻，无咎。《象》曰：噬肤灭鼻，乘刚也。

解义　此一爻，是言治狱者能行其罚，可以服刚暴之心也。噬嗑，食也；中四爻，肤、腊、肺、肉，皆取颐中有物之象；肤，柔脆易噬者；灭鼻，强梗难治之象。

周公系噬嗑二爻曰：六二当用刑之任而居中得正，则听断合宜，以此治狱，信有可以片言折人者，如噬肤之易矣。但以二柔遇初刚，强梗弗顺，欲其屈服，未免烦乎刑诛，故又有灭鼻之象。然当噬嗑之时，刑所当刑而不至骫（音伟，枉）法以纵恶，何咎之有？

孔子释二象曰：噬肤而至灭鼻者，以乘初阳之刚，乃用刑于刚暴之人，不得不为深严以明正其罪，此正柔而得中者也。若偏倚于柔，则不足以断，而萎靡不振安能免于咎哉？

盖国家有法，原以诘奸惩恶，威克厥爱，胤侯所以治羿党也；刑兹无赦，康叔所以处大憝也；以至公孙弘之诛郭解，王猛之诛樊世[1]，皆有合于刚亦不吐之义。二之乘刚而灭鼻，此正不得不然。否则优柔姑息，如东汉之于宦官（始于和帝、灵帝），唐末之待藩镇，明知其恶，畏其强而不敢行诛，为害可胜言乎？

注释　[1]胤：音印，古国名；胤国之侯受王命为大司马，掌六师，见《书·胤征》。羿：即后羿，逐夏君太康而自立，相传不修民事，被其相寒浞诛。康叔：周文王子、武王弟，被封于康。周成王命其为掌刑狱的司寇；大憝（音对）：大恶。公孙弘：汉武帝之元朔宰相；郭解：不务正业，劫掠财物，私铸货币，藏匿亡命之徒，公孙弘认其为大逆不道，郭被公孙族诛。王猛：东晋人，深得符坚重用，官至丞相；樊世：佐符氏定关中有大功，封侯，后因符坚重用王猛，不平，被诛。

易经 六三：噬腊肉遇毒，小吝，无咎。《象》曰：遇毒，位不当也。

解义 此一爻，是言用刑而不得其中，无以詟服民志也。腊肉，兽腊坚韧之物；毒，谓伤于口，治人而不服之义。

周公系噬嗑三爻曰：三当用刑之任而阴柔不中正，既无刚断之才，又失用刑之道。以此治狱，是非不决，轻重失平，人自不肯输服，有噬腊肉遇毒之象，诚有愧折狱之任而不免于小吝矣。然时当噬嗑，在我虽有刚明不足之患，在彼实为有罪当刑之人，治所宜治，于义为无咎也。

孔子释三象曰：三何以噬腊而遇毒哉？非独治狱之难也，盖以阴柔则刚果不足，不中正则听断或偏，德薄才疏，以至若此者，位不当也。然则治狱须才德兼备之人，岂可不择而后任哉？

按：二之乘刚，遇难治之狱，难在人也，故曰灭鼻。三位不当，无治狱之才，难在我也，故曰遇毒。然初虽难治，而二得善处之道，天下无长抗法之民，是以终无咎也。三虽无才，而有治狱之任，有罪之民亦终当输服，是以小吝而亦无咎也。皆缘遇噬嗑之时耳。

易经 九四：噬干胏，得金矢。利艰贞，吉。《象》曰：利艰贞、吉，未光也。

解义 此一爻，是言得听讼之宜者，犹未可忘戒惧也。胏（音紫），与胾（音自）同，肉之带骨者；金矢，周礼狱讼入钧金束矢而后听之，言能使其心服也。

周公系噬嗑四爻曰：四当治狱之任，以刚居柔，是有刚柔相称之道，既不伤于优柔，又不嫌于刚暴。虽顽梗弗率之徒，亦有以得其情而俾中心输服焉，故有噬干胏得金矢之象。然狱者，天下之大命；治狱者，天下之大事。尤必艰难其心、无所慢易，正固其守、无所偏私，则刑当其罪，能如是而后吉也。

孔子释四象曰：利艰贞，固可以得吉矣。然为民上者，必使民无讼，治道大光，乃为可贵。今虽善于决狱而犹待于听讼，是则治其末未正其本，塞其流未拔其源，其道则未光也。

按：以全卦之体言，四为一卦之间则受噬者在四。以六爻言，四反为噬之主，与三阴同噬初、上者。盖卦言其位则梗在其中，爻言其才则刚足以噬，取义固不同也。王制大司寇以狱成告于王，王命三公参听之，则九四大臣、固有折狱之任，然虽听讼得宜，而爻戒以艰贞，象惕其未光。周孔圣人，无非慎重民命，即如得其情，哀矜勿喜之意云尔。

易经 六五：噬干肉得黄金，贞厉，无咎。《象》曰：贞厉、无咎，得当（去声）也。

解义 此一爻，是言六五为讼狱之主，非明德慎罚者不能得当也。噬干肉，难于肤而易于腊胏者；黄，中色；金，亦谓钧（三十斤）金也。

周公系噬嗑五爻曰：五居尊位，天下讼狱之主也，而以柔中居之，则宽而不过、仁而不偏，得用刑之道。以此治狱，随其轻重皆得其情，刑罚清而民自服，有噬干肉得黄金之象。然又不敢以人无不服而遂易以处之，必正固其守而出入惟允，惕厉其心而恣睢（音自虽，任意胡为）不萌，庶几刑必当罪、罪不失刑，得用狱之宜而无咎矣。

孔子释五象曰：五所以贞厉、无咎者，盖为治莫大于狱，而难治亦莫甚于狱，惟能贞则断合乎理，能厉则听无不当，所治之大小轻重皆得其宜，乃无咎矣。

按：九四以刚噬，六五以柔噬。以刚噬者，有司之守，惟在于法之中；以柔噬者，大君之仁，时行于法之外也。然犹贞厉则无咎，如帝舜钦哉惟刑之恤，穆王训诫祥刑[①]而曰朕言多惧。其敬慎之心诚有可为后世法者欤！

注释　①钦：谨慎；恤：慎；"钦哉，钦哉，惟刑之恤哉。"（《书·舜典》）。祥刑：同详刑，指用刑审慎。

易经　上九：何校灭耳，凶。《象》曰：何校（p.198）灭耳，聪不明也。

解义　此一爻，是言恶极罪大之人不可逭（音唤，逃避）也。何校，负械于颈也。

周公系噬嗑上爻曰：初卑而无位，上高而无位，故皆为受刑者。过极之阳，怙恶不悛（怙：音户，坚持；悛：音权，阴平，悔改），当服上刑，有何校灭耳之象，凶孰甚焉？

孔子释上象曰：王者明罚敕法，耸动众听，在人无不共闻，何上之昏迷不聪？乃自陷于大恶，灭耳之刑正以罪其听之不聪也，于人何尤哉？

按：初、上皆为受刑之象，初则罪之小者，用轻典以治之，小惩大戒也；上则罪之大者，用重典以治之，怙终贼刑也。灭趾于初，以使其不进；灭耳于终，以罚其不聪。圣人之于人，勉其始而戒其终如此，总欲消天下之有间而归于无间耳。

二十二　贲卦　☲☶　离下艮上

解义　卦变刚柔交错，卦德文明以止，皆有文饰之义。贲虽尚文，然必以质为本，盖人情自质而趋于文也易，自文而返于质也难。文王于贲，深虑末流之失，故亨之下即继以小利有攸往也，全《象》皆是此意。六爻中，得其贲者惟二之贲须、三之贲濡，而永贞之戒已随其后。外此则四之皤如，固不成贲；而初之舍车而徒，则以幽人之贞贲矣；五之束帛戋戋，则以丘园之野贲矣；上之白贲，又且以无色贲矣。于贲饰之时而取不贲之义，何一非文王小利攸往之心乎？夫周公制礼作乐，其文郁郁然，皆因天道自然之文以成人道当然之文，并未尝以己意增饰一事，然后知《周礼》之作，犹是取丘园取白贲之心也已。

易经（卦辞）　贲：亨，小利有攸往。

解义　此卦离下艮上，内离明而外艮止，是内裕文明之德、而外无逾等之弊；又卦变自损、既济二卦而来，柔来文刚，刚上文柔，刚柔相错而文生焉，故名为贲。卦辞言文固不可不用，而亦不可过用也。贲，文饰也；亨，小利有攸往，以卦变言。

文王系贲彖辞曰：文质得中（指文与质的关系应平衡，质为本，为大，文为末，为小）、则行之通达而无弊，文质失序、则仅可粉饰一时，而终有文胜之虞也。如卦变柔来文刚，是能以淳朴为主、而文济之，得其中矣，且离明于内，则制礼作乐、皆斟酌时宜、务求至当，文之四达而不悖也。何亨如之？又卦变刚上文柔，是徒以藻缋（缋：通绘；藻缋：文采）为主、而质反辅文，失其序矣。且艮止于外，则布政宣猷（法规）、皆涂饰文具（文具：空文），不能经远。文之可小而不可大也，则亦小利有攸往而已。

按：自古帝王、未有无文而治者，四代之典谟训诰、礼乐刑政，皆治世之文也。然质为本、文为末，本为大、末为小，文以辅质，此贲之所以致亨；文以灭质，此利之所以为小。故陶唐（尧号陶唐氏）有忧深思远之风，夏禹有克勤克俭之美，伊尹（p.88注）有慎乃俭德之规，孟子有贤君恭俭之训，皆敦本尚实、而专务于其大者也。若徒事繁文以长（增长）浮伪（浮伪：虚伪），又岂所以为贲乎？

易经　《彖》曰：贲，亨，柔来而文刚，故亨；分刚上而文柔，故小利有攸往，天文也。文明以止，人文也。观乎天文，以察时变；观乎人文，以化成天下。

解义　此《彖传》，是释贲彖辞，以明圣人用文之大权也。"贲、亨"之"亨"字，疑衍；先儒谓"天文也"句上当有"刚柔交错"四字；止，谓各得其分（去声）。

孔子释贲彖辞曰：卦之名为贲者，果何以致亨乎？以卦变言之，自损来者，损之二本九也，今则三之六来居之，是以柔文刚也；损之三本六也，今则二之九上居之，是以刚文柔也。又自既济来者，既济之五本九也，今则上之六来居之，是亦以柔文刚也；既济之上本六也，今则五之九上居之，是亦以刚文柔也。以柔文刚，则质为主而加之以文，达之天下后世无有不准，故亨。若夫刚上文柔，则文为主而质反辅之，推之天下后世，必有其弊，故小利有攸往。文王之系辞如此，苟明乎贲之所由亨而悟贲之为道，岂徒文已哉？其于天人之理固已兼尽之矣。刚柔交错，卦之变也，是即日月之推移、星辰之旋转，其悬象于天，灿然而森布者，非天自然之文乎？

离明艮止，卦之德也，是即五典（p.87 注②）之所由叙、五礼（p.2 注⑤）之所由秩，其昭著于人，截然而不可越者，非人固有之文乎？

惟交错为天文，则观乎卦中之天文，而或刚或柔，时变因之。刚来文柔，见时之通而以为春夏也；柔来文刚，见时之复而以为秋冬也，可以察四时之变焉。惟明止为人文，则观乎卦中之人文，而为文为止，大化因之。文以联其情，则天下皆有礼以相接而不漓（p.85）也；止以定其分，则天下皆有分以相守而不渎也，可以化成天下焉。贲道何其大哉！

按：贲之世，文象昌明，天人之机至此不得不开，而恐相沿既久，文必胜质，故文王系以"小利"，孔子示之"文明以止"，其为虑至深远矣！

易经　《象》曰：山下有火，贲。君子以明庶政，无敢折狱。

解义　此《象传》，是言人君敷政慎刑以章文治也。折，辨晰也。

孔子释贲象曰：山下有火，光被群生，此贲象也。盖山在上，则法有所必守；火居下，则明有所不矜。君子体此，于水火、兵农、钱谷之庶政，务用吾之明以综核之，而无使少有暗昧以伤文明之治。至于狱者，民命死生之所系也，衡文析律，稍恃其明而轻为谳决，则民之失人而死于司刑之刀锯者，盖不知凡几矣。况贲尚文饰，狱贵得情，须先有哀矜慈恤之心以去其惨刻深文之习，而临狱之时自无敢轻为折也。

按：贲虽以文饰为尚，而贵有实意行乎其间。曰明庶政，则后世铺张粉饰之文，反若以为陋矣；曰无敢折狱，则后世惨苛锻炼之风，不知其何以消矣。昔汉文帝承创造之后，躬亲细务，其于食货农桑纤悉不遗，而于治狱一事诏令再三，佩其辞旨，至今令人感颂。此真能体贲之义而无愧于为文者与！

易经　初九：贲其趾，舍车而徒。《象》曰：舍车而徒，义弗乘也。

解义　此一爻，是言君子抱道自守而安贫贱也。趾，足趾也；徒，徒行也。

周公系贲初爻曰：士君子处世，既贵其有德，尤重其有守。初九以阳居阳，有其德矣。而居明体之初，在贲之下，是其时潜而未曜、隐而未章，道宜自贲，栖迟草野安于贫贱而能有守焉，为贲其趾之象。彼其心专以天爵自丽而不以人爵为华，其于世人章服之美，毅然去之若浼（p.118），而任吾素履以往，不稍濡滞（音如志，停留），故又为舍车而徒之象也。

孔子释初象曰：所谓舍车而徒者，岂其恶富贵而逃之哉？顾身在下位而侈车服之荣，非义也。决于义以定取舍，故宁舍彼而安此，非专尚乎隐以为名高也。

按：初九在下为趾，其分（去声）至卑而有刚明之德，足以自贲。虽六四应之，欲下求于初，然四求初为贵德，初求四则为趋势矣。盖在下之刚以安于在下为义，初之贲在德不在车也。人人有贵于己者，令闻广誉施于身，不愿人之膏粱文绣。贲之道，岂资非分之车服以自文者乎？

易经　六二：贲其须。《象》曰：贲其须，与上兴也。

解义　此一爻，是言人臣同心共济，能资于人以有为也。须，附颐而动者。

周公系贲二爻曰：二以阴柔居中正，三以阳刚居正，是皆同德相辅、同气相孚，而又俱无应与，则其势孤而求援益切。故二之阴柔才弱必上附三之阳刚而动，则其一谋一猷，皆仰资乎三以成之，如须之附颐而动也。

孔子释二象曰：所谓贲其须者，以三才力有余居二之上，二附之而动，将以兴起有为，则二之与上者，乃相须之殷而非附势以苟合也。

按：二以阴不足以有明也，得阳而后明；二以柔不足以有立也，得刚而后立；二以下不足以有兴也，得上而后兴；此二之所以必须乎三也。然则欲建功烈于当时、垂声名于竹帛，岂独士君子贵有拔茅连茹之风哉？古之盛世，君明臣良，一德一心，君臣相资，用成郅隆（郅隆：昌盛，兴隆）之治，则求贤佐理以兴起事功，实有天下者第一要务也。

易经　九三：贲如濡如，永贞吉。《象》曰：永贞之吉，终莫之陵也。

解义　此一爻，是言处群才辐辏之会，当示以正大之情也。濡如，润泽之象。

周公系贲三爻曰：九三以一阳居二阴之间，则左右后先咸思殚其材智以效用于我，凡所施为，自能集思广益以成文明之化，为贲如濡如之象。然上下皆阴，又非正应，则鲜终不可以不虑。又三处明体之极，或过恃其明，人将饰貌以昵我，而为非道之悦者有之。故必永守其正而有以起其畏敬、消其不逊，则贲常得其所濡而吉矣。

孔子释三象曰：凡人之相陵，必起于相狎。永贞之吉，三盖永以正自处，而不稍开人以玩亵之端，虽人之伺其色笑者甚众，而刚明不阿、无间可乘，终莫得而陵之也。

按：嚬笑不以假人，谀诏实能误国。自古君子，因小人之昵就不察其诈而狎近之，卒反为所陵者多矣。如孟子于王驩，朝暮见而不与言行事（p.138 注②）；宋璟待杨思勖，在道数月，终未尝通一辞①。所谓绝之于始、不恶而严，彼小人者，虽欲侮我，岂可得乎？

注释　①宋璟：唐高宗时登进士，工文辞，睿宗、玄宗两朝宰相；杨思勖：玄宗时迁骠骑大将军，封虢国公，其性刚酷，所得俘囚多生剥其面，掣去头皮，将士惮服；勖音序。

易经　六四：贲如皤（音婆）如，白马翰如。匪寇，婚媾。《象》曰：六四当（去声）位，疑也。匪寇婚媾，终无尤也。

解义　此一爻，是言求贤之诚心惟专于正应也。皤，白也；翰如，言行之疾，如飞翰也。

周公系贲四爻曰：四与初本为正应，相为贲者而为九三所隔。遂至心虽相合迹则相睽，不得其所贲而为皤如之象。然四以柔居阴，本具柔正之德，不肯妄有所应，故其求初之心更为迫切，如白马飞翰之疾者。然九三刚正，本非有害于四，亦欲与四相为亲善以成贲道，而其如四之守正而不妄应，何哉？

孔子释四象曰：人之相疑者位，而相信者心。四所处之位，远于初而近于三，疑若为所附而动，故来三之求，然位虽近于三，而心实信于初，故确然以正自守，急求于初而不与三贲，虽三亦谅其诚而终不尤四之不我与也，又何他患焉？

按：此爻与屯之六二相似，屯刚柔始交，贲刚柔交错，皆有婚媾象。然屯之二乘马班如，应五之心何其缓；贲之四白马翰如，应初之心何其急。盖屯二应五，下求上也，故不可以急；贲四应初，上求下也，故不可以缓。时地固有不同焉耳。

易经　六五：贲于丘园，束帛戋戋（音尖）。吝，终吉。《象》曰：六五之吉，有喜也。

解义　此一爻，是言当文明极盛之时，而有挽回世运之微权也。丘园，村野之象；束帛，薄物；戋戋，浅小之意。

周公系贲五爻曰：六五以柔中居尊，敦本尚实，纯以俭朴居心，而一切繁华之见不得淆其中，虽身履朝廷文物之盛，而不失山林朴素之风，为贲于丘园之象。至于束帛虽微，可以享神求贤，礼宜隆渥而亦戋戋自持，则外此之不事华缛可知已。夫当贲时而俭啬若此，似不免为鄙为僿（音赛，轻薄）之吝，然踵事增华终不若安于俭素之为善也，故终则吉焉。

孔子释五象曰：六五之吉者，以贲之世，人皆尚文，主世运者深虑溺文灭质之忧，五实能崇尚俭朴为天下先，绝非有所矫饰而然，终能化成天下而得吉，则可以遂其返朴还淳之志，不有喜乎？

按：贲为文饰之卦，六五又人文化成之君而反取丘园之贲者，盖治不可以无文，而文不可以太盛，贲至六五，已过中矣，文胜之时也。圣人虑其过而预防之，将驱天下而归于中也。东周之末，礼仪过繁，镂簋朱紘，歌雍舞佾，僭侈之习，上下无等，故孔子言礼乐必云从先进，而答时人之问礼亦以宁俭为言[1]。此皆相时敝以立论，其有合于此爻之旨者乎？

注释　[1]先进：指先学习礼乐而后做官，"先进于礼乐，野人也；后进于礼乐，君子也。"（《论语·先进》）宁（去声）俭："礼，与其奢也，宁俭。"（《论语·八佾》）

易经　上九：白贲，无咎。《象》曰：白贲无咎，上得志也。

解义　此一爻是言文之极而返于质也。

周公系贲上爻曰：上九居贲之上处艮体之终，是文之至盛而得所止者也。故能尽去浮华、独标真索，为白贲之象。以白为贲，则文尽而返质，又何有文胜灭质之咎乎？

孔子释上象曰：上之时，正致饰而亨尽之时也，故上之志急欲救文而还朴。今白贲而无咎，则人皆向风，而上所以挽回贲道之志遂矣，何不得之有？

按：贲卦曰亨、曰小利，文王所以立文质之防；曰丘园、曰白贲，周公所以垂救世之论；曰喜、曰得志，孔子所以决从古之心。三圣人所为存至道于一时、防陵替（p.167）于奕世（奕：音义，次第；奕世：一代接一代），观其辞之谆复而知意至深远矣。

二十三　剥卦 ䷖ 坤下艮上

解义　剥卦以上九一爻为主，当五阴盛长、一阳消落之时，君子岂可有所往？《彖传》释卦辞而系以"顺止"，非终不往，静以观时，有待而往也，为君子谋也。六爻：初犹未害君子，二则渐害君子，圣人皆虑及"蔑贞"而惕之以"凶"；四则蔑贞已肆，阴祸切身，不复言蔑贞而直言凶，皆所以戒小人也；至于三之应上，五之从上，一系之以无咎，一系之以无不利，其于小人之改邪为正者又未尝不许之？盖圣人于柔变刚之际，重惕小人之害君子而必欲其受制于君子，是则拨乱为治、转危为安之深心也。夫事起于微、祸伏于忽，自一柔变刚而为姤，再变为遯，三变为否，四变为观，以至于五变则为剥，是其始也，不过一阴生于下，其势甚微，初若可忽，而其后卒至党羽已成、凶恶日肆，为君子害。彼小人亦知己之欲去君子为名不正言不顺，而乃浸润侵蚀，使之日消月铄而不自知。然则小人之为计狡而为祸深矣，为君子者，可不防之于早以杜其恶于未形也哉？

易经（卦辞）　剥：不利有攸往。

解义　此卦坤下艮上，是群阴盛长而孤阳颓落之日也，故名为剥。卦辞言当此之时，妄行躁进必为小人所害而无所利益也。剥，剥落也。

文王系剥彖辞曰：五阴盛长于下，一阳将尽于上，是小人之势焰处于极盛，而君子之气机几于将绝。此时而再往，必至一阳尽消而变为纯坤矣。君子于此，宜惕然思吾之出处（上声）甚重，岂可轻于一往以蹈祸机？惟宜晦迹退处以养其才于不试，故不利有攸往。且卦德内坤顺而外艮止，亦宜顺时而止，不可违时而往也。

按：汉唐之世，党锢之祸，毒遍海内，然必有一二君子，沈几观变，超然于尘壒（音爱，灰尘）之外，而不撄其患，所谓得处剥之道也。然君子进退系世道之兴衰，为人君者，不能审于是非而使小人肆虐，致仁人志士不敢一日安于其朝，此岂国家之利、苍生之福哉？

易经　《象》曰：剥，剥也，柔变刚也。不利有攸往，小人长也；顺而止之，观象也；君子尚消息盈虚，天行也。

解义　此《彖传》，是释剥彖辞，言柔盛变刚之日，惟当顺以俟天、止以待时也。柔变刚，言柔进于阳变刚为柔也。

孔子释剥彖辞曰：卦之名为剥者，卦体一阳在上而将尽，由五阴剥落之也。柔变刚，初而为姤，二而为遯，三而为否，四而为观，五而为剥。

盖小人之去君子，原于名义不顺，必阴谋深固，使之日渐消铄、潜移不觉，然后可以肆其排沮之力而尽变为小人之党也。辞谓不利有攸往，以小人之势如荓之方长而不可遏之时也，卦德坤顺艮止，有顺而止之之象。君子观其象而悟其理，则不轻攸往，政所以处剥之道也。然君子所以毅然不往者，岂冥冥无所决择于中而徒委之无可如何之势乎？盖阳息而盈则天运复，阳消而虚则天运剥，顺之则吉，逆之则凶。

　　君子随时敦尚，运处极剥，知其后之将必至于复，而沈谨自守以求合乎天行之数而已。大抵平陂倚伏，一定之理。观变不审，徒欲与小人角一日之胜负，既非保身之哲又重天下之祸，且使维持补救者反无以施其具也。从来挽回世运，非深心大力、遵时养晦之士不能，平勃（指陈平、周勃，见 p.160 注）之重安汉室，仁杰之复兴唐祚[1]，斯其人矣。

　　注释　①仁杰：即狄仁杰，唐高宗时为大理丞，武后立为相，曾力劝武后立李唐嗣。

　　易经　《象》曰：山附于地，剥。上以厚下、安宅。

　　解义　此《象传》，是言人君当思剥之可危，宜急于固本安邦以尽治剥之道也。附，连属也。

　　孔子释剥象曰：卦象山高于地而反附著于地，颓剥之象也。为人上者，思剥之所来必自下起，故防剥之道必先厚固其下以安其居也。盖上何所宅？唯民所止以为宅。宅苟不安，则上何以宁？下苟不厚，则宅何以安？故必予以安全以厚民生，则下之宅自厚而上之宅亦安矣。

　　按：卦皆著剥阳之义，惟大象独言治剥之道。卦体坤为地，厚下以象坤也；艮为土，安宅以象艮也。唐太宗曰：君依于国，国依于民，克民以奉君犹割肉以充腹。是明于厚下安宅之理者，人君法此以治剥，其亦危者使平之道也欤。

　　易经　初六：剥床以足，蔑贞凶。《象》曰：剥床以足，以灭下也。

　　解义　此一爻，是言小人有害正之渐而深惧君子之将危也。蔑，无也，谓消无正道也。

　　周公系剥初爻曰：阴之剥阳，必自下起。初在卦始，其力虽未能去君子而夺其位，然中怀疾害，已岌岌乎綮其进而侵其权，犹剥床而先及其足之象。夫初之敢于发难者，彼其心荡然无名教之足畏，而疾正如仇，势必欲消蔑无余而后已。殊不知以邪侵正、以小人消君子，虽君子蒙其祸，而小人亦鲜有幸全者，只自取其凶而已。

孔子释初象曰：初之剥取床足为象者，以阴侵阳而阳灭没于下也；祸起自下，恶稔（音忍，酝酿成熟）在初，睹其几之微而知其势之必至于危矣。

按：剥之一阴即姤之一阴。姤之初受制于九二，若嬴豕（音雷史，受缚之猪）之系于金柅（音尼，塞于车轮下制动的木块），故吉而无咎；剥之初，自二、三以上，无切近之阳，莫或制之，故其为害，始似甚微而后必至于不可胜穷。可见朝廷之上一日无端人正士，而憸（音仙，奸邪）邪遂漫无顾忌得以恣其所欲为，宜乎小人之汲汲求去君子也哉。

易经　六二：剥床以辨，蔑贞凶。《象》曰：剥床以辨，未有与也。

解义　此一爻，是言小人之势渐长而害正之机浸成也。辨，所以分隔上下，床之干也；与，党也。

周公系剥二爻曰：二居坤体之中，又进乎初，是小人之权势得行于中而由下可以害上者，象剥床而及其辨者也。又以阴居柔，则其心甘为小人而树君子之敌，势必至于蔑贞而自取灾害，故再儆之以凶焉。

孔子释二象曰：剥床至辨，较之于初，为恶滋甚。幸居卦之下体，党与（党与：同党之人）未盛，君子尚可预自为图以免害正之嫌。若失此不图，将去辨即肤而祸难道（p.202）矣。

盖小人欲为不善以害君子，未有不藉党援以相济者。然阴深而机巧，在人主之前多为谨身自媚以使其不觉，及至布置既定、羽翼已成，外廷耳目皆其朋党，肘腋近幸悉彼私人，忠良蒙祸、世道阽（p.137）危，人主纵觉之，无可如何矣！初、二连进，势已不孤，而象以未有与为言，犹欲及其未盛而为防之之道。夫群邪得志，在君子不过远引以避之而已，而人主孤立于上，可晏然而不早加省乎？

易经 六三：剥之，无咎。《象》曰：剥之无咎，失上下也。

解义 此一爻，是言小人去其党邪之失而独能从正以避咎也。上下，指四阴。

周公系剥三爻曰：众阴方剥阳之时，而三独居刚以应上之刚，是其心深知君子之不可绝而去其党以从之，则不惑于朋比之私而无染于阴邪之祸，在剥之时，其义为无咎矣。

孔子释三象曰：剥之所由无咎者，以三居四阴之中，上下皆阴而独与一阳相应，则所失者阴，是其失乃所以为得也。于处剥之道又何咎之可及乎？

按：诸爻皆阴，惟上九一阳。近阳者最善，六五是也，故可以治剥；能应阳者次之，六三是也，故不为剥。圣人于阴之从阳者未尝不幸之许之，所以坚其从正之心而开其补过之路。化小人而为君子，尚赖此潜移默转之微权乎？

易经 六四：剥床以肤，凶。《象》曰：剥床以肤，切近灾也。

解义 此一爻，是言小人之播恶既深而君子之受祸为已酷也。肤，肌肤也。

周公系剥四爻曰：四以阴居阴，是邪党密布于朝廷，流毒遍加于海内，凡忠臣义士之在位者靡不亲受惨酷、身撄戮辱，为剥床以肤之象。剥而及肤，小人之为蔑贞计者，盖已至矣。然时虽极剥，而正气未尝不留于天地之间，故不许其蔑贞而直示之以凶，以明君子虽危，彼小人者安能独全乎哉？

孔子释四象曰：剥床以肤则非以足以辨，仅至不安其身而已，直以危亡已至而切近灾祸也，纵欲远而去之已无及矣。

自古小人倾害君子，无所不至。而毒螫未极，人恒不知其祸之烈。四居上体，在床之上为肤，剥而至肤，则君子之贞几为所尽蔑矣。故圣人特危言悚之曰：何不早为之所而使至此极也？此非张小人之势，正深咎为君子者，制御无方而酿成其恶，在己不得辞其责也。

易经 六五：贯鱼以宫人宠，无不利。《象》曰：以宫人宠，终无尤也。

解义 此一爻，是言六五为群阴之长，能率其类以顺听乎阳也。鱼，阴物；贯鱼，如鱼之连贯而进也；宫人，嫔御也。

周公系剥五爻曰：五居群阴之上，又近上之一阳，是其力足以统摄群阴而又心知害阳之非义，故能率其党类而受命于阳，使一切朝政国柄皆归之君子而受成焉，如贯鱼顺序以宫人承宠于其君之象。夫国有君子，不特善类膺福，而亦足以庇荫小人。五能如是，宁有不蒙其利者哉？

孔子释五象曰：五之以宫人宠者，群阴剥阳已极，五能翻然悔悟，统率畴类、顺序听命，君子方嘉与维新，必不苛绳前愆。始虽有尤，终则无尤，廓然而涵濡于君子度量中矣。

按：五为君位，不言君而取象于后妃者，盖此卦阴盛，五为众阴之长，又有一阳在上，故别立一义，欲其率先众类，俯首以听君子之命也。圣人贵阳贱阴，夬之时，决阴之权在阳，则教阳以制阴之道；剥之时，剥阳之权在阴，则教阴以从阳之道。所以赞化育而参天地者固于此，而夫夫妇妇、男正外女正内者，亦在乎此矣。

易经 上九：硕果不食，君子得舆，小人剥庐。《象》曰：君子得舆，民所载也。小人剥庐，终不可用也。

解义 此一爻，是言剥尽将复之时，君子以一身为民情所归附也。硕果,硕大之果也;舆,所以载也;剥庐,自剥其庐舍也。

周公系剥上爻曰:上九以一阳在上,不为众阴所剥。而励节 (励节:砥砺节操)弥坚、立品弥高,小人自不得而伤之,如硕果不为人所食,将见复生之象。夫当剥极之时,人心思治,尚留此一君子以为邦家之庆,用能保国庇民,民皆载之,如得舆者然。是知唯君子能覆盖小人,而小人亦藉君子以庇其身。若小人必欲剥尽君子而后快,则君子亡而家国破,小人亦无所容其身,象如自剥其庐已耳。

孔子释上象曰:君子何以得舆? 盖以一阳独留,此天意也。天意攸存即民心所属。君子虽势处甚孤,而系结于民心者更切,相与承事而共载之,谁能剥焉? 若小人用尽机谋诡诈以剥君子,终于自剥其庐,夫亦安所用之也?

按:此卦以上九为主,曰硕果不食,幸一阳之存也。其五阴,则顺乎阳者吉,不顺乎阳者凶。初、二、四取象于床,见君子在下,小人可藉以安身;上爻取象于庐,见君子在上,小人可藉以庇身。君子在上在下,皆有益于小人如此,而小人必欲去之(去:除去;之:指君子),君子去而危亡立至,载胥及溺[1],小人亦未尝独免,则害君子正以自害耳。故天下之恶无有甚于小人,天下之愚亦无有甚于小人也。

注释　①载:则也,乃,于是;胥:相也,视,看着。"其何能淑? 载胥及溺。"(《诗・大雅・桑柔》)意为:他哪能变好? 于是看着他淹死。

二十四　复卦 ䷗ 震下坤上

解义　复,取一阳复生之义,当剥之尽而为坤,阳气已生于下,至此一阳之体成而来复,乃天运循环理当如此,非人力所能为也,故卦辞专以气数言。《彖传》释复之亨曰刚反,以自剥一阳、穷上反下而为复也；释利有攸往曰刚长，以自复一刚、自下进上而为临、泰，以至于乾也。然以阴阳反复之道计之，其消而息、往而反者，乃天行之必然。动而以顺行，亦惟法此而已矣，岂有歧哉？六爻专以人事言，虽其间功有浅深、德有厚薄，较然不同，然皆于复之义有合焉。独至上六，则私欲锢蔽、善端灭息，为迷而不复，圣人极言灾眚以示戒，深著迷复之不可也。合气数人事观之，可见动静者天道之复也，善恶者人道之复也。在天运有其自然，在人事宜尽其所当然。必须不远复与休复方吉，敦复方无悔，独复亦可以免凶咎，若频复则虽厉而亦可以无咎，至迷复则凶所必然，而灾眚之来莫可究极矣。此皆人事所致，君子不可不于善端萌动之初而存理遏欲，以全刚反之复也。

易经（卦辞）　复：亨。出入无疾，朋来无咎。反复其道，七日来复，利有攸往。

解义　此卦震下坤上，是阳气穷于上而复生于下，一阳来复，其几甚微，故名为复。卦辞言复则必亨，乃君子之常道而天运之必然也。无疾，无有害之也；朋，谓群阳；七日，谓自姤至复，凡历七爻也。

文王系复彖辞曰：卦体君子既往而复来，卦德震动而坤顺，既有可为之时而又有可为之才，宜其亨也。虽君子之处势甚微，而气机昌遂，其一出一入，宽然无复有沮害之者，以至朋类相孚、翩然而来，亦会其时之可亨而无摧抑之咎，亨在己；既信其有独复之机，亨在人。又验其有浸长之势，此岂人力之所能为哉？进稽阴阳反复之道，自姤一阴始生，历二阴之遯、三阴之否、四阴之观、五阴之剥、纯阴之坤，以至一阳之复，凡更七爻，为期七日。天运循环、无往不复，则刚德方长，自此进而为二阳之临、三阳之泰、四阳之大壮、五阳之夬，以至纯阳之乾。理势有必然者，又何道之不可行而功之不可建哉？利有攸往，复之所为必亨也。

按：临言八月有凶，不言日而言月，恶阴之浸长而迟之也。后言七日来复，不言月而言日，喜阳之方来而速之也。然有天道之复焉，有人道之复焉，天道之复乃气运之自然，人道之复皆行事之所致。夫使气运将复而行事无自复之道，则其复必不固。所以古之圣王，当天命既属而修德益谨、行善益力，自此群刚相继，同德协心，往无不利，大勋毕集。庶几来复之权在我而不在造化矣。

易经　《彖》曰：复，亨。刚反，动而以顺行。是以出入无疾，朋来无咎。反复其道，七日来复，天行也。利有攸往，刚长也。复，其见天地之心乎？

解义　此《彖传》，是释复彖辞，详言复道之亨而因以发明天地生物之心也。刚反，一阳复生也；天行，天之运也；刚长，既生而渐长也。

孔子释复彖辞曰：复何以亨？卦体刚复生于下，如往而复反。是贤人君子久遭凋落之后，而复遘登庸（登庸：选拔任用）之日，将见一贤初进而群才来附也。

何亨如之？然君子于此，上凛乎天命之靡常而下虑夫人情之难合，故不敢以久郁乍伸，逞其锐进之气。惟不轻于动也而顺以行之，则出入皆自复之道，而朋类之来亦附我之顺动以牵复矣，是以己得无疾而人亦得无咎。

卦辞谓反复其道、七日来复者，天行以七日为期，复之速也。君子以顺动之道密审于天行之数，而知天行无消而不息之理。君子之顺动亦有转乱而为治之才，则善于顺动乃所以善承天行也。

利有攸往者，一阳既生于下，其势自不容御，必至骎骎盛长，吾道大行而无往不利矣。

　　夫观复于世道，固足以见阳德之亨；而观复于造化，其不有以见天地之心乎？盖天地无心，生生不息乃其心也。纯坤之时，生意灭息，天地生物之心几于蔽塞矣。迨夫一阳既动，则无中含有，而乾元资始者于此露其机；贞下起元，而坤元资生者于此呈其朕。生物之心，虽非至此而始有，实乃至此而始见。虽在积阴之下，而昭然发露者孰得而掩之哉？

　　按：阴阳之理以天行为开复之数，而复之君子以顺行为保复之机。故必出入无疾而后朋来无咎，朋来无咎而后利有攸往。苟徒冀天行有常而不以顺行，将终于灭息而已。则所为尽修能以符气化，非君子之责而谁乎？

　　易经　《象》曰：雷在地中，复。先王以至日闭关，商旅不行，后（指天子、诸侯）不省方。

　　解义　此《象传》，是言先王体复之义而制为安静之法以养微阳也。至日，冬至之日也；省方，省视四方也。

　　孔子释复象曰：雷在地中，静极而动，复之象也。一阳初生于下，其气甚微，当静以俟之，不可扰也。先王顺承天道，冬至之日，举凡政事云为之间可以休养微阳者，靡不垂为令典，以著裁成之用。故关，所以掌道路也，而闭之；商旅，出诸涂也，而不行，使之外不得入而无有害之者矣。古者岁十一月朔巡守，而后于是日则不省方，使之内不得出而无有泄之者矣。盖天地生物之心主于动，而先王参赞之功主于静，合以成之，而所以保护微阳者，固已至也。

　　按：微阳之气，天地之根而万物之母也。气方息而遂泄之，故夏有愆阳，冬有伏阴；精未聚而先发之，故人多夭扎（夭扎：即夭札，病而早逝）、物多疵疠，此复之所以贵安静也。夫寂者感之君，翕者辟之本，冬藏为一岁之复，夜息为一日之复，喜怒哀乐未发为须臾之复。诚能奉若天道、深潜完密，主静以立其极。

用之于国则宁谧而不劳，用之于躬则冲和而不竭。寿身寿世之道，孰有外焉者乎？

易经　初九：不远复，无祇悔，元吉。《象》曰：不远之复，以修身也。

解义　此一爻，是言复之贵早，以克全继善之体也。祇（音支），抵也。

周公系复初爻曰：初为卦之一阳，复之主也，又居动体，而在事初，未涉物感，则动而即觉，觉而即复，复之最先者也，是不远而复也。夫人惟过失显形，然后思复，未免困心衡虑而有悔。初当意念方萌即自省悟而改图，亦何至于悔乎？复至此则心体粹然，不为人欲所累而适还其天理之本初，大善而吉之道也。

孔子释初象曰：凡人之妄，皆从心起，心过不改则形于外而为身过矣。善用力者，即一念之悟而速反之，省察克治，图之于早，内既直而外自正，此不远之复所以为修身之要也。

按：《春秋》公孙敖如京师，不至而复（周襄王崩，鲁文公派公孙敖如京师吊丧，见《春秋·文公八年》）；公如晋，至河乃复（见《春秋·昭公十三年、定公三年》）；皆以不极其往为复。复善贵早，故《易》以不极其往者言之。善失之远而复，必至有悔。惟失之未远而复，所以不祇于悔。然非初之刚随时审察而勇于自治者不能。所谓有不善未尝不知，知之未尝复行，方为不远之复而元吉者乎。

易经　六二：休复，吉。《象》曰：休复之吉，以下仁也。

解义　此一爻，是言二能下比于初，以成复道之美也。休，美也；仁，谓初九。

周公系复二爻曰：二居震体之中，其心易动，动即离于善矣。幸二柔顺则能从人，中正则能择善，上无系应而下近初九之贤，自能以友辅仁资其切磋之力，优游不迫日进于善而不知。复之休美者也，乌得不吉哉？

孔子释二象曰：复之休美而吉者，二去初未远，上无私应而又深信初为克复之仁人，故能降心（降：去声；降心：抑制心志）抑志，从初而复，则其吉也宜矣。

按：天地生物之心曰元，人得天地生物之心以为心曰仁。为仁固由己而不由人，然亦有己未能复礼而资人以辅仁者。初不远之复，自修之意多；二休美之复，资人之益多，及其成功一也。夫布衣穷处（上声）之士，犹须亲师取友辅成其德，若君天下者而得仁人之助，将尽一世之大，皆可使反剥而为复焉。又岂独一身之克复已哉？

易经　六三：频复，厉无咎。《象》曰：频复之厉，义无咎也。

解义　此一爻，是戒三频失之危，而又予以复善之义也。频，屡也。

周公系复三爻曰：三以阴柔不中正又处动极，是其天资蒙昧、秉性躁妄，其于天人理欲之界见之不真、守之不固，为频复之厉。然三之厉也在于频，而三之幸也亦在于频，频而失亦频而复，与迷于复者又相远矣。倘自省其失而终复之，又何咎焉？

孔子释三象曰：过而不改，咎乃归焉。六三频复则屡失屡改，固非遂非而文过，亦非畏难而苟安，虽其心不能免乎危厉，而于义也，又何咎哉？

先儒谓频失为危，频复非危。圣人危其频失，故曰厉以警之；开其频复，故曰无咎以劝之。夫频失频复，固为善补过，倘失多而偶不复，咎将何如乎？孔予称颜子不远复（见 p.570 "解义"），又云得一善，则拳拳服膺而弗失之（见《中庸·第八章》），惟其弗失，方谓之能复，则劝之者正所以警之而已矣。

易经　六四：中行独复。《象》曰：中行独复，以从道也。

解义　此一爻，是言四不为群阴所溺，而独能从初以复乎善也。中行，四阴之中也；道，谓初九。

周公系复四爻曰：四居群阴之中而下应初之阳刚，其志趣高洁，拔乎流俗，与众同行而不与众俱靡，是中行而独复者也。当此之时，阳气甚微而四以阴居柔，其才力不足以有为，然其心独能依附于仁人君子以复于善，真所谓特立独行之士也，又奚必较功计利为哉？

孔子释四象曰：中行独复者，四以初抱道在下而去其类以从之，是见道之在初而不见其类也。故其下而从也，非从初也，乃所以从道也，宜见之明而决之勇耳。

按：四之抗志违众，独得其本心，如陈良楚产而学周孔，夷之墨者而见孟子①，以至舍生取义、弃邪从正。一念独惺，万夫莫挠，理所宜然，吉凶弗计。非豪杰之士，其能克自振拔如此耶？

注释　①陈良：战国时楚人，悦周公孔子之道，北学中国；楚产：楚国出生。夷之：战国时人，治墨家之学，悟墨学之非；墨者：墨家学者和弟子。陈良、夷之事均见《孟子·滕文公上》。

易经　六五：敦复，无悔。《象》曰：敦复无悔，中以自考也。

解义　此一爻，是言六五复善之已纯，自无私欲之累也。敦，厚也；考，成也。

周公系复五爻曰：六五以中顺之德而居尊位，是其资淳质美，孜孜焉以复善为心，而无一毫浮薄之念得入其中。故其操之也密，毋始勤而终怠；守之也固，毋久恝而暂荒，能敦厚于复也。初虽修身于下，仅可无至于悔而已；若五则私意净尽、天理流行而来复者，皆天地之心，又何悔之有乎？

孔子释五象曰：五之敦复无悔者，盖人受中以生原无亏缺，五之功深理熟，以我之所固有者我自成之，浑然一中之初体，天地全而赋之，我自全而凝之矣。此复之所以独美欤。

大抵既名为复，未有不由工夫而得者。敦复无悔，所谓反之之圣也。六五居至尊之位，纵使天资高妙见道甚蚤，励精图治立志甚坚，而声色逸乐交攻于内，便辟谀佞环伺于外，非心易纵而难制也，善事易格而难行也。有道仁人之辅导于下者易隔而难亲也。苟非朝考夕纠、省察存养，则见于已有铢两之偏、施于世有寻丈之失，岂得云无悔哉？成汤制心制事、而后可建中于民，武王敬胜义胜、而后能作稽中德①，有合于此爻之义矣。

注释　①制心制事："以义制事，以礼制心。"（《书·仲虺之诰》）敬：警戒；胜：克；"敬胜息者，吉。"（《礼记·武王践阼》）作稽：指言行举止；中德：中正的德行。

易经　上六：迷复，凶，有灾眚。用行师，终有大败。以其国，君凶，至于十年不克征。《象》曰：迷复之凶，反君道也。

解义　此一爻，是言上六迷复已极，天人交困而无一事可为也。灾，天灾；眚，己过；十年，数之终也。

周公系复上爻曰：上以阴柔居复之终，既无复善之德又远仁贤之助，蔽锢已深，善端灭绝，迷而不复，其凶可知。夫灾自外来，眚由己作，天之所厌，己则招之。迷复如此，无施而可。以是行师，必终有大败，不惟祸萃其身，而且及其国君，虽至十年之久，终于不克征以雪其耻也，岂不可畏哉？

孔子释上象曰：迷复之凶者，谓复则合道，既迷于复则与道相反也。虽君行之犹为反君之道，况其下者乎？甚矣，迷复之凶也！

按：卦之六爻，初之不远复，贤而希圣者也；五之敦复，圣而希天者也；二之下仁，其亲贤取友，以成其德者乎？四之独复，其弃邪从正而不牵于流俗者乎？三之频复，其犹日月之一至焉者乎？皆合于复之义者也。惟上之迷复，怙终不悛，害于身、凶于国，有不可胜言者。故圣人于三犹曰无咎，而上则曰灾眚、曰大败，其重改过而恶怙终者，何切也！

二十五　无妄卦 ䷘ 震下乾上

解义　无妄之谓诚，以天道言，实理之自然也；以圣人言，实心之自然也。震者，动也。动以天为无妄，动以人则妄矣。《象传》释卦辞曰：刚自外来而为主于内，刚德在内心不妄也，为震主动不妄也。动而健，则勇于义而不屈于物欲。九五以刚居中，在己正也；下应六二，柔顺中正，所应正也。正则天命之当然也，匪正则违乎天命之正而不可以有行矣。对时育物，先王亦顺天时而已，何有妄焉？初之吉、二之利，其无妄也，一时也；三之灾、四之贞、五之疾、上之眚，亦非有妄以致之也，亦一时也。时当动而动，不当动而不动，所谓动以天也，所谓正也。象辞于利贞之下，即系以"匪正有眚、不利有攸往"，明无妄之不可不出于正也。爻辞于无妄之极，亦系以"无妄、行有眚、无攸利"，明执一不变者，即匪正而妄也。然则《象》言全体，爻言一节，其无不以正垂训也，意深切矣！有无妄之实心者，可不审时以趋于正也欤？

易经（卦辞）　无妄：元亨，利贞。其匪正有眚（音生，上声，灾难），不利有攸往。

解义　此卦震下乾上，本天而动，动而不妄，故为无妄。卦辞言心出于正，则随感而皆通；稍涉于妄，则往行而有碍也。无妄，实理自然之谓；匪正，谓不合正道也。

文王系无妄象辞曰：盈天地间，惟此真实之理而已。卦变刚来而为震主，其心纯乎天理，动而皆实。卦德震动乾健，卦体刚中而应，则德既纯一、而诚能动物，此无妄之所以元亨也。然其所以亨者，利于至正耳。若知有未至、理有未穷、而以偏倚之见行之，则自信为正者、政匪正之所伏也。虽无妄心，而不合于自然之理，即匪正矣。匪正则灾眚随之，以之处事应物，徒有纷扰之患，而安能利有所往哉？

按：无妄、即所谓诚，诚、则自无不正，而又勉以利贞，何也？盖人无格物致知、学问思辨之功，则有志在祛妄、而反堕于妄，本欲从正、而反悖于正者。以此自治，必有言伪而辨、行僻而坚之失，而受病在一身；以此治人，必有不谙物情、不识时宜之弊，而受病在天下。从来妄之溺于利欲者，易见；妄之溺于意见之偏、学术之误者，难知。惟其难知，是以果于自用、轻试之世道民物，而贻害无穷也。宜圣人极论而深戒之欤！

易经 《象》曰：无妄，刚自外来而为主于内；动而健，刚中而应；大亨以正，天之命也；其匪正有眚，不利有攸往，无妄之往何之矣？天命不祐，行矣哉！

解义 此《象传》，是释无妄彖辞，以明无妄，则应天之命；匪正，则失天之祐也。内外，以六画之卦言，下三画为内，上三画为外。以三画之卦言，下画为内，上画为外。凡画卦者，自下而上、有由内及外之义也；刚中，指九五；何之，言无所往也；祐，助也。

孔子释无妄彖辞曰：卦之名为无妄者，以卦变刚自讼之二来而居初，则天德之刚不驰于外而还为一心之主，此中浑然一无妄也。卦德震动乾健，既有震动之才，而不屈于物欲之扰，所主之刚不因动而移也。卦体五之刚中下应于二，既有实意之孚而不涉形迹之伪，所主之刚不因应而私也。无妄如是，理宜大亨，而必利于以正者，盖以天之赋命于人，本无不正之理；而人之受命于天，必尽去邪妄之私。斯人之妄去，而天之命见矣。所谓“其匪正有眚、不利有攸往”者，以正则可行，而匪正则不可行，乃犹自以为无妄而欲往焉，动而辄阻，又何之矣？失其所主之刚而悖乎天命之正，其何以获祐而行之哉？

盖天人无二理，总不出于一诚，所以惟命不于常，惟德为有常。若无无妄之实而逞其私智，妄意天命可冀，其不流于后世图谶之说几希矣。圣人之书，不且为奸雄嚆矢（嚆矢：响箭。因发射时响声先于箭到达，故常用以喻事物之始；嚆音蒿）哉？

易经　《象》曰：天下雷行，物与（全，皆）无妄。先王以茂对时育万物。

解义　此《象传》，是言先王体无妄之象以尽参赞之道也。茂，盛也；对时，顺合天时也；万物之物，兼人言。

孔子释无妄象曰：卦体乾上震下，为天下雷行之象。雷行于天下，阴阳交和，相薄而成声，正发生万物之时。天所赋与，洪纤高下各正其性命，无有渗漏，是随物而皆与以无妄之理。先王法天理物以为天之无妄不可见，其可见者时也，受天之无妄以成形者物也。本至诚充积之衷以对天时而顺序布和，以育万物而省刑弛禁，则时与物皆归无妄之中，而先王亦惟顺承夫天命而已矣。

按：《尚书》有羲和之命①，《周礼》重教养之条，皆本无妄之念以对时育物，使各得其性而已。若稍涉妄念，如汉武之封禅、梁帝之戒杀②，又奚足法焉？为人君者，其务以圣帝贤王为则（楷模）哉！

注释　①羲和：羲氏与和氏，尧命其掌管天地四时，敬授人时，以便耕作；事见《书·尧典》。

②汉武：指汉武帝，其举行封禅，挥霍无度而致国内虚耗，又连年征战，致人口减半。梁帝：指南朝梁武帝萧衍，其笃信佛教，接纳叛将并戒杀，后被叛将废。

易经　初九：无妄，往吉。《象》曰：无妄之往，得志也。

解义　此一爻，是言无妄之初动与天合者也。无妄，以心言；往吉，以事言。

　　周公系无妄初爻曰：初九刚自外来而为主于内，是其中心诚实，遏人欲之萌、存天命之正；而又在卦初，上合九四，两刚相遇。不牵于系应之私，无妄者也。但居动体之下，理无不往，然初非有心于往也，至诚所感而物我交通，此以诚求、彼以诚应，何吉如之？

　　孔子释初象曰：所谓无妄之往者，盖天下惟诚能动物，初志存于无妄，以之处事则顺而祥，以之临人则感而化，又何往而不得其志哉？

　　大抵身世之扞格（扞：音汗；扞格：互相抵触）皆由私见之未除，无妄则一实理相感召。所谓至诚而不动者，未之有也。圣贤之待物、帝王之御世，总不出一诚而已矣。

　　易经　六二：不耕获，不菑畬（音资鱼），则利有攸往。《象》曰：不耕获，未富也。

　　解义　此一爻，是言六二任天而动，不杂以人欲之私也。耕，春耕；获，秋收；菑，开田；畬，成田；一岁之农，始于耕，终于获；三岁之田，始于菑，终于畬；未富，无求利之心也。

　　周公系无妄二爻曰：凡理之自然而然者，非妄也；心之有为而为者，乃妄也。二柔顺中正，又上应五之中正，居动体而能顺乎中正，实能无妄者也。其于天命之正，所宜尽者，纯其心于无间，而绝无求得于外之心，辟之耕获菑畬，皆求得于外者也。去其耕获菑畬之心，而后可还其无妄之本体，故有不耕获、不菑畬之象。然有无妄之心，亦有无妄之福。二能如此，福泽自至，则有所往而自无不利矣。

　　孔子释二象曰：所谓不耕获者，二之立志淡漠，泊乎无营，绝不念及于利而为之，则无妄之心一如未富之心也。

　　汉儒董仲舒曰：正其谊（同义），不谋其利；明其道，不计其功；人但尽所当为而已，利害得失岂足营心乎？然不正谊则已，正谊则利必归焉；不明道则已，明道则功必集焉，又属一定之理；以此在下，则孔子所云"寡尤寡悔，禄在其中"；以此在上，则大舜之有天下不与而禄位名寿之必得，此六二利有攸往之旨也。

易经　六三：无妄之灾，或系之牛。行人之得，邑人之灾。《象》曰：行人得牛，邑人灾也。

解义　此一爻，是言六三处（上声）不得正而致无妄之灾也。邑人，谓居者。

周公系无妄三爻曰：三以阴居阳，不中不正。处下之上，则居非其地；应上之刚，则遇非其人，是无妄而有灾者也。然天下事有失则有得，乃三处得失之外而独撄其灾，此盖出于寻常意计之外者，象犹或系之牛，行人牵之以去而居者反遭诘捕之扰也。君子于此，亦惟听之适然之遭以顺受乎天命之正已尔。

孔子释三象曰：得之所在，灾亦及之，此人所及防也。行人得而邑人灾，此盖有不及防者。君子于此，惟有顺以听之，而安能预为避患之计乎？

按：六二得位而有无妄之福，六三失位而有无妄之灾，皆时为之也。如李泌（p.140注①）周旋肃代之朝，深为小人所忌而得以功名终，此无妄之福也；陆贽①竭智尽忠，济其君于险难，卒以被谗而斥逐，此无妄之灾也。君子亦惟尽其在我，而祸福不以动其心，庶全乎天之正命矣。

注释　①陆贽：朱泚之乱时，从唐德宗避至奉天，时诏书多出其手，号"内相"，勇于指陈弊政，后被裴延龄谗而被贬。

易经　九四：可贞，无咎。《象》曰：可贞无咎，固有之也。

解义　此一爻，是言九四以正道自守而无妄动之失也。有，犹守也。

周公系无妄四爻曰：四得乾体之刚，下无系应，是天德为主于中而物交不引于外，无妄不待言矣。然刚则思动，动即离于咎，幸以九居四，绝无过恃其刚之心，故可坚守其刚，而事变云为皆不为之动，则天德在我而命亦祐之，又何咎之有？

孔子释四象曰：四之可贞无咎者，盖以无妄之理，去与来其几甚微也，稍懈即妄矣。故必固守而勿失之，然后可免于咎耳。

按：诸卦有以九居四为不正者，为其以刚居柔而损刚正之德；有以九居四为可贞者，为其以刚居柔则不过乎刚，而有可贞之道。大抵刚不足则以居阴为戒，刚有余则以居柔为美。无妄震动在下，乾刚在上，此刚有余者，必固守之而后无咎。其亦刚柔相济之义乎？

易经 九五：无妄之疾，勿药有喜。《象》曰：无妄之药，不可试也。

解义 此一爻，是言制变在乎能静，不可轻动以滋咎也。试，谓少尝之也。

周公系无妄五爻曰：五以中正居尊位，二复以中正应之，是君臣道合、政治修明，无妄之至者也。然世变无常、人心叵测，或远人不服而外侮堪虞，或奸顽弗率而内化未谧，是为无妄之疾。设针砭过当、攻击太深，则毒深而愈不可治，故必镇静以俟之，彼将自然消弭而底于宁晏，为勿药有喜之象。所谓不治正所以治之也。

孔子释五象曰：人之有妄，乃宜治之。既无妄矣，复药以治之，必至伤损国脉、腠（音娟，剥削）削元气，而妄反生矣，药其可轻试乎？

盖邪不能胜正而德可以动天，元气固则疾自平，内治修则敌必服。虞苗之格，格于舞羽（p.110注①），非格于誓师也；周顽之化，化于保厘①，非化于忿疾也。彼躁妄而动，动即招尤。汉武马邑之师、太宗征辽之役②，岂不可以为鉴哉？

注释 ①保厘：治理百姓，保护扶持使安定；见《书·毕命》。

②马邑：今山西朔州，汉武帝曾设伏兵于此，以诱匈奴，后谋泄，无功，史称"马邑之谋"。北宋初年，宋太宗征辽，与辽战于高梁河（今北京西直门外），宋军大败溃退。

易经　上九：无妄，行有眚，无攸利。《象》曰：无妄之行，穷之灾也。

解义　此一爻，是言上（指上九）刚已过极，妄行而取灾者也。穷，极也。

周公系无妄上爻曰：上九以阳居卦之终，无妄而处时之极者也。极而不知变，将自恃其无妄，不可行而行，必至有过情越理之失而乖乎天命之正矣，眚必及之而又何利焉？

孔子释上象曰：所谓无妄之行者，特以势处（上声）于穷，决不可有所行耳，行则与灾会矣；三犹可委其灾于人，上直自掇其灾于己耳。

此卦六爻皆无妄：初得位而为震动之主，时之方来，故"无妄往吉"；上失位而居乾体之极，时之已去，故其行虽无妄而有眚无利。是故善学《易》者贵识时，初与二之可动而动，时也；三、四、五、上之不当动而静，亦时也。理无不可行而时或有所尼，君子不得不顺时以听焉。此《洪范》之稽疑所以亦云"用静吉、用作凶"也。

二十六　大畜卦　☰☶　乾下艮上

解义　大畜之义有二：一止畜，畜乾也；一蕴畜，畜德也。《彖传》兼此二义，《象传》专以畜德言，六爻专以畜止之义言。六爻中，下三爻乾体，皆受畜者也；上三爻艮体，皆畜下者也。然受畜者贵止而不进，故初、二皆止，三利艰贞；但初与二已为四、五二阴所畜，至三为畜极而通之时，又与上皆阳爻，不相畜而俱进，则良马之逐，自与初、二不同矣。畜下者贵防于未然，故四能止初恶于未形而得元吉；五则于阳之已进而止之，虽言吉而不如四之元吉也；至上则畜极而通之时，强暴尽除、反侧尽平而治化洋溢乎四海，则天衢之亨又与四、五不同矣。合而观之，凡畜德者，非有刚健笃实辉光之盛，不能成日新之德；畜恶者，非有德礼潜移默化之机，不能臻荡平之治。天德王道，圣人于大畜一卦已尽发明，则观大畜之象、玩大畜之辞，天下之道，可以旁通而无遗矣。

易经（卦辞）　大畜：利贞。不家食，吉。利涉大川。

解义　此卦乾下艮上，以艮畜乾，所畜者大，故名大畜。卦辞言畜道必出于正，然后可以享君之禄而成天下之功也。不家食，谓食禄于朝；涉大川，言能匡济时艰而成功也。

文王系大畜彖辞曰：道之所贵者正，君子为畜之道而可苟哉？必精以择之、一以守之，使吾之所畜莫非天德王道之精而不杂于异端霸术之陋，则不徒畜之大，而且畜之正矣。然徒畜而不知所以适用是自私也，而可乎？故必舍其家食之贱以膺天禄之尊，则所畜得以显其施而利贞之守以达矣，何吉如之？然徒出而不能有以自见是苟禄也，而可乎？故必当天下之大难以成天下之大功，则所畜得以懋（大）其猷（功业），而利贞之效以彰矣，何利如之？夫大畜利贞，体之所以立也；不家食涉大川，用之所以行也。

必有其体而后有其用，信乎？畜之贵大而正也！此卦有止畜、蕴畜二义，六爻中，下三爻以君子为小人所畜言，上三爻以君子畜小人言，此畜止之义也。《大象传》以多识（去声）前言往行言此蕴畜之义也，《象》言人必有大蕴畜方有大设施。故推其所畜之正者，以之食禄于朝则吾道藉以大行，以之匡济时艰则世道赖以安奠，似亦专主蕴畜而言。然《象传》又以艮畜乾为能止健，则未尝不兼畜止之义，当是具此二说。故圣人谓智者观其象辞，思过半矣，以见《象》之无所不统也。

易经　《彖》曰：大畜，刚健笃实，辉光日新其德。刚上而尚贤，能止健，大正也。不家食、吉，养贤也。利涉大川，应乎天也。

解义　此《彖传》，是释大畜彖辞，以明所畜之正而大也。

孔子释大畜彖辞曰：卦何以名大畜哉？盖德具于心而见于事者也。卦德内乾，是主于内者，天理精纯而不杂，德性常用而不挠，何如其刚健也！外艮，是现于外者，躬行恳切，践履真挚而自然光华发越，何如其笃实辉光也？夫内有无私之本体而外有实践之光辉，所养者日益精明，所行者日益坚固，德之蕴畜时乃日新，而德为天下之至德矣。此大畜之所由名也。

辞何取于利贞哉？卦变自需来，九自五而上，是贤者正居臣位也。卦体六五尊而尚之，是人君能尊贤礼士也。卦德以艮畜乾，是又能禁戢强暴，使不为恶。刚上而不以正，则为枉道徇人；尚贤而不以正，则为恭敬无实；止健而不以正，则为化导无方而人不服；三者皆非大正不能。然则畜德者可不以正乎？此利贞之所由取也。

辞言"不家食、吉"者，盖"大畜、利贞"既为可尚之贤，而六五又有尚贤之象，是人君共以天禄、养以大烹，而贤者得食于朝廷之上矣，其"不家食、吉"，宜也。

辞言"利涉大川"者，盖"大畜、利贞"，既具应用之本，而六五下应于乾又有应天之义。是不先时有为而拂乎天，亦不后时不为而逆乎天，操纵阖辟不失时行之道矣，其"利涉大川"，宜也。

《易》之一书，以贞为主。乾之大，大于利贞；坤之大，大于永贞；畜之大，亦大以贞。故不徒曰正而曰大正。不正则蕴畜之德不大，在吾已非贤矣，欲其君尚而养之，不可得也；不正则畜止之得亦不大，虽有止健之才，欲其应天而济变，不可得也。或谓圣人之道神妙莫测，在于权而不在于正，不知行权正以求得夫正耳，岂正之外复有权乎？

易经 《象》曰：天在山中，大畜。君子以多识（去声，本段下同）前言往行，以畜其德。

解义 此《象传》，是言君子体大畜之象，而尽其畜德之功也。多识，谓博求而识于心也。

孔子释大畜象曰：乾，天也；艮，山也；天体至大，而在山中是大畜之象也。君子观象而知畜德之方焉，盖古人由畜德之盛而时发于言行之间，则前言之毕存非繁文也，是德之精华；往行之具载非陈迹也，是德之实体也。君子于是多识前言往行，以畜其德焉。得古人之言行即得古人之心，得古人之心之理即得吾心之理，其所畜不亦大哉？

按：多识言行，或以为近于口耳之学，未免玩物丧志。不知本末精粗、道原一贯，言行在外而其理根于心，心德在内而其实寓于言行。故为学者，必居敬涵养以为主，而又博闻广见以为资。师心而不师古，好悟而不好学，岂善畜德者乎？《书》曰：人求多闻，时惟建事。学于古训乃有获，帝王圣贤无二学也。

易经 初九：有厉，利已。《象》曰：有厉利已，不犯灾也。

解义 此一爻，是言君子进则有危，当以义命自安也。厉，危也；已，止而不进也。

周公系大畜初爻曰：初九为六四所畜，而又以阳刚居乾体之下，刚锐喜进，久为小人所侧目，宜有厉者也。倘复冒昧以往，必蹈危机，厉其能免乎？惟健而能止，则沉几观变、安乎义命之常，以为时未可为，不防藏器以有待也，全身远害，何利如之？

孔子释初象曰：灾自外至者也，人自犯之耳。苟身履危困，而诿为命之不犹，晚矣；若初之知有厉而能已，是其委蛇顺时，不至犯小人摧抑之灾也。

按：君子出处，不可不审。非独为小人所畜，当止而不进，即为小人所引而轻身就之终必有害。盖一有急于用世之念，往往忘虑患持难之心也。先儒谓乾阳上进，不有以止之，则其神不定、其守不粹，故皆以止为义。大畜之初九，其即乾之潜龙乎？

易经　九二：舆说（通脱）輹。《象》曰：舆说輹，中无尤也。

解义　此一爻，是言君子守正不往而能自全其道也。輹，伏于轴以承辐者；舆脱輹，谓自去其輹而不进也，尤过也。

周公系大畜二爻曰：九二阳刚，其才足以有行者，特为六五所畜而未可以进。二则能以中道自裁，审时揆势，止而不行，脱然于驰逐之场而无妄动之虞，为舆脱輹之象。则时不当行而即不行，所谓可以止则止者也。

孔子释二象曰：舆脱輹而不行者，二有中道，故能察乎时之盛衰、势之强弱，则进退不失其正，而躁动之尤何自而至乎？

按：舆者，行之具。二已在舆，是势在必行，而自脱其輹，则遂止而不行矣。凡尤者，咎自外来，当不可之时而强为天下任事，则偾辕之患将欲谁诿？二能脱輹以自审，非万全勿动也，又何尤焉？其殆审几达务之君子乎？

易经　九三：良马逐，利艰贞。曰闲舆卫，利有攸往。《象》曰，利有攸往，上合志也。

解义　此一爻，是言君子遇可进之时，尤宜审慎以善其进也。逐，偕行也；曰，当作“日”；闲（通娴），调习也；卫，防卫也；上，谓上九。

周公系大畜三爻曰：三居健体之极，又遇上九以阳处畜之极，志同德孚乃不相畜，而与上共进以驰驱乎王事，有良马逐之象。然三不虑其不进，但虑其恃刚过锐，而无周慎贞固之力，则必有欲速轻动之咎，故利于艰难其事而贞固其守。如舆所载以行也，而卫所以防行之具，必日日闲习之，使手与器相习而心与身交慎，则出也不苟而进也有为。攸往之利于三见之矣。

孔子释三象曰：初则利已，二则脱輹，而三独利有攸往者，以乾阳本欲上进，但恐在上无合志之人，不能展其素具，今三与上皆阳刚，上之志合乎三之志，而同类感通、相为汲引，又何嫌何疑而有不幡然并进者乎？

按：三负良马之材，可以驰骤天衢，因其过刚不中，故有艰贞之戒，而教之日闲舆卫，可见君子出任天下之重，必临事而惧、如弗克济，然后可遗大投艰而无患。不然，恃才以骋而颠蹶失防，一己之身名不足道矣，而误人家国之托，其罪岂可赎哉？

易经　六四：童牛之牿，元吉。《象》曰：六四元吉，有喜也。

解义　此一爻，是言遏恶者当于未萌，不使其发而难制也。童者，未角之称；牿（音故），施横木于牛角，以防其触也。

周公系大畜四爻曰：六四艮体，而与初相应，畜初者也。初居最下，阳之微者，微则其恶未形而制之甚易，潜消默化，犹牛未角而牿以防其触之象。夫人之恶，当既著而后禁则扞格而难胜，及其初而豫防，则人自不为恶而并泯其禁之之迹矣。所谓以礼立教，不烦刑诛，大善而吉之道也。

孔子释四象曰：恶已章而治之，虽亦足以禁奸戢暴，而不免于刑戮之惨，其于心当有所大拂也。四之止恶未形而元吉，盖豫教而民自服、无为而物自化。四之心，盖有所深喜乎此也。

《记》（指《礼记·学记》）有之"禁于未发之谓豫"，人未有争心而设礼乐以教其让，人未有欲心而悬法制以禁其邪，开其向善之端而杜其为恶之路，此所谓豫也。夫四与五皆以止下之恶，论成功之广狭，四不如五之广，故五曰有庆而四曰有喜；论用力之难易，五不如四之易，故五曰吉而四曰元吉。五不如四之易者，其时不同；而四不如五之广者，其位不同乎。

易经　六五：豮豕之牙，吉。《象》曰：六五之吉，有庆也。

解义　此一爻，是言六五止恶有术而庆被于天下也。豕，谓牡豕；攻其特（雄性）而去之曰豶（音坟，阉），所以去其势也。

周公系大畜五爻曰：五居君位而畜二，二之刚已进而欲止之，是其恶已形而劳于制矣，幸五以柔居尊，操之有其要而御之得其术，使之知廉耻、黜奇邪而自回心革面，如患豕牙之刚，不制其牙而豶去其势，有牙虽存而刚自止之象。如是则用力不劳而刑清民服，何吉如之？

孔子释五象曰：为民上者不知止恶之方而惟淫刑以逞，恶未能制而天下已受其害矣。六五之吉，盖知其本而制之有道，不必徒事禁防而风移俗易、福庆被于生民矣。

按：汉之赵张设钩钜、捕盗贼，岂不能使奸人屏迹？君子以为不如颍川之教化、渤海之劝谕。秦之商君，刑弃灰、制连坐，岂不足戢为恶之志？君子以为不若虞之化谗说、周之感顽民①。赵张之于牛，不牿之以童而惟治其触；商君之于豕，不去其势而欲制其牙故也。

注释　①赵：指西汉赵广汉，累迁京辅都尉，精于吏职，不避权贵，后被腰斩；钩钜：即钩距，指反复盘问，以得实情，赵善于此道。颍川：指西汉黄霸，宣帝时任颍川太守，外宽内明，力行教化而后诛戮。渤海：指西汉龚遂，宣帝时任渤海太守，时值饥荒，开仓济贫，劝民农桑。弃灰：把灰烬弃在路上；殷代对弃灰者断其手，商君（商鞅的封号）则处黥刑。连坐：一人犯法，亲友邻里连带受处罚，见《史记·商君列传》。谗说：指舜化谗说事，见《书·舜典》。顽民：指周公感化顽民事，见《书·毕命》。

易经　上九：何天之衢，亨。《象》曰：何天之衢，道大行也。

解义　此一爻，是言世运当亨通之会，而王道自大行也。天衢，天路也。

周公系大畜上爻曰：上以阳刚处畜极而通之时，是阳气久郁而伸，阴气久凝而散，奸回尽殄，反侧尽平，皇路廓清，绝无阻碍，有"何天之衢"之象。当此之时，不必制恶而自无恶可制，治化翔洽而颂声不应，亨莫加于此矣！

孔子释上象曰：所谓何天之衢者，以时与道合也。天运无处不昌，王化无处不浃，盖政教四达而治于此观成矣。其道之大行也，何如哉？

大畜上三爻所以畜下三爻者也，四之牛牿其角、五之豕豶其牙，虽所畜有难有易，而皆不能不用其力；至上畜极而通，则无藉刑驱势禁而为恶者自相感而化，是刚明之臣遇尚贤之主，可共济天下之险而坐收涉川之功矣，故曰"何天之衢"。讶之也，实喜之也。夫不言其难，不见畜之之力；不言其易，不见畜之之成。所谓荡荡平平，无反无侧，至治之盛，其在是乎！

二十七　颐卦　☶　震下艮上

解义　颐，取养之义。彖辞言，养德养身皆出于正则吉。《彖传》既释养正之义，复极言养道之大，而《象传》又举养德养身之切务以示人也。六爻上止下动，故下三爻为自养，上三爻为养人。震性动，动皆累于欲，不能自求所养而求人以养己，失养之道矣，故下三爻皆凶。艮性静，静则得其正，求于人以养其下，虽不免于颠拂而于养道无失，故上三爻皆吉，此彖辞之所以言利贞也。天地以时养万物，圣人得时则养贤以及万民，利天下而非以自私也，故言颐之时大矣哉！君子之自养也，知弃我良贵悖理求禄之匪正，则知砥节砺行之为正矣；知下媚上援干求非类之匪正，则知不渎不诡之为正矣；知簠簋（音斧鬼，均为古盛食物的器皿）不饰纵欲败度之匪正，则知静俭节制之为正矣。此自养之道，当如是也。若夫以上下下，诚信任贤，人臣之吉也；养贤及民，民被其福，人君之贞也；任大责重，饥溺由己（民饥、溺好比自己饥、溺），有相（宰相）之道也。此又养人之得其正者也。故动不自动而止其所止，则颐之道尽矣。

易经（卦辞）　颐：贞吉。观颐，自求口实（口实：口中食）。

解义　此卦震下艮上，上下两阳，中含四阴，外实内虚，上止下动，有颐之象，故名为颐。卦辞言颐有养义，养出于正，则身心皆获所安而得吉也。颐，口旁也。

文王系颐彖辞曰：颐之为言，养也，为卦震动在内艮止在外，恐内之或动于情伪之感而心之养不得其正，外之或止于嗜欲之安而身之养不得其正。惟得正则身心皆得其养而吉。然出于正即入于不正，危微之几介于毫发，故善养者必静观而内求之。其养德也，果合于圣贤之道而无异端以淆之，则心正而颐正矣；其养身也，果当于义理之节而无饥渴以害之，则身正而口实亦正矣。盖正则得吉，不正则不得吉，颐之所为必出于正也。

按：《程传》谓，观颐为观所养之人，自求口实为自求养身之道。盖下体三爻皆主自养，上体三爻皆主养人；上体则观其养人者得正则吉，下体则观其自养者得正则吉也。与《本义》专主养德养身不同。其实自养为养人之本，未有自养不正而能养人者。真德秀[1]云"己得其养则吾身先成，然后可推而达之天下"是也。《本义》专言其体，《程传》兼明其用，解虽各异，义实相通，总以见《易》道之无不该而已。

注释　①真德秀：南宋蒲城人，官至宰相，学术以朱熹为宗。

易经　《象》曰：颐，贞吉，养正则吉也；观颐，观其所养也；自求口实，观其自养也。天地养万物，圣人养贤以及万民，颐之时大矣哉！

解义　此《象传》，是释颐彖辞而极言养道之大也。所养，养德；自养，养身。

孔子释颐彖辞曰：颐以贞而吉者，盖养必以正，在心常获天

理之安，在身无复物欲之扰则吉也，稍不正则不得吉矣。辞谓观
颐者在观其所养之道，其于性命之正纯然无杂，而浩然之气不为
之挠，则德得正而吉也。辞谓自求口实者，在即其所养之道以观
其自养之术，其于义理之正凝然不扰，而口体之奉不为之动，则
身得正而吉也。养正之道如此。

推之而天地圣人宁外于是哉？夫天地本以养万物者也，苟失
其正，必至气候失宜、疵疬横行而物有不遂其生者矣；圣人本以
养民者也，苟失其正，必至贤奸混杂、举错失当而民有不安其命
者矣。故天地养万物，圣人体天地养物之心养贤以及万民，而皆
出之以正。则颐之时，讵不大矣哉？

从来养万物者天地，而代天地养万物者必属之圣人。然圣人
欲养民，非先养贤，势不能遍，故不直曰养万民而必曰养贤以及
万民也。唐虞之廷（p.129 注），禹（p.178 注）平水土、稷（p.148
注）降播种、契（音谢，《说文》："高辛氏之子，尧司徒，殷之
先。"）敷教（敷教：见"敬敷五教在宽"，p.87 注②）、皋陶明刑
（p.143），九官十二牧（p.183 注）亦止完一养民之事而已。仁者
无不爱也，急亲贤之为务，岂不信哉？

易经　《象》曰：山下有雷，颐。君子以慎言语、节饮食。

解义　此《象传》，是实言君子养德养身之切务，以明养道
之正也。

孔子释颐象曰：此卦震在艮下，是山下有雷，震动发生，物
由此养，颐之象也。君子观象以求养正之道，而知德之不正由言
语以为之阶。慎之而言必当理、语必合义，是言语皆养德之具，
而无妄出以招祸矣；身之不正由饮食以乱其性，节之而饮必德将
（通浆）、食必正味，是饮食皆养身之物，而无妄入以致疾矣。养
正之道，不于颐备之哉？

推之有天下者，命令政教皆由言语之颁，资用货财无非饮食

之事，其养德养身者愈大，则慎之节之者愈难。所以古之君子诵白圭之什、识（去声，记）金人之铭①，旨酒必恶、饮食必菲，兢兢乎谨小慎微，无一端不合夫养之正而后可为天下后世之观法也夫？

注释　①白圭：战国时周人，善经商，提出贸易致富理论。金人之铭（《孔子家语》）："孔子观周，遂入太祖后稷之庙。庙堂右阶之前，有金人焉。三缄其口而铭其背曰：古之慎言人也。"

易经　初九：舍尔灵龟，观我朵颐，凶。《象》曰：观我朵颐，亦不足贵也。

解义　此一爻，是言失静养之正而动于利欲之私也。尔，谓初也；灵龟，不食之物；我，谓四也；朵，乖也；朵颐，欲之貌。

周公系颐初爻曰：初以阳居下，本有刚明之德，养息深静而无外慕者，但居动体，上应六四，不能以刚自守而反上从四之柔，则私欲熏其心、爵禄婴（缠绕）其虑，而本体之灵弃之若罔恤（罔恤：无顾虑）焉，犹舍尔以气自养之灵龟观我而朵其颐之象也。如是则失其静养之道而溺于动养之欲，沉迷不反，何所不至？其凶可知已。

孔子释初象曰：所谓观我朵颐者，以初之刚本为可贵，而累于动体从欲而动，则将沦于污贱而可羞矣，亦何足贵哉？

盖士君子立身，于理欲之介不可不慎。故有以一朝之失足而遂遗千载之恨者矣，此无他，物重而我轻也。孟子曰：人人有贵于己者，弗思耳。诚知在己者有甚贵，而世间之利欲岂足动其心乎？

易经　六二：颠颐，拂经于丘颐，征凶。《象》曰：六二征凶，行失类也。

解义　此一爻，是言失求养之义，故上下皆无应也。颠颐，求养于初也；拂经，违其常道也；丘，土之高者，上之象也；丘颐，求养于上也。

周公系颐二爻曰：阳刚，养人者也；阴柔，养于人者也。二以阴柔不能自养，必求养于阳刚，若下求于初，是在己乏资身之术而俯首豢养于卑贱之流，则颠颐于下而拂以上养下之常道矣；若求养于上，又非正应，是才不足以自养，见上之权力足以养人而奔走趋附以从之，则彼有丘陵之势而我徒遭摧压之凶矣。是一则于理有所不可，一则于势有所不行，故均不能有济也。然则人可不自重哉？

孔子释二象曰：六二不得于初，而往从夫上，亦复得凶者，以二处（上声）非其地、上下皆非应与，但宜止而弗行也，行则皆失其类，得凶宜矣。

按：《程传》谓女不能自处必从男，阴不能独立必从阳。二阴柔不能自养，待养于人，固天地间之定理，然去就之正不正则已得而自主者也。夫上而事君，下而交友，倘以利禄萦心而希图仕进，餔啜（餔：音不，阴平，啜：音辍；餔啜：吃喝）为志而攀附交游，则中君羞以为臣、中士羞与为友矣。

易经　六三：拂颐，贞凶。十年勿用，无攸利。《象》曰：十年勿用，道大悖也。

解义　此一爻，是言小人放情恣欲而大违乎颐道之正也。

周公系颐三爻曰：三阴柔不中正，又居动体之极，人皆求颐于上，三独拂之而随下体之动，是性既昏迷、动复躁妄，其所为颐者，不过沈（通沉）湎于嗜欲、放恣于口体而拂乎养之常道矣。虽饮食亦日用之正，犹不免于凶，必至没身沈溺而声名俱丧十年之久，终不可用，无所往而利也。

孔子释三象曰：所谓十年勿用者，以颐道贵静，动则悖。三处动极，则大悖矣。

任情灭理，终身不悔，莫恤也。夫盖贫贱不滥、富贵不淫，乃得颐养之道。二处贫贱而不知守，约而滥者也；三处高贵而不知节，乐而淫者也。夫吾心不能以义命自主而随境转移，岂得云养正之大人乎？

易经 六四：颠颐，吉。虎视眈眈，其欲逐逐，无咎。《象》曰：颠颐之吉，上施光也。

解义 此一爻，是言六四能求贤以养民，而复示以用贤之道也。颠颐，求养于初也；眈眈，虎下视貌；虎视眈眈，下而专也；其欲逐逐（音敌；逐逐：急于得利貌），求而继也。

周公系颐四爻曰：四以柔居正而下应初之刚正，是居上而能信任乎下者也。然阴柔不足以及物，必藉初之贤以成功，则养人者初也，而任贤以养人者唯四，故为颠颐而吉也。是四之于初，固已能下之、能求之矣，第患下之不专，则贤者生疑而养之道未弘；求之不继，则施为未竟而养之功易竭。必能诚信不二而专、始终无间而继，如虎之视眈眈而欲逐逐焉，则于求贤养民之责无忝矣，而又何咎之有乎？

孔子释四象曰：四之颠颐而得吉，何也？盖上之于下，不必恩自己出然后谓之能养也。今能任初之贤以养民焉，则初之施即四之施，而恩膏所及昭然其光显矣，此其所以为吉也欤！

按：四居大臣之位，有养民之责，然一身不能独理，必分其任于庶司百职而后可共成治功，此其虚心下贤，深合乎以人事君之道也。或谓"上施"之"上"指五而言，盖人臣承流布化无非奉行朝廷之德意，譬诸日月之照临、雷霆之鼓动、雨露之滋润、寒暑之成实，无非为天地养万物而已。谓初之施即四之施，可也；谓四之施即五之施，又何不可哉？

易经 六五：拂经，居贞吉。不可涉大川。《象》曰：居贞之吉，顺以从上也。

解义 此一爻，是言任贤足以图治，而又当凛不自用之戒也。拂经，谓以君而从臣也；上，谓上九。

周公系颐五爻曰：五以柔居尊位，才不足以养人，上有阳刚之德，五赖其贤以养之。夫君以养人，颐之经也，反赖上之养以养之，是拂于经矣。既以己之不足而求养于上，必居守贞固笃于信任，斯惠泽常流而得吉也。若不能审己度力，或以拂颐为嫌，而冒昧以图功、自用以求济，是犹涉大川而无操楫之任，何由而克涉哉？

孔子释五象曰：居贞之吉者，谓五不恃其尊，能柔顺以从上九之贤而毫无勉强，此诚得养贤以及万民之道，故居贞而吉也。

按：君道贵刚，柔所不尚。然柔而能任刚明之贤，则不独资以自养而天下亦赖之。如太甲成王虽不及汤之锡勇、武之执竞而能信任尹虺周召①之贤，则未始不可成治功也；至若汉元优柔不断，知萧望之周堪之忠而不能用，知弘恭石显之恶②而不敢去，进贤如转石，去佞如拔山，是其柔也，必至于莫捄（同救）矣。故曰：君道以进贤、退不肖为大。

注释　①太甲：成汤嫡长孙，太丁之子；即位后不理国政，被伊尹放逐；三年后悔过，被接回复位，后励精图治，"诸侯归殷，百姓以宁"，在位十二年。成王：即周成王，武王之子。见 p.263 注。汤：指成汤；武：指周武王；尹：指伊尹，见 p.88 注。虺：指仲虺，见 p.89 注。周召：指周公、召公，见 p.151 注。

②萧望之：汉宣帝时官至御史大夫，后遭宣帝贬，宣帝病危，遗诏其辅政；元帝时，与周堪同领尚书事，后同被宦官弘恭、石显诽，萧饮鸩自杀，周被免。

易经　上九：由颐，厉吉，利涉大川。《象》曰：由颐厉吉，大有庆也。

解义　此一爻，是言上九以养民为己任而天下胥受其福也。由颐，由之以养也。

周公系颐上爻曰：六五赖上九之养以养人，是上以有相之道而致群黎康义（康义：安治）之休。民生未遂，由以遂之；民性未复，由以复之；有由颐之象。臣而若此，则位高权重，宁可以易心处之乎？故当皇皇惕虑，惟恐上孤君心、下失民望，乃能胜其任而得吉也。然以上九阳刚则有能为之才，在上则有得为之势，乘其势而运其才，虽养民极天下之大事，自可一身弘济之而有余，而不负君上之倚毗矣，夫何涉大川之不利哉？

孔子释上象曰：养民者，以泽被天下为庆，以上之躬膺大任，果能宅心（p.190）兢畏、以成养民之功，则一时受其利、万世蒙其泽，而功之所被者溥矣，非大有庆乎？

按：豫九四曰由豫，由豫在四，犹下于五也，而己有可疑之迹。若颐上九曰由颐，上之所处过中而益嫌于不安，其可不存兢惕之心哉？然艮止之性必无暴戾以招凶、自以仁德而致庆，故虽厉而终得吉。为人臣者，投艰遗大则以身肩任之，及事定功成而威福还诸朝廷、功名归于人主，斯有誉而无咎矣。

二十八　大过卦　☱　巽下兑上

解义　卦以四阳过盛而名大过。处过之时，贵有救过之道；必刚而得中、内巽外悦，则可以抑中强之弊而扶本末之弱，虽过而不过矣。六爻相对而实相反：三、四居全卦之中，皆有栋象，上则隆、下则桡也；二近初阴，五近上阴，皆有枯杨之象，上则华、下则稊也；初过于敬慎而有藉用白茅之安，上过于有为而有过涉灭顶之凶，一承刚、一乘刚也。就四阳而言，二、四以刚居柔，处过而不过者也，故一吉而一利；三、五以刚居刚，处过而太过者也，故一凶而一可丑。司马光云：大过刚已过矣，止可济之以柔，不可济之以刚也。故大过之阳皆以居阴为吉，不以得位为美，其道主于默运转移而不在于輘（音冷，阳平，车声）踔骏厉，盖过柔固不足以有为而过刚亦甚足以偾事。自古立非常之大事、兴不世之大功，皆时势所迫，出于万不得已；起而挽回补救，非小心翼翼者不能。故卦于阳之盛也有危辞，而六爻亦无全吉者，惟初以慎之至乃得无咎，象辞则言救过之道而即叹其大，皆圣人之慎言之也。

易经（卦辞）　大过：栋挠，利有攸往，亨。

解义　此卦巽下兑上，卦体四阳居中用事，阳气过盛，故名大过。卦辞言时当极盛，非材弱者所能胜其任，惟刚而得中，乃可以济过、而有为也。栋，今谓之檩；挠，弱也。

文王系大过象辞曰：卦体四用居中，栋之象也。上下两阴、柔而无力、不胜其重，则委靡之才、不克担当大事，有栋挠之象。必如卦之刚中而巽悦，善用其刚而不过。以是而往，则以大过人之才、行大过人之事，必能通其时之变、而克胜大过之任者矣，故利有攸往而得亨也。

盖人君之保邦、犹大匠之作室，大匠必得梗楠杞梓之材、而后可成巨构，人君必得舟楫盐梅（舟楫、盐梅：均喻济时之宰辅大臣）之佐、而后可建大功。否则用违其量，以杖为楹、以蒿代柱，将见栋折榱（音崔，椽子）崩，覆压是惧，何以享莞簟（莞：音官，蒲草；簟：音垫，竹席；上莞下簟，古代就寝用的器物）之安乎？故曰有非常之人、乃有非常之事，荷重任者，亦勉之而已。

易经　《彖（原书此字为"象"，误）》曰：大过，大者过也。栋挠，本末弱也。刚过而中，巽而说（通悦）行。利有攸往，乃亨。大过之时大矣哉！

解义　此《彖传》，是释大过彖辞，以明大过之时，非有大过人之材不能济也。大者过，谓阳过也；本，谓初；末，谓上；弱，谓阴柔；中，谓二、五。

孔子释大过彖辞曰：卦名大过者，《易》以阳为大，今四阳居中过盛，则世道有盛极将衰之渐，故为大者过也。

辞曰栋挠者何哉？盖大过之时，以一身任天下之重，犹屋之栋然，必赖阳刚之力，足以维持之而后无倾败之患。卦体初、上二阴，本末皆弱，既不能自强其德以固其本，又不能力挽其失以扶其末，此其所以挠也。

又曰利有攸往亨者何哉？盖天下无不可为之事，惟患人无善为之道。卦体四阳虽过而二、五得中，是强毅过人，固足以干事矣，而又出以时措之宜；卦德内巽外悦，是思虑严审固足以通变矣，而又行以和顺之美。卦有大过人之才如此，以是济时之过，则经纶有方可以长保其盛而不至于衰，此其所以亨也。

夫惟有刚中巽悦之才，然后利往而得亨，可见非常之时必有非常之人，方能处之而有济，大过之时岂不大矣哉？

夫大过之时何时也？正天地平陂之会、帝王升降之关。所谓弥纶经纬、古今极大事业，如尧舜之揖让、汤武之征诛，然亦不过顺时而为之，并未于时外创造一事。否则宁传子不传贤矣，宁守节不达节矣。后世君臣喜功好大，但见外之有余而不量中之不足，罄民财而不惜，竭民力而不止，以至倾败而不可救，此秦皇汉武之贻悔无穷也。当斯任者，其可漫然处之哉？

易经 《象》曰：泽灭木，大过。君子以独立不惧，遯（同遁）世无闷。

解义 此《象传》，是言君子观大过之象以自纯其无忧惧之心也。泽灭木，谓木在泽下也。

孔子释大过象曰：泽本可以润木，乃至浸灭乎木，泽水之大过也，故为大过之象。君子体之而有大过人之行焉。彼独立而人不我辅，人多惧心，君子当为则为，虽一国非之而不顾、天下非之而不顾，又何惧焉？不惧则过人矣，遯世而人不我知，人多闷心，君子以道自乐，不以非分之富贵易我不去之贫贱，又何闷焉？无闷则过人矣，此非见之甚真、守之甚定，学术操守卓绝乎人者不能，君子之异于人若此。

　　昔人谓独立不惧，巽木之象，周公以之；遯世无闷，兑悦之象，颜子以之。然周公、颜子非强致而然。周公之处常也，夔夔然存恭敬之心，故遇变也，几几然无祸患之虑，惟其知惧而后能不惧也；颜子之居心也，不以箪瓢改其乐，故处遇也，不以屡空动其中，惟其乐天而后能无闷也。是以君子不治境而治心，不求世而求己。

　　易经　初六：藉（音借，衬垫）用白茅，无咎。《象》曰：藉用白茅，柔在下也。

　　解义　此一爻，是言初能过慎以自全而安柔下之义也。白茅，物之洁者。

　　周公系大过初爻曰：初以阴柔居巽之下，过于畏慎者。凡图事济时，处之至安而常怀不安之虑，居之甚全而恒廑（古勤字，忧也）不全之心，犹物之错于地而必藉以白茅者然。夫茅之为质最柔，白之取义至洁，以柔顺居其德而以精白励其心，慎斯术也，以往，可以常保其安而无过，咎何由及之哉？

　　孔子释初象曰：初之藉用白茅者，以阴柔在下，上承四刚，势不得不过于慎，幸其能柔，则无矫率豪纵之气；在下则有沉潜精人之思，此诚慎而不失于过者也。

　　按：《象》言独立遁世，非过亢也，见君子植节之伟；初言藉用白茅，非过谨也，见君子虑事之周。盖天下莫不败于轻忽、成于兢业，诚能心存畏慎，一举一动必思出于万全，则何险难之不可平而纷错之不可理？可见欲建天下之伟节，未有不极天下之小心者也。

　　易经　九二：枯杨生稊，老夫得其女妻（女妻：年少之妻），无不利。《象》曰：老夫女妻，过以相与也。

解义　此一爻，是言二能用柔济刚，而相与以成大过之功也。稊，根也；老夫，即二；女妻，谓初也。

周公系大过二爻曰：二当阳过之始，其雄心壮气常足以偾事而有余。幸居柔得中，无应于上而下比初六，资初之柔以济其刚，自能固本而不拨、补偏而不废，以图事于有济者也。象之物，则为枯杨生稊而发生之有机；象之人，则为老夫女妻而生育之有赖。枯而复荣，老而资少，过而不过者也，何不利之有？

孔子释二象曰：大过之时，患人之不我与耳。今二之于初，如老夫之悦少女，少女之顺老夫，阴阳相与，何事不谐？岂复患刚之太过而不能成相济之功乎？

按：四阳居中用事，力厚势强而不知阳太盛则阴竭，阴竭则不能以资阳。九二阳过之始而初阴承之，相比亲切，犹可以济其偏而补其弊。为治者诚知此义，勿徒专事恢廓（恢廓：扩展），恃其外之挥霍有余而虚怀下人以求助其所不足，则可以集天下之益而收天下之功矣。

易经　九三：栋挠，凶。《象》曰：栋挠之凶，不可以有辅也。

解义　此一爻，是言三过恃其刚而人莫为之辅也。

周公系大过三爻曰：九三以刚居刚而不得中，刚之过甚者也。以过甚之刚而当大过之任，是刚愎自用而违时拂众，必至倾败而一无所济，故为栋挠之象而凶也。

孔子释三象曰：所谓栋挠之凶者，以三刚强自用视天下皆无可辅之人，人亦不乐进而辅之，盖知其势之必至于覆坏而不可以有辅也。

按：卦辞以二阴不能胜重，故曰栋挠。九三过乎阳而仍栋挠之象，且加以凶者，何也？卦之栋，以阴不足而挠；三之栋，以阳太过而挠。不足者犹可辅，故不言凶；太过者难为助，其凶必矣。甯赢（甯赢：春秋卫国人）论阳处父（阳处父：春秋晋太傅）曰：

刚而主能，怨之所聚。夫刚则难亲矣，而又主能焉，是訑訑（音夷，傲慢自足貌）之声音颜色拒人千里之外，忠良之士日退、谗谄之人日进，未有不凶于家、害于国者也，是可为深戒矣。

易经 九四：栋隆，吉。有它吝。《象》曰：栋隆之吉，不挠乎下也。

解义 此一爻，是言四能胜大过之任而不可昵于私应也。隆，隆起也；下，谓初。

周公系大过四爻曰：九四居近君之地，当大过之任，以阳居阴，刚柔合德而又处兑下，是能和悦君心，柔怀亿兆，何事不可为、何功不可建？如栋之隆起而得吉也。但济大过以刚为主，过刚而济以柔则可。今九四非过刚者，而下与初应，复以柔济之，则反过乎柔，不足以成天下之事，而为有它之吝矣。

孔子释四象曰：四之栋隆吉者，盖太刚则折，斯不足以任重而挠乎下者有之。今四以刚居柔，过而不过，所以能胜重任不至挠败而吉也。

按：九二比初则无不利，九四应初戒之以吝者，盖刚固不能不资柔以相济，而亦不可牵系于柔以害其刚，故于二既明其相济之利，而于四复著其牵系之害也。夫所贵大臣者，以其正色立朝，不可攀援，而后能仔肩（仔肩：担任，负责）天下之重；苟悦小人之柔媚而亲比之，其不为所连累而自损功名者罕矣。可不戒欤？

易经 九五：枯杨生华，老妇得其士夫，无咎、无誉。《象》曰：枯杨生华，何可久也？老妇士夫，亦可丑也。

解义 此一爻，是言五当大过之时，比于阴柔之小人而无足与有为也。老妇，谓上六；士夫，即九五，五在上六之下，少于上六，故曰士夫（士夫：青年男子）。

周公系大过五爻曰：五以阳刚中正而居尊位，宜足以胜大过之任矣。然下无正应，无与共成大过之功，而上比过极之阴，其所近者皆庸懦之臣、柔弱之士，其不能相济以有为可知。象如枯杨生华，上虽华秀，无益于枯也；老妇士夫，非其匹偶，终不能育也。虽一时无挠败之咎，而当大过之时，君亢于上，臣靡于下，以是为济过之道，宁有誉乎？

孔子释五象曰：枯杨不生稊而生华，旋复枯矣，安能久乎？是不能实心任事而国本先摇也；老妇而得士夫，生育无基，宁不可丑？是将见谄谀成风而终于可羞也。

按：君之有贤臣如车之有轮、鸟之有翼，车无轮不可行远，鸟无翼不可高飞，君无贤臣，何以建不拔之基、流无穷之誉乎？大过九五，专为有君无臣而言。然自古为治，未有借才异代者，亦顾用之何如耳？知之极其明，位之极其当，循名责实以考其成，信赏必罚以鼓其气，则人人兴事赴功，贤者以奋、不肖者以勉，苟有一长，莫不乐为朝廷之用，而何至有乏材之叹哉？

易经　上六：过涉灭顶，凶，无咎。《象》曰：过涉之凶，不可咎也。

解义　此一爻，是言天人交困之日，唯当尽力之所能为而不可以成败论也。过涉，勇于涉也；灭顶，水没其顶也。

周公系大过上爻曰：上以阴柔而处过极之地，是当国事艰难之秋，既不敢委于时势之不可为，又不敢量其才力之不能济，真所谓竭忠尽智以死继之者也。象如勇于涉水，至灭顶而不悔焉。此殆以身殉天下之事而有凶矣。然其心存效节，志在成仁，无愧于见危授命之义，又何咎焉？

孔子释上象曰：君子幸而成天下之事，当论其功；不幸而殉天下之事，当谅其心。上六过涉之凶，事虽不济，而其心则已尽矣。后之尚论者，宁可以其不能济而追咎之乎？

盖大过之极，非有大过人之才不克济。上以柔正之德而遇极否之时，任过其力，至鞠躬尽瘁之死而靡悔，于事则凶，于义则无咎也。夫大过本行权之事，而圣人特发守经之义于上六，此义明，而孔光冯道①之徒不得借明哲保身之说以文（文饰，粉饰）其偷生卖国之奸矣。

注释 ①孔光：历西汉成、哀、平三朝，官至丞相、太师，封侯，王莽专权，光谨不及政事，以此不为莽所忌，得以保持禄位。冯道：见 p.169 注②。

二十九 坎卦 ䷜ 坎下坎上

解义 坎，以一阳陷二阴之中，是为坎陷之义。凡阳居阴之中者、为陷；坎，水也；陷者，水之体也。坎为险难之象，所谓时值艰危，虽圣人亦处无可如何之势，其能自必者惟心耳。《象传》所言刚中有功，乃教天下以存心诚信为出险之法也。六爻中，如二爻之小有得，则尽其道而不遇其时者也；四以忠信善道结于君心，臣之能竭诚以勤于下者也；五以阳德居尊而时将出险，君之能刚中而运于上者也。若夫初之深入于险、三之陷于两坎、上之终极于险，是时势既值其穷而才德又不足以济，欲以平大难而救大艰，曷有济乎？盖天下不能无险阻之时，圣人贵有出险之用。惟秉阳刚中正之德、因时措宜，天下有事，则定密策、决众疑，以成拨乱返正之功；天下无事，则画郊圻、固封守，以裕思深虑远之略。必深宫尝厪（p.246）险阻之虞，而后薄海乃有磐石之固。此所以坎卦至险而卦辞必言出险之道欤。

易经（卦辞） 习坎：有孚，维心亨；行有尚。

解义 此卦上下皆坎，一阳陷于二阴中为坎，重之又得坎焉，陷益深而险益重，故名习坎。卦辞言处险之道惟以孚信居之，则心有主而成出险之功也。习，重习也；坎，险陷也。

文王系坎象辞曰：人当重（阳平）险之来，是身已入乎险中而不得免者也，所可得而自主者心耳。卦体阳实在中为有孚心亨之象，则中有孚信，而于坎险之内炯炯不昧者维此一心。是心之实处即是心之通处，祸至而不摇、变来而若适，而心亨矣。夫心既亨通，则险阻之境皆吾顺行之境，而何险之不可出哉？是在险而尚于行而不至终于险中也。

《周易》上经以乾坤始、以坎离终，坎得乾之中爻，故中实而为诚；离得坤之中爻，故中虚而为明。诚则心有定主，而利害得丧不得而入之；明则内无偏执，而是非毁誉不得而汩（音古，扰乱）之。故中实者坎之用，中虚者离之用也。体《易》者因坎离之中而悟诚明之妙用。古圣人之心学实在于此，徒为出险云乎哉？

易经　《彖》曰：习坎，重险也。水流而不盈，行险而不失其信。维心亨，乃以刚中也；行有尚，往有功也。天险，不可升也；地险，山川丘陵也；王公设险以守其国；险之时用大矣哉！

解义　此《彖传》，是释坎彖辞，以明处险之有道而后可以出险也。刚中，谓二、五。

孔子释坎彖辞曰：卦之名为习坎者，以卦体上下皆坎，是为重险。险不重则彼险此平，人情尚可趋避；习坎则远近无可避之地、智愚无自脱之人，而圣贤之作用见焉。

卦辞所谓有孚者，以坎象为水。水体内实而有常，故其流也足此通彼，不至盈溢妄行，此即其信。其信无论行于地中有常而不变，即至行乎险阻而不盈如故，初何失焉？彼人之处险而信义不失者，何以异此？故曰有孚也。

维心亨者，以二、五刚而在中，则刚实无伪、心有主宰，自能通达无碍而亨也。行有尚者，以其刚中之才而往，则至诚感孚、行无不达，自能芟除大难而有功也。

夫处险则思出险之方，而用险还为防险之道。天之险，高不可升是也，有无形之险矣；地之险，山川丘陵是也，有有形之险矣。王公法天险之无形，设为法令制度以防其未然；法地险之有形，设为城郭沟池以制其已然。而以守则固，国是以宁，皆因险之时以成险之用也，顾不大矣哉！

按：信与刚中，是明处险之道；设险守国，是明用险之方。处险有其道，则义命自安，虽居患难之中，无入而不自得；用险有其方，则形便已据，虽有卒然之虞，预备而可无患。然山川城池，特设险之一端耳。若夫尊卑之等、贵贱之分（去声），明等威、异物采，凡所以杜绝陵替、限隔上下者，此诚体险之大用而所谓地利不如人和也。用险者尤宜留意欤。

易经 《象》曰：水洊至，习坎。君子以常德行，习教事。

解义 此《象传》，是言君子法习坎之义而得治己治人之道也。洊（p.106）至，流而不息也；常，久也。

孔子释坎象曰：水流洊至，两坎相习之象。君子体之，取水之有常，以常德行，必思所以茂正三德、崇修六行（茂正：盛大纯正；三德：指正直、刚克、柔克三种品行；六行：指孝、友、睦、姻、任、恤六种善行），而学之不厌则理义熟于身心，而治己之功备矣。取水之洊习，以习教事，必先使之既安其教又服其事，而诲之不倦则政令熟于观听，而治人之道毕矣。皆洊习之意也。

从来险难皆起于人事，故治己治人，为有天下之要务。德行不常，则有初鲜终、私欲横起、遇险而不能自持者，有之矣；教事不常，则始勤终怠、奸宄萌生、当险而不能肆应者，有之矣。然人君必先慎修于上，日就月将，而后海内回心向道，风移俗易，不待势制威禁。自然相观而化，则治己又为治人之本也。

易经 初六：习坎，入于坎窞（音旦，小而深的坑），凶。《象》曰：习坎入坎，失道凶也。

解义 此一爻，是言处重险之下而失济险之道也。窞，坎中之陷处。

周公系坎初爻曰：初本阴柔之质，无济险之才；处重险之下，无济险之势；上无应援，无济险之人；是其志气昏愚、所为拂乱，非徒不能出乎险也，惟益陷于深险耳；为在习坎之中而又入于坎窞之象，如是则坠于重渊，载胥及溺（p.215 注）而已，其凶可知。

孔子释初象曰：惟阳刚乃可以出险，初以阴柔而居习坎之下，是失其阳刚之道而其陷益深矣，所以有入于坎窞之凶也。

盖平陂之形虽在于世，而趋避之方则操乎我。故最凶莫如坎之初，而圣人示之曰失道，可见虽在重险之下，非无出险之道，乃人自失其道而后至于凶。此君子之所为恶居下流也。

易经　九二：坎有险，求小得。《象》曰：求小得，未出中也。

解义　此一爻，是言二身处险中，虽具刚中之才而仅足小有济也。小得，言未大也；中，谓二阴之中。

周公系坎二爻曰：二当坎险之时，陷于上下二阴之中，乃至险之地，有险者也。幸以刚居中，是有孚心亨之人而肩济险之任，宜若可出险而无难。然处势艰难、人情阻拂，当此者仅可小有所得，以为出险之地。若欲遽进以求出乎险，则将至于三之来往皆险而入于坎窞而已。

孔子释二象曰：所谓小有得者，非二之才德不足以济险也，以一阳方为二阴所陷，在险之地，是时尚未能出乎险中而不可大有得也。

大抵气数一定，虽圣人不能与之争，然具刚中之德处险阻而得其道，则气数亦不得而终困之。曰小有得者，非贪苟安而已；遵时养晦、见可而进，其亦有不得不然者乎？

易经　六三：来之坎坎，险且枕，入于坎窞，勿用。《象》曰：来之坎坎，终无功也。

解义　此一爻，是言三上下皆险而无济险之才也。来，谓就下；之，谓往上；枕，倚著，未安之意。

周公系坎三爻曰：三以阴柔不中正而履重险之间，是以委靡之质而当大难之冲。其进与退皆无足据者也。来亦遇坎，之亦遇坎。来下，则入乎险之中；之上，则如枕重险焉。所处如此，则前后皆险，举足蹈危，必入于坎中之窞而不能出也。祸患已深，虽来与之，安所用哉？

孔子释三象曰：所谓来之坎坎者，三之心岂肯终于坎哉？特以其阴柔不中正，虽处平易尚难克济，况履险乎？徒见其憧憧往来而终无出险之功也。

按：险为陷入者也，而三之阴自陷险中，至于跼天蹐地、进退维谷。嗟乎，阳之陷也，犹可小得既平；阴之陷也，一败涂地而已矣。彼陷人者徒自陷耳，可不惧哉？

易经　六四：樽酒簋贰，用缶，纳约自牖，终无咎。《象》曰：樽酒簋贰，刚柔际也。

解义　此一爻，是言四居济险之任，惟忠顺以事上也。樽，以盛酒；簋（音鬼，见 p.236），以盛食；贰，益之也；缶，即酌器也，为樽之副；牖，室之受明处；《象》曰"樽酒簋贰"之"贰"，疑衍；刚柔，指四与五；际，即交际之际。

周公系坎四爻曰：四以阴居柔，下无应援，非能济天下之险者，但以其身居大臣之地而当险难之日，则上之倚毗于己者倍切于常时，故必去虚文、捐（舍去）形迹，惟益励其忠实之心，以为事君之本。而其进结于君也，又必因君之所明以祛其所蔽，庶不至任质而疑于戆也。为"樽酒簋贰、用缶、纳约自牖"之象。如是，则君必信吾心而用吾言以济其险也，夫岂有悾悾（音空，诚恳）为忠益而反以为咎乎？终必无之矣。

孔子释四象曰：所谓"樽酒簋"者，盖以险难之时，非诚实不足以固其君臣之交。故五以刚而下交乎臣，四以柔而上交乎君，则精神相通、形迹俱捐，刚柔自是相际而成济险之功矣。

按：君臣相遇，自古为难，而四与五不事多仪即可交合者。盖时当无事势分（去声）之相隔，故君臣之合常见其难；运值多艰缓急之相须，故君臣之合偏觉其易。四与五在险难之中，刚柔相济，臣固切于上交，君亦勤于下接，宜其作合之易也。方之在昔，肃宗之于李泌（p.140 注）、德宗之于陆贽（p.227 注），庶几似之。然贽从其君于多难之日，计无不从；及祸患寖（同浸）平，一抗直言而遽罹斥逐，岂其有乖纳牖（纳牖：指导人于善）之道乎？信乎！君臣之合似易而实难也。人主诚深念乎此，则其臣自不至信而被谤、忠而见疑矣。

易经 九五：坎不盈，祗既平，无咎。《象》曰：坎不盈，中未大也。

解义 此一爻，是言五才足济险而又有出险之机也。祗，抵也；中，谓刚中。

周公系坎五爻曰：五在坎之中，未离乎险者也。然以刚中之才而居尊位，其才其势俱足以济险，而又时将出险，则有可济之会。是以有孚心亨之君而肩济险之责，必渐至于险者使易、危者使平，犹坎陷之中虽未至盈而出，然已至于平而将盈矣。夫险，患其不平耳；既平，则险必可济，又何咎之有哉？

孔子释五象曰：天下之险一日未去，则人君之德一日未大。五之坎尚不盈，时为之也；其未大者，乃时之掩乎中而非中之不足济乎时也。

按：二、五皆有刚中之德可以出险。而二曰坎有险、五曰坎既平者，盖险有能济之道又有将济之时。二在下坎之中，德虽具而位未隆，是以犹为重险所困也；五在上坎之中，德位俱隆而时亦将出重险之外矣。要之，时不可必而道当自尽，此所以必有孚心亨而后行有尚也。可不勉欤？

易经　上六：系用徽缪，寘（音志；放置）于丛棘，三岁不得，凶。《象》曰：上六失道，凶三岁也。

解义　此一爻，是言上居险之极而终于莫济也。系，缚也；徽，三股索也；缪（音墨），两股索也；寘，拘也；丛棘，重险难脱之地，或谓即后世所云棘寺也。

周公系坎上爻曰：上以阴柔而居险极，是其才不足以济险而又当存亡危急之秋，身在险中为险所陷而终无出险之日者也，为系用徽缪、寘于丛棘之象。夫系之寘之，所处之困迫何如？而至于三岁之久犹不得免，则陷溺之深而凶可知也。

孔子释上象曰：上六所谓凶三岁者，何哉？盖出险以阳刚为道，今以阴居柔，才弱莫济，全失其处险之道矣，宜其久而终至于凶也。

按：初、上二爻，包坎体四爻之外，是六爻中陷坎之最甚者。然圣人视此，不以为天运之适然，而必责以人事之当然，故始终以失道儆之，若险未尝陷人而人自陷夫险者。其勉人以自强之心，可谓切矣。

三十　离卦　☲　离下离上

解义　离，丽（附着）也，以其一阴附丽于二阳也；又明也，以其中虚则明也。离为火，以火体本虚，丽于物而始明也。《象传》释卦辞惟在正以出之而顺以成之，故成炳照万物之功。六爻之中，惟九三盛极将衰，有不能知止之戒；六二则言臣道之能将顺也；上九则言君威之能丕振也；初爻持之以敬则无咎；四爻迫之以刚则终凶，所为敬胜者吉而太刚者折也；至于五爻，能以忧危之心收大权而保天禄，此尧舜所以勤吁咈（p.374）而汤武（p.103 注②）所以勖（p.171）铭诰敕。

按：文王序上经，始之以乾坤而终之以坎离者，以坎得乾之中画，离得坤之中画。故坎离者，天地之心也。坎藏天之阳，著明为月；离丽地之阴，含明为日。坎水主北方而司寒，离火主南方而司暑；月则司夜，日则司昼。自太极既判，两仪化育以后，凡水火日月之用、寒暑昼夜之运，莫非二卦之所包蕴。帝王体之以治天下，则裁成辅相之道以立；圣贤体之以治一身，则动静通复之理以明。洵乎！《易》道之微，为能范围天地而不过矣。

易经（卦辞） 离：利贞，亨。畜牝牛，吉。

解义 此卦上下皆离，阴丽于阳，附丽之义，故名为离。卦辞言附丽乎人之道，既贵于正而又必出之以顺也。牛，顺物；牝牛，顺之至者也。

文王系离象辞曰：凡人莫不有所附丽，未附丽之先，交不可妄投；既附丽之后，情不可乖隔。故遇合之始，必出之以至正而利于贞焉，则道德可以相赞，功业可以相资，何亨如之？然正者易于相忤，又必谦卑以自牧、柔逊以相先而处其至顺，如畜牝牛然。庶几在己无违、在人无拂而得吉矣。此可见贞而能顺，则贞不失之激；顺而能贞，则顺不流于诌；此附丽之善道也。

按：离之为卦，一阴丽乎二阳。阳者君道，阴者臣道，故多主臣丽君而言。然臣可以上丽乎君，君亦可下丽乎臣。为君者，黜邪佞、登忠良，慎之于始矣；而既得贤臣，则卑躬以隆其体、虚怀以尽其情，又极延揽之诚焉，此君之善乎丽臣也。为臣者进以礼、退以义，谨之于初矣；而既事圣主，则将顺以昭其美、委曲以殚其忧，又极纳牖（p.255）之道焉，此臣之善乎丽君也。三代以下，人主巍巍于上，百僚唯唯于下，君侧多狎昵之人盈廷，工（善于）谀媚之习，知此者鲜矣。欲求合夫丽之义，必交尽其正且顺而可哉。

易经 《象》曰：离，丽也；日月丽乎天，百谷草木丽乎土，重（阳平）明以丽乎正，乃化成天下。柔丽乎中正，故亨，是以畜牝牛吉也。

解义　此《彖传》，是释离彖辞，以明天地君臣各得其所丽之道也。重明，主人君言，明而又明，明之不息也；正者，明得其正，不为苛察；柔丽乎中正，指六二言。

孔子释离彖辞曰：卦名离者，附丽之义也。推之人物，莫不各有所丽。故日月丽乎天，是物之成象者有以丽而明也；百谷草木丽乎土，是物之成形者有以丽而生也。大君者，位天地之中而为天下之主，岂无所丽乎？将见人君智周万物而行所无事，推见至隐而不尚苛察，是重明以丽乎正也。由是一明无不明，一正无不正。百度惟贞，庶绩（庶绩：各种事业）咸熙（咸熙：皆兴盛），乃化成于天下矣，是君之出治有以丽而成也。三才之各有所丽如此，此离之名所由取也。

辞曰"利贞亨、畜牝牛吉"者，盖人君以重明之德作之于上，人臣当以中顺之德附之于下。卦之六二柔丽乎中正，则是人臣丽重明之君也，不骄不亢，有恭敬之美而又裁之以中、行之以正，不流卑谄之私。惟中正也，则有贞之义矣，故亨。惟柔也，则有畜牝牛之义矣，故吉。盖惟君之重明，而后可以配天地；惟臣之柔正，而后能佐人君。此上下之相与有成也欤。

按：《程传》以重明丽正、柔丽中正，皆兼君臣言。窃谓重明，即大人之继明，岂有臣之明而敢与君之明亢者？且二、五虽皆柔中，而五所居未正；二正而且中，则柔丽中正，似专指黄离之臣为得也。盖人君一日万几，非重明不足以辨忠佞，非居正不足以式臣民，故专属之君。人臣仰事一人，非柔则失之专而必至分君之明，非中正则失之谄而不足以承君之明，故专属之臣。如是则明良会合，心志一而功业成矣。

易经　《象》曰：明两作，离；大人以继明照于四方。

解义　此《象传》，是言大人自纯其明德之功而光被乎世也。

作,起也;继明,以明相续也。

孔子释离象曰:上下皆离,明而重两,相继而起,重离之象也。大人法离明相继之义,以缉熙(P.46)厥德则本体有纯一之休,以覆敷厥世(覆敷厥世:遍施其世)则四方无暗汶之气。在大人止自继其明耳,而文明之化所以照于四方者,已具足于大人明量中矣。离明之学,非大人孰能与于斯?

按:《易》卦大象,或称君子、或称先王、或称后,惟离称大人,盖明明德者,大人之学也。继明,即明明德之义,此千古圣学相传之大原也。然离之所以继明者,由乾再索于坤而得其中画。六二敬以直内、义以方外,则体用无不明矣;六五黄中通理、正位居体,则表里无不明矣。明兼体用、彻表里,则己之德明而即可明明德于天下。光辉所发,无远不届,其照四方也宜哉。

易经　初九:履错然,敬之,无咎。《象》曰:履错之敬,以辟咎也。

解义　此一爻,是言人之不可易于处事而当敬以持之也。履,在下之象;错然,纷错之貌。

周公系离初爻曰:初以刚在下而处离体,刚德好动则果于任事,离性炎上则喜于丽人,是其急于所履而不顾事机之纷错者也,故有履错然之象。夫初在下而迹已动,动则失在下之宜而有咎也。然其刚明之才,若知其义而敬慎之,则心有主而动不妄,履错之咎,何自而至矣?

孔子释初象曰:履错然欲动而必以敬者,盖以初居离始,所履之善恶邪正纷错交进,莫知适从,敬则可以慎其所履而避咎耳。苟其敬之,虽履错然,庸何咎乎?

盖天下是非得失本属一定之理,然有平时见之甚明而临事忽迷谬者,此非不明之咎,盖明而不敬之咎也。圣人于未明者教之以明,于已明者教之以敬。假使致知明善以后,不加以谨几慎独

（谨几慎独：在事发有征兆和独处时均谨慎）之功，则高明者之失足与卑暗者之妄行何异乎？敬之一言通于六位，而特举初以概之，所谓必敬其初而后能敬其终也。

易经　六二：黄离，元吉。《象》曰：黄离元吉，得中道也。

解义　此一爻，是言人臣能以中正之道而上丽乎其君也。黄，中色，文之美也；黄离，美之盛也。

周公系离二爻曰：二以文明中正之德而上丽于文明中顺之君，是人臣之丽君也，将顺而济以匡救、浑厚而出以精明，所称臣道之最中者矣，故为黄离之象。当是时，只见其居中而运，绝无功烈之可见，而继明之主德自昭、化成之美俗自洽，君都臣俞（君都臣俞：君发感叹，臣附和，另见 p.374）而四海从欲向风（p.95），大善而吉之道也。

孔子释二象曰：所谓"黄离元吉"者，盖黄，中色也；二居中而丽五，是其所以事君者，皆得中道而无过不及之差者也。惟其为道也，能合乎中道，故其为离也，有取于黄离而元吉之效，诚非幸致矣！

按：六二之离，则其明也；黄，则其文也。文明由中道而发，则其明非一偏之见、其文皆至德之光，所谓美在其中、而畅四肢、发事业者也。重明之主，将以明照四方、化成天下，必有文明中正之臣为之宣布于下。非如六二者，畴（谁）克胜其任乎？

易经　九三：日昃之离，不鼓缶而歌，则大耋之嗟，凶。《象》曰：日昃之离，何可久也？

解义　此一爻，是言人当安常以贞遇，而戒徒忧者之无益也。缶，常用之器。

周公系离三爻曰：以理言之，盛必有衰；以数言之，生必有死；此人之大常也。三居下体之终，是前明将尽、盛极将衰之候，故为日昃之离。当此时也，智力既无足恃、时会亦难强争，倘不安气数之常以自适，而戚戚于危亡之忧以为旦夕莫保之计，如不鼓缶而歌则徒大耋（音迭，七八十岁的年纪）之嗟然，竟何益哉？祗速之毙耳，凶之道也。

孔子释三象曰：离未至昃，犹或可久；既昃矣，则盛极将衰，何可久也？明者知其然，安常处顺，又岂足以为凶乎？

按：《传》曰：有德则乐，乐则能久。孔子发愤忘食，乐以忘忧，不知老之将至；卫武公年九十五，犹使人日箴戒于侧，作诗自励云"借日未知，亦聿既耄"①。圣贤以及时闻道为乐，以永不闻道为忧，岂有教人以时数将尽以乐消日之理乎？此爻之旨，亦言人之道德功业返诸己者无憾，然后可居易以听其自然，所谓修身以俟之耳，非一无所用心而徒委诸气数之谓也。

注释　①卫武公：春秋时卫国国君；箴戒：规劝儆戒；借：凭借；聿：自；既：已经；耄：音貌，八九十岁年纪。

易经　九四：突如其来如，焚如，死如，弃如。《象》曰：突如其来如，无所容也。

解义　此一爻，是言四以刚侵上而不容于世也。突如其来。言猝至也；无所容，言焚死弃也。

周公系离四爻曰：九四当后明将继，正天命重回之会、人心始向之秋，宜以顺而动，徐以定之可耳。而乃以刚迫之，狭陋（狭陋：浅薄）前人之规，尽行一己之志，更张太骤，突如其来如者也。则激而生变，而厉阶（厉阶：祸端）之作，灾必逮夫身矣，是固以刚自败者。其诸以火自焚者乎？焚则死，死则弃矣。

孔子释四象曰："突如其来如"者，四之过刚太锐，犯顺已极。宜其不戮而自焚，受祸既酷而公论不予，天下之所不容也。

按：刚所以持正也，刚而犯上，不正莫大焉。居大臣之位而不避僭逼之嫌，其能逭（音换，逃避）不敬之诛乎？汉景帝谓周亚夫意怏怏，非少主臣；史称霍光之祸萌于骖乘①。此二臣者，才德出众、功冠一时，然皆不免突如之戒，以至殒身灭宗。故知牝牛之义，为人臣者尤当三复也。

注释　①周亚夫：周勃之子，汉景帝时任太尉，平七国叛乱，迁丞相；以谏废粟太子，触怒景帝，谢病免归，后被诬谋反，呕血而死。霍光：霍去病异母弟，以遗诏辅八岁汉昭帝，秉政二十年，卒谥宣成；后宣帝以谋反致霍氏夷族；骖乘：陪乘。

易经　六五：出涕沱若，戚嗟若，吉。《象》曰：六五之吉，离王公也。

解义　此一爻，是言五明于保位之义而出之以忧惧之心也。离，即丽也。

周公系离五爻曰：五以柔居尊而丽乎中，有文明之德，可谓继明之善者矣。然处不得其正而迫于上下之两阳，是主权将至下移而国柄虑其倒持者也。幸明德在中，故能反躬自治而忧深虑远，既出涕沱若而忧形于色，又戚嗟若而忧闻于声。谨畏如是，庶君德克昭、奸萌潜杜，收主权而固天位，吉莫逾焉。

孔子释五象曰：六五以君而下迫于臣，位亦殆矣，而言吉者，以其存忧畏之心，则所行自无乖戾之失，有以丽于王公之位而永保天禄也。

按：多难可以兴邦，殷忧可以启圣。古之明主惕心危虑、兢兢若不自保，而卒能抑奸暴之志、收天下之权，皆自此一念致之也。不然，六五为离明之主，何由至于出涕、戚嗟乎？继明而戚与方蹶（方蹶：刚失败）而泄，其得失正可参观矣。

易经　上九：王用出征，有嘉折首，获匪其丑，无咎。《象》曰：王用出征，以正邦也。

解义　此一爻，是言刚与明交济，故能行师而奠邦也。折首，诛其首恶也；丑，类也。

周公系离上爻曰：上九以阳居上，在离之极，刚明之至者也。

惟刚明则可以及远，故王者用此道以出征，则能戡乱止暴以享有嘉美之功。然刚极则无所纵舍，明极则无所掩匿，苟不约之以中，则刚而失于过严、明而病于过察矣。故其出征也，但折取其首恶之人而威自震；获匪其从乱之类而刑不滥；既不至养奸以怙乱，又不至纵暴而寡恩。大憝（p.199 注）斯拔，群心倾服而共臻化成之治，又何咎焉？

孔子释上象曰：王用出征，匪以黩武也，诚念邦之不正由寇贼乱之耳。一出征而除暴止刑，乃所以绥正其邦国也。

按：继体之君，尤重征伐之事。有扈之师，启所以承禹也；商奄淮徐之征，成王所以继武也；周公作立政，终之曰其克诘戎兵，以陟禹之迹；召公告康王，亦曰张皇六师，无坏我高祖寡命①。盖不如是，不足以奋扬威武而救陵迟之渐，此正邦之王必以出征为急也。后世上下苟安，口不言兵，甚至武备废弛，外宁而遂忘内忧者，亦独何哉！

注释　①有扈：古国名，在今陕西户县北，被启灭亡；启：即夏启，夏禹之子；成王：即周成王，周武王之子，武王死时，成王年幼，由周公摄政，曾东伐商、奄、淮、徐四国；武：即周武王，周文王之子，打败纣王，灭商，建立西周王朝，建都于镐，今西安西南；康王：即周康王，成王之子，史称成康之际，刑措不用者四十余年，为周朝盛世；高祖：即周文王，见 p.29 注①；周公、召公：见 p.151 注。克诘：能治；陟：升、登；迹：业绩；"其克诘尔戎兵，以陟禹之迹。"（《书·立政》）张皇：张大，振兴；寡：大；"张皇六师，无坏我高祖寡命。"（《书·康王之诰》）

吾心惟

而馀儆覆衢循诚立以辞修效勉心

舜之英

君心

兹各总订二篇之裒呈

乙夜之观教列加详裒成帙伏愿

皇上

悦心怡畅台

成性存存易知以简能

王道

圣修德崇而业广履泰帝思谦昊以致中

日讲易经解义卷三

平解困涣屯未蹇升拊而径大有则广矣

大关推行及乎德万年而敷之无之利用

庶乎千百国臣等不胜区区之愿谨具

题恭
进以
闻

经筵日讲官起居注侍读学士臣等

三十一　咸卦 ䷞ 艮下兑上

解义 咸,取义于感;感之深者,莫如夫妇。故上经首乾、坤者,天地感而后有万物;下经首咸、恒者,夫妇感而后有人伦也。咸卦二少相交,夫妇之始;恒卦二长(上声)相承,夫妇之终;所谓家齐而后国治、天下平也。咸以感为主,而其道则仍取乎以正相悦。《彖传》极言感通之理,推而至于天地圣人,无不条贯;而所以得亨者则全在虚中无我,一本于人心天理之所固然。盖以我感人而不存一感之念,以人应我而不见一应之迹,斯感之正也。六爻皆取象于人身:如初之咸拇,二之咸腓,三之咸股,六之咸辅颊,皆躁于感者,戒人之逐物而驰也;五之咸脢(音梅,义见九五爻辞),则又无意于感者,戒人之绝物而处也;若四当心之位,为感之主,似乎可以感矣,然必守正则得其理,徇私则失其道,益可见感之不可有意以求矣。盖天下之理本有自然之感应,惟至诚乃可以服物;《系辞》所云寂然不动、感而遂通天下之故也。苟我无感人之诚而即求人之应我,必致有违道干誉、谀闻(p.193)动众之弊。是以为治之要在于以实心行实政,而不徒尚仁言仁闻(音问;名声)之名;为学之要在于以实学励实行,而不可蹈虚誉过情之失也。

易经(卦辞) 咸:亨,利贞;取(同娶)女吉。

解义 此卦艮下兑上,卦体,兑柔在上,艮刚在下,交相感应;卦德,艮止则感之专,兑悦则应之至;卦象,艮以少男下兑少女,皆有交感之义,故名为咸。卦辞,言相感者不外一正,则感无不通也。

文王系咸彖辞曰:君子通天下之志必有所感,则精神往来、彼此交通毫无间隔，故感则必亨。然所谓感者，又必自然而然，一出夫天命人心之正，勿杂乎私爱、勿役乎情欲，而利于贞焉。如娶女者，备六礼、先媒妁，无一端之非正，则非感以情而实感以理，故吉也。

夫上经首乾、坤，下经首咸、恒，盖以男女之交配天地之大义，为人伦之首、万化之原也。凡人处世，自一室至于天下，何所不感？何所不应？要其情之正不正，必自其最切近者观之。男女之际，得正则人心之所同悦，不正则人心之所同耻。此生民秉彝之性即天地万物之情也。尧之试舜，不先于五典（p.3 注⑤）百揆（百揆：各种政务）、宾门大麓，而必观厥刑于（刑于：指以礼法对待）二女，以为家难而天下易。观其难者处之得吉，则其易者可知也。孟子曰：身不行道，不行于妻子。孔子曰：人而不为《周南》《召南》（《诗经》篇名），其犹正墙面而立也与？知此，可以得娶女吉之旨矣。

易经　《彖》曰：咸，感也。柔上而刚下，二气感应以相与；止而说（同悦），男下女，是以亨、利贞、取女吉也。天地感而万物化生，圣人感人心而天下和平；观其所感，而天地万物之情可见矣。

解义　此《彖传》，是释咸彖辞而极言之，以见造化人事皆不外于相感以正也。柔，指兑；刚，指艮；天地感，谓气相通；化，气化也；生，形生也。

孔子释咸彖辞曰：卦名咸者，盖天地之间，无独必有对、有对斯有感、有感斯有应。咸也者，取其交相感之义也。

卦辞曰"亨、利贞、取女吉"者，卦体兑柔在上、艮刚在下，是刚之气下感乎柔，而柔以气而应乎刚，二气感应以相与，此非造化感通之得其正乎？卦德艮止兑悦，是我之感者专一而不他，彼之应者乐从而无强，此非人己感通之得其正乎？卦象艮以少男下于兑之少女，是男先于女，既不越分，而以少配少又不过时，此非男女感通之得其正乎？三者皆感无不通，亦无不正，所以亨而利贞，如娶女则吉也。

试以感之理极言之，虽天地圣人亦有然者。夫天地者，群物之祖也，天地以气感万物，阳嘘阴吸，默运其鼓舞之机，而物之同受是气者，或以气化、或以形生，举囿于乾始坤成之中矣。圣人者，万民之寄也，圣人以心感万民，神道设教，触发其固有之良；而民之同有是心者，无有乖戾，无有反侧，荡荡乎有和平之气象矣。夫天地感，感以正也；而万物化生，非感而通乎？圣人感人心者，亦感以正也；而天下和平，非感而通乎？不特此也，观此感通于造化，则一施一受可以见天地之情；观此感通于万物，则相应相求可以见万物之情。宇宙间无一非阴阳之迹，无一非感通之理，真情所达，殆昭昭然为天下之所共见矣。

然则感之道不其大哉！此见天地之感，溥万物而无心；圣人之感，顺万物而无为。万物化生，和平即在天地；人心和平，化生即在圣人。人主诚能存理遏欲、养其太虚无我之衷，则喜怒哀乐，自然发皆中节；礼乐政刑，自然施无不当。位天地、育万物，一心感之而有余矣。

易经　《象》曰：山上有泽，咸。君子以虚受人。

解义　此《象传》，是言君子之善受（善受：善于受，受善之益。不受不善之害），能无我以通天下之感也。

孔子释咸象曰：山上有泽，山之虚受泽之润，有咸之象焉。人心不虚，乌乎受哉？故君子湛其心（湛心：沉浸醉心）于澹定之初，廓其性于大公之天，随其所感，惟本吾心之虚以受之，亦如山之以虚而受泽也，其感通之妙岂有二乎？

夫《彖》言感而《象》言受，此见感应之理惟在我心之能虚。然所谓虚者，循乎天理而中绝意必固我之私，如无适无莫而义之与比，不必信果而惟义所在。《象》之虚，即《象》之贞也。若舍贞而言虚，则是不以理为权衡而此心漫无所主，必至薰莸（薰莸：香草和臭草，喻好坏）杂陈、是非莫辨，未获受善之益而先受不善之害矣。夫岂所以总一庶类、裁制万事之道乎？

易经　初六：咸其拇。《象》曰：咸其拇，志在外也。

解义　此一爻，是言事未来而有心思感，以著其将迎之私也。拇，足大趾；咸其拇，谓感于最下之象。

周公系咸初爻曰：初六处咸之初，感于最下，事物未接而意见先萌，盖不能以虚受人而有意于感者也，为咸其拇之象。虽所感尚浅，未著于形迹，然躁动之念所不免矣。

孔子释初象曰：初六所谓"咸其拇"者，何哉？盖志者，感之主也；感者，心之累也。初之志主于感，是心驰于外而不专主于内，所以谓之咸拇也。

盖君子之心廓然大公，物来顺应，苟事未至而预动一将迎之念，则在我先为物役，安能临事而不失其主宰，免于悔吝之乘乎？初之咸拇，感虽未深，而志在外卦之九四。见利者必忘义，徇（p.113）人者必失己，圣人虽不著其占，而咎固在言外矣。

易经　六二：咸其腓，凶。居吉。《象》曰：虽凶居吉，顺不害也。

解义　此一爻，是言二遇感而妄动，勉之以主静则吉也。腓，足肚也，欲行则先自动，躁妄而不能固守者也。

周公系咸二爻曰：六二阴性躁动，是方感之时不能物来顺应而心即驰于物，如咸其腓之象。如是，则虚明之体既汩而处事将不胜其错乱矣，何凶如之？然幸有中正之德、本体未泯，若能反躁而居以静，则时行而行、时止而止、心无私系，而天下之事物不亦应之而有余乎？

孔子释二象曰：六二之凶而居则吉者，盖天下感应之理本有自然之妙，我惟反躁为静，顺其理之自然而无所容心，则静固静、动亦静矣。不为事感所害，吉孰大焉？

按：止乎理而不迁曰居，从乎理而不拂曰顺。居非不动，不妄动也；心存乎理，虽酬酢万变而其居自若也。顺非从外，不苟从也，心主乎理，虽独立不顾而其顺自若也。夫然，乃不失乎贞、不害乎感，而作止语默莫非天理之流行矣。

易经 九三：咸其股，执其随，往吝。《象》曰：咸其股，亦不处也。志在随人，所执下也。

解义 此一爻，是言当感而不能自主者，失感之贞也。股，髀也，每随足而动；处，谓静守之意；下，谓卑陋之意。

周公系咸三爻曰：初、二阴躁，皆欲动者也。三以阳刚之德，固宜其定性之学有独至者矣，乃不能自守而亦随之以动，心无定主、专于随人，为咸其股、执其随之象。如是而往，则中无所主而以身为天下役。本原之地，所丧多矣，吝孰甚焉？

孔子释三象曰：初之咸拇，二之咸腓，其以阴躁而皆不处也；固宜所望者，惟三之刚耳。今乃咸其股与之俱动，亦不能静守而处也，是可惜。夫君子立志，其所执当超然自命，不与众动俱逐，而今乃志在随人，品之最卑者也。所执不亦下乎？此又可鄙之甚矣。

按：随之义，有以阴随阳者，随之六三，上从九四，而随有求得者是也；有以阳随阴者，咸之九三，下从六二，而执其随者是也。以阴随阳，则获上而得其志，理之正也；以阳随阴，是舍高而就卑、弃贵而从贱，志降身辱，其愆于理不已甚乎？然则君子处世，可以知所自审矣。

易经 九四：贞吉，悔亡。憧憧往来，朋从尔思。《象》曰：贞吉、悔亡，未感害也。憧憧往来，未光大也。

解义 此一爻，是言君子所以感人，贵以公而不以私也。憧憧（音充，往来不绝貌），求感之意。

　　周公系咸四爻曰：四之在咸，当心之位，感之主也。心之感物贵于得正，而以九居四，嫌于不正，宜有悔矣。苟能虚中无我、大公顺应，非无感也，感而不役于感；非无应也，应而不系于应。是之谓贞也。由是事得其理、物得其序，何吉之不可得而悔之不可亡乎？如不以理处物而常以物役心，其感也庸（用）心于感也，其应也庸心于应也，是之谓憧憧往来也。则心有所系累而情有所偏主，即凡朋类之从者，仅为思虑之所及；而举天下万事万变，其遗于思虑之外者多矣，安能以及远哉？

　　孔子释四象曰：天下惟不正而感，感斯有害。若贞则感于无心，意必固我，毫不为累，未有私感之害也。至于憧憧往来，不正孰甚焉？私意梗于中则心既为所蔽而暗昧，又为所隘而狭小，岂得云光明广大乎？

　　按：咸六爻，皆以人身取象。拇也，腓也，股也，脢也，辅、颊、舌也，各得其一体；惟九四当心位，心统百体，至虚至公，无所不感，无所不通。苟失其虚且公者而憧憧狃于朋从，则心虽有统百体之名，其实亦块然一物耳，安在其能光大哉？先儒谓心犹镜然，居其所而物以形来，则所鉴自广；若执镜随物以度其形，为照几何？所以古今推大智者必以先觉为贤，而小聪小察或反至招欺而受蔽，殆以此夫。

　　易经　九五：咸其脢，无悔。《象》曰：咸其脢，志末也。

　　解义　此一爻，是言有心于绝感而反失之者也。脢，背肉，与心相背者；志末，谓不能感物。

　　周公系咸五爻曰：人身五官四肢皆听于心，独脢与心相背而不能感，今九五适当其处，是乃有心绝物而一无所感者，为咸其脢之象。如此，则虽不能感物、无九四之贞吉，而未有私感，亦无咸腓之凶，执随之吝，仅免于悔而已。

　　孔子释五象曰：心之本体以天地万物为量，五乃一心绝物而以无悔为足，则置心于寂灭之地，失其能感之本体，其志抑末耳，何不进之于贞乎？

按：诸爻动而无静，惟九五静而无动，皆非心之正也。心体灵明，不可胶之使有，亦不可绝之使无。若专于绝物而以无悔自足，则必流于释老（释老：指佛、道）之教、清静寂灭而后已，将经纶参赞之功皆可不设，而圣君贤相无所庸心于其间矣。其为世道之害，可胜言乎？《象》曰：志末，正欲人反而求之本也。然则其本安在？曰贞而已。

易经　上六：咸其辅、颊、舌。《象》曰：咸其辅、颊、舌，滕口说也。

解义　此一爻，是言感人以言而无其实，所以为不诚者戒也。辅、颊、舌，皆所以言者；滕，与腾同，张口骋辞之貌。

周公系咸上爻曰：上六处兑之上，既工于媚悦而居感之极，又专于私感不能积诚动物，但以便佞（便：阳平，善辩；便佞：花言巧语，阿谀逢迎）口给取悦于人，为咸其辅、颊、舌之象。夫有心于感，非矣，况以言乎？感人以言，非矣，况无实乎？凶咎不言可知矣。

孔子释上象曰：人之相感贵于心志之诚，而不贵于言语之浅。今咸其辅、颊、舌，是至诚不足徒腾扬口说以悦人，实德衰矣，如之何能感人乎？

按：言行君子之枢机，辞说岂可偏废？但言不由中而务为巧佞以求悦世俗，则其辞愈工、其诚愈漓（薄）耳。然截截谝言①之徒，虽不能以感人而常足以惑人，往往颠倒是非、变置黑白，君臣、父子、夫妇、朋友之间，一受其欺，害有不可胜言者。此圣人之深恶夫利口也欤！

注释　①截截：巧辩貌；谝言：巧言；"惟截截善谝言"，语出《书·秦誓》。

三十二　恒卦 ䷟ 巽下震上

解义　恒与咸相次，咸卦上少女而下少男，以男下女，为夫妇相感之始；恒卦上长男而下长女，男尊女卑，乃夫妇居室之正也。《象传》则推其象而极言之，本诸天地、扩之于四时日月、验之于圣人，无非贞也，无非恒也。恒固以贞久为义，然必极其变化乃可以久。盖天地间之气运循环，古今来之随时制宜，惟有变化无穷之用，故能垂为万古经常之道。如胶执一定而以为可久，几何不至窒而不可行哉？初爻执其常而不审其变，则持守未定、正而不恒；四则久非其道、恒而不正；五顺从而寡断；六过动而纷更（更改），要皆不免于凶也；惟二以阳居下体之中，似当有悔而克内自省察，上应于五，故成久中之德而悔不终悔，其即所为久于其道者欤。盖恒之中，有不易、不已二义。自其不易者论之，则穷天地、亘万古而不可变也；自其不已者论之，则寒暑错行、日月代明而其变未尝已。君子体其不易，则确焉有以自守而厉其介石之心；体其不已，则奋焉有以日新而懋其迁善之益。斯恒道之所由立欤。

易经（卦辞）　恒：亨，无咎，利贞。利有攸往。

解义　此卦巽下震上，是刚上柔下有分（去声）之常，雷风相与有气之常；以巽而动有事之常，刚柔相应有情之常；皆有恒久之义，故名为恒。卦辞言道贵有恒，而恒又贵以正也。

文王系恒彖辞曰：天下之理，惟积久则能贯通，若或作或辍、见异而迁，则事多捍格矣。人能守其恒心、笃信力行，则功之纯者理必得，居之安者动必臧，亨而无咎，固其宜也。然所谓恒者，非徒苟焉以守之而已，又必择其是非、辨其邪正，使其所久者皆天命人心之公、圣贤中正之道，而偏端曲学不得参其间焉。然后以天下之正理，成天下之正功。本体既端，发用自裕，经纶参赞，无往而不利矣。

按：维皇降衷，若有恒性，即所谓贞也。自气质拘之于前、物欲蔽之于后，于是失其贞性而误用夫心，恒非所恒者有之矣。如杨墨（杨：杨朱，主张为我；墨：墨翟，即墨子，主张兼爱；均为战国时人）佛老，守为我兼爱清净寂灭之说以终其身，可谓之贞乎？不可谓之贞岂可谓之恒乎？是以君子为学，必恒以致其功，尤必贞以立其体。未有不贞而能恒者，先择善而后固执焉可矣。

易经 《彖》曰：恒，久也；刚上而柔下，雷风相与，巽而动，刚柔皆应，恒。恒，亨、无咎、利贞，久于其道也；天地之道，恒久而不已也。利有攸往，终则有始也。日月得天而能久照，四时变化而能久成，圣人久于其道而天下化成；观其所恒，而天地万物之情可见矣。

解义 此《彖传》，是释恒彖辞，而以恒道尽天地万物之情也。终，谓充积之久；始，谓发用之端；得天，谓附丽于天也。

孔子释恒彖辞曰：卦之为恒者，以有常道而可久也。盖卦体，刚上柔下，高卑已定，名分之常也；卦象，震雷巽风，动散相承，气化之常也；卦德，巽顺震动，各极其用，人事之常也；又卦体六画，刚柔相应、彼此相资，人情之常也；此恒之所以名也。

夫曰恒，固知其亨无咎矣；而又曰利贞者，言必利于正，乃为久于其道，离正不可以言道也。不观诸天地乎？於穆（p.32注②）不已、覆载（覆载："天之所覆，地之所载。"语出《礼记·中庸》）无私，天地亦惟此经常不易之道，故恒久而不已，而况于人乎？以此见恒之必利于贞也。夫能贞，固知其久道矣。

而又曰利有攸往者，何哉？盖天下未有有体而不足以利用者。又不观诸天地乎？造化之理，动静妙于相生，而会聚之极者，必禅之以发散之用，岂有终焉而不始者哉？夫天地之运，终则有始如此，况人道之贞而安有弗利乎？此贞之后，而必继以利往也，是可见恒者道之常，而贞者恒之道，夫固具于卦而显于辞者也。然岂止于是而已哉？以恒之道而极言之，秉阴阳之精者，日月也；丽天以垂象，运行代明而不失其照之常，非恒之见于日月乎？分阴阳之气者，四时也；循序以错行，寒暑往来，而不失其岁之常，非恒之见于四时乎？若夫圣人至诚无息而治功悠久，天下化于其道而成俗，虽经权互用而总不失其道之常，非恒之见于圣人乎？即是恒久之道而观诸天地，则生成化育、常理不忒，而天地之情可见矣；即是恒久之道而观诸万物，则飞潜动植、常性不易，而万物之情可见矣。然则日月也、四时也、圣人也，其功不同而同归于恒；天地也、万物也，其情不同而同见夫恒。恒道其大矣哉！

按：天地得一以清宁，圣人得一以为天下贞。一者，恒也，即贞也。天地一而不贰，则悠久无疆，化育万物；圣人一而不贰，则纯亦不已，配合天地。然圣人者，又三才之主也，故阴阳愆伏、民物夭扎（p.218）、天地偶失其常，而圣人皆引为一身之咎；其必极中和之量、尽参赞之功，而后为久道化成之极致乎。

易经　《象》曰：雷风，恒，君子以立不易方。

解义　此《象传》，言君子能尽悠久之功、守定理以为恒也。立，谓植立不移；不易，谓不背；方者，理之定向也。

孔子释恒象曰：雷风，至变也，而相与万古不易，至变而有不变者存焉，恒之象也。君子体之而有确然不易之道，即所谓方也。但常人始则柔懦不振、知之未必能立，继则持守不固、立之未必能久；惟君子择之极其精而执之极其笃，虽日用化裁之宜，非拘守者可比，而中有定见，任万物之迁移，不能夺其所主宰；与雷风之变而不变者一矣。

按：天下之至静者莫如山，以山受泽而为咸，可见寂然不动者，正其感而遂通者也；天下之至变者莫如风雷，而以为恒，可见变化无端者，正其常久不已者也。君子立此不易方之理，以化裁利用；恒非胶执，方为通方。人主诚能法雷风之象，虽酬酢万变，随时变易以从道，而中之所立毅然有以自主，则刚柔协应，何难久道化成乎？

易经　初六：浚恒，贞凶，无攸利。《象》曰：浚恒之凶，始求深也。

解义　此一爻，是言求望乎上者过深，非惟无益而反有害也。浚，如浚井之浚，谓深求之也。

周公系恒初爻曰：天下有理本正而势不可行者，当审势以自止。如初与四为正应，固理之常，然自初言之，情分（去声）间隔，未可深有所求；自四言之，好高不下，难以遽有所合。今初六阴居巽下，柔暗不自度量而过以常理望人，不顾祸害只求深入，有浚恒之象焉。是虽所求者正而疏远莫信、嫌隙易生，其凶宜矣。又何利之有？

孔子释初象曰：浚恒之凶者，盖初、四相与之始，交浅不可以言深，而乃遽以深相求，必欲其谏从计听，只以取辱而已，此所以为凶也。

盖凡人既以正道自居，尤贵相（去声，观察）时度势以行之，故必相与既孚、同心一德，然后徐进吾言，则言者不觉迂疏、听者自能虚受。倘疏逖（音替，远）初进、位卑言高，即使辞义剀切，非惟无益而只以取咎，虽一身之荣辱得丧不足恤，亦非君子信而后谏之道也。人亦鉴于浚恒之凶而以至诚动之可矣。

易经　九二：悔亡。《象》曰：九二悔亡，能久中也。

解义　此一爻，是言善反乎恒者，终能因中以得正也。悔亡，谓失之于初、改之于终。

周公系恒二爻曰：九二以阳居阴，本不正而有悔者，然幸其所居得中，是存心有常、本体不亏，即偶不出于正，特一时一事之过耳，终能善反以为功。因中以求正，自然内省不疚、无恶于志、悔不终悔而亡也。

孔子释二象曰：九二宜悔而亡者，何哉？以其中而能久，是恒性常在，而本体之明、有未尝息者，故能觉悟其非、而一反之于正，小疚不足以累其心矣，何悔之不亡乎？

按：贞者，恒之道也，此爻不言贞而言中者，盖恒之所贵者贞，贞之所贵者中。恒而非贞则失其恒，故四以久非其位而失禽，上以振恒而大无功；贞而非中则失其贞，故初之浚恒以贞而凶，三之承羞以贞而吝，五之恒其德以贞而有从妇之凶；惟九二能久中，则无过不及（无过不及：无过、无不及）之弊，中之所在即正之所在也。程颐亦曰：中重于正，中则正矣，正不必中。欲求悔亡之道，其可不勉于此哉？

易经　九三：不恒其德，或承之羞，贞吝。《象》曰：不恒其德，无所容也。

解义　此一爻，言有德而无守者，深明不恒之咎也。不恒其德，谓有德而变其守也。

周公系恒三爻曰：九三居得其正，固本有其德者，然有德而能有恒，则所存者正、所操者纯矣。乃过刚不中、志从于上，见富贵功名而变易其守，是固执之功未深，不能久于其道；一节或亏，尽丧其生平，人皆贱恶，羞之者众。贞而不恒，可吝莫甚于此矣。

孔子释三象曰：三有其德而不能有恒，则内愧于己、外愧于人，既为君子所必弃，又为众议所难逃，亦何所容于世乎？

盖理欲之辨易淆，而义利之防贵定，要必以贞固不移者励其志，纯一无间者致其功，而后取舍以明、存养以密，不至见异而或迁，故无歆羡畔援之心而道岸可登也，有圣敬日跻之学而昭假（昭假：向神祷告，昭示其诚敬之心以于神）能久也。若夫内多欲而外施仁义，亦未体于有德有恒之义者乎。

易经　九四：田（打猎，通畋，下同）无禽。《象》曰：久非其位，安得禽也？

解义　此一爻，是言恒非其道者，终无所益也。

周公系恒四爻曰：凡人必久于正道，斯内可以成己、外可以成物，恒而有益于得也。九四以阳居阴，是所久者皆异端曲学之私，非圣贤中正之道，反（通返）之身心而无益，推之事物而无功，犹田于无禽之地，其所得者，盖鲜矣。

孔子释四象曰：九四所以取象于无禽，何也？盖为期于成功，犹田期于得禽也。今四久非其位，是不知所择而恒非所当恒，于无禽之地而田猎，欲有所获，安可得乎？

夫三当恒而不恒，是以可用之心不用于宜用之地，则移于外诱，遂失吾心之正，此所以鲜有终也；四不当恒而恒，是以有用之心竟用于无用之地，则偏于意见，究逾大道之闲，尤为重可惜也。故学术之要，必以中正为归而久于其道。圣人之恒与天地配，良有以夫。

易经　六五：恒其德，贞。妇人吉，夫子凶。《象》曰：妇人贞吉，从一而终也。夫子制义，从妇凶也。

解义　此一爻，是言徒以顺从为恒者，失其刚、断之宜也。德，谓顺从之德；贞，即恒其德也。

周公系恒五爻曰：六五以柔中应九二之刚中，知上以任下为德，一于倾信其下，守之不易，是恒其顺从之德而贞固不变者也。不知顺者乃妇人之道，故在妇人犹可获吉；至于夫子正位乎外，当以果决行之。若徒以顺从为恒，则志阻于逡巡而事败于巽懦，凶莫甚于此矣。

孔子释五象曰：五言妇人贞吉者，盖妇人无专制之义，从夫子以终身，故以顺从为正而吉。若夫子，则举宇宙四方之事皆吾分内之事，而确然以义为断制，始无萎靡不振之讥。使亦如妇人之从人，是以丈夫而从妾妇之道也，其凶不亦宜乎？

　　盖臣遭犹妇道也，忠顺以事一人可也；君道犹夫道也，自当乾刚独揽而不可下移者也。苟徒以任臣为德，则偏信生奸必致大害，如汉元之委任王凤兄弟、明皇之听信林甫国忠是也①。夫自古英君谊辟（谊通议；辟音僻，治理），非不勇于任人而必有独断之德，以神其不测之权。其待庶僚也，既不可失于过严，使臣下无靖献之路；其御贵臣也，又不可失于太宽，使国枋有废弛之忧，则刚柔合宜而贞恒之道得矣。

　　注释　①王凤：其妹为汉元帝皇后；初为卫尉，袭父爵阳平侯；成帝时为大司马、大将军，领尚书事；其弟五人皆封侯；专断朝政，排除异己。林甫：即李林甫，唐明皇玄宗封宰相，任十九年，排除异己，政事败坏，口蜜腹剑。国忠：即杨国忠，杨贵妃之兄，唐玄宗时为右相，兼吏部尚书等，结党营私，搜括民财；安禄山反，随玄宗出逃，被士兵杀于马嵬坡。

　　易经　上六：振恒，凶。《象》曰：振恒在上，大无功也。

　　解义　此一爻，是言过动失恒之害也。振恒，谓以振动为恒；凶，谓物欲盛而天性亡也。

　　周公系恒上爻曰：上六居恒之极，极则不常；又处震之终，终则过动。且阴柔不能固守，居上非其所安。忘贞正之德，而易生外欲之累；好为变迁，以振动为恒，则纷更反常，凶可知矣。

　　孔子释上象曰：上六以振恒而在上，则情以妄动而扰，性以逐物而亡，既不能有裨于身心，又不能有益于家国，不止无功，而且大无功矣。

　　夫天下时至而业起，物来而己应，岂有无故而自滋纷扰以为常行之道乎？振而不恒，犹为一时之失；振恒而不在上，不过一身之害；惟振恒而在上，则喜功好大、轻躁妄动，不肯与天下相安于无事，而病国扰民、所关甚巨，岂止学问之际有见异而迁、得半而怠之患也欤？如宋之王安石（p.137 注②、p.178 注、p.491 注），借经术之名改易旧章，专事变更以误天下，殆其人矣。此用人者所当深察也。

三十三　遯卦 ䷠ 艮下乾上

解义　遯为阴长（上声，下同）之卦。二阴生于下，阴长将盛，阳消而退，当遯之时也。能与时行而适得其宜，处遯之义也。彖辞统言四阳、《象传》专言九五者，以五为四阳之统，善用其遯，而有致亨之道也。遯而后亨，所以戒君子；小必利贞，所以戒小人；正所以全君子也。六爻惟四阳当遯，其下初与二本属阴爻，而爻辞仍主阳而言，初言遯之几贵早见，二言遯之志宜固守，与四阳同义，何哉？此见圣人于阴长阳消之际，为君子谋者至切也。至九五一爻，《程传》以为遯非人君之事，故不主君言。然古来智深勇沈、能善藏其用为除奸反正之君，皆嘉遯而贞吉者也。遯之时义所以为大，不益可见乎？

易经（卦辞）　遯：亨，小利贞。

解义　此卦艮下乾上，邪道渐长，正人宜避，故名为遯。卦辞言君子当避小人，而又戒小人毋害君子也。亨者，其道亨也；小利贞，言小人当存正道，不可恃势凌迫也。

文王系遯彖辞曰：君子之不能违者，时也；小人之不可越者，理也。此卦九五当位而六二应之，似犹可以有为，但二阴浸长于下，有小人胜君子之渐，苟不稍为隐藏，则必身中其祸，故宜善自退避。形于外者不使嫌隙之或乘，默为维持，主于中者自得吾道之不屈。盖遯则能亨，不遯则不亨也。若小人凭浸长之势凌轹（音利，欺凌）君子，虽一时若可得志，然终非小人之福。惟利正以自守而勿侵迫于阳，乃得保其贞而无不利。斯为小人计，当如此耳。

按：自古君子小人互为消长，君子往往以疾恶过严而不知遯，小人往往以比（亲近）匪害正而不能贞；卒之君子既罹其灾，小人终亦不能自保，以至于两败。今卦象二阴已见，犹未及盛而逼阳，君子虽不可遽求退避、坐观阴长，然匡济之术固宜默运，而形迹之间尤贵善藏，使不至触小人之忌而潜消其悍然害正之心。庶几上可以安国家而下可以明哲保身也哉。

易经　《彖》曰：遯亨，遯而亨也；刚当位而应，与时行也。小利贞，浸而长也。遯之时义大矣哉！

解义　此《彖传》，乃释遯彖辞以明君子因时而退之义也。刚，谓九五；当位，以德而言；应，谓六二；时，谓二阴浸长之时。

孔子释遯彖辞曰：卦名遯而辞又言亨者，盖时所当遯，必遯而后能亨也。卦体九五刚当其位而二应之，君子尚有可为之势，小人犹有顺承之心，似不必过为引避。然君子见几于未萌、防患于未然，当此时而退逊自守，正其志而不降志，恬澹为心，全其身而不辱身，迹不示异，心不求同，通乎时之运用而与之偕行。所以亨也。

又曰小利贞者，二阴浸长于下，其气日盛，必至凌逼君子、为害国家，不利不贞孰甚焉？故以利贞戒之也。

夫以九五当位，若可不遯，而在二阴浸长又不可不遯。君子于此恝（音英，冷漠貌）然遽去，固非忠爱之初心，显与抗衡又惧危机之自蹈，必因时而顺应、守义以化裁，进退绰然，亨其道而并以亨其身。此其时义，岂不大矣哉？

夫天地之不穷于剥，以其剥而能复也；世道之不穷于否，以其否而能泰也；君子之不穷于小人，以其遯而能亨也。惟遯故亨，此君子所以贵审时耳。盖遯者，临（卦名）之反对也。二阳为临，则曰刚浸而长；二阴为遯，不曰柔浸而长而止曰浸而长，诚以刚长可言而柔长不可言也。圣人为世道计、为君子谋,至深且切矣。时义者,时在天、义在我。善自韬藏以俟时会,消息相须,既遯则必壮。非达权而知变者,其孰能与(去声)于斯乎?

易经 《象》曰:天下有山,遯。君子以远小人,不恶而严。

解义 此《象传》,是言君子守正远邪之道也。

孔子释遯象曰:此卦上乾为天、下艮为山,天体无穷、山高有限,若将远而去之者,遯之象也。君子体之而得远小人之道焉。君子之与小人,不容并立。然其所以远之之道,初非过为恶厉以深拒之,惟严于自治,以礼义廉耻为立身之大防,以正大光明为处事之大本,毫厘不苟、尺寸不移,则一正足却百邪,小人自远退而不敢近矣。此不恶而严,乃所以为真严也。

夫峻以绝人之谓恶,庄以持己之谓严。惟严则德威可畏而人敬之,不恶则乐易可亲而小人亦自感化。君子精义之学与时偕行,有遯之用而不见其遯之形,虽日与小人周旋而不害其为遯也。如谓耻与小人并立而必以远遯为高,则正人尽去,人君孰与相助为理乎?

易经 初六:遯尾,厉,勿用有攸往。《象》曰:遯尾之厉,不往何灾也?

解义 此一爻,是见遯以早为贵而惕其不可有为也。遯尾,言不能早避;厉,谓祸及也。

周公系遯初爻曰:君子与时偕行,时当可遯即以早遯为贵。今初居卦下,在遯为尾,众皆决去,彼独迟留,失事机之宜而贾(音古,招致)中伤之祸,危且不免矣,况欲往而有所为乎?惟奉身以退,静以待时可也。

孔子释初象曰:遯之机贵先不贵后,遯之理宜守不宜进。遯尾之厉,以不能早遯而妄欲往耳,若能早以晦自处而不往,则我不取灾而灾何由至乎?

此见君子当小人道长、职居下位，时既不可往而势又不能往，惟危行言逊而静处以俟之，则藏其用于有待。既以得嘉遯之贞，处其身于无危，且以获肥遯之利，奈何甘为遯尾、率意躁进以蹈攸往之灾也乎？

易经　六二：执之用黄牛之革，莫之胜说（通脱）。《象》曰：执用黄牛，固志也。

解义　此一爻，是言执中顺之德以遯，见遯之守宜坚也。执，谓执缚之；黄者，中色；牛者，顺象；革，皮也；说，解也。

周公系遯二爻曰：六二时值当遯，遂因时而退藏、守其中顺之德。决于必遯、执持甚固而人莫能解，犹执物者用黄牛之皮而莫之能脱也。

孔子释二象曰：遯不以迹而以志，所志未固则韬晦不深，系吝之私所不免矣。今二之志确然不易，沉潜中顺虽万钟于我无加，含章守贞即三公不易其介，故爻言执用黄牛者，固守其与时偕止之志而不转移于外也。

盖君子处当遯之时，此身既已敛藏，此心尤宜坚忍，苟挟持未密而意气或形，此志遂为小人所窥，正恐执之者不坚、脱之者纷至耳。诚能识坚力固、确不可移，则中顺之德在我自有所以遯之之理；而固志之学，在小人并不见所以遯之之迹。此其所为不恶而严也欤。

易经　九三：系遯，有疾厉，畜臣妾，吉。《象》曰：系遯之厉，有疾惫也。畜臣妾，吉，不可大事也。

解义　此一爻，是言遯不宜有所系，而深鄙其不能决也。系，谓有所系累而不能遯；疾，谓有损名之病；厉，谓有中（去声）伤之祸。

周公系遯三爻曰：九三当遯之时，下比二阴，是危邦已不可入，乱邦已不可居，而犹恋恋于利禄而不忍释也，为系遯之象。

以理之得失而言，有欲而不能克，此行之疵也，其疾宜也；以势之利害而言，遇患而不能去，此危之道也，其厉宜也。夫系恋之私，断非君子立身之大道，或用此畜臣妾，庶不嫌于比昵而可得其欢心耳；若以之当进退去就之间，如之何其可也？

孔子释三象曰：九三系遯之厉者，言其有所系恋而不能遯，则阴害中（去声）之，必有疾恙也。然以之畜臣妾则吉者，盖女子小人，彼之事人者原不过以阿谀取容，则我之结彼者亦不过以私恩相畜，系与不系无足重轻。若遯，则出处大事，千古之名节攸关、一身之利害所系，岂可以畜臣妾之道而处之乎？

盖士君子一进一退，原有不可逾之大闲（栅栏），稍识义理者皆能辨之，而身当其际往往濡滞而不决。此无他，其始也，鲜刚正之德、几先之哲；其继也，有因循之心、觊觎之意；其终也，贻身名之羞，致祸患之及。皆此系之一念累之也，可毋戒欤？

易经　九四：好遯，君子吉，小人否。《象》曰：君子好遯，小人否也。

解义　此一爻，是言能绝富贵之念而勇于遯者也。好（去声）遯，谓舍其私好而决然以遯。

周公系遯四爻曰：九四下应初六，本有富贵之好（去声），然其体刚健，能有以胜意念之私而绝之以遯焉。此惟以理制欲之君子，外不慕于纷华，内惟存乎道义，得遂其洁身之美，吉何如焉？若小人值之，则徇欲忘返，日役役（役役：奔走钻营的样子）于所好而必不能遯也。

孔子释四象曰：九四言君子吉、小人否者，盖营私之念尽人之所同，而制欲之功君子之所独。惟君子明于时之不可为，能绝所好而必遯；小人则牵于私情，何能以果遯乎？

夫君子小人，所异者其品，所分者其心，所辨者其义利、邪正之介。故君子之好遯，必心性明决，机先有坐照之神，而气节刚方，临事无依回之念；然后超然物累之表，所谓人各有志，不可以好爵縻（参 p.476"九二"爻辞及其解义）、不能以荣名絷（音执，拴）者也。人亦审于吉凶之际，而勉为君子可矣。

易经　九五：嘉遯，贞吉。《象》曰：嘉遯贞吉，以正志也。

解义　此一爻，是言见几而遯，有审时合宜之道也。嘉遯，谓遯合其宜；正志，谓所志者正。

周公系遯五爻曰：九五阳刚中正而下应亦柔顺，似犹有可为而不必遯，然时则当遯而有不得不遯者。惟能灼于几先、与时偕行而无濡滞不决之志，是遯之至嘉者，乃为得处遯之贞而所处皆吉也。

孔子释五象曰：时当可遯而或役志于功名，此心已为外物所移，志必不能正；然身处于遯而或稍存其形迹，则此志必为小人所忌，遯亦不能嘉。今五之"嘉遯贞吉"者，以其先几而动、不蹈遯尾之灾，与时而行、自免系遯之厉；且可去即去、凝然在中而若不见其所守也，可速则速、澹然于怀，而并不见其所好也。盖能自正其志，则富贵功名不能动其念，故为嘉遯之贞吉耳。

按：阳刚以守道为要，故身退则亨；九五以扶阳为贵，故嘉遯则吉。君子诚能内存正志而外与时宜，则匪独身名两全，而关于世道亦大矣。

易经　上九：肥遯，无不利。《象》曰：肥遯，无不利，无所疑也。

解义　此一爻，是言超然物外者，所以嘉其自得也。肥。谓处之裕如。

周公系遯上爻曰：明决不足者，当遯而不知遯；物欲系念者，可遯而不能遯。今上九阳刚、有必遯之志，而又居外无应、不为世累，故遯自裕如，有肥遯之象。处进退之间，随在皆优游之境也；历宠辱之交，无人非自得之机也，何不利之有哉？

孔子释上象曰：上九"肥遯、无不利"者，其心不为物累、无所疑虑故也。盖人心有所疑于中即不能决于外，而利害祸福之念撄之，斯进退出处之道失矣。

此上九之无疑，不同于九三之系遯，并不同于九四之好遯耳。大约士君子出处（上声）之道，必视其所际之时与所处之位，不宜有一毫偏滞之心，可行则行，可止则止。上九之肥遯亦顺其时与位之当然，如舜处深山之中，与木石居、与鹿豕游，浩浩落落，其胸中之经纶自在天地间也，此所谓肥遯者哉。

三十四　大壮卦 ䷡ 乾下震上

解义　大壮以阳长（上声）为义，卦体四阳长盛，故为大壮。卦德内刚外动，则又所以为壮也；象辞恐其恃壮而不正，为处壮之人言；《象传》因大而许之以正，本致壮之德言。义相发明，总不外于一正，此利贞所以为善用其壮之道也。以六爻言之，初与三皆以阳居阳而不可为正者，好进而过于刚者也；五柔居中，不能进而失其壮矣；上柔居壮之终，不能壮者而亦终用壮焉，皆非得其正者也。求其善者，惟二、四之贞乎？夫二与四皆以阳居阴，已不得其正，而以为贞吉，何也？二所处得中能不失其宜，是因中以求正也；四惟以阳居阴，为不极其刚，是虽不正而有可以得正之理，故均之为吉而悔亡也。审是可以知用壮之道矣。

易经（卦辞）　大壮：利贞。

解义　此卦乾下震上，卦体四阳盛长，卦德乾刚震动，卦象雷行天上，皆阳道方盛之势，故名大壮。卦辞言君子处壮之道贵得其正，不可恃势而妄动也。大，指阳；壮，盛也。

文王系大壮象辞曰：卦四阳盛长，正君子得大行其道之时，然君子所恃以壮者，以理之正、非势之强也。苟或自恃其壮，则徇时妄动，既有以起人心之争、挟势自矜，更无以济天下之变，而小人反得乘间以中伤之，故必利于守贞。凡存心制事之间，一出夫礼义之正，然后得处壮之道而可常保其终也。

按：复、临、泰阳长于内，皆言亨。大壮阳自内而达于外，不言亨而言利贞者，圣人既深喜阳道之盛，而又恐过恃其盛或至轻动以取咎，故谆谆戒之以贞也。君子当此，以刚正为立身之节，以敬畏为存心之要，言必中（去声）规、行必合矩，勿因亢激而失事机之会，勿执意见而伤众论之同。于以处盛势、治休时，不亦协恭和衷、上下同心哉？

易经　《彖》曰：大壮，大者壮也；刚以动，故壮。大壮利贞，大者正也，正大而天地之情可见矣。

解义　此《彖传》，是释大壮彖辞，欲君子以理维势、而常保其壮也。大，指君子；壮，谓道大行。

孔子释大壮彖辞曰：卦名大壮者，卦体四阳盛长，气运方隆，君子则得时而行道焉，故大者壮也。然壮有盛势，而所以致壮则以德。卦德乾刚震动，是君子本天德之刚以动，毅然明道谊（同义）、立名节，既不屈于欲，又不靡于气，声势日昌、功业日盛，所以壮也，故名大壮。

然又曰利贞者，何哉？盖天下之道，阳正阴邪、阳大阴小，未有大而不正者也。君子既有其大，则所存者正，自不涉于偏私；所发者弘，莫不本乎义理。大者自正，不正不可言大也。如是而君子之正大固秉于天地。天地之正大实同于君子矣。天无所不覆，地无所不载，惟覆载无私而见其正，乃能覆载广被而成其大，故正大而天地之情可见也。

按：大者壮，以气言；大者正，以理言。惟有此理以宰此气，则无往而不得其正。君子本天德以为体，秉礼义以为用，则其气自可以配道义、塞天地。我之正可通于天地之正，而我之大可通于天地之大矣。于以辅世长民、经纶参赞，孰非此阳刚之德为之哉？

易经 《象》曰：雷在天上，大壮。君子以非礼弗履。

解义 此《象传》，是言君子心足以胜私而能壮也。

孔子释大壮象曰：此卦上震下乾，雷行天上，声势震动，故名大壮。君子体之，亦如天雷之象，严毅以持其志，明决以审其几。存于心者，道以御情，不敢或役于偏私；而体于身者，理以制欲，尤必自范于中正，则刚德常存、礼义在我，天下之壮，孰大于此？

盖德性本刚，惟一为私累则馁而不壮。故非几之渐，每发于意念之不及持，而闲邪之功，贵操于隐微之所独觉。君子制防极其严、销镕极其净，时时有以自胜，而非礼之私绝之于中，不使履之于外，则心存而理得、义正而气伸。在我者，凛然不可犯，天下孰得而犯之？此曾子①之大勇，惟其自反而缩也。学者岂可任矜气之为而忘克己之功哉？

注释 ①曾子：即曾参，孔子弟子，著《大学》。

易经 初九：壮于趾（以脚趾喻下），征凶，有孚。《象》曰：壮于趾，其孚穷也。

解义 此一爻，是言处卑位而恃壮轻进，见其必致败也。壮于趾，谓躁于有为；有孚，言其必然也。

周公系大壮初爻曰：初九以阳刚居下位，虽时当大壮而权不我操，正宜静以自持、相时而动，若率意锐进、遽欲有所作为，犹趾在下而妄动者然。以是而往，交浅言深，上必见疑于天子；位卑言高，下必取忌于大臣。计未行、谋未听，而祸已随之，其凶有必然矣。

孔子释初象曰：凡人在下，则循其分之得为者而为之，宜也。今初九居下而当壮时，恃刚躁动、不安其分，于理逆、于势拂，即此始动之时已知其必至于困穷也。

盖君子建业立功，亦必度德量力，或时有可为而势不能为，或才足有为而分不当为，惟当守己待时，无喜功而过举、无好事以矜高，则体用咸宜自有审时济物之业，经权合度乃为沈几达变之才。苟或事权不属而轻举妄动，岂能免壮趾孚穷之害乎？

易经　九二：贞吉。《象》曰：九二贞吉，以中也。

解义　此一爻，是言不恃壮而能得中以归正也。

周公系大壮二爻曰：处壮之时，所利者贞而已。九二以阳居阴，有恃壮妄动之意，犹幸心本无私，一觉其失，即有以抑其血气之刚而反于至正之道，则谦以饬躬（饬躬：正己）。既不任刚而召衅，礼以御物自能善俗而宜民，其吉也，不亦宜乎？

孔子释二象曰：九二之贞，何以得吉哉？盖人心一有所偏，则内失其贞而外多过举，事未发而悔吝已随之。今九二以贞自守，心既得乎中，则所行自无不吉也。

夫由二而上，三则有羸角之患；由二而下，初则有壮趾之失。惟二以中获吉，不偏不倚，不激不随，彼小人之奸谋既不能中我，而在我之正道自无不可行，其有合于利贞之旨也哉！

易经　九三：小人用壮，君子用罔，贞厉。羝羊触藩，羸其角。《象》曰：小人用壮，君子罔也。

解义　此一爻，是言恃壮者妄动而取厉也。用壮，谓凭恃势力；用罔，谓蔑视小人；羝羊，善触之物；羸（音雷），困也。

周公系大壮三爻曰：成天下之大业者，必有忍人所不能忍之德性，而后有为人所不能为之事功。今三过刚不中而恃壮妄为，此在小人任血气之强，不自度量，任意纷更，方抱其忿忿之私而用壮。君子于此，须善厥裁度，深虑过防，克济其事；乃亦恃刚妄动、疾恶过严，不以小人为意而蔑视之，虽举动未尝违理，而一念轻忽、遂以用罔，即自以为贞而不知适滋厉阶（厉阶：祸端）耳。夫小人方设机以自固，君子不察，以刚气乘之，我方恃壮而行，彼益阴为盘结（盘结：勾结），势必罹其网罗，如触藩之羝羊而适自赢其角也。

孔子释三象曰：小人血气未除，其用壮而失，固无足责；乃号为君子，正当以理御势，而乃亦以罔闻也，厉可言哉？

盖壮者本君子之道，罔者本小人之私，今小人反曰用壮，正由君子不能审几度势，轻用其壮而使小人得阴自为防。则小人之用壮，实君子之用罔有以使之然也。夫君子之壮至为小人所窃用，为君子者又不知慎重而复罔以乘之，盈庭之排斥方严，而宵小之藩篱愈固，卒致蹢触藩之愆，甚而遭反噬之祸矣。可毋戒欤？

易经　九四：贞吉，悔亡。藩决不赢。壮于大舆之輹。《象》曰：藩决不赢，尚往也。

解义　此一爻，是言君子不恃壮而功业可建也。藩决，谓有可进之机；輹壮，谓有能往之具。

周公系大壮四爻曰：九四阳居阴位，本有躁进之悔，若恃刚以进，而小人即有以摧阻其间矣。乃四不用罔而贞以自处，则动无不臧，何吉如之？夫吉凶悔吝生乎动，如三之用罔触藩则不免于悔，今以理自胜而小人无隙可乘，吾道得以因时表见，又何悔之不可亡乎？盖小人之设备以倾陷君子者，本由君子之排斥过严，不得不阴为藩蔽也。诚从容审处，默夺潜消，彼且服我之宽大而释其猜疑，我何不可坦示其公忠而毅然长往乎？故取象于羊，则藩篱已决而不至于赢；取象于车，则大舆輹壮而进有其具也。

孔子释四象曰：四惟不极其刚而贞，则凡有举动，无乖于事势，无忤于人心，天下自然咸服。小人虽设其藩，安得而阻拒之？吾道大行，攸往咸宜也。

此见君子任国家之事，不可轻意妄动，必使经济在我、运用不穷，饬威仪以表德隅而实无棱角之可见，本道德以为蹈履而自有坦途之可行，则群小岂惟不敢抑挠，必且俯首听命、惟我所欲为。下引同德之阳，上辅柔中之主，功无不成而志无不遂，其九四之谓乎。

易经　六五：丧（去声）羊于易，无悔。《象》曰：丧羊于易，位不当也。

解义　此一爻，是言不能奋刚以御物而失壮之象也。

周公系大壮五爻曰：阳壮以刚为体，今五以柔居中而刚壮之威忽然委靡，为丧羊于易之象。此阴柔不振，不能奋威以御众，仅免于悔而已。盖有藩者羸其角，亡羊则不至羸；羸角者无攸利，不羸则自无悔。虽曰无悔，其如失刚德何哉？

孔子释五象曰：六五言丧羊于易者，处当刚之地而以阴居阳，柔其所不必柔，盖由位之不当，失其壮而不能进，故有此象也。

此见人君乘乾御世，贵去优柔不决之心而存刚毅明决之德。用人则立贤无方（立贤无方：惟贤则立，而无常法）、不以世类（世类：出身）而拘，去奸则疾恶如仇、不以狎昵而恕，则乾刚在我而纲纪毕张矣。或谓六五当四阳在下，其势强盛，惟柔顺和易可以调伏之，使帖然相安，正汉光武（p.153 注）所云"吾治天下欲以柔道行之"者。然此乃帝王笼络一世妙用，外浑厚而内精明，故能因时制宜、操纵全在乎我，岂当断不断、养乱长奸、优游岁月以侥幸无事者可比哉？

易经　上六：羝羊触藩，不能退，不能遂。无攸利，艰则吉。《象》曰：不能退、不能遂不详也。艰则吉，咎不长也。

解义　此一爻，是言躁进之难遂而示以知所进也。遂，进也。（不详：不善；详通祥）

周公系大壮上爻曰：壮终动极，志之刚也，故恃壮而动，无所顾虑。然其质本柔，才之弱也，故临事而疏，莫知所措。如羝羊之触藩,既不能退而又不能遂其进,亦何所利哉?要其所以然,以躁动而失之轻易耳。犹幸其不刚,庶不终于恃壮者。若能详慎于事几、酌量于时势,艰难持重而出之,则天下之事可以徐观其宜而善为之图,终得遂其进而吉矣。

孔子释上象曰:上六不能退、不能遂者,由其但知用壮而处之不详慎也。然艰则吉者,言能不恃其刚而存克艰之念,则所谋自能如意而不遂之咎不长矣,故吉也。

盖人心之躁进皆起于不知艰,而刚德之纯全必由于能详慎,故爻言艰而象言不详,皆所以抑其躁心而善其刚德也。然则君子处方壮之时、据得为之势,必以贞为壮之本,以中为贞之用,以礼为贞之表,周详敬慎、不亢不激,则天德在我,既有以自胜,即有以胜人。倘若不能知艰,轻于一击,是犹非时而震之雷,适以泄天道之和气而滋其乖戾耳,亦何济于事哉?

三十五 晋卦 ䷢ 坤下离上

解义 晋,卦象明出地上,当明盛而有可进之时也。然必有致主之德又遇虚中纳贤之主,方可以善成其功。故言卦德则顺丽离明,言卦变则柔进上行。臣秉顺节(顺节:顺从礼节)以事主,君执柔道以报功,此君臣一德相成,世道所以曰盛而有是宠光也。六爻:四柔二刚,六五一柔,为晋之主;六自四而上升,已进者也,故往吉无不利;下坤三柔,皆欲进者;而九四不中不正,窃位畏人,故有鼫鼠(p.296"九四")之象;三与五近,下接二柔,志在上行;三阴同志而四莫能间,故曰众允悔亡;二在下卦之中,去五渐远,则忧其欲进而不得进,故晋如愁如;初最远于五,当进之始,上与四应,而四不中正反为所抑,故晋如摧如也;上以刚居一卦之终而前无可进,故有晋其角之象。诸爻所处不同,圣人教人以善进之道如此。

易经（卦辞）　晋：康侯用锡马蕃庶（蕃庶：众多），昼日（昼日：白天）三接。

解义　此卦坤下离上。卦象日出地上，有可进之时；卦德顺丽离明，有可进之德；卦变自观而来，柔进上行，有可进之君。三者皆有上进之义，故名为晋。卦辞言人臣遇圣明之主，可以立功而获宠也。康侯，安国之侯。

文王系晋彖辞曰：人臣立大功于天下，必有可为之时、能为之德而遇有为之君，乃可进而建不世之勋。君子有此三者，而为治国安民之康侯，功在社稷，泽被苍生，丰功伟烈既昭辅佐之隆休，一德同心自荷宠荣之大典，故不特锡马而又加以蕃庶，礼何厚也！不特昼接而且加以三接，情何殷也！

盖以非常之功受非常之宠，有不可以待下之常礼拘者，如此！自古为君者不可忘臣下之功，为臣者不可恃人主之宠。忘臣下之功，则有德不酬、有劳不报，激劝之典废而非所以待功臣矣；恃人主之宠，则贵必生骄、禄必生侈，明哲之义乖而非功臣之所以自处矣。观晋之康侯，膺隆遇而显才猷，此真三代以上君明臣良之盛，而非后世所可几也。

易经　《象》曰：晋，进也，明出地上。顺而丽乎大明，柔进而上行，是以康侯用锡马蕃庶，昼日三接也。

解义　此《象传》，是释晋彖辞，言当进而有为之时，以申明人臣获宠之由也。明出地上，以时言；顺丽，以德言；柔进上行，谓五以柔中之德居崇高之位，以君言。

孔子释晋彖辞曰：卦名为晋者，盖言君子负经济之才，由草野而升诸廊庙，有进之义也。

夫君子当上进之会，固可以立安国之功矣，然立功在己、而报功在人，己所难必，卦辞何以曰康侯用锡马蕃庶、昼日三接哉？盖人臣出身而仕，录功者时也，居功者德也，报功者君也。

今卦象明出地上，是世道维新、赏罚攸当，其帝臣不蔽之日乎。所以录功者，有其时矣。卦德顺丽大明，是以徽柔懿恭（p.67 注①）之臣事聪明睿智之主，其劳谦君子之美乎。所以居功者，有其德矣。卦变自观来，四之六上居五，柔进上行，是人君秉温恭之度而不挟势以自高，其崇德尚贤之主乎。所以报功者，有其君矣。夫有德，则可以善处其功；有君、有时，则可以不掩其功。故康侯遭此殊遇，而锡马蕃庶之隆其赐，昼日三接之厚其情也。大抵人臣不难于建功之先，而难于建功之后；人君不难于待功臣之体，而难于待功臣之心。盖遭时得位，虽竖立奇勋，而一念偶泰则猜忌之嫌必开，一节偶疏则恪恭之道遂失，主知未易结，宠遇未易保也。然即使臣节克尽，而非在上有仁明之主推心置腹、至诚相孚，亦岂能赏赉繁多、接见频数、同心同德如是之盛哉？此孔子告鲁君礼与忠二者（《论语·八佾》："君使臣以礼，臣事君以忠。"），为千古事君、使臣不易之经也。

易经　《象》曰：明出地上，晋。君子以自昭明德。

解义　此《象传》，是言君子之学有日新之功也。

孔子释晋象曰：离明出于坤地之上，有进而上行之象。君子体之，以吾德本明，因蔽于物欲有时而昏，然其或昏或昭之几皆在于我，不从外得也。亦惟内自省察，致其夙夜宥密（宥密：指存心仁厚宁静）之功，不以人所不见而辍其敏皇之心，不使己少宽假（宽假：宽容）而昧其昭明之体，则进进不已而至德无亏，亦如日之光明不息焉，君子自进之学如此。

夫此心也，即汤之懋昭、文之敬止也①。盖勤则生敬，敬则生明，圣人心学相接，不外日新又新、缉熙无斁②者，以复其明德之本然。私欲尽而天理昭，皆于自心致之，无事于他求也。故乾曰君子以自强不息，晋曰君子以自昭明德；正以至健莫如天，以之自强，我用我之强也；至明莫如日，以之自昭，我用我之明也。此固其微旨也欤。

注释　①汤：指成汤；懋昭：勉力宣明，"王懋昭大德"（《书·仲虺之诰》）；敬止：敬仰，"穆穆文王，于缉熙敬止"（《诗·大雅·文王》）。

②缉熙：光明；斁：音义，终止；缉熙无斁：指心学日新，至于光明无限。

易经　初六：晋如摧如，贞吉。罔孚，裕无咎。《象》曰：晋如摧如，独行正也。裕无咎，未受命也。

解义　此一爻，是言欲进者宜守正以待时也。摧，谓阻抑；罔孚，谓人不见信；裕，谓宽以自守。

周公系晋初爻曰：初六阴性躁妄，必有不安于下而欲进者；应不中正，上遇妨贤病国之人而违之俾不通，故其进也，若或尼之而不免为见摧矣。然出处（上声）大道，岂可因人之摧抑而易厥守乎？惟尽其义之在我而不自失其正，则终必见信于上，得遂其进而吉。盖贞虽所以自持非欲求信于人，然贞则未有不吉者，固其常也。设若守正而犹未孚，亦当宽裕以俟之，从容于义命、自安于操修，益殚其守贞之道而不以用舍累其心，如是而后无自失之咎耳。否则，冒进之患生而宁免枉道之讥哉？

孔子释初象曰：当晋之时人皆欲进，而忽见摧，未有不丧其所守者。初独能守正以待时，不汲汲以徇于私，不悻悻以伤于义，此所以得吉也。裕无咎者，盖初居于下未有官守之命，正可绰绰于进退，故裕以处之而得无咎。若既已受命，则当有必信之道，一不见信则志不行而职莫尽矣。

此见君子有守正不阿之操，乃有随时行道之妙；有安分自得之乐，乃见雍容进退之宜。若枉己求人而且怨尤不绝于念，则有流于依阿（依阿：曲从附顺）奔竞，大节或亏者矣。安能全无咎之学而建命世之功哉？

易经　六二：晋如愁如，贞吉。受兹介福，于其王母。《象》曰：受兹介福，以中正也。

解义　此一爻，是言守正不阿自能以德而获福也。愁如，谓忧其道之不行；介，大也；王母，指六五，离为日，王之象，为中女，母之象。

周公系晋二爻曰：六二有可进之德而无汲引之人，欲进未能，则得君行道之心阻矣，有晋如愁如之象。然不可因是而变其节也，必直己守正以俟时，而德足孚人，终当得遂其进而吉。且上有柔中之君，重道崇贤，必将知遇极其厚、宠任极其隆，不犹受兹大福于其王母乎？此惟二之自守其贞，故有必得之孚也。

孔子释二象曰：二之受兹介福者，盖以居下之中而得柔之正，则是守其中于有素而卓然不倚，有以慰人君行中之愿矣；存其正于无偏而凝然不阿，有以动人君从正之思矣，故能见知于五而介福之所以受也。

岂二之幸致哉？盖君子于天下，行道济世者其心，持己中正者其学，学以自修而大，心以内固而纯，不必求孚于人而未有不争于人者。圣人教人以修德进身之义切矣。

易经　六三：众允，悔亡。《象》曰：众允之，志上行也。

解义　此一爻，是言三能见信于人而得遂其进也。众，谓初与二；允，信也。

周公系晋三爻曰：六三不中不正，宜不得进而有悔矣。然居坤体之极，与下二阴皆欲上进，是以道同志合、为众所信、相引以进，得遂其尚往之心而无摧如愁如之患，悔可亡矣。

孔子释三象曰：六三所以为众所允者，盖士君子出处（上声）有二途而从违惟一道，使人皆欲进而我独矫之以退，则同进者忌；人皆欲退而吾独矫之以进，则异己者疑，众莫之允矣。惟三上进之志，与初、二同，故其志相孚而不觉相信之深也。

此见当晋之世，以顺丽为上进之道，既可孚于同群，即可通于主志，其守也不苟，其进也非幸，所谓信乎朋友而后获乎上之义也。若夫不以正道为众允之本，而止以众允为上进之阶，则无忠君爱国之诚而反属谐世求荣之计，亦安能见信于众而上丽乎君也哉？

易经 九四：晋（进）如鼫（音石）鼠，贞厉。《象》曰：鼫鼠贞厉，位不当也。

解义 此一爻，是言无德而据高位者之终不能保也。鼫鼠，田鼠，畏人之物。

周公系晋四爻曰：四不中正，居下体之上，是以无德而据高位者，上畏六五之疑，下畏三阴之忌，有晋如鼫鼠之象。虽位出于君之所与，得之未为不正，然德之不称终必失之，厉亦甚矣。吾是以知德薄位高之不可，而贪进忘退非人臣之福也。

孔子释四象曰：四所谓鼫鼠贞厉者，盖当晋之世，主圣臣贤、位必配德，彼不中不正、居位不当，虽正亦危，宜其厉也。

按：《诗》以硕鼠刺贪，晋以鼫鼠象四，总之无德而贪于进，即身处高位，其患得患失之心、畏人攘而夺之，有类于鼠之昼伏夜行也。夫晋之时，上辅离明之君，下建安国之绩，岂容此不中不正者久于其位乎？故小人之恋位固宠，终为无益；而大君之命爵任人，必审其当（适当）可耳。

易经 六五：悔亡，失得勿恤；往吉，无不利。《象》曰：失得勿恤，往有庆也。

解义 此一爻，是言上以大公治天下而下自以大顺应之也。

周公系晋五爻曰：六五以阴居阳，未得其正，似不免于有悔者；惟其处离明之中，坤以顺承之，为明在上而下皆顺从，故进居尊位而悔可亡也。然明不明在我，从不从在人，狃于近效而有计功谋利之念,则反失之矣。今五自修其德,以纯心行纯政,但忧我道之未尽,不虑人心之未服,天下戴己吾弗知也,天下未戴己吾亦弗知也,失与得皆不以为恤。如是,则德盛而化日洽,治隆而民益孚,其往也,吉无不利矣。

孔子释五象曰:天下之治,以有心致之,皆属小补之功。六五失得勿恤,不期其效而为效益宏,上以大公感,下以大顺应,著无方之德化,建无外之神功,往而有庆,即吉无不利也。

盖人主求治之心不可以稍宽,亦不可以过急。稍宽,则有因循不断之忧;过急,则又有好大喜功之患。惟端其心为出治之原而懋其修为作孚之本,若舜之恭己无为而天下化之,汤之敷政优优而百禄是遒①,其即失得勿恤之义往而有庆之验乎?

注释　①《论语·卫灵公》:"无为而治者,其舜也与? 天何为哉? 恭己正南面而已矣。"恭己:见 p.38 注①。《诗经·商颂·长发》:"不竞不絿,不刚不柔,敷政优优,百禄是遒。"百禄:指多福;遒:聚合。

易经　上九:晋其角,维用伐邑,厉吉,无咎,贞吝。《象》曰:维用伐邑,道未光也。

解义　此一爻,是言过于刚者之无所利也。角,刚锐之象;维,独也。

周公系晋上爻曰:阳刚不可为物先,上九刚进之极,纯以刚用事而略无宽和之意,为晋其角之象。若是者,固无往而可也。惟以之治其不服之私邑,虽兵凶战危,不免于厉,而师尚威武,犹可以责其成功,庶乎吉而无咎也。然以极刚治小邑,即治所当治,而过于威猛亦可羞矣。夫以刚进之极用之治邑,犹不免吝,然则晋角者果何适而可耶?

孔子释上象曰:上九谓之维用伐邑,则其功不足以及远、威不足以服众,其于道犹未光也。若能以明德照四方,将无所施而不服，岂特私邑而已哉？信乎？极刚之无所用也！

　　按：晋卦离明在上，万物普照，为极盛而上下皆欲进之时，圣人之意，谓天下事非徒不进者之足患，而惟躁进者之足忧。下之附上，急于求其信，非正也；上之进下，急于求其附，则贪也。故下欲其"罔孚裕无咎"，至三而"众允"，则无不孚矣，顺之至也；上欲其"失得勿恤"，至上而"伐邑"则有恤矣，明之过也。知此者，乃为善于处进矣。《程传》（见 p.7 注③）以伐邑为自治，主克去己私而言。夫既自治有功，乃合于贞正之道，何以反谓之吝乎？此《本义》（见 p.7 注③）所以不取耳。

三十六　明夷卦 ䷧ 离下坤上

解义　明夷，以明而见伤为义。日入地中，明伤昏暗之时，非处顺安常之日也，所以他卦多言利贞，而此独曰利艰贞者，虽守正而亦不得直遂其正，故当艰难以守正也。卦辞止言其理，《象传》既释其义，复举其人以明之，如文王（p.29 注①）、箕子（p.301 注①）俱当明夷之时，但所居之位有远近，故所处之道有难易，此《象传》独以箕子当六五一爻而系以利艰贞之义也。六爻：下三爻离体，明也；上三爻坤体，暗也；上六暗极，为明夷之主；自五而下，皆受伤者也；初明虽伤，去上最远，垂翼而已；二视初稍近，去上犹远，虽见伤而未切，亦在速拯之耳；三则与上为正应，可以南狩而获其大首矣；四入坤晦之门庭，其暗尚浅，有可去之道；惟五则近于难（灾难），义不可去，亦惟艰贞自晦其明而已。圣人处明夷之道，浅深远近各有不同，于此可见矣。

易经（卦辞）　明夷：利艰贞。

解义　此卦离下坤上，离明为坤地所掩，是君子之道为柔暗所伤，故为明夷。卦辞言人臣遇难，当守正保身而曲全其道也。艰者，敬慎之意；贞者，正固之心。

文王系明夷象辞曰：君子遭逢盛世，君明臣良，斯可危言危行，遂其有为之志。今卦象离居坤下，明体见伤，时固不可为而势亦无能为矣。然君子处患难之道不外于一正自持，惟委曲尽忠而行其艰难之贞焉，既不唯诺以徇俗，亦不激亢以伤时，处乱之道，惟此乃为利也。

盖人臣谋人家国之际，其道莫艰于处晦以全忠，如使枉道而徇物，则将顺逢迎之罪固已非贞，而欲抗志以匡时，则祸患戮辱之来，又多不利。曰利艰贞者，贞由艰出而因艰以行其贞，于委曲补救之中而不失其自靖自献之节，此非学问既深而涵养裕如者不能，故孔子释象以文王、箕子当之也。

注释　①危言：直言；危行：正直的行为。"邦有道，危言危行；邦无道，危行言逊。"（《论语·宪问》）

易经　《象》曰：明入地中，明夷。内文明而外柔顺，以蒙大难，文王以之。利艰贞，晦其明也，内难而能正其志，箕子以之。

解义　此《象传》，是释明夷象辞，言处难之道而两举古人以示法也。

孔子释明夷象辞曰：卦象离为日、坤为地，以离在坤下，明入地中，有似明之见伤于地者，故名明夷。

夫明入地中，固有取于明夷之名矣。乃观诸卦德，内文明而外柔顺，则是睿智中涵、素具夫烛照之明，而谦恭外昭、克笃夫忠顺之守。以是当宵小之谗谮触暗主之雷霆而蒙犯大难焉。古之人有用此道者，其文王与纣之时乎。盖文王躬遭困辱，因于羑里，而缉熙（p.294注②）之德自存、事殷之礼不废。故纣虽肆虐于天下，而文王得以保其身，是处明夷以一卦之道者，文王也。

辞曰利艰贞者，观诸卦体，六五一爻，居暗地而近上六，则是虽有柔中之德，本之以昭昭而恐被暗主之伤，处之以汶汶（音门；汶汶：污辱）自晦其明，正艰贞之义也。夫身为至亲处势甚近，有不可避之难，而周旋委曲以行其正，古之人有用此道者，其箕子居纣之朝乎。盖箕子为殷宗亲，在其国内而佯狂之辱不逃，贞明之志不乱，故纣虽肆虐于家而箕子得以保其身，是处明夷以一爻之道者，箕子①也。此可见文明柔顺本立身之大防，而正志艰贞尤处患之善术。

人臣当患难之来，各视其一时之所处，若夫义既不可避、谊又无所逃，与其显而抗志、徒自蹈于危亡，孰若晦而藏修、审其几于权变？古之人，操心危、虑患深，诚有迹愈艰而心益贞者，迄今读圣明之操、麦秀②之歌，其柔顺晦明，为何如哉？

注释　①箕子，商纣叔父，纣暴虐，箕子谏不听，乃佯狂，被纣囚；武王灭商，乃获释。

②麦秀：麦吐穗；《史记·宋微子世家》："麦秀渐渐兮，禾黍油油。"

易经　《象》曰：明入地中，明夷。君子以莅众，用晦而明。

解义　此《象传》，是言君子临民不贵苛察，惟善用其明而明自不息也。

孔子释明夷象曰：日入地中，明而见伤，明夷之象也。君子当明夷之时，非明无以审事物之理、度时势之宜，将伥伥莫知所之矣。然一自暴露其明，则又触乎物之忌而惧反为明之累，故其临莅乎众也必用晦而明。

见虽足以察于几微，而不以苛核失含弘之度；智虽足以烛于隐伏，而惟以端默弘坐照（默弘：默默地弘扬；坐照：指通过禅定止息妄念，观照正理）之神，盖不以明为明而以晦为明者也。以是而往，则内不失己、外不失人，处明夷之道，孰有善于此者乎？昔人云：自治用昭，去恶乃尽；莅众用晦，太察则伤。是故日无明暗之分，言其体也；而晷有昼夜之别，象其用也。君子于此，宜三致意焉，又岂独处明夷之时为然哉？

易经　初九：明夷于飞，垂其翼。君子于行，三日不食。有攸往，主人有言。《象》曰：君子于行，义不食也。

解义　此一爻，是言君子当见几而作，乃可免于患也。于飞，行道之象；垂翼，见伤之象。

周公系明夷初爻曰：君子得时行道，如鸟奋翼而飞。今初九阳明在下，明夷之初，患虽未及，而谏不行、言不听，道已难行，为于飞垂翼之象。君子处此，惟有早去而已，纵所值之困，不能安其身,至于三日不食,吾不得辞也;纵所如不合,动而得咎,至于主人有言,吾亦不暇避也。盖君子而行,虽不免困穷言语之伤,而吾之晦其明者犹可以自全。君子不行,即或免一时之谤,而祸乱既至,欲晦其明而不可得,终于见伤而已。此处明夷之时者,宜早为之图也。

孔子释初象曰:君子见几远去,可以速则速;则初九之于行,岂迫于势而不得食哉?直断之于义耳。义当早去,则爱其道更甚于爱其身,虽至不食,又何足惜?甚矣,去就之宜决也。

按:《系辞》云:君子见几而作,不俟终日。故几者,动之微,吉凶之先见而非众人所能识也。士不幸值颓敝之世,自当揆乎义理之宜、决乎出处之介,高蹈远引以全身名,岂得隐忍迟疑而陷身不测乎?此薛方①所为保身而自全,扬雄(p.169 注②)所为投阁而不免也。吁,可慨哉!

注释　①薛方:西汉末经学家;王莽秉政,以安车迎方,方辞;东汉光武帝即位,征方,方应,卒于途。

易经　六二:明夷,夷于左股,用拯马壮,吉。《象》曰:六二之吉,顺以则也。

解义　此一爻,是言二伤犹未切而示以速去之道也。夷于左股(大腿),是伤犹未切之象;股在胫(小腿)足之上,于行之用不甚切,左又非便用者,故云伤犹未切也。拯,救也;马壮,如马之壮者,能速行也。

周公系明夷二爻曰:君子得位行道,固欲彰其有为之才,亦必一德同心,方可展其救时之用。今六二以明德处(上声)暗地,较之初九则位已近君,然志欲于飞而事多掣肘,如伤其左股之象。当此时而不去,必且身中(去声)危机;即去而不速,亦恐祸患寻至。故为二计,当速于决去,如用马壮之速以救之,则可以全身免祸而吉矣。

孔子释二象曰：六二所处较近于初，而乃得吉者，何哉？盖知祸将及，时可去而不违其时，顺也。去而适合乎当然之理，顺以则也。惟顺故能合则，亦惟顺以则故能得吉。苟或不当去而去，而徒以苟免为心，则揆之于时既不能顺，揆之于理又失其则，何吉之有哉？

大抵人臣之遭逢既殊，则此身之去就亦异。可以久则久，晦明蒙难，文王、箕子，利在于艰贞；可以速则速，接淅而行，孔子去齐①。吉因乎顺则，固各有其道也。宋儒苏轼释此爻，独以二本在朝之臣，当忍伤以救君之暗，岂可如居下之初洁身远去？所谓用拯马壮者，竭忠尽智，弥缝其阙、匡救其灾，要在有济国事于万一尔。此言亦有合于为臣之义，故附录之。

注释　①《孟子·万章下》："孔子之去齐，接淅而行。"接淅，意为捧着已洗好的米就匆匆离去，未及炊。

易经　九三：明夷于南狩（南狩：犹南巡），得其大首，不可疾贞。《象》曰：南狩之志，乃大得也。

解义　此一爻，是言除暴之义，而示以详慎之道也。南狩，向明除害之象；得大首，是元恶就执之象。

周公系明夷三爻曰：九三以刚明之德负天下之望而适处暴虐之时，其势不能不除残以安民，为南狩得大首之象。然放伐（放伐：指用武力讨伐并放逐暴虐的君主）大事，以德伐暴，其事虽贞，必当审慎于其际，上观天命，下察人心；以不得已之衷行不得已之事，然后人不以我为利天下而以我为安天下，岂可以除暴为贞而亟于为之耶？

孔子释三象曰：上下之分（去声），无所逃于天地之间者也。九三有除暴救民之志，而非富天下为心者，乃能行此非常之事，而为伐罪之举，成大功而得天下也。苟志不在南狩，则是古今一罪人耳，夫岂所云大得者乎？

从来建非常之事，必先问其志之所存。故志者，公私之分界也。志之所存，与日月同其光明、天人同其运会；毫无自私自利之念，而天下始有以谅其衷而成其功。以成汤之圣而犹虑后世以为口实，则岂奸雄乱贼之所可假托哉？圣人系此爻，固为人君示其警诫，而实以严千古臣心之不轨者。

易经　六四：入于左腹，获明夷之心，于出门庭。《象》曰：入于左腹，获心意也。

解义　此一爻，是言四能脱身远害，得遂其去乱之志也。左腹，暗地也；出门庭，脱身远去之象。

周公系明夷四爻曰：坤为腹，左者，隐僻之所。今六四居坤之下，是已入暗地、身处昏朝而道无由明，与其抗节以死，初无益于国家，不如脱身而行，犹不失夫明哲。故飘然远引，遂其嘉遯之初怀，为能获明夷之心，虽出门庭长往而不悔也。

孔子释四象曰：六四入于左腹而尚能获明夷之心者，盖人臣之心，苟非万不得已，亦何忍舍其君父而恝然远去？今幸居暗地尚浅，犹未深受其害，外度之势、内度之心，诚有不得不去者。于是洁身而出，得获其远害之心意而超然无累也。

夫六二之夷于左股，其受患也浅，故用拯马壮决去而不违其则也；六四之入于左腹，其操心也危，故出于门庭，脱身而适获其心也。观于比干之谏，厉疾（厉疾：迅猛）即起于门庭，而行遯之举，心意获全于左腹。古仁人之用心，夫亦各揆其义之所是，各遂其志之所安而已。

注释　①比干：纣王叔父；纣淫乱，比干犯颜强谏，纣剖其心而死；与箕子、微子同称殷之三仁。

易经　六五：箕子之明夷，利贞。《象》曰：箕子之贞，明不可息也。

解义　此一爻，是言人臣遭内难而能正其志者也。

周公系明夷五爻曰：六五地处至暗，乃贵戚之卿处王家之难，此时谏既不可回、义又无可去，惟以柔中之德不徇君之非，正志而不乱亦不失臣之节，委曲而不激，如箕子之守正而贞焉，乃为利也。

孔子释五象曰：箕子当内难（去声）而能正其志，外固晦其明矣；然其本体之明自存，不可得而灭息也。使明与时息，则佯狂何以称仁人之名、作范（作范：树立榜样）安能叙彝伦（彝伦：常理，常道）之道耶？盖明不可息者，正晦其明而利艰贞也。处箕子之地、当箕子之时，非艰无可为贞，非晦无可为明。盖箕子之明虽晦，而箕子之志不可移；志不移，则明不息；明不息，而后可以为感悟君心之地矣。

故志愈苦者守不渝，迹愈敛者几不昧。外虽不露其明，而精忠炯炯，于艰难之中，未尝一念回互、一念间断，即运数难挽、成败难期，而此心昭然固可千古矣。惜乎当日之不谅其心也。

易经　上六：不明晦，初登于天，后入于地。《象》曰：初登于天，照四国也。后入于地，失则也。

解义　此一爻，是言上甘溺于昏暗，终有自陨之患也。"不明晦"者，昏暴之象。

周公系明夷上爻曰：上六阴柔而居坤之极，乃昏暗之甚者，不能自明其德以至于晦，而下之受伤者众矣，然伤人之明，己亦不免，故始虽据高位而终必自伤，如日之初登于天而后入于地也。惟命不于常，可不戒乎？

孔子释上象曰：六之昏暗陷溺，初亦俨居尊位，有照临四国之权；而纵欲败度，失统御万方之则，所以致入地之伤而为不明之晦也。

盖为君者必法天以行健，象日以照幽，俾海内时雍、臣民式（准则）化而仰钦明之至治焉，斯为交泰之世矣。苟或不然，必致失则之咎。此圣人所以垂戒于明夷之上六也。

三十七　家人卦 ䷤ 离下巽上

解义　家人，男女而已。正家之责，男女之尊者任之，九五男正乎外，六二女正乎内。内外既正，则卦中诸爻，或为父子，或为兄弟，相观而化，自无不正矣。故彖辞专言女贞，见正外莫先正内；《象传》兼言男正，见正内实由正外，而总以二、五为正家之主。若分析六爻，则二柔固女也，四柔亦女也；妇道以顺为正，故一曰顺以巽，一曰顺在位。至于初、三、五、上，皆为阳刚，则皆有正外之责，三以严，五以爱，初闲于始，上威于终，盖因其位之尊卑、性之宽严、时之初终以各正乎外。外正斯内正，而家道正、天下定矣。

易经（卦辞）　家人：利女贞。

解义　此卦离下巽上。卦体九五、六二，内外各得其正，是举家无不正之人而家道以成，故名家人。卦辞言正家之道，贵先正乎其内也。

文王系家人彖辞曰：君子齐家以立教，固莫不欲使内外咸得其正也。然家之不正恒起于妇人，而家之难正亦莫甚于妇人，故正家者必以正内为先务。惟自修其身、以端其本，使一家之中肃然有贞静之风、穆然守宫闱之范，则内正而外自无不正。大化之源肇于此矣，何利如之？

夫《诗》首《周南》（本小节有书名号者，均为《诗经》之篇名）而以《关雎（音居）》为始，见文王之化自家而国也。故《葛覃（音潭，延长）》《樛（音纠，木向下弯）木》诸什皆修身齐家之效，而《桃夭》《芣苢（音福以，车前草古名）》则家齐而国治之验，《江汉》《汝坟》则天下平之渐矣。非深有合于家人之义者乎？然必有不显无射（无射：不厌，《诗·小雅·车舝》中语）之德、立乎刑于（刑于：即刑于之化，指夫妇和睦，《诗·大雅·思齐》中语）之先，而后室家以正、教化以洽。卜年卜世之基，无不本于此也。帝王正己以正家，正家以正国与天下，岂有外于女贞之训者哉？

易经　《彖》曰：家人，女正位乎内，男正位乎外；男女正，天地之大义也。家人有严君焉，父母之谓也。父父、子子、兄兄、弟弟、夫夫、妇妇，而家道正，正家而天下定矣。

解义　此《彖传》，是释家人彖辞，言所以正家之义，以明家正而化自成也。女正位，指六二柔顺；男正位，指九五刚正；严君，谓一家尊严之主；父，指上言；子，指初言；兄，指五言；弟，指三言；夫，指五、三言；妇，指四、二言。

孔子释家人彖辞曰：卦名家人而辞言利女贞者，盖一家之人内外尽之矣，治家之道一正尽之矣。卦体六二柔正，是女秉顺德、贞静自守，不预外事而正位乎内；九五刚正，是男秉健德、以义制事，不牵内私而正位乎外。男女有相成之体，内外无侵越之嫌，各止其宜而皆归于正。若此者，岂细故哉？乃阴阳之理，万世所不能易，固天地之大义也。

诚明乎是义，则一家之中，不一者分（去声）、不同者情，而必有握正大之权、立整齐之化。所谓严君者以主之，九五正位乎外，克敦父道，乃外之严君也，男之教统此矣；六二正位乎内，克尽母道，即内之严君也，女之教统此矣。

以分而言，既足整肃乎一家之分；以情而言，又克联属乎一家之情。是故教行于父子，则初、上秩尊卑之位，善作善述而父父、子子也。教行于兄弟，则三、五定先后之序，以友以恭而兄兄、弟弟也。教行于夫妇，则五、三、四、二严内外之别，惟义惟顺而夫夫、妇妇也。家道有不正焉者乎？一人能尽其伦而人人皆各尽其伦，家正而天下之父子、兄弟、夫妇定矣，夫天下之大即于一家定之，此家人之所关甚巨也。

而正家之道，必于严君成之，此女贞之所为独先也。可见天地泰而万物化生，男女正而内外各治。造物不能外阴阳而神其用，帝王不能外伦纪（伦纪：伦常纲纪）而大其功。以天下为家者，欲一道德而同风俗，岂能舍宫壸（音捆，宫中之路；宫壸：指后宫）之地而别求起化之原乎？

易经 《象》曰：风自火出，家人。君子以言有物而行有恒。

解义 此《象传》，是言君子修言行以端风化之本也。物，谓言之有实；恒，谓行之有常。

孔子释家人象曰：此卦上巽为风，下离为火，风出于火，如化出于家，家人之象也。君子以家人为风化之始，而齐家之本在于修身，修身之要在于言行。言行者，一家之视听攸关而效法所系者也。使言而无物，则议论皆虚，何以使之承听乎？故阐明纲常，本诸真实，君子之言必可守以为则焉。抑行而无恒，则践履有亏，何以使之观法乎？故敦笃伦理，无间始终，君子之行，必可奉以为型焉。

如此，则饬躬（饬躬：修身以合礼）之理得而作则之道全，由己以及家，由近以及远，天下之定，推之而莫外矣。盖圣人之学无过言行两端，所以尽一己之修者在此，所以溥及物之化者亦在此。而其原总本于一心，心有所伪，言必不能以有实矣，心有所疏，行必不能以有常矣；惟存其心于真纯之内、悦其心于义理之中，则言自有物、行自有恒，而感人者岂徒在告语之文、防范之迹乎？是故君子修言行之功，必自正心始。

易经 初九：闲有家，悔亡。《象》曰：闲有家，志未变也。

解义 此一爻，是言能严于正家之始，则家道可成也。闲，整齐之意。

周公系家人初爻曰：正家之道莫重于始，始而不闲，后必有戾，将不免于悔矣。初九以阳刚处有家之始，是初之时固当闲，而九之刚又能闲者也。于是乘其嫌衅未萌，急为笃肫然之爱以闲其疏，复为严截然之分以闲其僭。使一家之中，尊卑之谊常明、内外之情允协，而相陵相渎之悔自无由而生矣。

孔子释初象曰：初之闲有家者，盖正家之道，闲之于未变者易为力，闲之于已变者难为功。当家人之初而能预为之防，则可潜消默化而未变者终于不变矣。

此诚谨始虑终，为正家久远之道也。乃知天下事，严于其端而后可杜于其渐，审于其几而后可慎于其微。是故君子于家人，既以有物有恒本身为训，而又使左右前后必闻正言，春夏秋冬必习正业，当气质未变之初，先有以熏陶其德性、长养其才智，然后教易入而化易成，父子、兄弟、夫妇莫不各循其分、敦其伦而可以世保厥（其）家矣。此则闲有家之实事也。

易经　六二：无攸遂，在中馈，贞吉。《象》曰：六二之吉，顺以巽也。

解义　此一爻，是言女能正位乎内而有柔顺之德也。无攸遂，谓事无专制；中馈，饮食之类，妇人之职也。

周公系家人二爻曰：六二柔顺中正，是女之幽闲静好者；举家庭之事一统于夫子，而不敢专其成；所职者止在于中馈，徒酒食是议耳，他无所与也。惟能正位乎内如此，则贞淑之风以著，而宜家之化以成，吉孰加焉？

孔子释二象曰：六二克尽妇道而吉者，盖由以柔居柔而有至顺之德。巽以从乎夫，故能必敬必戒，无专制之失而昭幽贞之化，此所以吉也。

从来阴道可以济阳，而不可以胜阳；内治可以助外，而不可以侵外；此天地人道之正也。天地得其正，而后运会有常经；人道得其正，而后闺壸（p.307；闺壸：内宫，内室，闺房）有雅化。诚能体乎阴柔之德、协乎巽顺之宜，以正位而成家，何至女德无极、惟厉之阶贻诟于世也哉！

易经 九三：家人嗃嗃（音贺，严酷之貌），悔厉，吉。妇子嘻嘻，终吝。《象》曰：家人嗃嗃，未失也。妇子嘻嘻，失家节也。

解义 此一爻，是言治家宁严而不可过于宽也。嗃嗃，严厉之象；嘻嘻，谓笑乐无节。

周公系家人三爻曰：治家之道，贵宽严相济。九三刚而不中，过于严厉，使一家之人畏威惧法而不敢犯，有嗃嗃之象。虽似伤恩而拂情，悔厉在所不免，然人心祗（音支，恭敬）畏、内治整齐，犹为正家之吉也。若使一于宽和而不知严肃之道，致使妇子嘻嘻、笑语无节，则纵情败度、家政日隳，终必有吝矣。以二者观之，与其宽，毋宁过于严也。

孔子释三象曰：九三家人嗃嗃，义胜于情，似一以严为主，然而法度肃、伦理明，于正家之道未为失也。至于妇子嘻嘻，则和而流、宽而纵，失其节矣，宁能免于吝乎？

盖家人之情无穷，易失于过；节者，所以防范其过也。立于始为闲，调于中为节。非有二也，言节于三，以三在内外之介耳。惟修德于躬，立中正和平之极，则轨物是饬，既不嫌于烦苛而乐易为怀，亦不伤于放逸，斯两得之矣。圣人审于嗃嗃嘻嘻之间，而为著吉与吝之辨者，非欲人一于严也，第以宽之而无所制，宁严之而有所守也。家人有严君焉，其即节之谓与？

易经 六四：富家，大吉。《象》曰：富家大吉，顺在位也。

解义 此一爻，是言六四能顺正以保其家也。

周公系家人四爻曰：六四以阴居阴而居上位，是主门内之政者也。秉柔顺之德而握阃壸之柄，为能制节谨度，克勤克俭以开利之源，不侈不骄以裕财之用，能富其家者也。由是则出入有经、奢僭（僭：音建；奢僭：指奢侈逾礼，不合法度）不作，孝敬仁让之风莫不成于富足之后。吉孰大焉？

孔子释四象曰：六四富其家而大吉者，盖以其有顺德而在上位，是不徒操一家之权，而且得治家之道，宜能永保其所有而大吉也。

按：家人之卦，四阳二阴。昔人谓六二之阴，持家之妇也；六四之阴，其主家之妇乎？二惟顺以巽，故克尽在下之妇道而贞吉；四惟顺在位，故克尽在上之母道而大吉。然阳为实、阴为虚，故小畜九五称富，泰之六四称不富。今六四以阴而称富家者，《易》之占法，阳主义、阴主利故也。抑所谓富家者，岂止富厚而已哉？《记》有之：父子笃、兄弟睦、夫妇和，家之肥也。家之肥，即家之富矣。由此推之，而国之富、天下之富，亦岂出于此爻之义乎？

易经　九五：王假（音格；至，到）有家，勿恤，吉。《象》曰：王假有家，交相爱也。

解义　此一爻，是言人君得内助之贤而天下之化自成也。王，谓君天下者，五，君位，故云王；假，至也；假有家，犹言以此而至于家。

周公系家人五爻曰：九五刚健中正而下应六二之柔顺中正，是有刑于（p.306）之德而又获内助之贤者也。王者以是至于其家，则内外得人，家无不正。上可以奉神灵之统，下可以衍嗣续之蕃，内可以纲纪乎六宫，外可以风动乎四海，勿用忧恤而吉可必矣。

孔子释五象曰：王假有家，岂私昵之情哉？盖五与二同德相孚，君庆内治之得人，后乐刑家之有主，雍雍在宫，以礼相合、以义相比而成爱者，此所以吉也。

盖圣德协而壸政（壸政：宫中政事）修，教化行而海宇定，自古雍穆（雍穆：和睦）之治，未有不起于宫闱者，此问夜之勤、鸡鸣（鸡鸣：乱世中夜鸡鸣即起视，以防有事）之儆为王化之根本也。先儒谓爱有二义：有溺于私欲之偏者，有发于性情之正者。私欲之偏，即为祸乱所由萌；性情之正，则为风教所自出。一念得失之分，而天下之治忽因之。此修齐治平之效必本于格致诚正之功欤。

易经　上九：有孚，威如，终吉。《象》曰：威如之吉，反身之谓也。

解义　此一爻，是言恩威著而家道昌，可以见教成之效也。

周公系家人上爻曰：凡治家者，当慎于其始，尤贵善乎其终。诚信不足者终必携，威严不足者终必渎。信与威相济，乃为可久之道。今上九以刚居上，在卦之终，本孚诚以笃恩义，而又伦纪森然、凛不可犯，有孚而威如者也。故其言可以体家人之心，而无伤恩拂情之失；其威可以正家人之志，而无渎伦乱纪之愆。则一家之中爱敬日隆，将见弥远而弥昌矣，不其终吉乎？

孔子释上象曰：上九威如之吉者，非作威之谓也，乃反身自治、贞度立诚，而动静语默（p.523）有谨以自敕（音斥；告诫）之几，瞻视（瞻视：指外观）衣冠有尊而可畏之象。初未尝有意于严厉而家人自服之，盖躬行之化不怒之威也。可见反身之理为正家之原，而主敬之学又反身之要。

大廷广众，固无可少忽之时；暗室屋漏，尤必凛有严之志。如是则不动而敬、不言而信，威由孚出、孚以威成，而家有不肃、教有不洽者乎？故有家者不可为一时苟且之计，而当慎百世永远之图，有始有终，而家人之义全矣。

三十八　睽卦　☲☱　兑下离上

解义　济大事必以人心，人心喜合而恶离，贵同而贱异。卦之火泽异性，中少异情，所以为睽。然于既睽之日，而能本济睽之德、乘济睽之势以求济睽之助，则通志遂情、其机在我，故象辞谓小事吉，而《象传》又推广言之，以见时用之大焉。至六爻，则于君臣僚友先睽后合之际反覆言之。初与四，以无应而睽；三与上，以疑贰而睽；惟二、五居中得应，故当睽而不睽。原睽所自来，莫不始于猜嫌、成于乖隔；济睽之道，反之而已。臣积诚以悟主，君降心以求助，上下合心、刚柔协德、委曲绸缪以赞大业，则涣者可使之合，疏者可使之亲，而睽不终睽，不害其为吉矣。此一卦之大旨也。

易经（卦辞）　睽：小事吉。

解义　此卦兑下离上。上火下泽异其性，物之睽；中女少女异其志，人之睽；皆有乖离之义，故名为睽。卦辞言当世事人心睽异之时，未可以大有所为也。小事，是补偏救弊之事。

文王系睽彖辞曰：济大事以人心为本，睽则众志乖异矣，尚幸卦德有济睽之才、卦变有济睽之势、卦体有济睽之助。夫惟有是三者之善，虽不能大有所为使睽者一旦而合，然以之维持国势、收拾民心，亦可徐俟群志之定，不致于终离而小事吉也。

盖天下之睽散不可一日不合。圣人岂肯安于无事？但以当睽之日而骤兴非常之役、建不世之功，则众志猜疑、一时难以开释，安望其动必有成乎？盘庚之迁邑、成王之东征，古之帝王有不能遽行己意者，惟所遇之时难也。从容镇定而使之不惊，批郤导窾（郤：同隙；窾：即窾，音款，空；批郤导窾：比喻处事贵在得间中肯，即可顺利解决）而使之无阻。小其事正所以大其用，此济睽之善道也夫！

易经　《象》曰：睽，火动而上，泽动而下；二女同居，其志不同行。说而丽乎明，柔进而上行，得中而应乎刚，是以小事吉。天地睽而其事同也，男女睽而其志通也，万物睽而其事类也；睽之时用大矣哉！

解义　此《彖传》是释睽彖辞，明其体而赞其用也。离为中女，兑为少女，故曰二女；得中，指六五；应刚，指九二。

孔子释睽彖辞曰：卦名为睽者，何也？以先天之取象言之，离火动而炎上，兑泽动而润下，其性睽也；以后天之取象言之，离中女，兑少女，虽同其居不同其适，其情睽也。卦之名睽，非以是乎？

睽之时，本无可为者，何以云小事吉？盖天下事，惟有德者能成之。卦德悦而丽于明，是内焉心气和平，外焉事机昭彻，具有为之才矣。又惟有位者能主之；卦变自离来者，二进居三；自中孚来者，四进居五；而自家人来者，兼此二变，皆柔进上行，是以徽懿（p.67 注①）之资居崇高之地、挟有为之势矣。且惟有辅者能济之，卦体六五得中应刚，是本虚中之诚、收英杰之助、得有为之佐矣。备此三善，虽在睽时未能大有所为，而犹可补偏救弊，不至于一无成就，是以小事吉也。

然睽之义，岂无所用哉？人知睽之为睽而不知睽之终合。试极言之：天高地下，睽也，然天施地生，化育之事则同也；男外女内，睽也，然夫倡妇随，相合之志则通也；物以群分，睽也，然此感彼应，应求之事则类也。可见睽者其静则别，而合者其通则交；不睽则无以为合，而三才之用几息矣。睽之时用，顾（岂，难道）不大哉？

大抵天下事物，皆本于一，其后散而分之，有似乎睽，然实未尝不合，所谓理一分殊。此即太极之旨，无穷功用所从出。常人徇末而忘本，拘于形气之私、嗜欲好恶，纷争侵夺，不相为下，遂终于睽而不合。故曰：惟天生民有欲，无主乃乱，非亶（音胆，诚然）聪明之元后，乌能合天下之睽而尽归于一耶？

易经　《象》曰：上火下泽，睽。君子以同而异。

解义　此《象传》，是言君子惟义与比，不求异而自异也。

孔子释睽象曰：上火下泽，性相违异，睽之象也。君子体之而得处之之道焉。盖君子以天下之量容天下之人，以天下之理处天下之事，本无不同也。但义之不当同者，则介然守正而不为苟同。是故如其义也，则在家同于家，在国同于国，而君子不嫌于同矣；非其义也，则一家非之不顾，一国非之不顾，而君子不嫌于异矣。斯所谓和而不流、群而不党者欤。

按：《彖》言异中之同，所以责君子济睽之功；《象》言同中之异，所以明君子不苟同之理。有同而异者立其体，而以异为同者善其用，斯真得处睽之道，奚至逐物而丧己乎？

易经　初九：悔亡。丧马，勿逐自复。见恶人，无咎。《象》曰：见恶人，以辟咎也。

解义　此一爻，是言睽时贵有同德之助，尤宜明远祸之道也。丧马，是无正应之象；勿逐自复，不求而自得之象；辟（通避），远之也。

周公系睽初爻曰：天下之睽，必有合而后可济。初九上无正应，宜不能济睽而有悔。然幸四亦同此阳刚之德，情虽不洽而道则相符，终得协力而悔可亡，有丧马勿逐自复之象。然当睽时，同德相合，正异己者所忌；分别太严，必遭谗构（谗构：谗害构陷）。故或遇恶人，虽非与我同德而不可不见之，庶释其猜疑而免中伤之咎。盖义当如此，非有所屈也。

孔子释初象曰：睽违之害，每起于是非之过明而好恶之太峻。彼恶人，君子之所远而恐浼（p.118）者也；然当其相遇，绝之过甚，则意外之祸必生，故不得已而见之；正所以辟咎也，岂其本心哉？

大抵世至于睽，谗夫得志、正士莫容。君子处此，自有难径情（径情：任意）直行者，盖非独为一身计而并为天下计也。孔子曰，人而不仁，疾之已甚，乱也。贤者不幸值此时，苟能委曲从容、苦心调剂，岂但君子不受害于小人，或可使小人化而为君子，则济睽之妙用即在其中矣。

易经　九二：遇主于巷，无咎。《象》曰：遇主于巷，未失道也。

解义　此一爻，是言二能委曲喻主而得臣道之正也。巷，是委曲之意。

周公系睽二爻曰：二与五应，君臣之分（去声）定矣。但值睽时，或为小人间隔，忧谗畏讥、忠悃（音捆，诚恳）不白，则当委曲竭力，或积诚以感其心，或匪懈以通其志，或负罪以冀其悟。所以自靖（靖：谋；自靖：自谋其志）者不拘一途，如遇主于巷焉。然后上下交孚，乃为无忝臣节而咎可免也。

孔子释二象曰：人臣事君，道合则留，不合则去。九二顾遇主于巷，何耶？盖君臣之谊关于天性，委曲抒诚乃道之正，原非枉尺直寻为鄙夫之见也。

按：二、五正应，而当睽时，阴阳相应之道衰，刚柔相戾之意胜，所以上下之间，非曲折婉转，其情不能相通。此正忠臣爱君之切、体国之至，休戚相关，有不出于此而不能者。孔子恐后世功名之士必将借此言为口实，故特云"未失道"以明之，以见遇非屈己逢迎。巷非邪僻由径，必合于道而后可。不然，而鬻羖羊以进身，因寺人而见主①，一时或得遇合而己先不正矣，何以正君哉？

注释　①鬻：音玉，卖；羖：音古，公羊；寺人：古代宫中小臣。百里奚逃亡到楚国，秦穆公因其才欲高价赎回，又恐楚王不许，就故意对楚人说："吾媵臣百里奚在焉，请以五羖羊皮赎之。"奚以此返秦，为大夫，人称"五羖大夫"。寺人披曾奉命追杀晋文公；后又求见，告之有难；事见《左传·僖公二十四年》。

易经　六三：见舆曳，其牛掣。其人天且劓，无初有终。

《象》曰：见舆曳，位不当也。无初有终，遇刚也。

解义 此一爻，是言始虽疑而终有以济睽也。舆曳，二之曳于后；牛掣，四之掣于前；其人，指三也；天，是去发之刑；劓（音艺），是去鼻之刑。

周公系睽三爻曰：六三与上九正应，有君臣之分者也，不幸处二阳之间，迹若可疑而上猜忌方深；三求合不得，积疑成惑，若见二之曳其舆于后也，若见四之掣其牛于前也，更若见上之加刑于己而天且劓也。睽离如此，是无初矣；然天下之理邪不胜正，二、四之求久当自去，上九之疑久当自释，究必得遇于正应之君而为有终也。

孔子释三象曰：三居二阳之间，处位不当，一时难合于上，所以积疑而起舆曳之见也。然终遇者，由上九刚明，其疑易释，终必相得，又何睽之不可解乎？

自古君臣之间，嫌隙不可稍开，或因意见之参差，或由奸邪之间阻，君心一疑，则其臣一言一动无非获罪之端。然人臣当此，不可过为猜惧，惟有益励其靖共（即靖恭，静肃恭谨）之节、竭其爱敬之忱，安常守分以待君之悔悟，精诚所感，自终见亮于圣主矣。此事君者所宜加勉也。

易经 九四：睽孤，遇元夫。交孚，厉无咎。《象》曰：交孚无咎，志行也。

解义 此一爻，是言四有同德之助，自可以济睽也。孤，指无应；元夫，指初九。

周公系睽四爻曰：九四当睽之时而无阴柔之应，为而或沮之，动而或摧之，若不免于孤也。幸遇初九元善之夫与之同德，遂推诚相与以共济时艰，则亦不为孤矣。顾人之情，在无事之日，则安常处顺而衅隙不萌；当多事之时，则变故横生而猜忌易起。故必危以处之，内杜疑贰之端，外防谗间之人，惟恐吾之诚信有未至焉，然后可保其交孚之美，同心协力以济天下之睽，而无始合终离之咎也。

孔子释四象曰：九四之志本欲济睽，但应之者未得其人，则虽有志而不能行。今既获初九元善之夫以矢心同济，志愿遂矣，宁虑睽哉？

按：人臣比肩事君，惟宜一心一德，共僇（音路，同戮，合、并）力以报国，若意见各立，遂至积成猜嫌、互相嫉害，此岂社稷之福乎？后世人臣之睽，莫甚于赵之廉蔺、唐之牛李①。廉蔺始睽而终合者，以两人之心皆出于公，公则自无不可化也；牛李始睽而终亦睽者，以两人之心皆徇乎私，私则自不能克也。四与初皆有阳刚之德，同德相遇，故始虽睽而终必合。欲济天下之睽者，亦观其心之公私而已矣。

注释 ①廉蔺：指战国时赵国名将廉颇和上卿蔺相如始有猜嫌而终和好的故事。牛李：指唐朝穆、宣年间，牛僧孺与李德裕两派之间的朋党之争，一派得势则贬斥另一派，斗争近四十年，至死方休。

易经 六五：悔亡。厥宗噬肤，往何咎？《象》曰：厥宗噬肤，往有庆也。

解义 此一爻，是言人君得贤自辅，有济睽之功也。厥宗，指九二；噬肤，易合之象。

周公系睽五爻曰：六五以阴居阳，济睽之才不足宜其有悔，但以柔中之德应九二之贤，得人辅治而有以匡其不逮，故虽有悔而终必亡之。然二、五君臣相得，岂仅如遇合之常哉？盖二本五之正应，乃宗子之家相，所谓宗臣也。当睽之时，五固切于下交，二又笃于事主，情洽意孚，诚有如噬肤之易者。以是而往，可以同心共济合天下之睽矣，复何咎乎？

孔子释五象曰：处睽患不得所合耳。五有厥（其）宗，合之如噬肤之易，则君臣同德以济天下之睽，此虽一人之福而实四海之庆也。

盖二、五君臣之睽，二言合之难者，臣道也，不敢轻身也；五言合之易者，君道也，急欲下贤也。故二言主，尊之也，下当以分（去声）严上也；五言宗，亲之也，上当以情亲下也。二依五以为主，五亲二以为宗，相须甚殷，自然相见恨晚，宜其易于合矣。然必君先求贤而后贤乃从君，此又慎重于始交之道也。

易经　上九：睽孤，见豕负涂，载鬼一车，先张之弧，后说之弧；匪寇，婚媾，往遇雨则吉。《象》曰：遇雨之吉，群疑亡也。

解义　此一爻，是言先睽后合而疑虑俱消也。豕，污秽之物；鬼，怪异之类；张弧（张弧：拉开弓，准备射），始而疑也；说（同悦）弧，终而释也；遇雨，和合之象。

周公系睽上爻曰：上九下应六三，本不孤也，然以刚明之过处睽极之地，猜疑所结，妄见多端，故睽孤而无与。三本非污而疑其污，如见豕负涂若将浼（p.118）已也。即至一切所无之事，尽疑其有，如载鬼一车，反以幻为真也。由是积疑成忿，先张弧而欲射之。乃本无是事，疑久自消，则又说弧而不果射。始知三非我寇，实为亲我之人，前疑尽释而往以遇之，犹阴阳和而致雨焉，则睽合而不孤矣。

孔子释上象曰：上九遇雨吉者，盖人情有所疑则不能合，今两情式好而乖戾不形，二人同心而猜嫌尽泯，则向日之妄见至此而俱消矣。又何睽之足虑哉？

大抵上下之交，莫难于信，莫易于疑。信则志同道合，一德交孚；疑则是反为非，忠反为佞。故嘉猷（嘉猷：治国的好方略）入告则疑其好（去声）名，忠言逆耳则疑其卖直，同道为朋则疑其植党，荐贤为国则疑其市恩。疑端一开，何所不至？小人因之播弄其间，而忠良之祸不可解矣。周公于此爻既极摹其情状，而孔子于象又概之以群疑,以见猜忌不释则暌终不可得而合。所以致微者不亦深切著明哉?

三十九　蹇卦 ䷦ 艮下坎上

解义　蹇之为卦,圣人所以教人济难也。见险而止,固为审时观变,然祸患之作,天所以开圣人,诚能择地择人、正名仗义,事亦何不可为者?故象辞曰利曰吉,而《象传》备言时用之大,为济蹇之人劝也。但《象传》于既止之后,策其奋往,故一则曰往得中,再则曰往有功,而六爻则于往多戒辞,于来多幸辞。盖庸懦者遇险辄畏,非往无以振因循;躁动者冒险妄为,非来无以需时会。沉潜之智与果断之勇,非有二也,而要(阴平)之来非止而不往,方且博求才俊、联情合势以弘济艰难。故爻自初、二以上,不曰来反则曰来连,不曰朋来则曰来硕,与《象传》利见大人之旨实相发明云。

易经(卦辞)　蹇:利西南,不利东北。利见大人,贞吉。

解义　此卦艮下坎上,以艮止遇坎险,不能前进,故名为蹇。卦辞言当蹇之世势难有为,而详示以济蹇之道也。西南,坤方,坤,顺也,故为平易之地;东北,艮方,艮,险也,故为险阻之地;大人,指九五而言。

文王系蹇象辞曰:世运艰难之会,固不宜轻进,然亦岂可终止而不思所以济之乎?故必所据得其地、所遇得其人,而又行事皆出于至正,乃庶几其有成。如平易通达之地,则西南也,利于往以资其形势之便;险阻艰难之地,则东北也,不利于往以失其进取之机。地利得而后可以一众心、决大计矣。然拨乱不得其人,不将病于无主乎?若于大人而见之,德望可以系人心,谋猷可以匡多难,则神器有属而耆定之功成矣,利何如也?然施为或失其正又何以服天下乎?必以正道而行之,不肯行一不义,不肯杀一无辜，则行事正大、万众归诚矣，吉何如也？得其地，得其人，得其正，具此三者，又奚蹇之不济哉？

按：得地、得人、得正之说，不独济蹇之道为然也。当世运亨嘉之会，民物昌遂之时，一人躬仁圣之资、揽乾刚之柄，所谓帝王自有真也。措之事业，纲举目张，上合天意，下顺民心，自得其正也。中天下而立，居重以驭轻，安内以辑（使安定）外，有山川设险之固，为万年磐石之安，自得其地也。则《易》之理可以引伸触类于无穷矣。

易经　《彖》曰：蹇，难（去声）也，险在前也；见险而能止，知（去声）矣哉。蹇，利西南，往得中也；不利东北，其道穷也；利见大人，往有功也；当位贞吉，以正邦也；蹇之时用大矣哉。

解义　此《彖传》是释蹇彖辞以明济蹇之时用也。当（去声）位，指卦体各当其位。

孔子释蹇彖辞曰：卦名为蹇者，有险难之义也。卦德坎为险而坎居上，是险在前也；艮为止而艮居下，是遇险而不进也，此所以为蹇也。夫明难察于几微，而祸易成于犹豫，今见险而能止，则熟识利害之势而灼见安危之几矣，其智矣哉。然见险固贵于能止而又不可以终止。

辞曰利西南者，卦变自小过而来，四之阳往居五而得中，是处平易之地而可为进取之资，故利也。不利东北者，退则入于艮，是陷险阻之地而失形势之便，故不利。又曰利见大人者，卦体九五有大人之象，往而见之，则可资其阳刚之才、中正之德，以成济蹇之功，此所以为利也。又曰贞吉者，卦体自二至上五爻，阴阳各当其位，有正之义，正则自无不吉。盖扶大义、秉大公，以削平祸乱、整顿纪纲，而邦因以正矣，此所以吉也。合而观之，当蹇之时，必得其地，必得其人，又必得其正，而后蹇始可济。蹇之时用岂不大哉！

按：蹇难之世，躁于进取者，每陷于险而不能济；昧于图度（图度：揣度）者，又缺于用而不能济。故必有大人出焉，具沈几观变之识而又得拨乱反正之资，然后可以平大难而福苍生也。要之，必以智为本，有智则立乎险之外以运于险之中，方能操全胜之局而进止皆得其当。若冒昧从事，则一蹶涂地，安能济蹇而成厥功乎？

易经　《象》曰：山上有水，蹇。君子以反身修德。

解义　此《象传》，是言君子当蹇之时，惟宜尽自修之道也。

孔子释蹇象曰：此卦下艮上坎，水在山上，曲折艰阻而难行，蹇之象也。君子体之，以行有不得，或阻于时命、或罹于谗毁，此吾身之蹇也，要皆实德之不修阶之。故怨天尤人，无益也；行险侥幸，非义也。惟反之于身，以修其德，省察于念虑之微，率循于言动之实。如是，则德孚于人而行无不遂，所以济一己之蹇者在此，所以济斯世之蹇者亦在此矣。

按：孟子谓行有不得者皆反求诸己，如反其仁、反其智、反其敬，皆反身修德之实事也。故曰：救寒莫若重裘，止谤莫若自修。又曰：君子修道立德，不以困穷而毁节焉，有所未善则改之，无歉于心则加勉。圣贤之心，亦只见其惟日不足而已矣。

易经　初六：往蹇，来誉。《象》曰：往蹇来誉，宜待也。

解义　此一爻，是言才不足者宜见几而止也。上进则为"往"；不进则为"来"。

周公系蹇初爻曰：初六阴柔而居艮始，正在宜止之时，若当此而欲往以有为，则只有陷入于险，不其蹇乎？惟不往而来，见险能止，则知几之誉集于一身，斯为智也。

孔子释初象曰：初六之往蹇来誉，岂终于不往哉？君子之所不能违者，时也。时既不可为，正宜考槃自乐以俟干旌[①]之求，然后出而应世耳。

此可见初六之义非终老山林、沽名钓誉者比。孔子恐人误为退避，故曰宜待；待者，藏器于身、待时而动也。他日答子贡问美玉而有吾待贾（同价）之言，对哀公问儒行而有席珍待聘、强学待问②、力行待取之语，正与此爻相发明。则知圣人当日，虽皇皇环辙，不忍忘民与物而其自处不苟如此，所以斯世不用则已，用则必能济天下之蹇也。

注释　①考：击也；槃：通盘；考槃：击槃以自乐，后喻隐居；干：通竿；旌：音京；干旌：用鸟羽饰竿首的旗帜，以为威仪。

②席珍：席上珍宝，喻才学好；强学：勤勉学习；《礼记·儒行》："儒有席上之珍以待聘，夙夜强学以待问。"

易经　六二：王臣蹇蹇，匪躬之故。《象》曰：王臣蹇蹇，终无尤也。

解义　此一爻，是明人臣致身（致身：献身出仕）之义也。艰险至甚，故曰"蹇蹇"。

周公系蹇二爻曰：六二柔顺精白，尽节之臣也，正应在上，方处蹇中；则是当国步艰难之秋、主忧臣辱之日，鞠躬尽瘁、不避危险以求济之，是王臣之蹇而又蹇者也。此其所以然者，盖二之心但知君之当急、职之当尽，必如是而后可以塞臣子之责、副君上之托耳，非干誉邀宠而为厥躬之计也。

孔子释二象曰：人臣事君，不尽其心者，可以尤其心也；不竭其力者，可以尤其力也。若六二之王臣蹇蹇，虽事之济不济未可知，纵使不济，而一念之自靖，可以质诸鬼神而无愧于天下万世矣，谁得而尤之乎？

按：五为当位之大人，凡天下之蹇，五独任其责而不辞，故曰大蹇。二与五为正应，在王臣之位，凡五之蹇，二亦独当其难而不避，故曰蹇蹇。一以天下之蹇任之于身，一以其君之蹇责之于己，此其君臣之交中正道合，大义已正、大节已明，济蹇之道无逾此者。汉臣诸葛亮有言：鞠躬尽瘁，死而后已，至于成败利钝，非臣之明所能逆睹。三代而下，如亮者，诚不愧蹇蹇之臣矣。

易经　九三：往蹇，来反。《象》曰：往蹇来反，内喜之也。

解义　此一爻，是言济蹇之道当求助于同心之人也。往蹇，是独力不能有济；来反，来就二阴也。

周公系蹇三爻曰：九三过刚不中而坎险在前，又值大难方殷之日，于此而毅然前往，则独力不足以成功，亦终于蹇而已。惟反就二阴，与之同心戮力，庶克拯救时艰而共济夫蹇也。

孔子释三象曰：往蹇来反，非强与之合也，盖九三有阳刚之德，在内二阴不能自立，皆喜得三共事而相与有成也。使彼无乐附之心，纵三欲与之比，讵可得乎？

按：九三乃下卦之主，是为内之所恃者，故不独初与二喜之，而四亦欲连之。盖处蹇之时，非刚明之才不可以治蹇，故阴皆思附阳以求济，亦可见阴之必利于从阳而益信阳德之尊矣。

易经　六四：往蹇，来连。《象》曰：往蹇来连，当位实也。

解义　此一爻，是言才力不足者当资人以共济也。连，谓连乎九三；实，谓九三阳刚当（去声）位。

周公系蹇四爻曰：六四上承九五，有济蹇之责者也，然阴柔之质当多事之时，孑身以往未必有济，只陷于蹇耳。幸九三以阳刚在下，连之同进，资其猷略以共挽时艰。则藉天下之才、济天下之蹇，而群贤之功皆其功矣。

孔子释四象曰：四之往蹇而必连九三者，何哉？盖济蹇非阳刚不能也。三乃当位之阳，内抱匡济之实心，外展经纶之实用，足以有为者，故宜连之以共济耳。

大抵阳实阴虚，虚者必有资于实，此阴之必求助于阳也。然四位近五，大臣之道，正当合天下之群策群力以共辅其君。功不必自己出，名不必自己成，唯求有济于艰难而已，岂矜一手足之烈乎？高帝有萧何而淮阴效力，艺祖得赵普而诸将归心，其庶几乎此义矣①。

注释　①高帝（指汉高祖刘邦）得萧何为相，萧荐韩信（后封淮阴侯）为大将，以此成刘邦帝业。赵普曾帮助宋艺祖赵匡胤收诸将兵权；另见 p.153 注。

易经　九五：大蹇，朋来。《象》曰：大蹇朋来，以中节也。

解义　此一爻，是言世事艰难之会，必得贤而后可以济也。大蹇，谓非常之蹇；中节，能守其中德之意。

周公系蹇五爻曰：九五居尊位而当蹇之时，是其蹇乃国家安危之关、宗社存亡之系，而为莫大之蹇也，不幸而值此时，非得天下之贤，其何以济？所喜者，五有刚健中正之德，势力既足以招徕，而信义又足以结纳，是以豪杰景附（景：同影；景附：如影随物），自九二正应而外，如来誉、来反、来硕、来连之朋，群然归之，效力宣猷（宣猷：尽谋略）而不患其终蹇矣。

孔子释五象曰：九五当大蹇而得朋来之助，岂无以致之哉？盖中德存于平居之时易，存于变故之时难。五能守其中德而不变，则造次之顷而志概弗移，颠沛之遭而信义愈笃，是以能鼓舞贤豪而得其慷慨悦从之心也。

按：五为蹇主，故曰大蹇；天下之蹇，直以一身肩之。汤之万方有罪，在予一人；成王之遗大投艰（p.34 注①）于朕身是也。然欲济天下之大蹇，必需天下之大才，汤非伊尹、仲虺无以昭九有之勋，成非周公、召公无以著夹辅之烈①。古之帝王戡乱致治，孰有外于得人者哉？

注释　①成王：即周成王；汤：即成汤；仲虺：汤的左相；九有：九州；夹辅：辅佐；另见 p.88 注、p.151 注。

易经　上六：往蹇，来硕，吉。利见大人。《象》曰：往蹇来硕，志在内也。利见大人，以从贵也。

解义　此一爻，是示人以济蹇之道而因明其所以成功也。大人，指九五。

周公系蹇上爻曰：上六居蹇之极，则有将济之机而时可为矣。苟徒以时之可为，遂欲自往以求济，不得济蹇之主而奉之，则无以行其拯溺亨屯（拯溺：援救溺水的人；引伸指解救危难，"亨屯"亦此意）之志，而蹇且益甚。惟能来就九五，则有硕大之功而吉矣。盖九五德位兼隆之大人也，见而附之，则忧时立功之念获伸于中节之君，而拨乱反正之猷得效于朋来之日。不惟一身庆其遭逢而实天下蒙其福泽，其利为何如哉？

孔子释上象曰：上六往蹇来硕者，以其志欲从九五，与之同心共济、相得益彰，故能成其功而吉也。又必见大人而后利者，以九五刚健中正而居尊位，其位与德皆为可贵，今往而见之，斯能系天下之望、得天下之心，于以济蹇，夫复何疑哉？

乃知大蹇之世，君择臣，臣亦择君。五之朋来，是延揽群才，以资廓清奏定（奏：音纸，致使；奏定：平定，达成）之略，兴王之所以定大业也；上之来硕，是攀附真主，以成旂常竹帛（旂常：旂上画交龙，常上画日月，为王侯之旗帜；竹帛：竹简帛书，指史册）之功，名世之所以垂不朽也。二者宜其相须甚殷而相见恨晚矣。不如此，何以济蹇耶？

四十　解卦　☳　坎下震上

解义　解，取解难（去声）之义。凡解难者，必有震动干济之才，乃能易险为平，出乎祸乱之外。屯之动乎险中，固不若解之动乎险外也。《彖》言"利西南"与蹇同辞者，蹇处险而教以择地则难可纾，解出险而教以安静则难不复作。然生天下之难者，莫甚于小人；解天下之难者，莫先于解小人。故卦之六爻，惟初以解难为义，而诸爻皆以解小人为义。六五，以君而解小人者也；二、四，以大臣而解小人者也；初、三、上，则三阴之小人也。而三阴之中，惟六三不中不正、窃据高位，尤为肆虐，故狐以象其蛊惑、隼以象其鸷害、负且乘以象其僭窃（僭：音见；僭窃：超越本分，窃取王位），而于五爻明以小人斥之，所以著三之罪也。总之，君相（去声）欲解天下之难，未有不以解小人为第一义者也。小人不解，则难本不除，前难方解而后难将复作矣。故二曰获狐；四曰解拇；上曰射隼；五为解主，直曰解小人。作《易》圣人，其兢兢于去小人，盖如此。

易经（卦辞） 解：利西南。无所往，其来复吉。有攸往，夙吉。

解义 此卦坎下震上，居险能动，出乎险外，有患难解散之义，故名为解。卦辞言险难既平，宜与天下以休息之道也。西南，亦指坤方平易之地。

文王系解象辞曰：险难方解，利于平易安静。且卦变自升来，三往居四，入于坤体；二居其所，而又得中，皆平易安静之义。故遇解之时，国运方复，元气未固，当思抚循而培养之，以宽大之心行简易之政而利西南焉。若其祸乱既殄，而无所往欤，则与民休息，相安于无事。上不苦于纷更，下不致于疲敝，而天下享和平之福，不亦吉乎？若其余患尚存，而不容无所往欤，则早往以除其衅，早复以收其成，既不至于养乱，又不至于黩武，而天下收廓清之功，不亦吉乎？处解之道尽于此矣。

按：《程传》谓国家必纪纲废而后祸患生，圣人既解其难，则当修治道、正纪纲、明法度，进复先代明王之治，是来复也。自汉以下，乱既除，则不复有所为，姑随时维持而已，故不能成善治，此不知来复之旨也。至哉言乎！盖无所往者，言天下初定，不宜以无益之事轻举妄动，滋生民纷扰之端。至一代之兴，所为规画布置，以建久安长治之规，君臣上下，孜孜汲汲犹恐不逮，固未尝顷刻可缓也。若谓时难（去声）甫息，便可晏然无事、因循玩弛、听其自然以偷旦夕之安，恐前难方解而后难复起矣，岂有当于此卦之义乎？

易经 《彖》曰：解，险以动，动而免乎险，解。解，利西南，往得众也；其来复吉，乃得中也；有攸往，夙吉，往有功也。天地解而雷雨作，雷雨作而百果草木皆甲拆；解之时大矣哉！

解义 此《彖传》，是释解彖辞以明解之义，且极言造化之功用而赞其大也。险，以时言；动，以才言；功，是安民之功；甲，是萌芽包含；拆，是萌芽发露。

孔子释解彖辞曰：卦何以名解哉？盖蹇虽见险而止，然险在前也，不可言解；屯虽动乎险中，犹未出险也，未可言解；此则卦德坎下震上，居险能动，动而免乎险，故为解也。

辞谓利西南者，何哉？卦变三往居四，入于坤体，而坤为众，又有得众之义，则是平易近人，人必归之，此西南之所以利也。其来复吉者，何哉？盖解时以安静为中，卦变二居其所而又得中，则是内焉宅心安静而无喜功，外焉处事循理而无过举，故能与时休息，来复而吉也。有攸往夙吉者，何哉？二既以得中而有攸往，制胜本于庙算，举动出于万全，所以早往早复，民社获安宁之福而有功也。

然解之道，不特王者以之生万民，天地亦以之生万物，当天地闭塞之时，二气郁结不散，今倏而解矣。解则气机鼓畅，雷雨交作，以动以润，凡百果草木，枯者萌甲而甲者开拆矣。夫天地一解，遂成化言之仁，而其成之则以时也，解之时岂不大矣哉？

王者法天以行解，亦犹此矣。盖天地帝王，阖辟张弛，本同一道：天地于时之未解，则雷以奋之于先，雨以润之于后，而后品汇以昌；及其既解，则收敛神功，返于寂若。此一阖一辟之机，所以变化万物者也。帝王于难之未解，则经纶乎草昧（草昧：形容时世混乱黑暗）、肇造（肇造：始建）乎艰难而后大乱始定，及其既解则相与休息、垂拱受成。此一张一弛之用，所以奠安万民者也。说者以人君解难主于静，造物解难主于动，则是天人有二理矣，岂其然乎？

易经　《象》曰：雷雨作，解。君子以赦过宥罪。

解义　此象传，是言君子体解之义以仁其民也。

孔子释解象曰：雷雨交作，则散蕴结而为亨通，有以解万物之难，解之象也。君子之于万民，犹天地之于万物，念兹蹇难之后多罹于法，非陷于不自知即迫于不得已，与处常之时不同，故矜恤（矜恤：怜悯抚恤）之典行焉。于无心之过则赦之而不问，于犯法之罪亦宥之而从轻，沛（降，赐给）以解网（解网：解开罗网，比喻宽宥、仁德）之仁，开其自新之路，诚仰体天地好生（好：去声；好生：爱惜生灵）之德而然也。

大抵承平之世，赦宥不可数，数则奸宄得志而良民不安，故明罚敕法，昭万世之常经；处危疑之世，赦宥不可无，无则反侧不安而祸难不解，故泣罪（p.197注）祥刑（祥刑：同详刑，审慎用刑），见一人之宽政。此古帝王治世之微权（微权：权谋，机变），在因时而用之也夫。

易经　初六：无咎。《象》曰：刚柔之际，义无咎也。

解义　此一爻，是言初柔得刚以济而动无过举也。

周公系解初爻曰：解难之初，扰以多事，固不足以安民；而弛以无事，又不免于滋弊。初六以柔在下，本安静不扰，而上应九四之刚，又足以济之。敷政优优（敷政：施政；优优：宽和，语出《诗·商颂·长发》）、与民休息，既免纷更（阴平；纷更：变乱更易）之害，亦鲜委靡之讥，复何咎乎？

孔子释初象曰：初处解之始而得无咎者，非幸也。以初应四，柔际乎刚，是能镇静而济以明作，不因循、不激变，得张弛之妙用、时措之咸宜，揆之于义，固当无咎也。

按：六爻之义，有以解难（去声）言者，有以解去小人言者。盖天下之难，多自小人致之，此诸爻所以主解小人也。若初爻则专主解难之意，必本之以和平安静而辅之以果断刚决，然后无所往而不失之废弛，有攸往而不失之烦扰。戡乱安民，不外此矣。然四以初为小人，惟恐解拇之不速；而初以四为正应，惟恐刚柔之不济。又可见六爻之取义，各不同也。

易经　九二：田获三狐，得黄矢，贞吉。《象》曰：九二贞吉，得中道也。

解义　此一爻，是言二能去邪而得正也。田者，去害之事；狐，兽之变幻惑人者；三狐，指三阴爻言；黄，中色；矢，直物，谓中直也。

周公系解二爻曰：二有刚中之德，乃秉道嫉邪之君子也。而当三阴用事之时，为能解而去之，以杜惑上残民之祸。夫小人既去，则善类自进，而得中行直道之贤，故为田获三狐得黄矢之象。如此，则举错得宜，合乎进君子、退小人之正道，朝廷清而天下治，贞而且吉也。

孔子释二象曰：亲贤远奸，不易能也。九二能去邪媚，得中直而贞吉者，何哉？盖人惟自处不中，故不知邪媚之当去而正直之当亲。二本中德君子，己心之邪媚无不去，故于人之邪媚自不能容；己心之正直无不存，故于人之正直自相保护也；所谓惟仁人能好（去声）人、能恶人者欤。

从来小人为害人人皆知，而不能去之者，以其善媚也。人好利即媚之以利，人好名即媚之以名，多方以结人之欢，先事以承人之意，盖不独庸众为其蛊惑，即端人君子亦有时误受其欺蔽者矣。然外为巧言令色之态以售其奸诈，而中实包藏险毒，凶于家、害于国，有不可言者。圣人痛之恶之，故于二之爻名之为狐，言其邪媚惑人之可羞；于上之爻又名之为隼，言其险鸷搏噬之可畏。俾后之人知所鉴戒，慎勿喜其媚而忘其毒也，庶有以解天下之难矣。

易经 六三：负且乘，致寇至，贞吝。《象》曰：负且乘，亦可丑也。自我致戎，又谁咎也？

解义 此一爻，是做无才德者不宜在高位也。负，是担负；乘，是乘车。

周公系解三爻曰：天下惟有德者宜在高位。六三阴柔不中正而居下之上，乃无德而窃据高位者，则裦辱所必加、斥逐所必至，虽得之必失之。是犹小人宜负荷而反乘车，处（上声）非其分（名分），当致寇夺也。虽爵禄出于公朝，本由君上之命，自以为贞，而不称（去声）之羞岂能免乎？其见攘也宜矣。

孔子释三象曰：朝廷设位以待有德之人也。六三负而且乘，则在我为非分之福，而在人有素餐之讥，是诚可丑也。所谓致寇至者，盖德不配位，人将夺之，是戎虽在人，而所以致戎者则在于我，又将谁咎也？

按：古者德以诏爵，能以诏禄，人人各安其分而不萌侥幸之想。后世用人，不以行举，不以言扬，一小人得志而众小人生心，纷纷竞进，各挟负贩（负贩：担货贩卖的小商人）之智而逞暴取豪夺之私，其为生民之害，岂可言乎？夫安民可与行义，危民易与为非。民既稔受其毒，而出尔反尔、犯上作乱之事因之而起，故曰"负且乘、致寇至"，盗之招也。可见天下本无寇盗，而用小人者实招致之。有天下者，与其劳师动众以殄平寇盗，不若爱惜名器以慎绝小人，未有小人不去而寇盗可平者。三复此爻，意盖深切著明矣。

易经 九四：解而拇，朋至斯孚（诚信）。《象》曰：解而拇，未当位也。

解义 此一爻,是勉四以去小人而因幸其得朋也。拇,象在下小人,指初也。

周公系解四爻曰:当解之时,非刚正之朋,不足以同心而共济。四应初柔,非其侪类,此君子交相疑忌而不至也。故为四计,莫若断然解去其拇,屏绝匪类以示己无私交,则一德之朋至而相孚无间矣。

孔子释四象曰:四所以解而拇者,以四居位不正而下应初六,故初得附之为其拇,所谓私情之合也,以私情比私交,则贤士必闻而解体矣。非解而去之,则终为所累,何以来君子之朋耶?

大抵君子小人,气类各别,若使并立于朝,小人未有不日进、君子未有不日退者,其故何也? 君子以道事人,人必敬之而疏;小人惟言莫违,人必狎之而亲。疏者易间而亲者难睽也。而君子者不得志,则乐道自守、奉身而退;小人者不得志,则狡谋百出、不进不休。君子有时容小人,而小人必不肯容君子。自古以来,断无小人在位而君子得安其身者也。是故仙客用而九龄疏,承璀任而李绛出[1],一薰(香草)一莸(臭草),不可同器。有用人之责者,可不细玩此爻之义乎?

注释 [1]仙客:指李白;九龄:指张九龄,唐玄宗时称贤相,亦为诗人;承璀:指吐突承璀,唐宪宗时官左神策护军中尉,封护国公;李绛:唐宪宗时拜相,直言敢谏,遭非正之徒恶,并为乱兵所害。

易经 六五:君子维有解,吉。有孚于小人。《象》曰:君子有解,小人退也。

解义 此一爻,是言去小人之当断也。孚,验也,言以小人之远去为验也。

周公系解五爻曰:五当君位,是君子也,乃与三阴同类而相比,狎迩(狎迩:亲近)小人之咎不能免矣。当此之时,惟有惕然自省，知其决不可留，解而去之，一解之外，无他术也。如是，则朝宁（朝宁：即朝廷；宁音住）清明，纪纲振肃，吉孰大焉？然君子之有解，于何验之？即验诸小人之退而已。必小人果退，方见我之能解；若犹有瞻顾，则是外示解之之迹而内无解之之心，其何以为能孚也哉？

孔子释五象曰：小人非难解，特患君子之心未必真欲解耳。若果能解之，辨之极其明而断之极其勇，则小人自消沮屏伏而无所复用其夤缘（夤：音寅；夤缘：攀附）矣。

古之真能退小人者莫如尧舜，如共工之象恭滔天（象恭、滔天：均喻巨奸大恶）、欢兜（见 p.129 注）之比周（比周：结党营私）为党、鲧（p.178 注）之方命（方命：抗命，违命）圮（音痞，毁灭）族、三苗（P.110 注）之负固（负固：依恃险阻）不恭，毅然加以流放殛（音集，放逐）窜（放逐）之刑，曾无姑息养痈之患，乃为有解之君子也。六五本阴类，恐其优柔少断，明知小人之当去而牵于私爱，姑饰词以掩天下之耳目，若曰吾已屏黜之矣，而阴狎昵之如故，则彼益倡狂恣肆、惟所欲为而一无忌惮，国家之祸遂至于莫救。此管子所云"恶恶而不能去，郭（郭公，郭国之君）之所以危"也。岂不可戒欤？

易经　上六：公用射隼于高墉之上，获之，无不利。《象》曰：公用射隼，以解悖也。

解义　此一爻，是言上能佐五以去小人也。公，指上六；隼，鸷害之鸟，以喻小人，指六三；高墉，宫垣也。

周公系解上爻曰：六三以阴柔小人窃位媚主、鸷悍叵测，犹隼之立于高墉者然。上六当大臣之任，位尊望重，一举而歼厥凶恶，有射隼于高墉之上之象。如是，则金壬退而祸患除，上无负于天子，下有裨于苍生，其无不利，宜也。

孔子释上象曰：所谓公用射隼者，盖蠹国害民、小人悖道甚矣，其罪既明则解而去之，正所以除天下之祸乱耳，岂为一己之私恶哉？

　　按：小人恒在人主左右，居高而害物，故取象于隼。方其栖于山林，人皆得而射之，惟栖于王宫高墉之上，则如城狐社鼠有所凭依，虽欲射之而不能矣。不幸与之相值，将解去之，非其人不敢动；有其人、非其时，亦不敢动。必下有九二之中直、九四之得朋，上有六五之能解，而后上六乃得乘其便利除君侧之奸，功成而天下安之。然则去小人，宁易易（易易：极容易）哉？

卷之十　下经

四十一　损卦 ䷨ 兑下艮上

解义　天下之事，有不当损而损者，损下益上、损民益君是也；有当损而损者，省文存质、去奢崇俭是也。圣人画卦，以损下益上示戒，而以损所当损为法。统观六爻：下体本乾，三画皆阳，阳过于盈，则损乎阳；上体本坤，三画皆阴，阴过于虚，则益乎阴，此一卦之旨也。析观六爻：初、二以益上之道言，初居下而益四，量而后入，故曰酌损之；二刚中而益五，道义自持，故曰弗损益之；三、四以取益之道言，三阳上而阴下，是去其异己者，故曰损一人，四资刚以济柔，是勇于改过者，故曰损其疾；五、上以受益之道言，五体柔居中，为虚心好贤，故曰或益之，上居上益下，为因民而利，故曰弗损益之。此六爻之旨也。大抵损之时，贵乎损所当损，而必本之以诚。诚以存质，则礼亦可杀（音晒，省）；诚以崇俭，则用无不节。推之初遄往、二利贞，诚于事上也；四使遄、五或益，诚于虚己也；上弗损，诚于益下也；至六三一爻，卦之所以为损者也，戒其三而杂，取其两而专者，贵于致一也。此又损之精义也，宜象辞首以"有孚"为训哉。

易经（卦辞）　损：有孚，元吉，无咎，可贞，利有攸往。曷之用？二簋（p.236）可用享。

解义　此卦兑下艮上，卦体损下卦之阳益上卦之阴，卦象损兑泽之深，益艮山之高，皆有损下益上之义，故名为损。卦辞言处损之道，既示以至诚之应而又酌其用，虽至薄而无害也。

文王系损象辞曰：上之不能不取于下者，势也。然当损之时，国用固不可缺而民力亦易以匮，于此而复示以侈，则民有难堪而将至于不继，故必省文以存质、去奢以崇俭。凡上而朝廷、外而军国，一皆示以诚实悃愊（音捆必，至诚）之意，而烦文缛节皆所不用，是之谓有孚也，是之谓损所当损也。诚能若此，则其政尚忠、其俗尚愿，可以追太古之遗，何吉如之？且不伤财、不害民，而无不节之嗟，何咎之有？自其行之一时，若为权宜之计耳，而要之诚则可久，即一时可也，千万世亦可也，是可贞矣。自其行之于上，若为救世之权耳，而要之诚则可通，即行之君可也，行之万邦臣庶亦可也，是利有攸往矣。夫损而有孚，则有四者之应，是有孚者，致用之本也，而其用果何如哉？盖国之大事莫大于祀，而时当可损，则虽俭而不病于菲，苟感以孚信之诚而略其虚文之饰，即二簋之薄亦可用享矣。祭祀可损，况其他乎？夫损非上所当行也，而有孚则可行；祭非上所当损也，而有孚则可损。处损之道，诚莫切于有孚之用矣。

按：释此卦者，谓于不得已之时不能不取足于常赋之外，但能有孚，则民自无不曲谅（曲谅：特加原谅）耳。窃谓此后儒之臆说，非知圣人系辞之旨者也。先王之制，有节用，无加赋。鲁年饥用不足，有若犹以盍彻（盍彻：指周朝什一的薄税率，后指仁政）告之，岂因不足而遂可赋外取民乎？且古者三年耕余一年之食，九年耕余三年之食，虽有凶荒，民无菜色，何至阙（同缺）军国之需也？苟且之术，后世无备者为之，安得以为有孚之道乎？既非有孚，一时且不可行，况欲以为长久之规乎？损之义，盖言盈缩随时，礼称（去声）其情则杀（p.335）礼不为嫌，用适其宜则俭用不为固（陋），祭祀尚然，凡百用度之间、宾客燕（通宴）享好用匪颁（匪：通分；匪颁：分赐）之类，皆在所损可知。此谓有孚，则真有孚矣，诚万世遵行之而无弊者哉。

易经 《彖》曰：损，损下益上，其道上行。损而有孚，元吉，无咎，可贞，利有攸往；曷之用？二簋可用享；二簋应有时，损刚益柔有时；损益盈虚，与时偕行。

解义　此《象传》，是释损彖辞，以见损之义无非与时为宜也。

孔子释损彖辞曰：卦之名为损者，盖以损下卦上画之阳益上卦上画之阴，是取闾阎（闾阎：音驴言，闾、阎均指里巷的门，泛指民间）之财以充府库之用，损下而益上者也。但君之富藏于民，民既穷于所损，则君不得以独益，是损之道势必转而归上矣，此所以为损也。

夫当损之时而诚有孚、损其所当损，则吉而无咎、贞而利往固不必言。又曰"曷之用，二簋可用享"者，岂专以薄为道哉？盖天下时而已，时当丰而丰，即大牲（大牲：祭祀的牛）殷荐（殷：盛大；荐：进献）不为奢；时当俭而俭，即二簋不为薄。是各因其时而非谓其可常用也。且是时也，岂独一享祀为然哉？天下之事，凡理之当然与数之不得不然者，皆时也。观之卦画，则损下卦之刚以益上卦之柔者，非他也，时有所当损则阳不能以常伸，时有所当益则阴不能以常屈，此皆理数之不容违者也。观之物理，则损其进极之盈以益其退极之虚者，非他也。时不可以终盛，盈未几而损随之；时不可以终衰，虚未几而益随之。亦皆理数之不容违者也。卦画以时而成，物理以时而变，处损之道，岂有能外时者哉？

按：上下相关，本同一体。益下，则虽不加赋而用自有余；损下，则虽善聚财而用日不足。不幸而遇损之时，但当节用以厚民，不可剥民以奉己，即九庙之享，在所宜节，况其余乎？此无他。天之运存乎时，君之行视乎天，损益盈虚之间有必然之道焉，虽欲不变丰为俭不能也。常存此心，则时赢尚当从绌，而时绌岂反可举赢也哉？

易经　《象》曰：山下有泽，损。君子以惩忿窒欲。

解义　此《象传》，是言君子治心之功也。惩，惩戒也；窒，遏绝也。

孔子释损象曰：山下有泽，损兑泽之深，益艮山之高，损之象也。君子体之，以为为学之要无如损吾心之所当损焉。吾心原自和平，偶有所触，遂发而难制而忿生矣。忿心一生，则不能观理之是非而为血气所使。君子当忿之未起急宜惩之，化躁以恬，预拔其忿之根，则心体日休、安于宁谧（音密，平静）之天矣。吾心原自洁清，偶有所诱，遂动而难遏而欲萌矣。欲心一萌，则不能辨念之公私而为外物所移。君子当欲之未溺急宜窒之，闲（防止）邪存诚，预杜其欲之隙，则心境光明游于粹美之渊矣。此诚得治心之要者欤。

按：忿、欲，人所同患，而有天下者，关系为尤重。盖人君势处崇高、富有海甸，雷霆之威、不可向迩，嗜欲之奉、无有穷极，稍一任意，而妄生于内、物诱于外，其害有不可言者。古之帝王，守敬以澄其原，主静以绝其诱，戒惧慎独之功既至，而见诸行事，发皆中节。必一怒以安民而后所忿者，皆义理之勇矣；必欲仁而得仁而后所欲者，皆天理之正矣。

易经 初九：已事遄往，无咎；酌损之。《象》曰：已事遄往，尚合志也。

解义 此一爻，是言初能尽益上之忠而又示以量己之智也。已，止也；遄，速也；尚，指六四。

周公系损初爻曰：初九当损下益上之时而有阳刚之才，上应阴柔之六四，是责难（责难：勉励人做难事）之任在我矣。于是辍其所行之事，汲汲然速往以益之，无非求尽我之心而损彼之疾，则事上之责已罄而可以无咎矣。然初下而四上，以分（去声）言则殊也，以情言则疏也，虽有款款之诚，安能必上心之我谅乎？又当量而后入，因事纳诲，相机进言，视上之所以待我者何如而酌量其损之浅深。否则，未信而谏必有冒昧之讥，已之遄往者,何以得效其忠而终无咎也哉?

　　孔子释初象曰:初之已事遄往者,夫岂造次以干上乎? 初之志固欲损四之疾,而四之志亦欲求助于初而损己之疾焉。合志(合志:符合意愿)如此,初虽欲不急往应之而不可耳。

　　按:事(侍奉)上之道,进思尽忠,退思补过,唯知自靖而已,岂可有所瞻徇(瞻徇:徇顾私情)于其间哉? 然致主之心太急,不顾利害,触其君之怒以至于偾事,则欲损其疾而反增其疾矣。酌损云者,盖相度事机、法言巽言、随时上下以求其有济,实非怀私营而忘国事、观望而不往者可得借口也。故圣人交发其义以为益上者准。

　　易经　九二:利贞,征凶;弗损益之。《象》曰:九二利贞,中以为志也。

　　解义　此一爻,是言二能守其贞,由心之自重乎道也。

　　周公系损二爻曰:九二与六五为应而有刚中之德,是重名义、轻利禄,得在下之贞而励无私之操者也,则身名俱泰而利。若希心(希心:向慕)利禄,奔走于形势之途,举生平而尽弃之,则身败名辱,凶孰甚焉? 然是贞也,岂特一己之利而已? 苟能即其守而持之不变,则直节之臣,朝廷之宝也;法家之士,社稷之赖也。其为益也,不亦大哉!

　　孔子释二象曰:九二之所以利贞者,以其居下之中而抱刚正之德,一念是矢,惟知道义之足重而有确乎不拔之志,故能不为富贵利欲所动,自守其贞而不妄求也。

　　按:此爻之义,有以贞士言者,有以贞臣言者。贞士之益,洁身独往而至行可师,如伯夷(p.195 注)穷饿而顽廉懦立(顽:贪;懦:音诺,软弱;顽廉懦立:使贪者廉,懦者立),严光垂钓而山高水长是也;贞臣之益,大节屹然而百折不夺,如汲黯在朝而叛臣寝谋,董允秉政而金壬畏惮是也[①]。两说皆通。观二、五上下相应，似君臣之义尤切。故《程传》亦主以下益上言，而曰能守刚贞、志存乎中，则有益于上；若变为柔媚，适足损之而已。语云：山有猛兽，藜藿为之不采②。由此言之，正色独立、招不来麾不去之臣，人君安可一日少哉？

注释 ①严光：即严子陵，少曾与汉光武帝刘秀游学，后秀称帝，授之官，不受，隐富春江垂钓；汲黯：汉武帝时官九卿，敢于面折廷争，曾反对武帝对匈奴作战。董允：诸葛亮称其志虑忠纯，官至侍中守尚书令，时宦官黄皓见宠于后主，以有允在，不敢为非，允死，即干朝政。佥：音千；佥壬：小人。

②藜藿：均为野菜，可食。"山有猛兽，林木为之不斩；园有螫虫，藜藿（应为葵藿）为之不采；国有贤臣，折冲千里。"语出《文子·上德》；文子，老子的学生，有《文子》二卷存世。

易经 六三：三人行，则损一人；一人行，则得其友。《象》曰：一人行，三则疑也。

解义 此一爻，是言取友之道，当去损而乃获益也。

周公系损三爻曰：损之三爻，卦之所以为损也。下卦本乾，而损上爻以益坤，有三人行则损一人之象。一阳上而一阴下，有一人行则得其友之象。故于同类之中而有异类之间（去声），是三人行也，则损去一人，而使淫朋比德（p.177 注）之徒不得杂乎其间焉。夫异己之人，既损之使行，则同德之友自可相孚而至，切磋黾勉（黾勉：勉励）、相观而善，此诚致一之道也。

孔子释三象曰：三人之中，必损一人而使之行者，岂示人以不广哉？正以三则心术驳（混杂不精纯）而意见乖，反生其疑忌而不能以相协，此损之所以为急也。

盖凡人之相与，惟其心之同而已。苟精神不相孚、意气不相合，则群党比周（p.333）固三也，即一人之异亦三也，是皆不可以不损也；精神苟相孚、意气苟相合，则二人同心固两也，即千百其朋亦两也，要皆不可以不相得也。噫，即交友而推之，君臣上下之间，亦何莫不然欤？

易经　六四：损其疾，使遄有喜，无咎。《象》曰：损其疾，亦可喜也。

解义　此一爻，是言四能取人以为益也。疾，谓阴柔之疾。

周公系损四爻曰：气质之偏皆谓之疾。六四当重大之任而居阴柔，未免萎靡不振，兹能藉初九之阳刚以济之，至诚延揽，使初汲汲而遄往于我，匡扶救正以损其疾，不有喜乎？夫上有虚受之美，下乃得尽献之忠，取人之善而愈己之疾，复何咎耶？

孔子释四象曰：人能无过，固为可喜，今四有疾而藉初以损之，则有过仍复于无过，德业日新，亦可喜也。

盖进德以奋决为先，改过尤以疾速为要，况四身为大臣，有天下国家之责，使其疾一日未损则斯世受一日之害，所望下之匡救切矣。然良药未免于苦口而忠言恒至乎逆耳，苟无殷殷求助之诚，虽有嘉谋嘉猷（p.152、p.319），亦安从而入告乎？贾谊（p.112 注）有言：医能治之而上不使，可为叹息者此也。初九之遄往，亦在乎六四之能使而已。

易经　六五：或益之十朋之龟，弗克违，元吉。《象》曰：六五元吉，自上佑也。

解义　此一爻，是言五能虚中（虚中：虚心；谦虚）取益，而受天下之善也。两贝为朋，十朋之龟，为国重宝。

周公系损五爻曰：六五柔顺居中以膺尊位，是抱懿恭（p.67注①）之德虚心好贤而不挟贵以自亢，故天下豪杰景（通影）从，能者献其才，智者效其策，发乎众心之诚，欲辞之而不得焉，如或益之以十朋之龟而弗克违者。如是，则群策毕举而百度（制度）有惟贞之美，由是而迓天休（天休：天赐福祐），由是而绵国祚（祚：音坐；国祚：国运），吉孰有大于此者乎？

孔子释五象曰：六五之获元吉者，非有心于必得也，盖虚中好贤之诚克当天心，故誉髦（誉髦：指有名望的才士）归之，共襄上理，佑以景（大）福而受天下之益也。

按：《书》言不宝远物、所宝惟贤。故楚人以二臣（二臣：指春秋楚臣观射父、倚相）之善珍乎白珩（珩：音横；白珩：佩玉上的横玉），齐王以四子（四子：指战国齐威王臣檀子、盼子、黔夫、种首）之功美于照乘（照乘：即照乘珠，能照见许多车辆的宝珠）。十朋之龟，国之至宝，信乎？惟贤乃足以当之也。然非圣君在上，隆之以殊礼、待之以至诚，则贤者亦不乐为吾用。今六五为虚中之主而有亲贤之德，则以君心感多士之心，即以人心格上帝之心。此卑以自损者，乃能大有所益欤。

易经　上九：弗损益之；无咎，贞吉，利有攸往，得臣无家。《象》曰：弗损益之，大得志也。

解义　此一爻，是言上九普其惠于天下，而得遂益民之志也。得臣，能得人心；无家，不可以家计也。

周公系损上爻曰：上九居损之终，受下之益既多而欲自损以益下者也。然必待损诸己以益人，则德有尽而惠易穷，惟是因民之所利而利之，即天下自有之益以益天下而可以无此咎矣。是乃帝王荡平之政而非欢虞小补之术，所谓贞也。则加诸亿兆，泽无不被，不亦吉乎？施诸遐迩，道可常行，不利有攸往乎？由是民心日归，海隅日出之邦靡不率服而无有远迩亲疏之间（去声）也，其得臣宁有家耶？

孔子释上象曰：上之于下，孰无益之之心哉？然益出于己，则所及有限未能大得志也。今弗损益之，则惠出于己无穷，泽治于民甚广，无一夫不获其所，斯其志诚大得矣。

粤若（粤若：用于句首的发语词）唐虞（p.129注）之世，康衢（康衢：四通八达的大路）击壤（击壤：尧时有老人击壤而歌，以赞太平盛世），帝力相忘，四海共安耕凿之常，蒸（众）民惟有云日之颂，巍巍荡荡，殆兹弗损益之得臣无家之象乎？后世发帑救荒，亦一时恤灾赈穷之典，而省徭薄赋、爱养斯民、惠而不费，要在平日。有天下者，其必以纯王之心行纯王之政也哉。

四十二　益卦　☲☶　震下巽上

解义　益者，损之反也。凡卦以内为主，故损下谓之损，而益下谓之益。至上之损益则不与（去声）焉，所以厚其本也。益见于王道，则有减赋补助、约己裕民之政，《象传》所谓民悦道光是也。益本于天德，则有迁善改过、进德修业之学，《象传》所谓动巽日进是也。疏观六爻，自初至四，皆以臣之受益言；五、上二爻，则以上之益下言。盖益以兴利，初利用为大作，是为天下万世之大计，非寻常之报效也；二用享帝，为靖献之大谊；三益用凶事，为盘错之大任；四利用为依迁国，为安民之大举，皆非小益之事；至九五之元吉，由惠心之有孚；上九之莫益，由立心之勿恒，则兴利之原未有不本于君心者也，所谓有天德然后可以行王道也。顾《象传》"中正有庆"专指二、五，而小《象》于三、四亦曰"中行"者，何也？以二体言，则二、五各居其中；以全体言，则三、四并居其中，此三、四所以称中行也。此又因象系辞之一例，而《易》之以中行为重者，于此可见矣。

易经（卦辞）　益：利有攸往，利涉大川。

解义　此卦震下巽上，损上卦之阳益下卦之阴，有损上益下之义，然民富而君不至独贫，则下益而上亦益也，故名为益。卦辞言益，道无所不利，以明惠下之政当急讲也。

文王系益彖辞曰：人君果能损上之有余以益下之不足，则仁恩洽畅（洽畅：和畅美好，协和通达）、上下交孚，有所往而经纶创作、事无弗集而功无弗成，固极其利矣。即使之拯溺亨屯

（p.326）、削平祸乱，则众志可以成城，一心自能济变，虽涉大川亦无不利。甚矣！益之可以兴利也。

按：损下以益上，本以求益也而反成损；损上以益下，己不能无损也而究为益。可见肥己瘠人者，民贫而君亦无所寄；约己裕人者，民乐而君不至独忧。故曰：民为邦本，本固邦宁。有天下者，诚不可不务固本之图已！

易经　《彖》曰：益，损上益下，民说（同悦）无疆；自上下下，其道大光。利有攸往，中正有庆；利涉大川，木道乃行。益动而巽，日进无疆；天施地生，其益无方；凡益之道，与时偕行。

解义　此《彖传》是释益彖辞，以明益之道亦不外乎时也。中正，指二、五言；震巽皆木，故云木道。

孔子释益彖辞曰：卦之名为益者，盖以损上卦初画之阳益下卦初画之阴。则是君能自损以益民，民之被其泽而悦者，自无疆域之可限矣。此岂要结小惠、补苴（音居，补）欢虞之治也哉？乃朝廷爱民如子，恩出九重之上而下逮穷簷蔀（音部，用草盖）屋靡不普遍，真如天道之下济而光明。君益民而民受君之益，民悦道光。而民之益即为君之益，此卦之所以为益也。

辞言利有攸往者，以二、五有中正之德，君臣同志，一德交孚，举凡良法美意，曲畅旁通而无壅蔽之患，则福庆不仅在一人而在天下，此往之所以无不利也。又云利涉大川者，盖济川必乘木而济变必需才，震巽皆木，是平时既德泽下究，而遇变复谋猷克壮，能使往无不复而陂无不平，此大川之所以利涉也。

夫于卦名，可以知上下之胥（音须，皆）益矣；于卦体，可以知常变之胥益矣。然岂特此已哉？更以人事与造化观之：人事之益莫大于学问，卦德震动巽人，是作圣之功，既奋发精进又逊志沉潜，自然德崇业广，日进宁有疆乎？造化之益莫大于生物，卦变乾易初而下交于坤，天之施也；坤易初而上达于乾，地之生也；天下施、地上生，万物并育，其利宁有方乎？凡此皆益也，皆道之所在而时之所为也，学问之道随时而进，造化之功顺时而新。以至人情之穷而复通、失而复得，物理之消而复长、亏而复盈，何一非与时偕行者耶？益道之无所不该如此。

按：圣人释损《象》曰：二篇应有时，损刚益柔有时，损益盈虚与时偕行；释益《象》曰：凡益之道，与时偕行。可见易道不外一时，圣人合德天地之学不外趋时，而于损益反覆言之者，见损益为盛衰之始，尤当兢兢致慎、承天时行，损其所当损、益其所当益，而后常变无不宜、上下无不利也乎。

易经　《象》曰：风雷，益。君子以见善则迁，有过则改。

解义　此《象传》，是言君子体益象以为学也。

孔子释益象曰：此卦下震上巽，震雷巽风，风雷之势交相助益，益之象也。君子知体益之道莫要于圣学，而圣学莫切于迁善改过。故见一善，若决江河，即时迁就，如风之疾而莫可遏也；觉有过，如恶（去声；厌）恶臭，即时更改，若雷之迅而莫能御也。由是迁之又迁，善日积而过日寡；改之又改，过全去而善全复。君子体益之学，孰有大于此者乎？

昔大禹闻善言而拜，接精一执中之传；成汤能自得师，改过不吝，而圣敬日跻。故曰：惟木从绳则正，后（p.218）从谏则圣。然则迁善改过固作圣之功，而虚怀纳谏又迁善改过之要道也与！

易经　初九：利用为大作，元吉，无咎。《象》曰：元吉无咎，下不厚事也。

解义　此一爻，是言受非常之知者，必有非常之报而后可无愧也。大作，谓大有作为；元吉，谓所作尽善。

周公系益初爻曰：初居下位而受上益，是当进身之始而膺特达之遇，受宠最渥（音握，厚重）者。夫上有国士之知，下自当有国士之报，故利用大有作为。利一身者不为，利天下者为之；利一时者不为，利万世者为之；不徒寻常事业已也。必如是，庶可少塞报称之责矣。然居下则位之最卑者也，大作则任之最重者也，居下而任上事，能免出位之咎乎？必其所作者尽善尽美，合乎事理之宜而中（去声）乎经权之妙，然后天子信焉、大臣安焉而不议其为僭也。否则作之不善，安冀其有成功哉？

孔子释初象曰：初必元吉而始无咎者，盖天下之大事业，必有天下之大责任而后可为也。初居下位卑，本不当任厚事，苟非元吉，则不惟无建功立业之誉，而且有越职犯分之讥矣，诚不可不致慎于其间也。

按：隐居则求其志，行义则达其道，幼而学者壮而欲行之，况当世有知我之一日乎？然既度其身矣，又必度其君；既度其君矣，又必度其时。急于自售而昧进退之宜，如汉之贾生（即贾谊，见 p.112 注），一遭文帝即流涕痛苦，卒至交浅言深以招谤忌而志不获伸。故曰：非才之难，所以用其才者实难。明于此爻之义，庶乎免矣。

易经 六二：或益之十朋之龟，弗克违，永贞吉。王用享于帝，吉。《象》曰：或益之，自外来也。

解义 此一爻，是言二之受益，当忠顺不失以报其上也。

周公系益二爻曰：六二虚中处下，上应九五刚明之君，小心翼翼以事一人。虽无心于求益也，然精诚所感，锡赉（音赖，赏赐）优渥不期而至，有辞之而不得者，为或益之十朋之龟、弗克违之象。此由二守臣道之贞，故获非常之宠。诚能一心自矢，自始至终守正不变，则臣心愈笃主眷弥隆，而吉可长保矣。然臣之事君与君之事天，其分（去声）同也；君之益臣与天之益君，其理同也。苟王者用是虚中永贞之德而享上帝，帝必鉴其诚而歆（音新；口吸，享用，古谓祭祀时鬼神先享祭物的气味）其祀，自天佑之，吉又何如也？天之难谌（难谌：不能信任）犹可昭格（昭格：犹祭祀），而况于君哉？

孔子释二象曰：六二受上之益而云或益之者，何也？良以六二精白自献，非有希福干禄之心，宠锡之来出于意外，即大君亦不过因材而笃而非有私于二，故曰或也。二真可谓纯臣矣。

按：损之六五，以虚中受下之益；益之六二，以虚中受上之益。然损五元吉而益必永贞而后吉者，盖损五居至尊之位，合天下以媚一人，固其分之所应得也。若益二以人臣蒙上之眷，贵不期骄，富不期侈，一念之溢而遂至于不能自持。古来功臣世族，往往以恩宠太过而启身家之祸者，多有之矣。圣人戒之以固守其正，诚万世为臣者之明鉴乎。

易经　六三：益之用凶事，无咎。有孚中行，告公用圭。《象》曰：益用凶事，固有之也。

解义　此一爻，是言六三有所警以免过，而又告以当尽克艰之道也。凶事，谓险阻艰难之事；公，指九五言；圭，通信之物。

周公系益三爻曰：六三阴柔不中正，特以居益下之时、处下卦之上，有不容不受上之益者，故益之不用吉事而用凶事。或投以艰巨，或处以盘错，警戒之、震动之，俾动心忍性以增益其所不能，故无咎也。然上之待我如此，盖望我去不中以归于中耳，若复不知自责自修焉，何以慰在上之意乎？故必精白乃心而行事尽善，内诚于体国而不欺，外协于中道而不悖。庶几中为实中，可以见谅乎君，如告于公而用圭以通信焉，然后无负成就之意，而咎可免也。

孔子释三象曰：有孚中行之德，人所固有，但不免迁于外物而失之耳。所以益用凶事者，投之以患难非常之任，正使之自知警惧而思全其所固有者也。

按：天心仁爱生人，则出灾异以儆之；人君厚期臣下，则用凶事以益之。必反身修德，然后可仰答天意而变灾为祥；必至诚不欺，然后可上报君恩而转凶为吉。益道真无方也欤！

易经　六四：中行，告公从，利用为依迁国。《象》曰：告公从，以益志也。

解义　此一爻，是言六四以益下为心，可以得君，亦可以得民也。公，亦指九五言；初本坤体，坤为邑，上迁为四，故有迁国之象。

周公系益四爻曰：居中者，民之主也；臣者，奉上之中而致之民者也。世之人臣，往往仰不能见信于君，俯不能见信于民者，以其行之不中耳。诚能以益下为心，凡事小心敬慎（敬慎：恭敬谨慎）、斟酌合宜而一毫不敢偏倚，如此其中行焉。则我以君心为心，君亦即以我之心为心，谏必行、言必听焉，而告公从矣，是岂特君从之也哉？吾之中既上孚于君，则必下孚于民，民之情自安于我；不惟经常细事可行，即时值不得已劳民动众至于迁国，人亦信其至诚而鼓舞从事，罔有少斁（p.45）焉。以迁国且无不利，况其他乎？

孔子释四象曰：进言在臣，听言在君，四何以告公而必其见从也？盖四倦倦以益民为志，所告又有孚惠心之君，是四之志适合乎五之志，君臣上下一心一德，故告之而无不从，从之而无不利也。

按：臣道与地道同，所谓无成而代有终者。益卦于三、四两爻，一则曰中行、告公用圭，再则曰中行、告公从，总见发政施仁乃大君之事。为人臣者，承流宣化（承流：指接受和继承良好的传统；宣化：传布君命，教化百姓），惟尽其所当为而不可少萌市恩沽誉之心，庶几上不疑而下不忌，功成而无震主之嫌也欤。

易经　九五：有孚惠心，勿问元吉。有孚惠我德。《象》曰：有孚惠心，勿问之矣。惠我德，大得志也。

解义　此一爻，是言九五诚于益下，故能收得民之效也。我德，谓五之德；惠我德，谓下感五之德。

周公系益五爻曰：天地生成万物不外一诚，大君怀保小民亦不外一诚。诚者，上下同流而物我无间者也。九五为益之主，阳刚中实，凡所以损上益下者，咸本不忍之心行不忍之政，念念出于至诚、事事本于忠厚，无一毫违道干誉之私。如是，则何待问而知其元吉哉？但见上以诚感、下以诚应而民之惠我德者，自有孚而无间，相喻之机固有至神者矣。

孔子释五象曰：人君惟无益下之实心，德泽偶施即不胜沾沾自喜，此要（阴平）结民心之小惠，而非大公无私之正道也。如果惠下之政出于至诚恻怛，其为元吉又何俟问焉？至于民惠我德，则我之惠及于天下矣，王者康济一世之志不大得乎？所谓民悦无疆、其道大光者如此。

按：《洪范》言：惟皇建极（建极：建立中正之道以治国），敛五福以锡庶民，惟时厥庶民，于汝保极。保极者，锡福之明验也。益下之主有孚惠心，则受益之臣民亦有孚惠我德，所谓群黎百姓遍为尔德者也。可见上下之势虽甚悬，而感通之理则甚捷，故曰：至诚而不动者，未之有也。

易经　上九：莫益之，或击之；立心勿恒，凶。《象》曰：莫益之，偏辞也。或击之，自外来也。

解义　此一爻，是言上九专利之害，而深致其戒也。

周公系益上爻曰：此卦上三爻咸有益下之责。六四能体君心以益下，故有利而无害；九五有孚惠心而民惠我德，此皆上下交益者也。独上九以阳刚居上，是在己有余而非不足者，乃专利好货（好：去声；好货：贪图财物），求益不已，全无公利济人之心，因而众叛亲离、交征互夺，有莫益之而或击之者焉。所以然者，由其立心之不恒耳。夫爱人者，人亦爱之；益人者，人亦益之，此恒道也。上惟知剥民奉己（奉己：养护己身而无所作为），一念反常，事事皆悖，凶岂能免乎？

孔子释上象曰：上九居上位而无以益人、专欲益己，其为害已甚，但言莫益之者，即其求益不遂据一偏而言之也。其实财聚民散、争民施夺，或击之凶，自外而至出于不测，有非意料所能及者，岂特莫益之而已哉者！

昔芮良夫①言：夫利，百物之所生也，天地之所载也，而或专（独享）之，其害大矣。人君专之则害于国，人臣专之则害于家。甚矣！利之不可专也。此卦自五以下皆言益下之吉，惟上独言求益之凶，正见上居高位、怀利事君，止知为一身之计，是以台鼎之尊而工垄断之术者，其能免于僇辱（僇：音路，羞辱；僇辱：侮辱）乎？宜圣人之深戒之也。

注释　①芮良夫：西周人，大夫；因荣夷公好专利而不知大难，良夫力谏周厉王不能用荣，王不听，至诸侯相与叛袭厉王，王奔彘（音志；古地名，在今山西）。

四十三　夬卦 ䷪ 乾下兑上

解义　夬，取决去之义。五阳长而将极，一阴消而将尽，众阳上进，决去一阴，故为夬。以五阳决一阴，是君子之势甚盛，小人之势甚孤，其决而去之也似乎甚易。然而圣人不敢以易心处之也，所为决之之道必期于尽善焉。盖阴之势虽微，蔓或可滋、穷或为敌，君子无时不戒惧，而于小人道衰之时尤不可忘戒惧也。故《彖》为危惧警戒之辞不一，而爻于五阳未尝许之以吉。初以始进之阳而决居高之阴，则虑其不胜；二以刚中之才而凛警备之戒，则幸其勿恤；三与上应而刚壮外现，恐启中伤之祸，故教之遇雨以善其决；四与上同体而居阴不正，恐来党奸之悔，故教之牵羊以助其决；五与上比而狎昵近习，不可无独断之能，故教之中行以致其决；至于上六，则直绝之曰"无号"。其为君子防者至周且备，而所以去小人者不遗余力矣。要之，决小人以健为体、以和为用。二之中道，五之中行，皆所谓和也，初壮趾不胜，三壮頄有凶，四闻言不信，非不能和之故哉。

易经（卦辞）　夬：扬于王庭，孚号（音毫）有厉。告自邑，不利即戎。利有攸往。

解义　此卦乾下兑上，五阳上进，决去一阴，不劳余力，决之而已，故名为夬。卦辞言君子去小人，虽有其势又必尽其道也。扬者，声小人之罪也；孚号，集君子之势也；告自邑，严自治也；不利即戎，不逞其力也。

文王系夬彖辞曰：天下最快意之事，莫如君子去小人；天下最难处（处理）之事，亦莫如君子去小人。盖以小人居高近君，其巧佞足以邀虚誉，奸回足以蔽主知，蠹国殃民之罪有一国皆知、天下皆知而人主不悟者。故夬之道，首在扬于王庭，以声明其罪，使无所逃于天地之间，此决小人最要之道也。然或众君子议论纷纭而泄泄从事，或自治功疏而恃势凭陵，则反授之以隙，而小人不可决矣。必也呼号迫切，齐心一意，共存忧惕之怀，不可以小人之势孤而遂安肆也。且严自克治，使在我者无过可指，有以服小人之心，不可恃君子之势盛而轻攻击也。如是，则防奸之法既严，自治之谋又密。以是而往，振风采于朝端，伸正气于天下，小人尽去，而君子之道沛然大行，利何如哉？

按：君子小人之进退，天下之治乱所由关。历观古今，治常少而乱常多，君子常难进而小人常难退。所以夬卦与剥卦相对，于剥，则见五阴剥一阳之易；于夬，则见五阳决一阴之难。圣人深知厉害之原，不觉望之深、虑之迫，丁宁告诫不厌其详，所以为君子计者切矣，所以为天下万世计者至矣。

易经　《彖》曰：夬，决也，刚决柔也；健而说（通悦），决而和。扬于王庭，柔乘五刚也；孚号有厉，其危乃光也；告自邑，不利即戎，所尚乃穷也；利有攸往，刚长（上声）乃终也。

解义 此《彖传》，是释夬彖辞，而备言去小人之道也。

孔子释夬彖辞曰：卦名夬者，决而去之之义也。盖以五阳决一阴，是为刚决柔也，夫委靡固不足以图功，而过刚又恐其激变，卦德乾健兑悦，是内存秉道嫉邪之志而外有和平乐易之休（美善），故其决小人也，既不以弛慢坐失事机，亦不至躁激致生他变，决而能和，真决之善道也。

辞言扬于王庭者，卦以一柔乘五刚，是一狐媚小人用事君侧，举朝受其牢笼，误国殃民，罪逆大矣；扬于王庭，庶朝野上下共知其奸，小人之罪状既著，始不能一日安于其位也。所谓孚号有厉者，盖小人奸谋叵测，视之不可泄泄，必操心危而虑患切，战兢惕厉、谋出万全，而后决小人之道乃为光大也。所谓告自邑、不利即戎者，盖正己始能正物而惟理可以服人；若专尚威武，与小人争一时之胜负，则君子必为所困而不能敌，乃自穷也。其云利有攸往者，盖刚反必长，始于一阳之复，终于六阳之乾。夬时五阳虽盛，犹必再长，决尽一阴而刚长始为有终。是能俾小人尽去而朝廷之上忠良济济、正道大行，故往无不利也。然非健而悦、决而和，则小人岂可以力胜哉？

按：《春秋传》言：见无礼于君者，如鹰鹯（音沾，猛禽）之逐鸟雀也，人臣为国除奸，岂顾利害？但不审时度势而冒昧一决，则有奸未除而祸先丛者矣。而其要尤在不予小人以口实使以君子自命，而立心有一毫未光明，处事有一毫未中正，不能无诸己而徒欲非诸人，人主岂能亮之、天下岂能信之而惟所欲为乎？然而难言之矣，君子之自治即甚严，而小人之中伤乃愈巧。求全之毁，既难防于一时；浸润之言，又恒积于平日。谗谤既多，主心安能无惑？此审贤奸以为取舍，察情伪以定是非，全在乎知人则哲之圣主也。

易经 《象》曰：泽上于天，夬。君子以施禄及下，居（居积）德则忌。

解义 此《象传》是言君子体夬之义以布德行惠也。居德，积而不施之谓。

孔子释夬象曰：泽水之气，上通于天，势必沛然下决而成雨露，夬之象也。君子体之，知下之待禄于君犹万物之待泽于天也。于是施禄及下，锡予厚于君子，乐利遍于小人，而无一毫留滞吝惜之意焉，此王者如天之仁也。若居其德惠，积于上而不下究，是外本内末，以身发财而犯不仁之戒矣，岂大君之宜哉？

按：夬为三月之卦，正人主施恩布德之会；而众正满朝，又小民翘首望泽之时，所贵行之以勇、出之以断耳。居德则忌，殆所谓仁心仁闻而功不下逮者。故曰：有不忍人之心，继之以不忍人之政而仁覆天下矣。

易经 初九：壮于前趾，往不胜为咎。《象》曰：不胜而往，咎也。

解义 此一爻，是言居下位者不宜恃壮轻进也。初居下，象趾；往，谓往决上六。

周公系夬初爻曰：君子决小人，必事出万全而功收一举，方为有利而无害。初九刚而在下，无决小人之权，乃独先众阳、恃壮轻进，欲决在上之阴柔，有壮于前趾之象。彼自谓理所当决无可咎者。然小人窃据高位，人皆畏之，不敢轻击，而我独逞一时之意气与之斗力，其本不能免反噬之咎宜矣，岂时势之不利哉？

孔子释初象曰：君子决小人，慎之又慎，操必胜之道以往，犹恐有意外之忧。今不审己量力而欲一击以快其愤，是明知不胜而锐志轻往也，岂善于决小人者乎？

按：君子去小人，事成则以为功，不成则祸及身而国亦随之，适足为害而已。若李固、杜乔之于汉，李训、郑注之于唐[①]，莫不皆然。初之不胜而往，圣人直断之以咎，非以哀其志之不就，而深惜其谋之不臧也。可弗惧乎？

注释　①李固、杜乔：东汉梁冀，其两妹为顺帝、桓帝皇后，任大将军，专断朝政二十余年，毒死质帝，杀人无度；时李固、杜乔均因反梁而被其害死，世称李杜。李训、郑注：唐文宗时，宦官仇士良专权，时宰相李训与凤翔节度史郑注密谋诛仇，策划甘露之变，后事败，均被杀。

易经　九二：惕号（音毫），莫夜（莫夜：夜晚；莫，暮古字）有戎，勿恤。《象》曰：有戎勿恤，得中道也。

解义　此一爻，是示君子以有备无患之道也。

周公系夬二爻曰：九二当决之时，刚而居柔又得中道，不过乎刚而审事之宜者也，故能忧惕以深其谋、呼号以集其众。戒备如是，小人虽阴谋不测变生意外，如莫夜之有戎，而自治既严无隙可乘，亦可勿用忧恤矣，岂有决而不胜者哉？

孔子释二象曰：莫夜有戎，事起仓卒，可惧之甚也。而能勿恤者，以九二得中，自处尽善，既不至躁动以滋变，又不至坐守以后时，故能忧惕呼号以自警备而无他虞也。

按：小人立志甚奸深而行事甚暧昧，其构祸机也常伏于暗。伏于暗者，伺人之不觉而中（去声）之也。故其贼害则为戎，而幽晦不明则为暮夜。二以惕号处之，正所谓其危乃光者，我有光，则彼之暗不足忧矣。

易经　九三：壮于頄（音葵），有凶。君子夬夬独行，遇雨若濡，有愠，无咎。《象》曰：君子夬夬，终无咎也。

解义　此一爻，是言君子决小人之道，贵于尽善也。頄，面颧也；夬夬，决于决也；遇雨，谓暂与小人相合也；若濡，谓迹似为小人所染也；有愠，谓见怒于同类也。

周公系夬三爻曰：九三过刚不中而当决时，是欲决去小人不胜其忿而逞于一发者，有壮于頄之象。如此，则谋露机泄，势必召意外之变而有中伤之凶矣。然三在诸阳之中独应上六，其义不可不决，顾其决之何如耳？若果深知小人之害而存必决之心，则当密其谋、老其识而藏其迹，虽暂与上六相合，如独行遇雨迹似濡染于小人而见愠于众君子者然。卒之，伺瑕乘衅（伺瑕乘衅：寻找并利用机会），推其坠而绝其根，清君侧之恶以收廓清之效者，必此人也。夫何咎乎？

孔子释三象曰：九三独与上六为应，自其迹观之，未为无咎。今能果决其决，则向之委婉曲折，正见通权达变之妙用，始虽若濡有愠，终必解悖除奸而见信于同志矣。安有致咎之理欤？

按：古来建立事功者，必有深心大力，但求其谋之克济，而形迹之间一时有所不及顾，如王允谬誉董卓，温峤伪事王敦，初皆辱身降志卒能剪除元恶[1]，皆有合于夬夬无咎之义者也。然苟非真能舍经用权，磨不磷（音吝，薄）、涅不缁（涅：以黑染；缁：音姿，黑色）可以转移一世而不为一世转移者，则宁介（专一，坚定）然皭（音叫，洁净）然、危言危行，守其不乱群之戒，虽或无补于天下，而亦不至自失其身矣。

注释　①王允、董卓：东汉董卓引兵入朝，自为相国，废少帝，立献帝，凶暴淫乱；王允任司徒，伪从卓，设谋交结吕布，使布杀死卓。王敦：王敦拥立东晋元帝司马睿，升大将军，领荆州牧，后举兵谋反；温峤：东晋明帝时任中书令，与庾亮等讨平王敦。

易经　九四：臀无肤，其行次且。牵羊悔亡，闻言不信。《象》曰：其行次且，位不当也。闻言不信，聪不明也。

解义　此一爻，是言处难进之时，当思所以善处之道也。臀无肤，谓居不能安；行次且（音姿居，同趑趄），谓行不能进；羊者，群行之物；牵者，挽拽之义，言挽拽以随其后也。

　　周公系夬四爻曰：九四亦君子之类，志在决小人者也。然以阳居阴，无刚果之才；又不中正，无养重之德。故居则不安，欲与诸阳并进而行又多疑，不能决以成功，为臀无肤、其行次且之象。夫四之进退维艰如此，宜不免于悔矣。为四计者，但当让诸阳前进而己随其后，众方扬庭以声其罪，我则从而和之；众方呼号以集其群，我则从而应之，如牵羊者然。庶几因人成事而悔可亡也。然闻善而能用、克己以从义，惟明决者能之。惜乎四之阴柔才弱，志在竞进而力复不能，闻此牵羊之术而不信也，悔其能免耶？

　　孔子释四象曰：四当决之时，君子道长乃次且而不能进者，由其处（上声）位不当、才德不足故也。闻言不信者，以好（去声）进之念横于胸中，本来之聪障隔不明，故犹豫狐疑，虽听之而不能翻然信从也。

　　按：四当大臣之位，以其居阴不正而与上同悦体，恐其去邪而不能决，惟能牵引群阳以自助，斯足仰成九五夬夬之光而自免党奸之悔矣。圣人欲长五之刚，必藉四一刚，联合群刚之力，故其辞之激切开导如此。夫小人日在君侧，为大臣者，与其排一小人而有触忌人主之患，不若进众君子以辅导人主而有潜消匪类之功，诚能萃众正于朝廷，俾吾君朝夕与处。是非既明，好恶自正，君子有不日进小人有不日退者哉？

　　易经　九五：苋陆夬夬，中行无咎。《象》曰：中行无咎，中未光也。

　　解义　此一爻，是言人主决小人贵于断而去私也。苋（音线），野菜也，感阴气之多者，故以比小人，上六象；陆，高平之地，九五象。

　　周公系夬五爻曰：上六阴柔而切比九五，如苋之生于陆然，其柔媚奸佞，最易蛊惑君心，故必毅然独断，不牵于内嬖之私而决于去之焉。然小人近在肘腋，除之太速恐生意外之忧，其决之之道，既不可优柔寡断，亦不可过激失宜，从容详慎、中以行之，则有合于健而悦、决而和之道，始可去小人而无咎矣。

孔子释五象曰：九五以阳刚之主而又不为过暴，合于中行，固不为小人所累而无咎矣。然究极（究极：深入研究）其心事而言，则犹未得为光也。

盖人心惟无欲方为光明，五之于小人，特屈于义之不可而后去之，则其牵系之私犹有潜伏于中而未能脱然无累也。自古小人每以小忠小信自结于上而使不觉其奸，人主一为所惑，虽迫于公义勉强去之，而中怀眷恋，反若出于不得已者。故忠言谠论，君子未及伸其谋；而潜滋默长，小人复得乘其间（去声）。夬未终而姤已萌，皆由于此，宜圣人之倦倦以为戒也夫。

易经　上六：无号（音毫），终有凶。《象》曰：五号之凶，终不可长（阳平）也。

解义　此一爻，是言小人终当决去而深庆君子之得志也。

周公系夬上爻曰：上六以阴柔小人居穷极之时，党类剪除已尽，一时之人皆识其奸而志在必决，情穷势孤，无可呼号，终致殄灭，凶其所必然矣。

孔子释上象曰：小人比周为恶、流毒四海，自谓终身无患，孰意党灭援绝、无所号呼、终当决去，即欲长居其位，不可得也。为小人者，盍早从事于正以免无号之凶乎？

按：圣人释剥上爻曰，小人剥庐、终不可用也。见剥尽，则为纯坤，天下从此大乱矣，故云终不可用，戒之也。于夬上爻曰，无号之凶、终不可长也，见夬尽则为纯乾，天下从此大治矣，故云终不可长，庆之也。一治一乱，虽由天数，而进君子、退小人，使天下有治而无乱，其权全在乎人君，岂可忽哉？

四十四　姤卦　☴　巽下乾上

解义　姤者，相遇之义，主一阴遇五阳而言也。盖决尽则为纯乾，一阴忽自下生，其势甚悍，又为巽之一阴，其性善入、其用潜隐，尤君子之所难知而难防者。使以一阴之微，忽之而不及察，则进而为遯、为否、为剥、为坤，皆自一阴之相遇始矣。制之者，当于其微而未盛之时也。故总一卦而言，一阴有敌五阳之志，则危之曰女壮；就一画而言，一阴潜伏五阳之下，则防之曰羸豕，壮可畏也，羸不可忽也。于二、四观之则曰鱼，于九五观之则曰瓜，象其阴而在下也；惟二密比初，能包之以制其逸；惟五为卦主，能包之以防其溃；四与初相应者，初不自止，则曰见凶，四不能止之，则曰起凶，皆以明系之不可不早也；若三与上，一居下卦之上，一居上卦之上，于初皆无所遇，虽无制阴之功，亦无比匪之害，不遇不足为咎已。要之，敢于遇君子者小人，而善于制小人之遇者，尤在人主之一心。君心之疏密，即小人消长之关也；小人之消长，即天命去留之本也。故于九五之含章，尤倦倦焉。

易经（卦辞）　姤：女壮，勿用取（通娶）女。

解义　此卦巽下乾上，是纯阳用事之时而一阴忽生于下，不期而卒（终于）与五阳相遇，故名为姤。卦辞言防小人之道当严之于始也。

文王系姤象辞曰：姤以一阴初生而遇五阳，是以一小人之微而欲敌君子之众。原其心，则蔑贞之谋已蓄；而究其势，则坚冰之渐已形。君子于此，当遏其恶于将萌，杜其机于将动，勿喜柔佞而与之合，勿因微弱而听其长（上声），犹刚壮之女不可娶以为配也。昔晋习凿齿①有言：一阴遇五阳，有女壮之象，故戒占者勿用娶女，以其女德不贞，不能从一而终也。从来女子、小人最易使人惑溺，养鹜弃鹤，皆始于当时一念之错，岂知日后贻莫大之祸哉？一阴初生，圣人即曰女壮、曰勿娶，防其渐也。凿齿此言，深得圣人系辞之旨，可不兢兢致戒乎？

注释 ①习凿齿：东晋襄阳人，博学洽闻，通《易》学，以文笔著称；曾为荥阳太守。

易经 《彖》曰：姤，遇也，柔遇刚也。勿用取女，不可与长（阳平）也。天地相遇，品（众多）物咸章（显露）也。刚遇中正，天下大行也。姤之时义大矣哉！

解义 此《彖传》，是释姤彖辞以示谨微（谨微：谨慎对待细微之事）之意，主持世道者宜慎其防也。天地相遇，谓五月一阴初生；刚遇中正，指九五言。

孔子释姤彖辞曰：卦名姤者，不期而遇之谓也。以一柔遇五刚，是在位者皆君子而一小人卒然而遇，可骇也而亦可畏也。

夫刚性直方而柔多巧佞，柔而遇刚，柔必善于趋承而刚必喜其妍媚，一与之合，必将依附曲从，攀援而上，为遯、为否、为剥，将来不测之祸皆始于此。是小人之长，非自能长也，皆君子不知所备有以与之，故日盛月长而不可遏也。卦辞戒以勿用娶女，言当防微杜渐，不可因其柔顺轻与之合，使之牵引朋类滋蔓而不克制也。

然就所谓柔遇刚者思之，其间相胜之几固最微，而相须之理又最切。试观之造化，乾为四月纯阳之卦，至五月而一阴始生，天阳地阴，两相遇合，而此时品物之形形色色莫不章明著见也。

再观之人事，从来有位者不必有德而有德者未必有位，德位恒不相遇；卦体九五以阳刚之德居建中表正之位，是德与位遇而治化昭明于天下也。夫品物咸章，气化隆于上；天下大行，治化隆于下；是遇亦未尝不善矣。

然霜冰之渐已兆于庶类蕃庑之会，否、剥之机即萌于治道全盛之时，非有真识见者不能先几早计，非有大力量者不能斡旋挽回。姤之时义岂不大矣哉？

按：姤卦五阳一阴，是小人之势至微，君子之道方盛。然易制者尝患不为之制，可图者恒虑不为之图。宋儒邵雍有言：复次剥，明治生于乱也；姤次夬，明乱生于治也。时哉！时哉！未有剥而不复、夬而不姤者，此其故不在小人能害君子，而在君子不能拒小人。盖姤者存乎彼、娶者存乎我，彼虽欲姤而我终勿娶，则小人其如君子何？而祸乱之端可以永弭矣。

易经　《象》曰：天下有风，姤。后（p.218）以施命诰四方。

解义　此《象传》，是言人主有遇民之道而通天下之情也。

孔子释姤象曰：风行天下，宣天地之和而开万物之郁，天下之物无不遇焉，姤之象也。元后体此，爰施命令以诰四方焉。盖人主深居九重，尊卑之分（去声）悬绝，与民相遇甚难，惟王言一布，天下晓然共喻朝廷之意，而万民共禀一王之教令矣。其何异于天之以风遇万物哉？

按：《记》（p.234）云：王言如丝、其出如纶（丝纶：见 p.7 注⑦）。盖君命者，中外臣民之所共敬奉也。自古太平日久，众心玩惕（p.493），人君深居高拱下情隔绝，小人因之窃弄威福，恣肆横行，多起于此，则命令之施，固以通上下之情愫，亦正诰诫严切、遏抑金壬（p.340 注①）、化戢（音急；化戢：化解止息）奸宄（音鬼；奸宄：坏人）之道也。

易经　初六：系于金柅，贞吉。有攸往，见凶。羸豕孚蹢躅。《象》曰：系于金柅，柔道牵也。

解义　此一爻，是戒小人不可轻进，并示君子使早为之防也。柅（音你），止车之物；金，取其坚，九二之象；羸（音雷）豕，瘠豕也；蹢躅（音直烛），跳踯也。

周公系姤初爻曰：自古小人，未有侵害君子而己独自全者。初以一阴始生，诚能知几安分，居九二之下止而不前，如系于金枙然，则克守小人之正必受君子之福，不亦贞而吉乎？若越礼犯上、往而肆害，必不为众正所容，凶立见矣。然此特以理言也，如以势而论，则小人浸长之势必不可遏，目前虽弱，异日必有强梁肆志之时，犹羸弱之豕，暂若安静，固可决其气盛力壮必至蹢躅也，君子可不早为之备哉？

孔子释初象曰：初戒以系用金柅者，以初六柔邪之道最善牵引，今虽一阴初生，势必号召群邪、牵连而进、肆其蹢躅，故不可不止其进而预为之防也。

盖邪正不并立，而辨之于始实难。然郭子仪能识卢杞之险、李沆能辨丁谓之奸，而卒不能禁其不得志者，以贤奸消长之数转移总由君相，而不在他人故也。德宗云：人言卢杞奸邪，朕殊不觉。寇准云：如谓之才，顾能使之久居人下耶？小人之倾动君相，其可畏如此。甚矣，知人之为急也！①

注释　①郭子仪：唐玄宗时为朔州节度使，平安史之乱，居首功；后身系时局安危二十年；德宗时，尊为尚父，罢兵权。卢杞：唐德宗时为相，专权自恣，搜括财货。李沆：宋真宗时为相，常谏以忧患艰难，及卒，寇准为相；谓：指丁谓，谓机敏多智，憸狡过人，真宗时掌朝政，封晋国公，曾伪造祥异，迎合真宗，大兴土木，排斥寇准，取而代之，仁宗时被贬崖州。

易经　九二：包有鱼，无咎，不利宾。《象》曰：包有鱼，义不及宾也。

解义　此一爻，是言制小人之道，当专其责于己，不可委之于人也。鱼，指初六言；"宾者"，对主之称，指众阳爻言。

周公系姤二爻曰：初一阴始生，渐将遍遇诸阳，而九二切与之比，是小人正在笼络之中，如包中有鱼，御之自我而机有可制也。如此，则既不宽纵以养奸，又不迫激以致变，可以无咎矣。夫初在二下受其约束，则二为主而众阳皆宾，若失此不制，使之渐长至于众阳相遇，为遯、为否、为剥、为坤，害将无所不至。不利孰甚焉？可不戒乎？

孔子释二象曰：二之包有鱼，则权既在二，所以制之者亦专在于二；以义揆之，固不得令及于宾而致有不利之虞也。

按：爻曰不利宾，为众阳危也，所以告天下之君子，使皆早知所备也。象曰义不及宾，专责二也，所以告君子之遇小人者，当身任其责而早为捡制（即检制：约束节制），不可纵恶长奸，使小人得肆其害而徒怅恨于事后也。圣人防微之意切也！

易经 九三：臀无肤，其行次且（p.355），厉，无大咎。《象》曰：其行次且，行未牵也。

解义 此一爻，是言君子之于小人，可远而不可近也。

周公系姤三爻曰：九三过刚不中，性欲上进，但上下无应，势孤而不得遂其意，如臀无肤而其行次且然。是虽有寡助之危，然既无私遇，亦不至以比（辅；从）匪受伤而大有咎也。

孔子释三象曰：三之其行次且，盖以孤立无援，不免迟疑而不进，然尚未与柔道相牵连，则阴邪不得而中（去声）伤之，所以无大咎也。

按：夬一阴在上，故五阳皆上行；夬四之上行次且，欲决上而不能也。姤一阴在下，故五阳皆下向；姤三之下行次且，欲遇初而不得也。其象虽同，而其情则异，大抵君子之决小人，可缓而不可急，而君子之遇小人，可近而不必于近。圣人于夬四，教以牵羊而随众阳以并进，见决小人之不可急也；于姤三，喜其行未牵而不为一阴所害，见远小人之可免祸也。远近缓急之间，君子宜审所处已。

易经 九四：包无鱼，起凶。《象》曰：无鱼之凶，远民也。

解义 此一爻，是言在上者不可以失民，而深有以儆之也。鱼，亦指初而言。

周公系姤四爻曰：九四居上位、而与初为正应，当相遇者也。乃初遇于二、而反离乎四，则是己所应有之物，忽而不制、弃而不收，有包无鱼之象焉。民心既失，邦本不固，厉阶（厉阶：祸端）自此起矣，凶不亦宜乎？

孔子释四象曰：九四无鱼之凶者，岂徒民之远我也哉？良由在上者、置斯人于膜外（膜外：即身外），无以结民之心，是上自远乎民也，其咎诚无可诿矣。

按：以淑慝言，阳君子，则阴小人、不可使有也；以贵贱言，阳为君，则阴为民、又不可使无也。故同一初六，以小人视之，为害正之邪，则欲其远之，惟恐为己之累；以民视之，为所临之众，则欲其近之，惟恐不为己所有。亦以见《易》爻之惟其时物如此。

易经　九五：以杞包瓜，含章，有陨自天。《象》曰：九五含章，中正也。有陨自天，志不舍命也。

解义　此一爻，是言制小人之有道、而功能回造化也。杞，高大坚实之木，君子之象；瓜，甘美善溃之物，小人之象。

周公系姤五爻曰：九五以阳刚中正、主卦于上，而下防始生必溃之阴，是以君子居尊位、而下防始生之小人，如以杞而包瓜者也。然阴阳贞胜，时运之常，在彼骎骎有日盛之势，我任其滋长、而不思所以制之，固不可；苟制之而未能尽善，又岂可哉？是必内含章美、默为图维（图维：谋划维持），不动声色、不尚威武，实得胜之之谋、而不露胜之之迹，乃可挽回造化、斡旋气运，而阳之将消者、倏然来复，若从天而降也。此诚为善制小人者矣。

孔子释五象曰：九五能含章者，以其有中正之德也。盖惟有中正之德，故既不因循以长慝，亦不轻动以生变，为能内含章美，静以制之也。有陨自天者，由九五之志不舍乎命也。盖阴阳消长、固系一定之数，人惟立志不坚，付于天命之无可如何、而不思所以转移之，则命即从此去矣。五之志、务期人定以胜天，故命亦为五所转，而有陨自天也。信乎，惟德可以动天耳。

按：《文言》释乾之五曰，先天而天弗违。先天者，事未至而几已兆，圣人先知灼见而默运其神谋，经纶措置，先乎天也。故能制治于未乱，保邦于未危，命自我立，而天不能违，所以言君相能造命也。然则姤五之志不舍命，其即乾五先天弗违之大人乎？

易经　上九：姤其角，吝，无咎。《象》曰：姤其角，上（指上九爻）穷吝也。

解义　此一爻，是言刚介孤立者无制阴之功而亦无比邪之害也。角，刚而在上之象。

周公系姤上爻曰：姤一阴遇五阳之时，二、五皆有刚中之德，故能包而制之。若上九则刚而在上，于初阴非应非比而不得遇，有姤其角之象。是诸君子皆有防奸之道，而己独抗怀（抗怀：坚守高尚的情怀）孑立，骄亢之吝其能免乎？然既无所遇，则免党阴比匪之伤而亦不至于咎矣。

孔子释上象曰：遇之为道贵于委曲包容、善全其用。上九之姤其角者，盖刚居上位，全以盛气凌人，略无调剂挽回之术，适自取夫困穷也。然能介然自持，无苟合之失，故虽吝而无咎耳。

按：姤卦五阳皆以遇初阴取义，于初则止其进，恐其害君子也。二、五能包则予之，欲其制小人也。三、上不与初遇，有厉吝而无咎，虽惜其无制阴之功，而又幸其无比阴之祸也。盖不遇其所当遇，固不免于孤立；不遇其所不当遇，亦不至于伤害。圣人著此两义，使知处遇之时不可不遇，而又不可妄遇也。

四十五　萃卦　☷　坤下兑上

解义　萃、升二卦，皆以二阳统四阴。故卦辞萃曰利见大人，升曰用见大人；《象传》皆曰刚中而应。萃以五为大人，升以二为大人，重阳也；五、四皆阳，然众阴从五则贞，从四则非贞。九四近君，有聚物之嫌，故戒以必大吉然后无咎；九五阳刚中正，即假庙之王、利见之大人。故五曰萃有位，而四则曰位不当，君臣之分（去声）不同也。元永贞之辞与比卦同，然比独以九五为主，故元永贞言于《象》；萃有两阳爻，故元永贞言于五。六二牵引二阳同萃于五，所谓利见大人、得萃之贞者；君则假庙、臣则用礿（p.368"六二"），精诚所孚，主臣一心也。从来致天下之萃不易，保天下之萃尤难，内难（去声）外患多生于不意，当无事之时宜为有事之备。《象传》不虞之戒，何其深切著明乎！

易经（卦辞）　萃：亨，王假有庙。利见大人，亨利贞。用大牲吉。利有攸往。

解义　此卦坤下兑上，卦德坤顺兑悦，君民相萃也；卦体九五刚中，六二应之，君臣相萃也；又泽上于地，水聚不流，皆有萃聚之义，故名为萃。卦辞备言亲亲尊尊之义，以明保萃之道也。萃，指世运之盛言；上亨字，衍文；假，昭假（昭假：向神祷告，昭示其诚敬之心以通神）也；大人，指九五言；利见，指上下五爻言。

文王系萃彖辞曰：当萃之时，必上下各尽其道而后可以保萃。在上之道莫大于享亲，而有庙者祖考之所依也；王者于萃时必假有庙焉。萃一己之精神以通祖考之精神，而上下左右之间有洋洋乎若或见之者矣。兹其亲亲之义矣乎。在下之道莫大于从王，而大人者民物之所主也，君子于萃时必利见大人焉，合万邦之黎献（黎献：黎民中的贤者）而戴一统之大君，彼此交孚，其亨宜也。然又必萃出于正、不枉道以求合，乃为利耳，兹其尊尊之义矣乎。夫假庙，固以交于神也，而礼有未备，神将不歆（p.346），故必用大牲，尽志尽物以表其诚，而所以致神之格者此矣，吉孰加焉！何也？萃，则可以备天下之物；时丰，则从而丰也。见大人，固以致君也，而道有不行，何取轻出？故必有攸往，兴事赴功以竭其力，而所以酬主之知者此矣，利孰甚焉！何也？萃乃可有为之时，时隆则从而隆也。所谓上下各尽其道者如此。

盖世道之萃在人心，而人心之萃在忠孝，用大牲以假庙，孝也；见大人而利往，忠也。人主教天下以孝，而天下报大君以忠，其理本出于一贯，而其机尤妙于相感，上作而下应，故曰孝者所以事君也。萃道孰有大于此乎？

易经　《彖》曰：萃，聚也；顺以说（通悦），刚中而应，故聚也。王假有庙，致孝享也；利见大人、亨，聚以正也；用大牲吉、利有攸往，顺天命也。观其所聚，而天地万物之情可见矣。

解义　此《彖传》，是释萃彖辞以明萃道之大也。

孔子释萃彖辞曰：卦名萃者，言其合天下之异以为同，聚天下之疏以为戚，固有聚之义也。卦德坤顺兑悦，是为之民者效顺以从君，而君又以悦道（引导）先诸民，则元后黎庶（元后：天子；黎庶：百姓）共为一心而聚成于野矣。卦体五刚中而二应，是为之君者推诚以礼下，而臣又一德以承夫君，则元首股肱相为一体而聚成于朝矣。此萃之所由名也。

辞曰：王假有庙者，非以要（阴平）福也。宗庙之立，有亲道焉，而王者假之，盖极一心之诚孝以尽享献之仪也。利见大人亨者，非以干禄（干：阴平，求取；干禄：求官）也；大人之尊有君道焉，而君子见之，盖行吾君臣之义以尽为下之分也。然不徒曰假庙而又曰用大牲吉，不徒曰利见而又曰利有攸往，何哉？一顺乎天命耳。

夫天不外于理，而理不外于时。萃之时，天下之物聚矣，大牲之用，夫亦顺其命之当隆者而隆之，非过为侈靡也；萃之时，君子之学聚矣，攸往之利，夫亦顺其命之当行者而行之，非好为事功。夫萃之名与辞如此，即所萃而博观之，阳倡阴和、乾施坤承，天地亦此萃也；形交类感、声应气求，万物亦此萃也。明乎萃道，而天地万物之情皆莫能遁矣，岂特达于朝野、通于幽明已哉？此萃道之所为大也。

　　按：《易》言天地万物之情可见者三，咸也、恒也、萃也。咸主于感应，所以见情之通；恒主于永贞，所以见情之久；萃则主于合涣，所以见情之同。同者，同于聚也。上下之情，聚于君亲；天地之情，聚于施受；万物之情，聚于应求。情之所趋即命之所集，顺命所以顺情而见情即以见命。有保萃之责者，可不致审于斯欤？

　　易经　《象》曰：泽上于地，萃。君子以除戎器，戒不虞。

　　解义　此《象传》，是言君子体萃象而思患预防也。除，谓修治；戒，谓戒备；不虞，谓意外之变。

　　孔子释萃象曰：兑泽上乎坤地，则水聚不流、草木畅茂，萃之象也。君子知水聚而不防必有溃决之忧，众聚而不防必生争夺之乱，故观萃象而修除戎器，以谨伺夫猝然意外之虞，庶有备无患而其萃可长保矣。

　　盖天生五材，谁能去兵？佳兵者固不祥，忘战者亦必危也。君子当萃聚之世而除戎器，岂专尚威武哉？特戒不虞而已。彼始皇之销锋镝，铸钟鐻（音具，古代挂钟的架子的柱子），则非谓之除戎器；若汉武席（凭惜）文景（p.225 注②、p.399 注）富庶之极，至穷师黩武以求浩大之功，又岂戒不虞之义乎？

　　易经　初六：有孚不终，乃乱乃萃。若号（音毫），一握为笑，勿恤，往无咎。《象》曰：乃乱乃萃，其志乱也。

　　解义　此一爻，是言萃道贵坚守其正也。不终，谓变其初；号，谓号呼九四；一握，阴聚之象。

　　周公系萃初爻曰：初六上应九四，求萃于四之意本出至诚不欺，但切比二阴未免为所牵引，为有孚不终乃惑乱其心志而妄萃于匪类之象。若能知初念之为是，而号呼正应以必求其萃，则一时所为，未必不以从违靡定之故贻笑于妄求妄萃之徒。然笑者妄也，号者正也。惟勿忧恤（忧恤：忧虑）其笑而坚意以从之，则其孚克终而所萃非乱矣，复何咎哉？

孔子释初象曰：夫人必有一定之志，而后不为外诱所惑。初之乃乱乃萃者，以志无定主，故为二阴所惑乱也。

按：物不可以不萃，而萃又不可以不正。得其正，则同道为朋，所重者名节，所轻者利禄，而为君子；失其正，则同利为党，所言者浮夸，所行者变诈，而为小人。故周公恶初之妄萃而教之以若号，孔子推妄萃之由而断以志乱，无非欲其去邪而反于正也。夫方以类聚、物以群分，人之有萃，决不能免。在上者但当观其行事之公私、起念之诚伪，由外而求其内，因迹而得其心，则君子小人较如黑白之不可混，流品清而国是定，何至以朋党之患贻圣明之忧哉？

易经　六二：引吉，无咎，孚乃利用禴。《象》曰：引吉无咎，中未变也。

解义　此一爻，是言以人事君者可以得时行道也。引，谓引同德之士以事君；禴（音月），夏祭名，夏时物未备，惟以声乐交于神明，祭之薄者也。

周公系萃二爻曰：六二柔顺中正为下卦之主，而上应刚健中正之九五，不惟一身公尔忘私，且牵引二阴同萃于五，得集思广益之道、无妨贤病国之非，吉而无咎，固其宜矣。夫人惟起念不出于公，往往君臣之间情意辄多扞格。二之至诚，既可信友，自能获上，犹祭者有其孚诚，即用禴亦可格神而何不利之有哉？

孔子释二象曰：人臣始进，孰无爱君之心？然往往溺于朋比、夺于私交，始萃而终变者多矣。二惟有中德，其忠君报主之念出于此心之诚然，未尝稍变其初志，故能荐贤为国而诚可格

（感通）君也。

　　按：人臣之善莫大于进贤，而人臣之奸莫大于蔽贤。先儒有言，奸人不乐进贤，其情有三：保位固宠、常恐失之，以贤者见用必能建功立业，掩己之名、形己之短，其情一也；奸人树私，必人附己乃引之，贤者进退以道不肯趋附，小人以为不附己而引之则不感己之恩、不为己之党，其情二也；奸人心既不公，识必不明，虽遇贤才不能深知，以为引而进之必累乎己，其情三也。小人之不肯引贤，其情如此。然则萃之六二，真可为人臣法哉。

　　易经　六三：萃如嗟如，无攸利。往无咎，小吝。《象》曰：往无咎，上巽也。

　　解义　此一爻，是言三求萃于近而不得，因示以知所从也。

　　周公系萃三爻曰：六三阴柔，不中不正、上无应与，欲萃于四而不可，欲萃于五而又不能，嗟悼踌躇，一无所利，将如何而后可哉？惟有上六，情虽不相得，而分（去声）则实相应，往而从之，为合于萃之正而无孤立之咎。但困然后往，而复萃于阴极无位之人，纵获其萃亦必不能得志行道，小吝终不免矣。

　　孔子释三象曰：三之往萃于上而得无咎者，上虽无英明之才足以益人，然居悦之极、性柔志谦，必能巽顺以受三之萃也。小吝奚足恤哉？

　　按：萃原取阴萃于阳、下萃于上之义，故以见大人亨，为聚以正。夫见大人而后为聚以正，则九四尚非当聚之人，况上六赍咨涕洟（赍咨：叹息；涕洟：眼泪加鼻涕）而求萃不得者乎？然则上巽而往无咎者，何也？盖萃之为道，论理之是非，不计势之强弱。上虽阴极无位，实三之应也，宜应而应之，即不失其正矣。但君子自处，终愿为六二之引吉，不愿为六三之往无咎。此明良之遇，古今所以同致羡也夫。

　　易经　九四：大吉，无咎。《象》曰：大吉无咎，位不当也。

解义　此一爻，是告四以尽善寡过之道也。

周公系萃四爻曰：四以阳刚居近君之地，上逼九五，下比众阴，无大人之位而有聚物之权，君之所忌咎之所归也。故必不植党（植党：指结私党）、不徇私，虚公（虚公：无私而公正）寅畏（寅畏：恭敬戒惧），尽善尽美而大吉焉。庶处上下之间，两得其道而专擅之咎可免矣。

孔子释四象曰：四必大吉始无咎者，由其以阳居阴，所处之位不得其当。则于君也，未免有邪媚之嫌；于民也，未免有干（阴平，求取）誉之迹。故其为萃之道，必期于至善而后可也！

按：功名之际，人臣所最难居。古今勋业之盛，无过于伊周，然伊尹（p.88注）则戒以宠利居成功，周公（p.30注②）则赤舄几几（p.127）、逊硕肤（肤：美；硕肤：大美德）而不有，皆深有合于此爻之义者。故知劳而不伐，有功而不德，非独示谦，亦以免咎。后之人亦可知所警鉴已。

易经　九五：萃有位，无咎，匪孚。元永贞，悔亡。《象》曰：萃有位，志未光也。

解义　此一爻，是言萃天下之道贵于修德也。萃有位，谓当萃时而居君位；匪孚，谓有不信从者。

周公系萃五爻曰：九五以刚中之德居至尊之位，是真德位兼隆之大人，而为朝野臣民所信从，萃有位而无咎者也。然天下大矣，岂无偏方下邑未沾声教而下情不能上达者乎？匪孚之悔，固难免矣。然人之不孚于我，必我之德有未至而未足感乎人也。惟反诸身，果有元善长人之德，且始终无间而永、纯正不杂而贞焉，自然德盛化神、无思不服。而又何悔之不亡哉？

孔子释五象曰：人君诚信昭著，务期近悦远来、万邦作孚而后已。五之萃有位而犹有匪孚，盖其天下一家、万物一体之志，尚不免于愧歉而未光大，故必元永贞而后悔乃亡也。

按：比之时，一阳在上，权无所分，故曰显比吉。言其光明洞达，无一毫疑忌之私也。萃之时，九四一阳应初比三，位近势逼，五之大权嫌于旁落不能无疑忌之私，周公教以"元永贞"，孔子讥其"志未光"。固知修德正心而外，别无招携怀远①之道，所以收众心者在此，所以揽主权者亦在此矣。

注释 ①招携：招引提携贤人；怀远：关怀边远的人；《左传》："招携以礼，怀远以德。"

易经 上六：赍（音机）咨涕洟（音替宜，眼泪和鼻涕），无咎。《象》曰：赍咨涕洟，未安上也。

解义 此一爻，是言求萃不得者，惟戒惧可以免害也。赍咨，嗟叹之声；涕洟，悲泣之状。

周公系萃上爻曰：上六处萃终，萃极则忧散；居兑体，悦极则生悲。且群阴在下、聚顺于五，而己独以孤阴居其上，欲顺而不能，求悦而不得，处上而危，反悦为悲，有赍咨涕洟之象。然当其时，能恐惧修省以改前此之非，则危者必平，将不终于无萃而咎可免也。

孔子释上象曰：当萃之终，群阴皆在下而萃于五，己独孑然处其上，求萃不得，岂能晏然自安乎？诚非忧惧靡宁、反身修德不可耳。

按：上六阴柔悦体，切比九五，不安于处上，圣人教以反悦之道，莫如忧、操心危、虑患深则能审分（去声）自安，而不至有妄动之咎矣。总之，萃之为卦，群阴萃于二阳，圣人于九四尚虑其抗五取咎，以示尊无二上之义，况上乃阴极无位者乎？宜垂戒之辞，如此其切耳！

日講官起居注侍讀學士加二級又加一級又加一級四品俸臣朱□□

日講官起居注侍讀學士臣王□□

日講官起居注侍講學士加二級臣高士□

日講官起居注侍講學士加一級臣孫□□

日講官起居注侍講學士臣徐□□

日講官起居注侍講學士臣高□□

康熙二十三年四月二十日

題本月二十二日奉

旨易經關係天人理數道統治教關係朝夕披覽□□

期遲精敕講應諸臣薄心刻晰□□有禆於典□□
尊□所奏知道了著即頒行該衙門知道

四十六　升卦　䷭　巽下坤上

解义　进而上之谓升。坤巽为和柔巽顺之卦，宜乎退敛有余、进取不足。然而际方升之时，有能升之德，处可升之地而升以名。犹之柔嘉君子，恬静自持而身名俱泰，天下之大美归焉。与夫躁进以干时（干：阴平；干时：求合乎时）者异矣。《象传》柔以时升，专指六四言；刚中而应，专指二、五言。而爻辞则六爻皆利于升，盖众正汇征（汇征：连类同进），无乎不吉也，二固刚中，而三亦刚正，四固以时升，而初以信、五以正，皆柔德之善者；惟上居升之极，则戒其昏冥而诲之精进，所以善升之终。诸爻言人材之登进，而六五治化之升隆，又所以正升之主。审乎此而升庸（升庸：升级使用）之道得矣。

易经（卦辞）　升：元亨，用见大人，勿恤，南征吉。

解义　此卦巽下坤上，卦变自解而来，柔进居四，有自下升上之义，故名为升。卦辞言君子乘时进用，有得君行道之乐也。南征，前进也。

文王系升象辞曰：升以自下进上为义，时本当升，且其卦内巽外顺有能进之德；二刚中而五应，又有与进之君；士君子幼学壮行，乘时奋庸（庸：功劳；奋庸：努力建功），凡有所为，功成名立，无不通利而元亨矣。自其方升之始，用此以见大人，则君臣道合，自可以必推心委任之隆而无堂高廉远之患。明良交会惟此时为然，无庸恤其不遇也。自其既升之后，因此以南征，则前进有为，遂可以建经纶斯世之猷而成匡济生民之业。

大道为公，惟此时为然，吉无有不得也。所谓元亨者，盖如此。从来贤才之升降关乎时运之盛衰。顾贤如巽木，升贤者如坤地，地之栽培者厚，则木之发荣者方盛，故曰百年树人。其德足以辅世、材足以匡时，而成国家栋梁之用，岂偶然哉？

易经　《彖》曰：柔以时升，巽而顺，刚中而应，是以大亨。用见大人，勿恤，有庆也；南征吉，志行也。

解义　此《彖传》，是释升彖辞，言柔能因时而进，深与其善而无不利也。柔，指六四；大亨，应作元亨。

孔子释升彖辞曰：卦名升者，以卦变言。自解而来，柔本居三，今进居乎四，升于二阳之上，是以柔嘉之士遇明盛之时，而升闻于朝有必然者，故为升也。

夫升何以得元亨哉？以卦德言，内巽而外顺，内既沈潜慎密不至欲速以躁进，外又从容审图不肯冒昧以干时，是有可升之德也；以卦体言，九二刚中而六五应之，刚毅中直在我有致君之具，而虚中善任在上又有下贤之诚，是有可升之会也。德与会逢，升无不利，所以元亨者以此。

夫亨莫大于得君，辞曰用见大人勿恤者，谓本此善以利见；一德交孚，恩礼隆洽而泰交成，朝夕论思而美利溥，都俞吁咈①之风，邦家攸赖，非徒一身之庆矣。亨又莫大于行道。辞曰南征吉者，谓本此善以前进，乘时布治，大猷升而功在社稷，嘉谋入而福被苍生。致主泽民之志，施为畅达，至是而无不行矣。

君臣相得，吾道大行，升之元亨，圣人所为深与之乎？此见人材之升，在于知时，而又妙于用柔。柔则从容和缓，退处之心恒胜于上人之心，故能量可而进、不失其时，刚中而应、有庆志行，孰非时升之元亨乎？而本于巽顺，则皆以柔道行之也。若时未至而求进，必刚躁者也，岂知时升之义哉？

注释　①都、俞：表示可以的叹词；吁、咈：音需福，表示不满的叹词；都俞吁咈：指君臣论政应答和谐。

易经　《象》曰：地中生木，升。君子以顺德，积小以高大。

解义　此《象传》，是言君子崇德之学，由积渐而至于大成也。顺，作慎。

孔子释升象曰：坤地之中而生巽木，渐长而上，有升之象也。君子以为山木人心，其理本一；养木养心，其机本同。体之以慎修其德，必敬以直内，由一念以至于念念，曲而致之无不善；义以方外，自一事以至于事事，扩而充之无不宜。

盖德本高大，而必于细微处发端，如以为小而忽之，一息少懈，前此之功必隳（音灰，毁坏）。犹木之在地，一日不长，生生之机必息。惟由积小，以谨始敬终，则德修罔觉，日新月异而不能已。自驯至于高明广大，不犹木之以渐升乎？可见圣功王道，不必远求，只在敬小慎微、日进不已，则几希之存得危微精一之传，慎独之功致中和位育之效。体用一原，天人一致，下学即可以上达。升之义大矣哉！

易经　初六：允升，大吉。《象》曰：允升大吉，上合志也。

解义　此一爻，是言信友可以获上，得遂其进之由也。上，指九二、九三；合志，是初合二阳之志。

周公系升初爻曰：初六巽体而顺德，当升之时，不务躁进，以柔顺而巽于二阳，则是温恭自处有以动人之诚，谦让不争足以起人之慕。故二阳重而信之，能使志行孚于同类、名誉著于当时，声应气求，援以同升，由是建大功而立大业，所谓用见南征，吉孰大焉？

孔子释初象曰：初之允升大吉，何哉？盖上之二阳，或以刚中为君所倚任，或以刚正为世所仰瞻，其志奋发有为，皆欲上进者。今初巽于二阳，而上与之合，志合则道同，得藉所援，相引而升。其大吉也不亦宜乎？

夫贤者在下，非有特达之知不能自奋而升，然养之邃者其孚必速，不党同以求合，不务名而尚志，是相信在未升之前，虽欲

弗升而不可得也。信以同升，志以成信，与世之逐虚声而求汲引
者，殆不可同日语矣。

易经　九二：孚乃利用禴（p.368"六二"），无咎。《象》曰：
九二之孚，有喜也。

解义　此一爻，是言事君者当以至诚，乃有得君之喜也。

周公系升二爻曰：当升之时，人臣不患其不升，但患感孚之
未至耳。今九二以中实上孚于五，六五以中虚下应于二，是为臣
者不求宠利，惟本一念之精诚，足以感孚其君，自然情投谊合，
有以致君之孚契（孚契：诚信契合）也。惟既孚矣，则上下之间，
一以至诚相格，乃可脱略（脱略：脱去；省略）仪文而任吾朴忠，
犹祭者以诚敬享神，即用禴而亦利也。如是，则臣道尽而不欺，
君心感而无忌，何咎之有？

孔子释二象曰：二能以孚诚事上，岂惟为臣之道无咎而已
哉？孚本于刚中诚实所感，明良会合，则信任必至而无疑贰之
嫌，宠遇永绥而有拜飏（拜飏：指君民同欢的盛况；《书·皋陶
谟》："皋陶拜手稽首，飏言曰：'念哉！……'"）之盛。明其有
喜，可见用孚之利；感通若此，无咎不足言矣。

自古臣之事主，涉于疏略，固失之慢；过于繁缛，又失之伪。
慢与伪，皆非纯臣之道也，故必精白一心以承休德。昔周公之训
曰：至治馨香，感于神明。此即孚之义也。三代盛时，君臣交勉，
惟一诚相通。事君者当知所兢兢云。

易经　九三：升虚邑。《象》曰：升虚邑，无所疑也。

解义　此一爻，是言德与时会，当进而无所阻也。虚邑，无
所阻碍之象。

周公系升三爻曰：九三当升时而有阳刚之德，既备能升之
具，进临于坤，坤德顺而体虚，以推贤进能为尚，而无猜疑倾陷
之风。乘此以升，是以谋断之才际雍熙（雍熙：和乐貌）之会，王

道荡荡，无反无侧，可以致身堂陛利见而得乎君，奋迹（奋迹：奋起投身某事）亨衢（亨衢：四通八达的大道）前进而行乎道。其升之易，象犹虚邑无人，可进而无所阻碍矣。

孔子释三象曰：人当升时，虽有其时而无其德，未免有疑于己；虽有其德而无其时，未免有疑于人。今三以能升之德值可升之时，既非短于材而见抑，又非泥于势而不通，豁然上进而莫之违距，复何所疑乎？

按：巽为进退、为不果（语出《说卦传》，见 p.602），苟稍有以沮之，则必疑滞而不能进矣。今三之不疑如此，正见坤之虚中善受，能接引贤才，故一往得通，如木之生于地中者，无不成廊庙之材。此圣人乐得而与之也。

易经　六四：王用亨于岐山，吉，无咎。《象》曰：王用亨于岐山，顺事也。

解义　此一爻，是言推诚以格君，可见忠顺之至也。亨，当作享；王用享于岐山，用诚以事君之象。

周公系升四爻曰：六四体坤居柔，以至顺之德守纯臣之节，恪恭尽瘁，无贰尔心，是积诚以上升，感格乎君，有王用享于岐山之象。如是则可以辅君，跻斯世于雍和，锡生民以多福，得臣道之纯而鲜隐越之失矣。不亦吉而无咎乎？

孔子释四象曰：四之能格君犹王用享岐山者。盖四有柔顺之德以顺事其君，精白居衷常恐有僭逼之失，靖共（p.317）无忝，不徒饰服事之名，上则顺承乎君，下则顺处其义，恪守臣职而无遗憾焉。是顺之至者，即诚之至也，宜吉且无咎矣！

按：升卦二、四两爻不言升，何也？盖五为君位，二应五而四承五，皆得时行道亲近乎君者，其位不可复升也，升则疑于五，有逼上之嫌矣。故在四言顺与在二言孚，圣人明臣道之极，安分守节，为万世训也。其义深矣！

易经 六五：贞吉，升阶。《象》曰：贞吉升阶，大得志也。

解义 此一爻，是言人君以正道治天下，可以遂致治之愿也。升阶，治化易成之意。

周公系升五爻曰：六五当升而居尊位，然以阴居阳，未免有不正之嫌，故必能勉而贞，反其不正以归于正，使经纬于一心张弛乎万化者，内则黜功利之私，外则崇荡平之轨，则天德纯而王道溥，治理之升于大猷（大猷：治国大道）将不劳而自致。其得吉也，不犹升阶之至易乎？

孔子释五象曰：大君志在天下，有一夫不获、一物未安，欲其志之得也，盖亦难矣。今言贞吉升阶，是以纯王之心行纯王之政，则治定功成，化行俗美，仰媲于帝王，参赞于天地，有以悉副其匡济之初心，其志乃可大得也。

先儒有言：天下之事变化无穷，无一不本于人主之心，贞则正心可以正朝廷，可以正天下，四方万里一归于至正，风动神速而知王道之易易（p.333）焉。故人君贵大居正也。若后世用名法、尚功利，以为王道不可行而治流于杂霸，不亦谬乎？

易经 上六：冥升，利于不息之贞。《象》曰：冥升在上，消不富也。

解义 此一爻，是言徇欲者理日亡，教人以转移之法也。冥升，言昏冥于升也。

周公系升上爻曰：上六以阴柔之质居升之极，是贪进无厌、求升不已而陷于昏冥者也。患得患失，无适而利矣，必也反其求升之心，用以进德。使理之根抵于吾心者，存养而不已；理之流行于事物者，日新而无穷；则不息之贞，积小以高大乃所为利。盖于贞而不息，自于升必不冥也。

孔子释上象曰：冥升在上，其心岂不欲长保富盛哉？然升极当降，长（上声）极当消，揆之于理有固然者，今上居升极，自可以已，乃知进而不知退，将立见其消亡，不复保其富有。是则所谓冥而已矣，何利之有哉？

按：豫上六曰冥豫，耽乐而不知反也；升上六曰冥升，求进而不知止也。顾豫之上体震，欲动其悔过之心，使终变其豫，故以成有渝勉之；升之上体坤，欲顺其不已之心，使反移于贞，故以利于不息诱之。圣人教人，总于理欲消长之关设一变化之术，是变易以从道也。《书》云惟狂克念作圣，其此爻之义欤？

四十七　困卦 ䷮ 坎下兑上

解义　天道无进而不穷，人事无伸而不屈，故升后受之以困。然一困而不振者，庸人也；在困而能伸者，君子也。砥节固穷，泰然不变其所守，则身困而道益通，故《彖》著亨吉无咎之辞而属之大人，所以教处困之方也。困以刚揜（通掩，掩盖）得名，似乎二、四、五为所揜之君子，初、三、上为揜刚之小人，乃爻辞则皆以处困者言之。盖《易》为君子谋，固如此耳。当刚揜之时，刚宜甚困，柔宜不甚困；乃二、五刚中，皆云利用；九四虽不当位，亦克有终；而初、三与上，皆极危厉之辞。盖天下惟阳刚君子所遇多穷，亦惟阳刚君子无往不济，若阴柔碌碌，平居无防患之识，临事无济变之才，一往而败，固其宜耳。《易》之贵阳贱阴，大抵类是。

易经（卦辞）　困：亨；贞，大人吉，无咎。有言不信。

解义　此卦坎下兑上，六爻阳为阴揜，不能自振，有困穷之义，故名为困。卦辞言处困之时，当守贞处默以善全其道也。

文王系困彖辞曰：困以困穷不能自振为义。当此时者，君子为小人揜抑，力穷气沮，不克自展舒其蕴抱（蕴抱：怀藏抱负）也。然处困者，能乐天知命而不忧，正己无求而不怨，身虽困抑、心自亨通，则得处困之正道而能贞矣。是贞也，非涵养素积于中、智识不淆于外者，未足以当此。故惟有守有学之大人，敦仁安义而有自得之吉，知几固守而无自失之咎。所谓亨而得贞者，此也。苟非其人，不安乎义命，愤时嫉俗，形于议论，则虽有言，不能取信于人，适足滋多口之憎而重益其困，大人岂如是乎？此又处困者所当戒也。

按：天道不能有顺而无逆，人事不能有升而无困。惟善处困者、超然世外、不为物累，故身困而心不困；不善处困者，忿懥自鸣，招尤取怫，故身困而心益困。然则当困之时，亦在人自审其所处而已矣。

易经　《彖》曰：困，刚揜也。险以说（通悦），困而不失其所亨，其惟君子乎！贞，大人吉，以刚中也；有言不信，尚口乃穷也。

解义　此《彖传》，是释困彖辞，以明处困之有道，所以得亨也。

孔子释困彖辞曰：卦何以名困？上下三刚皆揜（同掩）于柔，是刚明之气不能发舒，正直之志无由展布，所以为困也。

然困何以得亨？盖所谓亨者，不于其身而于其心，不于其时而于其道。以卦德言之，坎险而兑悦，虽当困穷郁拂之时，乐天知命，此中泰然无累；原自有所为亨者，穷居独善，常得而不自失，此困之所以能亨也。其惟见真守定之君子能之乎？苟非君子，必不能也。其曰贞，大人吉，何也？以卦体言之，二、五刚而得中，刚则不挠，中则不躁。盖困之移人（移人：使人的精神情绪等改变），非乘其柔茌即因其矜激；惟刚与中合，既不挠而屈于困，又不躁而重其困，所以守贞而为大人，有能亨之吉也。其曰有言不信，何也？以困时所尚者，宜用晦处默、反躬自信，虽困不足以穷我。惟心失所亨急于自明，所尚者口给（口给：能言善辩，口才好），兴戎（兴戎：发动战争）贾（音古，招致）怨，乃为所穷。实自取耳，可不戒哉？

夫当困之时，身可穷而道不可穷。盖道之所在，不充诎（诎：音驱；充诎：得意忘形）于富贵，不陨获于贫贱，无往而不得也。如孔子之从我所好，颜子之不改其乐，湛然无为，固不因困而得，亦不因困而失，适如其固有之初心而已。若后世之士身处困穷，或侈谈横（去声）议、或标榜相高，徒足以招尤而召谤，岂君子全身之道哉？

易经　《象》曰：泽无水，困。君子以致命遂志。

解义　此《象传》，是言君子处困之道，能守正而不屈其志也。

孔子释困象曰：泽以潴水，宜有水者也，坎水下漏，兑泽上枯，泽中无水，困之象也。君子体之以处困，凡纲常名教所在，为吾志所欲成者。若临难以求免，见义而偷生，利害之念动于中，是非之论不足惜，因循顾恋，是命不致则志不得遂也。惟委致此命于度外，论是非不论利害，毅然独往，惟欲求成其是，以遂吾不可夺之志，则无愧无怍（音坐，惭愧）可以对天地，忘私忘家可以质幽独，吾志遂而亨莫大焉。

此处困之正道也！夫君子居世，常则修身俟时，命之在我者也；变则成仁取义，命之在天者也。惟居常尽其在我、理明识定，故遇变不惑可以遂吾之志。若夫一念慷慨，轻生赴难，发乎意气之动而非循乎义理之实者，岂足以语此哉？

易经　初六：臀困于株木，入于幽谷，三岁不觌（音笛，相见）。《象》曰：入于幽谷，幽不明也。

解义　此一爻，是言处困无术、身心交困而不克振也。臀，物之底也；幽谷，暗地；三岁，言其久也。

周公系困初爻曰：初六居困体之下，即以阳刚处之，犹虑其不振，况阴柔乎？既无出险之才，束手坐困，转侧受伤，犹臀困于株木而不得所安也。且所居至暗，又乏观变之识，无知妄动，益陷于险而终不能自出，如入于幽谷而三岁之不觌也，曷望其有济乎？

孔子释初象曰：阳刚者明显，阴柔者暗昧。初之入于幽谷者，惟其以柔居暗，迷焉而不觉，昧焉而罔通，是暗于心者自不能洞察于事，宜其益人而终无所觌也。

按：困六爻，刚为柔揜，不特刚困而柔亦困。盖小人处心暗昧，既不明于邪正，又不明于利害，殚精劳神思有以困君子，而先已自受其困。如初者，居无安身之地，行无见天之日，良由心术之不明也。故阳明为君子、阴暗为小人，观人者亦在乎心术之间而已矣。

易经　九二：困于酒食，朱绂方来，利用亨祀。征凶，无咎。《象》曰：困于酒食，中有庆也。

解义　此一爻，是言二膺宠遇之隆，当竭诚以图济困之功也。朱绂（音伏），王者之服，蔽膝也；亨，当作享。

周公系困二爻曰：九二刚中，是其德能济困者，以一己系天下安危之重，位高禄厚，任事贤劳，反足维絷（维絷：系缚）其身，若困于酒食者然。且上与五同德，眷顾日隆，其殷勤晋接之意有加无已，又为朱绂方来之象。如是，则君之宠遇已极，人臣当此，宜如何以承之也？为二计者，惟有殚心尽力，用格天享帝之诚以矢股肱心膂之报，如享祀然。虽时事孔艰（孔艰：很艰难），未免以征则凶，然义所当行而吾行之，自不至于有咎耳。

孔子释二象曰：九二宠任之隆如此，盖以二有中德，自能尽忠竭智、济时之困，而有保邦致治之庆也。然则困于酒食者，盖以一身之劳瘁至天下之福庆，身虽困而道则亨，凶与无咎，不必言矣。

按：事君之道，不避难（去声），不辞贱，言乎臣职之当然，凡委贽（委贽：向君主表示献身）者所同也。然宠寄愈重，则报称（报称：报答人，与之恩相称）愈难，遗大投艰（p.34注①），其责尤无容旁贷。人臣处此，诚一不贰，勿以强弱利害动其心，勿以成败利钝沮其气，竭股肱之力而济不济听之天焉。斯为臣道之正乎！

易经　六三：困于石，据于蒺藜，入于其宫，不见其妻，凶。《象》曰：据于蒺藜，乘刚也。入于其宫，不见其妻，不祥也。

解义　此一爻，是言不善处困者益以致困，为可戒也。石，指九四；蒺藜，指九二；宫，谓六三；妻，谓上六。

周公系困三爻曰：六三以阴柔之质，不中不正，处险极而用刚，不自度其才德，乃欲前推四以上进，而四之刚则坚于石也，是反受其困而不能动，如困于石然。欲退倚二以图安，而二之刚则锐于蒺藜也，是据非所据而不可依，如据于蒺藜然。当此之时，进退出入无一可展舒，岌岌乎殆矣。虽有上六以为应，欲求配偶，亦终失其所安而不可得见，有入于其宫、不见其妻之象。是则祸必及身而家随以丧，凶莫甚焉。

孔子释三象曰：据于蒺藜，以三乘二之刚，非所据而据，其何能得安也？故还而自顾、孤立寡援，一无依倚，至于妻不可见，则众畔（通叛）亲离，危亡立至，不祥孰大于此？所为凶也。

按：困之三阴，始相缔交，以撄其刚。究之初六之困，既以自陷于不明，至六三之凶，更且自召其不祥，设心愈险则召祸愈深；惟上六处困之极，悔心渐萌，犹可转而得吉。然则为小人者，盍亦思所自反乎？

易经　九四：来徐徐，困于金车。吝，有终。《象》曰：来徐徐，志在下也。虽不当位，有与也。

解义　此一爻，是言拯人之困，有志者事终成也。金车，指九二。

周公系困四爻曰：九四与初为正应，初方困于下不能自振，在四当急为救援以图共济之功。但以阳居阴才力不足，弃之则不能坐视，欲往则不可径行，迟回犹豫，其来也，徐徐然。至初之望援，岂不欲急于就四而前进哉？只为九二所隔，势不能通，若困于金车不得遂进者然。是其始也，四以己之所应急难方殷而才不能以速拯，为可吝矣，究之相应者为正，中阻者为邪，邪不胜正，终无日隔之势而有自合之理，彼此相得而有终也。

孔子释四象曰：四之来徐徐者，其事虽若缓而志实在下，其心未尝不切也，人患无其志耳。苟志在初，虽居柔不当位，才不能济而始离终合，必得遂其相与，庶几困不终困矣。

按：九四方为柔揜，乃欲藉初柔以有终，何也？盖君子之于小人，绝之未常太严，所以示包荒之量；与之不可太速，所以远朋比之嫌，故能用小人而不为小人所害。此四之善行其志也夫！

易经 九五：劓刖，困于赤绂，乃徐有说（通悦），利用祭祀。《象》曰：劓刖，志未得也。乃徐有说，以中直也。利用祭祀，受福也。

解义 此一爻，是言五以至诚感人，能解困而得亨也。受伤于上曰劓（音义）；受伤于下，曰刖（音月）；赤绂，臣下之服。

周公系困五爻曰：九五上为阴揜，见蔽于近习；下则乘刚，又逼于强臣。是上下皆受其伤，而为劓刖之象。如是，则臣下不为我用而反为其所制，是为困于赤绂也。幸其刚中而居悦体，能善用其刚，不动声色，从容和缓乃徐而图之，既不失之因循，复不伤于躁激，卒之大权渐收、不忧旁落。始受伤于上下者，今不终于伤而可有悦耳。推此道也，至诚感物莫如祭祀，用是以感化臣下而有不诚服者乎？其为悦也必矣。

孔子释五象曰：五之志本欲济困，今阴揜则蔽、乘刚则危，身自受困如此，岂得志之时乎？乃徐有悦，本由中德而以直行之，中则不偏，直则顺理，开诚布公，困从此济而志可得。即用以祭祀，犹可以格神明而受福佑，况在下之臣乎？所以徐而有悦也。

按：拯困之功，不在急躁而在舒徐。急则忿激误事，缓则从容观变，静俟机会而易以成功。如光武焚书（指刘秀烧书信事，另见 p.153 注）而安反侧，宋祖（指宋太祖，见 p.153 注）谈笑而释兵权，得此道也。汉唐末世，时际艰难，群小播乱，不思所以消导解散之术，轻发溃决，反致召祸，此皆不审于徐之故欤。

易经　上六：困于葛藟（音磊），于臲卼（音聂兀）；曰动悔有悔，征吉。《象》曰：困于葛藟，未当也；动悔有悔，吉行也。

解义　此一爻，是言当困之极，惟悔过可以得通也。葛藟，引蔓缠缚之草；臲卼，动摇不宁之貌。

周公系困上爻曰：上六阴柔，处困之极，才弱时穷。欲动以求解，则识力不充，束缚而不能解；欲静以求安，则事势所迫，又震撼而不能安；为困于葛藟、于臲卼之象。展转思维，才既不足有为，势复难于安处，动辄有悔，无往而不困也。所以然者，惟柔而自废失其处困之道，故至此极耳。为上计者，若能翻然振作，兴起悔悟之思，以改其因循之习，力反而征行，则明作有功，而吉可知矣。

孔子释上象曰：上之困于葛藟者，以阴柔为累，无解困之才，所处未得其当（去声，下同）也。以未当而得悔，即以未当而能悔，将穷则思变，动罔不臧，是以吉之道而行则其行为吉行矣，何困之不亨乎？

按：困五爻皆不言吉而上独言吉者，盖物穷必变，困极则通，因其悔心之萌，开以自新之路。困则凶，行则吉，圣人所以挽回世道，砥砺人心，化小人而为君子。吉莫大于此矣！

四十八　井卦　☵　巽下坎上

解义　井，取井养之义。井体有定而不迁，犹治道有常而不易也。虽时势推移，不无因革，而王者大经大法终不可变，故卦辞示以法之当守而又戒其变法之凶也。井以泉上出为功，犹之施其德以养人也。初六以居下而见弃；六四以阴柔而无功；九二虽有刚中之德，而上无汲引、下无汇征，怀才而未遇时者也；必如五之德位兼隆，上之博施济众，始泽被天下收养道之大成焉；至于九三居下之上，又为贤人在下、不能有为之象，然其德既裕，民望久归，苟求贤之主登进而用之，则勿幕之功可睹也，是在用之者矣。然以井之道究言之，出之有原，施之有序，善法之则井收之吉也，不善法之则羸瓶之凶也，可不慎欤？

易经（卦辞）　井：改邑不改井，无丧无得，往来井井。汔至亦未�‌井，羸其瓶，凶。

解义　此卦巽下坎上。巽木入乎坎水之下而上出其水，坎水行乎巽木之中而滋润乎木，有井水上行之义，故名为井。卦辞言治法有常，当敬慎以守其成也。汔（音气，接近），几也；繘（音局），绠（音梗，汲水的绳子）也；羸（音雷），败也。

文王系井象辞曰：井以养民为义。凡先王良法美意，所以利养斯民者，亦犹是也。井体一定而不迁，犹治法有常而不易，虽时势推移不无因革，而王者大经大法所在，历万世而不可变，故养民者必恪守成宪，如改邑而不改井然。夫既不改，则无更张之害，亦无创造之利，循乎固然，莫不沾其利泽，不犹井体不迁、无丧无得，而往来者皆得井其井以为利乎？此守法之善道也。如名为遵守而德意未加于民，纷更随起于后，犹之汲井者，几至上出未尽收其绠而已败其瓶，则垂成之功尽弃，无益有害，凶何如之？此见守法者尤当慎终以观成也。

按：养民之道莫备于先王，本天理，顺人情，不容少有加损，原无丧与得之可言。后世雄才大略之主，喜近功，见小利，欲图其得，所丧实多。天下之事，成于始而败于终者多矣。善为治者，岂可不敬其有终欤？

易经　《象》曰：巽乎水而上水，井；井养而不穷也。改邑不改井，乃以刚中也；汔至亦未繘井，未有功也；羸其瓶，是以凶也。

解义　此《象传》，是释井彖辞，言成养民之功者，在守法以图终也。

孔子释井彖辞曰：卦何以名井？以卦象言，上坎下巽，是以巽木入乎坎水之下，而上出其水，亦犹井泉在下可汲取上行而为利，此井之象也。以井之用言之，体不动而功及物。其出有源，其施不匮，日用饮食，需养而不穷矣。有事养民者，本其美意，布为良法，致养无穷，道亦犹是也。

如此而可改易乎哉？其曰改邑不改井者，乃以二、五之刚中也。刚则强毅有守而持之能定，中则意见不偏而因之可久，故能恪遵成法而不致轻变也。至若汔至亦未繘井，是法度方行，利泽未能及物而未有成功，正其所当兢守焉者。乃遽妄意纷更，变乱旧章，若羸其汲井之瓶，是以几成复败，贻害无穷而不免于凶。岂非成法之不可不守，而守法者尤不可不要其成乎？

按：图治者法，守法者人。先王创立制度，无不尽美尽善，而子孙率多纷更者，大率起于好大喜功、贪多务得之一念，但思求胜于前人，而不知自取其败坏。内多欲而外施仁义，汉武（指汉武帝）之所以不及文景（指汉文帝、景帝，见 p.399 注）也。此言改邑不改井，而推本于刚中，可见欲守法而成久安长治之功者，端有赖于无欲之主。人君方寸之地为万化所从起，故曰二帝三王（二帝：指尧、舜，见 p.2 注④；三王：指夏禹、商汤、周文王武王，见 p.178 注、p.88 注、p.263 注）之治本于道，二帝三王之道本于心。治法未有不出于心法者也。

易经　《象》曰：木上有水，井；君子以劳民劝相。

解义　此《象传》，是言君子曲尽（曲尽：竭尽）养民之道，得井养不穷之义也。

孔子释井象曰：巽木之上而有坎水，津润上行，井之象也。君子体之，以民待君以为养，自处于逸不可也。则以身劳之，如制田里、教树畜（树畜：栽种畜牧），一切身亲其事，谓之劳民。使老者衣（去声）帛食肉，黎民不饥不寒是也。且民之待养无穷，独任其劳不足也，又必劝勉之，如通有无、勤赒恤，一切多方劝导，谓之劝相（劝相：劝助，劝勉），使比闾族党之相亲、贫贱患难之相助是也。盖一则以君养民而上下之情通，一则使民相养而彼此之谊洽，不犹井之养物、渊泉时出而不穷乎？

按：古者养民之法莫善于井田，劳徕（劳徕：以恩德招来）劝助，足衣食而修姻睦，王道之始，即王业所由成也。后世制度既湮，井田久废，时异势殊，虽不可泥古之法，苟师其意而行之，省力役、薄赋敛、勤本抑末、尚俭去奢，使学校无滥士、田野无游民，孰谓三代（三代：指夏、商、周）之治不可再见于今哉？

易经　初六：井泥不食，旧井无禽。《象》曰：井泥不食，下也。旧井无禽，时舍（上声）也。

解义　此一爻，是言初无济世之德，而惜其为时所弃也。

周公系井初爻曰：以阳刚为泉者，井之体；以上出为功者，井之用。今初六阴柔，则不能为泉而无以济物；居下，则不能上出而难以利人。德不足于己，功不加于民，是明王所不宾、众人所共弃，犹井泥之污浊不为人所食也。既不为人所食，无补于生民日用，将废弃而为旧井，即禽鸟亦莫之来顾矣。无德而不见用于世者，不犹是乎？

孔子释初象曰：井为济人之物，今井泥不食者，以井之居下其位最卑故也。不能出身以加民（出身以加民：指献身以惠民），欲求其博施以利物，揆之于势难矣，况本无及物之德乎？旧井无禽，是一无所济而为时舍置，理固宜也。

从来士品之高下关乎世道之汙隆（汙：音乌；汙隆：盛衰），故必裕经纶匡济之才，而后能建致主泽民之业。有其具而人不用，时为之也。无其具而为人所弃，穷无以善一身，达无以善天下，不亦可耻乎？观于此爻，有心世道者，当知所以自勉矣。

易经 九二：井谷射鲋（音付），瓮敝漏。《象》曰：井谷射鲋，无与也。

解义 此一爻，是言德不足以遍济，由限于遇而不得其助也。谷，井旁穴也；射，注及也；鲋，小鱼也。

周公系井二爻曰：九二阳刚，本有泉之井也。但上无正应，则汲引无人，莫与同升；下比初六，则汇征（p.373）无助，莫与推毂（音古；推毂：助人成事、成材如助人推车）。虽有济人之才，旁出下流不能普遍及物。故就其泽之所及，取象于井，犹井旁穴出之水，仅能下注于鲋而不为人所食，泽不被远；究其用之所施，取象于汲井，则如瓮之敝坏而水漏于下，功不上行无利济之用也。抱德而不遇时者，其取象如此。

孔子释二象曰：井谷射鲋，岂无济人之才哉？盖二虽刚中，而无与故也。若应与有人，以图共济，则泽可究而上行，挹（音义，舀）彼注兹，足以致养而不穷矣。

按：初之不食，德不足也，其咎在己；二之射鲋，时不遇也，其咎在人。君子藏器于身、待时而动，苟非上遇明主之甄（甄别）收、下获同心之推挽，亦乌能得志而有为哉？

易经 九三：井渫不食，为我心恻；可用汲，王明并受其福。《象》曰：井渫不食，行恻也。求王明，受福也。

解义 此一爻，是言济物者必为时用，而后可收其效也。渫（音谢），不停污也。

周公系井三爻曰：九三阳刚居正有济物之德，但居下之上不为时用，是德本足以致君泽民，未当通显，功效难施，犹井之渫洁而不为人食者然。遂使人情致悼、众望徒殷，未免于心恻者，何哉？正为其德之可用以利人，犹井之可汲以及物也，特无如王之未明耳。如有王之明者，知其可用而用之，则启沃之方，上可跻君德于雍熙惠鲜①之泽，下可引斯民于恬养，君民咸利，而无不受其福也。

孔子释三象曰：井渫不食，岂惟同类兴嗟？即行道之人，能无为恻乎？原其恻之心，急在求王之明。用以成功，而上下实受其福耳。是以受福之故而求，则其求也，人自为求，非三之有求于王也。

按：人君以知人为明、用人为急，知之不真，则所求非所用、所用非所求，而为害益甚。此君之德，必以明为大也。所谓明者，至诚以将之，虚己以待之，本之众论以取其公，揽之一心以行其断，庶几贤无不用而用必皆贤，此知人之法也。故曰：君明臣忠，则朝廷治安。明之一言，诚探本之论也夫！

注释　①启沃：指竭诚开导，辅佐君王；"启乃心，沃朕心。"（《书·说命上》）雍熙：和乐貌；惠鲜：施恩于贫。

易经　六四：井甃，无咎。《象》曰：井甃无咎，修井也。

解义　此一爻，是言德修于己而有自治之功也。甃（音宙），井旁之砌也。

周公系井四爻曰：六四柔得其正，有清慎之德而无刚毅之才。第能反躬自治，洁以居身不染于污俗，清以居世不混于浊流，犹井之甃治而不停污者然。如是则进修不已、厥德日新，虽泽未施于天下，而独善已具兼善之体，又何咎焉？

孔子释四象曰：井甃无咎，岂井之自为甃哉？正有所以修之者也。去旧以来新，防污以养洁，必修井而井始得甃，亦犹修身而身始得全也。体既立而用自裕，将有寒泉上出之功而无井泥不食之咎矣。

按：三居内卦，曰井渫，内以致其洁也；四居外卦，曰井甃，外以御其污也。盖不渫，则污者不洁；不甃，则洁者易污。为学之道，必闲邪存诚、内外交养，亦犹是也。此修己为治人之本，先有体而后可冀其有用也欤！

易经　九五：井冽，寒泉食。《象》曰：寒泉之食，中正也。

解义　此一爻，是言本天德以行王道，故能养而不穷也。冽，洁也。

周公系井五爻曰：九五居尊位而有阳刚中正之德，其所涵蓄者既资深而不匮，其所施及者自周浃（周浃：普遍深入）而无穷。存之则为内圣之德，行之则为外王之道。体立而用全，不犹井之清冽、不停污浊，而寒泉在中足以为人所食者乎？此渊泉时出，德修于己，功及于人，所谓井养而不穷者，在是矣。

孔子释五象曰：寒泉而为人食者，以阳刚为泉，有及物之泽，阳刚而又中正，则为泽之所从出，其见食于人，宜也。五具中正之德，以纯王之心行纯王之政，匹夫匹妇，无不与（去声）被其泽，固若斯耳。

按：九五坎中一阳，天一所生，泉之不竭者也。天下之求养者皆待命于五，则五岂可以无本而易涸者应之哉？使不加洁治，则旁流之秽浊者得以汩（p.251）乱之，而无以为润泽万物之具矣。五惟勤于自治，然后寒泉之体性不失，凡往来井井者皆知为中正之道而得以并受其福。斯为混混（通滚；混混：水奔流貌）之原泉而沾溉无穷者乎！

易经　上六：井收，勿幕；有孚，元吉。《象》曰：元吉在上，大成也。

解义　此一爻，是言养道之成由于实心而无不善也。"收"者，汲器之出；"幕"者，覆井之具。

周公系井上爻曰：井以上出为功，六居卦之上而坎口不掩，是井养之德无所壅于上，深仁厚泽、导民之利而不私，博施济众、听民之取而不禁，象犹井既收矣，勿复加幕，而往来者皆得井其井也。所以然者，本有孚之至诚，积中发外，以实心而为实政，其德泽所施无所弗届（至）。岂非至善而为元吉之道乎？

孔子释上象曰：养民之道，小惠未遍不可以言成；今元吉而在上，过化存神，其取携之而不尽，斟酌焉而弥新，此真井道之大成也。彼施泽有限而功仅小补者，奚足以当此？

按：井六爻，皆取井养之义。初井泥，二井谷，皆废井也；三渫井之泥，四甃井之谷，则井体具矣；五则井洌而泉食，井之为用已备；然必至乎上，而后始全其上出之功。所以他卦之终为极为变，惟井之终为大成之效。可见井之道，出之有本原，施之有次第。君人者，善法之则为井收之吉，不善法之则为羸瓶之凶。义不两立，不可不慎也！

四十九　革卦　䷰　离下兑上

解义　革，取变革之义。凡事有必变之时，圣人因有改易之事。善革者，准乎天人而合于至正，始无妄革之弊，故卦辞曰元亨，又曰利贞，而后悔乃亡。六爻皆处革之人，而所居之位不同，象亦各异，要贵一慎革之心而已。初九有其才而非其时，则以守分（去声）为正，慎其道于革之始；上六处时之盛而无所用其才，则以静正为中，慎其道于革之终；九三则过刚不中，未免恃才任智而有不慎之嫌；若九四之刚柔不偏，则因慎而得吉矣；六二柔顺中正而上应九五，则慎而从五以行革矣；惟九五之阳刚中正，以大人之德而为革之主，收虎变文明之效，斯以慎而成功也。盖圣人重改作，不得已而有革，必审去故之义、制因时之宜、从可久之道以善其革，所谓革而当也。故二虽才足有为、权能任事，必从容详慎至已日而后革之者，缘二为人臣，不当为革之先，必上信下从而后可言革。若五之经纶素裕（素裕：素来充裕）、通变宜民，天下久已信从，然后创制立法、焕然一新也。盖于初戒其躁妄，于上戒其纷更，可轻言革欤？

易经（卦辞） 革：已日乃孚，元亨，利贞，悔亡。

解义 此卦离下兑上，离兑合体，有两相息而不相得之义，故名为革。卦辞言革之为道，不可不慎，当图所以尽善也。已日，事已成之日。

文王系革彖辞曰：革以变革为义。物理人情，所当变革者皆是也。凡人可与习常，难与通变；可与乐成，难与虑始。当革之初，未免疑惧；必待已革之日，事久论定，信所当然，而后乃孚（信）；革之难有如是也。然所以能致其孚者，必审所当革，尽善尽美，可通行于天下后世而无不大亨，且悉准乎天理人心而利于至正，然后见之施为，有利无害，而轻举妄动之悔乃可亡耳。使亨贞一有不具，安能致已日之孚而悔亡乎？圣人之重言变革，盖如此。

按：革之道关乎治乱安危，非圣人之得已也。后世之患，不失于因循以养祸，则失于轻作以败事。故当革而不革，法久则弊生，不可也；不当革而轻革，兴一利必复生一弊，尤不可也。革之悔亡，鳃鳃（音洗，恐惧貌）乎虑之深而言之慎矣！

易经 《彖》曰：革，水火相息，二女同居，其志不相得，曰革。已日乃孚，革而信之；文明以说（通悦），大亨以正；革而当，其悔乃亡。天地革而四时成，汤武革命，顺乎天而应乎人，革之时大矣哉！

解义 此《彖传》，是释革彖辞，明革道期于至当（去声），而又极言之以赞其大也。

孔子释革彖辞曰：革之义何取哉？以卦象言，水上火下，两相息灭而势不相容，物理之当革也；二女同居，少上中下，名位失序而志不相得，人情之当革也；故为革。

革则通变以宜民，宜乎人之即信矣。乃曰已日乃孚，何也？革故非常，黎民惧焉，有未即孚人之志者，必革之既定，有利于国、不扰于民，而人始信之，曰此其变之不容已者耳。若是而革可轻言乎？卦德文明以悦，内灼（音浊，明白）夫义理而不失于妄；外因乎时势而不隳于躁。凡其所拟议者，必尽善可通而又一归于正，斯革为至当而其悔乃可亡耳。

设一有未当，则所系岂其微哉？因是而极言之，天地之道、阴阳变化，春革而为夏，秋革而为冬，寒暑代谢，相推于不已，而四时成焉。商周之际，时代递迁，汤革夏命为商，武革商命为周，天心人事不容少有矫拂（矫拂：拂逆，违背），而顺且应焉。若是者，皆时为之也。时未至而不能先，时既至而不敢后。天地圣人皆因乎时之所趋而有不得不革者。革之时岂不诚大矣哉？然则因时以成革者，明此为文明、顺此为和悦，是为大亨以正，革无不当而悔亡若此也。

按：《书》曰：道有升降，政由俗革。继治继乱，莫不各有当然之道。如盘庚之迁，始则民心未孚，既定而众志乃安，此革之而当者也。如赢秦之坏封建、开阡陌，良法荡然；前宋之废祖制、行新法，贻害无穷，安能免于悔欤①？谋国者当知所计矣。

注释　①盘庚：商汤九世孙，继兄阳甲位，时王室衰乱，乃率众自奄（今山东曲阜）迁都于殷（今河南安阳）；初，臣民安土重迁，群相咨怨，后商复兴，史称殷商。赢秦：赢为秦姓，故称之；其下文指秦始皇赢政废除分封制，南定百越，北击匈奴等治国措施。前宋之废祖制：指王安石变法。

易经　《象》曰：泽中有火，革。君子以治历明时。

解义　此《象传》，言变革之道莫大于明时也。

孔子释革象曰：兑泽之中而有离火，水决则火灭，而火受其变矣，为革之象也。君子体之，以天道人事关乎四时，乃变革之大者。于是制为历书，设占步（占：阴平；占步：推测天象）之法，以推天象运行之度；立布算之术，以察气机旋转之变。一一理会，以明乎四时，使晦朔弦望（晦：农历月末一日；朔：农历每月初一；弦：月半圆；望：月圆）各因其序，分至（p.130）启闭不愆（音千，错过）其期。将在上者得以敬天勤民，在下者得以因时趋事，岂非革道之至大者乎？

　　按：《尧典》（《尚书》篇名）首命羲和（p.225 注①）敬授人时；圣门（圣门：指孔子的门下）之论为邦，亦必以夏时为先；时若是其重也。凡民之生，因天之时以兴地之利，不明其时则民不知所兴作。是无以为生，即无以为民也，何以成三才（三才：指天、地、人）之道乎？君子体革之要务，于此可见矣。

　　易经　初九：巩用黄牛之革。《象》曰：巩用黄牛，不可以有为也。

　　解义　此一爻，是示初以固守之义，为妄动者戒也。巩，固也；黄牛之革，取坚固之义。

　　周公系革初爻曰：变革之事大矣，必有其时、有其应而后可。初九虽有阳刚之才，然当革之初，时犹有待，上无正应，事不我任。若违时拂势而遽言变革，是不失之躁妄即失之勉强，岂计之得乎？初惟安常守分（去声），无所变更，以不妄革为中、不强革为顺。持之甚坚而守之甚固，象犹巩用黄牛之革然，此处（上声）革初之善道也。

　　孔子释初象曰：初之固执其守如此，岂当革而不革乎？特以所处之时非有为之时，所居之势非得为之势。断之以义，知其不可有为也。知其不可为而不为，此其为中顺之守而无轻动之失矣。

　　按：国家之患，好大喜功，轻言变革，每由于新进生事之人。

三代而下，若贾生（贾生：即贾谊，见 p.112 注）本王佐（王佐：王的辅佐）之材，然当遇主之初，立谈俄顷，不度时势遂欲变法，尽弃其旧而新是图，论者谓才有余而识不足，卒为时所忌嫉，不得竟其用。此爻之垂戒，诚有以夫。

易经　六二：已日乃革之，征吉，无咎。《象》曰：已日革之，行有嘉也。

解义　此一爻，是言能慎于用革，斯行无不利也。已日，犹言姑停一日，再加详审之意。

周公系革二爻曰：六二柔顺中正，上应阳刚之君，体顺则无违悖以持其理，中正则无偏蔽以审其机，且才足有为、权能任事，可以革矣。然革乃大事，非得已者，化可更而无以善治，则不容遽更；变可通而无以宜民，则未可轻变。必从容详慎，至于已日而后革之。如是而征行，从五以革，则去故以图新，上可利国，下可便民，吉且无咎矣。

孔子释二象曰：时事之当革者，革而不当（去声），难乎其有嘉也，必已日而后革，其慎重如此。以是而行，则弊无不去，治无不新，是为有嘉而宜征耳。

按：人臣不当为革之先，必上下信从而后可言革，故卦曰已日乃孚。此则曰已日乃革者，言乎君之革不避艰难，既革之已日而始孚；臣之革不敢创造，既信之已日而后革也。此二之从五以行革道，为能敬慎而无失欤。

易经　九三：征凶，贞厉。革言三就，有孚。《象》曰：革言三就，又何之矣？

解义　此一爻，是言善革者当戒其躁动而贵详审也。

周公系革三爻曰：九三过刚不中，居离之极，恃才任智，不加详慎，此非善于革者也。以是征行，一以急躁为之，则事有不通、人有不信，贻天下之害而凶矣。即使革所当革，亦不免矫枉太过，徒滋纷扰，虽贞而亦危厉之道也。然于时当革，所患者惟不能审耳。诚反其躁动而详审焉，议革之言必深思熟虑，至再至三而后成就，则利害可否无不区画周详，当（去声）乎事体、合乎人情，足以有孚而可革矣。

孔子释三象曰：革之可疑者，患乎未审也。如革言至于三就，则情理既明，致审之极，无可复加而又何之焉？盖未审则不可轻革，既审而犹不断，则当革不革，亦非处革之善道也。

可见，图天下事者在乎谋，成天下事者在乎断。寡谋则轻以昧理，少断则缓以失机，凡事皆然，况处革之时，尤所当计者乎？昔唐贞观之治革隋季之弊，善谋而济之以能断，天下称房杜焉[1]。三之三就而可革，殆能兼之矣。

注释 ①房杜：房，指房玄龄，唐太宗时宰相；杜，指杜如晦，唐太宗时任尚书右仆射；房多谋，杜善断，共掌朝政；成语有房谋杜断。

易经 九四：悔亡，有孚改命（命令），吉。《象》曰：改命之吉，信志也。

解义 此一爻，是言革道之善能见信于天下也。

周公系革四爻曰：革道利贞，九四居阴不正，宜若有悔。以其体居兑悦，有刚柔不偏之用；又卦已过中，值水火变革之时。既有其德又遇其时，是以变而得中，革无不当（去声）而悔可亡也。然其所以能当（去声）者，要在处之以至诚，必其所存止此忧民体国之心；经营图度，不由矫拂其有孚也，早已见信于人。至临时通变，以之更改命令，可以除前弊而收后效，不惟悔亡，亦且善治而得吉矣。

孔子释四象曰：改命之吉者，四之变革之志本在于福苍生而利天下，则其诚恳无私、因时顺理，有不敢轻革而又不得不革者，使上下乐从，固已昭然共信其志也，又何疑改命之吉乎？

　　此见事会当变革之日，时势两难，每多因循坐视，皆避悔之一念萌之也。经权常变，苟能自信其心一出于大公至正，即可信于天下后世。古之人所以定大策、决大疑，而中外安之若行所无事者，惟此而已矣。

　　易经　九五：大人虎变，未占有孚。《象》曰：大人虎变，其文炳也。

　　解义　此一爻，是言革道之极盛，以见其成功之大也。

　　周公系革五爻曰：九五阳刚中正，以大人之德为革之主，顺天人以改革。则其存于中者，有自新新民之极；而其见于世者，有创制立法之猷。于是礼明乐备，治定功成，焕然一新于天下，象犹虎之变而文明之有赫也。然所以致此者岂易得哉？世会当极敝之日，非更化不足以善治，吾惟经纶素裕（p.393），实有其可通变宜民者，则虽未占决，而天下之人久已信从，不待已日而始有孚矣。

　　孔子释五象曰：大人御世，制作一新，惟其未革之先诚信畜于中，至既革之后文章焕于外，皇猷（谋划）帝治、炳然可观，象之为虎变也。非德位兼隆之大人，乌足以当此？

　　按：革必取于孚信者，不信则不从也。自三至五，皆言有孚。三议革而后孚；四有孚而后改；至九五之孚，过化存神（过化存神：指圣人经过之处被圣人感化，存有圣人之精神）。不但无议革之言，亦不待改命之志，积之久而发之大，所谓杀不怨、利不庸（用）、迁善（迁善：改过向善）而不知，革之道斯极至矣。理本于自新而效极于新民，帝德王功之盛，孰有加于此哉？

　　易经　上六：君子豹变（豹变：豹纹变美，后喻人的行为变好或势位变显贵），小人革面。征凶，居贞吉。《象》曰：君子豹变，其文蔚也。小人革面，顺以从君也。

　　解义　此一爻，是言革道之大成，当静正以守其终也。面，犹向；革面，言易向也。

周公系革上爻曰：上六革道已成，当继体守文之日化行俗美，在君子渐渍于文教，迁善日新，光辉外见，如豹文之变然；在小人亦慑服于王章，畏威远罪，遵道遵路而革面易向也。当此之时，治道极隆岂复有加哉？若更有所征行，好大喜功，适足以启纷更之弊，是为已甚而不免于凶。惟居贞静正，率由旧章，与天下相安于无事，乃可得吉。革道之不可过也如此。

孔子释上象曰：君子豹变，非润饰于其外也。道德积中，英华发外，由其充养之既粹而文自蔚然可观也。小人革面，虽未必中心能革，而奉法禀令、易向知方，亦且效顺以从乎君上也。合言之，道德一而风俗同，革道不于此大成乎？

夫天下事，始则患其难革，已革又患其难守。故三之征凶，戒于未革之先；上之征凶，戒于既革之后。总见变革之大，非圣人所得已也。丁宁告戒，始终慎重，固知开创难、守成尤不易。有周之文武，不可无成康；有汉高，不可无文景[1]。久安长治，其在斯乎！

注释　①文武、成康：指周文王、武王、成王、康王，见 p.263 注。汉高：即汉高祖刘邦。文景：即汉文帝、汉景帝；汉文帝，刘邦之子，主张与民休息的政策；汉景帝，文帝之子，推行重农政策；史称文景之治；另见 p.96 注。

五十　鼎卦　☲　巽下离上

解义　鼎，重器也，得之难，守之不易，必才德兼备、辅相得人，用以合天心而顺民志，乃可以奠重器于无虞也。鼎卦，初应于四，为所举用，阴柔不足以胜任，而当卦之初，鼎未有实，故无咎也。二乘于初，密迩阴柔，幸刚中自守，不为所溺。五居尊位，虚中以应九二之贤，上九复刚柔相济以佐之，此所以上下之相成而保鼎之道得也。九三越五应上，舍可事之君从避世之士，如鼎耳方革，不可举移之象也；然能以正自守，则五终必求于三，三亦必应于五，终有明良相遇之吉。此卦大约言有虚中之德养圣贤以辅佐之意。且卦象臣之分（去声）多、君之分（去声）少；鼎有足，臣任之；鼎有腹，臣实之；鼎有铉，臣备之；君惟处两耳之间耳。故鼎得所辅而势不孤，鼎得所扶而器乃重，此得中应刚之说，尤为急也。

易经（卦辞）　鼎：元吉，亨。

解义　此卦巽下离上，六爻有鼎之体，二象有鼎之用，故名为鼎。卦辞言人君得保鼎之道，斯治化大通也。鼎，烹饪之器；"吉"字，衍文。

文王系鼎彖辞曰：国家之重器莫若鼎，自非德位兼隆而得贤才以辅之，无以成保定之功。今卦象本皇躬以建极（p.349）而有其德，卦变履大宝以出治而有其位，卦体登俊又以立政而有其辅。三者兼备，故能补偏救弊、除旧布新，跻斯世于文明、措治理于尽善，上焉而天命以凝、下焉而民心以固，永奠重器于磐石之安，不亦元亨乎？

按：帝王之抚有此鼎也，创业固艰而守成尤不易。《传》曰在德不在鼎，《书》曰任官惟贤才，言乎修德乃保鼎之本而用贤实辅德之原也。人主处丰亨（丰卦辞）豫大（豫卦九四爻辞）之时，能常思神器之不易守、势位为不足凭，而日以迪德简贤（迪德简贤：迪简德贤；迪简：指选拔引进）为兢兢，斯乃万世不拔之业欤。

易经　《彖》曰：鼎，象也；以木巽火，亨饪也；圣人亨以享上帝，而大亨以养圣贤。巽而耳目聪明，柔进而上行，得中而应乎刚，是以元亨。

解义　此《彖传》，是释鼎彖辞而极言其用之大，以明得亨之故也。象，形象也；巽，入也，谓以木入火；烹饪，饮食之属。

孔子释鼎彖辞曰：卦名鼎者何哉？初阴下峙为足，二、三、四阳中实为腹，五阴对峙为耳，上阳横亘为铉，有鼎之象；以巽木入离火，藉以烹饪，又有鼎之用；故曰鼎也。此岂直一物之微已哉？报功之典莫大于享帝，特牲以迓居歆（居歆：安然享用）而必用鼎以烹之，始可以将其诚。经邦之道莫重于养贤，饔飧（音拥孙，早饭和晚饭）以明式燕（式燕：宴饮）而必用鼎以烹之，始得以申其敬。鼎之用洵（诚然）大矣！

第（且）凝（定）鼎必恃乎有德，卦象上离为目而五为耳，是在内则心思巽顺，而在外则耳目聪明也；主鼎必恃乎有权，卦变从巽来，阴进居五，是以温恭之主而居元后（p.366）之尊也；调鼎必恃乎有辅，卦体得中应刚，是以纯心之君而获刚明之臣也。夫德位兼隆，明良交济，洵可永为享帝养贤之令辟（令辟：贤明的帝王）矣。其元亨也，不亦宜哉？

按：敬天礼贤，圣王致治之要道。明堂宗祀所以享帝，而本之曰夙夜畏威，则格天即以修德。笙筐燕（通宴）飧所以优宾，而终之曰视民不恌，则吁俊（吁：音玉；吁俊：求贤）即以安邦。有天下者，其可不加之意乎？

易经　《象》曰：木上有火，鼎。君子以正位凝命。

解义　此《象传》，是言君子保鼎之道也。凝命（凝命：使教令严整），谓保有天命而不坠。

孔子释鼎象曰：木上有火而烹饪有资，鼎之象也。君子体之，以鼎乃天下之重器，犹人君所居之位乃天下之重宝，鼎不正则所受之实无以聚，位不正则所受之命何以凝。故敬慎以正其内而存于心者，戏渝（通愉）之必祛；端庄以正其外而持诸躬者，跛倚（跛依：站立时斜依某物）之必戒。则所发皆正言，所行皆正道，于以上凝天命，自然巩固而无倾危之患矣。

按：正位凝命，乃身世交尽之功、天人合一之道，盖朝廷正而百官万民罔有不正者矣，百官万民正而天命罔有不凝者矣。《书》言疾敬厥德，而即推之于祈天永命；《诗》言顒（音庸，阳平，头）印（同仰）令望，而即验之于四方为纲。亦此旨也夫！

易经　初六：鼎颠趾，利出否（音匹，恶）；得妾以其子，无咎。《象》曰：鼎颠趾，未悖也。利出否，以从贵也。

解义　此一爻，是言初才德不足以胜任，戒其当自奋勉也。

周公系鼎初爻曰：初六在卦之下，上应九四，乃四所举以登用者，有鼎趾之象焉。第力不足以任重，未免倾覆之虞，犹鼎之颠而趾反居上也。然能因其无德致败而翻然惕虑、舍旧图新，祛阴柔之习而振奋勉之功，如鼎虽颠趾而旧日之否恶由之而出，则得其利矣。盖转败为功，犹得妾以其子，因贱而致贵也，何至终罹于咎哉？

孔子释初象曰：克尽其职者，人臣之道。鼎而颠趾于道为悖，而实未为悖者，以其出否也。盖初上应九四之阳刚，从乎可贵之德而强毅有为，自可不负所托，如鼎之利于泻恶而受美，未为悖也。

按：《易》之理，贵阳而贱阴，可见柔靡（柔靡：柔弱委靡）之人不足以任事，然苟能一念自奋、发愤有为，则始屈终伸。如管仲（p.105注）举于囚辱之余、孟明[1]用于累败之后，因而成大名、显当世者多矣。自古明王用人，本不求备，马或奔�而致千里，士或有负俗之累而立功名，由濯磨淬励之有道耳[2]。出否从贵之义，寓意岂不远哉？

注释　①孟明：春秋百里奚子，字孟明；秦穆公多次命其出征，均败，但穆公仍信任；次年，复伐晋，渡河焚舟，晋人终退。

②蹏：音第；奔蹏：谓马乘时即奔跑，立时即踢人，喻良马。负俗之累：谓不能适应世俗而受到的讥讽。濯：音卓；濯磨：洗

涤磨炼。淬励：激励。

易经 九二：鼎有实，我仇有疾，不我能即，吉。《象》曰：鼎有实，慎所之也。我仇有疾，终无尤也。

解义 此一爻，是言二能刚正自持而不为小人所比昵也。我仇，谓初六，怨耦（怨耦：不和睦的夫妻）曰仇，不善之匹也。

周公系鼎二爻曰：九二以刚居中，是君子有充实之德，足以承天养民而为世用者，为鼎有实之象。然近比初六，阴柔之小人欲与我为仇匹；相求非正，适为己之疾害，使于此而不能自守，则陷于恶矣。乃二秉刚中以褆（音是，衣服端正貌）躬，分别甚严，不为所浼（p.118），是虽密近小人而终不能我即也；如此，则刚中之实德不亏而润身济物之大功可成，吉之道也。

孔子释二象曰：小人之得以累君子者，未始非君子有以致之。吾鼎有实而自加慎重、不轻所往，虽我仇有疾害之理而终不能浼，自不至陷于匪类，何有失身之尤乎？

按：君子小人，邪正之途势不并立，苟君子不慎所交，则必有败德之累而为酿祸之阶。始之不谨，终悔莫及，故择善远恶为守己处人之大防。《虞典》曰惇德允元（惇：音敦，敦厚；允：信任；元：指仁人），而难任任人；《周书》（《虞典》、《周书》均为《尚书》的一部分）曰勿以憸（p.212）人，其惟吉士。然则古帝王治天下之良法，又孰不以弃斥小人为保邦立政之本哉？

易经 九三：鼎耳革，其行塞，雉（音志，鸟）膏不食。方雨亏悔，终吉。《象》曰：鼎耳革，失其义也。

解义 此一爻，是言三始虽不偶于君而有悔，终当相遇而得吉也。耳，指五；革，谓不相属，不肯就君也；雉膏，谓道德之美也；方雨，谓君臣之合犹阴阳和而雨作也。

周公系鼎三爻曰：三为鼎腹，上承离体，本有养民之腴也。顾鼎之举行在耳、士之致用在君，三与五既非正应，情不相属、不得乎君，则道何由而行？众何由而济？如鼎耳方革，不可举移而其行阻塞，虽有雉膏之美，而不能为世饔飧（p.401）之用。上负吾君，下负吾学，为有悔也。然能以正自守，则吾终必求于三，而三亦必应于五，阴阳相合，明良交会，如将雨然，向者去君（向者：从前；去君：指三始不偶于君）长往之失可无矣。是初虽有不遇之悔，终得相遇而吉也。

孔子释三象曰：君子之仕，原以行义。鼎耳革，则狷介（狷：音眷；狷介：正直）而不为时用，自失其义也，夫岂可哉？

按：士君子处世，诡随（诡随：谲诈善变，不顾是非而跟随）以希遇则失己，独善以忘君则废伦。惟自居中正之道，不急急于功名，亦不甘心于隐逸，斯得之矣。然自古圣帝明王尤重尊德乐义之士，故士或守己以抗节，而君必屈体以下贤，未有怀才抱异、而见弃于明时者。此三所以终免不食之悔也。

易经　九四：鼎折足，覆公𫗧（音速），其形渥（音卧），凶。《象》曰：覆公𫗧，信如何也？

解义　此一爻，是为大臣轻任匪人而误国者戒也。覆，谓倾；𫗧，谓馔（音撰，饭食）；形渥，作刑剭，谓重刑也。

周公系鼎四爻曰：九四居大臣之位，任天下之重者也。天下之事，岂一人所能独任？必当求天下之贤智与之协力，乃四反下应初六之阴柔，则任托小人，必至败坏天下国家之事，为鼎折足而倾覆公𫗧之象。刑剭之诛，无所逃矣，凶莫甚焉。

孔子释四象曰：大臣见用于君，其始所自许者，未有不欲荐贤吁俊（p.401），以成元亨之治。今四误用小人以至败事，与向者相期许之意如何矣？不亦自愧大烹之养乎？

按：帝王欲用天下之人，必先择一用人之人。周礼六官，其属各六十。以人事君者，大臣之职，但须用得其人耳。盖用人之得失，实关大臣之休戚，亦非独关大臣之休戚，而实系国家之治乱。用非其人，自取刑戮，祸止于一身，凶犹可言也；乃竟以此负圣主之托，败朝廷之事，祸并中（去声）于天下，凶不可言也。然则在上者欲择用人之人，可不慎哉？

易经　六五：鼎黄耳金铉（音炫），利贞。《象》曰：鼎黄耳，中以为实也。

解义　此一爻，是美人君以虚中之德下贤也。五，于象为耳而有中德，故云黄耳；金，坚刚之物；铉，谓贯耳以举鼎者。

周公系鼎五爻曰：六五虚中而应九二之坚刚，是纯德之君而又得贤臣以助之，明良喜起，犹鼎黄耳而贯之以金铉也。正位凝命，不待言矣，然必任贤之诚、始终勿移，以底于贞固焉。斯贤者乐为效用，而鼎器之重可赖之以共举矣。

孔子释五象曰：君必得臣以建功，臣必得君以弘化（弘化：弘扬德化）。五之取象于黄耳者，以六五有虚中之实德，故能忘己以任贤，非矫饰于外而为之也。

按：天下重器，非得人不可共济。古之圣主，一心用贤以致泰交之盛治者，非有他术也，惟其中之虚而任之诚耳。盖虚则无予（通余）知自矜之失，而贤者得以尽其才；诚则无奸邪杂进之虞，而贤者得以久其位。《书》曰任贤勿贰，去邪勿疑（《书·大禹谟》）；《诗》曰中心好之，曷饮食之（《诗·唐风·杕杜》）？其虚与诚之谓欤？

易经　上九：鼎玉铉，大吉，无不利。《象》曰：玉铉在上，刚柔节也。

解义　此一爻，是美上臣德之纯也。玉铉，刚而能温之象；节者，制而不过也。

周公系鼎上爻曰：上九耳目之臣，佐君弘化，犹鼎藉铉之贯耳以举也。第辅鼎太刚，则失燮理之宜。今以阳居阴，刚而能温，是本其参和之德而出之为剂量之施，直栗而济以宽温，惇大以成其明作，有鼎玉铉之象焉。如此，则竞絿（竞：强；絿：音求，缓；竞絿：指施政缓急适当）不偏，事皆尽善而大吉，且上可成致主之猷（谋划），下可敷泽民之化，而无所不利矣。

　　孔子释上象曰：上九居辅弼之任，其取象于铉宜矣。然不徒曰鼎铉，而曰玉铉者，盖温润而栗（刚硬），玉之节也。上九以阳居阴，则刚不一于刚而又节之以柔。夫其刚也，一玉之栗也；其柔节也，一玉之温润也。上之取象于玉铉，其以此夫。

　　按：五象鼎耳，以上为弦，以九为金，虚中以纳铉之刚，君之圣也；上象鼎铉，以九为铉，以上为玉，质刚而用之以柔，臣之节也。君之于臣，惟恐其有所畏难而忠荩（音尽；忠荩：竭忠尽心）不尽，故曰金，即大舜汝无面从之义也；臣之于君，虽效其直言而恪恭不替（不替：不衰），故曰玉，即文王小心翼翼之义也。君不挟其亢心而谦抑于上，臣不恃其正气而敬谨于下，则天命凝而神器奠矣。

五十一　震卦 ䷲ 震下震上

解义　震，取一阳生于阴之下，有奋迅激发之意焉。然当变动之时而能恐惧修省，则可致福而远害，故曰亨。此卦以初为震主，其余诸爻各就其位，以明处震之义耳；六二守正于震来，故复得也；六三去不正于震时，故无眚也；九四沈溺于二阴，故未光也；六五中德自守，以恐惧为心，故能易乱为治、以危为安，使无丧而有事也。人君致治也，在一念之兢惕，知其危则思保危，忧其害则思弭（音迷，停止）害，故虽如上之阴柔而处震极，犹能早图而无咎也。观震卦自上六之外别无凶者，以其有危惧之心、无逸豫（逸豫：安乐）之志也。然与其临震而方惧，不如未震而预防。故境之震出于猝至者，未可知也；心之震惕于平时者，可自主也。能以心御境，境可无患矣。

易经（卦辞）　震：亨。震来虩虩（音细），笑言哑哑（音饿，笑声）。震惊百里，不丧匕鬯（音唱，古代祭祀用的一种香酒）。

解义　此卦上下皆震，一阳始生于二阴之下，有突如其来、迅奋激发之义，是当震而能动者也，故名为震。卦辞言人心常存恐惧，乃为致福之道也。震来，当震之来时；虩虩，恐惧惊顾貌；震惊百里，以雷言也；匕，所以举鼎实，荐则升于俎上；鬯，谓以秬黍酒和（音贷）郁金以灌地降神；不丧匕鬯，存主有定也，以长子言，震为长男，故有长子之象。

文王系震彖辞曰：时至于震，则变动不宁，若不可以得亨矣。不知生全出于忧患而安乐得于艰危，震盖自有亨之道焉？震亨何如？人当震之来时，苟能虩虩然恐惧修省而不敢有一毫慢易之心，则图维（p.363）之周、虑事之熟，始于忧勤（忧勤：忧虑勤劳，多指帝王为国事）、终于安适，而一笑一言皆哑哑自如矣。虽或卒然之顷变起意外，如雷之奋击，百里之内莫不为之震惊，然此中之主宰素定、身心泰然、无改常度，不犹长子之主祭者恪守所主之重而不丧匕鬯乎？震有亨道如此。

按：震有自内出者，则为恐惧修省；有自外至者，则为忧患灾害。然圣人不恃震之不来，而恃我有处震之道，故兢业日惕于神明、抑畏时凛于夙夜，盖惟惧乃可以不惧、惟危乃可以不危。《诗》（诗·大雅·板）曰：敬天之怒，无敢戏豫（戏豫：玩乐安逸）；敬天之渝（通愉），无敢驰驱（驰驱：放纵）。言其敬也。若不知敬惧而以慢易乘之，则事变之来将惶惑而不知所措矣。故临大事而不失者，惟始终一敬而已。此处震之道也。

易经　《彖》曰：震，亨。震来虩虩，恐致福也；笑言哑哑，后有则也。震惊百里，惊远而惧迩也；出，可以守宗庙社稷，以为祭主也。

解义　此《彖传》，是释震彖辞，以明震之所以亨也。则，法也；出，谓继世而主祭也；"出，可以守宗庙社稷"上当有"不丧匕鬯"四字。

孔子释震彖辞曰：震而系以亨者，盖人事之安危系于一心之敬怠，心能震动则自有亨道，不待言矣。

又云震来虩虩者，盖忧患灾害自外而来，惟心存戒惧不敢少宁，则忧患消而安乐至，恐虽非福乃所以致福也。又云笑言哑哑者，盖遇事而惧，则审虑必极其精，区画必极其当（去声），一举一动无不合于法则，此所以得相安无事而笑言哑哑也。

所谓震惊百里者，盖言国家事变卒临，众志摇动，如雷震百里之内，远迩皆为之惊惧也。当此时而有长子之责者，乃能处之凝定、不失所主，则持重之德真足以负荷重器，可以守宗庙社稷而为天地神人之祭主矣。

按：《易》以乾为人君之象、震为储贰（储贰：即储君）之象，盖能成其为子，斯无负其为君。震之惧，即乾之惕；震之动，即乾之健。人情惧，则畏威之念迫，而省（音醒）过之心生；动则怠慢之气祛，而明作之功奋。乾道之乘时御天，长子之主鬯宗庙，乾与震无二理也。

易经　《象》曰：洊雷，震。君子以恐惧修省。

解义　此《象传》，是言君子畏天之学也。洊（音荐），再也。

孔子释震象曰：雷声至重，洊则加厉，震之象也。君子体之，以为祸患之来，皆人事所感召，自非反身修德，何以格天而弭灾？于是内存恐惧而作于心者，罔敢有怠忽之时；外务修省而见于事者，罔敢有苟且之行。战战兢兢，实图率（遵循）德改行（行为），以无负天心之仁爱，斯处震之道得矣。

按：人未尝无恐惧之时，而恒不能尽修省之实，盖徒恐惧而不修省，则变至而忧虑百出，变已而怠缓自如矣。君子则忧其变之来而恐惧以图之于先，思其变之弭而修省以救之于后，所以能尽畏天之学也。昔周宣王遇灾而惧，侧身修行①；宋景公一言合道，荧惑退舍②。恐惧修省，诚人君挽回天心之要道哉！

注释　①：周宣王：厉王之子；厉王行暴政，民不堪命，被国人放逐；宣王立，用贤臣，在位近四十年，史称中兴；其子幽王继，天灾人祸，被杀于骊山，西周亡。

②宋景公：春秋时宋国国君，在位四十八年；荧惑：指火星；荧惑退舍：指火星后移，事见《史记·宋微子世家第八》。

易经　初九：震来虩虩，后笑言哑哑，吉。《象》曰：震来虩虩，恐致福也。笑言哑哑，后有则也。

解义　此一爻，是言人能先事而戒，则可以无患也。

周公系震初爻曰：初为成震之主，处震之初，是能常存敬畏而虩虩然恐惧修省者。如是则思患预防，始于惧而后可以不惧，笑言哑哑，安乐自如，不亦吉乎？

孔子释初象曰：初九震来虩虩者，岂终于恐惧乎？盖心存敬惕之念，自获安适之休，可以致福也。笑言哑哑者，岂出于幸致乎？盖心当恐惧之后，宰物之机已熟，御事之权已定，自有处震之法则也。

按：周公系震初之辞，即文王之象辞。先儒言震为长子，有主器之责，文王既以全《象》当之，周公专属之初九，何也？初阳在下，即乾之潜龙，古者天子之元子与公卿大夫元士之子、凡民之俊秀，同齿让于学宫，为有君父在则礼然。此爻辞所以专属之初九，欲令后世知早谕教之道、风愆之训、《无逸》之篇，师保日陈于前也[1]。其余诸爻，则又各就其位，以明处震之义焉。

注释 ①风愆：即三风十愆，指巫风、淫风、乱风有十种罪过，为伊尹告诫商汤孙太甲的话；伊尹见 p.88 注。《无逸》：《书》篇名，为周公告诫成王勿耽于享乐的话。师保：古时任辅弼帝王和教导王室子弟的官，有师有保，统称师保。

易经 六二：震来厉，亿丧贝。跻于九陵，勿逐，七日得。《象》曰：震来厉，乘刚也。

解义 此一爻，是言二为强暴所迫，惟能自守，则可以获安也。十万曰亿，谓大也；九，阳数之极；九陵，言其极高也；"七日"者，卦位有六，七乃更始，事既终，时既易也。

周公系震二爻曰：六二阴柔，乘初九之刚，以柔弱之资而遇强梁之人，是当震之来而危厉也。且不但危厉而已，因怖惧而大丧其所持之货贝，且远避而升于高陵之上，其不皇自安如此。幸柔顺中正足以自守，所遭虽为不幸而此心不为之乱，及时过事平，其所丧者不待追求而七日自获矣。

孔子释二象曰：震来厉者，盖六二乘初九之刚，以柔遇强，力不相敌，危厉之来势所必至，岂德不足哉？

按：阳刚之人，多震动有为；阴柔之人，多因循不振。以柔乘刚，往往得困，固其宜耳。然能居中履正，以退为进，始虽有不克自全之忧，后自有复还故物之喜；其丧也，乃所以为得也。六二之勿逐自得，其殆善处震者欤。

易经　六三：震苏苏，震行无眚（p.223）。《象》曰：震苏苏，位不当也。

解义　此一爻，是言三之无德致危，因示以善反之术也。苏苏，缓散自失之状。

周公系震三爻曰：六三以阴居阳，不得其正，是当危惧之时，而犹行险侥幸、罔知修省，以致灾难愈迫，不胜其惊惧之心而精神涣散，有苏苏之象。若能以此惧心而震动激厉，去其不正以从于正，则难处（上声）之中尚有善处之术，危者可以复安，何至于眚乎？

孔子释三象曰：凡人必有奋发之心，斯无怠缓之失。三之震苏苏者，由其处（上声）位不当，失中正之则，是以皇恐失措至于苏苏也。

按：三为危地，当震惧之来，即以刚居之，犹虑弗胜；阴柔处此，宜其操持不固至于自失也。然天下祸患之生，无不可戡之道，惟惧其自暴自弃、畏难苟安，则终于不振耳。何如奋发有为而祛怠惰之习，忧勤惕虑而励修省之图，安在乱者不可反而治、亡者不可转而存乎？圣人以震行之道励之，其垂示者至矣。

易经　九四：震遂泥。《象》曰：震遂泥，未光也。

解义　此一爻，是言四之溺于晏安而不能振拔也。遂泥（去声，陷住），陷溺而不振之象。

周公系震四爻曰：九四处柔则失刚健之道，居四则无中正之德，又陷于二阴之间，载胥及溺（p.215注），不克自拔，则其往也，将遂沈（通沉）溺而不复起矣。

孔子释四象曰：当震时而能自奋发，庶几不至于滞溺。今震而遂泥，则终于幽暗而已，岂能自耀于光明乎？

按：震为刚德之首，初以刚居刚，振动有为，震之所以亨也。四亦为震之主而失刚不正、锢于重阴，处危难而无退守之德，欲震动而无奋励之行，则日就沈沦、终于柔暗，震道亡矣。《春秋传》曰：晏安鸩毒，不可怀也。从古天资高绝者，往往以一端之嗜好不足乱其聪明，便辟（便辟：谄媚逢迎；便，音偏，阳平）之小人不足惑其神志，而偶狎近之，遂为所中（去声）而不及觉矣。所以具生知之材，又必加以克己之学，然后性行光而功业彰。庶几刚德常全而动无不亨也乎。

易经　　六五：震往来厉，亿无丧，有事。《象》曰：震往来厉，危行也。其事在中，大无丧也。

解义　　此一爻，是言五处危惧之时，而德尚足以有为也。亿，大也。

周公系震五爻曰：六五以阴柔而当震之时，是懦弱之人履国家之变，才既不足以振拔，而势又处夫艰虞，宜其往来皆厉，无时而不危也。然其所处得中，才虽不足以济时，而德犹足以自守，故能易危而安，君德尚可复修，治道尚可复振，大无所丧而又能有事也。

孔子释五象曰：六五震往来厉者，言以柔弱之才而当此多难之秋，其所行皆危厉也。所行危厉而犹能以有事者，以其实有中德，于凡事之来，皆恐惧修省以处之。知其危，则思保其危；忧其害，则图弭其害。惟事事乃其有备，不但止于无丧而已。

按：当震时，非有才固不足以成功，非有德亦不能以自守。六五居位得中，虽不足于才而尚优于德，故能兢兢业业，虽处厉而无丧。盖往来皆厉，则更患多而虑事久，此多难所以兴邦也。其事在中，则修省密而偏倚消，此守正所以制变也。惟其始于惧，是以终于无惧。人君之一心，岂非治乱所从出也欤？

易经　上六：震索索，视矍矍，征凶。震不于其躬，于其邻，无咎。婚媾有言。《象》曰：震索索，中未得也。虽凶无咎，畏邻戒也。

解义　此一爻，是言六才弱不足以当祸患，而教其防之于早也。索索，谓志气消阻；矍矍（音决），谓瞻顾彷徨；征，往也。

周公系震上爻曰：上六纯乎阴柔，既无自守之操，处乎震极，又当事变之冲，是无才而遇大变者也。故当震动之来，而志气索索然以消阻，瞻视矍矍然而彷徨。以是而往，则中先自乱而无以御事之变，其凶必矣。所以然者，由处震极，不能图之于早也。苟能思患预防，于震未及躬而于其邻之时，恐惧修省，则患可弭、变可消，自不至于索索矍矍之凶而可以无咎。然以阴柔处震极，虽能警戒预备，亦不免于意外之虞，即如婚媾乃相亲爱者，且不免于有言，况可晏然而不戒乎？

孔子释上象曰：震索索之见于外者，实原于心之危惧而不自安也。若中有主，则岂至于是哉？虽凶而得无咎者，盖天下之事，防于未然者易为力，制于已然者难为功。今震方在邻，乃邻所戒也，及此时而畏之，则有备无患，又何咎矣？

按：震卦自上六之外别无凶者，以有恐惧之心而无逸豫之志，然与其临震而方惧，又不如未震而预防。晋士燮①言，惟圣人能内外无患，自非圣人，外宁必有内忧。汉史称魏相（p.438注）在宣帝时，敕橡史（橡史：官名）按事郡国（郡：直属中央；国：分封王侯），辄白（禀告）盗贼风雨灾变，相辄奏言之，欲其君知忧惧常如祸患之至。可见圣明之主，无时不凛渊冰之危；忠爱之臣，无日不陈绸缪之戒也。全卦言处震之道，莫切于此矣。

注释　①士燮：即范文子，士氏，名燮，春秋时晋国人；晋景公、厉公时曾多次参与领军，胜齐、秦等国；因厉公骄横奢侈成性，忧郁而死。

五十二 艮卦 ䷳ 艮下艮上

解义 艮，取得止之义。物皆有止，而以止于理者为大焉。圣人欲人动静皆止于理，而不夺于内外物欲之私，以免于咎，故卦辞予之以无咎。六爻各不相应，皆以人身取象，以明止善不迁之意。初六以阴居下，自无妄动越分之失，然其才柔质弱，有不克终之虑，非如四之外无所感、内无所动、时止而止者；故四之占但曰无咎，而初必利于永贞也。若二之正己有余而正人不足；三之强制于外而反动其心，则又非止道之正矣。至于六五曰艮其辅、言有序、悔亡者，五为君位，有训导天下之任，本中正之德而出言有章，皆止机也；然止之心力持之不永，则止之功德亦积之不厚。上九能艮于终，则通上下为一身，合行止为一道，有至刚之德而不渝于久，有至健之才而无倦于终，艮之极盛也。大抵止之义贵合乎时：初四时止而止，则得之；二、三时行而止，则失之。夫曰止其所者，时即所之屡迁，所即时之贞一，有得于时即有得于所，无二义也。善止者，随境取之而已。

易经（卦辞） 艮：艮其背，不获其身，行其庭，不见其人，无咎。

解义 此卦上下皆艮，一阳止于二阴之上，阳自下升，极上而止，有止于是而不进之义，故名为艮。卦辞言君子动静，皆得其所止也。艮，止也；背，所当止之处。

文王系艮彖辞曰：天下之理，合体用、兼动静，莫不有当止之所，犹人之一身，惟背为止也。人惟不知所止，往往内蔽于己私、外夺于物欲，斯不免于咎耳。诚能惟理是主而止于其当止焉，有若艮其背矣。由是其静也，止于所当静之理，湛然一太虚之体而已，纵耳目口鼻之欲为吾身不能无者，终不得而累之也，非不获其身乎？何也？知有理而不知有身，即谓之忘身可也；其动也，止于所当动之理，廓然一太虚之用而已，纵声色臭味之感为人所易动者，终不得而移之也，非行其庭不见其人乎？何也？知有理而不知有人，即谓之忘人可也。动静皆定、内外两忘，无时无事不合于理，有以尽己性而立人极矣，复何咎哉？

按：艮卦取象于山，卦辞又取象于背；天地之间，雷风水火泽皆动，惟山不动；人身四体五官皆动，惟背不动；皆以明止之义也。然所谓止者，即止至善之义，静有至善，动亦有至善，体用原不相离。孔子称大舜无为而治、恭己正南面，固无为也；举十六相（指舜向尧推荐的十六位贤臣）、屏四凶（p.129 注），大赏大刑，而我心不动、天下不惊，亦无为也。此正程氏所云静亦定、动亦定者。圣学圣治至于艮而无以加矣。

易经　《象》曰：艮，止也；时止则止，时行则行，动静不失其时，其道光明。艮其止，止其所也；上下敌应，不相与也；是以不获其身，行其庭，不见其人，无咎也。

解义　此《象传》，是释艮象辞，赞其能止之妙而推其得止之验也。艮体笃实，故有"光明"之义；上下，谓内外卦之六爻；敌应，谓阳与阳敌，阴与阴敌，不相应也。

孔子释艮象辞曰：卦名为艮者，盖艮则止于理而不迁，于义为止也。止之义何如？人之行止、各有其时，而当止之理又随时而在。故事物未交，时乎当止，则藏此理于无形，止其所当止也；事物既接，时乎当行，则顺此理以推运，行其所当行也。夫止与行，各止其所而不容易。故时行则行，是动而止于理，动不失其时矣；时止则止，是静而止于理，静不失其时矣。动静皆止，一因乎时而不以己与（去声，参与）焉。尚安有意必固我之蔽，其道不亦光明乎？

辞曰艮其背，何哉？凡人一身，惟背为止，艮其止者，言止其当止之所也。以卦体言之，凡爻阴与阳应、阳与阴应，今卦之上下，阴则皆阴、阳则皆阳，阴阳各以敌应、不相为偶，各止其所而不相与也。夫惟各止其所，是以内焉止于吾身之所，知有理而不知其身；外焉止于应物之所，知有理而不知有人，能尽乎止之道而无咎也。

按：艮象独称光明者，惟定乃明也。而定必由于知止，不知止，则胸次烦扰而日见其昏昧，如鉴之为尘所污而不能照物也；能知止，则中有定向而日进于清明，如水之不为风荡而万象皆涵也。异端曲说，非不曰宇泰定而天光发①，又曰戒生定、定生慧，然其所云定与戒者，乃清净寂灭而不知格物穷理。静而无以立体，动而无以致用，岂吾儒内外一贯之学也欤？

注释 ①宇：气宇；天光：宇宙智慧之光；"宇泰定者，发乎天光。"（《庄子》）

易经 《象》曰：兼山，艮：君子以思不出其位。

解义 此《象传》，是言君子能止其当止，而心与理安也。兼山，重（阳平）山也。

孔子释艮象曰：上下皆艮，两山并峙，各止其所，艮之象也。君子体之，以道在天下，凡内而身心、外而事物，莫不各有当止之所。乃为位也，君子即其所居之位而思之，如君臣父子则各尽其道，富贵贫贱则各行其素。他如在上则不侵下职，在下则不夺上权，在左则不得涉右，在右则不得干左，自不至出乎其外而有所思也。如是，则有得于各止其所之义矣。

按：生人所历，万有不齐，而莫不有一定之位；稍出其位，即失其所当止。然位虽一定，而此中经纶变化与时推移、其道无穷，又不可以不思。《大学》言止仁、止敬、止慈、止孝、止信，视之似乎庸常，而欲穷其理、充其量，则终身黾勉（黾：音敏；黾勉：努力）未能无歉于位之内，安敢求多乎位之外哉？故曰：学然后知不足。如此，虽欲思出其位而有所不能矣。

易经　初六：艮其趾，无咎，利永贞。《象》曰：艮其趾，未失正也。

解义　此一爻，是言初能止于始，而又勉以善终之道也。

周公系艮初爻曰：初六阴柔，则无妄动之失；居下，则无越分之思。是身一于理，而嗜欲不以汩（p.251）其心；心安于遇，而外物不以移其性。盖当趾之地而能艮其趾者，可以无咎矣。然初阴才弱，恬静有余而持守或不足，又必即贞一之功而要（阴平，邀）之为终身之守，一事一物此止，推之万事万物亦此止，庶几久暂无间，乃永贞而不变也，何利如之？

孔子释初象曰：初六艮其趾者，盖至正之理，本人所当止，惟不知所止而失正者多矣。初有知止之明，而择此正于始，有钦止之功；而守此正于终，是能不失其正也。

按：艮趾，为止于初之象。千里之行，始于足下。当其发轫之日，止得其正，由此事成功立，可以坚久不废矣。然人之常情，有初鲜（上声，少）终，始虽克慎厥止，或半途而偶丧焉。故艮止非难，永贞为难。周公于初曰永贞，于上曰敦艮，合初终以观止，乃见止道之光明也夫。

易经　六二：艮其腓，不拯其随，其心不快。《象》曰：不拯其随，未退听（退听：退让顺从）也。

解义　此一爻，是言二能守己而尚歉于有相①之道也。腓，足肚。

周公系艮二爻曰：六二当腓之处，乃人身之易动者也。而居中得正，能自止其腓而不动，如此则恬静自守，在我固止其所而无失矣。然君子之学，既贵于正己，又贵于正人。三为二之所随，上下之分（去声）久已相属，乃过刚不中以止乎上，至于列夤（见九三）熏心，则匡救之责，诚二之不可诿者。顾以阴柔之资，但能随之，不能拯之，于心岂能自安乎？是以其心不快也。

　　孔子释二象曰：不拯其随，固二柔弱而力不足之故，然亦岂尽其罪哉？由三止于上，不肯退听乎二，则下虽欲谏，不能使上之必从其谏，若之何其拯之也？

　　按：《程传》言：士之处高位则有拯而无随，在下位则有当拯、有当随、有拯之不得而后随。夫下之事上，位无大小，皆有持颠扶危之任，有言不听、勉而随之，乃诡随矣，其可乎？然拯虽在二，从则在三，三不能虚己以受善，二亦无如之何，是二过三亦过。此又在上者之不可不知也。

　　注释　①有相（去声）：佛教用语，相指事物的外部形态，其造作虚假之相为有相。

　　易经　九三：艮其限，列其夤（音寅），厉熏心。《象》曰：艮其限，危熏心也。

　　解义　此一爻，是言不当止而止，欲强制其心而反动其心也。限，身上下之际，即腰胯也；夤，膂（音旅）脊骨；列，分裂也。

　　周公系艮三爻曰：道在天下，时行时止，不可胶固而不通，如限在人，可屈可伸，当上下之冲而不可一于止者。九三过刚不中，据其一偏之见，执于止而不知变，是艮其限者也。如是则事势乖离、物情暌隔，若分裂其夤然。夫却动求静，心岂能静？外既不合于人情，内必不慊（音窃，满意）于心志，其为危厉，熏灼于心，不安之甚矣！

　　孔子释三象曰：止道贵乎得宜，原不可以固执。九三艮其限而不知变通，自谓可以制心，而岂知适以裂夤，其危厉之势必至熏心也。

　　按：寂然不动者心之体，固不可以徇（p.113）物；感而遂通者心之用，又不可以绝物。所以心日应事（应事：应付世事）而常泰然，未尝以强制为止也。九三以一奇横于卦中，有艮限之象；以一阳间乎四阴，有列夤之象。限分上下、夤列左右，各止其所，无相资相待之意，故此心危厉而不安也。由此推之，天下犹一身然，君臣共治，元首股肱谓之一体。苟间隔不通，则堂陛朝野之间判然为二，君泽何由下济、民隐何由上闻？欲以兴起至治难矣，其患可胜道哉？

易经　六四：艮其身，无咎。《象》曰：艮其身，止诸躬也。

解义　此一爻，是言四得其所止而无私欲之累也。

周公系艮四爻曰：六四以阴居阴，时止而止。凡一身之中，思不乱营、官不乱役，视听言动与夫欲恶得丧（欲恶得丧：好、恶，得、失），俱无所感于外，亦无所动于中，一于止而止者也，为艮其身之象。如是，则心与理俱、静不失时，而此身皆止道光明之身矣，何咎之有？

孔子释四象曰：六四艮其身者，岂必绝天下之物而后为得所止哉？盖众动萃于厥躬，而妄动亦起于厥躬，惟是从躬之方动，而有我之私即止之而不行，奚有躁妄之失乎？

按：艮六爻皆于人身取象而独以身属之四者，以四入上体，可合下体为全身。趾与腓与限主行，辅（腮，颊辅）主言，言行有不得其止者，莫不归咎于身。艮其身，则一身之行止动静，各止于至善而不迁矣。卦以不获其身为无咎，而爻以艮其身为无咎，盖身失其所止，则此身为味色声臭之身；身得其所止，则此身为践形尽性①之身。岂有二义哉？

注释　①践形：体现人所天赋的品质。尽性：儒家认为人、物之性均包含天理，唯至诚之人才能发挥人和物的本性，使各得其所。

易经　六五：艮其辅，言有序，悔亡。《象》曰：艮其辅，以中正也。

解义　此一爻，是美五之能谨言，而推本于心之纯也。辅，谓辅颊，言所从出。

周公系艮五爻曰：六五当辅之处，正言之所由出者，而以阴居阳，若不免有失言之悔。今止之于辅则有所制而发不苟，理之不当言者固止而不言也，即当言而言，亦得其先后之次；时之不可言者固止而不言也，即可言而言，亦协其缓急之宜。有序如此，又安有出口之悔哉？

孔子释五象曰：六五之艮其辅者，由其以柔居中而有中德，是心安乎理而不偏，故言当（去声）乎理而不紊。则言之大，固本于心之一耳。

按：言者人之心声，心之精微不能达者，皆于言传之。五为君位，有训导天下之任，布之为谟诰（谟、诰：谟、诰均为《书》的文体）、宣之为令甲（令甲：法令的第一篇，泛指法令），其系尤重。高宗三年不言，一言而四海咸仰；威王三年不言，一言而齐国震惊[1]，庶几此爻之艮其辅而言有序者。所谓王言惟作令，莫不尊而信之也乎？

注释　①高宗，即殷王武丁，另见 p.88 注。威王，即齐威王，齐桓公之子，任邹忌为相，田忌为将，孙膑为军师，改革政治，广置学宫，在位二十六年，国力渐强，曾大败魏国。

易经　上九：敦艮，吉。《象》曰：敦艮之吉，以厚终也。

解义　此一爻，是言大人止于至善而不迁之学也。

周公系艮上爻曰：上九以阳刚居艮之极，则有诚实不妄之德、坚确固守之操，但见心无一念不协于理，理无一息不安于心。敦此止于静专而理之涵于退藏者，安固而不摇；敦此止于动直而理之达于时措（时措：指因时制宜）者，坚贞而不易，为敦艮之象。信乎！大人止善之学而吉也。

孔子释上象曰：敦艮而得吉者，盖昧于所止不足以言艮，废于半途不足以言敦，上九心纯而守固，于理之止于初者，愈久而不变，盖不徒止于始而又能厚其终，此其所以吉也。

按：自初至五，为趾、为腓、为限、为身、为辅，莫不有当止之道，圣人既各就其位而示其义矣。然止之心力，持之也不永，则止之功德，积之也不厚。上九能敦艮于终，则通上下为一身、合行止为一道，有至刚之德而不渝于久，有至健之才而无倦于终。《书》之钦厥止（钦厥止：钦敬其止于先王之旨）、《大学》之止至善，皆在是矣。其斯为艮之极盛也夫！

五十三　渐卦 ䷴ 艮下巽上

解义　卦以渐进为义，以进得其正为善。物知止则进得其正，循序有节，所以止也；从容积累，所以进也。《彖》取象女归，爻取象鸿。女归待聘，鸿飞识时，渐之义也。卦本乾坤，三、四往来，阴进而止乎四；九居五而得中，下应六二；二、四皆阴，三、五皆阳，自二至五，皆得正位；而初、上二爻，九以阳居上，六以阴居下，刚上柔下，亦当其位。六爻中，唯九三过刚无应，所以有凶而尚有御寇之利。以知君子立身处世，凡事当以渐进：学问以渐进，必无躐等（音列等，越级）轻浮之患；出处（上声）以渐进，必无躁进失身之患。然非有巽顺从容之德，不能渐；非有艮止为之主，不能善。巽柔之用，故同一巽也。中孚以巽乘兑，上九翰音（翰：高；翰音：喻虚有高音）登于天则凶，以其知上不知下，巽而悦也；渐（卦名）以巽乘艮，上九鸿渐于逵（四通八达之路）则吉，以其自卑而高，巽而能止也。

易经（卦辞）　渐：女归吉，利贞。

解义　此卦艮下巽下，其未进也，自止而不苟于进；其方进也，巽顺而不急于进，有渐进义，故名为渐。卦辞言君子之进，当以渐而得其正也；女适人为归，故曰女归。

文王系渐象辞曰：天下进之有渐莫如女归，六礼不备不敢行也。君子之守己犹女子之守身，其出身从人如女子之于归，礼备而后行，则出处（上声）之分（去声）明而可以得吉矣。然天下固有渐而未必正者。今卦体自二至五，位皆得正，故其进也又必以正自持，无枉道以徇（p.113）人、无曲学（曲学：歪曲学术）以阿世，乃为利而靡失身之悔也。

按：君子欲以道重天下，必先以道重一身，使稍有苟且，必至屈己以干时（p.373）、躐等而犯义。大节一失，虽有过人之才智，而一遇存亡危急之秋，其人必不可恃矣。语曰：不贞之女，必孕而不育；不贞之士，必贱而见弃。明君得此意，以进退天下之士，则人人皆以礼义廉耻自防，而患得患失之鄙夫，岂敢复立于其朝哉？

易经　《彖》曰：渐之进也，女归吉也。进得位，往有功也；进以正，可以正邦也。其位，刚得中也。止而巽，动不穷也。

解义　此《彖传》，是释渐彖辞，以明渐与正之交重也。之进，当作渐进。

孔子释渐彖辞曰：卦名渐者，盖渐有渐进之义也。天下之渐进，莫如女子之于归，君子渐进亦如女归，然后可以得吉也。

辞言利贞者，何哉？以卦变言之，自涣而来，下卦之九本居二，而今进居三，是以阳居阳而得其位矣；自旅而来，上卦之九本居四，而今进居五，是亦以阳居阳而得其位矣。夫臣得其位而无失其为臣，君得其位而无失其为君，则君臣道合，庶绩咸熙（p.258）而可以有功也。所以然者，以九得三位是臣进以正，九得五位是君进以正，君臣皆得其正，则正朝廷以正百官，正百官以正万民，自上及下，自近达远，不可以正邦乎？夫进以正而可以成正邦之功，则进其可以不正耶？所以贵于贞也。

然利贞之义，不独卦变有之也，卦体亦有之。以二、五言则二体皆得其位之正，止以五言则九五又得其位之中，本诸身、措诸政者，一皆刚而不过、威而不猛，宁有过不及之差乎？夫即其建中之善而表正之功，自无不在矣。是亦利贞之义也夫！

抑渐进之义，不特女归有之也，卦德亦有之。方其在下，则自止而不妄动；及其上进，又巽顺而不迫切。以是而动，则有以取重于天下而进无所阻，宁有穷乎？夫即其不穷之动而止巽之德，往无不利矣，谓非渐进之义也夫？

按：国家登进人才，本以正邦而善俗（善俗：使风俗变良善），君子在位乃有尊主庇民之效，未有不贞之士而可以图功者也。然君者又为臣之表，人君好尚（好尚：爱好和崇尚）一失其当（去声），守正持重者或见为迂疏（迂疏：不切实际、粗疏）而不喜，倾险（倾险：指用心邪僻险恶）躁妄者反以为有才而骤用。幸进之端一开，士皆思争先捷得、�││高位，有弃礼让、捐（弃）廉耻而不顾者矣，谁肯自安于恬退（恬退：淡于名利，安于退让）哉？此《传》既言二、五之得位而又独重五之得中也。故曰：为政在人，取人以身。

易经　《象》曰：山上有木，渐；君子以居贤德善俗。

解义　此《象传》，是言君子修己治人，皆以渐而致也。

孔子释渐象曰：山上有木，以渐而长，渐之象也。君子体之，以德固不可不畜，而至德渊深未可以一蹴到也，必优游厌饫（厌饫：吃饱；饫音玉）、深造不已，以使之自达而无蹦等妄进之弊，则德以渐而畜矣；俗固不可以不善，而习俗染污未可以旦夕化也，必薰陶渐染、教思无穷，以使之自化而无见小欲速之意，则俗以渐而善矣。

按：居德为修己之事，善俗为治人之事，德以渐而至，此所谓始于为士、终于为圣也。俗以渐而成，此所谓日迁善而不知所以化之也。渐之义大矣哉！

易经　初六：鸿渐于干，小子厉，有言，无咎。《象》曰：小子之厉，义无咎也。

解义　此一爻，是言始进之士，无汲引之人也。鸿，水鸟，往来有时，先后有序，故六爻皆以取象；干（阴平），水涯也；艮为少男而居初，故曰"小子"，以喻士之新进者。

周公系渐初爻曰：初六始进于下，既未得其所安，而上复无应，则又失其所藉，为鸿渐于干之象。盖鸿之行有序而进有渐，水涯之地则非其所安也。夫初以一介小臣，渐进之初，动多阢杌（音聂务，危险、不安），且蒙讥被谤而有言语之伤，似难免于咎者。然此乃遭时之穷，于吾无所亏损，虽不免于危厉而可以无咎也。

孔子释初象曰：小子之厉，似乎有咎矣，然此乃时命之不偶（遇合）、上复无应而然，非己有以致之也，故于义为无咎耳。

按：争名者于朝，争利者于市，相倾相轧，无所不有，此昔人以仕宦为危途也。而在始进则尤难，贾谊（p.112注）见嫉于绛灌、京房被谗于牢石[1]；士方离蔬释蹻[2]，而遽欲与人家国之事，虽有效忠之心，安能免多口之惧哉？士君子处此，固宜量而后入，勿越次以求进，勿率意（率意：任意）以妄言。而圣君在上，亦必念（考虑）新进小臣易招尤谤，常曲意以矜全（矜全：怜惜而予以保全）之，则孤立之士弗至蒙咎于盛世矣。

注释　[1]绛灌：指汉绛侯周勃与颍阴侯灌婴；勃、灌从刘邦起义，以军功封侯，吕后死，与陈平共诛诸吕，迎文帝即位；绛灌曾诋毁贾谊，使其贬为长沙王太傅。京房：西汉易学家，元帝时立为博士，后与中书令石显争，被忌入狱死。牢石：牢，指牢梁，西汉元帝时，石显专权，牢与之结为党友；石指石显。

[2]蹻：音决；离蔬释蹻：离开蔬食，脱去草鞋，比喻脱离清贫生活，做官。

易经　六二：鸿渐于磐，饮食衎衎，吉。《象》曰：饮食衎衎，不素饱也。

解义 此一爻，是言二之德足以安其位而享其禄也。磐，大石也；衍衍（音看，去声），和乐之意。

周公系渐二爻曰：六二柔顺中正，进以其渐，是抱德以待时而无躁进之失者。上有九五之应，则遭逢圣主而得以展布其谋猷矣，故德称其位而处之不危，功以酬禄而享之不愧，如鸿渐于磐石之安而饮食衍衍、和乐而自适也。如是，则得君行道而正邦善俗，勋业无以加焉，其吉为何如乎！

孔子释二象曰：六二之饮食衍衍，非得之不以道也，惟其有德而得君，则受禄于上，皆其分之应得而不为徒饱矣。不然，能免窃禄之诮乎？

按：人臣事君，曷取乎渐进？盖凉德（凉德：薄德少仁）而居高则有具瞻（具瞻：被众人瞻望）之愧，无功而享厚则有尸禄（尸禄：食禄而不尽职）之讥。若渐之六二，居天位、享天禄而安之以为固然者，以其能措国家于磐石之安、纳人民于燕衍之乐也。《诗》美羔羊之大夫曰退食委蛇（退食委蛇：指为官节俭奉公）；嘉伐檀（伐檀：《诗·魏风》篇名，内容为讽刺官吏贪鄙无能）之君子曰不素餐（素餐：义同尸禄）兮，其六二之谓欤。苟或反是，位则窃位也，食则伴食也。未有窃位而能致君泽民者也，未有伴食而不妨贤黩货（黩，音读；黩货：贪污受贿）者也，人可不审所自处乎？

易经 九三：鸿渐于陆。夫征不复，妇孕不育，凶。利御寇。《象》曰：夫征不复，离群丑也。妇孕不育，失其道也。利用御寇，顺相保也。

解义 此一爻，是言三之无德无应而不得遂其进也。陆，高平之地。

周公系渐三爻曰：九三过刚不中是鲜（上声）渐进之德，而上无正应又少与进之人，如鸿乃水鸟，在陆则不得所安，为鸿渐于陆之象。故拟之于夫，则为征而不复矣。何也？征行之事，惟集众可以成功，而刚愎自用，孰肯协力以从事？其不复宜也。拟之于妇，则为孕而不育矣。何也？生育之功，必阴阳之相济，而过用其刚，阴不足以辅乎阳，其不育宜也。是皆凶之道也。过刚之道，无适而可，庶几用以御寇，则刚勇之气或可成克敌之功耳，其不当用于渐进可知矣。

孔子释三象曰：夫征不复者，以其刚愎自用，违众独立，与群类乖离也；妇孕不育者，以其过刚不和，如有阳而无阴，失其生育之道也；利用御寇者，盖御寇以刚，则能倡勇敢之气，使众人同心协力以相保卫也。

按：阴阳之理，当相应之位者为正，不当相应之位者为邪。九三以刚而比六四之柔，于夫妇之义为邪矣。盖以卦体言，巽女有归艮男之象，女归之所以吉也；以爻象言，四女无归三男之理，相比之所以凶也。推之君臣朋友之间，莫不皆然。正不正之所关，夫岂细故哉？

易经 六四：鸿渐于木，或得其桷（音绝，方形椽子），无咎。《象》曰：或得其桷，顺以巽也。

解义 此一爻，是言四之危而能安，示以寡过之道也。鸿，趾连，不能握枝，故不木栖；桷，平柯也。

周公系渐四爻曰：六四以阴柔之资乘九三之刚，是人进居高位，不幸在刚暴小人之上，未免见逼而不得所安，为鸿渐于木之象。然巽体柔顺，为能有以善处之，则彼虽刚暴亦不得以加于我，犹鸿渐于木而不得安，或得木中之平柯而因以得所栖止也；如是，则始虽危而终不危，亦可以无咎矣。

孔子释四象曰：六四或得其桷者，以四性顺而体巽，顺则谦冲（谦虚）而无忤于人，巽则沈潜而克周于虑，遇难处（上声）之人而有善处之道，此其所以渐进而得安也。

按：天下之事，以刚愎自用处之，鲜有不偾者，况对强暴之人、居危惧之地乎？惟贵而能下、智而能愚，从容以释其疑，退逊以消其忌，则不徒自全其一身，而且克济夫大事。非有识者，岂能见及此哉？

易经 九五：鸿渐于陵，妇三岁不孕，终莫之胜，吉。《象》曰：终莫之胜，吉，得所愿也。

解义 此一爻，是言五与二为正应，始虽暌而终必合也。陵，高阜也；妇，谓二。

周公系渐五爻曰：九五居尊以临天下，鸿之渐于陵者也，然君待臣以弘化，犹夫待妇以生育。六二为五之正应，乃三、四小人从中间（去声）之，不得相合以成治功，如妇之三岁不孕者然。但邪不能胜正，一时虽若阻隔，久之自然会遇，彼三与四岂能夺其正乎？故终莫之胜而吉也。

孔子释五象曰：上下交而德业成，五之素愿也，特为三、四所间未得即遂耳。今终莫之胜而吉，则君臣遇合而治化可成，夙昔之志于是乎酬矣。

按：三、五二爻皆言妇。三以四为妇，非正也，妇虽孕而不敢育，故凶；五以二为妇，正也，妇虽不孕而终莫胜，故吉。可见天下吉凶之理，不越正不正两途，而君臣遇合，尤不可以或苟。二当群情躁进之时，卓然自守，是宁从正道之难而不肯趋捷径之易者。正邦善俗，非斯人奚赖？五之得二，其吉宜矣。

易经 上九：鸿渐于陆，其羽可用为仪，吉。《象》曰：其羽可用为仪，吉，不可乱也。

解义 此一爻，是言有德而高蹈者，其风（教育；感化）世之功甚大也。陆，当作逵，谓云路也。

周公系渐上爻曰：上九居渐之极，所处至高，出乎人位之外，是真超然物表而为贤达之极致也，有鸿渐于云逵之象。虽天下之人未得蒙其实德之惠，然清风亮节足以激顽起懦而立斯世之坊表，如鸿之羽可用为仪，身虽不用而其道未尝无用，吉何如哉？

孔子释上象曰：其羽可用为仪吉者，盖天下之人有志于富贵则富贵乱之，有志于功名则功名乱之。上之志，卓然独立，有非富贵功名所能乱者，宜其节著于一时而风垂于后世也。

按：时至末季，士知进而不知退，羡于宠利、贪于势位，习以成俗。在上者，非表章一二高世绝俗、皭（音叫，白净）然不淄（音滋，通缁，黑色）之士，不能起其冥顽而消其奔竞。古之帝王，如唐尧让位于许由，成汤问道于务光，高帝降心于四皓，光武屈体于严陵①，岂徒崇尚匹夫之节已哉？实见颓俗非斯人莫挽，名教非斯人莫兴，一人之制行而天下之治乱因之，渐逵之功不在渐磐之下也。人知有用之用，而不知无用之用更大。渐爻以是终焉，有以（有以：有道理；有原因）也夫。

注释　①唐尧：即尧，见 p.2 注④；许由：尧时高士，相传尧让天下予许，不受，遁耕于箕山，后又欲召为九州长，亦不从，洗耳于颍水。成汤：见 p.88 注；务光：汤时隐士，成汤欲让天下于卞随、务光，均不受，光投水死。高帝：指刘邦；四皓：指汉初商山四隐士东园公、绮里季、夏黄公、甪里，四人须眉皆白，故名；高帝召，不应，吕后用留侯计，迎四皓辅太子，高帝遂不废太子。光武：即汉光武，见 p.153 注；严陵：即严光，见 p.340 注①。

五十四　归妹卦 ䷲ 兑下震上

解义　兑女在内，震男在外，男动女悦，以女悦男，不得其正。六爻：二、四阴位而居阳，三、五阳位而居阴，自二至五，位皆不正；初与上虽当阴阳之位，而阳下阴上亦为失位；且三本柔而乘二之刚，四本刚而为五所乘，刚柔易位，内外倒置，故象辞为征凶、无攸利。然归妹虽为凶占，而归亦有辨，所归果贤女，归即是男女大义，若非中非正之女，其害乃不可胜言。初九有阳刚之德，是处卑位而能尽其常职，故《象》云征凶而爻云征吉；二、五得中，为归之正；三不得位而乘刚，上为女归之终而无应，故皆不吉；四虽震主而不得位，故有愆。象辞之皆为凶占者，乃防禁之辞，究言其一失所归其害必至于此也。

按：咸与归妹皆男女之悦，止而悦则为咸，动以悦则为归妹，情同而动止异，是以咸则娶女吉而归妹则征凶也。

易经（卦辞）　归妹：征凶，无攸利。

解义　此卦兑下震上，以兑少女而从震长男，男动而女悦；又以悦而动，皆有男悦女、女从男之义，故名归妹；卦辞言男女之合不以正也。妇人谓嫁曰归；妹，少女也。

文王系归妹象辞曰：男女之交，人道所不能无，必求诸礼而允协，然后可以无敝。此卦以悦而动，既非吉利之道矣，况自二至五，位皆不正，则是男不能肃倡导之纲，女不能遵柔顺之范，正家之节，此其失矣，征其免于凶乎？三、五两爻皆以柔乘刚，则是阳不能制乎阴而阴乃敢陵乎阳，尊卑之序，此其紊矣，又安往而利乎？

按：王者正天下之道，必托始于闺门。闺门之事，有娶女必有归妹，取女固欲其吉，则归妹岂听其凶？而此卦既言征凶又言无攸利者，正欲使人知其凶则思所以去凶而从吉，知其不利则思所以远害而全利。恐惧修省，以严制其悦动之情而渐渍于礼义之化，庶几他日无女谒（女谒：通过宫中受宠女子办事）之祸。圣人系辞之意，切矣！

易经　《象》曰：归妹，天地之大义也；天地不交而万物不兴；归妹，人之终始也。说以动，所归妹也。征凶，位不当也；无攸利，柔乘刚也。

解义　此《象传》，是释归妹彖辞以明归妹之义也。

孔子释归妹彖辞曰：归妹之义，岂细故哉？盖男女配合，古今不易之经，天地之大义也。何以见之？天地不相交感则万物不兴，男女不相交感则人道灭息，是归妹虽为女道之终，而生育实为人道之始，归妹所系之重如此，谓非天地之大义乎？

然此卦之名归妹者，非以男室女家之常理而言也。盖以顺为正者，固妾妇从夫之道，而有待后行者，又女子于归之常。卦惟以悦而动，则牵于情欲之私而不由于理义之合，男女皆为不正，而女尤为可丑，此所以为归妹也。

辞曰征凶者，盖人之相与，正则吉，不正则凶。卦体自二至五，位皆不当，则男不能以正率乎女，女不能以正从乎男，而廉耻之闲（规范）将至废弃而不顾，此所以凶也。又曰无攸利者，盖人之相与，得其分（去声）则利，失其分则不利，卦体三、五两爻皆以柔乘刚，则男不能制乎女，女反得制乎男，而尊卑之分（去声）必致陵夷（陵夷：平毁）而莫救，此所以无攸利也。凡此皆失终始之道矣，夫岂天地之大义哉？

按：阴阳交感之常、男女配合之理，圣贤与凡庶岂有二致？所重者，发乎情、止乎礼义耳。有礼义以制其情，则男正位乎外，女正位乎内，闺门肃而治化成；无礼义以制其情，则男牵欲而失其刚，女恃宠而忘其顺，德业伤而身名坏。一念之分而是非成败系焉，其可不为之深儆哉？

易经　《象》曰：泽上有雷，归妹。君子以永终知敝。

解义　此《象传》，是言君子始合之当（阴平）以正，而后能永其终也。

孔子释归妹象曰：泽上有雷，雷动则泽随，如女子之随男而动，归妹之象也。君子体此，谨于夫妇之道必正其始而后可以善其终，苟始合不以正，知其终必有乖离之敝，是以重（阳平）以为戒而必谨始以善后也。

按：天下之事莫不贵其有终，以为可久之道。然事之有终者，不于其终之日而见也，必有其所由始。惟始之得正而不以不正继之，则正其始而后无鲜终之忧矣。故曰：男女之合不以正以色幸者，色衰而爱必弛；君臣之合不以正以宠进者，宠尽而恩必竭。慎厥终、惟其始，岂不然哉？

易经 初九：归妹以娣，跛能履，征吉。《象》曰：归妹以娣，以恒也。跛能履吉，相承也。

解义 此一爻，是言女子有贤正之德，虽不得位而亦可以著承助之功也。娣，从嫡以适人者，所谓媵（音硬，陪嫁的人）也。

周公系归妹初爻曰：女子从人，惟居上有应者乃为正嫡。初九居下而无正应，则其归于人也，不过为娣之贱而已，故徒有阳刚之德，亦止淑慎其身以承助其嫡，而不能大有所为，犹跛能履而不足以行远也。然虽止于承助其嫡，而于分（去声）之所当然则已尽矣，故征而吉焉。

孔子释初象曰：女德以恒为贵，初在归妹之时固为娣矣，然九为阳刚，则是女子之有恒德者也。其跛能履吉者，正惟有是恒久之德，则虽不得主其功，而亦可以著承助之效，此其所以吉也。

按：生人所禀，阳为淑而阴为慝。故男子得阴必为柔媚之夫，女子得阳亦称贤明之妇，此阳之所以为可尊也。圣人于阴阳之分（去声），必为之著其贵贱美恶者，岂偶然哉？

易经 九二：眇（音秒，偏盲）能视，利幽人（幽人：隐士）之贞。《象》曰：利幽人之贞，未变常也。

解义 此一爻，是言贤女不得所配，但当固守其正也。

周公系归妹二爻曰：初九女贤而非正嫡，仅能承助其上而已。九二阳刚得中，是女贤而为正室者也，乃所应之五反阴柔不正，则刑家无主，而内助之功不能以大成矣，如眇而视不及远也。然岂可以所应非良而遂易其贤正哉？亦如幽人不偶于时，而抱道以守其贞可也。盖幽人不以时之不偶而变其道，女子不以夫之不良而改其节，一也。

孔子释二象曰：抱道守正而不改其常，此乃幽人之事；今二亦固守其贤正之德而不改其常，与幽人之贞同也。若或少改其常，则亦何所取哉？

按：圣主贤臣相得而彰，哲夫（哲夫：足智多谋的男人）淑女相资乃益，此皆古今盛事，所以读二典（指《书》的《尧典》《舜典》篇）之书而忔慕（忔慕：慨叹羡慕）乎都俞（p.260、374 注）之风，颂《周南》之什（《诗》十篇为一什。什音十）而企羡乎好逑之乐也。然遇有不齐而节无可变，从一而终者，女子之常，故《绿衣》（《绿衣》《考槃》均为《诗》篇名）之诗曰"我思古人，卑无訧（音尤，过失，同尤）兮"；席珍（p.323 注②）而处者，士人之常，故《考槃》之诗曰"独寐寤宿（寤宿：醒而卧），永矢弗告"，亦尽其在我者而已。

易经　六三：归妹以须，反归以娣。《象》曰：归妹以须，未当也。

解义　此一爻，是言女之不正而为人所贱也。须，待也。

周公系归妹三爻曰：女子之德，莫善于正，莫不善于不正。六三阴柔不中正，既非妇顺之善、为悦之主，又动情欲之私，是女德不贞，人莫之取；故未得所适而姑待之，待之不得而反归为娣。然则为女子者，岂可不出于正乎？

孔子释三象曰：归妹以须者，以三阴柔而处位不当，急于待人而字，失女子之正道，故人亦莫之取也。

盖贵贱之权操乎人，而可贵可贱之理则实操于己，是以天爵（天爵：天然的爵位，指人若有高尚的道德，则受人尊敬，就像有爵位,而这不是帝王赐的,故称天爵)在我则予夺不能以外加,人爵在人斯荣辱不能以自主。六三本非贱者,而急于从人则先自贱矣。自贱而人不贱之者,未之有也!彼欲速而好进,甘于卑下而卒为人所鄙者,亦何异于反归为娣者欤?

易经　九四:归妹愆期,迟归有时。《象》曰:愆期之志,有待而行也。

解义　此一爻,是言女之贤者不轻于从人而终得所配也。愆期,谓过期。

周公系归妹四爻曰:九四阳刚有贤正之德,居上体有贵重之义,而无正应未获佳配,故不轻于从人而宁愆其婚姻之期也。然其所以如是者,盖在迟归以待所归之时,庶几可得良偶不负夙昔之志而已。

孔子释四象曰:九四所以愆期者,岂终于不行乎?盖天下无无偶之物,时至有必行之理,窥其隐志,盖欲有待而后行也。有待而行,决不至有轻身之悔矣。

按:女子守贞而后字,士人抱道以待时,其理一也。夫人幼而学之,壮而欲行之,得君行道,岂不切于中怀?而兢兢出处之际者,正恐枉尺未必能直寻(枉尺直寻:枉,屈;直,伸;寻,八尺;喻小失而大得),修之数十年而坏之一旦也。故曰君择臣、臣亦择君,惟其不轻于致身方能尽忠于所事。古之人当拜爵之始而预卜其毕生建竖,大过人者殆以此已。

易经　六五:帝乙归妹,其君之袂(音妹,衣袖)不如其娣之袂良。月几望,吉。《象》曰:帝乙归妹、不如其娣之袂良也,其位在中,以贵行也。

解义　此一爻,是美女德之盛而能宜家也。君,女君也。

周公系归妹五爻曰:六五柔中居尊,下应九二,是尚德而不贵饰者,为帝女下嫁而服不盛之象。夫女子贵饰,人情所同,乃

其君服饰之盛反不如其娣之盛者，是但知谦降以从礼而不事乎容
饰也。夫以至尊贵之女，尚礼而不事乎容饰，则女德之盛无美不
备，如月之几望而蔑以加矣。宜家正位，何吉如之？

　　孔子释五象曰：富贵崇高之家，莫不为骄奢美丽之饰，而
六五帝乙归妹反不如其娣之袂良，何也？盖内既重则视外必轻，
五居上卦之中，是其中德自有可贵者，以其可贵之德而行，则不
文之文足以贲（装饰）其躬矣，又何贵于饰乎？

　　按：女之所贵者，在德而不在饰。惟所贵在德，则情欲之感、
无介乎容仪，宴私（宴私：指公余闲居之时）之意不形于动静。
《诗》美南国之夫人曰被之僮僮（音同；僮僮：首饰盛，《诗·召
南·采蘩》），王姬之下嫁曰曷不肃雝（同雍；肃雝：整齐和谐，
颂妇德，见《诗·召南·何彼襛矣》），皆所以言其德之盛也。推
而言之，人君屈己下贤以诚不以文者，其意实同于此。盖九二具
刚中之德，本有素丝（素丝：不染的丝）之风；六五有柔中之德，
克尽缟衣之好。诚意交孚，贤者未有不乐为之用者矣。

　　易经　上六：女承筐，无实；士刲（音亏，割取）羊，无血。
无攸利。《象》曰：上六无实，承虚筐也。

　　解义　此一爻，是言婚道之未成者，大伦所由废也。筐，竹
器；承筐，谓约婚之礼；刲羊，谓约娶之礼。

　　周公系归妹上爻曰：上六以阴柔居归妹之终而无应，阴柔则
非贤正之女，无应则过桃夭之时，而莫有以之为家者矣。夫婚姻
之礼：女子之嫁，筐（音匪，圆形筐）筐以庙见；男子之娶，刲羊
以告庙。今女之承筐是将（阴平，献，见《诗·雅·鹿鸣》）而无
币帛为之实，士之宴其新婚而刲羊未见其血焉，是则女不成嫁、
士不成娶，违室家之愿而废天地之大义矣，何所利乎？

　　孔子释上象曰：上六承筐而无实，则所承者虚筐而已，虚筐
足以成女之嫁乎？此所以为约婚而不终者也，其无攸利宜矣。

按：先儒言：曰士曰女，未成为夫妇也；先女而后士，罪在女也。其实出身从人，责专在己，阴险轻躁之夫但知进而不知退，一旦为人所弃，其不蒙玷而召辱者几希矣。然使终于见弃，不过其人之耻；倘或误售于世，譬诸鲜（上声，少）节之女，勿操家政必至逾闲荡检（p.88），不贻中冓（音构；中冓：内室）之羞必启司晨之祸，其害可胜道哉？上六占辞"无攸利"与《象》同，是归妹之不利，上六独当之矣。

五十五 丰卦 ䷶ 离下震上

解义 卦以明动相资为义，离明主之而震动将之。致丰之本，即保丰之道。初九明之初，九四动之初，同为阳刚，相须以成其用，故曰配。与他处之以应为配者不同，他卦应爻，皆贵阴阳相配，独丰九三以至明之体应上六之至暗，刚为柔掩，故有见沫折肱之象也。六五体本柔暗，六二应之，九四比之，而皆有丰蔀见斗（见丰卦六二爻辞解义）之象。至六五本爻而曰来章有庆誉、吉者，盖六五为丰之主居震之中，六二文明中正，乃大贤在下者为之正应，五能屈己下贤而来致之，即有明动相资之益，非丰蔀见斗之说矣。

按：卦为丰亨之象，而爻多警戒之辞，深虑丰之不可长保，必在明以善动、动合至明，撤蔀屋之蔽、取来章之益，则盈虚消息皆自我操，而常如日中之照天下矣。苏轼曰：丰者，至足之辞也。足则余，余则溢，圣人处之以不足，而安所求余？故圣人无丰，丰非圣人之事也。

易经（卦辞） 丰：亨，王假之。勿忧，宜日中。

解义 此卦离下震上，以明而动，明足以照、动足以亨，皆致丰之道，故名为丰。卦辞言人君当天运之隆，宜持盈而修人事也。假，至也。

文王系丰彖辞曰：丰当时势盛大之会，居天位而富四海，天下一统、治化四讫，丰固亨之时矣。夫丰亨之时，人民之繁庶、事物之殷盛，虽为可喜，而盛极即为衰之所伏，此固可忧者也。然王者至此，徒忧亦何益乎？但能持盈戒满，守常而不至过盛，如日之中天而不昃焉，则明之所及，无所不照，可以永保其丰矣。

按：丰者盛满之象，似无可忧，而曰有忧道焉，忧其极盛而难保耳。盖造化无满而不损之理，惟人君时时以此为惧而不敢存侈肆之心，然后大业可以常守而勿坠。朱熹谓如捧盘水，战兢自持方无倾侧满溢之患，所谓能忧者决不至于有忧矣。

易经 《彖》曰：丰，大也；明以动，故丰。王假之，尚大也；勿忧，宜日中，宜照天下也。日中则昃，月盈则食，天地盈虚，与时消息，而况于人乎？况于鬼神乎？

解义 此《彖传》，是释丰彖辞以明保丰之道也。

孔子释丰彖辞曰：卦名丰者，是车书归于一统（此语取自"车同轨，书同文"，指国家制度）、礼明乐备、物阜民安、治功盛大之谓也。然何以致此哉？卦德离明震动，明则察物而无遗，动则振作而成务（事业），二者相合，故事无不立而功无不成，此其所以为丰也。

辞云"王假之"者，盖王者当丰大之时，事有可为而力足自擅，则其志欲日广，制度规为，自然尚大而有不安于狭小之势，是以有忧道也。又云"勿忧、宜日中"者，言王者守国常如极盛之时，则志气清明、百务修举而有以遍照乎天下也。盖日惟中方能照万物，君守中乃能照天下。一或过盛而不能常中，则遗于所照之外者多矣，岂人主之所宜乎？如是者何也？盖尝推盛衰之理而确知中之不可过矣。

日以中为盛，日之既中未有不昃者也；月以盈为盛，月之既盈未有不食者也。岂惟日月？虽天地之大，其盈虚亦随乎时。时乎息也，则气机变化，万物显诸仁而天地盈矣；时乎消也，则气机收敛，万物藏诸用而天地虚矣。时之所在，天地尚不能违，而况人事者不出于天地之外也。治乱相寻，其能以常盈乎？鬼神者，不过为天地之用也，屈伸相感，其又能以常盈乎？盛衰之理，无在不然。此王者保丰之治，宜守中而不可过也欤。

大抵丰亨豫大之时，君臣上下不期侈而自侈，岂独常人为然？贤智之辟（偏颇），乃有更甚者。非不明也，而过乎明则铺张扬厉（扬厉：发扬光大）之念生矣；非不动也，而过乎动则好大喜功之举多矣。骄心一生，何所不至？故圣人急急惕之以忧，若曰世之所谓安者乃危之伏也，世之所谓治者乃乱之机也。盖先夺其所恃，而后可告以持盈保泰之实事也。语云：以一人治天下，不以天下奉一人。天佑下民作之君，正欲其劳而岂贻之以逸也哉？

易经　《象》曰：雷电皆至，丰。君子以折狱致刑。

解义　此《象传》，是言君子法天之威明以治狱也。折，谓剖断其曲直；致，谓推致其重轻。

孔子释丰象曰：雷电皆至，威照并行，盛大之势，丰之象也。君子以为，狱者天下之大命，而刑者一成而不变者也。故于狱之未决，则取电之明以折其狱，剖断其曲直而必得其情实，惟明克允也；狱之既成，则取雷之威以致其刑，推极其轻重而必当其罪恶，惟断乃成也。夫明以折狱、威以致刑，则用法平允而天下无冤民矣，此保丰之道也。

按：噬嗑，明在上威在下，是明得事理；民未有罪而先立法于此以待异日之用，故曰明罚敕法。丰，威在上明在下，是用法时能洞悉下情，而上之用威方无过差，故曰折狱致刑。然则王者之用刑，虽云威照并用，而又必以明为主也。

易经　初九：遇其配主，虽旬无咎，往有尚。《象》曰：虽旬无咎,过旬灾也。

　　解义　此一爻,是言人贵相资之益,而不可恃才以求胜也。
配主,指九四;旬,均也。

　　周公系丰初爻曰:天下之相应者,如阴应乎阳,柔从乎刚,
常非均敌(均敌:对等);初九与九四同为阳刚,则彼此适均,宜
其不相得矣。然致丰之道,非明无以照、非动无以行,原相资也。
今以初九之明而遇九四之动,则明足以灼其理而动又足以致其
用,是四乃初之配主也。虽势分(势分:权势、名分地位)才力似
不相下,而德实相成,则何咎哉? 由此而往,何功不立、何事不
济? 而且有尚矣。

　　孔子释初象曰:初之与四,虽皆阳刚而明动相资,固可无咎
矣。然与人共事,凡遇才力之均者,必虚心以下之,庶可以成天
下之功也。使或萌一求胜之心而欲出其上,是为过旬,则将相忌
相仇而灾患随之矣。

　　按:人臣事君,协恭和衷(协恭:友好合作;和衷:同心)则
相济而成功,负气争能则相厄而两败。汉之盛也,魏相以严总
职、丙吉以宽治民①,未尝以宽严相左也;唐之兴也,房玄龄善
谋、杜如晦善断(p.397 注),夫且以谋断交资也。此皆一心为
公,而视人之有技若己有之,安有媢(音帽,嫉妒)嫉为怀、彼此
倾轧以致祸延于国者乎? 为人君者,务求公忠无私之士而用之,
庶可化偏党之弊而收师济之效矣。

　　注释　①丙吉:汉武帝末曾救护皇曾孙,后迎立为宣帝,封
博阳侯;后任丞相,政尚宽大,不问小事。魏相:宣帝时丞相,主
张整顿吏治,考核实绩,与丙吉同心辅政,号丙魏,封高平侯。

　　易经　六二:丰其蔀,日中见斗,往得疑疾,有孚发若,吉。
《象》曰:有孚发若,信以发志也。

　　解义　此一爻,是言人臣事君,当积诚以为感悟之本也。蔀

（音部），障蔽也。

　　周公系丰二爻曰：六二当丰之时，为离之主，是人臣之有明德者而上应六五柔暗之君，非不竭智尽力，而无如忠爱虽切终不能自达于上。正犹丰大其蔀屋，而日中之至明反可以见斗（星斗），是太阳无光，其昏已甚矣。使不度其势之不可而往从之，遽欲释其惑以开其蔽，则反重君之猜疑以取疾害而已。惟在积诚意、以感发之，艰难有所不辞，谗谤有所不惧，祇（当为祇，即只字）此恪共（恪共：即恪恭，恭谨，恭敬）震动一念、历久而不渝，庶蔽可开而惑可释，君心不患其难格也，不亦吉乎？

　　孔子释二象曰：人君之蔽虽难以口舌争，而其本来之明未有不可发者，特积诚未至，不足以感动之耳。所谓有孚发若者，正言一于孚信，以感发君志而行其道也，事君者可不勉哉？

　　按：君臣之谊根于天性，人臣效忠于主，不顾事之济否而徒欲博一己之名高，即此念不可以对衾影（衾影："独立不惭影，独寝不愧衾"，指没做亏心事），安可以对吾君？宜乎方员（通圆）枘凿之不相入也。夫事君如事亲然，故谏志不从，又敬不违，劳而不怨。古来最暗者莫若大舜之亲（指舜父顽母嚚），舜惟夔夔（音葵，恐惧貌）齐慄而亲自允若。由此观之，天下第有不尽职之臣子，安有不感格之君父哉？

　　易经　九三：丰其沛，日中见沫。折其右肱，无咎。《象》曰：丰其沛，不可大事也。折其右肱，终不可用也。

　　解义　此一爻，是言人之有德而不见用于时也。"沛"当作"旆"，谓幡幔也；沫，小星。

　　周公系丰三爻曰：九三居明体之上，本至明者也。乃以至明而应上六之至暗，是在我之明反为所蔽而不能以自达，为丰其沛、日中见沫之象。夫丰沛则障蔽更甚于蔀，所以沫之小星、虽日中而亦见。若是，则在己之明亦归于废弃而置之无用之地，又为折其右肱之象。然此非己之不明，乃人之不能用其明，所遇非其主耳，于三何咎焉？

孔子释三象曰：贤臣必遇明主，斯可有为于天下。丰其沛者，是以己之明而反为人所蔽，终不能成济丰之大事也；折其右肱者，三之才本足为当世用，乃因时而废，亦终于无用而已。何其所遇之穷哉！

按：丰之道，必明动相资而成。三以阳刚之体应上阴柔，处震之终、止而不动，上无可发之明，欲为而无所赖，三亦何所自见其明乎？夫君为元首，臣为股肱，必元首有明圣之德而后股肱奏匡济之功。观乎此爻，而知圣人责难于在上者至矣。

易经　九四：丰其蔀，日中见斗。遇其夷主，吉。《象》曰：丰其蔀，位不当也。日中见斗，幽不明也。遇其夷主，吉行也。

解义　此一爻，是教人援同德以偕进，斯可共济天下之事也。夷，谓等夷（等夷：同辈），指初九。

周公系丰四爻曰：九四以阳刚当丰之时，而上比六五柔暗之君，谏则不行、言则不听，虽有明德，为所蔽而不得达，与六二同，亦为丰其蔀、日中见斗之象。然君心未明，惟在所养，一人正之则不足，众贤辅之则有余；幸初九同一阳刚之德，乃其等夷；四与之同心协力、共匡君德，庶暗昧可启，丰亨可保，其道得吉也。

孔子释四象曰：丰其蔀而明不得达者，由其近六五之柔暗，非所处而处，居位之不当也。日中见斗者，处非其位，则以己之明投人之暗而反为所蔽，是以幽暗而不明也，所谓一人正之不足者也。遇其夷主者，己不足以启人之暗，犹喜藉初之力以共济，庶几事尚可为而以吉行也，所谓众贤辅之有余者也。

按：《书》言，昔在文武，小大之臣咸怀忠良，侍御仆从罔匪正人，以旦夕承弼厥辟（承弼：待奉匡正；厥辟：其君；见《书·冏命》）。信乎！助成主德非一士之功也，而其权则操之大臣。昔赵烈侯①欲赏歌者，其相公仲连，进士牛畜、荀欣、徐越令侍左右，烈侯悦之曰歌者之田且止，如连者可谓善格君者矣。是知大臣之道全在以人事君。人君在上，但观大臣之能进士与否，而其贤不贤可概见已。

注释　①赵烈侯：战国时赵国国君；任公仲连为相，后公仲连又荐牛畜、荀欣、徐越三贤人侍烈侯；烈侯曾欲赐善歌者田地，被止。

易经　六五：来章，有庆誉（庆誉：美好的声誉），吉。《象》曰：六五之吉，有庆也。

解义　此一爻，是言人君能用贤以保丰也。

周公系丰五爻曰：君道贵于明而病于暗，然所谓明者，非必尽取之己而足也。六五质虽柔暗，若能屈己下人而来致章明之贤，资人之明以为明，藉人之哲以为哲，则群材豫附（豫附：心悦而归附），自足以享丰亨之庆而流美誉于天下，是身安而丰可长保也，吉何如哉！

孔子释五象曰：六五之来章而吉者，盖能招来贤士以辅己德，其效岂止有美誉而已乎？实得用贤之利，可以长享其丰而有庆也。

按：人君之德莫贵于明，但自恃一人之明，其明小；能用天下之明，其明大。此非独为丰之六五言也。稽（考核，调查）于众，舍己从人，好问则裕，自用则小，古之圣王莫不皆然矣。然又云：兼听则明、偏听则暗，达四聪、明四目，议必集夫盈廷之公，论必采夫国人之众，方可去其偏而得其兼。不然，所信任者或非其人，必至欲用人而反为人用，此求明而愈失其明，安能免丰蔀、丰沛之忧哉？

易经　上六：丰其屋，蔀其家，窥其户，阒（音去，寂静）其无人。三岁不觌（音敌，相见），凶。《象》曰：丰其屋，天际翔也。窥其户，阒其无人，自藏也。

解义　此一爻，是言昏暗之极而不能自反（同返）也。藏，谓障蔽。

周公系丰上爻曰：上六以阴柔之质居丰极而处动终，是当四海无虞、承平日久，乃恃才妄作、好大喜功，明极而反暗者也。其居高自蔽之象，如丰其屋而蔀其家者。夫居丰大而高亢昏暗，自绝于人，人谁与之？如窥其户，阒静无人，直至三岁之久而终不覿人也。迷而不知自反，则障蔽已深，其凶甚矣。

孔子释上象曰：丰其屋者，言其居丰之极，怀满假（p.157 注②）之心；处动之终，负骄盈之气，若屋之高而翔于天际也，阒其无人者，岂果无人乎？自为障蔽，暗而不见人也。以亢自居，至于久而一无所覿。丰其可恃乎哉？

按：上六一爻正与六五相反，以五能用人之明以为己之明，上舍人之明而适以绝己之明也。然其病不在艰难多故之时，而在晏安无事之日。盖升平既奏骄侈必生，正直之士日远而谄谀之人日进，虽欲闻一善言、见一善行，必不可得，无人不覿，凶斯至矣。圣人知有天下者，丰业已成则丰屋蔀家之事势所必至，故特危辞以戒之。敬怠之几出此入彼而治忽判焉，可不慎欤？

五十六　旅卦　☲ 艮下离上

解义　卦内艮外离，止而丽于外，有旅象焉；又，山止不动犹舍馆也，火动不止犹行人也。居莫如止，故以艮为体；往莫如明，故以离为用。旅莫善于柔，爻柔者吉、刚者凶，处旅之道也。旅不能无得丧，爻柔则得、刚则丧，必然之理也。卦唯二、三两爻得其正位；然九三刚而不中，处非其地；唯六二柔顺中正，与六五两柔相应，有宾主同德之象；六五虽不得位，然卦从乾变，六五舍乾之刚健而得柔之文明，居上卦之中以顺乎二刚，得处旅之道。《象》所谓小亨、旅贞吉者，二爻是也。行旅之间，柔得中不取辱，顺乎刚不招尤，止而不妄动、明而识时宜，亦安往不吉而亨乎？孔子以东西南北之人而为万世师，用旅之道者也。且圣人之随寓而安、过而不留，何者非旅？又不特一行旅之用矣。

易经（卦辞）　旅：小亨，旅贞吉。

解义　此卦艮下离上，山止于下，火炎于上，有去其所止而不处之象，故名为旅。卦辞言处旅者，当以正道自守也。旅，谓羁旅。

文王系旅象辞曰：人当羁旅，则失其本居而身寄于外，亲寡情疏，难以得亨，以卦体六五得中而顺乎刚，卦德艮止而丽乎明，虽羁旅本无大通之理，而处之有道，则尚可以自通而小亨。夫旅非常居，似若可以苟者，然道无往而不存，苟非善处，鲜不失矣。故必礼以律身、智以照物，非贤不主、非善不与，守其旅之正而须臾不离，斯得处旅之道而吉矣。

大抵常变久暂，惟遇所遭，故旅者，生人之所不能免也，而吉凶悔吝全在乎处之正不正。圣人之垂戒深矣哉！

易经　《彖》曰：旅，小亨；柔得中乎外，而顺乎刚，止而丽乎明，是以小亨旅贞吉也。旅之时义大矣哉！

解义　此《彖传》，是释旅彖辞而明旅之难处也。

孔子释旅彖辞曰：旅之所以小亨者，何哉？盖处旅之道，贵乎得中而病于自用（自用：自以为是）。今以卦体言之，六五柔得中而在外，顺乎上下之二阳，是在己既有柔中之德而谦卑适宜，又能顺附乎阳刚而恭顺不失，处己处人，两得其道，则其所如皆合矣。抑处旅之道，贵于静正而患于不明。以卦德言之，艮止而离丽乎明，是内既静专而不失于妄动，外灼物情而不迷于所往，内外交尽其善矣，是以在旅而小亨，而为旅贞吉也。

夫卦德卦体如此，而仅得小亨，则非得中而顺刚、内止而外明，即不得以小亨矣。必守正而后得吉，则少不正而即不得吉矣。是难尽者旅之义，难处者旅之时，则旅之时义不其大哉！甚矣！旅之难处也。

按：人当羁旅，是失其所居之时，刚必招祸而柔必取辱，所以处之者，诚不可无其道也。然平陂之形虽在于世，而贞正之守则在于我。君子素其位而行，亦惟正己而不求于人已矣。

易经　《象》曰：山上有火，旅。君子以明慎用刑而不留狱。

解义　此《象传》，是言君子慎刑之道也。

孔子释旅象曰：山上有火，去而不留，旅之象也，君子以主刑者民之司命，故当其用刑之时，审察必极其明而使无遁情，又不敢以慢易之心乘之而务加谨慎。轻重得宜，出入惟允，如山之止以为慎而不敢轻忽也。明慎既尽而断决随之，当刑即刑，当宥即宥，如火势之不留而不至淹滞也。

按：明慎者，君子之仁也；不留者，君子之义也。仁义并用，而治狱之道尽矣。义而不仁，则伤于暴而滥及于无辜；仁而不义，又伤于懦而威阻于强梗。必如君子，然后可当折狱之任，而天下无冤民也乎。

易经 初六：旅琐琐，斯其所取灾。《象》曰：旅琐琐，志穷灾也。

解义 此一爻，是为处旅卑陋而召祸者戒也。琐琐，细小卑贱之貌。

周公系旅初爻曰：初六以阴柔居下位，是旅之志意污下而规模局促者也，其才质琐琐而无远大之概（节概），如是则谁其予之乎？自轻而人轻之，自侮而人侮之，灾咎之至非自外来，实己有以取之耳。

孔子释初象曰：人之志量原不可以卑陋，初六之旅琐琐者，其志量局促亦已穷矣，所以来人之轻侮而取灾也。

按：旅之致穷，不在位之卑下而在志之猥琐，舜之陶渔、尹之鼎俎、说之版筑、鬲之鱼盐①，圣贤未遇之时，未尝不亲琐事，顾志趣超然、物自不得而累之。初之位与志，皆极琐陋，故穷而致灾如此。君子所以恶居下流也哉。

注释 ①陶渔：指舜曾制陶捕鱼；尹：指伊尹，见p.88注，尹曾"身执鼎俎为庖宰"；说：指傅说，见p.88注，说曾为版筑工；版筑：两种筑土墙的工具；鬲：指胶鬲，曾为纣臣，遭纣之乱，遁为鱼盐商人，后为文王访得，举为臣。

易经 六二：旅即次，怀其资，得童仆，贞。《象》曰：得童仆贞，终无尤也。

解义 此一爻，是言处旅之最善者也。即，谓安；次，谓舍。

周公系旅二爻曰：六二柔顺中正，与物无忤而处置得宜，以是处旅，有无往而不吉者。故次者，旅之居，二则即次而有以安其身；资者，旅之用，二则怀资而有以裕其用；童仆，旅之服役者，二则得仆之贞信，为能无欺而有所赖藉。盖旅中之善，要不出此三事，惟其德全，故旅中之所当得者皆无不备耳。

孔子释二象曰：当旅之时，不能无赖乎童仆之用，亦不能免乎童仆之欺。使不得其人，则即次不安而居亦难保矣。今得童仆之贞，则无欺有赖而可以无患，是以终无所尤也。

按：天下无事不藉乎人，而当旅之时，得人为尤急，苟能得人，则身不劳而势不孤，所以保其居而裕其资者，皆有赖矣。然惟御下有方，仁足以育、义足以正，众自乐而从之。故曰：水就乎下，人就乎善。岂不信哉？

易经　九三：旅焚其次，丧其童仆，贞厉。《象》曰：旅焚其次，亦以伤矣。以旅与下，其义丧也。

解义　此一爻，是为过刚而失处旅之道者警也。

周公系旅三爻曰：处旅之道，贵于柔顺谦下。今九三过刚不中、居下之上，骄亢自高而御下寡恩，鲜有不困于旅者矣。故以此处人，则人莫之与，如焚其次而失其所安；以此处下，则下皆不从，为丧其童仆而一无所赖。夫所居既无爰（音援，更换）处之安，而在下复有判离之患，虽九三之心，初未尝不正，然能免于失依寡助之厉乎？

孔子释三象曰：旅而焚次，则身失其所安，亦已伤矣，况又丧其童仆乎？夫当旅之时，童仆乃其所藉赖者，乃过高自亢而失其心，何以致其服从而乐为我用乎？其义必至于丧也。

按：三与二正相反，观二之所以得，则知三之所以失矣。夫居刚用刚，在乎居犹不可，况羁旅之时乎？若三真可为过刚无徒者，以此接物而御众，安往而不致困穷哉？

易经　九四：旅于处，得其资斧，我心不快。《象》曰：旅于处，未得位也。得其资斧，心未快也。

解义　此一爻，是言处旅者身虽安而志未得也。资，谓资身之财；斧，谓防身之器。

周公系旅四爻曰：九四以刚居柔，是能用柔而下人者，故于人无所忤、于事无所拂。以此处旅，虽未获即次之安，然旅其所可旅之处，是已得所归而安矣；虽未能怀资而裕，然既得资则足以自利，得斧则足以自防矣。但在上之五，非阳刚之与；在下之初，惟阴柔之应；则所处非久安之地，所与非可仗之人，何能伸其才而遂其志乎？故虽有旅处资斧之善，而心终有所不快也。

孔子释四象曰：旅贵于行，处而不行，非旅之亨矣。所谓旅于处者，九四以阳居阴，非其正位，故处而不能行也。上无同德之助，下无可援之人，岂能尽如吾意哉？故虽得资斧，足以自利而自防，然其心终有所未快也。

按：四以近君为当（去声）位，独旅之六五不取君义，故四为未得位而心有不快。盖士君子本以得志行道为愿，当旅之时，岂肯以苟安自便而遂已哉？

易经 六五：射雉，一矢亡，终以誉命。《象》曰：终以誉命，上逮也。

解义 此一爻，是言得遇其主而名获显也。雉，文明之象；命，名也。

周公系旅五爻曰：六五为离之主，本体柔顺，其德文明而又得中道者也。以羁旅之人观光上国，不免道途之费，如射雉者亦未免于亡矢也。然身名由此显，终克以誉命传之无穷，则所丧者少而所得者多矣。

孔子释五象曰：终以誉命者，以其有文明之德而为命世之才，则出其学术抱负以达于君，而名誉升闻于上也。

按：此卦六五爻辞所以不取君象者，以天子四海为家无旅故也。故变其例，以旅人之观光者当之。然即以在上者言，因其德之柔顺文明而来四方之士，未始不可取象于君也。可见变易之中而有不变易者存。《易》无典要，殆谓是欤？

易经 上九：鸟焚其巢，旅人先笑后号咷（同啕）。丧牛于易，凶。《象》曰：以旅在上，其义焚也。丧牛于易，终莫之闻也。

解义 此一爻，是为过刚而失所居者警也。旅人，指上九。

周公系旅上爻曰：上九过刚，处旅之上，是骄亢自高而卒无所依。夫自高而失其所依，如鸟以巢为居而见焚，则不得所安矣。其在旅人，始焉鸣豫自适而骄乐于未焚之先，终焉后事兴嗟而悲号于既焚之后，旅之极困者也。所以致此者，由其过刚，处旅之上、当离之极，自骄以乖和顺之德，如牛为柔顺之物而忽然失之，似丧牛于易者然，焚号之凶，其能免乎？

孔子释上象曰：当旅之时，惟谦顺可以自安。上九处旅时而好高自上，必不见容于人，以义揆之，自应巢焚而失所安也。又言丧牛于易者，由其骄气方盛，故失其柔顺之德而不自闻知也。使其早能觉悟，亦何至于焚号乎？

按：旅之时，宜用柔不宜用刚，故三阳皆为不利。九四之不快，不及乎中也；九三之焚次、上九之号咷，过乎中也。不及虽未免于弗振，而过刚必至于摧折。盖天下志骄气溢之人，但知取快目前而不悟后患之至。凡事皆然，岂独处旅之道哉？

五十七　巽卦 ䷸ 巽下巽上

解义 巽以顺乎人情，如风之动，风无微而不入，以为天之号令，故有风以先之，复有风以随之。上巽以象君之出命，下巽以象民之从命。论成卦，则以初、四之柔为主；论六爻，则以二、五之刚为重。盖巽本取柔之卑伏，然当巽之时，阳亦用巽道以怀服乎下，故史巫纷若，先庚后庚，皆有丁宁详审之意焉。总之巽之为卦，以居中得位为善。二得中而失位，三、四得位而失中，初与上则中位俱失；唯以九居五，位乎中正，所以吉无不利而为申命之主。盖阴始生而阳顺之，二、五其最近者也，刚而有巽义，所谓刚巽乎中正也；二、五据用事之地，而初、四处其下，无违乎教命，所谓柔皆顺乎刚也。

易经（卦辞）　巽：小亨，利有攸往，利见大人。

解义　此卦上下皆巽，以一阴伏于二阳之下，其象为风，其性能巽以入，故名为巽。卦辞言人有所为，自用则小，而资人则大也。

文王系巽象辞曰：凡天下之事，阳刚有任事之力，阴柔无干理之才，此卦以阴为主，才力不足，未克大有所为，仅可以小亨耳。幸能以阴从阳，则己于人无所拂，人于己有所资，事可立、功可成，而利有攸往也。然必所从者，为阳刚中正之大人，乃为得其正而有利见之益，可不慎欤？

按：八卦之重（阳平），上经先乾次坤，先坎次离，下经先震、艮，次巽、兑，皆崇阳也。巽次旅，旅曰小亨，离之一阴顺乎上下之二阳也；巽曰小亨，巽之一阴上从乎二、五之阳也。从阳则利，不从阳则不利，可见阳为贵而阴为贱矣。圣人示阴以从阳之利，正欲其安为贱之分也哉。

易经　《象》曰：重（阳平）巽以申命。刚巽乎中正而志行，柔皆顺乎刚，是以小亨，利有攸往，利见大人。

解义　此《象传》，是释巽象辞，以明刚柔有相资之义也。刚巽乎中正而志行，指九五；柔，指初六、六四。

孔子释巽象辞曰：此卦上下皆巽，是重巽（阳平）也，巽之义为人，重（阳平）巽则深入之至矣。夫人君之入人，莫重（去声）乎命令，巽则人君所以施命而告四方者，不厌反覆丁宁之详，有以直入乎人之隐，此重巽乃为申命也。

卦辞言小亨、利有攸往、利见大人者，盖以卦体之九五言之。天下刚者恒不能巽顺，九五刚也，而巽入乎中正之德，是为上者刚足以断执，而出之以中、施之以正，则以一人之中而使天下之不中者归于中，以一人之正而使天下之不正者归于正。以此建中于民、表正于世，而为所欲为，则志无不行矣。又以卦体之初六、六四言之，天下柔者多不能自振，今以初之柔而顺二之刚、四之柔而顺五之刚，则柔得刚以为助，不徒一于巽顺而可以奋发有为矣。夫柔皆顺乎刚，是以小亨而利有攸往；然有五之刚巽乎中正而志行，则又为大人之象而利见大人也。

按：刚柔不可独用亦不可偏废，一于刚而不得其中，则必至暴戾而无以宜众；一于柔而失阳之助，则必至退怯而不能自行。夫惟刚柔交济，则不竞不絿（p.406）、无所施而不当矣。若徒以一阴潜伏之为巽，而不知初四有顺乎阳刚之象、五有顺乎中正之德，则巽之所以致亨者，岂可得而见耶？

易经　《象》曰：随风，巽。君子以申命行事。

解义　此《象传》，是言君子体巽之象而有深入民心之政也。随，相继之义。

孔子释巽象曰：风本善入之物，风行相继则无物不入，巽之象也。君子体之，以为训示万民而命令不详，无以入斯民之志。凡事关纪纲法度之大、礼乐刑政之重，利所当兴、弊所当革，必以其所行之事，先为申其命令，致丁宁反覆之详，使自近及远无不晓然于上之意指，然后从而行其所命之事焉，自有以深喻乎民而无不遍矣。

按：人君出政必有命令以布之，谆谆于言语之间，惟惧不明且尽，此何心哉？无非欲通上下之情而始不至扞格耳。苟无真实之心而徒铺张于诰戒（诰戒：告诫）之烦，则元朔之诏不能回廉耻之风，建中之诏不能戢（收敛）强藩之弊[①]，虽申命何益耶？此大哉之言必本于一哉之心也。

注释　①元朔：汉武帝年号之一；元朔之诏：当指武帝元朔元年所颁"兴廉举孝"诏。建中：唐德宗年号之一；建中之诏：当指德宗兴元元年正月的"罪己诏"（建中四年后改号兴元），公开承担天下大乱的责任，欲以此解决"强藩之弊"，但未能如愿。

易经　初六：进退，利武人之贞。《象》曰：进退，志疑也；利武人之贞，志治也。

解义　此一爻，是言初之无断，而示以矫偏之道也。进退，谓不果。

周公系巽初爻曰：初六以阴居下，为巽之主，是卑巽之过一于柔懦者也。于是凡事之来皆退怯而不敢为，当行复止、方进复退，为进退不果之象。夫天下之事惟断乃成，退怯如此，曷克有济？若以武人之贞处之，振其懦而作其气，出其果断以济巽之所不及，则自不安于退而能遂其进矣，何利如之？

孔子释初象曰：天下事之行止，皆由于志。初六之志，有所疑而不决，故欲进而不果于进也。又曰利武人之贞者，盖人之志，治则决，乱则疑，苟能先治其志而有一定之主，尚何进退不果之足患哉？

按：人之气质必有所偏，惟能力矫其偏，斯为善变化夫气质。《洪范》三德（三德：正直、刚克、柔克），正直而外，高明者则用柔克，沈潜者则用刚克。初之柔弱不振，所谓当以刚克治之者也。圣贤教人之法、帝王治世之权，皆不外乎此矣。

易经　九二：巽在床下，用史巫纷若（纷若：盛多的样子），吉，无咎。《象》曰：纷若之吉，得中也。

解义　此一爻，是言二能卑巽以达其诚也。床下，谓卑者所处，古者尊者坐于床，卑者拜于床下也；史，职卜筮，巫，主祷祠，皆通诚意于神明者。

周公系巽二爻曰：二以阳处阴，既不敢自安而居下得中，又不为已甚（已甚：过甚），故能顺以自持，行过乎恭矣。然由实意以达外，初非流于谄也；卑以自牧（修养），事过乎谦矣。然本乎诚以发越（发越：阐发），又非失之媚也，犹巽在床下而用史巫丁宁烦悉其辞，以道达于神明之前，此为善用其巽者也。如是，则克尽事上之道而收格君之功，吉而无咎，又何疑焉？

孔子释二象曰：二之用史巫纷若而乃得吉者，何哉？以二居下体之中，为得中道，小心而不失于卑谄，巽顺而不同于取容，此所以为吉也。

按：下之事上，固贵乎柔巽，然必有至诚以将之，所谓敬发乎中不以迹而以心也。勿欺矢于靖献（靖献：指臣尽忠于君）之先，纳牖（纳牖：指导人于善）出于积中之素，则将顺其美。固见夫恪恭而匡救其失，弥形夫忠爱。唐太宗谓魏徵（p.488 注），人皆言其疏慢，朕独觉其妩媚。诚有以也夫！

易经 九三：频巽，吝。《象》曰：频巽之吝，志穷也。

解义 此一爻，是言不恒其巽者有取辱之道也。

周公系巽三爻曰：九三过刚不中，既非下人之资，居下之上，又挟上人之势，本非能巽者也，其巽也，特勉为之耳。夫勉为之者，虽可强饰于一时，而不能坚持于永久，为频巽而频失之象。如是，则终归于不巽而以满招损，不亦吝乎？

孔子释三象曰：巽本不可以伪为，九三之巽非出于中心，虽强以欺人而故态复发、自不可掩，则终不足以欺之矣。其志不已穷哉？

按：天下之理，诚则可久，不诚则不可久。若勉为巽而不出于诚，是欲以声音笑貌袭（掩盖）而取之者也，自以为其术甚工，而其患卒不免于穷。作伪心劳日拙，亦何益之有哉？

易经 六四：悔亡，田获三品。《象》曰：田获三品，有功也。

解义 此一爻，是言能下人者，来多助之益也。田，谓田猎；三品，一为干豆（干：干肉；豆：祭器；干豆：此处指作祭祀用），一为宾客，一以充庖（充庖：此处指供自己食用）。

周公系巽四爻曰：六四阴柔无应，是既不得在己之力而复不得在人之力者。况上之所承为五、下之所乘为三，又皆阳刚而非阴柔所能处，似不免于悔矣。然其用柔能下，秉谦恭以接物、本和易以近人，故所承与乘之阳刚，非独不之侵反为之助，而悔可亡。且不独仅有所获而已，贤才汇集共效协赞之功，群策毕收咸献匡勤（音筐瓢，帮助；辅助）之益，殆如田猎所获之多，足以备三品之用也。

孔子释四象曰：田获三品则所获者为己多矣；四谦以下人而人为我助，则凡事无不得其所求者，故不但无悔而实有功也。

按：人之不肯下贤，总欲功必自己出耳，不知能虚怀下人，收天下之贤豪以为国用，则天下之功皆其功也。此其理尤为人臣者所当知。故曰：中臣事君以身，上臣事君以人。事君以身者，劳而寡效；事君以人者，逸而多获；此之谓矣。

易经 九五：贞吉，悔亡，无不利。无初有终。先庚三日，后庚三日，吉。《象》曰：九五之吉，位正中也。

解义 此一爻，是言贵更新以善治也。庚，更也；先庚三日，谓丁，后庚三日，谓癸，丁所以丁宁于其变之前，癸所以揆度于其变之后。

周公系巽五爻曰：五居巽体，恐其承前人之积弊，未免有苟且偷安之意，宜有悔矣。然幸有阳刚中正之德，终能奋励改图，则有贞而吉，可无巽懦之失，是得亡其悔而无不利也。夫始之有悔是无初也，亡其悔则有终矣，此皆改图之善也。然当其时，必丁宁于未变之前，而熟思审处、务为先事之防，使吾之所为者果皆尽善之规，然后从而变之；又必揆度于既变之后，而远虑深谋、求为善后之策，使吾之所为者果皆经久之图，然后从而安之。如是，则所革皆当（去声），人皆信从，世为法则而得吉矣。

孔子释五象曰：五之所以得吉者，以其所居得阳位之正而居卦之中，有此中正之德，则意见不偏、施为允协（允协：和洽，适当），所以丁宁而揆度者，莫非本此德以行之，故贞而吉也。苟无其德，安能善变而得吉乎？

按：蛊言先甲后甲，巽言先庚后庚。盖甲者，十干之首，事之造端也；蛊之败坏已极，故以造事言之而取诸甲；庚者，十干之过中，事之当更者也，巽之积弊渐萌，故以更事言之而取诸庚。此圣人谨其始终之意也。

易经　上九：巽在床下，丧其资斧，贞凶。《象》曰：巽在床下，上穷也。丧其资斧，正乎凶也。

解义　此一爻，是为过巽而无断者警也。丧其资斧，失刚断之象；正，必也。

周公系巽上爻曰：上九处巽之极，巽不以正而失其阳刚之德，象为巽在床下而过于卑巽，以至懦而不立、威断绝无，如丧其资斧者然。纵使施于当巽之地，而柔弱无以自振，遂致取人之侮，虽得其贞，安得免于凶乎？

孔子释上象曰：巽在床下者，言上居巽之极，专以巽顺为心，其巽至于已甚而穷也。丧其资斧者，过巽则失其刚断，自然取辱而招侮，有可必其凶者矣。

按：上九巽在床下，与九二之取象同而有吉凶之异者，盖九二巽在床下而用史巫纷若，则为过而不过，所谓不至已甚者也。故达其孚诚而得吉；此爻巽在床下而丧其资斧，则为巽之太过而失其阳刚之德矣，故流于卑谄而获凶。学《易》者，其可不知所以自处乎？

五十八　兑卦　☱　兑下兑上

解义　取坎水而塞其下流为兑泽，泽有喜气洋溢之象。又一阴进乎二阳之上，为气之舒散乎外者，故近乎悦。然悦之为道，苟不以正则流为邪媚，故《彖》戒以贞而爻贵夫刚焉。盖悦之易涉于不正者，病在柔外；而悦之所以得其正者，实本刚中。三与上为柔外，故能悦；二与五为刚中，故能利贞；三以柔居刚，为下兑之主，来而求阳之悦，其恶易见，故本爻凶；上以柔居柔，为上兑之主，引而致阳之悦，其情难测，故比爻尤不可以不戒。六画唯初有廓然大公、和而不同之象，为得悦之正而已。

按：圣人于三女之卦，多以贞戒之：离曰利亨、贞，巽曰利贞，兑曰亨、利贞。盖明柔之质多病于不正，故皆以正言也。

易经（卦辞） 兑：亨，利贞。

解义 此卦上下皆兑，一阴进于二阳之上，非其所望，喜见乎外，故名为兑。卦辞言，悦当出于正而不可妄悦也。

文王系兑彖辞曰：卦体刚中而柔外，人诚能以刚中之正悦人，则人情无不乐吾之可亲，上感下应，欢忭（音变，欢喜）交通而自亨。夫悦固有亨道，非道求悦又在所当戒，故必其所悦者一出于天理人心之正，而无邪佞柔媚之私，乃为利也。

按：悦有亨道而必利于贞者，是因其所不足而戒之之辞也。此王道之熙皞（皞：音浩；熙皞：和乐，怡然自得），所以异于霸者之欢虞软。

易经 《彖》曰：兑，说（通悦，下同）也。刚中而柔外，说以利贞，是以顺乎天而应乎人；说以先民，民忘其劳；说以犯难（犯难：遭难），民忘其死；说之大，民劝（劝勉）矣哉！

解义 此《彖传》，是释兑彖辞而极言其悦道之大也。刚中，指二、五；柔外，指三、上。

孔子释兑彖辞曰：卦名兑者，以一阴进于二阳之上，喜见乎外，有和悦之义，故名兑也。

夫悦固有亨道矣，而又利贞者，何哉？盖以卦体二、五以刚居中，三、上以柔居外，刚中固无不正，而柔外似有不正之嫌，故必其所悦者出于义理而无妄悦之私，则所悦得其正，乃为利耳。夫其所以利于贞者，推而极之，天人之大亦总不外此正而已矣。盖悦而既得其正，则上合天理可以顺天而不悖，下契人心可以应人而不违。由是，本此悦道之正而率民以趋事，则民皆乐于效力而忘其劳；率民以犯难，则民皆急于向义而忘其死。夫逸与生人之所好，劳与死人之所恶，今乃忘其劳、忘其死，岂人之情也哉？不知悦以先民，则劳之正所以逸之；悦以犯难，则生之所以为仁，杀之亦所以为仁也。岂非悦道之大自能使民劝勉矣哉？

按：悦之大者以其正也，正则民劝而其悦乃大。如大禹之治水八载、周公之东征三年，可为忘劳忘死之验矣。

易经　《象》曰：丽泽，兑。君子以朋友讲习。

解义　此《象传》，是言君子体兑象而得互相滋益之道也。丽，附丽也。

孔子释兑象曰：凡天下之不相悦者，多由于不相同。两泽相丽，彼此相资，是虽无情之物而同气相求、同类相益，实有相悦之义，兑之象也。君子体之，而以朋友讲习焉。盖徒讲不习，则中无实得；徒习不讲，则开悟无从。于是论说以讲之于先，体验以习之于后，则究其理而所知者益精，践其事而所能者益固。相悦之益莫有加于此者矣。

按：习者，服习其事，而朋友则所以讲明其义也。其义既明，至于践行其事，则非朋友所能用力矣。故曰知之匪（非）艰，行之维艰也。

易经　初九：和兑，吉。《象》曰：和兑之吉，行未疑也。

解义　此一爻，是言悦人者当出于正也。

周公系兑初爻曰：初九以阳居卦下而无应。夫阳刚则不失于柔媚，处下则不失于上求，无应则不又失于私系，是其所悦者出乎性情之中正，而于天理无所乖、于人情无所拂。如是，则其所悦者无偏党之私而得其正矣,何吉如之?

孔子释初象曰:凡悦人者,于理未顺则所行不正而有可疑矣。和兑而得吉者,其所行皆本谦恭以待物,而无偏私之可疑也。使其不正,则有所疑矣,安得为和哉?

按:和之与同有异,初处悦体之下得阳刚之正,是悦而不流于邪者,故为和而得吉耳。

易经　九二:孚兑,吉,悔亡。《象》曰:孚兑之吉,信志也。

解义　此一爻,是言悦人之出于诚也。

周公系兑二爻曰:九二以阳居阴,似不足以取信于人,所行有悔矣。然以其有刚中之德,则所悦一本由衷之诚而非伪为于外者。以孚而悦,则上焉得君、下焉得民,内焉顺亲、外焉信友。孚诚所感,未有不动者也。是虽有可悔之事,而亦不见其为悔矣,故得吉而悔亡也。

孔子释二象曰:悦而不出于孚,则其志不诚矣。所谓孚兑之吉者,由二之孚信一出于诚实之志而无少伪妄,所以孚兑而得吉也。

按:二处大臣之位、当兑悦之世,乃天下视其所悦以为趋向者也,苟非孚信出于刚中之志,鲜不为悦媚之所惑矣。

易经　六三:来兑,凶。《象》曰:来兑之凶,位不当也。

解义　此一爻,是为阿谀而求悦者警也。来兑,谓来就二阳以求悦。

周公系兑三爻曰:六三阴柔而不中正,是悦之妄者也;又为兑主,则深于悦者矣。夫位居下体,则所悦者宜在上,乃上无所应而反来就二阳以求悦。初之刚正,二之刚中,三虽求悦而不能得其悦。欲悦人而人不我与,则沦于污贱而可耻矣,其能免于凶乎?

孔子释三象曰:三之来兑而凶者,盖以阴柔不中正,德不足以自守，甘于妄悦而人莫之与，所以无往而不凶也。

按：悦贵出于正。三以阴柔之质而悦不以正，夫非正而求悦，则为邪佞之徒矣。其得凶也，所谓名实交丧者耳，不亦可以为媚悦求容者之大戒乎？

易经　九四：商兑未宁，介疾（介：隔；介疾：见下解义）有喜。《象》曰：九四之喜，有庆也。

解义　此一爻，是言去邪从正者当决其志于一也。商兑，谓商度（商度：商讨）所悦。

周公系兑四爻曰：九四上承九五之中正，下比六三之柔邪，将欲悦五则三乃情之所系，将欲悦三则五乃理所当从，君子小人之间，度量而择所从未能自定，为商兑未宁之象。当此之时，正天理、人欲、公私之界，不可不审所从也。幸四质本阳刚，则阴柔原非其类，为能介然守正、疾恶柔邪，是始虽疑而终则断也。去邪从正，不亦深可喜乎？

孔子释四象曰：天下之理，是非不两立。故好善则疾恶，从正则远邪，此君子小人之分（阴平）也。使一牵于柔，则将沦胥（沦胥：相互牵连而受苦难）而为小人之归矣。今九四能介然守正而疾邪，则有以保其名位而不坠其风节，将得君行道、福泽及物，是不但有喜而实有庆也。

按：大臣处近君之位，贵绝私党以奉公。使不审所从而轻为亲比，则奔走于下而求悦者，必多幸进（幸进：受宠而高升）之门矣。圣人以介疾有喜言之，正所以开示正道而堤防其邪心也。然正人之謇谔（謇谔：音兼饿，正直敢言），虽君子亦惮其过刚；宵小之柔邪，即贤者亦乐其易近。是以尤贵有知人之明而严辨之于早也。

易经　九五：孚于剥，有厉。《象》曰：孚于剥，位正当也。

解义　此一爻，是为人君惑于小人者戒也。剥，以阴消阳也，指上六而言。

周公系兑五爻曰：上六阴柔小人，为悦之主而处悦之极，能妄悦以剥阳者也。九五阳刚中正，当悦时而居尊位，密近上六之小人，狃（音纽，习惯）于所悦而相信之，是孚于剥也。夫阴柔小人，内则蛊坏人之心术，外则亏丧人（丧人：失位流亡的人）之行业，信非其人，则有危道矣。

孔子释五象曰：九五孚于剥者，以五刚健中正而居尊位，自恃可以去（同驱）小人，谓其不能为吾害也，乃反为小人所惑，受其剥而不自知，非五伤于所恃乎？

按：悦之感人，易于相得，不知其感之者将以剥之也。故以虞帝（指舜）之圣而畏巧言令色，岂非悦之易人而深可惧乎？圣人以孚剥言之，所以戒轻信之失者切矣。

易经　上六：引兑。《象》曰：上六引兑，未光也。

解义　此一爻，是言小人之悦不以正也。引，谓引下二阳。

周公系兑上爻曰：上六以阴柔成悦之主而居悦之极，是所务专在于悦人也。故引下二阳，相与为悦，在人之从不从，固未可必。而彼之性质柔媚，其欲致人昵己者则如此耳。

孔子释上象曰：凡悦之出于正者，其心必正大而光明。上六引人以为悦，是其心之所存私而不公、邪而不正，其心迹隐晦而未至于光显也；若本刚正刚中以为悦，其心迹人得而共见之矣。

按：以动而求阳之悦，其恶易见；以静而诱阳之悦，其情难知。此引兑之所以未光也。

五十九　涣卦　☰☵　坎下巽上

解义　坎水在兑泽之上，则为泽所节止；坎水在巽风之下，则为风所离散，故曰涣。井以木出水，故居塞而能通；涣以风行水，故通之极而至于涣散。二、四为成卦之主；下卦本坤，刚来居二，不为阴柔所困；上卦本乾，六四以柔居柔，得位之正，不应初而上同于五。刚不为柔困，柔不与刚忤，刚柔相得，涣之所以能亨也。以六爻言，唯刚柔上下相合而不散者为能拯涣。初柔而二刚，二附就初，在下相合，以任拯涣之责，故初马壮吉而二奔机（见九二解义）得愿也。五刚而四柔，四上同五，在上相合以成济涣之功，故四涣群元吉而五涣汗无咎也。此皆协力以拯涣者。至三、上居相应之位，以远而不相及，故三则但能涣其躬之难而无悔，上则不过涣血以远害而已。

易经（卦辞）　涣：亨，王假有庙，利涉大川，利贞。

解义　此卦坎下巽上，风行水上，有离披（离披：分离）解散之象，故名为涣。卦辞是言人君济涣之道也。涣，散也；假，至也。

文王系涣彖辞曰：卦以巽风而行坎水之上，水遇风则涣散，涣之象也。夫涣则人心已散，若难以得亨者。幸卦变自渐而来，九来居二而得中，六往居三得九之位而上同于四，是有可据之势。既有其才，复有其辅，则涣有必济之理而可亨。夫时当涣散，是天下之涣皆在所当聚，而自王者言之，则当先其大者也。盖涣之时，以九庙则震惊，王者当假庙孝享以聚祖考之精神，而使神灵之已涣者复安；以世道则溃乱，卦则木在水上而能涉川，王者当拯危济险以展才略于天下，而使民心之已涣者复合。凡此皆治涣之道也。然假庙而不以正，是媚神也，故假庙则必尊祖敬宗而不敢为邀福之祀；涉川而不以正，是行险也，故涉川则必顺天应人而不敢为侥幸之谋。二者皆正，乃为利耳。苟或不然，则神不歆（音新，神享）而人不与，涣何由而得亨乎？

按：涣兼二义，有因民涣散而萃之意，假庙是也；有涣天下患难之意，涉川是也。爻则全以涣为美事，各有不同，不可以一例观也。

易经　《彖》曰：涣，亨；刚来而不穷，柔得位乎外而上同。

王假有庙，王乃在中也。利涉大川，乘木有功也。

解义　此《彖传》，是释涣彖辞以明涣之所以得亨也。刚来，谓九居二；柔得位，谓六居三；外，谓外卦；上同，谓三（指三爻）上同乎四。

孔子释涣彖辞曰：时当涣散，不易得亨。卦名涣而辞即系以亨者，何哉？盖当涣时，非据可为之地与能为之才而复得人之助，皆不足以济涣也。今卦变自渐而来，九来居二而得中，则得其所安之地。是山河险固可为据守之资，形势利便可施攻取之计，所以济涣者，有其地矣；六本柔也，乃往居三，得九之位，是本之以宽仁、济之以雄断，则恩足以结人心而威足以御强敌，所以济涣者有其才矣；又三与四皆阴，乃三上同于六四，当国步艰难而得朋以助，则戮力同事，可以扶危定倾而收再造之功名，所以济涣者又有其助矣。是以不终于涣而可亨也。

辞云王假有庙者，非徒为观美而已也。盖当涣时，祖考之精神散失，王者乃聚一己之精神至于宗庙之中，上以扬谟烈（谟烈：谋略与功业）之盛，下以作臣民之心，则对越（对越：答谢颂扬）如在，而祖考之精神有所凭依而不至于散越矣。

辞谓利涉大川者，非幸致也。盖涣之时，非救时之才不能有济，卦象乘巽木于坎水之上，则以经纶干理之才为澄清天下之略，有以成济涣之功也。

按：涣为险难（去声）之时，非形势才力之兼善则不能以有济，而又必假庙以收人心之散，必涉川以拯天下之难。涣之得亨，岂易言哉？

易经　《象》曰：风行水上，涣。先王以享于帝立庙。

解义　此《象传》，是明先王以仁孝而得济涣之道也。

孔子释涣象曰：风行水上，涣散之象也。当涣之时，郊庙之礼废，上帝祖宗几于无主，使无以合之，将终于涣散而不聚矣。

先王享帝于郊，以明父天母地之礼，而上帝之精神散于清虚之表者，乃萃于郊祀之余矣。立庙于国，以报祖功宗德之隆，而祖考之精神散于杳冥之中者，乃聚于庙祭之时矣。夫享帝以明有尊，而人皆知尊尊之义；立庙以明有亲，而人皆知亲亲之义。仁孝兼至而诚无不通、幽无不格，此治涣之大者也。

按：涣之象，因人各有心，不相联属贯通，而天下之势遂至乖离。必有所以鼓动感孚之，使归于一，则涣者不求而自合。故敬天尊祖，自展仁孝之思，而天下之心，已知天神无二主，不敢以下而犯上；知人物无二本，不敢背死而忘生。联属人心，莫切于此。武王（p.29 注①、p.263 注）克商，至丰祀（丰祀：丰盛的祭祀）于周庙，越三日，柴望（柴：烧柴祭天；望：祭祀山川），大告武成；而光武（p.153 注）初营洛阳，即立郊社宗庙。岂曰神道设教（神道设教：用神明之道进行教育）而已哉？

易经　初六：用拯马壮，吉。《象》曰：初六之吉，顺也。

解义　此一爻，是言人臣资有才者以成济涣之功也。拯，救也；顺，谓顺从九二。

周公系涣初爻曰：初六居涣之初，是涣之始也。当始涣而拯之，其为力犹易，况初以柔而居九二之下，若藉九二刚中之力以拯之，则资其雄断之略、赖其英武之谋，是拯难（去声）而得马之壮也。夫拯之于初，为力既易；得人之助，功复易成。如是而往，则涣可济而吉矣。

孔子释初象曰：初六阴柔，本非济涣之才而乃得吉者，何哉？以九二阳刚之才，足以任天下之重，初能顺而从之，则藉其力而资其用，所以能成济涣之功而吉也。

按：五爻皆言涣而初独不言者，以救之尚早，可以不至于涣耳。然当涣之方萌，而泄泄（音义，弛缓貌）然因循玩忽，且不能虚己推贤，资天下之豪杰以共济艰难，则必至于涣散而拯之为难矣。图事者所以贵知几之识也。

易经　九二：涣奔其机，悔亡。《象》曰：涣奔其机，得愿也。

解义　此一爻，是为当涣而得所藉以成功者，幸也。机，谓人所凭以为安者。

周公系涣二爻曰：九二当涣之时，失其所居，本不足以济涣者，夫涣而不能济，则有悔矣。然当涣时，二为得中之地，若能速来居此，是离散之时失其故居而得善地以自处，则进战退守，皆有所据，不犹人当涣奔之时得其机而可凭之以为安乎？向者失其所居之悔可亡矣。

孔子释二象曰：涣时皆有愿安之心。今涣而奔、得其机，来就所安，而无失其故居之苦，则有以得其所愿矣。

按：九二刚自外来，有奔象，虽有二阴阻隔不为迟疑，且动乎险中不穷于险，故能据上游以成控制之势。如萧何之取汉中，邓禹（p.169 注①）之据南阳，资其险要而沈几观变，以渐图兴复，则混一（混一：齐同）有其基，非徒以目前之得所安为愿也。

注释　①萧何：项羽仅封刘邦于汉中，而封关中之地予秦降将，以拒刘邦；萧何以丞相守关中，荐韩信，终战胜项羽。

易经　六三：涣其躬，无悔。《象》曰：涣其躬，志在外也。

解义　此一爻，是言人臣忘身以济涣也。外，指天下而言。

周公系涣三爻曰：六三阴柔而不中正，本有自便自利之私者，宜有悔矣。幸居得阳位，则志在济时，为能以天下为己责而汲汲谋所以济之，凡一身之利害得丧俱不暇计，有涣其躬之象。夫为身谋而不顾天下者，其心必有所不安，今乃忘身以急国难，涣之济否虽未可必，而举动光明何悔之有？

孔子释三象曰：人臣报主念殷，其立志在天下，则为人之念重而为己之意轻矣，所以能忘身而济涣也。

按：人之所以胶执而不能自脱于险者，有我而已。六三能释然散其有我之私，故能出险而济涣。使人臣私有未忘而欲求涣之济，其可得乎？

易经　六四：涣其群，元吉。涣有丘，匪夷所思。《象》曰：涣其群元吉，光大也。

解义　此一爻，是言大臣能涣小人之私群而成天下之公道也。群，谓私党；丘，谓丘陵；夷，平常也。

周公系涣四爻曰：六四居阴得正，上承九五，是辅君以济涣者也。夫当人心涣散之时，各相朋党，缔其私交而不能混一，今四下无应与，是能涣小人之私群而成天下之公道，洵（p.149）为大善而吉也。夫私党既散，公道自行，使所散者聚而尽归于五，而有如丘陵之高，是散其小群而成一大群。合忠殚虑，共济时艰，其功业之盛，岂常人思虑之所及哉？

孔子释四象曰：六四之涣其群元吉者，何以得此乎？盖人之植党者，其心多暗昧而不光、狭小而不大。四散小人之私群以成天下之公道，以其心光大而不自私，乃能有此，诚非常人思虑之所及矣。

按：六四非阳刚之才，似不足当大善之义，不知柔顺之臣不专其权而杜绝私交，以布公道，其善固甚大也。尹吉甫称仲山甫①曰：夙夜匪懈，以事一人。岂非涣六四之心乎？

注释　①尹吉甫：周宣王时重臣，相传曾作《诗·大雅》数篇以赞美宣王，下引语出自《烝民》篇。仲山甫：鲁献公次子，宣王时为卿士，所引《诗》即颂仲山甫语。

易经　九五：涣汗其大号，涣王居，无咎。《象》曰：王居无咎，正位也。

解义　此一爻，是言人君施令散财而能济涣也。涣汗，谓如汗之出而不反也；大号，谓命令；居，谓居积。

　　周公系涣五爻曰：当涣之时，民心解散，凡以情意乖离而恩泽不能下究也。九五阳刚中正而居尊位，如涣之时，所宜散者莫大于号令、居积之二者。散其号令以动天下之心，则人因王言之大而知王心之一矣；散其居积以济万民之命，则财散于上、民聚于下矣。如是则济涣有道而天下之大势可合于一，何咎之有？

　　孔子释五象曰：九五不徒涣号且涣王居而无咎者，何以得此哉？凡济涣者，非有其才，虽居尊位而不能涣；非居尊位，虽有其才亦欲涣而不能。九五以阳刚中正之德而居尊位，则有其德而志不限于推行，有其位而权不阻于运用，是以能公其利而无咎耳。使非正位，涣何由而济乎？

　　按：平天下者必在君臣之合德。若三之涣躬，四之涣群，可谓靖共（p.317）盈朝矣。然天下非无群臣戮力之患，所患君意郁而不宣、君泽壅而不广，则政令弛而下之心疑，封殖（封殖：修治封疆，种植谷物）固而下之志懈，虽群臣协力匡勃（p.453）而君德未明，何以怀徕（徕：来；怀徕：招来）四海而坐致太平？故济涣之善策，必在正位有德而为发令散财之道也。

　　易经　上九：涣其血去，逖（音替，远）出，无咎。《象》曰：涣其血，远害也。

　　解义　此一爻，是言人臣能拨乱而成济涣之功也。血去，谓无伤害；逖出，谓无忧惧。

　　周公系涣上爻曰：上九以阳刚而居涣极，夫阳刚则有拨乱反正之才，涣极又当乱极思治之候，以此济涣，必能出乎涣矣。故当涣时，海内疮痍，皆有伤害之危。今祸乱已息，为能涣其伤害而伤害已去，且人心惊恐，皆有忧惧之思。今倾危已安，为能涣其忧惧而忧惧已出。夫伤害既去而畏惧复忘，则出汤火而登之衽席（衽：音认；衽席：朝堂盛宴的席位），济涣之功成矣，谁得而咎之乎？

孔子释上象曰：时当涣散，不免伤残忧惧之害。今乃涣其血去逖出者，盖上九以阳刚居涣之极，则危者已安、否者已泰，能出乎涣而远于害矣。

按：涣有分裂之象，生民之害为大，幸上卦已出坎险之外。上九又居涣之极，去涣愈远而血去惕出，是天心合而运数可回，人事尽而谋猷克展。此时之民，自无不出险而就安矣。可见天下未尝无艰危之势，全在大臣有匡济之才。如汉之陈平、周勃当诸吕擅兵之时（p.160 注），唐之李泌、陆贽值藩镇纷争之日（p.140 注、p.227 注），皆能深思远虑，芟（音山，除去）除祸乱、百姓复安，其扶危定倾之功炳在史册。岂非得济涣之道哉？

六十 节卦 ䷻ 兑下坎上

解义 水流无穷而泽有限，以有限而蓄乎无穷，犹水之在泽，盈则溢而平则容，节之象也。兑悦坎险、悦过则流，险以止之，节之义也。凡事有节，则裁制得中，自有亨道。过而不节，非中也；节而至于苦，人病其难行，亦非中也。处得中正、节而能通，天地之道、帝王之治，不外乎此矣。六爻大抵以当（去声）位为善：初、四、五，当位者也，故初无咎，四亨，五吉；二、三，不当位者也，故二凶而三嗟；上，当位而亦凶者，当节之极，处上之穷，其义固殊也。又节之六爻，各相比而相反：初与二比，初不出而无咎，二不出而凶，二反乎初者也；三与四比，三不节而嗟，四安节而亨，三反乎四者也；五与上比，五得中而甘，上过中而苦，上反乎五者也。善节者，虚则蓄之，盈则流之，其权在泽而其用在水。节之时义大矣！

易经（卦辞） 节：亨，苦节不可贞。

解义 此卦兑下坎上，泽上有水，其容有限，故名为节。卦辞言节道，贵于适中而不可过也。节，有限而止也。

文王系节象辞曰：坎为流水而无穷，泽为止水而有限，泽上有水，满则不容，有节之象，故为节。夫节，则立身制用、各适其中，而无过不及之偏，自可通行而无敝，有不亨乎？若过于节，则拂情逆性而失其中，是为苦节矣。不惟处世塞而不通，即在己之所行，亦不能以永久，岂可固守以为常哉？

按：节者，所以适乎中而通行于天下，亦天地自然之限制也。若流于太过，则矫廉以鸣高、过洁以绝物如申屠狄、陈仲子之流①，其持身非不正，然不近人情，鲜合中道，不可以言节，亦不可以言亨也。

注释 ①申屠狄：相传不忍见纣乱，抱石投河而死。陈仲子：战国齐人，认为兄食齐禄万钟为不义，乃居楚。

易经 《彖》曰：节亨，刚柔分而刚得中。苦节不可贞，其道穷也。说（通说）以行险，当位以节，中正以通。天地节而四时成，节以制度，不伤财，不害民。

解义 此《彖传》，是释节象辞而极言节道之大也。刚柔分，谓阴阳各半；刚得中，谓二、五皆阳；当位、中正，指九五；制，谓节制；度，谓法度。

孔子释节象辞曰：卦名节而辞系以亨者，何哉？夫乾为刚而坤为柔，使刚柔偏胜，则丰俭无节矣。今以卦之全体言之，阴阳各半而无过不及之偏，是刚柔均分也；以卦之二体言之，则二、五皆阳刚而居中位，是刚得其中也。夫刚柔均分，则无一偏之患。而丰俭皆适其宜；刚而得中，是本阳刚之正道以为节，而节制皆得其中矣。此其所以亨也。夫节之所以亨，以其中也。

若辞所谓苦节不可贞者，则失之于过而不得其中，必于天理有所不顺、人情有所不堪。以道揆之，必至于穷矣。节道过苦则穷而不通，固理势之所必至。

　　若节之所以通而不穷者，盖以卦德为悦以行险，夫人于所悦而不知止，则易至于流，若见险难而思止，则其进有节而不至于流矣。节之义也，卦体九五当位以主节于上，其所节者，又皆中正而无过奢过啬之患，可以通之天下而无阻，此节所以为善而无不亨也。

　　若推极而言之，天地之道，阴极阳生、阳极阴生，寒暑往来，气序有节而不过，故二分二至（p.130）、四序（四序：指四季）不差，而岁功于是乎成矣。使天地不节，四时不且失其序乎？人君以节而立为制度，量入为出，既无过取、亦无泛用，有损己益人之实而无剥下奉上之为，故无滥用而不至伤财，自无横征而不至于害民矣。使人君无节，则侈肆所致，有不伤财害民乎？凡此皆节道之通而不穷也。

　　按：天地节而四时成，王者节而天下富。自古开财之源不若节财之流。文景（p.399注）之节俭，不胜武帝（p.225注②）之黩武穷兵？隋文之节俭，不胜炀帝之穷奢极欲①？天下之治乱安危，实系于此。故量入为出，不伤财矣；取民有制，不害民矣。圣人之言，真万世制用之长策也。

　　注释　①隋文：即隋文帝杨坚，建立隋王朝，结束东晋后二百余年战乱；减免税收，改革吏治，始建文官制，在位十四年，被太子杨广杀死。炀帝：即隋炀帝杨广，弑父登基后，大兴土木，征敛苛虐，沉湎酒色，在位十四年，被禁军宇文化及等杀。

　　易经　《象》曰：泽上有水，节。君子以制数度，议德行。

　　解义　此《象传》，是言君子应用立身皆当合乎中正也。数，谓多寡之数；度，谓隆杀（p.124）之度；德，谓得于中者；行，谓发于外者。

　　孔子释节象曰：泽上有水，水之所止有限，节之象也。君子以应用立身皆不可以无节。故数有多寡、度有隆杀，则为制之，而自器用（器用：器具用品）、宫室、衣服，各有定限而不使之过，使贱不逾贵、下不侵上，则各安其分矣；德存于心、行见于事，则为议之，而自出处进退周旋皆为商度以求其中节，使其无过亦无不及，则各适其宜矣。

按：制数度，所以定万用之限；议德行，所以严一身之限。贾谊（p.112 注）以世侈靡相竞，欲定经制（经制：经国的制度）而令上下各有等差、奸人无所几幸。盖凡物之大小轻重、高下文质，皆有品节，使民截然不可逾者，此即礼也。至于历代冠服等威之制，虽各有不同，要以准于古先圣王者为宜，此尤礼之所最急者。然圣人犹以制民之礼为未足，必贵反而议吾身之德行焉。故曰：大礼与天地同节。

易经　初九：不出户庭，无咎。《象》曰：不出户庭，知通塞（通塞：谓境遇之顺逆）也。

解义　此一爻，是言士不妄进而能审所处也。户庭，户外之庭也。

周公系节初爻曰：初九阳刚得中，居节之初，宜出者也。然有阳爻蔽塞于前，而所应之四又为坎体，既遇险难之人，则不可以出而有为矣。初能抱道自守，不妄出以求仕，有不出户庭之象。夫当节初即能知止，自无枉道辱身之咎矣。

孔子释初象曰：时有通塞，通则当行，塞则当止。初九之不出户庭，知时之塞而未通，故不出也；使时值其通，亦必出而用世矣。是初不惟知塞而能知通塞者也，岂徒知塞而不知通者哉？

按：处节之道，不可胶于一偏。盖节而能止者易，节而能通者难，吕望（即姜太公，见 p.169 注①）遇商纣，则避北海之滨，遇文王则应龙螭（音痴，无角龙）之兆，是诚能知通塞者也。沮溺荷蒉之流①，岂可与孔子之仕止久速同日语哉？

注释　①沮溺：指长沮和桀溺，春秋时两隐士，不仕，事耕

作；孔子曾使子路向其问路，反被其讽刺，见《论语·微子》。荷
（去声）蓧：肩负草筐。沮溺荷蓧，后多代指隐士。

易经　九二：不出门庭，凶。《象》曰：不出门庭，凶，失时
（失时：错过时机）极也。

解义　此一爻，是明时有可仕，不当以隐为高也。门庭，门
内之庭也；极，甚也。

周公系节二爻曰：九二当可行之时，乃出潜离隐之地也，而
失刚不正，自固馁于进矣，且上无应与又不能以独进，是不仕而
以隐为高者，为不出门庭之象。夫当可为之时，乃不出而为之，
则知节而不知通，自失可为之机矣，不亦凶乎？

孔子释二象曰：九二之不出门庭为凶者，何哉？盖士君子幼
学壮行，患不得其时耳。今幸有其时，乃执迷而不出，岂知时通
变之士耶？其失时甚矣，安得而不凶也？

按：不出户庭，不出门庭，一也。以初则无咎、以二则凶者，
初在卦下为士，而二则臣位也，处补衮（衮：音滚，帝王礼服；补
衮：补救帝王的过失）缀牍（缀：音追，去声，连，缉；牍：音读，
木简，泛指书籍）之任而托隐默以求容，操决疑定难之权而好逊
让以避怨，亦思其所处为何时乎？失时之讥，所不免矣。

易经　六三：不节若，则嗟若，无咎。《象》曰：不节之嗟，
又谁咎也？

解义　此一爻，是为不能知节者警也。

周公系节三爻曰：六三当节之时，本不容不节者，以阴柔不
中正而居悦极，则非能节者矣。故以之立身，则不能守其节，而
无以自立；以之制用，则靡费于前，必至匮乏于后矣。至于伤财
败德，形为咨嗟而概叹，皆其所自致也，亦将何所归咎哉？

孔子释三象曰：六三之不节而嗟者，岂由外致欤？盖既违节
道，祸必及之，其无聊（无聊：无可奈何）而发为咨嗟（咨嗟：叹

息），实己有以取之耳，又将谁咎乎？

按：三本能节者，乃纵欲妄费、悦极而悲，至于无所归咎，则其失已不可追矣。故圣人深为致警云。

易经　六四：安节，亨。《象》曰：安节之亨，承上道也。

解义　此一爻是言人臣能遵君制而无过也。安，顺而无勉强之谓。

周公系节四爻曰：九五主节于上，六四顺正以承之，凡立身制用，无一不本乎天子之制。其为节也，出于自然而无所勉强，是能安于五之节而守之以为常也。成法自式而动无愆（音千，过失）违，不亦亨乎？

孔子释四象曰：安节之亨者，九五之所节，四皆承顺而行之，此岂徒安为下之分（去声）乎？盖九五之节，其道为中正以通之道，实所当承者，四能不作聪明以乱旧章，而惟顺承其道，是以亨也。

按：《书》曰，惟辟作福，惟辟作威，惟辟玉食。臣无有作福作威玉食，又言臣之有作福作威玉食，则凶害于家国、流祸于人民。盖《书》之明训，节之道也，反是未有不及于败者。安节之所由得亨，其深有合于《书》之义欤！

易经　九五：甘节，吉，往有尚。《象》曰：甘节之吉，居位中也。

解义　此一爻，是言人君有中正之德以为节也。甘，乐易而无艰苦之谓。

周公系节五爻曰：节道贵乎中正，然非操节之权，亦不能以其道通于天下而可久，九五为节之主而有中正之德，其所以为节者，无矫情拂众之为而有善俗宜民之道，不伤财、不害民，节之甘而不苦者也。以此为节，行之一己而自安，通之天下而皆适，何吉如之？且立法于一时，而即可垂范于后世，是不特吉而且往有尚矣。

孔子释五象曰：德惟中正，始能节而不过。九五甘节之吉者，以其所居之位在上爻之中，是本一中以存心而制作皆极于尽善，化（教化）行俗美而有以成一世恭俭廉让之风，此节之所以为甘也。

按：节卦，他爻之节，节其在我者也；九五当位之节，是节以天下者也。夫节天下而使天下共以为甘而不苦，真能得乎节之道矣。汉史臣赞文帝（p.96 注）苑囿服御（苑囿：畜养禽兽的圈地；服御：衣服车马等）无所增益，其有不便，辄弛以利民，身衣弋（即皂，黑色）绨，帷帐无文绣，以敦朴为天下先；而朱熹亦称文帝为三代以下恭俭之主。岂非节之甘者欤？

易经　上六：苦节，贞凶，悔亡。《象》曰：苦节贞凶，其道穷也。

解义　此一爻，是言节之太过而失其中正也。

周公系节上爻曰：凡节之道，贵于得中。上六居节之极，是其所以为节者至纤至悉，一意求节而失于矫，是过于节而为苦节矣。夫节而既过，虽无越礼犯分（去声）之事，必有拂情逆性之伤，纵使得正，其能免于凶乎？然礼奢宁俭，虽有悔而终得亡其悔也！

孔子释上象曰：苦节之贞而不免于凶者，何哉？盖节之道贵通而不可穷，若上之苦节，是节而无制、不近人情，虽可以范一身而不可以治一世，或可行之于一时而不可垂之于永久，其道必至于穷也。

按：节惟中正，所以能通。故于三戒其不节、于上戒其凶者，过犹不及，其失均也。然苦节之悔，则终胜于不节之嗟矣。

六十一　中孚卦　☲　兑下巽上

解义　中孚之为卦，三与四，二柔在内为中虚；二与五，二刚得中为中实；中虚则无我，中实则无伪，唯此心洞然而虚，则至诚充然而实矣。充然者，发于中而孚于外，所以为中孚也。六爻惟取柔而正、刚而中者，初九中孚之初，上应六四，阴阳皆居正位，而有六三之阴柔不正者隔于其中，故爻辞设有他之戒；九二与五阳刚相应，至诚感孚，有鹤鸣子和之象；三不得位而应亦不正，一为悦之极，一为信之穷，于中孚之义无当也；六四得位，故无咎；九五刚健中正，有中孚之实德，与二同德相信，合为一体，包二阴以成中孚者也；上九失位，居中孚之极，故为贞凶。

按：中孚六爻，独于五言孚。盖二、五皆中实，实则诚，诚则未有不孚者，而五又为之主，则使一卦六爻如一气然，而靡不为之用者，唯九五也。他卦二、五皆取阴阳相应，而中孚则取以刚应刚。以知中孚之道不主于情而主于理、不孚于外而孚于中。一诚相通、君臣道合，化邦而应天端在于是，非他卦应与之比也。

易经（卦辞）　中孚：豚鱼吉。利涉大川，利贞。

解义　此卦兑下巽上，以全体言为中虚，以二体言为中实，中虚信之本，中实信之质，信发于中，故名中孚。卦辞言信能合理，所以善用其孚而无不通也。豚鱼无知，喻难化之人；涉川至险，喻难济之事。

文王系中孚象辞曰：中孚以孚信在中为义，有一心之孚，有两情之孚，总之本于在中而发见于外，则至诚所感，何人不格（来，至）？虽物之冥顽如豚鱼之无知，亦可感动之而得吉，况有知者而有不格乎？何事不济？虽事之艰险如大川之难涉，亦可济之而利，况平居时而有不济乎？然其所以为孚者，一皆本于义理之至正，而不为硁硁（音坑；硁硁：固执）之小信胶执不通，然后信所当信而合于贞焉。斯人无不感、事无不济，乃为利耳。

　　按：圣贤修身持世，莫不以孚信为本原，然而言不必信、行不必果，恐其不皆出于正也。古之圣人，至诚感神，至于化傲象①、格有苗（p.110 注①），经权常变，无不各得其至正。若后世之君，不失虞人之期、不废徙木之赏②，是信失其正者也。此利贞所以善成其孚欤。

　　注释　①诚：音咸，和，协；"至诚感神，矧兹有苗。"（《书·大禹谟》）极其和谐，感动了神，何况"有苗"？象：舜的弟弟；化傲象：教化骄傲的象。

　　②战国魏文侯正与大臣饮，时雨，忽想起与守山林的人有约，竟离席而去。商鞅欲取信于民，立一木于南门。告示云，谁能将其移至北门，予十金。人们不相信告示所说是真的，于是无人搬；又出告示说，谁移，予五十金；竟有人移了，果得五十金。

　　易经　《彖》曰：中孚，柔在内而刚得中，说（通悦）而巽，孚乃化邦也。豚鱼吉，信及豚鱼也；利涉大川，乘木舟虚也。中孚以利贞，乃应乎天也。

　　解义　此《彖传》，是释中孚彖辞，备言孚之体用，明尽人可以合天也。柔在内，指三、四；刚得中，指二、五；乘木舟虚，取外实中虚之象。

　　孔子释中孚彖辞曰：卦名中孚者，以卦体言之，三、四以柔居一卦之中，是中虚也；二、五以刚居二体之中，是中实也。中虚而能实，虚所以受信，实所以为信，此孚之存乎己者也。以卦德言之，下悦而上巽，悦则臣以和衷上感乎君，巽则君以虚怀下应乎臣。上下交孚，自能化行邦国，此孚之及乎人者也。而一本于在中之孚，中孚之所由名以此。

其曰豚鱼吉者，谓信由中出，自通于物，无不输诚感化，即如豚鱼无知之物，亦且能及之而吉，此孚之验于物者也。曰利涉大川者，谓以实体运乎虚中，应变无穷，如卦象木在水上，木体本实，而为舟则虚也，舟惟虚可以行水，心惟虚可以行世，何不利涉之有？此孚之验于事者也。

若是其中孚而犹曰利贞者，盖孚命于天，浑然至正；若意见未融，一徇于人为，即非正矣。惟孚出于人心之正，而合乎天命之本然，乃与天相应，斯感无不化也。

按：天命流行，物与无妄。中孚之理，即是天心通于亿兆人之心，而又通于亿兆物之心。人惟失此心之本体，所以不能通人物之心以应乎天心耳。盖天之道，孚贞而已，故又曰利贞，乃应乎天者，惟恐择之不精、持之不固，或稍涉乎偏私而不合乎天心之正，是以丁宁若此。此即《中庸》以人达天之义乎。

易经　《象》曰：泽上有风，中孚。君子以议狱缓死。

解义　此《象传》，见君子好生之心，善体中孚之意也。

孔子释中孚象曰：兑泽之上有巽风，泽至实而风至虚，风无形而能感泽，犹诚无象而能动物，中孚之象也。君子体此以用狱，当狱之未成，则用议以求其入中之出；即狱之既成，犹用缓以求其死中之生。哀矜恻怛总出于至诚无私，所谓求其生而不得，则死者与我俱无憾焉。此君子为民之意，有以深入乎民心，上感而下受，亦中孚之义也。

按：天地之大德曰生，人君至诚恳恻之心莫大于好（去声）生不杀，此即孚以应天之理也。《书》曰钦恤（钦恤：指断狱慎重体恤），舜之中孚也；有虞之民（指舜之民）协中从欲（协中：符合中庸之道，适中；从欲：顺从自己的意愿），天下之中孚也；后世如唐太宗之纵囚（纵囚：官府暂时释放囚犯回家，限期自动归狱，以为德政），约其自归以就法，虽未合于纯王之道，亦必其一时不忍之念，有以深入乎民心，此亦可谓得于中孚之义者也。三代而下如太宗者，不亦仁民爱物之主哉？

易经　初九：虞吉，有他不燕。《象》曰：初九虞（猜度）吉，志未变也。

解义　此一爻，言信得其人，当善保其初志以成孚也。虞，度也；燕，安也。

周公系中孚初爻曰：初九阳刚得正，与柔正之六四相应，此孚之至正而贞者也。在初能度其可信，与之交而成孚，则学业事功、观摩效法，有得朋之庆，获所安而吉矣。若失其初心而复有他焉，是疑信不一，舍正而求不正，中无定主，将无以成孚，宁得燕而安乎？所当致戒也。

孔子释初象曰：初九所以虞而得吉者，以其当中孚之初，刚而得正，私情未起，从正之志未为所变也，是以得吉。若能守正而善保其初，斯诚能孚者矣。

按：圣人立教，莫先于辨志；志之所向，邪正分焉。一于正，则不正者蔑（无）由进矣；惑于不正，则正者亦蔑由安矣。中孚之初未有所主，正辨志之时也，其志未变，欲其审于始；未变而不能保其不变，更欲其慎于终。闲（防止）邪所以存诚，要在初之自为审持耳。

易经　九二：鸣鹤在阴，其子和之。我有好爵（好爵：好酒器；借指美酒），吾与尔靡之。《象》曰：其子和之，中心愿也。

解义　此一爻，见君臣同德相孚，其感应出于至诚也。鸣鹤，指二言；子和，指五言；好爵，懿德也；靡与縻同，犹系恋也。

周公系中孚二爻曰：二与五中实相应，君臣一德而成孚也。二居阴位，人臣幽隐之诚本于在中，以自鸣其素（情愫）；而为之君者，亦以诚信之念不期而孚，同声相应，犹鸣鹤在阴而子和之之象。所以然者，懿德良贵，人所同好（去声）。二既有此懿

（美）德，不敢自私其所有，其致君忠爱之心出于至诚，五亦系恋之而不能自已。故感应之象有若此耳。

孔子释二象曰：五之应二，若其子之和，岂有所矫饰于外哉？君心所愿慕者德也，二之鸣既由中而发，五之和亦根心而生，是诚出于中心之愿，有不知其然而然者也。

按：诸爻有应，皆有间隔，惟二、五无间隔，乃以同德相孚、中虚相感。此即盛世，君臣同心一德，赓歌（赓歌：作歌唱和）拜稽于一堂，无尊卑阔绝之忧，无彼此形骸之隔，是以上下交而治道成，为有合于中孚之义也。

易经　六三：得敌，或鼓（击鼓）或罢（此处指停鼓），或泣或歌。《象》曰：或鼓或罢，位不当也。

解义　此一爻，为信失其正不能自主者戒也。得敌，指上九之应；鼓，是鼓舞作事之意。

周公系中孚三爻曰：六三以柔而不正，应上九之刚而不中。此居悦之极，是为无恒；彼当信之穷，则为太固；与之相应，实相敌而不相助矣。于是或鼓而前、或罢而废，见行止之无常；或泣而悲、或歌而乐，见忧喜之无定。则中怀纷扰，莫所适从。以此图功立事，不亦难乎？

孔子释三象曰：人心惟中虚，以理为主，自动静忧乐、各中其节。若三之或鼓或罢，由阴居阳位，处不中正而无中孚自主之德，所以临事无恒、动失其度。揆厥由来，岂徒得敌之咎哉？

按：中孚诸爻，各有相信之理，而贞不贞则有异。六三之得敌，不当信而信，憧憧往来，莫适为主，既不能如二、五之同心相应，又不能如初之虞吉而得所安，此不贞而不可以为信者也。然究其故，实由己而不由敌。故君子贵克己之学，而无攻人之过。斯信所可信，而有以成其孚欤。

易经　六四：月几望（几：近；望：满月，农历十五日的月亮），马匹亡，无咎。《象》曰：马匹亡，绝类上也。

解义　此一爻，言大臣当绝私交专心以事上也。望，是月盈；匹，配也，指初与四应；绝类，是绝初九；上，是上从九五。

周公系中孚四爻曰：六四居阴得正，位近于君，相得而承宠眷，德隆势盛，如月之将盈而几望也。此正群心归附之时，猜忌易生，四乃柔顺自处、恪守臣道，履盛而不矜，虽与初为应而相匹，能奉公事主、不树私交，犹马之相匹而亡其匹也。若是则精白一心，而无罔上行私之咎矣。

孔子释四象曰：古纯臣公尔忘私，未有一心为私、一心为公者。四所为马匹亡者，四与初为类，而四必绝其私与，惟克尽其诚、专心上事于五，所以无咎也。

按：君子以同道为朋，小人以同利为党，正与不正，各有其类。同道为朋者，其意主于为国家；同利为党者，其意专于为一己。昔欧阳修①谓，退小人之伪朋，用君子之真朋，则天下可治，是在人主熟察而明断之矣。

注释　①欧阳修：宋仁宗时人，官至参知政事，反对王安石新法，退居颍川。

易经　九五：有孚挛（音乱，阳平）如，无咎。《象》曰：有孚挛如，位正当也。

解义　此一爻，见君臣相信之深，能以一德成天下之孚也。挛，固结也。

周公系中孚五爻曰：九五中实而居尊，为孚之主；下应九二之贤，亦中实而相辅。君臣同德，和之以中心，縻之以好爵（见本卦九二爻解义），相信之深，有猜疑所不能间（去声）、谗忌所莫能离者，自然固结而不可解，为有孚挛如之象。如是，则上下交而孚乃化邦，正在此矣，何咎之有？

孔子释五象曰：五之有孚，何以有挛如之固？以五德称其位而为中孚之主，则位正，且德以位显而成天下之化，则位又当故也。使居至尊之位而无中正之德，虽当而不正，何能一德相孚而化及于天下乎？此挛如之义，盖有取也。

按：中孚诸爻不言孚，惟九五独言有孚者，盖五以中孚之实成化邦之功，由竭诚信贤，相与经纶密勿，国家恃以治安。非推心置腹之诚始终无间，殆未易言挛如之义也。

易经 上九：翰音登于天，贞凶。《象》曰：翰音登于天，何可长也？

解义 此一爻，言处孚之穷，为信非所信者戒也。翰，是羽；翰音，言鸡鸣必振其羽也。

周公系中孚上爻曰：天下事理，当与时事变通，方能善用其信而无窒碍难行之患。上九居中孚之极，徇偏执之见、乏融通之识，不度可否顺逆，固守其信而必欲行之，犹翰音本非登天之物而强欲登于天，非贞而自以为贞，则必违时拂势而取凶矣。

孔子释上象曰：孚信所以可久者，惟能通其变而不穷也。今翰音登于天，登非所登，犹信非所信，不知变通，至于穷极而立见其败，尚何长久之可望哉？

按：中孚之道，有常有变。初爻宜守常而惟恐其变，虞之所以得吉。上爻宜通变而固执其常，贞之所以得凶。夫贞何以凶也？宋襄之行仁，适足以取败；荀息之死难，无补于格君①。拘一时之小信而不通古今之大义，识者讥之，所谓"好信不好学，其蔽也贼"，非凶之道乎？

注释 ①宋襄：宋襄公，春秋宋国君，伐郑，与救郑的楚兵战于泓水，自称仁义之师，不重伤敌人，不俘年老敌人，并要等楚兵渡过河列好阵后再战，结果大败。荀息：春秋晋献公太傅，献公病危，息允诺辅佐其子奚齐，后奚齐被大夫里克所杀，息以未能实现诺言，于是自刎。

六十二　小过卦 ䷽ 艮下震上

解义　小过，四阴二阳，阴过之卦。《易》贵阳贱阴，二阴函四阳为大过，四阴函二阳为小过。阳虽过，而二、五得中，其势进而有为，故有攸往之象。小过阴柔居中，阳刚失位，故可小事而不可大事，利在居贞而已。夫处小过之时，贵于辞尊而居卑、勇退而不进。此二、五所以得柔中之应，而三、四不当（去声）位、以阳刚处之，惟在慎防以免患也。初六，阴之始进；上六，阴过之极。以小才而有躁动之失，不能下而上，至于亢极，宜其凶灾之洊至矣。君子惟谨其在我之所得为者，于寻常之事过于周防而不敢为非分之举，此所谓过以得中也。方诸箕子（p.301 注①）之明夷、文王之用晦，其得小过之义者乎。

易经（卦辞）　小过：亨，利贞。可小事，不可大事。飞鸟遗之音，不宜上，宜下，大吉。

解义　此卦艮下震上，卦中四阴二阳，阳为大，阴为小，阴多于阳，小者过也，故名小过。卦辞言处小过之道当安分以守正也。飞鸟遗音，是轻举留音，无甚大过之象。

文王系小过象辞曰：小过以阴过乎阳为义。其在人也，才不足而守有余；就其作为，于人无所逆、于事无所拂，有可以得亨者。然必不自恃其可亨，惟安守分（去声）义，不失当然之贞，乃为利耳。其利贞何如？如寻常之事，无甚艰虞，吾之才分所能为而量力为之，则可；如事关国家，举动非常，吾之才分所不能为而强为之，则不可。即所谓小事亦须收敛退让，不居亢而居卑，若飞鸟遗音下而不上者然。盖不宜夸张而凌上，但宜谦抑而处下也。凡此皆小过之贞，可长保其亨而大吉矣。

按：《易》止阴阳二义，阳过乎阴为大过，阴过乎阳为小过。《易》于大过，许其利往，然刚中而必巽悦乃亨。以小心用其大才，斯无不亨也，况处小过者乎？阴柔过胜，才小而心愈欲小，故亨必利贞，不贞则不亨也。若力小而任大，德薄而上人，未有不失其贞而获戾者。圣人致戒于阴之过深矣。

易经　《彖》曰：小过，小者过而亨也。过以利贞，与时行也；柔得中，是以小事吉也。刚失位而不中，是以不可大事也。有飞鸟之象焉，飞鸟遗之音，不宜上，宜下，大吉，上逆而下顺也。

解义　此《彖传》，是释小过彖辞，言因时而不失其正，处小过之要道也。柔得中，指二、五；刚失位，指三、四。

孔子释小过彖辞曰：卦名小过，以卦体阴过（多）于阳，是小者过也。以义言之，小心过甚、无轻举妄动之失即可，以是而得亨也。

然必利于贞者，以小过之时，必量力安分，谨密周畏之独至，与时偕行，始得贞而为利也。时行何如？以二、五爻言之，柔而得中，柔非干理之才，本不足以任事，幸其得中，则善用其柔，不至于因循废弃，尚可以处小事胜任而得吉也。

以三、四爻言之，刚失位而不中，刚固有图大之才，但失位则无权，不中则累德，不能善用其刚而鲜弘济时艰之略，安可任大事而有为乎？

且以卦体言之，内实外虚，有飞鸟之象。有其象，则当思其义。卦辞所谓飞鸟遗音、不宜上宜下、大吉者，正以小过之时，若处于骄亢而有上人之心，则拂于时为逆；安于卑逊而有下人之心，则协于时为顺。惟上逆而下顺，所以不宜上宜下，必与时行之为贞也。能与时行，有不得亨而吉者乎？

按：小过利贞而释之曰"与时行"者，盖违时则中者亦过，适时则过者乃中，故可小而不可大，宜下而不宜上。此即君子时中之学乎，若小人者，不安于小而妄欲居上，所谓无忌惮而反中庸者是也。圣人于小过之时，丁宁反覆，所以勉君子而警小人，无所不至矣。

易经 《象》曰：山上有雷，小过。君子以行过乎恭，丧过乎哀，用过乎俭。

解义 此《象传》，言君子体小过之义，善用其过而趋于正也。

孔子释小过象曰：山上有雷，声离于地而未升于天，小过之象也。君子体之，以时当小过，岂能居高图大、务为惊世骇俗之事？就一身之中，日用常行无关于天下国家者皆小也，皆其可以过者也。如行己（行己：指立身行事）易傲，宁过乎恭，而但不至于足恭；居丧多易，宁过乎哀，而但不至于灭性；制用患奢，宁过乎俭，而但不至于失礼。此皆小事而宜下，总见慎小之意多而张大之心少，是过得其正而不为过矣。

按：时当小过，世道日漓（p.85），所贵补偏救弊、矫不正以归于正。此恭、哀、俭三者，有举趾高之莫敖，正考父矫之以伛偻；有短丧之宰予，高柴矫之以泣血；有三归反坫之管仲，晏子矫之以敝裘①，所以励人心而维风俗，有所为而为之。其亦因时制宜、善体小过之义乎？

注释 ①莫敖：春秋时楚国官名，屈瑕曾任此职；屈瑕领兵伐罗国，大夫斗伯曾说："莫敖必败，举趾高，心不固矣。"后瑕果败（事见《左传·桓公十三年》）。正考父：春秋宋人，为宋上卿，位高而益恭；伛偻：音羽吕，驼背。短丧：减少服丧的时间；宰予：孔子弟子，以昼寝，子讽其"朽木不可雕"；高柴：孔子弟子，子称"柴也愚"；泣血：无声痛哭，泪如血涌。反坫：互相敬酒后将空杯放回坫上；管仲：见 p.105 注；晏子：即晏婴，春秋齐国大夫，以节俭力行，一狐裘至三十年，名显诸侯。

易经 初六：飞鸟以凶。《象》曰：飞鸟以凶，不可如何也？

解义 此一爻，为举动躁妄、不宜上而上者示戒也。以凶，谓以飞致凶也。

周公系小过初爻曰：小过之时，凡事宜收敛处下。初六阴柔，上应九四，以躁易（躁易：浮躁，轻率）之性喜应助之力，志满气扬、不安于下，欲进而妄邀非分，震动一时，如飞鸟然。鸟本在下，飞则上而不下，违时逆理，以此招尤取败。凶所自致，不亦宜乎？

孔子释初象曰：凡人凶害，未有不可救止者，如初六不安其分（去声），居下而欲上，凭势作威、孽自己作，凶之至也，莫可救解，亦无如之何矣。此圣人致戒之深，谓其宜下反上，不能处小过而贞也。

按：叔季之世（叔季：即叔世、季世，指衰乱末世），小人凭藉声援、得时用事，相与倾危国家，逮天下既被其患，而身家之祸败亦随之。此初六之凶，所以莫可如何也。人君知此，当制之于始，不使势重难反（通返），则可无尾大之忧与凌上之祸矣。

易经　六二：过其祖，遇其妣；不及其君，遇其臣，无咎。《象》曰：不及其君，臣不可过也。

解义　此一爻，言纯臣守分以事君，得小过之贞也。三、四阳爻，皆居二之上，有祖之象；五阴爻，有妣之象；相过之谓过；凌逼之谓及；适相当之谓遇。

周公系小过二爻曰：六二以柔居中，纯德之臣也。其进而事君，循理守分，克骄亢之心，秉恭顺之节。过三、四而遇六五，是去阳而就阴，去亢而从顺。以象言之，犹过其祖、遇其妣也；如此则不敢凌迫其君，居下处顺，适得为臣之分。以义言之，是不及其君而遇其臣也。不疑不忌，何咎之有？

孔子释二象曰：六二之不及其君者，岂才力有不足乎？人臣之分，固不可稍过乎君。臣而过君，小则专恣而不敬，大则僭越而不忠，有断断不可者。惟不可过，所以不及。二之能免于咎者，其以此欤。

按：司马光（p.179 注）曰：君臣之分犹天地之不可易，然后上下相保而国治安。王风既降，君弱臣强，如鲁三家、晋六卿[1]之类，蔑弃名分，骎骎乎有及其君之势，罪莫大焉。圣人于小过二爻，特申之以大义曰：臣不可过，所以立纲常之准为万世之防，其犹春秋尊王之义乎？知其不可过而不过，此六二之柔中，为能恪守臣道而不失其贞也。

注释　①鲁三家：指鲁桓公之后孟孙氏、叔孙氏、季孙氏三家，该三家实际掌握鲁国大权；晋六卿：春秋时晋国的范、中行、智、赵、韩、魏六大家族，"六卿专权，晋国以耗。"（《史记》）

易经　九三：弗过防之，从或戕之，凶。《象》曰：从或戕之，凶如何也！

解义　此一爻，见君子之防小人，不可不过为之虑也。

周公系小过三爻曰：凡事不可太过，独防小人之心不可不过。九三以阳刚之德失位不中，时当阴过，正众阴之所欲害者也。若自恃其刚、逞其才力，谓可制之有余，不深思远虑、过为之防，小人从此乘间（去声）而入，为所中（去声）伤，致有意外之虞。大则患及于国，小则危及其身，凶可知矣。

孔子释三象曰：天下事惟有备可以无患。今三无防患之术，则戕害之者乘其无备，出于意表，始既莫知所自来，终又莫究所底止。其凶之甚也如此，防之容可弗过乎？

从来小人之伺君子常密，君子之待小人常疏。汉之陈蕃、窦武（p.94 注①），相与协谋、剪除群小，惟机事不密，反召祸端；唐之李德裕[1]，君臣契合，近幸潜伏，不知其志欲求逞，一发而遭贬逐，此皆弗过防之故也。圣人于九三谆谆告戒，盖必立身不败之地，然后天下事可有为耳。

注释　①李德裕：其父李吉甫，唐宪宗时为宰相，德裕为李党首领，宣宗时被牛党打击，几度遭贬，至崖州，死于此；海口市建有五公祠，李即为五公之一。

易经　九四：无咎，弗过遇之；往厉必戒，勿用，永贞。《象》曰：弗过遇之，位不当也。往厉必戒，终不可长也。

解义　此一爻，言当善用其刚，随时合宜而不失其中也。

周公系小过四爻曰：九四当过之时，刚而不中，宜有咎矣。然能以刚处柔，宁过于柔而为恭，弗过于刚而为傲，适合乎处过之宜，为"弗过遇之"之象，所以"无咎"者在此。若使任刚而往，则躁进而任事或疏，用壮而去邪过激，是过于刚矣，故有厉而当戒。所以然者，亦其时适当然耳。如因戒往厉，专于用柔，则将柔过而废矣，故又勿用永守以为贞，但当斟酌时宜、善用其刚，以求合乎中，则处过之善道也。

孔子释四象曰：四之弗过遇之者，惟其以刚居柔而不当位，虽不中可以求中，所以弗过于刚而适合其宜也。若往厉必戒，往则过刚失中，终至于败，岂久长之道乎？

按：刚柔贵于得中。九四所居之位有中道焉，然当群阴用事，以君子处小人之间，进而图功则为所倾陷，退而守道亦不免孤危。进退行藏之际，岌岌乎难言之矣。惟审机观变、动与时行，则刚柔并用可以守中而不过。此四之所以无咎也。

易经　六五：密云不雨，自我西郊，公弋取彼在穴。《象》曰：密云不雨，已上也。

解义　此一爻，为居高无助不能有为者戒也。在穴，阴象，指六二；已上，过上也。

周公系小过五爻曰：六五以柔而中，其才仅可小事，乃居尊任大，又当阴过之时，优柔寡断，不能大有所为以沛泽于民。如云自西郊，虽密而不雨之象，是在已固不能为矣。为五计者，或得刚阳之佐，扶持兴起，代君泽民，则不雨者犹可雨也，乃弋取者。又六二之阴柔，以无能之臣辅不振之君，安能相助为理以图天下之事乎？

孔子释五象曰：密云不雨之故，六五才弱而乃居尊过高，不能虚己下贤以求辅，则膏泽屯而不下，安望其有济乎？所处已上不能有为者也。

按：小过之二象，曰臣不可过；其在六五，曰已上。是不特臣不可过，即君亦不可过也。若君处于太高，则上下暌隔，必至下情蔽而不上通，上恩壅而不下达，天下之患莫大于是矣。故君道则天而下济，佐理得人，则民隐周知而泽可下究。《记》（指《礼记》）曰"天降时雨，山川出云"，言得贤辅佐之义也。五之不雨，殆可反观而自见矣。

易经　上六：弗遇过之；飞鸟离之，凶，是谓灾眚。《象》曰：弗遇过之，已亢也。

解义　此一爻，明亢非小过之宜，极言其凶以示儆也。离，过之远也。

周公系小过上爻曰：上六柔而过中，处极过之时，又居动体之上，凡事率意妄行，弗合乎宜、违理过常。如飞鸟宜下，离之而远去则过高已甚，一蹶而不可救矣。以此致凶，天人交忌，灾眚不期而至，皆上所自取，非出于不幸也。

孔子释上象曰：当过之时，宜下不宜上者也。亢且不可，况至于过亢乎？上之"弗遇过之"者，由其已亢而不能下，所以犯上逆之戒而致天人之忌，凶莫甚于此矣。

按：小过初爻，从下而上，言凶之始；上爻已上而亢，言凶之终。甚言小人在上、乘时负势、酿祸作灾，不独凶在一身，亦且毒流天下。故凡灾眚之来，如水旱凶荒、日食星变、山崩地震之类自天降者，数犹可逭（p.202）；惟小人之凶，孽由人作，是谓灾眚，不可幸而免也。圣人言之切、虑之深，总见处过者任小而不可大、居下而不宜上。能与时偕行，尚何凶之有哉？

六十三 既济卦 ䷾ 离下坎上

解义 既济，水火相交，各当（去声）其用，天下万事已济之时也。而卦爻之辞，皆有警戒之意，正以安不忘危乃持盈经久之至计。盖既济虽非有患之时，而患每生于既济之后也。初之曳轮濡尾，则可保无咎；二、五虽相应，而不能下交以取益，则盛极而衰之渐矣；三阳刚而有动众之虑；四居柔以远患为亟；至上六怀亢满之志，有入险之势，载胥及溺（p.215 注），既济可常保乎？盖天下之理，时过则衰，日盈则昃，月盈则亏，牙（通芽）蘖萌生多伏于丰亨（丰亨：富厚通顺）豫（安乐，喜悦）大之会。故天地交而为泰，而有无平不陂（音必，斜）之占；水火交而为既济，而有初吉终乱之戒。圣人之垂训切矣！

易经（卦辞） 既济：亨小，利贞；初吉终乱。

解义 此卦离下坎上，水火相交，各得其用；六爻之位，各得其正，故名既济。卦辞言保济之道，当慎终如始而固守其贞也。

文王系既济彖辞曰：既济以治定功成为义，当斯时也，君明臣良、同心协力、处置咸宜，而事无不济矣。但时当既济，则盛极将衰，虽处承平之会，常有不测之虞，其为亨已小，岂不可畏？保济者正宜存心戒惧，祇畏以敬天，省惕以勤民，固守其贞，方为利耳。所以然者，当济之初，多以谨畏而得吉；及济之终，多以慢易（慢易：怠忽，轻视）而致乱。始忧勤而终逸乐，人情类然，此保吉弭乱之所以必利于贞乎？

按：水火交而为既济，犹之天地交而成泰也；泰极则否，既济之反为未济。盖一治一乱，天运之常，而所以制其治乱者，实由人事也。三代以后，贞观之治号称极盛，然魏徵之告太宗，莫切于十思十渐①，不以内外治安为喜，而以居安思危为戒；其于治乱危微之机，虑其不克终者，筹之熟矣。图治者所当三致意焉。

注释　①魏徵：随李密降唐，尝以十策于李密；后为唐太宗谏议大夫，常谏太宗以隋亡为鉴。魏曾向唐太宗上《谏太宗十思疏》和《十渐不克终疏》。

易经　《彖》曰：既济，亨，小者亨也。利贞，刚柔正而位当（去声）也。初吉，柔得中也。终止则乱，其道穷也。

解义　此《彖传》，是释既济彖辞，勉守正而戒止心，所以通济道之穷也。"济"下疑脱"小"字；刚正，谓初、三、五；柔正，谓二、四、上；初吉，指六二。

孔子释既济彖辞曰：时当既济，治定功成，丰亨之盛已过而衰微之兆将开，其所为亨，亦仅得其小者耳。

然非守之以贞，虽小亨岂易保乎？故辞言利贞者，卦之六爻，初、三、五以阳居阳，是刚得其正而当乎刚之位；二、四、上以阴居阴，是柔得其正而当乎柔之位。刚柔正而当本位，则刚能励精以图治而不好（去声）大以生事；柔能持重以固守而不因循以滋弊，保济之所贵乎贞也如此。

其初之得吉，以六二当济之初，柔顺得中。柔则敬慎而不渝，中则善用其柔而不过。有谨畏之小心，无废弛之失事，济道方兴而得吉，宜矣。

至终之所以乱者，非终自为乱也，当既济之终，人皆有苟且安止之心，则始之忧勤渐衰，终之怠荒日起，将百度俱废莫可支持，乱之所由生也。使人无止心，乱安（乱安：使安变乱）从生，此济道之穷，人所自取，可不以利贞为兢兢乎？

按：既济之时，刚柔各正其位，极治之象也。然济之初吉，不取刚正而取柔中，何也？柔中则持盈戒满，任人守法，不事躁妄更张，而又非因循而止，故事治功成，自可久而不乱。若止则过柔而非中，一切不为，有良法而不能守，有正人而不知用；道穷则乱，所当深戒矣。

易经　《象》曰：水在火上，既济。君子以思患而豫防之。

解义　此《象传》，见防患不可不豫，君子所以善体济也。

孔子释既济象曰：此卦坎水居离火之上，水能润下，火能炎上，相交而各得其用，既济之象也。君子体之以保济，时方未有患也，常恐患生于所忽，每隐而不及觉，故贵用思，思以善其终也。又恐患生于所伏，一发而不及持，故贵用防，防以谨其始也。彻始彻终，反覆紬绎（音抽义，理出头绪），既虑其患于未形，又严其备于未至，则虽患至而有弭患之道，济可长保而无虞矣。

从来国家之患，常由于已治已安。《书》曰：儆戒无虞，罔失法度。《记》（指《礼记》）曰：禁于未发之谓豫。古帝王制治保邦，未有不深思远虑、防患于未然，如成汤（p.88注）之危惧、大禹之克勤是也。叔世（叔世：指末世）之君，每恃其富盛而不谨于几微，遂驯致于祸乱而不可救，如唐之明皇、宋之徽宗是也。孰得孰失，有国者可不为殷鉴乎？

易经　初九：曳其轮，濡其尾，无咎。《象》曰：曳其轮，义无咎也。

解义　此一爻，见能敬慎于始，处于不败之地也。曳轮濡尾，皆在下不前之象。

周公系既济初爻曰：初九当既济之初，刚而得正。刚则有图济之才，正则又慎重周详，不敢轻为躁进。其任事也重，若舆之将进而自曳其轮，不轻进也；其虑患也深，若狐之将涉而先濡其尾，不轻涉也。当济之初而谨戒如此，则防患豫图、衅隙不生，岂有终乱之咎乎？

孔子释初象曰：车以轮而行，能自曳之，则不亟行矣。今初之任事，长虑却顾，不急于求进，其慎重如此，以义度之，必不至于颠车覆辙，所谓无咎也固宜矣！

此可见天下事，莫不成于持重，败于轻躁。当济之初，无大险难，其患尚浅，防之犹不可不慎，况处遗大投艰（p.34 注①）之日乎？古来英材济事，必以临深履薄、战兢小心为本。才如武侯（诸葛亮），克任大事，其所自明之语，不过谨慎而已。其不敢轻于求济，乃能有所济也。此初之所以无咎欤。

易经 六二：妇丧其茀（音伏），勿逐，七日得。《象》曰：七日得，以中道也。

解义 此一爻，见守中以待时，方成保济之功也。茀，妇车之蔽；七日得，是阴阳之数穷于六，七则变而可通也。

周公系既济二爻曰：二以中正上应九五之君，同德相济，宜得君行道矣。但五当济之将终，未免苟止之心生，任贤之意怠。臣不得君无以行道，犹妇丧其茀而失其所行之具也。然为二计者，中正之道，岂容终废？惟待时而动，不汲汲于求行，久当见用，不犹丧茀者勿逐而七日得乎？盖揆之理数，终将得君以行道也。

孔子释二象曰：二之能勿逐而自得，岂无故哉？以其得中道，则济时之任，有舍二不能者。数穷理极，久而必合，所以七日得也，又何事于逐而后能得乎？

从来济世之君子，怀才抱德，不先时而动、不后时而废，以进退从违之机在我而不在人也。故畎亩（音犬母，田间，喻农夫）乐道而任天下之重，岩野旁求（指殷商王武丁访得傅说，见 p.88 注）而成济川之功。下固可以无求于上，上且不得不有求于下，此主持济运者，尤当下贤礼士，用正人以行良法，庶可保吉而不至于终乱矣。

易经 九三：高宗（p.88 注）伐鬼方，三年克之，小人勿用。《象》曰：三年克之，惫也。

解义 此一爻，言兵不可轻动，当以择人为要也。鬼方，北方幽远小国；惫，困也。

周公系三爻曰：三以刚居刚，当济之时，与上为应，内治将终，而或勤于远略以诛罚不庭（不庭：不朝于王庭者），然险陷在前难以骤克，有高宗伐鬼方至三年方克之象。夫以高宗之贤主伐鬼方之小国，劳民动众，迟之又久，其用兵之难如此。若任用小人，轻启兵端，志在逞威挟忿、残民肆欲，其患可胜言乎？故小人必在所勿用也。

孔子释三象曰：伐必三年后克者，则师（军队）老财匮，亦已惫甚也，兵可轻举乎？

按：时当既济之后，承平日久，启多事之端于无事之日，舍内治而召外衅，皆小人为之也。隋末之经略西域，始于裴矩；前宋之谋破辽，本于安石①。小人开边酿乱，贻害国家，此其较著者矣。故曰：戎寇之祸远，小人之祸近。圣人于用兵之时，每戒以小人勿用，其在师之上六与既济之九三，具有深意，所以为万世训，岂偶然哉！

注释　①裴矩：隋炀帝曾命其经略西域，游说高昌王等二十余国国君遣使来朝。安石：指王安石，北宋神宗时为相，倡变法，后失败；相传王安石变法是为了为英宗破辽筹措经费，不知此处是否指此事。

易经　六四：繻（音如）有衣袽（音如），终日戒。《象》曰：终日戒，有所疑也。

解义　此一爻，言有备患之具，尤当存备患之心也。繻，当作濡，舟漏也；袽，敝衣，所以塞舟之罅（音夏，缝隙）漏。

周公系既济四爻曰：六四柔而得正，当济之时，小心畏惧，过于敬慎，不恃其久安无事，凡所以拯灾弭乱之术无不预备，而其心犹不敢自安也，每患变生于意外、祸发于不虞，防之又防。如乘舟者，虑或罅漏濡湿而豫备衣袽，似可无患矣；犹恐漏至俄顷而不及觉，终日戒惧，罔敢稍懈。盖处过中之会，恐生苟止之心，慎之至也。

孔子释四象曰：四之终日戒者，岂漫为无益之忧哉？其心诚有所疑畏，常恐一息不谨、祸患旋生，虽谋出万全，不敢自信。此戒心之无已而深于保济者也。

按：既济之世，不有外患，即有内忧，二者皆所当慎防也。然内忧之所伏，每起于外患之既除；若外无蛮方敌国之患而内有失人败度之忧，则天下之罅漏，莫大于是矣。在昔晋平吴乱而晋自乱，隋取亡陈而隋自亡[①]；惟侈然恣肆，苟止偷安，不为终日计也。是安得不豫备而切戒之，如四之拳拳不已者乎？

注释　①前者指西晋武帝司马炎 280 年灭吴，后大封宗室，晚年荒淫，死后即全国分裂混乱。后者指隋文帝于公元 589 年灭陈（国都建康，今南京），618 年隋亡。

易经　九五：东邻杀牛，不如西邻之禴（音月）祭，实受其福。《象》曰：东邻杀牛，不如西邻之时也。实受其福，吉大来也。

解义　此一爻，言处济者以实不以文，方可得时而保吉也。东邻，阳也，指五；西邻，阴也，指二；杀牛，是盛祭；禴，是薄祭。

周公系既济五爻曰：九五以阳刚中正为济之主，但济道将终，若有一满假（p.157 注②）之心，未免骄侈易萌、文治有余而实意不足。不如二当初吉，恪守中正之德，文不足而实有余，足以致济而辅五之治。象如东邻杀牛，其祭虽盛，反不如西邻禴祭之薄而能实受其福也。

孔子释五象曰：东邻之盛不如西邻之薄者，以其时不同也。二当初吉之时，不务虚文，能乘时图济，有真实受福之具，所以升平之福方来而未艾也。若五当终乱之时，过于侈盛，安可不防维（防维：防备守护）收敛以保其吉乎？

按：人主当既济之时，坐享盛业，惟诚敬之心为祈天永命之本。若此心一衰，徒事夸张，则治功不进而倦且止矣；非所以格天心而膺多福也；圣人谆谆垂训，以明济之时宜畏不宜肆，犹祭之时在诚不在物。主祭者明于此义，可以得时而长保济矣。

易经　上六：濡其首，厉。《象》曰：濡（音如，浸渍）其首，厉，何可久也？

解义　此一爻，言不能防患以济险，为终乱者致儆也。濡首，谓首尾俱溺。

周公系既济上爻曰：上六居险体之上当既济之极，乃以阴柔处之，惟务为因循、玩愒（音开，去声，荒废；玩愒：玩岁愒日的省略，指图安逸而虚度岁月）偷安、委靡不振，至于末流，将险愈深而乱愈不可治，象犹狐之涉水而濡其首，则身已沈（同沉）溺，其何能济？此正道穷之日，危可知也。

孔子释上象曰：上之濡首而厉者，盖自恃为济，怠心日胜，不能思患预防，一旦患至而无其备，莫可如何，惟有沦胥（p.458）及溺而已，岂能久乎？

按：既济六爻由离明而入坎险，内三爻言已济之事，外三爻言由既济而开未济之渐。可见保济之道，当安不忘危、治益求治，乃为长治久安之道也。至上六所谓终止则乱，天时人事、危微绝续之关，圣人于此不言凶而言厉，正救时之深意，欲人于不可久之中求可久之道也。如轮台之悔过、兴元之罪己，君子犹有取焉[1]。然乱至而图，不若未乱而防，尤为制治保邦之要道。而处既济之日者，亦可有终无乱矣。

注释　[1]轮台：古地名，今新疆境内，汉武帝曾遣戍屯田于此，武帝晚年颁"轮台罪己诏"。兴元：唐德宗年号；德宗用人之误，致泾原兵变，犯京师，德宗逃奉天；兴元元年李晟收复长安，德宗乃还。另见 p.450 注。

六十四　未济卦 ䷿ 坎下离上

解义　《易》不终既济而终未济者，何也？造化之理无往不复，人事之变终则有始，既济则功已毕，未济则事复始，有生生之义；生生之谓易，所以终未济也。为卦下坎上离，水火不交，六爻皆不当位，故为未济。然刚柔皆相应，应则阴阳相助，而未济者终于必济，故象辞言亨。既济，已然之亨也；未济，方来之亨也。然处未济者，必有进作有为之才、慎始持终之力，后能济天下之艰难。初六、六三二爻皆阴柔失位，一处险之初，一未离乎险，故有凶吝之占。九二刚中，与五相应，为佐济之才，然身在坎中，犹必舒徐审虑、有待而进。九四以刚居柔，刚而不轻用其刚，征伐鬼方，三年而后奏绩，盖于未济求济，若斯之难也。六五离明之主，以文明之盛而养之以晦，以精断之智而运之以柔，方且虚其中以照临百官，坚其诚以信任群下，安得不一扫大难（去声）为无难（去声）之世、一变未济为既济之时乎？至上九之濡首，乃有所陷溺而不能济者，所以于爻终示戒也。总之圣贤之处世，在既济之日，则无时非未济之心；在未济之日，则无时非欲济之念。乾之自强不息、终日乾乾而夕犹惕若者，由此道也。是故既济、未济合，而《易》道终矣。

易经（卦辞）　未济：亨；小狐汔济，濡其尾，无攸利。

解义　此卦坎下离上，水火不交，不相为用，卦之六爻，皆失其位，故名未济。卦辞言求济之道，当以敬慎持其始终也。汔（音气），几（阴平，接近）也；濡尾，力竭而不能济之象。

文王系未济彖辞曰：未济以治功未定为义。当斯时也，众心未协、人谋未臧，事不能遽有所济。然以天运言之，终有可济之理，故可以得亨。顾所以致亨之道，必老成持重、敬始慎终，虑出万全而后克济。如不自度其才力，果锐以求进，而不谨密以图成，使纪纲稍振、法度粗举，即以怠忽乘之，若小狐几济而濡其尾，则事终于不济，尚亦安所利哉？

按：未济之时，大险未过、世难（去声）方殷（激烈，频繁），其势非天下之大才，不能济天下之大事。是在离明之主，慎择其才而用之，使老成练达者倡率于前，方可驱策群力、经营远大。若衡量失当，误用小才、冒昧当先，必不能出险以终事。此图济之道，全在得人。圣人取象小狐，深以为戒，不可不慎也。

易经 《彖》曰：未济，亨，柔得中也。小狐汔济，未出中也；濡其尾，无攸利，不续终也；虽不当位，刚柔应也。

解义 此《彖传》，是释未济彖辞，明柔中之善于济事，又贵相助以成其济也。柔得中，指六五；未出中，谓未出险中。

孔子释未济彖辞曰：未济而辞曰亨者，岂徒有可济之时哉？卦体六五，柔而得中，柔则能小心谨慎，得中又处事得宜，故终于能济，有可亨之道耳。

其曰小狐汔济者，时当坎险，虽有事于图济，尚未出险之中，值此将济未济之时，正须毕智竭能以求必济，而辞乃谓濡其尾无攸利，则究其所事，由于轻为躁动，始锐而中懈，若狐之首济而尾不济，不能继续以成其终也。又何利乎？然非时之不能济，惟人之不善济耳。而所以可济者，未常不在也。卦之六爻，虽阴阳皆失其位、谋猷未臧，而刚柔各相为应，犹能同心协力、补偏救弊。于理于势，可以共济而续其终也，何至几济而濡其尾哉？此未济之终可济而得亨也如此。

按：既济未济两卦，其理互相发明。既济之吉，以柔得中；未济之亨，亦以柔得中，则敬慎胜也。既济之乱以终止，未济之无利以不续终，则克终难也。既济之贞，以刚柔正；未济之可济，以刚柔应；则交济之功得也。总见圣人求济之事，敬慎以保其终，则事无可轻忽之时；相应以补其偏，则人无不可济之事。反覆紬绎（紬绎：理出头绪），济之能事毕矣。

易经　《象》曰：火在水上，未济。君子以慎辨物居方。

解义　此《象传》，言物当各止其所，君子以慎辨体（体会）济（指未济卦）之用也。

孔子释未济象曰：离火在坎水之上，上下不交，不能相济为用，未济之象也。君子体之，以为时当未济，则物之倒置易位者多矣，不可不谨慎而明辨之。因器命名，缘分定制，使疏不得拟亲、卑不敢抗尊、小不致絜（音谐，衡量，带领）大，则物各有方所。而居之不迁，始于相别，终于相得，而济世之业俱出其中。未济者何忧不济乎？

按：《系辞传》曰：方以类聚、物以群分，如水火异物，各居其所，天地自然之定位也。王者承天意以从事，自一身以至天下国家，莫不各有当然之分（去声）。既济、未济之所以不同者，惟分定与乱故耳；故君子以慎致辨，顺天地自然之位，使分定不乱，如水火之不相杂，而未始不相为用焉，则可以赞化育而成济功矣。

易经　初六：濡其尾，吝。《象》曰：濡其尾，亦不知极也。

解义　此一爻，言不能量力妄进，为终于不济者示戒也。极，是终。

周公系未济初爻曰：初六以阴柔居下，当未济之初又值难济之时，无才无位，岂能进而图功？乃不自为量度，而欲轻为冒进、急于求济，若狐之涉水而濡其尾，则终于不济而已，岂不可羞吝乎？

孔子释初象曰：凡事必敬始而后可以善终，若初之濡尾，岂独时之难济哉？由其所以济者，亦昧于敬慎之道，不审势量力，冒昧干进（干：阴平；干进：求官）。是但知始之欲济而不知终极之不能济也，亦可惜矣。

　　按：古之济大事者，未事之先，必能见其始而要（阴平，求取）其终，区画时势，了若指掌；及其任事而有成也，不出其规摹（通规模）之所素定。三代以下，如韩信之权楚汉、诸葛亮之度孙曹，皆预决于筑坛命将之日与草庐三顾之中，其后卒如其当时之所言者，凡以规摹之素定也。若其始漫无成见，临事尝试而欲幸其成功者，未之有也。此濡尾之羞，不能继续以终其事。既专著于彖辞而爻又首及以示戒欤。

　　易经　九二：曳（音夜，拖、拉）其轮，贞吉。《象》曰：九二贞吉，中以行正也。

　　解义　此一爻，言能恭顺自守得臣道之正也。曳轮，是不遽进之意。

　　周公系未济二爻曰：九二以阳刚之才上应六五柔顺之君，急于有为，未免有太迫之虞。乃以刚居柔，能恭顺退守，不欲速专成冒进以邀功，若车之行而自曳其轮，不轻于求进。在人臣之道为甚正，而济时之业可徐图，其贞而得吉也宜矣。

　　孔子释二象曰：二以贞得吉，可谓能行正矣。然所以能正者，由其居柔得中。惟中则宅心恭顺，见之行事，自能虚衷谦退、宠利不居，以行乎臣道之正，所以为吉也。

　　从来干济（干：去声；干济：干练有办事能力）之臣，处艰难之地，往往事权太重、威福得专，不克保有其功名者多矣，皆由不明于贞吉之义者也。为人臣者，敬守此义而勿失焉，庶可成济时之功而善其终矣。

　　易经　六三：未济，征凶，利涉大川。《象》曰：未济征凶，位不当也。

　　解义　此一爻，见济险不能独任，当资人力以求济也。未济，谓未出坎险也。

　　周公系未济三爻曰：三以阴柔不中正居未济之时，本无济世之才德以为出险之具，使独往以求济，则力微任重，鲜不至于胥（音虚，皆）溺，能无凶乎？然未济有可济之道，险终有出险之理，所患者独力不能以济耳。今三以柔乘九二之刚，得倚仗之人而时将出险，又值可济之会，诚能资其才力以匡将出之险，亦何涉川之不利哉？

孔子释三象曰：凡图事者，必有可为之具。三所以未济征凶者，由其阴柔而居刚位，所处不当（去声），既无才德而独力以往，未有不败者，故得凶也。

按：未济五爻，不出卦名，独于六三一爻见之，盖以六三阴柔又不中正，居险之极，必不足以济险也。又云利涉大川者，谓若得阳刚之助，则亦可以出险而有功。其如三之不能，何也？夫以六三之阴柔而犹以涉川望之，则弘济（弘济：广泛救助）时艰者，不在同心之助哉！

易经　九四：贞吉，悔亡。震用伐鬼方，三年有赏于大国。《象》曰：贞吉、悔亡，志行也。

解义　此一爻，言大臣有济世之责，当振作有为以成其志也。震，震动也。

周公系未济四爻曰：九四居上卦之下，方出乎险，虽无内忧而未免于外患。又以刚居柔，常恐畏难避事，疑于不正而有悔也。能勉之以贞，则匡躬尽瘁、克殚臣职而获吉，夙夜匪懈、问心无愧而悔可亡矣。然所为贞者何如？时方未济，反正之功非可因循以图，必震发有为、攘外以安内，且至功深日久，期于底绩（底：引致；底绩：获得成功，取得成绩），乃克有成，为震用伐鬼方、三年有赏于大国之象，如此则非贞何以得吉而悔亡乎？

孔子释四象曰：四当未济而志存乎济世，能以贞自勉，则明作有功，克壮其猷，无不济之悔而志可行矣。

按：圣人作《易》，止此一动一静之义，安危得丧之机皆由此出焉，如同一伐鬼方也。既济之时，虽克而犹忧其惫，利用静也；未济之时，必伐而后行其赏，利用动也。且既济之三过刚，恐其宜静而妄动；未济之四居柔，又恐其宜动而反静。此圣人互明其义，一为保济者戒，一为求济者勉，其意深矣。

易经　六五：贞吉，无悔。君子之光，有孚，吉。《象》曰：君子之光，其晖吉也。

解义　此一爻，言柔中之德能始终尽善，以成济也。

周公系未济五爻曰：五以阴居阳，疑于不正，然为文明之主，本体虚灵，既心知正道、觉悟善反，又居中应刚能虚心下贤、克己胜私，至于陶融纯粹、无复惭德，矫偏而一归于正，故得贞吉而无悔矣。由是而为暗然日章（暗然：隐晦深远，不易为人所见；章：明。《礼记·中庸》）之君子，畅于四体，见于猷为，其光辉发越，一皆诚意相孚，非有假饰于外者，吉之道也。

孔子释五象曰：君子之光，在己固无不吉矣。至于盛得之孚，不但畅达于一身，亦且光被于四表，成功文章，无不焕然可见，将文明日启、天地为昭其晖而得吉，非济功之极盛乎？

按：六五为未济之主，经纶匡济一本于有孚之诚，正非好（去声）智用察、以聪明才辨自矜而陵人者所可同日语也，故曰"君子之光"。光从孚出而晖又从光生，故和顺积中、英华发外，不独君子之获吉，而凡被其晖英者无不获吉矣。此爻终始言吉，反复叹美，深有味乎柔中之旨欤。

易经　上九：有孚于饮酒，无咎。濡其首，有孚失是。《象》曰：饮酒濡首（濡首：沉溺于酒而失其本性），亦不知节也。

解义　此一爻，见处济有善道，不可过于自纵也。

周公系未济上爻曰：上九以刚明居未济之极，有能济之才；时已将济，功已垂成，若才过乎刚，求济不已则反生患。但当从容自信，不妄作为而与时休养，若有孚于饮酒然，自无欲速侥幸之咎。然非一无所事而侈然自纵也,若使过耽逸乐、沉溺不返,如饮酒而至濡首,则信非所信,为有孚失是而事终不济矣,所当戒也!

孔子释上象曰:饮酒而至濡首,但知有孚之为是,而不知是之所在有当然之节,不可过也。使裁度得中,不至于失是,则慎终者可以保始,而宁患其不济乎?

按:千圣传心之要典,不外乎一中。《易》为尽性至命之书,所言无非是也。既济之九五言时,未济之上九言节,时与节即所谓中也。乾知进退存亡,其圣人之中乎?未济以不知节为戒,节正随时以取中也;知节,即知进退存亡而不失义命之正。《易》之始终大义,略可见矣。《中庸》曰时中(中:阴平;时中:合乎时宜),又曰中节(中:去声;中节:合乎法度)为得性命之传,其在是乎!

《系辞传》前言

解义　《系辞传》上下二篇，孔子通论一经之卦爻大体凡例所为作也。先儒谓其无经可附而自分上下云。

按：《系辞》作上下传者，王肃本也；司马迁则称《易大传》。孔子晚而好《易》，读之韦编三绝，而因作《十翼》。何谓《十翼》？《彖辞上传》《彖辞下传》《象辞上传》《象辞下传》《系辞上传》《系辞下传》《文言传》《说卦传》《序卦传》《杂卦传》也。

古《易》，文王（见p.29注①）之卦辞、周公（见p.30注②）之爻辞与孔子之《十翼》，离为十二篇，经自为经，传自为传。自汉费直始将《彖传》《象传》《文言传》杂入卦中；而《系辞》《说卦》《序卦》《杂卦》诸传另为一书，晋王弼作注皆依之，即所谓无经可附者，此也；宋儒程颐（见p.7注③）《易传》一如费直之本；自朱熹（见p.7注③）为《本义》，乃复古《易》之旧，而经、传又分。明洪武间颁行学宫，令士子程、朱《传》《义》兼习。成化（成化：明宪宗朱见深年号）时奉化教谕成矩，始单刻《本义》行世，而篇章次第又悉依程氏，非复朱熹原本。今世所共习者是也。此为《易经》分合源流，故叙其梗概如此。

程颐曰：圣人用意深处全在《系辞》。《系辞》本欲明《易》，若不先求卦义，则亦不可以读《系辞》也。

注释　此节标题"《系辞传》前言"为整理者所加。《系辞》不但分上、下，还各分十二章，本书《系辞上传》第一至第六章为卷之十五，第七至第十二章为卷之十六；《系辞下传》十二章为卷之十七。不知为什么，原书总目录标有"章"的序号，但正文中却没有标明章的序号，可是日讲官的解义文字中却体现了各章的分界，如以下第一段解义的第一句即有"此一章，是言……"字样。以下《系辞传》每一章的标题均为整理者所加。

第一章

易经　天尊地卑，乾坤定矣；卑高以陈，贵贱位矣；动静有常，刚柔断矣；方以类聚，物以群分，吉凶生矣；在天成象，在地成形，变化见矣。

解义　此一章，是言圣人作《易》之大原（大原：根原，根本），示人体（体会）《易》之实学。而此一节，是孔子以造化之实，明作经之理，见天地有自然之《易》也。

天地者，乾坤之形体；乾坤者天地之性情；卑（低）高，兼天地人物言；方者，情动之始；物，则指人而言之也；象、形，变化所成之体也。

孔子意曰：《易》之首乾坤者何也？盖天地者，万物之大父母也。天确然在上而居尊，地隤（同颓）然在下而处卑。而《易》中之卦，纯阳至健而为乾、纯阴至顺而为坤者，已定立于此矣。由是而地与万物之卑者陈于下，天与万物之高者陈于上，而《易》中卦爻之上者贵、下者贱，已位列于此矣。天与万物之阳者，为开辟、为发舒，而其动有常；地与万物之阴者，为闭藏、为收敛，而其静有常。而《易》中卦爻之阳而性动者称乎刚，阴而性静者称乎柔，已剖断于此矣。天下之事情有善恶，而众理众欲以类而聚；物类亦有善恶，而同道同恶以群而分；此阴阳淑慝（p.3 注⑦）自然之理也。而《易》中卦爻占决之辞，或时之息、事之得而为吉，或时之消、事之失而为凶者，即生于此矣。日月星辰，在天而成轻清之象；山川动植，在地而成重浊之形；此皆实理之变化也。而《易》中蓍策所揲之卦爻，阳穷于九则退而化为八，阴穷于六则进而变为七者，即见于此矣。

盖《易》书之有乾坤，且有贵贱刚柔、吉凶变化，无一不备，皆非圣人私智之为也，不过因阴阳之实体而形容摹写之。是故，因至著之象以见至微之理，观天地即可以见《易》也。大哉《易》乎！天地且不能隐，而况于人物万事之变乎？

注释　以上《易经》原文是《系辞上传》第一章第一段，下面则是日讲官对这一段原文的解义。原书解义部分是一大段文字，没有分小段，为了方便阅读，整理者根据其意思的区别将原一大段文字分成了三小段。

第一小段包括两项内容：一是用一句话概括这一章的意义（若不是一章的开头，则没有这一句话，如下一段解义）；二是用一句话概括此节《系辞》的意思，而解义原文"此一节"三个字，是指在朱熹《周易本义》明刻本中该原文是作为一段的。

第二小段是解释该节《系辞》中日讲官认为需要解释的字词的意思，若日讲官认为没有需要解释的字词，此项内容即付阙如，如第505面本章最后一段的解义。

第三小段是日讲官详细串讲以上一段《系辞》，原书均用"孔子意曰"引出日讲官这一小段解义文字，这四个字的意思是，"孔子（所作以上这段《系辞》）的意思是"。

第四小段是日讲官对该段《系辞》意义的理解和推广，并指出在理解和运用该段《系辞》时应注意的最重要、最关键的地方。这第四小段日讲官常用"按"字引出（此处未用），如第507面的解义；用不用"按"字，这中间似乎也有些规律可寻，但一般读者不必细究。

易经　是故刚柔相摩，八卦相荡。鼓之以雷霆，润之以风雨；日月运行，一寒一暑。乾道成男，坤道成女。乾知大始，坤作成物。乾以易知，坤以简能。

解义 此五节，是言圣人作《易》，而乾坤之理分见于天地也。

摩，摩戛（音戞；摩戞：犹摩擦）也；荡，推荡也；风，亦云润者，承雨而言尔；知，管也；作，造也；成，就也。

孔子意曰：伏羲见天地间无往非《易》，不过阴阳两端，是故画奇偶以象之。奇则称刚，偶则称柔也。刚柔既立，变化无穷。以一刚为主，而以一刚一柔摩于其上，则为太阳、少阴；以一柔为主，而以一刚一柔摩于其上，则为少阳、太阴；而四象立矣。太阳与少阴相摩，而生乾、兑、离、震；太阴与少阳相摩，而生巽、坎、艮、坤；而八卦成矣。所谓两仪生四象，四象生八卦，《易》之小成也。由是以乾、兑、离、震为主，各以八卦推荡其上，则自乾至复，三十二之阳卦立矣；以巽、坎、艮、坤为主，各以八卦推荡其上，则自姤至坤，三十二之阴卦立矣。所谓八卦相错，因而重之，《易》之大成也。《易》既作，则凡造物所有，孰非《易》理之著见？

如阴阳搏击而为雷霆之鼓动，阴阳和畅而为风雨之润泽。日者阳之精，月者阴之精，则运行而代明焉。寒者阴之肃，暑者阳之舒，则迭运而无端焉。此成象之实体也，即此刚此柔也。

天地绷缊，万物化生。阳而健者乾之道也，人物得阳之多则成男。阴而顺者坤之道也，人物得阴之多则成女。此成形之实体也，亦此刚此柔也。

然成男成女，虽乾坤一定之分（去声），其实有相须之功。故凡人物之始也，乾皆有以主之，质虽未形，而胚胎朕兆已全于一施之初矣。其成也，坤皆有以作之。即乾之所始者，悉为之翕（音西，合，聚）受培养而酝酿造就，以终其事矣。阴阳之不能相无者如此。

夫尽物而始乎乾，宜若难矣。然乾健而动，常有余力，故气一至而万物俱生，理一行而万物即动，初无艰深留滞之劳，何易

（容易）如之！尽物而成乎坤，宜若烦矣。然坤顺而静，皆不自作，故承乎气以成形、因乎理以成性，初无区画增益于其间，何简如之！天地生成之妙，无心而成化者又如此。

乃知《易》之未作，《易》在造化；《易》之既作，造化在《易》。论乾坤之功至博而无外，论乾坤之德又至要而不烦，而人事之效法天地者，从可识矣。

注释　以上原书解义部分前三字"此五节"，据本书整理者考证，"此五节"即是指以上所引一段《易经》原文，在朱熹《周易本义》明刻本中分成了五小节。为了体现出这一点，我们在本书中将这一段《易经》《系辞传》原文分成了五句（用句号表示）；而在解义部分中，将串讲该段《易经》的解义文字分成了五小段。以下《系辞传》上、下各章节以及《说卦传》和《杂卦传》的体例均与此同，不再说明。

易经　易则易知，简则易从；易知则有亲，易从则有功；有亲则可久，有功则可大；可久则贤人之德，可大则贤人之业。易简而天下之理得矣；天下之理得，而成位乎其中矣。

解义　此二节，是赞圣人之德始于法天地，终于参天地也。

孔子意曰：易简岂专属之乾坤哉？人心之良亦自有易简，自私欲累之，而易者险、简者阻矣。有能法乾坤之道，一主乎理而无所容心（容心：留心，在意），则其易如乾矣；一循乎理而行所无事，则其简如坤矣。易则光明洞达，无一毫人欲之艰深，尽人皆知其中之所存矣，岂不易知？简则径直平顺，无一毫人欲之纷扰，尽人皆能循其途辙以作事矣，岂不易从？易知则不远人以为道，而同心者众，故有亲；易从则尽人皆可与能（与能：举荐能人；与通举），而协力者多，故有功。有亲，则因人之信从足以验我所存之是，而精一自信、始终以之，故其中之所存者可以至于久而不变也；有功，则因人之协力足以辅我行之不逮，而兼人之能为己之能，故其外之所行者可以至于大而益弘也。可久则纯亦不已，与天同其悠久矣；可大则巍乎成功，与地同其广大矣。非贤于人之德业乎？

然其所以然者，则以我之易简与乾坤之易简同原故也。易简而天下万殊之理莫不贯通于我心、统会于我身。是故天有是易、我亦有是易，地有是简、我亦有是简，可以成人位于天地之中，与之并立而无歉焉。此体道之极功，圣人之能事也。

要之，人心本自明白正大，自为私意所蔽、物欲所扰，往往艰深使人不可近，烦碎使人不可行，如权谋术数（术数：指占卜、相宅、算命等）之流，天下之理必皆扞格而不相入。易者存理而已矣，简者循理而已矣，其始不过坦白要约，而其终至于德崇业广与天地参。善学《易》者，何不从易简求之乎？

第二章

易经　圣人设卦观象，系辞焉而明吉凶。刚柔相推而生变化。是故吉凶者，得失之象也；悔吝者，忧虞之象也。变化者，进退之象也；刚柔者，昼夜之象也；六爻之动，三极之道也。

解义　此一章，是言圣人系辞明道之功、君子玩辞体《易》之学。而此四节（是指以上一段《易经》原文在明版《周易本义》中是作为四小段排的，前面第一章的"注释"已作说明，请参阅），言圣人系辞之事也。

圣人，文王、周公也；设，陈也，言设卦，则爻在其中矣；象，谓卦爻本然之象；辞，谓卦爻辞；忧，虑也；虞，安也；忧虞言象者，犹云仿佛之意，非观象之象也，下仿此；进退者，造化之消息，刚柔之未定者也；昼夜者，造化之幽明，刚柔之已成者也；六爻之动，九、六之变化也；三极，天、地、人之理也。

孔子意曰：伏羲画卦，吉凶之理已默示之矣。然有画无文，民用弗彰也。文王、周公，取伏羲所画之卦而布列焉。统观卦象而时有消息，则系卦辞以断全体之吉凶；析观爻象而位有当（去声）否，则系爻辞以断一节之吉凶。于是《易》道大备，而利用之功大矣。

然辞固因象而系，而象又因变而著。卦爻之间，九为刚，六为柔。柔退之极，则刚推去乎柔而柔变为刚；刚进之极，则柔推去乎刚而刚化为柔。其变化之间，消息当（去声）否，无不具焉。此圣人所由观之以系辞者也。

由观象系辞言之，辞之吉者，即人事顺理而得之象也；辞之凶者，即人事逆理而失之象也。辞有自凶趋吉之悔，即人事既失之后，困心衡虑而为忧之象也；辞有自吉向凶之吝，即人事未决之先，安意肆志而为虞之象也。辞占之符于人事者如此。

由刚柔相推言之，柔变而趋夫刚者，即气机之退极则渐长而为进之象也；刚化而趋夫柔者，即气机之进极则渐消而为退之象也。既变而刚，是即阳明用事，万物照临而为昼之象也；既化为柔，是即阴晦用事，群动宴息而为夜之象也。至于刚柔变化，流行于一卦六爻之间，九、六迭运，所谓动也，其即三极之道乎？一太极也，而天地人各得之为三极。其动于初、二爻者，即地道之刚柔交错也；其动于三、四爻者，即人道之仁义时措也；其动于五、上爻者，即天道之阴阳迭运也。何动非道？何道非极？象变之符于造化者又如此。

按：太极者，本然之妙；动静者，所乘之机。故三才各一太极，而太极各兼阴阳。有阴阳则有变化，邵子所谓天地人之至妙者也。自卦爻而析言之，则爻各一道，一物各具一太极也；自卦爻而统言之，则六爻一道，万物统体一太极也。圣人观象系辞，亦止发挥太极之妙而已矣。

易经 是故君子所居而安者，《易》之序也；所乐而玩（研习，体会）者，爻之辞也。是故君子居则观其象而玩其辞，动则观其变而玩其占；是以自天祐之，吉无不利。

解义　此二节，言君子学《易》之事也。

上言居者，处之也，谓以《易》道自居也；下言居者，静也，指未筮时而言也；《易》之序，指卦爻辞；独言爻者，爻言乎变，尤在所当玩也；变，即象也，占，即辞也，所异者，未筮、既筮之别耳。

孔子意曰：辞占象变之既备，则有须臾不能离者而可不学乎？是故学《易》君子，其身之居处（上声）安固而不迁者，则在《易》之序。盖观其刚柔消息一定之次第，以为进退出入之度也。其心之爱乐玩味而不置者，则在爻之辞。盖观其吉凶悔吝无穷之精理，以为悦心研虑之资也。

惟君子身心不外乎《易》，是故动静不间（去声）其功。方其居而未及卜筮也，则观卦爻之时位而玩其辞，凡得失忧虞之象、吉凶悔吝之由，皆其心之所会也，而居安乐玩无间（去声）于静矣。及其动而谋及卜筮也，则观当动之卦爻而玩其占，凡刚柔相推之变、吉凶所占之决，又皆措诸事焉，而居安乐玩无间于动矣。夫学乎《易》，即合乎理；合乎理，即顺乎天。穷此理于无事之时，则静与天俱；循此理于有事之日，则动与天游。是以自天祐之，所趋皆吉，所避皆凶，受休嘉（休嘉：美好嘉祥）之福而得利顺之应也。

按：前章言伏羲之《易》，而以易知简能、久大德业责成于体《易》者；此章言文、周之《易》，而以居安乐玩、动静交修责成于学《易》者。盖天地间刚柔变化无一时之间（去声），人在大化（大化：指宇宙，大自然）中，吉凶悔吝亦无一息之停。必动静之间举无违理，方尽学《易》之功，方不负圣人作《易》之意。

第三章

易经 《彖》者，言乎象者也；爻者，言乎变者也。吉凶者，言乎其失得也；悔吝者，言乎其小疵也；无咎者，善补过也。是故列贵贱者存乎位，齐小大者存乎卦，辩（通辨，下同）吉凶者存乎辞。忧悔吝者存乎介（介：处于二者之间），震无咎者存乎悔。是故卦有小大，辞有险易；辞也者，各指其所之。

解义 此一章，是释卦爻辞之通例也。

悔，我自尤（责怪）也；吝，人尤我也；介，善恶所分之路也；各指其所之，其，指卦而言，之，向往也。

孔子意曰：圣人观象于卦而系彖辞；《彖》者，言乎全体之象，举奇偶纯杂、内外消长之形，莫不称名取类以拟其形容也。观变乎爻而系爻辞；爻者，言乎一节之变，举隐显贵贱、当（去声）否比应之殊，莫不支分节解以观其会通也。

卦爻之辞，有所谓吉凶者，言乎象变中时有消长、位有当否而为失为得；失则从逆而凶，得则惠迪（惠：顺；迪：道，道理）而吉也。有所谓悔吝者，言乎象变中刚柔杂居、善恶未定，向于得而未得、尚有小疵，则内自怨艾而悔生也；向于失而未失、已有小疵，则外招尤衅而吝生也。有所谓无咎者，言乎象变中，有以处（上声）非其地、行非其事，承乘比应非其人，足以致咎；然其间不无一节之善、一念之良焉，则能图回更改而补其所过也，由卦爻辞申言之。

是故爻言乎变，而变之所示有贵贱，凡居上而尊者皆贵也，凡处下而卑者皆贱也；《易》列之而等级分明，则在乎六爻之位焉。《彖》言乎象，而象之所陈有小大，如姤、遯、否之类阴为主者，皆小也；如复、临、泰之类阳为主者，皆大也。《易》齐之，而使不相杂，则在乎六十四卦焉。夫位有贵贱、卦有小大，而错综更迭，得失形焉。本有吉凶之理，特隐而未形耳，《易》辩之以明得失之报，则在乎卦爻之辞焉。

若夫卦爻有小疵则有悔吝，而《易》辞一遇悔吝，必为忧之，惟恐人之至于是而虑远说详不能自释焉，则存乎善恶初分之介。人能体《易》之忧，则一念之善有必充，一念之恶有必遏，岂犹至于悔吝乎？卦爻善补过则为无咎，而《易》辞一遇无咎，必为震之，惟恐人之终于过而奋发警惕不能自宁焉，则存乎天理萌动之悔。人能体《易》之震，则怨艾深而勇于舍旧，觉悟切而急于图新，不有以补过而无咎乎？

是故卦分阴阳，有小大矣；辞别吉凶、悔吝、无咎，有险易（平坦）矣。然辞之有险易者，正以卦之情所向不同而言。盖小卦之情，回互而艰深，为人欲之私，是以不之于失则之于小疵，而凶悔吝之险辞随之；大卦之情，坦易而明白，乃天理之公，是以不之于得则之于补过，而吉无咎之《易》辞随之。辞岂有外于卦哉？言卦，则爻可知矣。

可见圣人系辞，无非使人趋吉避凶，坦然知所率由，惕然知所畏避。其曰忧悔吝者，即君子慎独（慎独：在独处时谨慎不苟）之几，大贤不远之复也；其曰震无咎者，即成汤（p.88 注）改过不吝之勇、太甲（p.242 注①）自怨自艾之诚也。趋避之道，莫要于此。圣人一一著之于辞，其意深矣。

注释　此第三章《易经》原文，在明版《周易本义》中是分作五小段排的，不知为何此处解义时未如第二章解义时有"此五节"字样。本书仿前《易经》原文部分的标点体例，仍用句号断开，且将解义部分的文字分成了五小段。

第四章

易经　《易》与天地准（符合；相当），故能弥纶天地之道。

解义 此一章，是言《易》道之大，惟圣人能用之。而此一节先极赞其大，以起下文用《易》之事也。

《易》，指《易》书而言；弥，联合之意；纶，条理之意（弥纶：统摄，笼盖）。

孔子意曰：至大者莫如天地，凡囿于覆载之中者，皆不足以拟之，而惟《易》与之齐准。盖天地之道不过一阴一阳之变，《易》以道阴阳，奇偶二画，包含变化，故于是道有以弥纶之。弥者，自其外以统观，而阴阳生生之妙无不包括于卦爻之中；其全体浑合，初无一毫之欠缺也。纶者，自其内以细观，而分阴分阳之理莫不精密于统贯之内；其脉络条理，又无一节之淆杂也。天地有是道，而《易》书亦有是道，谓之相准，不诚然哉！夫《易》之未作，法天地之道以为《易》之道，故曰准；《易》之既作，还以《易》之道理天地之道，故曰弥曰纶。弥之则万合为一、浑然不漏，犹《中庸》言大德敦化也；纶之则一实万分、粲然有伦，犹《中庸》言小德川流也。

天地之道，即下文所云，幽明、死生、鬼神、仁智、昼夜，与夫天地之化育、万物之生成，皆是也。《易》既能联合而分理之，则理、性、命无不毕具。而圣人用《易》以弥纶天地之道，亦不外乎此矣。

易经 仰以观于天文，俯以察于地理，是故知幽明（幽明：泛指阴阳等物象）之故；原始反终，故知死生之说；精气为物，游魂为变，是故知鬼神之情状。

解义 此一节，是言圣人穷理之事也。

天象灿然有章，故曰文；地形井然有条，故曰理；原者，推之于前；反者，要（察劾）之于后；精，重浊为阴，气，轻清为阳，物之所受以生而未属于物者也；物既成，则谓之魂魄矣；游者，散而远去之意；魂升则魄必降，举魂可以该（包括）魄也；情状，犹言气象也。

孔子意曰：《易》既能弥纶天地之道，故圣人以《易》之理仰观天文：即（根据）阴阳之循环以观其昼夜，即阴阳之升降以观其上下焉；俯察地理：即阴阳之对待以察其南北，即阴阳之杂居以察其高深焉。天文之夜与下、地理之北与深，幽也；而其所以幽者，阳之变而为阴也。天文之昼与上、地理之南与高，明也；而其所以明者，阴之变而为阳也。幽明之故，以《易》而知之矣。以《易》之理，推原人物之所以始，始即终之发端；反观人物之所以终，终即始之归宿。其始之生气，凝于妙合之际而理随以全，阴之变而为阳也；其终之死气，散于殂落之余而理随以尽，阳之变而为阴也。死生之说，以《易》而知之矣。以《易》之理，究其精与气之凝聚，而既有知觉，又有运动，则为物；精与气之消散，而魂升于天、魄降于地，则为变。为物者，自无而有，神之来也，伸也，阴之变而为阳也；为变者，自有而无，鬼之往也，屈也，阳之变而为阴也。此盖造化之迹、二气之良能，其情无形而其状有象，鬼神之情状不又以《易》而知之乎？

《易》固圣人穷理之书也。总之，幽明者，阴阳之显晦；死生者，阴阳之消息；鬼神者，阴阳之聚散。此三者，理之难穷者也，圣人皆有以知之，则凡天地人物造物之理，殆无一之不穷矣。是以崇效卑法（见 p.521 "崇效天，卑法地" 解义），生（活着）顺没（死）宁，而与鬼神同其吉凶也。圣人穷理之功大矣哉！

易经　与天地相似，故不违；知（通智）周乎万物，而道济天下，故不过；旁行而不流，乐天知命，故不忧；安土（安土：安居本土）敦乎仁（敦仁：仁厚），故能爱。

解义　此一节，是言圣人尽性之事也。

土者，身所处之地也；敦，厚也。

孔子意曰：天地之道、圣人之性，虽有不同，然其为理，则一而已。圣人尽性，故能与天地配合而相似。相似，则立此参彼，无毫发之违悖矣。其相似者何如？盖天高明，其道为智；地博厚，其道为仁；皆阴阳之理，而《易》书具之。圣人尽乎其智，则聪明洞达，而于万物之理无不各究其极；尽乎其仁，则区处（区处：区分处置）条理，而于天下之人无不各得其所。如此，则仁以成智，而智有实用，非骛于高远，非沦于空虚，何过之有？此圣人及物之仁、智，其处常者然也。若夫事有不可以常理行、时有不可以常法处者，圣人又为之称（去声）其轻重，委曲迁就以处之，不胶于一定之中，是所谓旁行也。旁行，则疑其易（容易）流，然行权（行权：改变常规，权宜行事）之中，亦天理之所在，自合乎道义之归，而不流于变诈之术。此圣人应事之仁智，其处变者然也。天者，仁义忠信之理，乐之则默契吻合而内重外轻；命者，吉凶祸福之数，知之则昭融洞澈而修身以俟。见之明、守之固，凡事变得失之数自不足介于光大之心矣，又何忧焉？圣人知之尽如此。凡人不安土，则自择便利而济物（人）之心亡，故仁不敦。不敦仁，则私意间隔而爱物之体隳（p.375），故爱有限。圣人素位而行（素位而行：依现在所处地位而行动），无入不得，则物我不形而天理周流，恻怛慈爱之念无时而不存矣。是安土即敦乎仁也。夫既有以立爱之体，则必有以达仁之用。以不忍人之心行不忍人之政，自无一夫之不获、一物之失所矣。圣人仁之至如此！此则智与天道同其高明，仁与地道同其博厚，故曰与天地相似而不违也，《易》固圣人尽性之书也。

　　按：仁、智二者，天德、王道之大端也。智周道济，则体用合一矣。旁行不流，则经权悉当（去声）矣。乐天知命、安土敦仁，则与天为徒、与物同体矣。此圣人之全功也，而求其用力则有要焉。《中庸》言智仁始于好学力行，《孟子》言智者仁者无不知无不爱，必以当务为急、亲贤为务。可以知其用力之要矣。

易经　范围天地之化而不过，曲成（曲成：多方设法使有成就）万物而不遗；通乎昼夜之道而知；故神无方而《易》无体。

解义　此一节，是言圣人至命之事也。

范围，谓裁成其过；曲成，谓辅相（辅相：辅助）不及；两在（两在：指在此或在彼）不测之谓神；变化不穷之谓《易》。

孔子意曰：天地之化，阴阳之气也。二气流行，在天成象，在地成形，无非化也。然其化浑浑沦沦，无有纪极（纪极：终极，限度），不能无或过者。圣人则有以范围之，如顺四时之序以定分至（p.130），辨九州之界以理疆土之类。一如铸金之有范、城郭之成围，使天地之化，无不就裁以适于中而不过焉。万物，阴阳之形也。万物赋形，人有智愚，物有动植，皆待成也。然万物芸芸总总，难以周遍，不能无或遗者，圣人则有以曲成之，如厚生正德以立民事、樽节（樽：通撙；樽节：节约）爱养以尽物宜之类；一一委曲周到，知之明、处之当，使万物无不得所以受其成而不遗焉。昼夜，阴阳之运也。幽明、死生、鬼神，一屈一伸，循环之理，皆昼夜之道也。其理互根，动静无端，阴阳无始，圣人则有以兼通而知之。知昼矣，又兼乎夜之道而知；知夜矣，又兼乎昼之道而知。如明也、生也、神也，昼之属也，昼为阳而阳实根于阴；幽也、死也、鬼也，夜之属也，夜为阴而阴实根于阳。一昼一夜，迭运不穷，亘古今皆是道也。圣人之心与之契合无间，通乎其道而知焉，所谓知化育也。夫天地之化，一阴阳之气；万物，一阴阳之形；昼夜，一阴阳之运；而《易》书，亦阴阳之变也。圣人范围不过，曲成不遗，通乎其道而知有如此，岂非得其至神之妙而《易》之变化在心者乎？故言乎神则周流不居，既在此又在彼，在阳者忽在于阴，在阴者忽在于阳，得一以神，无在而无不在，无方所也。而言乎《易》则百千万变，既为此又为彼，为阳矣而亦为阴，为阴矣而亦为阳，用两而化，无为而无不为，无形体也。《易》固圣人至命之书也！此《易》之所以与天地准而能弥纶天地之道也。

按：仰观俯察、智周道济、范围曲成，所以穷天地之理、尽天地之性、立天地之命也。其道甚大而实体之，则非求之幽远者也，不外一动一静致中致和而已。穷理尽性以至于命，圣人反身而皆备焉。

第五章

易经　一阴一阳之谓道。继之者善也，成之者性也。仁者见之谓之仁，知（通智）者见之谓之知，百姓日用而不知，故君子之道鲜矣。

解义　此一章，言道之体用（体用：本体和使用；先天八卦为体，后天八卦为用）不外乎阴阳，而未尝倚于阴阳。而此三节，言道之命于天而禀于人者，兼示人以体用全备之道也。

孔子意曰：自有天地万物，则有天地万物之理，所谓道也。盈天地间无非道，而所谓道者无他，只是一阴一阳而已。阴阳，气也。气之流行，一动一静互为其根；一阴矣又一阳焉，一阳矣又一阴焉；大而一阖一辟，小而一嘘一吸，莫不皆然。所以然者，无非实理之所为，此之谓道也。

是道也，其在天命流行，静之终、动之始，可以观其继焉。继之者，当接续之间。此理方动，出于天而将赋于物，生理所发，化育为功，全是天道之本然，无贰无杂，纯然善也。至于赋予于物，各具是道，可以观其成焉。成之者，物各得其所以生之理，受天所赋，人有为人、物有为物，实理具备、随在各足，乃为性也。继善者成性之方发，阳之事也；成性者继善之已成，阴之事也。此一阴一阳之道，在天命之流行赋予者然也。

若夫成性之后，其在人也，有得阳之动而成性者，仁者也。

仁者偏于阳气居多，故同是道也，自仁者见之，则但识其动而及物之机以发生布德之仁，目为道之全体而谓道在是焉，则竟谓之仁矣。有得阴之静而成性者，智者也。智者偏于阴气居多，故同是道也，自智者见之，则但识其复而干事之体以凝静生明之智，目为道之全体而谓道在是焉，则竟谓之智矣。盖天命之善本无偏，而气质之受则有偏也。至于蚩蚩（音痴，敦厚貌）之氓百姓也，未尝不囿于道之中，行焉习焉、终身由之，日用是道者也，而不著不察、一无所见，不知有道之仁亦不知有道之智焉，此又愚不肖之辈也。夫道之全体，阴阳无偏者也。乃仁者智者各有所见而得其偏，百姓则于道无所知，是以君子阴阳合德、体用全备之道，终鲜其人矣！

夫仁，阳也；智，阴也。百姓日用，亦皆阴阳所在也。仁智虽偏而道本不偏，百姓虽愚而道无不在，则一阴一阳之道又可见矣。

易经　显诸仁，藏诸用，鼓万物而不与圣人同忧，盛德大业至矣哉。富有之谓大业，日新之谓盛德。

解义　此二节，是以造化出入之机，言道之在天地者、不离阴阳互根之妙也。

仁，谓造化之功，天地生物之心也；用，谓机缄之妙，机是弩之机，缄是丝之总结，机一发，缄一启，妙用存焉，故以言用也。

孔子意曰：一阴一阳之道，天地之化机，不外是焉。大德曰生，天地之仁也。仁本在内者也，自内而外，以显诸仁，如春夏之发生，始亨畅遂，无非造化之功。此分一本为万殊，所以鼓万物之出机也。神妙变化，天地之用也。用本在外者也，自外而内，以藏诸用，如秋冬之收敛，性情贞固，自有机缄之妙。此合万殊于一本，所以鼓万物之入机也。一显一藏，循环无端；一出一入，变化莫测。以此鼓万物而无心成化，其视圣人之有心生成万物而常怀忧患者，且不与同矣。显仁藏用之妙，为何如哉？夫仁，德也；而显仁，则德之发也；发而本于德，则德盛于内者也。用，业也；而藏用，则业之本也；本而发为用，则业大于外者也。盛德大业，表里互根，皆无心之化机。其妙不可名言至矣哉！

然则大业在外者也，而由藏用以言大业，则无外非内也。盖方其藏用之时，此理无乎不有。万物气机洪纤高下，一一归根复命，而静敛其生生化化之机于无声无臭之中。冲漠无朕（冲漠无朕：指空寂无形）而万象森然已具，何其富有也！是大而无外者也，此之谓大业也，盛德在内者也。乃由显仁以言盛德，则无内非外也。盖方其显仁之时，此理日生不已，新机递引，万物发育，源源而出，动舒其形形色色之象于千变万化之际。物与无妄，而知其生意肫（通纯）然在内，所以日新也，是久而无穷者也，此之谓盛德也。

夫显仁，阳也，而显其所藏之仁；藏用，阴也，而藏其所显之用。于显仁见盛德，则体具于用之中；于藏用见大业，则用妙于体之内。是以大业非富有不能，盛德以日新而见，此体用一原、显微无间（去声）、阴阳互根者也。一阴一阳之道，其在化机之出入者如此。

易经　生生之谓《易》。成象之谓乾，效法之谓坤。极数知来之谓占，通变之谓事。阴阳不测之谓神。

解义　此四节，言阴阳变易，生生无穷。

法、象、变、数，莫非是道而终言其道之妙，一神之所为也。

孔子意曰：一阴一阳之道迭运而无端，则相生而不已，于是见其生生焉。阴生阳，阳生阴，生而又生，无有间断；阴生阳则阴变为阳，阳生阴则阳变为阴。凡天地之消息盈虚、人物之动静荣悴，其生也不息，故其变易也无穷，是生生之谓《易》也。此皆阴阳之道，无乎不在者也。

　　吾观于物而得乾坤焉。乾以始物，气初凝而形未具，举物之形容一一命意，以成无中之有仿佛可象，是曰成象。此轻清未形，阳之动也，是之谓乾也。坤以成物，气既聚而形已受，举物之体质一一呈现，而效一定之则详密有法，是曰效法。此重浊有迹，阴之静也，是之谓坤也。一象一法，阳始阴成，此道之在生物者然也。

　　吾观于筮而得占事焉，筮者抱蓍问《易》，推极七、八、九、六之数，以求所值卦爻之动静。而执吉孰凶、遂知来（未来）物，此则事之未定者；方在占决，是之谓占也，属乎阳也。既占之后，由极数知来，以通乎凡事之变，而适其吉凶趋避之宜，此乃占之已决者；见之行事，是之谓事也，属乎阴也。为占为事，阳动阴静，此道之在占事者然也。然则一阴一阳之道，继善成性者此也，见仁见智者此也，显仁藏用者此也，成象效法者此也，极数通变者此也。

　　凡天下之有不离乎阴阳。而其所以然者，则未尝倚于阴阳。其为道也，妙于无方，莫知其乡（同向）。即阴而道在阴，即阳而道在阳，在阳亦在阴，在阴亦在阳，阴阳迭运而道无不在、不可测度，乃天下之至神也。名之谓神，庶乎见道之妙也已。

　　按：生生之谓《易》，《本义》云理与书皆然也。盖由《易》书言之，太极生两仪，两仪生四象，四象生八卦，由是生生无穷，此《易》书中之阴阳变易也。生卦生爻，总不外乎乾坤，乾阳三奇，坤阴三偶，法象备焉，此《易》书中之成象效法也。卦爻既列，制为筮法，极数通变，以定吉凶，以生大业，此《易》书之所以前（p.2 注②）民用也。凡此皆在《易》书者然也。孔子赞《易》只以理言之，而《易》书则具有此焉。可见《易》书所以摹写此理，六十四卦，三百八十四爻，一阴阳也。阴阳一道也，道之妙神也，至哉《易》也，是在思而得之矣。

第六章

易经　夫《易》，广矣大矣，以言乎远则不御（止息），以言夫迩（音耳；近）则静而正，以言乎天地之间则备矣。夫乾，其静也专，其动也直，是以大生焉；夫坤，其静也翕，其动也辟，是以广生焉。广大配天地，变通配四时，阴阳之义配日月，易简之善配至德。

解义　此一章，是赞《易》之道极其广大，而其原由于乾坤，故凡《易》之有，配之天道人事而悉准也。

孔子意曰：夫《易》书之作，以道阴阳也。阴阳之理，足以尽天地万物之理。故《易》之为书，无所不载，而含蓄于其中；其理广矣，无所不包，而统括于无外。其理大矣，以言乎远，则四海万世，《易》之理无乎不到而莫之止御也；以言乎迩，则瞬息几席，《易》之理不待安排布置而各正不偏也；以言乎天地之间，则洪纤高下，《易》之理无所不有备乎是矣。岂不广大矣乎？

夫《易》何以广大如是？以《易》中具有乾坤之理也。夫乾，天也。乾道始物，动静生焉。当其静也，方与坤别，而利贞以立其体，其生物之心常存不他、专一于此；及其动也，既与坤交，而元亨以行其用，生意沛然、直遂以达、莫可止遏。由专而直，则乾一之气行乎坤两之中，万物皆受气于此而大生焉。《易》中纯阳之乾，具有此理，《易》之所以大也。夫坤，地也。坤道成物，动静形焉。当其静也，方与乾别，而利贞以立其体，收敛生意在内，翕聚而无余；及其动也，既与乾交，而元亨以行其用，乾气一至，受以生物，将无穷生意发散在外，无不开辟。由翕而辟，则坤两之体顺承乎乾一之施，万物皆受形于此而广生焉。《易》中纯阴之坤具有此理，《易》之所以广也。

夫《易》之广大，既得乾坤之理，则可以配天地之道矣。言乎广大莫如天地，而《易》中三奇为乾、三偶为坤，乾知大始、坤作成物，兼天地之化焉，是《易》之广大配乎天地。言乎变通莫如四时，而《易》中一阴一阳之谓变，变而不穷之谓通，合四时之序焉，是《易》之变通配乎四时。天道之运，日为阳精、月为阴精，而《易》中卦爻，称阴称阳名义存焉，是阴阳之义配乎日月。人心至德，如乾之易（容易），如坤之简，而《易》中卦爻，健者恒易、顺者恒简，至善存焉，是易简之善配乎至德。夫天地、四时、日月与人心之至德，尽乎天道人事矣，而《易》无不配焉。《易》诚广矣、大矣！

　　按：首章论乾坤之尊卑，结之以易简而理得；此章论乾坤之广大，结之以易简配至德。然则易简者，圣德之根柢也。天得一以清，地得一以宁，王者得一以为天下贞，易简之道也。即《书》之所谓允执厥中（允：诚信；厥：其；允执厥中：真诚地坚持中庸之道）也。而所以得此者安在？曰：存天理、遏人欲、闲人心、体道心而已矣。

卷之十六　系辞上传

第七章

易经　子曰：《易》其至矣乎？夫《易》，圣人所以崇德而广业也；知（通智）崇礼卑，崇效天，卑法地。天地设位，而《易》行乎其中矣；成性存存，道义之门。

解义　此一章，是赞《易》道之至，见圣人德业与天地参，无非《易》理之所悉备也。

孔子意曰：《易》之理，其至极而无以加矣乎！何以言之？夫天下德之崇、业之广，至于圣人极矣；而圣人所以崇德而广业者，用《易》之理也。盖《易》中六十四卦，三百八十四爻，莫非至理，圣人以之穷理而崇其德，则得之于心者，知识日进于高明，其智崇也；以之循理而广其业，则体之于身者，践履日就于笃实，其礼卑也。夫言乎崇者莫如天，而圣人之智之崇则效乎天，心之神明独超万物之上，而物莫与并焉。以此观德，何如其崇也！言乎卑者莫如地，而圣人之礼之卑则法乎地，身之体备不涉一毫之虚，而纤悉弗遗焉。以此观业，何如其广也！德崇如天，业广如地，以天地同此《易》之理也。

试观天设位于上、地设位于下，乾健坤顺，二气运行，而其间阴变阳化如日月寒暑之类，往来不穷，日行乎其中矣。圣人智崇而日上，礼卑而日下，则其易知简能、本成之性，存而又存，纯于不已，而其间率由自然之道、裁制合宜之义，千变万化，皆由此出。是存存之成性，乃道义之门矣。是圣人德崇业广，与天地为一者也，而无非体《易》以得之。《易》之理，岂不为至矣乎？

按：言德曰智崇，即所谓尊德性、致广大、极高明之事也；言业曰礼卑，即所谓道问学、尽精微、道中庸之事也。而德之崇，至于发育万物，峻极（峻极：指极高）于天；业之广，备乎礼仪三百，威仪三千。此即尧舜之德业，如天之无不帱（音到，覆盖），如地之无不载者也。圣人用《易》之极功，断在此矣。

第八章

易经　圣人有以见天下之赜（音责，精微，深奥），而拟诸其形容，象其物宜（物宜：指事物的性质、道理、规律等），是故谓之象。圣人有以见天下之动，而观其会通，以行其典礼，系辞焉以断其吉凶，是故谓之爻。言天下之至赜而不可恶（去声）也，言天下之至动而不可乱也。拟之而后言，议之而后动，拟议（拟议：揣度议论）以成其变化。

解义　此一章，是言卦爻之用。而此四节，先言圣人设卦、生爻、立象、系辞，有以尽天下之变化，用《易》者所当拟议而法行之也。

孔子意曰：伏羲画卦，有卦之象。象也者，所以像天下之赜也。惟圣人有以见天下之赜，纷繁杂乱、莫可纪极（p.513）而各有其形容物宜，于将画卦时，仿佛其形容。其为纯阴纯阳者何似？其为杂阴杂阳者何似？拟诸心目间，于是画卦以曲肖（曲肖：完全相似）其物宜。如纯阳之物，宜于三奇以象天；纯阴之物，宜于三偶以象地；杂阴杂阳之物，如雷、风、山、泽之类，各有所宜以象之，是故谓之象也。

周公系爻，有爻之辞。爻也者，所以效天下之动也。惟圣人有以见天下之动，变化云为，莫可拘泥而各有其会通典礼，于是观于会聚之中，必有可通之理，以行其典常礼法为万世准。于六爻之动，有循典礼而行者，系辞焉以断其吉；有背典礼而行者，系辞焉以断其凶。——效而示之，是故谓之爻也。

夫象言天下之至赜，若可厌恶矣。然一阴一阳，理所必有，不可恶也。爻言天下之至动,若可紊乱矣。然一物一则,理所不渝,不可乱也。圣人立象系爻如此,用《易》者所不可须臾离也。

是以君子将有言也,必观象玩辞、观变玩占,拟之象爻而后言焉;将有动也,必观象玩辞、观变玩占,议之象爻而后动焉。拟之议之,而言有语默危孙(语:说话;默:沉默;危:指危言,直言;孙:同逊,指逊辞,恭顺的话)、动有进退存亡,执两用中,时措皆宜,以成人事之变化与天为一矣。

孔子言象爻之为用如此,下引七爻,乃其例也。可见《易》象至赜而有至一者存,《易》爻至动而有至常者存。所谓惟精惟一、允执厥中,帝王心法亦不外乎此也。

易经 "鸣鹤在阴,其子和之;我有好爵,吾与尔靡之。"子曰:君子居其室,出其言善,则千里之外应之,况其迩者乎?居其室,出其言不善,则千里之外违之,况其迩者乎?言出乎身,加乎民;行发乎迩,见乎远;言行,君子之枢机;枢机之发,荣辱之主也;言行,君子之所以动天地也,可不慎乎?

解义 此一节,释中孚九二爻义,言拟议此爻之辞,当知言行之贵于诚也。

中孚九二之爻辞云:"鸣鹤在阴,其子和之;我有好爵,吾与尔靡之。"

孔子释之若曰:鹤鸣子和、我爵尔靡者,诚信感通之理也,而感通莫大于言行。君子居其室在隐密之中,而出其言善,当(去声)乎天理、合乎人心,则在千里之外,此感彼通,必且从其善而应之,况其迩者?善之所先及,有不应乎?居其室在隐密之中,而出其言不善,悖乎天理、拂乎人心,则在千里之外,虽令不从,必且舍其不善而违之,况其迩者?不善之所先及,有不违乎?言如此,行可知矣。毋谓一言可忽也,言者心之声,天下皆属耳焉。方自身出,即已加乎民而不可返矣。毋谓一行可忽也,行者心之迹，天下皆属目焉。方自迩发，即已现乎远而不可掩矣。言行之在君子，犹户之运有枢、矢之发有机。枢运而户必开，机发而矢必远。言行如枢机之发，善则人应而荣，不善则人违而辱，乃荣辱所由感召之主也。不但此也，人与天地同此理、同此气。言行而善则和气足以召天地之祥，言行不善则乖气足以召天地之殃。君子之所以动天地者，亦由此也，可不戒惧谨独而慎之乎？君子拟议此爻，当谨其言行之发矣。

　　按：宋景三言而荧惑退舍，太戊修德而祥桑立枯，言行动天地实理感召然也①。人君端拱深宫，一话一言，一事一为，皆与四海相关、与天地相赞，不可不慎。惟在择善立诚以端其本，而后发号施令、颁条布政，皆主善以为常，则万姓咸仰大哉王言，亦见一哉王心，莫不是训是行，近天子之光矣。

　　注释　①宋景：即宋景公，见 p.409 注②。太戊：商王名，太庚子，时商衰微，太戊立，商复兴；祥桑：即妖桑，其荣枯可兆吉凶；"太戊遇祥桑，侧身修行。"（《竹书纪年》）

　　易经　"同人先号咷而后笑。"子曰：君子之道，或出或处，或默或语，二人同心，其利断金；同心之言，其臭（香气）如兰。

　　解义　此一节，释同人九五爻义，言拟议此爻之辞当求同于心也。

　　同人九五之爻辞云："同人先号咷而后笑。"

　　孔子释之若曰：同人九五与六二相应，同心者也，但隔于三、四，不能遽同，始暌终合，故其爻辞云"同人先号咷而后笑"。盖君子之道，其所以相同者不在迹而在心。若就迹而论，或出而事君，或处而独善，或默而缄口，或语而论辨，似乎不同矣。原心而论，则出处语默，自有相信于形迹之外者，宁有不同者乎？夫人但患心不能同耳。苟二人之心皆出于一，则彼此相孚，利害不能移、谗邪不能间，举天下之物无足以阻隔之者，即至坚如金，其利足以断之矣。由此发而为言，非必其雷同附和，自然同归于道、同协于理，意味深长，虽兰之臭气馨香无以过之，则甚矣同人之道不以迹而以心也！

按：同人二、五同德相孚，本为正应，所不能遽合者，三、四间（去声）之耳。究之心既同，则始虽间阻，终必得合。此孔子指出同心二字，与同人于野之旨互相发明也。

易经　"初六：藉（以物衬垫）用白茅，无咎。"子曰：苟错（通措，放置）诸地而可矣，藉之用茅，何咎之有？慎之至也；夫茅之为物薄，而用可重也；慎斯术也以往，其无所失矣。

解义　此一节，释大过初六爻义，言拟议此爻之辞当知凡事之贵慎也。

大过初六之爻辞云："藉用白茅，无咎。"

孔子释之若曰：大过之初爻，以阴柔居巽下，敬慎小心，如将一物安置于地必用白茅藉之者然。故爻辞云藉用白茅无咎，盖言敬慎之道也。彼一物也，错置于地已可以安矣，而又藉之以茅，自无覆败之虑，何咎之有？此其心盖敬慎之至，极其委曲周到也。夫茅之为物至微薄，而用以藉物则使物益安，其用不甚重乎？苟能慎持斯术以往，凡所设施自无所失矣。

按：凡人处事，见为可虞者，或能矜持；见为已安者，易生忽略。故圣人教人，虽于易忽之处而益加以敬慎之心。忧勤惕励，无时不以小心处之；思患预防，无在不于先事图之。如是，则理有万全、事无一失，真制事之良规、守身之要术也。

易经　"劳谦，君子有终，吉。"子曰：劳而不伐（p.44），有功而不德，厚之至也；语以其功下人者也；德言盛，礼言恭；谦也者，致恭以存其位者也。

解义　此一节，是释谦九三爻义，言拟议此爻之辞当知居功之贵谦也。

言如"永言孝思"之言，犹思念也；谦九三之爻辞云："劳谦，君子有终，吉。"

孔子释之若曰：谦之诸爻无不谦者，而九三有功劳而能谦，尤人所难。故其爻辞云：劳谦，君子有终，吉。盖善居功者也。彼勤于王事，可谓劳矣，而不矜伐（p.155）于人；劳而事成，可谓有功矣，而不任德于己。此由其器识深沈、度量宏远，厚之至也。则夫所谓劳谦者，正语其以功下人而不伐不德者也。此其心何心哉？其心尝念德之存于己者必欲其盛，故礼之接于人者必欲其恭，虽欲不谦不可得也。然则谦也者，凡以致其恭耳，而人道好谦，自然不疑不忌，位可长保而弗失矣。

《书》有之：汝惟不矜，天下莫与汝争能；汝惟不伐，天下莫与汝争功。其谦三之谓欤。盖惟不矜不伐，而后天下之功能莫与并焉，使有一毫自矜自伐之心，则其有损于功能之数者，正复不少矣。是以自矜者无能、自伐者无功也。圣人于此爻所以极称其美，以为立功之善道欤。

易经 "亢龙有悔。"子曰：贵而无位，高而无民，贤人在下位而无辅，是以动而有悔也。

解义 此一节，释乾上九爻义，言拟议此爻之辞当知持盈（持盈：保守成业）之道也。

亢，过于上而不能下也，乾上九之爻辞云"亢龙有悔"。

孔子释之若曰：乾之上九处阳盛之极，不知变通而与时俱亢，故其爻辞曰亢龙有悔。夫乾之上爻何以有悔哉？九为龙德，可谓贵矣，然不得阳位，是贵而无位也；居于上爻，可谓高矣，然纯阳无阴，是高而无民也。九三之贤在下而敌体不应，是贤人在下位而无辅也。此犹人主傲物肆志、简（简慢）贤虐民而为亢龙之象也。如此，则处亢之时而与之俱亢，不知盈虚消息之理，一有所动悔辄随之矣。

按：盛衰循环固必然之理。然时之必至于亢者，天也；能不与之俱亢者，人也。人主当此之时，苟能识时观变，保泰持盈，则安富尊荣、位可长享，四海归心、多士乐附，又焉有亢龙之悔乎？至于爻辞但言有悔，而孔子释之曰"动而有悔"者，盖当亢之时，宜静而不宜动。上处亢而妄动，欲求无悔难矣。《通书》（宋周敦颐著）云：吉凶悔吝生乎动，吉一而已。动可不慎哉？亦足与孔子之意相发明云。

易经　"不出户庭，无咎。"子曰：乱之所生也，则言语以为阶；君不密则失臣，臣不密则失身，几事（几事：机密的事）不密则害成；是以君子慎密而不出也。

解义　此一节，释节初九爻义，言拟议此爻之辞当知凡事之贵密也。

节初九之爻辞云："不出户庭，无咎。"

孔子释之若曰：节之初九居节之初，未可有为贵乎能节而止者，故其爻辞曰：不出户庭，无咎。夫口舌为召乱之端，故乱之所生，每以言语为之阶。如君为臣谋而能密其言，则终始交孚自无奸邪之妒；若不密，则失其臣矣。臣为君谋而能密其言，则谋猷就理，自无反中（去声）之伤；若不密，则失其身矣。至于利害伏于几微、成败系于毫忽，所谓几事也，能密其谋则无不成，若不密，则人忌其成而乐其败，是事可成而自害之矣。是以君子戒之，慎密其言而不轻出也。

按：古之人君，言语必饬（音赤，谨慎），嚬笑必严，其深谋远虑，虽左右近侍不得窥其意旨。而为之臣者，周详谨饬，守口如瓶，不敢以禁廷密勿之语宣示外人。良有鉴于此也。然其慎密之事，又必出于大公，归于至正。为君者必如宋太祖（p.153 注）所云，我心如重（阳平）门洞开，苟有私曲人皆见之；为臣者必如司马光（p.179 注）所云，吾生平所为无不可对人言者。然后慎以将之，密以济之，庶不失圣人立言之旨欤。

易经　子曰：作《易》者，其知盗乎？《易》曰："负且乘，致寇至。"负也者，小人之事也；乘也者，君子之器也；小人而乘君子之器，盗思夺之矣；上慢下暴，盗思伐之矣；慢藏诲盗，冶容诲淫；《易》曰："负且乘，致寇至。"盗之招也。

解义　此一节，释解六三爻义，言拟议此爻之辞当度德而居位也。

慢藏，不谨慎而暴露之意；冶，修饰也。

孔子意曰：作《易》者，其知致盗之由乎？《易》解之三爻曰"负且乘，致寇至"，此言何谓也？盖负也者，小人劳力之事，小人之所宜也；乘也者，君子所乘之器，君子之所宜也。若小人而乘君子之器，处非其所，适启谋利者觊觎之心，盗思夺之矣。其所以然者，何哉？盖小人窃据所乘，上则不忠而慢乎君，下则不仁而暴其民。谋利者得执之为名，而盗思伐之矣，此岂人之咎哉？犹之我慢其藏，是我教人之盗之也；我冶其容，是我教人之淫之也。易《曰》"负且乘，致寇至"，正言六三无德据位，而为盗之招也。此作《易》者，所以为知盗也。

观于此，则为人臣者，当度德量力，不得妄居高位以贻尸素（尸素：尸位素餐，指占着职位不做事，光吃饭）之讥；为君者，尤当辨材授官，不得轻亵名器以开侥幸之路。庶几政平事理，而无致寇之患也欤。

第九章

易经　天一，地二；天三，地四；天五，地六；天七，地八；天九，地十。天数五，地数五，五位相得而各有合；天数二十有五，地数三十，凡天地之数，五十有五；此所以成变化而行鬼神也。

解义　此一章，是言天地之数由图而载，揲著之法由图而出，统而归之于神。而此二节乃言河图之数也。

变化，指五行之生成而言；鬼神，指阴阳之屈伸往来而言。

孔子意曰：昔伏羲时，龙马负图而出于河，其背上旋毛，有自一至十之数。人但知其一、六居下，二、七居上，三、八居左，四、九居右，五、十居中，而不知其何所属。由今观之，天为纯阳，其数奇，图之一、三、五、七、九皆奇，则皆天数也；地为纯阴，其数偶，图之二、四、六、八、十皆偶，则皆地数也。

河图具天地之数如此；统而计之，彼一、三、五、七、九属天，是天数有五也；二、四、六、八、十属地，是地数有五也。五数在图，各有定位，是为五位；而五位又相得而各有合焉。何谓相得？一与二，三与四，五与六，七与八，九与十，奇在先，偶在后，其序秩然不紊，不有如兄弟之相得乎？何谓各有合？一与六，二与七，三与八，四与九，五与十，奇主施，偶主承，其交肫（通纯）然无间，不有如夫妇之有合乎？至若以天之一、三、五、七、九总之，其数二十有五；以地之二、四、六、八、十总之，其数三十。合天地之二数，则有五十有五，而相得有合之数全矣。由此而变化于此成焉。盖阳主变，阴主化，天以一、三、五生水、木、土，阳变也，而地以六、八、十化成之；地以二、四生火与金，阴化也，而天以七与九变成之。变起于天者化成于地，化起于地者变成于天。人但知变化之成，而不知所以成变化者，此数为之也。由此而鬼神亦于此行焉。一、二、三、四、五生数，来而伸也，然始生虽来而伸，既生则往而屈矣；六、七、八、九、十成数，往而屈也，然既成虽往而屈，方成则来而伸矣。来与往相倚伏而鬼神递运于不穷，屈与伸相始终而鬼神默移于无迹。人但知鬼神之行，而不知所以行鬼神者，此数为之也。其功用之妙如此。

按：兴神物以前（引导）民用，固非圣人不能，然皆本乎理之自然，未尝强为之说。故河图之数变化无穷，而对待流行自有一定而不可易者。伏羲观图作《易》，以泄天地之奇文；孔子就《易》按图，以明天地之常理。两圣人之所见，如出一揆云尔。

易经　大衍之数五十，其用四十有九；分而为二以象两，挂一以象三，揲（p.26 注⑤）之以四，以象四时，归奇于扐（p.26 注⑥）以象闰；五岁再闰，故再扐而后挂。乾之策二百一十有六，坤之策百四十有四，凡三百有六十，当期之日。二篇之策，万有一千五百二十，当万物之数也。

解义　此三节，是言揲蓍之法，以见策数之各有所象也。

衍，推衍也；四，四数之也；奇，零余也。

孔子意曰：河图具天地之数，而圣人之蓍法由此起焉。河图之数始于中宫，以中宫之五为衍母，次十为衍子。以五之一而乘其十，是谓小衍；小衍则一十矣。以五之一而各乘其十，是谓大衍；大衍则五十矣。故蓍策之数，有五十焉。及其揲之也，以右手取一策反于椟中，虚一不用以象太极之体；其用止四十有九，于是将四十九策随手中分，置之左右，左以象天，右以象地，是分而为二以象两仪也；随取右手一策，挂于左手小指之间，以象人处天地之中，是挂一以象三才也。于焉两手所分之策多寡犹未辨也，乃用左手取左傍之策，以右手四四揲之；复同右手取右傍之策，以左手四四揲之，以象春夏秋冬之四时；是揲之以四以象四时也。四数之后，各有零余，于是将所揲余策，或一或二，或三或四，扐于左手第三、四指之间，亦犹一岁之中气盈朔虚，积之以成闰，是归奇于扐以象闰也。然不惟扐而又再扐者，何也？盖一岁之中气盈六日（按节气算，每年阳历比阴历多近 6 天）、朔虚六日（按阴历算，每年朔望月相周期少近 6 天），积三岁多三十六日，以三十日为一闰，其余六日，又迟二岁，则更积二十四日，合前所余六日，共三十日，为再闰，是谓五岁再闰。历法如是，故揲蓍之法，既揲左而扐左，又揲右而扐右，则前之策无余矣。然后别起挂扐以为后扐之端，亦犹五岁之有再闰也。

著既揲矣，而过揲之策，亦各有所象焉。盖揲著之法，每一变后，余四者为奇，余八者为偶。奇圆围三、偶方围四，三用其全，四用其半，以三变之余通计之，去其初挂之一，余一十二策者，谓之三奇；一奇围一三，则三奇共围三三而为九；九者，老阳之数也。余二十四策者，谓之三偶；一偶用一四之半，则三偶用三四之半而为六；六者，老阴之数也。余十六策者，谓之二奇一偶，其数得八而为少阴。余二十策者，谓之二偶一奇，其数得七而为少阳。老阳余一十二策，则过揲之数有三十六策也。一爻三十六，六爻则二百一十有六矣。老阴余二十四策，则过揲之数有二十四策也。一爻二十四，六爻则百四十有四矣。合乾坤六爻之策，凡三百六十，与期之日适相当焉。盖一岁之中，虽有气盈朔虚之不同，三百六十日其常也。至于二少（去声；二少指少阴、少阳）过揲之数，合之亦总不外三百六十，可见时令之行、岁序之纪，无不出于其中。

圣人岂无本而臆为此法者乎？统上下经二篇过揲之策计之：二篇中之阳爻皆乾也，阳爻百九十二，每一爻三十六，则有六千九百一十二策。二篇中之阴爻皆坤也，阴爻百九十二，每一爻二十四，则有四千六百八策。共万有一千五百二十，适与万物之数相当焉。盖物之形化气化虽不同，而万其大数也。

按：揲著之理于至明显中寓精微之妙，其适相符会，若有天造地设而非人力所能参者。其揲之之法，当参观之《易学启蒙》（南宋朱熹著）一书，则如指诸掌也。

易经 是故四营而成《易》，十有八变而成卦，八卦而小成。引而伸之，触类而长（上声）之，天下之能事毕矣。显道神德行，是故可与酬酢，可与祐神矣。子曰：知变化之道者，其知神之所为乎？

解义 此五节，是言成卦之次第及卦变之妙用，又总数法而归之于神也。

引，加长也；伸，舒展之也；长（上声），增益之也；神德行，即鼓舞尽神之谓，使之莫知其然而然也。

孔子意曰：夫蓍法既合于造化如此，若用之以求卦，又有序焉，不可紊也。凡卦始于一变谓之易，而易何自成乎？分二，挂一，揲四，归奇，经四番经营，然后或为奇、或为偶，而《易》自此成矣。此一变也。由是三变成爻，积之十有八变，则六爻皆成。然后内外以全，贞悔以备，而卦于是乎成矣。

然此乃大成之卦也，未有内卦不立而成外卦者。方其三十六营以成九变，则三画以具，或为乾、坎、艮、震，或为巽、离、坤、兑；虽外卦尚须九变，然内体之卦从此已立，而可谓之小成矣。

六爻既备，卦变亦可考而知焉。一卦之中，老少形而动静异，或变在动，或变在静，引其变之端而伸之，则一卦可变为六十四卦。一卦既变，诸卦不可类推乎？即以引伸者，触其类而长之，则卦卦可变为六十四卦，由是吉者趋、凶者避，天下之能事毕具于此矣。

蓍卦之变如此，其功用何如哉？吉凶有不易之理则曰道。道至微也，而《易》有辞以显之。趋避之理，得之心而见之行则曰德行。德行至显也，而《易》有数以神之。夫惟显之神之如此，是故明则有功于人事，方卜筮之时，受命如响，俨若宾主之酬酢焉；幽则有功于造化，开天下之志，成天下之务，有以赞神化之不及焉，故曰天下之能事毕也。

夫人能因数以成变，因法以明理，知数法之变化者，其知出于理势之自然而非人力之可与（去声）者乎。数也，法也，一变化也。其不得不变、不得不化者，神也。知变化，则知神矣。

按：天地间有理则有气，有气则有数。龙马钟天地之灵、泄天地之秘,其背上旋毛不过自一至十之数耳(指龙马身上的河图),而五行之生成、造化之功用悉具焉。圣人起而制揲蓍之法,为天下万世明得失、决趋避,其裨益于人世者岂浅鲜(上声)哉?有河图而天地之数明,有圣人而图数之功显,此数学之所以大,而圣人之所以幽赞神明也。

第十章

易经 《易》有圣人之道四焉:以言者尚其辞,以动者尚其变,以制器者尚其象,以卜筮者尚其占。

解义 此一章,是言《易》之有功于天下,圣人之有功于《易》。而首一节,正言《易》之为用至大也。

器,一定之理;变,七、八、九、六之变;象,老少、动静之象。

孔子意曰:圣人本道以作《易》,《易》之既作,道即在《易》。《易》有圣人之道四焉,四者何?辞、变、象、占是也。圣人以道而系之于辞,固曲中(曲中:完全符合)而不越者也。人之欲以言商榷乎事者,尚乎卦爻之辞以为言,则浅深详略各当(去声)其可矣。圣人以道而裁之为变,固屡迁而不居者也。人之欲以动措置乎事者,尚乎卦爻之变以为动,则经权(经:道之常;权:道之变)常变、不胶于一矣。彼裁制于心而欲事有定理者,是谓制器,则尚乎阴阳老少之象。盖象者,变之已定者也,尚之则确然不易可以成务矣。彼两可于心而欲决其所疑者,是谓卜筮,则尚乎吉凶得失之占。盖占者,辞之已决者也,尚之则从违已断可以通志矣。

于此可见:《易》之道,开于天地,成于圣人,用于天下,大而家国天下之事,小而日用事物之理,《易》皆有以范围之而不能外。大哉《易》之用乎!

易经 是以君子将有为也,将有行也,问焉而以言;其受命也如响，无有远近幽深，遂知来物（来物：未来的事物）；非天下之至精，其孰能与（去声）于此？

　　解义　此一节，是言尚辞尚占之事也。

　　为，为之于身也；行，行之于天下也；命，卜筮者之言也；如响，应之速也。

　　孔子意曰：人之所以尚辞尚占者，以辞占之至精也。是以君子将有为于一身、将有行于天下，此时吉凶未定，抱蓍问《易》，求卦爻之辞占以决其从违。《易》则受人之命，随叩随答，应之甚速如响之应声；凡远而时地之辽廓、近而时地之现前、幽而事几之潜藏、深而人心之不测，无有远近幽深，而来物（来物：未来的事物）之吉凶无不周知焉。此由辞占之理纯粹不杂，其于天道人事究极微密。惟天下之至精，故能如此。非然者，安能应之速而无遗如此哉？

　　按：辞占为卜筮而设，而孔子谓之至精者，盖《易》之理上穷天道之蕴，下推物则之原，细微曲折，无一渗漏，则岂独为卜筮之书哉？

　　易经　参伍以变，错综其数，通其变遂成天地之文；极其数，遂定天下之象；非天下之至变，其孰能与（去声）于此？

　　解义　此一节，是言尚象尚变之事也。

　　参，参酌之意；伍，互合之意；错综，即以参伍者而错综之、考核之意。

　　孔子意曰：人之所以尚象尚变者，以象变之至变也。盖卦始于一变，而变何以成？是有参伍之法在。始则参之，各数（上声）其左右之所归，继则伍之，总数（上声）其左右之所扐，则其策或八、九之多，或四、五之寡，而其变成矣。此四营成《易》，所谓一变也。凡爻成于三变，而爻何以成？是有错综之法在，即其参伍者分之左右，交错以稽其变，列之低昂，总挈以合其归，则其数或九、六为老，或七、八为少，而其数（去声）明矣。此三变成爻，所谓一爻也。然则参伍以变，特一变耳，尚未成爻也。通三变而皆此参伍，则天地之文不成于通变中乎？盖天地之文，阴阳老少而已。变既通，则奇偶错陈，老少间杂，宛然天经地纬，灿然而成章矣。错综其数，特三变耳，尚未成卦也。极六爻之数而皆此错综，则天下之象不定于极数中乎？盖天下之象，阴阳动静而已。数既极，则天地水火、雷风山泽，宛然事物之象，一定而不易矣。此由象变具圆神之德、妙屡迁之用，惟天下之至变故能如此。不然者，安能成文定象若此哉？

按：象变只此蓍数，而谓之至变者，盖象变之在《易》，活泼流动无一毫凝滞之累，故能奇偶动静惟变所适，而文与象已具焉。此以动以制器者所以必尚之也。

易经　《易》无思也，无为也，寂然不动，感而遂通天下之故；非天下之至神，孰能与（去声）于此？

解义　此一节，是极言精变之妙也。

神，即精变之所为，非精变之外别有神也。

孔子意曰：尝统精变之妙而计之，更有不知其然而然者。凡物有心，则有思有为；《易》无心也，何有于思、何有于为？方其蓍未揲、卦未求时，辞、占、象、变，泯然无迹、寂然不动也；及其感而揲蓍求卦也，则受命如响，来物遂知、文象遂见，则感而遂通矣。天下之事本有吉凶，《易》则直指吉凶以示人，所谓通天下之故也。若此者，以辞占至精，而精之所通者无方；象变至变，而变之所通者无体。惟天下之至神，故能如此。非然者，安能体用交备、动静咸宜若此哉？

盖凡天下之物，一于寂者沦于无，倚于感者滞于有，皆非神也。《易》则无思而无不思、无为而无不为，是以寂不终寂、感而遂通。洵（p.150）乎！精变之至，神妙无方也。此圣人系辞观变、画象玩占之功济万世而不穷者欤。

易经　夫《易》，圣人之所以极深而研几也。唯深也，故能通天下之志；唯几也，故能成天下之务；唯神也，故不疾而速，不行而至。子曰"《易》有圣人之道四焉"者，此之谓也。

解义　此三节，究言《易》道本于圣心，而赞圣人作《易》之功大也。

孔子意曰：夫《易》固至精、至变、至神矣，然非《易》自能精、变、神也，圣人为之也。天下吉凶祸福之理，隐于无形，谓之深，深则最难测识，而《易》之卦爻无不备也；阴阳老少，兆于微茫，谓之几，几则极难剖判，而《易》之蓍策无不具也。夫卦爻所具幽远不测之深，蓍策所备微茫难判之几，乃圣人所以究而极之、精而研之，著为辞占、制为象变，以开示夫天下后世者也。极深以为至精，研几以为至变，而神即寓于精变之中矣。《易》之至精，既由圣人之极深而成，是辞占所具皆幽远莫测之深也。

唯深，故受命如响，遂知来物而有以通天下之志。《易》之至变，既由圣人之研几而成，是蓍策所兆皆微茫难判之几也。唯几，故成文、定象、制器、断疑，而有以成天下之务。唯深几皆出于自然而神也，故无方无体、感而遂通、不必疾而自速、不用行而自至也。

吾所谓《易》有圣人之道四焉者，正谓圣人极深而为辞占可以通志，研几而为象变可以成务，而通志成务一统于至神之谓也。可见圣人之道，阴阳不测之神也。

按：上章总言《易》之神，此言《易》之神足为人尚，而实本圣心之神，推之为大《易》之神。故分之为辞占、象变，统之为精、变、神，而实本于圣人极深、研几之一心。然则遇求圣人之道而会圣心之神者，舍学《易》曷由哉？

第十一章

易经　子曰：夫《易》何为者也？夫《易》开物成务，冒天下之道，如斯而已者也。是故圣人以通天下之志，以定天下之业，以断天下之疑。

解义　此一章，专言卜筮。而此一节，则统论《易》为通志、成务、断疑之书，以明《易》之功用大也。

《易》，指蓍、卦、爻言；物，指人言；开物，谓使人知吉凶；成务，谓使人知趋避；冒，谓统括也。

孔子意曰：夫《易》有蓍、有卦、有爻，更伏羲、文王、周公三圣人而成书，必有莫大之用具乎其中。而《易》果何为者也？夫《易》恐人迷于吉凶，而得告吉、失告凶，以开发夫颛蒙（音专萌，愚昧）；恐人眩（音旋，去声，迷惑）于趋避，而吉使趋、凶使避，以成就夫事务；且天地人物之理、盈虚消息之数，无不该括于卦爻之中，而统冒夫天下之道焉。《易》之为用，如斯而已者也。是故圣人欲开天下之物而不能自开也，故制为卜筮使人不迷乎吉凶，以开通天下之志；欲成天下之务而不能自成也，使人因卜筮所告而勇于趋避，以成定天下之业；欲冒天下之道使巨细靡遗也，故立卦生爻，使人观象玩辞不惑于义理，观变玩占不淆于从违，以断天下之疑焉。《易》之有关于民用如此！圣人作《易》，乌可已哉？

按：人生而蒙，愚昧未明，有父兄之教不能入、帝王之令不能行者，《易》昭告吉凶之道，如梦顿觉，故曰开。自建侯行师、用狱治历，以至纤细不可枚举，《易》斟酌从违之宜，受命如响，使人鼓舞不倦、有始有终，故曰成。上自造化气运之大，下及人心念虑之微，远近幽深，自卦爻一设，包举其中，一无所遗，故曰冒天下之道。是《易》赖圣人以成能，斯百姓皆可以与能也。

易经　是故蓍之德圆而神，卦之德方以知（通智），六爻之义易以贡（告诉）；圣人以此洗心，退藏于密，吉凶与民同患；神以知来，知以藏往；其孰能与（去声）于此哉？古之聪明睿智神武而不杀（杀伐）者夫。

解义　此一节，是言蓍、卦、爻之德本于圣心，以明作《易》之原也。

圆神，谓变化莫测；方智，谓定理昭然；易贡，谓变易以告人。

孔子意曰：夫圣人何以能通志、成务、断疑也？以蓍、卦、爻也。是故《易》有揲蓍之法，其奇偶老少、参伍错综、圆通不滞而神妙莫测，其德不圆而神乎？揲蓍所得之卦，其中吉凶得失之理、盈虚消息之数，灿然备陈而范围莫过，其德不方以智乎？至发挥于刚柔而效天下之动者，爻也。爻各一其位，位各一其时，事因时变，辞以情迁，其随时化裁之义，非变易以贡人之求者乎？此其所以能通志、成务、断疑也。夫蓍、卦、爻，固足以通志、成务、断疑矣，使非圣人有洗心之功，则亦乌能出其心之神智以生蓍立卦生爻哉？圣人知吾心之神本能知来，吾心之智自足藏往，但恐洗心之功不纯，使此心驰骛（驰：放纵；骛：乱驰）而不存，物我有间（去声）而不公，吾心遂昏昧而不神，障蔽而不知耳。圣人知其如此也，以此日新又新，洗濯其心，不使有一尘之累，复凝精聚神、敛视返听，退藏于宥密渊深之地而存存不息；且物我之见皆忘，彼此之形悉化，或吉或凶与民同患，由是一心澄定、全体莹然。凡吉凶未兆谓之来，来固未易知也；而圣心之神，善必先知其吉，不善必先知其凶，光照所烛，巨细靡遗。事理已定谓之往，往亦未易藏也；而圣心之智，所见以为可者千百世莫能移，所见以为否者千百世不能外，睿照所及，确不可易。知来藏往，圣心之神智如此，其孰能与（去声）于此哉？唯古之聪明睿智神武而不杀伐（杀伐：征战；杀戮）之圣人，始能不假蓍、卦、爻而知吉凶也夫。

按：上章言《易》之辞、占、象、变为圣人极深研几之书，此章揭出洗心二字，正极研之实功、作《易》之大原也。吾心之神，即天地万物之神，人皆有此心，心咸具此神。然知来藏往独让圣人而他人不能者，有所蔽也。其有所蔽者，无洗心之功也。圣人能洗其心，故能全其神。退藏者存存不息也，同患者物我无间（去声）也，知来藏往，则其自然之能事也。孔子不惑知命、耳顺从心，非洗心之纯，何以臻此哉？

易经　是以明于天之道而察于民之故，是兴神物以前（引导；本章前字多用此义）民用；圣人以此斋戒，以神明其德夫。

解义　此一节，是直指圣人兴蓍之实也。

兴神物，谓制揲蓍之法；斋，谓齐（平息）在内之思虑；戒，谓闲（防御）在外之物诱。

孔子意曰：夫圣人之神、智，既迥绝乎人，是以洞烛乎天道之盈虚消息而契（领悟）吉凶之原，详审乎民情之爱恶攻取而识吉凶之故；于是制为揲蓍求卦之法，出吾心之神、智兴此神物，以通志、成务、断疑而前民用焉。民用前而民行济，圣人吉凶同患、知来藏往之神智及于天下后世矣。然非有洗心之功不及此。圣人所以湛然纯一齐其思虑，肃然警惕闲其外诱，以神明其德而使之能知来藏往者，其以此夫。

按："斋戒"二字，便是圣人洗心之功。圣人有洗心之学，然后有神、智之用，亦必有洗心之学，然后能出其心之神、智，以兴神物而前民用。至神物兴而民用前，则一时用之，圣人之神明及于一时；万世用之，圣人之神明通于万世矣。使不能斋戒以洗其心，则吾之德先有所滞而不神、有所蔽而不明，亦乌能明天道、察民故、兴神物以前民用哉？

易经　是故阖户谓之坤；辟户谓之乾；一阖一辟谓之变；往来不穷谓之通；见（通现）乃谓之象；形乃谓之器；制而用之谓之法；利用出入，民咸用之谓之神。

解义　此一节，详言制蓍之由以明前民用之实也。

阖户，指气机收敛言；辟户，指气机发生言；见（通现），谓萌芽初生；形，谓体质已成；制、用，谓制为揲蓍之法用之以卜吉凶也。

孔子意曰：夫神物兴于圣人而生于天地，是故造化一气流行，即万物出入之户；时乎静而气机收敛，如户斯阖，阴气用事故谓之坤；时乎动而气机发生，如户斯辟，阳气用事故谓之乾。一阖一辟，阴阳交换，如环无端，不谓之变乎？阖极而辟，辟极而阖，流行旋转，往来不穷，不谓之通乎？夫乾坤变通化育之功如此，由是自无生有。萌芽初见仿佛未形，止谓之象；及其著见成形，体质已具，一定不移，乃谓之器。象器既具，而蓍生于其中矣。圣人法乾坤之道，准变通之宜，制为大衍五十之数，使人用以筮而四营成易，十有八变成卦，受命如响，感而遂通，不谓之法乎？由是法立而出入之度以昭，民用之出而利，民用之入而利，一出一入，民咸用之，鼓舞于趋避而不知其所以然，不谓之神得乎？此圣人兴神物以前民用之实也。

按：蓍亦植物中之一物耳，使不遇圣人，何由而知为神物？使非圣人神明化裁，制而用之，则神物终属无用之物，亦乌能自著其神耶？故神物非神，必经圣人之裁制而后成其为神。至于利用出入，民咸用之，则圣心之神直贯乎天下后世矣。故谓神为蓍之神可也，谓神为民之神亦可也，其实皆圣人之神，借助于蓍之神以鼓舞乎斯民之神耳。

易经　是故易有太（原书作大）极，是生两仪，两仪生四象，四象生八卦。八卦定吉凶，吉凶生大业。

解义　此二节，是言圣人画卦之序，以征（证明，证验）民用之所由前也。

太极，谓至极（至极：达到极点）无上，以主宰万化之理言；两仪，谓奇偶；四象，谓老阴、老阳、少阴、少阳；八卦，谓乾、兑、离、震、巽、坎、艮、坤。

孔子意曰：圣人既兴著以妙其用，必先有卦画以立其体，是故仪、象、八卦，皆阴阳之变化，所谓《易》也。《易》固生生不已，变化无端矣，然必有至一不变之理主宰于中，以为生生之本，太极是也。太极动而生阳，圣人因画一奇以象阳；静而生阴，圣人因画一偶以象阴。太极生两仪，而两仪一太极也。两仪之上，各加一奇一偶，而太阳、少阴、太阴、少阳之四象生焉。太阳、少阴之上，再加一奇一偶，而生乾、兑、离、震；太阴、少阳之上再加一奇一偶，而生巽、坎、艮、坤。四象生八卦，而四象八卦亦一太极也。由是八卦既成，引申触类，六十四卦，三百八十四爻，莫非八卦之错综变化。

其间时有消息、位有当否，得失既殊，吉凶立判。八卦不可以定吉凶乎？吉凶既定，趋避昭然，一时用之可生一时之大业，万世用之可生万世之大业，真可以通志、成务、断疑而前民用也，又何一非太极之所生所定耶？

按：《易》之八卦方图，具有生两、生四、生八之象，儒者相传以为画卦之由，但细玩定吉凶、生大业之言，分明是揲蓍之事。则两仪、四象即揲蓍所得，或四或八，奇偶两仪，三奇、三偶之老阳、老阴，一奇二偶、一偶二奇之少阳、少阴也。下文云《易》有四象，所以示也。若以四象为指两画言，如何示人以所值之卦爻乎？此章先言蓍之德，次言卦爻之德，昔者圣人章先言生蓍后言立卦生爻，分明有蓍而后有卦有爻。生蓍立卦生爻，是一时事，人知揲蓍为后人用《易》之法，而不知即圣人作《易》之原。上言兴神物以前民用，继言制而用之谓之法，而易有太极则详言兴蓍制法之序也。《易》者，仪象卦爻也。太极者，大衍之数也。两仪者，四营所成之奇偶也。四象者，三变所得之老阴、老阳、少阴、少阳也。八卦者，十八变所成六画之卦也，言八卦而六十四卦在其中矣。十八变所成之卦始可以定吉凶生大业，若三画之卦，如何定吉凶、生大业乎？或疑太极如何是大衍之数？曰：圣人明言大衍之数五十，其用四十有九；用者，太极之用，其一即太极之体，体静而用动也；乾坤之策三百六十，二篇之策万有一千五百二十，六十四卦之策妙合天地万物之数，而皆统括于衍数之中。故自其数之推衍无可复加而言，谓之大衍之数；自其范围天地万物包含仪象卦爻而言，谓之太极。先儒周敦颐所论太极，指无声无臭之理言；所谓两仪，指天地流行真阴真阳之气言也。孔子所谓太极，指统括天地万物之衍数而言；所生两仪，指分二、挂一、揲四、归奇，所得或四或八之奇偶而言也。周子借“太极”二字论天地生生之理，孔子则详言制法兴蓍之序，义各有属。其实大衍之数原从图书（p.7注⑥）中五衍成，括尽天地万物之数；而中五浑沦未发，括尽天地万物之理。是言数而理即寓于数之中，言理而数即含于理之内，神而明之，非有二也。

易经 是故法象莫大乎天地，变通莫大乎四时，县（通悬）象著明莫大乎日月，崇高莫大乎富贵；备物致用，立成器以为天下利，莫大乎圣人；探赜索隐，钩深致远，以定天下之吉凶，成天下之亹亹（p.8注⑨）者，莫大乎蓍龟。

解义 此一节，是即造化人事而极赞蓍龟之功用大也。

孔子意曰：《易》能定吉凶、生大业，功用之大如此。试再即造化人事而究论之，是故有形可法、有象可像者，莫大乎天之无不覆、地之无不载也。而天地之变化莫测、流通不穷者，莫大乎四时之推迁错行也。至悬（原书作县，以下径改，但易经原文中的"县"不改，加注"通悬"）象于上而著明于下者，莫大乎丽乎天之日月也。若夫效天法地而成位乎中，则端有藉夫崇高之位，而崇高莫大乎富有天下、贵为天子焉。若夫效四时之变通尽利、神化宜民，则端有赖夫制作之利而广备诸物，因其材质以致之于用，竭耳目心思、立一成之器以为天下万世之利者，莫大乎聪明睿智之圣人焉。若夫法日月之明，极制作之大，探讨夫事理之繁赜而精识其原，详索夫事机之隐伏而洞悉其故，研究夫性命不测之深而钩之使显，穷极夫千万里千百世之远而致之使近，因明得失之报，以定天下之吉凶，使之勇于趋避、鼓舞不倦，成天下之亹亹（p.8 注⑨）者，有大乎圣人所制之蓍龟者哉？甚矣，圣人兴神物之功大也！

按：自古蓍龟并重，此章但专言筮法。首节言《易》为开物、成务、冒道之书；次节即言蓍卦爻之德，是明言《易》为蓍卦爻也；三节言兴神物以前民用，兴神物即立揲蓍之法；四节言蓍生于天地、制于圣人；太极二节则详言生蓍立卦之序，以明前民用之实也。前后俱是论蓍，所谓莫大乎蓍龟者，乃因蓍及龟，见蓍之定吉凶、成亹亹与龟同耳。圣人兴之、制之、则（效法）之，总是揲蓍之事。时讲蓍龟并重，失圣人立言之旨矣。

易经　是故天生神物，圣人则之；天地变化，圣人效之；天垂象，见（通现）吉凶，圣人象之；河出图，洛出书，圣人则之。易有四象，所以示也；系辞焉，所以告也；定之以吉凶，所以断也。

解义　此二节，究言圣人作《易》之由，以明通志、成务、断疑之故也。

神物，与前神物同，指蓍言；变化，指阴阳言；垂象，指日月星辰言；四象，谓阴阳老少；示，谓示人以趋避动静之宜。

孔子意曰：夫蓍之定吉凶、成亹亹既与龟同，则圣人兴蓍之功大矣。是故《易》之有蓍也，非圣人自为之也。蓍之生也，一本百茎，下有神龟守之，固天生神物也。圣人则之立揲蓍之法，而圆神之德备焉。《易》有卦象，内含变化，亦非圣人意为之也。天地阴阳阖辟，变化无穷，圣人效之，画卦立象，变动不拘，刚柔相易而方智之德备焉。《易》有吉凶之辞，亦非圣人自为之也。天垂日月星辰循序失序之象而现得失吉凶之征，圣人象之，系彖爻吉凶之辞，而易贡之义昭焉。然则蓍也、卦也、爻也，无一而非《易》也，实无一而非数也，是岂无所则哉？天不爱道，龙马负图而出于河，以五生数统五成数而同处其方，数之体也；地不爱宝，神龟载书而出于洛，以五奇数统四偶数而各居其所，数之用也；总之皆《易》理也。圣人则图而用摩荡之法，其所为仪象八卦者已备；则书而用纵横交错之法，其所为仪象八卦者亦符。《易》皆因造化而作也，圣人岂强为哉？

合而观之，《易》有七、八、九、六，阴、阳、老、少四象，所以示人以动、静、从、违之准，而通天下之志也。于象之所示而系以象爻之辞，所以告人观象玩辞、观变玩占而定天下之业也。且卦有小大，辞有险易，因其得失而定其或吉或凶，所以决其何者当趋、何者当避而断天下之疑也。《易》之为用岂不大哉！

按：此章头绪甚多，总是承上章言蓍之所未备，故朱子以为专言卜筮。然要（阴平）皆原于造化而神明于圣人之一心。圣人能洗心以神明其德，故能则之、效之、象之，兴蓍、立卦、生爻，以通志、成务、断疑，建范围天地之业、曲成万物之功。圣人作《易》之本，既自洗心中来，后之学《易》者，苟无洗心之功，则又焉能神明其意而收寡过（寡过：少犯错误）之效哉？

易经 《易》曰："自天祐之，吉无不利。"子曰：祐者，助也；天之所助者，顺也；人之所助者，信；履信思乎顺，又以尚贤也；是以自天祐之，吉无不利也。

解义　此一节，是释大有上九爻义，见惟德可以动天也。

此节错简，宜在第八章之末。（明张闽岳刻本《周易本义》将此节原文置于第十二章之首）

孔子意曰：《易》大有上九曰"自天祐之，吉无不利"，天岂私祐上九哉？有所以致天之祐者在也。盖祐之为言，助之义也。天人虽殊，理则一致，天之所助者顺也，顺则不悖于理，故天助之；人之所助者信也，信则不欺乎人，故人助之。天人所助既在顺信，则不必问天、不必问人，但问我之顺信何如耳。今上九以刚居上而能下从六五，是身所履者信而动必以实，心所思者顺而虑以下人。以此信顺又专尚六五之贤，如此满而不溢，尽处（上声）有之道而克当（去声）天心，是以自天祐之而吉无不利也。

按：爻但言天而孔子兼言人者，天空虚无凭，而人真实可据，倘言天不言人，恐人疑其为矫诬上天，且惧世之不尽人事者。或诏事鬼神、妄希福祐，故以人之所助实之，见上九之所谓天助者实不出此人助之外也。

第十二章

易经　子曰：书不尽言，言不尽意。然则圣人之意，其不可见乎？子曰：圣人立象以尽意，设卦以尽情伪（情伪：真假），系辞焉以尽其言，变而通之以尽利，鼓之舞之以尽神。

解义　此一章，见《易》为圣人尽意之书，用《易》者贵神明其意。而此一节，则先言圣人作《易》之事也。

象，指卦画奇偶言；卦，指六十四卦言。

孔子意曰：流行于天地万物则为道，存于圣人之心则为意；意发而为言，言笔之为书，是道意者言而载言者书也。然书固所以载言而实不能尽言，言固所以道意而实不能尽意。然则圣人明道觉世之意，其终隐而不可见乎？非也。圣人知天地万物之理不外阴阳，于是画一奇以象阳，画一偶以象阴，则大而天地、小而万物，精入无形、粗及有象，悉包括于中，而圣人之意尽矣。然人之善恶万变不越情伪两端，使无道以彰其情伪，圣人之意犹未尽也，于是即八卦奇偶之象，因而重之为六十四卦。卦有阴阳淑慝（p.3 注⑦），而人之爱恶取舍、事变万端莫能逃其范围，岂不可以尽情伪乎？又惧人不能即象以会意、即卦以究情伪也，复即象之失得、卦之大小而系以吉凶悔吝之辞，以尽其言，使人因言以会意，因言以辨情伪，而圣人之精蕴益以阐矣。夫圣人之意，固欲以利天下也，人亦孰不欲利？特无圣人之辞以指示之，因冥行罔觉（冥行：暗中行走；罔觉：迷惑难觉悟），穷弗能变、变弗能通耳。圣人既立象设卦，复系以辞，明示天下后世以穷变通久之道。天下后世之人，静则观其象而玩其辞，动则观其变而玩其占，自能通变趋时、无往弗顺。且趋避之际，鼓舞不倦，莫测其端，莫知其然，非所以尽利尽神乎？至于尽利尽神，而圣人之意尚有弗尽乎？

按：圣人作《易》之意，总是教人趋吉避凶。而吉凶原于善恶，善恶根于情伪，顺其性则为情，拂其性则为伪，情则为君子，伪则为小人。故从来纯忠至孝，祗（音支，适）求惬（音怯，满足，适合）乎至情；而元恶巨憝（音对，恶），总以行其大伪。孔子释乾二爻曰：闲（防止）邪存其诚。诚者情也，邪者伪也。使人人皆能闲邪存诚、祛伪尽情，而圣人之《易》亦可弗作矣。无如人之行诈者多、率性者少，始或侥幸一时，终必纳诸罟获（罟，音古，网；罟获：捕获禽兽的工具）陷井，而罔知趋吉避凶之道。此立象设卦系辞之所以不容已也。

易经　乾坤，其《易》之缊耶？乾坤成列，而《易》立乎其中矣；乾坤毁，则无以见《易》；《易》不可见，则乾坤或几乎息矣。

是故形而上者谓之道，形而下者谓之器；化而裁（p.32注①）之谓之变，推而行之谓之通；举而措之天下之民谓之事业。

解义　此二节，见《易》不外于乾坤，以明圣人立象尽意之实也。

缊，衣中之絮，谓包蓄也；乾坤，指卦画奇偶言；"乾坤息"之"乾坤"，指天地之功用言。

孔子意曰：夫立象所以能尽意者，以圣人之意尽于《易》，而《易》尽于乾坤也。六十四卦莫非乾坤之变化，故《易》得乾坤而成《易》，犹衣得絮而成裘也。试观乾父坤母，左右成列而阴变为阳、阳变为阴，变化无方之《易》已立乎其中矣。使乾坤卦画毁而不立，则不知何者为阴、何者为阳，是乾坤毁则无以见《易》也。圣人因天地有自然之《易》，故画卦作《易》以形容之。使人即乾坤卦画之变化，因以识天地阴阳之变化。此画卦立象之旨也。若乾坤之卦画毁而不可见，则阴阳变化之妙无由而测识其端，而乾坤之功用或几乎息矣。乾坤之功用几息，而圣人之意又何由而见耶？甚矣！立象之不可已也。

是故乾坤一奇偶也，奇偶一阴阳也，自其超于阴阳奇偶之外而不以形象囿者，形而上者也。斯则太极真机主宰夫有形之器者谓之道，道固乾坤之精也。若夫有形可见、有象可求者，形而下者也。斯则有体有质承载夫无形之道者谓之器，器乃乾坤之迹也。因乾坤自然之化而制为七、八、九、六之数，刚柔相推，阴阳互易，不可为典要，惟变所适，故谓之变。推此化裁（p.32注①）之变而行诸日用动静之间，则吉凶明而趋避决，事无疑而行不滞，不谓之通乎？举此变通之法，措诸天下之民，使天下之民皆知变通趋利、鼓舞不倦，则志通务成。圣人道济天下之事业孰有大于此者哉？信乎？乾坤为《易》之缊而立象果足以尽意也。

按：形上形下二语，论道器精粗最为该括。"乾坤"二字，有指天地阴阳言者，有指卦画奇偶言者。自卦画言之，则卦之奇偶为形下之器，而奇偶中所寓之精意乃形上之道；自天地阴阳言之，则成象于天、成形于地者为形下之器，而主宰夫是、纲维夫是，弗见弗闻、无声无臭者乃形上之道；合阴阳奇偶言之，则一阴一阳流行不息，盛德大业化育无穷者，形而上之道，而象者像此、爻者效此，刚柔奇偶确然可据者乃形而下之器也。要之，非道无以宰器，非器无以显道，有隐现之别，无彼此之分。知此则知圣人立象尽意之旨矣。

易经　是故夫象，圣人有以见天下之赜，而拟诸其形容，象其物宜，是故谓之象；圣人有以见天下之动，而观其会通，以行其典礼，系辞焉以断其吉凶，是故谓之爻。极天下之赜者存乎卦；鼓天下之动者存乎辞。化而裁之存乎变；推而行之存乎通；神而明之存乎其人；默而成之，不言而信，存乎德行。

解义　此三节，是申言象所由立，以示用《易》者贵即象以会意、得意而忘象也。

上言谓之变、谓之通，指作《易》言；此言存乎变、存乎通，指用《易》言；明，谓明卦爻变通之理。

孔子意曰：圣人固立象尽意矣，夫象岂无所见而能立哉？圣人有以见天下之赜莫非道也。于是拟诸其形容而画卦立象，以象其事物之宜，是象乃以象乎其赜者也，是故谓之象。象立而卦立，卦立而爻生焉。爻亦非无所见也，圣人有以见天下之动亦莫非道也。于是即其动而观众理之统会，以求一理之可通；即可通之一理，以立为不易之典常。合此典常，则系辞焉断其为吉；悖此典常，则系辞焉断其为凶。是爻乃以效乎其动者也，是故谓之爻。

可见象、爻虽形下之器，而实寓夫形上之道，故极天下之赜而精粗靡不穷尽者，实存乎卦。观于卦画之纯杂，而天地之撰、万物之情皆可会也。舍（上声）卦而何以极天下之赜也？鼓天下之动而使之亹亹（p.8 注⑨）不倦者，实存乎象爻之辞，玩其辞之何以吉、何以凶，而趋避之意不觉踊跃奋迅、油然而生也。非辞而何以鼓天下之动也？

　　化裁谓变，是《易》中已具化裁之变，以备人揲著之用。人苟欲决从违、审动静，化裁适宜即存乎七、八、九、六之变，察其阴阳老少，而动静从违之宜决矣。推行谓通，是《易》中原有可行之通，以备人推行之用。人苟欲趋夫吉、避夫凶，通达无碍，即存乎变化可行之通，宜动则动、宜静则静，自然动静允协（p.453），行无弗利矣。夫卦爻虽具此变通之理，而天下未必皆善用《易》之人，以其滞于象器而不能神明其意，即不能神明其道也。诚能斋戒洗心，以吾心之神会作《易》之神，即象以识其意，即器以悟夫道，此存乎善读《易》、善用《易》之人，而未可概责之天下也。若夫神明于心即默成于身，不睹不闻之际有暗然日省（日省：每天反省）之功，不徒事言论讲说而存存不息，无一毫虚伪欠阙，此非素有修德凝道之学至于德成行备者不能也。岂不存乎德行哉？

　　按：孔子言君子居则观其象而玩其辞，动则观其变而玩其占，是以自天祐之吉无不利。夫君子固所称神明默成之人也。所以观象玩辞者，正以卦能极天下之赜，辞能鼓天下之动也；所以观变玩占者，正以化裁存乎变，推行存乎通也。自天祐之，不亦宜乎？

乾　䷀　元亨利貞。

此卦六畫皆奇。上下皆乾，陽之純而健之至也，故名為乾。而卦辭則即天道以明聖人之德也。乾，健也；元，大也，始也；亨，通也；利，宜也；貞，正也。

而因也，卦辭即彖辭。文王繫乾彖辭曰，伏羲畫卦為乾，純陽至健，有天之象，蓋以形體言，則謂之天，而以性情言，則謂之乾。人能體乾，以元德始萬物，聖人本至健之才，以開物前民學，而元一同於天。

日講易經解義卷之二　三

也。天以亨德長萬物。聖人者有為之功，以設施集群萃而亨一，同於天也。遂萬物者，利之德。聖人因性樹宜，使集一物不得其所，一如天之利也。成萬物者，貞之德。聖人化裁曲成，便無一物不植其命，一如天之貞也。折之則為四德，統之不越一乾。蓋乾道至大至遠，本無不宜，本無不正。體乾者貞，能法天自強以純心行純政，則德化治功自無不與天合撰耳。

按元亨利貞之辭，見於諸卦者皆為大亨而

卷之十七　系辞下传

第一章

易经　八卦成列，象在其中矣；因而重之，爻在其中矣。刚柔相推，变在其中矣；系辞焉而命之，动在其中矣。吉凶悔吝者，生乎动者也。刚柔者，立本者也；变通者，趣（通趋）时者也。

解义　此一章，言卦爻吉凶原于易、简。而此四节，则先论象爻变动之所自出，以推吉凶之所由生也。

八卦，谓乾、兑、离、震、巽、坎、艮、坤三画之卦；象，谓奇偶纯杂之象；因重，谓每一衍八，重之为六十四也；刚柔，谓奇偶；变，谓阴阳变化；动，谓占者所值当动之爻象。

孔子意曰：《易》理尽于吉凶，吉凶寓于象爻变动。象爻变动，何自而生乎？圣人作《易》，本太极而生两仪，由两仪而生四象、八卦，次第成列，则乾坤列而纯阴纯阳之象以著，六子列而杂阴杂阳之象以昭，象不在成列之中乎？由是因已成之卦，各以八卦次第加之，则内外备而贞悔全，远近贵贱、承乘比应之爻，即灿然（灿然：明白）于各卦之中矣。

由是爻之奇偶即为刚柔，而六十四卦、三百八十四爻，不过刚柔二画往来推换，则凡阴极变阳、阳极变阴，不即在此相推中乎？由是卦爻之中，时有消息、位有当否，圣人皆系之辞而明示以趋避之宜。此时虽未形于动，而占者所值当动之爻象，岂能出辞所命之中哉？

夫辞之所命者吉凶悔吝而已。吉凶悔吝，虽已备于系辞之时，必俟卦爻之动而吉凶悔吝方始昭然，是吉凶悔吝固生乎卦爻之动者也。使不先系辞以命之，人将何所适从乎？然所谓动者亦因乎时而已。

　　盖六十四卦不外刚柔两画,方其未动,一刚一柔各有定位,确不可移,则刚柔非立《易》之本者乎?然位有定而时无定,及其既动,则化裁推行总非自主,非顺乎时之自然而趋乎时之不得不然者乎?可见时之所在动不能违。人能变通趋时,自然动与吉会,何凶悔吝之有?

　　按:天道不外一时,圣人合德天地之学亦不外于一时。孔子释乾五曰:先天而天弗违,后天而奉天时。释大有象辞曰:其德刚健而文明,应乎天而时行。萃之时,用大牲吉也;而损之时,则二簋可用享;屯之时,君子以经纶也;而需之时,则宜饮食宴乐。盖莫非时之所宜然也。知《易》之理不外乎一时,则知圣人体《易》之学矣。

　　易经　吉凶者,贞胜者也。天地之道,贞观者也;日月之道,贞明者也;天下之动,贞夫一者也。

　　解义　此二节,是申明吉凶之故,而示人以贞一之学也。

　　贞,谓正而常也;一,即理也。

　　孔子意曰:夫刚柔变通,则卦爻动而吉凶生矣。然吉凶不容并立,常以正而相胜者也。吉胜凶,凶胜吉,虽有万变,不外一贞。贞则吉胜于凶,不贞则凶胜于吉。所谓惠迪(p.509)吉、从逆凶,唯影响也。

　　不观之造化乎?天地之道,消息盈虚至变矣,惟以贞常运,天垂象、地效法,历万古而不易也。日月之道,晦朔弦望(p.395)至变矣,惟以贞常照;日明昼、月明夜,亘万古而不息也。然则天下之动可知矣。天下之动,得失忧虞,万变无穷,其贞常不易者,一理而已。人之动,非顺乎理,即逆乎理。顺理则吉,逆理则凶,势无常而理有定,不犹天地之贞观、日月之贞明乎?此吉凶之所以贞胜也。

　　按:圣人系辞以断吉凶,原有以见天下之动而观其会通,以行其典礼。所谓典礼，即贞也；所谓会通（p.7 注③），即一也。故其所系之辞，从之则吉，悖之则凶，而天下后世不能外也。

易经　夫乾，确然示人易矣；夫坤，隤（音推，阳平，柔顺随和貌）然示人简矣。爻也者，效此者也；象也者，像此者也。爻象动乎内，吉凶见乎外，功业见乎变，圣人之情见乎辞。

解义　此三节，推原象爻所由立、吉凶所由见，而归功于圣人也。

确然，健貌；隤然，顺貌；动乎内，谓揲著求卦而值当动之爻象也；功业，指趋避言；变，即动，动则变也；辞，即吉凶之辞。

孔子意曰：夫天下之动固贞夫一矣。人亦知一之原于天地乎？夫乾，天也，性情确然，静专动直，气至即达，自然无为以生万物，明示人以易矣。坤，地也，性情隤然，静翕（音西，收敛）动辟，无所烦扰，顺承天施以生万物，明示人以简矣。

乾坤既以易简示人，圣人忧天下后世不能效法乾坤也，因作《易》以教人，而立象生爻焉。爻备于因重（阳平），人知效天下之动也，不知奇而阳者效乾之易，偶而阴者效坤之简。爻虽至变而有不变之理以主宰于中，爻非彷效乾坤之所示者乎？象具于成列，人知象天下之赜也，不知阳息阴消者如户斯辟，象乾之易；阴息阳消者如户斯阖，象坤之简。象虽至赜而有至约之理以纲维于内，象非肖像乾坤之所示者乎？

有爻象即有吉凶之辞。而吉凶必借揲著而后著，如人抱著问《易》，参伍错综，通变极数，效像乾坤之爻象，动乎著卦之内，而所值或吉或凶即见乎著卦之外。所谓吉凶悔吝、生乎动也。此爻象之动即变也。既动乎内而为变，此时虽未即措之天下而务自此可成、业自此可定，利用出入、百姓与（去声）能之功业已见乎此矣。然非圣人系辞以命之，则趋避终迷而功业亦无由而见，是功业固见于爻象之变，必得圣人系爻象吉凶之辞，然后得失明而从违决。圣人与民同患之情，不毕见于辞乎？此其忧世觉民之功，真可比德天地矣。

按：此章"贞、一"二字最为精要。一即天命之性也，贞即率性之道也。乾、坤、易、简者，性命之原而生成万物之大本也。圣人效天法地、立象系辞者，固欲天下各修其道以尽其性而至于命也。故圣人之意尽于象，而圣人之情见乎辞。学《易》者可不神明夫圣人之意与情乎？

易经　天地之大德曰生，圣人之大宝曰位；何以守位？曰仁；何以聚人？曰财；理财正辞、禁民为非，曰义。

解义　此一节，是言用《易》之圣人体天地造化之情以为情，而著之于功业者也。

天地无心而成化（成化：完成教化），故不言情而言德；德之所被，无不周遍，故言大德；生，谓物遂其生也；位，人君之位也；仁，当作人；理，治也。

孔子意曰：《易》之卦爻既已彰彰矣，然《易》之所以为用者，在天地则为造化，在圣人则为功业。以天地言之，天地有大德，曰生而已。盖天地之间，品物万形，无所不具，惟天则确然于上，地则隤然于下，寂然一无所为，而生生不已之机随处流行，若曰以生物为事，是生固天地之大德矣。以圣人言之，圣人体天地好（去声）生之德以生天地所生之民，必身膺天位，然后可以赞化育而宰群生，则又以位为大宝也。然大宝在位，须兢业以守之，而守之则以人焉。士民乐业，遐迩归心，而后位可守也。守位在人，须休养以聚之，而聚之则以财焉。家室盈宁，闾阎（p.337）优给，而后人可聚也。至若财以聚人，宜理也，则崇本业、省冗费以理之。辞以教民，宜正也，则殊贵贱、辨名实以正之。民之为非，宜禁也，则申法令、明刑罚以禁之。然三者必皆裁之于义焉。盖合于义，则理之而财得其平，正之而辞得其顺，禁之而民格其非，庶圣人之功业与天地之大德侔（齐）矣。

按：《易》之一书，原为与民同患而作。故上系首章，由乾始坤成而归之乾坤、易简之理；下系首章，复由乾易、坤简而归之天地大生之德。得乾坤、易简之理而成位乎其中者，圣人之体也；行天地大生之德而以位为大宝者，圣人之用也。有体，则与天地合其德，有用则为天地大其功。系《易》者，其有望于后世有德有位之圣人也，如此哉！

第二章

易经　古者包牺氏之王（去声）天下也，仰则观象于天，俯则观法于地，观鸟兽之文与地之宜，近取诸身，远取诸物，于是始作八卦，以通神明之德，以类万物之情。作结绳而为罔罟（罔：同网；罟：音古；罔罟：网的通称），以佃（音田，打猎）以渔，盖取诸离（指离卦，本章以下此句型均为卦名）。

解义　此一章，是言圣人制器尚象之事。而此二节，言包牺氏作《易》以前民用，而开鲜食之原也。

文，羽毛也；与地之宜，诸本多有"天"字；宜，时令方隅也；结绳，以麻为之；网，所以佃；罟，所以渔；盖者，疑词，言疑取诸此而非必取诸此也。

孔子意曰：粤（助词，用于句首，有审思义）稽（研习）古昔，以圣人之德履大宝之位而能作《易》以前（引导）民用者，昉（音仿，开始）于包牺氏之王天下也。盖羲皇藏往知来，心通造化，固已具一作《易》之本矣，而又求之于俯仰远近之内，以验阴阳消息之理。故仰则观经纬之象于天，如日月星辰之属是也；俯则观一定之法于地，如南北高深之类是也。至于俯仰之间，即鸟兽之文观之，如刚鬣（音列，兽颈上长毛）柔毛亦阴阳也，希革毛毨（音显，指毛羽已长整齐；希革毛毨：指鸟兽毛的稀密变化）亦消息也；即天地之宜观之，如春夏则阳之息，秋冬则阴之消也，高者阳之息，下者阴之消也。近取诸身之形体性情，远取诸物之飞、潜、动、植，而阴阳消息之理无不毕具于其中，于是乃作乾、兑、离、震、巽、坎、艮、坤之八卦焉。神明之德不可见者也，就健、顺、动、止八者之德以通之，而凡阴阳之理深入无形者，《易》皆与之融贯而无间（去声）矣。万物之情可见者也，就雷、风、山、泽八物之情以类之，而凡阴阳之理显及有象者，《易》皆与之相肖而不违矣。

八卦既成，显微毕著。圣人作《易》，宁徒为制器而设？然而制器之理，总不越此。古者禽兽鱼鳖多而人民少，故包牺氏教民结麻为绳以为网罟，以佃于山林，以渔于川泽，使民知鲜食之利焉。若是者，疑取诸离（指离卦），盖离象为目，离德为丽，如网罟之两目相承而物丽之也。

按：宓牺（p.2 注④）首画八卦，其神灵意智本不待外象而著，特假河图（p.7 注⑥）神物以征信兆民耳。故《易》之未作，全《易》之理具在圣心；《易》之既作，天下之理备于《易》书。虽备物致用，圣人未尝取象于《易》，而究未有出于《易》之外者，其理同也。不然，网罟之设未必不在画卦之前，则又何从取两目相承之象而求合之乎？

易经　包牺氏没，神农氏作，斫木为耜，揉木为耒，耒耨之利，以教天下，盖取诸益。日中为市，致天下之民，聚天下之货，交易而退，各得其所，盖取诸噬嗑。

解义　此二节，是言神农氏之教民粒食（粒食：以谷物为食）而通有无于不匮也。

耜（音四），耒（音磊）首也，斫木使锐而为之；耒，耜柄也，揉木使曲而为之；耨，除草也。

孔子意曰：包牺之时，鲜食之原既开矣，然粒食之道未备也。

包牺氏没，神农氏作，民厌鲜食而食草木之实。于是斫木使锐为耜，揉木使曲为耒。耒以运耜，耜以起土，设为耒耨之利而教天下以树艺之法焉。若是者疑取诸益，盖二体皆木，取益之象。其动者在下之耜，而入之者在上之耒，上入下动，取益之德。天下之益莫大于耒耜，又有取于益之义也。

　　夫网罟设而鲜食足，耒耜具而黍稷登，则货财殖矣。然有谷者或不给于鲜，有鲜者或不给于谷，乏者无所取，积者无所散，则有无不均而所养或缺。神农氏于是教民期以日中为市，使之道里均趋走便，而天下之民无不致矣。市各聚其货，使之百物具、诸用备，而天下之货无不聚矣。交其所有，易其所无，交易而退，则有无相济、彼此相通，而人人各得其所矣。若是者，疑取诸噬嗑，盖卦德上明下动，日中象上明，为市象下动。卦名噬嗑，民不一业，货不一用，致而聚之，又噬而嗑之之义也。

　　按：圣人立成器以为天下利，其用不止一端，而系《易》者必先自离、次益、次噬嗑，其说何耶？盖食货乃斯民之大命，生养为王政之大端，圣王图治，未有舍此而他为先图者。《大传》（指孔子所撰《系辞》，见 p.501 "前言"）之垂训也深矣！

　　易经　神农氏没，黄帝、尧、舜氏作，通其变，使民不倦，神而化之，使民宜之；《易》穷则变，变则通，通则久；是以自天祐之，吉无不利；黄帝、尧、舜垂衣裳而天下治，盖取诸乾坤。刳（音枯，挖空）木为舟，剡（音眼，削尖）木为楫，舟楫之利，以济不通，致远以利天下，盖取诸涣。服（使用）牛乘马，引重致远，以利天下，盖取诸随。重（音虫）门击柝（音唾，打更的梆子；重门击柝：比喻严加防范），以待暴客（暴客：强盗；盗贼），盖取诸豫。断木为杵，掘地为臼，臼杵之利，万民以济，盖取诸小过。弦木为弧，剡木为矢，弧矢之利，以威天下，盖取诸睽。

　　解义　此以下是言黄帝、尧、舜通变宜民之事。而此六节，皆创制以前民用者也。

剡，刻之使中虚也；剡，削之使末锐也；弦，以丝弦木也；弧，木弓也。

孔子意曰：神农之时，食货足而生养遂矣，然风气日开，人心渐启，朴陋之治不可以久也。迨神农氏没，黄帝、尧、舜氏作，三圣人又有因时致治之道焉。盖民心之厌淳固而思变为文明也，时为之也，圣人因其时之变而通之，使天下之民亹亹（p.8 注⑨）焉日习于其中而不倦焉。然其通变之道，又不过因其自然之势而导以自然之理，若神化莫测者然。故使天下之民，皆鼓舞于神化之内而安之以为宜，惟其宜之，故趋之而不倦也。三圣人之通变神化若此，岂有他术哉？一《易》理而已矣。盖《易》理即天之理也，消息互乘，盈虚迭运，时处其穷则数尽必更，势重必返，未有不变者；变则随时而转，因势而导，未有不通者；通则一时适宜，后世无弊，未有不久者。三圣人之通变合乎《易》，即合乎天矣。是以民宜之而天祐之，吉无不利也。尝即通变而进稽其事，始于黄帝，备于尧舜，定为上衣下裳之制，垂之于身以革上古简陋之俗，则贵贱别而上下分，民志以定，恭己（P.38 注①）无为而天下治矣。若是者，疑取诸乾坤；盖乾以易知，坤以简能，乾坤之变化无为也。垂衣裳而天下治，圣人之变化无为也。衣裳之制度既同，将遐迩之向风（p.95）恐后。

苟川泽梗塞，则文教（文教：指礼乐法度，文章教化）有所不通，于是剡木使中虚而为舟，剡木使末锐而为楫，舟以载物，楫以进舟，舟楫之利兴，而不通者赖以通矣。若是者，疑取诸涣；盖涣之象，上巽木而下坎水，一如舟之浮出于水上也。

夫川泽既通，而山林阻修（修：长；阻修：指道路阻隔遥远），则担簦重趼（簦：音登，伞；担簦：背着伞，指在外奔走；重：音虫；趼：同茧；重趼：厚茧）、负戴劳苦也，于是牛以顺为道，故服而驯之以引重；马以健为性，故乘而驾之以致远，而天下享安驱之利矣。若是者，疑取诸随；盖卦德下动上说（通悦），犹物在下而动、人在上而悦也。

川途既通，远迩错至，暴客或乘而起矣。于是设为重门以御之于外，严为击柝以戒之于内，虽有暴客之来而警备已密，吾固有以待之矣。若是者，疑取诸豫，盖取豫备之意也。

耒耜以开粒食之原而民未知脱粟之利，于是断木为杵而使之足以舂，掘地为臼而使之足以容，杵臼之利兴而万民之养益以济矣。若是者，疑取诸小过；盖卦象上木下土，杵为木，臼为土，卦德下止上动，如臼止而杵动也。

外有击柝以待暴客，内有杵臼以精粒食，而害之大者无所挟以威之，则虽有险而不能守，虽有粟而不得食。于是弦木使曲而为弧，剡木使锐而为矢。弧矢之利，所及者远，以威天下之不轨，非止重门击柝以防之于内也。若是者，疑取诸睽，盖睽乖然后威以服之也。

按：天下风气既趋于文明，则人心嗜欲日繁，诈伪亦日甚，不予之以利无以遂其求，不震之以威无以禁其暴。是故利天下者，圣人之仁也；威天下者，圣人之义也。仁与义皆所以宜民而已矣。

易经　上古穴居而野处，后世圣人易之以宫室，上栋下宇，以待风雨，盖取诸大壮。古之葬者，厚衣（去声；覆盖）之以薪，葬之中野，不封不树，丧期无数；后世圣人易之以棺椁，盖取诸大过。上古结绳而治，后世圣人易之以书契，百官以治，万民以察，盖取诸夬。

解义　此三节，是言黄帝、尧、舜，易古制以前（引导）民用者也。

栋，屋脊檩也；宇，椽也；丧期，丧哭（丧哭：因丧亲而哭泣）

之期也；书，文字也；契，合约也。

孔子意曰：凡上古未备之器而不可缓者，圣人皆尚象而创其制矣。乃上古已备之器而不可用者，圣人尤必尚象而变其制。如上古宫室未兴，冬则穴居，夏则野处，风雨奄（骤然）至，民无宁居。后世圣人易之以宫室之制，有栋以直承而上，有宇以两垂而下，虽有震风暴雨，莫能侵之矣。若是者，疑取诸大壮；盖取壮固之意，宫室不壮则不固也。

宫室既具，生者得以庇荫，而死者无所覆藏，亦何以教民孝乎？古之葬者，不过厚衣之以薪，葬之中野之地，无封土树木之规，无丧麻哭踊（哭踊：丧礼仪节，边哭边顿足）之期，后世圣人易之棺以周其内、椁以固其外，计虑久远而无使土亲肤矣。若是者，疑取诸大过，盖取送死大事，宁过于厚也。

上古民淳事简，故小大之事，惟结绳以记验之亦足以为治；后世风俗寖（音进，逐渐）薄、欺诈日生，于是圣人易之以书契，言有不能记者书识之，事有不能信者契验之；由是百官之功实可稽，万民之情伪可核，而以治以察矣。若是者，疑取诸夬；盖取明决之意，以夬能决去小人之伪而防其欺也。

按：历代圣人制器尚象，或尚其德，或尚其名，或尚其义，或尚其体，又或尚其道，总谓之象也。盖卦者，象而已矣。五圣人之制作，非必观玩于十三卦之象而为之，而孔子以为取诸云者，正以日用事物之间，原自有一《易》之理，圣人所为默与之合，即邵子所为画前之《易》是也。然则千万世利用安身、养生送死之道，无一不由于《易》。《易》岂仅为卜筮之书而已哉？

第三章

易经　是故《易》者，象也；象也者，像也。彖者，材也。爻也者，效天下之动者也。是故吉凶生而悔吝著也。

解义 此一章，是言《易》之卦爻不外乎象，而人当观象玩辞以知所趋避也。

材，卦之质也；效，仿也。

孔子意曰：原夫圣人尚象之故，而知羲皇既作，图书（p.7 注⑥）遂起，于是《易》有小成、有大成，不过六十四卦、三百八十四爻、奇偶之象而已。然象有本体之象，有一爻之象，总之不滞于迹，仿佛于理之似耳。如阳卦六画之乾，以卦言，则所以像夫纯阳至健之理；以爻言，则有以像夫潜、见、惕、跃、飞、亢之理。阴卦六画之坤，以卦言，则所以像夫纯阴至顺之理；以爻言，则或以像一阴之始生，或以像阴盛而亢阳，亦各自备一理。举乾坤而诸卦可类推矣，此圣人作《易》立象以尽意也。

象既立矣，观象而系辞则有象。象者，言一卦之材也，如卦德、卦体、卦变、卦象、卦义，皆其材也。卦兼有善恶，卦材之善者，辞亦从而善；卦材之恶者，辞亦从而恶。

而象之全体形矣，于是乎又有爻。爻也者，效天下之动者也。如爱恶相攻、远近相取、情伪相感，天下之动，纷纭变化，莫可穷诘，而皆爻中之所已具。是以圣人一一摹仿于逐爻之下，而象之一节昭矣。

既有卦爻以象告，又有卦爻之辞以发挥乎象。是故得失之报以明，吉凶由此而生焉；忧虞之故以晰，悔吝由此而著焉。盖悔吝在心未著，吉凶在事已著。吉之生，悔之著也；凶之生，吝之著也。总之系辞以尽言，不外乎立象以尽意。材者，象之质；动者，象之用；吉凶悔吝者，象之征也。象立而《易》之理备矣。

按：宓羲画象，其吉凶悔吝之故，已了然于心中，特其时当浑穆（浑穆：质朴淳和；浑音魂），故不显著之于辞而止以象告。至中古之世，诈伪日生，凡辞之所系者皆事之所有，故圣人系之辞，以正告天下曰如是则可以悔而得吉、如是则必至吝而得凶，

使天下晓然于趋避之途。则圣人之立象系辞皆因乎时，以有功于
世道者也。

第四章

易经　阳卦多阴，阴卦多阳，其故何也？阳卦奇，阴卦耦。
其德行何也？阳一君而二民，君子之道也；阴二君而一民，小人
之道也。

解义　此一章，是即少（去声）阳少（去声）阴之卦名，以见
圣人贵阳贱阴之意也。

君，谓阳；民，谓阴。

孔子意曰：乾坤二卦，纯阳纯阴，其画无有多寡矣。至于
震、坎、艮皆为阳卦，宜多阳矣，其画乃一阳二阴，是阳卦、反多
阴（指阴爻）也；巽、离、兑皆为阴卦，宜多阴矣，其画乃一阴二
阳，是阴卦、反多阳（指阳爻）也。

此其故何也？凡阳卦，以一阳为一画，其二阴各二画，合之
则为五画；五，奇数也；奇，则为阳卦矣。凡阴卦，一阴已二画，
其二阳又各一画，合之则为四画；四，耦数也；耦，则为阴卦矣。
是皆数中自然之妙，非人力所能参也。

然数未有不本于理，由数之所呈以究其理之所合，则卦画之
所在即德行之所在也，而其德行又有公私邪正之不同焉。盖阳
道尊贵而统阴，有君之象；阴道卑贱而从阳，有民之象。阳卦一
阳而二阴，则其象为一君而二民，夫以一君而统二民，其道大而
公，义之正也，君子之道也；阴卦一阴而二阳，则其象为一民而
二君，夫以一民而从二君，其道小而私，事之变也，小人之道也。
然则多阴者为阳卦、多阳者为阴卦，岂非理之一定、数之自然而
圣人扶抑之深意所隐寄于其中者哉？

从来君子虽多，小人用事，其象为阴；小人虽多，君子用事，

其象为阳。盖小人为君子所制则治，君子为小人所制则乱。小人为君子所制，或能改弦易辙以求当（去声）乎君子之意，尚可以效一官一职之能；君子为小人所制，断难败行丧检（败行：败坏品行；丧检：丧失德行，失去检点）以求类乎小人所为，必至于成相倾相轧之渐，此治乱所由分也。《易》之泰卦不曰"有君子，无小人"而曰"内君子，外小人"，然则处之得其宜、用之得其道，虽小人亦乌（何）足为害哉？

第五章

易经　《易》曰："憧憧（p.270）往来，朋从尔思。"子曰：天下何思何虑？天下同归而殊途，一致而百虑，天下何思何虑？日往则月来，月往则日来，日月相推而明生焉；寒往则暑来，暑往则寒来，寒暑相推而岁成焉；往者屈也，来者信（音申，通伸，舒展；本章信字多为此义）也，屈信相感而利生焉。尺蠖之屈，以求信也；龙蛇之蛰，以存身也；精义入神，以致用也；利用安身，以崇德也。过此以往，未之或知也；穷神知化（穷神知化：深究事物的精微道理，了解事物的变化），德之盛也。

解义　此四节，是引咸九四爻辞，以明天下感应之理、屈信之机皆出自然，而无所容心于其间也。

思者，心之用也；虑者，谋度其事也；致，极致也；咸之四爻，以阳居阴，不能正固，将以私感而害大公，故其爻辞曰："憧憧往来，朋从尔思。"

孔子释之意曰：天下至广大也，其一感一应之相为往来者，原属天下自然之理，而不碍我空虚之体，则又何处可用吾之思、用吾之虑哉？盖天下之理原于太极，本同归也，但一涉于事物，则所感者多，其途各殊；究之途虽殊而归则同，天下无二理也。理根于人心，本一致也，但既接乎事物，则所应者分，虑亦有百；

究之虑虽百而致则一，天下无二心也。夫理无二理、心无二心，则顺理行之、因心付之足矣。信（去声）乎，何处可用吾之思、用吾之虑而以憧憧为哉？

　　试以天运观之，因日之往而有月之来，因月之往而有日之来，二曜相推以相代（替代），则明生而不匮；因寒之往而有暑之来，因暑之往而有寒之来，二气相推以相继，则岁成而不缺。夫日月寒暑之往者，不待思而往，乃气机之消而屈也；日月寒暑之来者，不待思而来，乃气机之息而信也。一屈一信，即造化相感不已之机，而明生岁成之利于是乎生焉。是屈信往来，孰非感应自然之常理乎？因天运而推之物理，莫不皆然。

　　如尺蠖之行也，不有所屈则不能有所信；其屈也，自有求信之理，不待思虑而信也。龙蛇之在冬也，不蛰而伏其气则不能存其身；其蛰也，自能以存其身，不待思虑而存身也。岂特物理为然哉？即验之圣学亦有自然之机也。夫天下事物之感不齐，而心能裁制之即为义；心之所感不一，而义能变通之即为神。精研其义至于入神，其于事物之所宜，靡不洞察而臻于神妙之地，则心不外驰、入者不出。内之屈也而见理明彻，自有以推极其外之用，屈之感信也。既足以致用而用无不利，则应事接物，随其所遇迎刃而解，而身之所履无适不安。外之信也而动作得宜，自有以增崇其内之德，信之感屈也。

　　夫屈信往来，无往非交养互发之理，功在于此而效见于彼，则亦何在可容吾思虑之扰其间哉？夫义求其精、用求其利，此其机在我可知者也，由此内外之间、交养互发，自有欲罢不能者矣。自是以上，惟有待其天机之自至，而绝非人功之可加，又岂我之所能知哉？盖穷极天地之神，而与合一不测者共藏其域；通知（通知：通晓）天地之化，而与推行有渐者冥契（冥契：默契，暗合）其机。始而入神，至此神已穷矣；始而可知，至此知已化矣。

皆由其德之盛，故能穷神知化如斯也，岂徒崇之已乎？夫交养互发之机，熟之又熟而至于不知者，往而屈也；神化合一之妙，忘之又忘而至于自致者，来而信也。是亦皆感应自然之理，而非思虑之所能及也。

按：咸之象以虚为义，至虚之中，无不同焉，无不一焉；然推之晦明寒暑、往来屈信之理，则同之中有至不同者存，一之内有至不一者存，此神化所由生也。故又推之精义利用，及于穷神知化，以明同者惟通不同为同，然后其同可通；一者唯合不一为一，然后其一可合。孔子之一贯是也。若夫俗学之失，固患乎思虑之纷纭，而异端之学，又误执何思何虑而流入于虚无寂灭，将何以致用崇德而穷神知化乎？故九五之志末，与憧憧同戒也。

易经　《易》曰："困于石，据于蒺藜，入于其宫，不见其妻，凶。"子曰：非所困而困焉，名必辱；非所据而据焉，身必危；既辱且危，死期将至，妻其可得见耶？

解义　此一节，是引困六三爻辞，以戒小人不当掩抑君子而自贻伊戚（p.94）也。

《易》困卦之三爻，以阴柔之质上掩四，下掩二，欲困人而卒自困，故其爻辞曰："困于石，据于蒺藜，入于其宫，不见其妻，凶。"

孔子释之意曰：困之六三，以阴柔不中正，是无才德之小人也。而居九四之下，四之刚坚重不挠，足以压制夫三，石之象也；三不自量其力而思倾陷乎四之下，欲乘其隙而夺之位，是非所困而困焉，必至公论不与而名辱。又居九二之上，二之刚英锐难近，不甘依倚乎三，蒺藜之象也；三不外度其人而思盘据于二之上，欲凭其权以搹（音厄，通扼）其腕，是非所据而据焉，必至贯盈（贯盈：恶贯满盈）祸至而身危。夫名既辱，身且危，死亡无日矣。虽上六正应，有妻之象，然身且不能保，其能有其妻耶？故妻不可得而见，明上六之亲昵亦不为三应也。

　　按：君子有不幸之困，非其所自致，身虽危而名不辱。小人欲陵君子，卒必至于自困以至名辱身危，何如安分自守、人己两全之为愈（较好；胜过）哉！《易》不唯为君子谋，其为小人谋者亦至矣。

　　易经　《易》曰："公用射隼于高墉之上，获之，无不利。"子曰：隼者，禽也；弓矢者，器也；射之者，人也；君子藏器于身，待时而动，何不利之有？动而不括，是以出而有获，语成器而动者也。

　　解义　此一节，是引解上六爻辞以明君子当善藏其用也。

　　藏，收敛不露之意；括，结碍（结碍：阻碍）也；成，完全无缺也。《易》解卦之上爻，居公孤（公孤：泛指重臣）之位而能解除六三之悖恶（悖恶：违逆凶恶；乖戾不驯），故其爻辞曰："公用射隼于高墉之上，获之，无不利。"

　　孔子释之意曰：隼（音损）者，鸷（音治，凶猛）害之禽也。弓矢者，射禽之器也。射之者，操弓矢以射隼之人也。解悖之义，庶唯君子得之。君子抱经邦济世之才，是盖藏其利用之器于其身也，弢（音滔，掩藏）锋敛锷，不先不后，待其时之可为而动，则其器已素（预先，向来）具矣，何不利之有？若是者，正以其藏而后动，故其动自利而无足为我括，一出则鸷害以除而有获矣。然则解上爻之语，正言公之能善藏以成其器，谋出万全、动无结碍，是以获之无不利也。

　　按：君子之待小人常疏，小人之伺君子常密，必藏器以待，使之不疑不忌，而后可乘时以制其命。大舜之去四凶，孔子之诛少正卯[1]，不动声色而成功于俄倾，率是道也。

　　注释　①四凶：见 p.129 注。少正卯：曾与孔子争门徒，使孔子之门"三盈三虚"；后孔子以少正卯五恶乱政罪诛之。

　　易经　子曰：小人不耻不仁（不耻不仁：不以不仁为耻），不畏不义，不见利不劝（努力），不威不惩；小惩而大诫，此小人之福也；《易》曰"屦校灭趾，无咎"，此之谓也。

解义　此一节，是引噬嗑初九爻辞，以明人君当惩戒小人，使之远于罪戾也。

孔子意曰：仁载于心，心莫患乎无耻。小人唯不耻不仁，故其心入于不仁；义著于事，唯其不耻不仁。故其所为之事，常不畏夫不义之名。既至于不耻不畏，则其中荡然无名教之可惧而无所不至。然小人虽愚，彼其初原不知仁义之为利，而不仁不义之深为害也。苟歆（音新，羡慕）之以所利而怵之以所害，彼其趋避之情当必有翻然悔悟者矣。故不见利，则不劝于仁义；不见威，则不惩于不仁不义。是利与威，正人君惩诫之大权也。始之惩其小不仁不义于其前，而终能诫其大不仁不义于其后。此惩之诫之所以造小人之福也。《易》曰"屦校灭趾，无咎"，此小惩大诫之谓也。

按：天下之小人，非必生而怙终（怙：音户，依靠；怙终：怙其奸邪，终身以为残贼）者也，大约进无所慕、退无所惧，流于极恶而靡所底止。使有国家者早明劝惩之典，则斯世不受金壬（音千人；金、壬，均为奸邪义，金壬，指奸邪小人）之祸，而小人亦得以蒙其福，必至于刑措（弃置）而不用矣。

易经　善不积不足以成名，恶不积不足以灭身；小人以小善为无益而弗为也，以小恶为无伤而弗去也；故恶积而不可掩，罪大而不可解；《易》曰："何校灭耳，凶。"（p.202）

解义　此一节，是引噬嗑上九爻辞，以明善恶视其所积而祸机伏于所忽也。

孔子意曰：善者，成名之机也，不积则不足以成名；恶者，灭身之媒也，不积则不足以灭身。小人之心，不知小善之可以积而至于大善也，但以为无益于名而弗为也；又不知小恶之可以积而至于大恶也，但以为无伤于身而弗去（去除）也。夫善既不为，恶又日积，则秽德（秽德：邪恶的行为）彰闻，渐不可掩，恶极罪大，岂复能解乎？《易》曰"何校灭耳，凶"，由灭趾不防而至于灭耳也，夫安得而不凶哉？

按：《旅獒》（《书》篇名）之训曰：不矜（惜）细行终累（连累）大德，为山九仞功亏一篑；汉昭烈之戒子曰：勿以善小而弗为，勿以恶小而为之①。盖言积小以致大也。至若圣贤之学，至谨乎隐微不愧于屋漏②，又岂待小善小恶之著而后兢兢哉？

注释 ①汉昭烈：指汉昭烈帝刘备；语出《诸葛亮集》所载先主刘备遗诏。

②屋漏：古代室内西北角设置小帐，以安藏神主，为人所不见的地方称"屋漏"；"不愧于屋漏"，语出《诗·大雅·抑》。

易经 子曰：危者，安其位者也；亡者，保其存者也；乱者，有其治者也；是故君子安而不忘危，存而不忘亡，治而不忘乱，是以身安而国家可保也；《易》曰："其亡其亡，系于苞桑。"

解义 此一节，是引否九五爻辞，以明人君常存戒惧之心，则能永享天位而固国势于不倾也。

孔子意曰：凡图事宜谋其甚全，存心贵操其不足。故必使其心若危，危者，乃所以安其位者也；使其心若亡，亡者，乃所以保其存者也；使其心若乱，乱者，乃所以有其治者也。君子深鉴其故，虽海内宁谧可谓安矣，而常虑位之不可久安，不忘危之将至也；宗社巩固可谓存矣，而常虑存之不可屡幸，不忘亡之或及也；纪纲厘举可谓治矣，而常虑治之不可徒恃，不忘乱之渐萌也。夫既不忘有危、有亡、有乱之时，则必图所以安之、存之、治之之策，是以身之位得以安而国家可保其久存长治也。《易》曰"其亡其亡，系于苞桑"，玩爻辞而益加儆惕矣。

按：唐虞（p.129 注）之时，可称极盛，然禹有慢游傲虐之戒，益有怠荒逸乐之箴①。至若伊尹（p.88 注）儆太甲（p.242 注①）以恒舞酣歌，召公训武王以玩物丧志，贾谊（p.112 注）陈治安策于文帝之朝，魏徵（p.488 注）上十渐疏于太宗之世，李沆（p.361 注）处真宗太平之日而惟以水旱盗贼为言，耶律楚材当世祖开创之初②而日以生民休戚为告，岂故为是已甚之辞哉？惟其日虑夫乱亡，故能保世于长久。然则其亡二语，真万世有天下者之金鉴欤！

注释　①慢游傲虐：浪荡遨游，暴虐百姓；"惟慢游是好，傲虐是作。"（《书·益稷》）怠荒逸乐：懒惰放荡，放纵安乐；"无怠无荒，四夷来王。""罔游于逸，罔淫于乐。"（《书·大禹谟》）

②耶律楚材：曾随成吉思汗西征，甚受信任；事元太宗（成吉思汗子）三十余年，官至中书令，元朝立国规模多由其制定。

易经　子曰：德薄而位尊，知（通智）小而谋大，力小而任重，鲜不及矣；《易》曰"鼎折足，覆公𫗧，其形渥，凶"，言不胜其任也。

解义　此一节，是引鼎九四爻辞，以明小人不量才德而贪位图功，必至于覆国亡身也。

孔子意曰：凡居位必视乎其德，谋事必视乎其智，责任（责任：使担责任）必视乎其力。若夫德薄者位亦宜卑，智小者谋亦宜小，力小者任亦宜轻，此理之常也。苟始之不自审其德之薄而贪夫尊位，位既得矣，又不肯自揣智力之所不足而谋大任重，务为好大喜功之论，以饰其愚而固其位，则败可立见而位亦旋失，不特身名俱丧，公家之𫗧由此覆矣。《易》曰"鼎折足，覆公𫗧，其形渥，凶"，盖言其位虽尊而才德不足以胜其任也。

按：古圣贤出处（上声）之际，必先内度之己、外度之君，虽卑位微秩（卑位微秩：指官位低微），亦必胜其事而后食其禄，况身秉国钧事关民社，岂可不自度量而漫然处于其上乎？然用人者，人君之事，则又当辨才授官，不使有尸位素餐之诮。此《大传》（p.557）之微旨（微旨：精深微妙的意旨）也。

以上六节，五节皆言小人之事：困之三爻，以小人而图君子者也；解之上爻，以君子而图小人者也；噬嗑之初爻，小人之未遂其非僻者也；噬嗑之上爻，小人之已陷于大恶者也；鼎之四爻，小人之贻患于家国者也。圣人或危之、或幸之、或指示之、或哀矜之、或忧虑之，总欲使之安其分而不为天下之害。御小人者，其亦知所以善处之道哉？

易经　子曰：知几其神乎？君子上交不谄，下交不渎，其知几乎？几者，动之微，吉之先见者也；君子见几而作，不俟终日；《易》曰："介于石，不终日，贞吉。"介如石焉，宁用终日，断可识矣；君子知微知彰，知柔知刚，万夫之望。

解义　此一节，释豫卦六二爻义也。

孔子意曰：凡人于处事接物之间，其几必有先动者。人心至神本无不烛，唯心有所蔽，则当几而不知。苟此心空洞无物，自然随触而觉，未有不知几者。知至于几，其神矣乎？夫上下之交莫不有几存焉。与上交固贵于恭逊，然恭逊之过，便近于阿附而为谄；与下交固贵于和易，然和易之过，便近于亵狎而为渎。所争（相差）在几微之间耳。唯君子上交而不至于谄，下交而不至于渎，于事理一定之权衡，审之极其精而行之无少过，其真知几乎！夫所谓几者，乃天理之萌动，其动至微，兆而未著。苟顺适其几，无有不吉。此吉之先见者也。众人所不及察，唯君子见之，君子一见此几，即作而趋之，有不俟终日者。盖稍涉濡（音如，迟滞）迟，则失其所为几而违其所为吉矣。《易》曰"介于石，不终日，贞吉"，言人赴几之不速，由于心溺物欲而不能静，见涉依违而不能断。苟其介然如石焉，无欲而静，坚确而不可移，则理定而智圆，守固而行决，断可识其不俟终日矣。盖天下之理，有隐潜而微者，有显设而彰者；人之处事，有巽顺而柔者，有勇决而刚者。人知乎此，方能知几。今君子既知其微，又知其彰，既知其所以柔，又知其所以刚，四者既知，则无所不知，所以为万夫之望，此真所谓知几之神也！

按：《系辞》释豫卦六二爻，而言上交不谄、下交不渎者，以豫之九四不中不正为豫之主，初与之应、三与之比，皆谄乎四；六二中正自守，在初与三之间，上交不谄也。初六鸣豫凶，不正者也；六二虽与之比，中正而不渎慢，下交不渎也，此所谓知几也。乃知《易》之理不外于知几，而知几实难，必静止之功成于内，然后光明所烛，能得于义理之精微，应事接物无少过差，动与吉会，始为知几之君子也。

易经　子曰：颜氏之子，其殆庶几乎？有不善未尝不知，知之未尝复行也；《易》曰："不远复，无祇悔，元吉。"

解义　此一节，释复卦初九爻义也。

颜氏之子，谓颜回也；庶几，言近道也。

孔子意曰：人自继善成性以来止有一善，但为气禀物欲所拘蔽，乃渐失其本然矣。唯圣人之心，纯乎至善，与道为体；贤人之心，复其本善，庶几近道；若及门之颜回，其殆庶几乎？回不必有显形之过，方其念虑之间，或稍有间杂，有非继善之初者即为不善也。回于不善之动，当体即知，无有蒙昧而不及察，有不善未尝不知，不待迷而后觉也。知其不善之动，当几即克，无或迟留而不遽改。知之未尝复行，非失久而后复也。《易》曰"不远复，无祇悔，元吉"，盖初九一阳来复，复之最先，所谓不远之复不至于悔，大善而吉者，即颜氏子之学也。

乃知人性之善以能复为功，复性之学以知行为要。有不善而不知，不可言行；知不善而复行，不可言知。如颜子之学，知行合一，庶几复性之功乎！

易经　天地𬘓缊，万物化醇，男女构精，万物化生；《易》曰："三人行，则损一人；一人行，则得其友。"言致一也。

解义　此一节，释损卦六三爻义也。

𬘓缊，浓密也；醇，凝厚也；构，交也；致一，言专一也。

孔子意曰：造化之生机与人类之事为，莫不合两为一以尽变化而成功能。试观天地本两也，及其以气相交，阴阳𬘓缊、浓密无间，则两而一矣。而万物之以气化者，于是醇厚而不漓（p.85）焉。男女本两也，及其以形相交，阴阳施受，精气感通，则两而一矣。而万物之以形化者，于是生生而不息焉。夫天地男女，所以成化醇化生（化醇：归于淳厚、纯粹；化生：化育生长）之功者，以其𬘓缊构精、专一而不二也。《易》曰"三人行，则损一人；一人行，则得其友"，损一人者，两也；得其友者，亦两也。两相与则专一，若三则杂乱不能成功，损其间（去声）吾两之人，所以致吾两者之专一也，言致一也。

按：损卦以卦象言，三阳三阴，地在中爻，上下皆天，有天地𬘓缊之象；以上下二卦言，少男在上，少女在下，男止女悦，有男女构精之象，故以天地男女言之；六三与上九相应，志气专一，故曰致一。而本卦六爻应与，亦各阴阳相配，无非致一也。此造化之生机、人事之功用所不能外也。

易经　子曰：君子安其身而后动，易其心而后语，定其交而后求；君子修此三者，故全也；危以动，则民不与也；惧以语，则民不应也；无交而求，则民不与也；莫之与，则伤之者至矣；《易》曰："莫益之，或击之，立心勿恒，凶。"

解义　此释益卦上九爻义也。

动，见诸政事也；易，坦易也；语，施诸号令也；求，取诸赋税也。

孔子意曰：取益之道在于有恒。如临民出治则有动，而君子不遽动也，去欲循理以安其身，使大中至正略无偏陂（音闭，偏颇），而后万事万变虑善而动焉。发号施令则有语，而君子不遽语也，平情抑气以易其心，使坦适从容略无诡戾（体要：切实而简要）因时而语焉。制国家之用则有求，而君子不遽求也，待民若子以定其交，使上下感通略无疑贰，而后度地制赋循分（去声）而求焉。安其身、易其心、定其交，君子修此三者，则取益之道全。故动则民悦、语则民信、求则民与，不求益而自益矣。若理不足以胜欲则危，危以动，是自处于可危之地而骤欲动民，民谁与而从之？心不足以制气则惧，惧以语，是我实不德而告令以空文，未免有恫疑之心，民谁应而奉之？有相临之分（去声）无相感之情则无交，无交而求，是恩无所施而徒责其报，民又谁与而供之？至于莫之与，则不但不与而已，以身发财争民施夺而伤之者至矣。此《易》之所云"莫益之"而"或击之"，由于立心之勿恒，是以凶也。

夫益下者君道之恒，有恒者益之本也。益之上九，阳居益之极，求之不已而专于利己，则失其恒。无恒即无益矣。此周公所以为殖货（殖货：增殖财货）者戒，而孔子复详以释之，使后之君子知立恒以取益也。

第六章

易经 子曰：乾坤，其《易》之门邪？乾，阳物也；坤，阴物也；阴阳合德而刚柔有体，以体天地之撰，以通神明之德。

解义 此一章，言圣人本阴阳以作《易》，明造化之理、示人事之得失也。此一节，言卦爻之画从乾坤而出，备于理而妙于用也。

物，言有形质也；撰，犹事也；有形可拟曰体，有理可推曰通。

孔子意曰：《易》始乾坤，凡六十四卦、三百八十四爻，皆从此变化而出。然则乾坤者，其《易》书诸卦爻之门邪？夫一阴一阳之谓道。阴阳不可见，圣人画奇为乾以象阳之健，是乾乃阳物也；画偶为坤以象阴之顺，是坤乃阴物也。以阴阳之德言，则阴与阳合、阳与阴合，交错往来而二物相得，其德合矣。以阴阳之体言，则刚自为刚、柔自为柔，各成其质而二物对待，其体立矣。由是形之可见者，如雷风山泽之类，《易》则一一象出之，无不形容其似，是天地之撰以《易》而体矣。理之可推者，如健顺动止之类，《易》则一一显出之，无不发挥其妙，是神明之德以《易》而通矣。

总之《易》之为言，阴阳往来而已；六十四卦，乾坤往来而已。言其合而未尝不分，言其分而未尝不合。圣人作《易》，因其自然之往来、自然之分合，为之陈其数而备其义，体天地、通神明而不外乎阴阳二物。此乾坤为《易》之门也。

易经 其称名也，杂而不越；于稽其类，其衰世之意邪？

解义 此一节，言《易》书卦爻之辞不出阴阳之变，亦因时而作也。

越，逾越也；类，事类也。

孔子意曰：太始（太始：指天地万物之始）以来，唯有阴阳，而穷极理数至于不可胜纪（通记），于是一卦有一卦之名，一爻有一爻之名，或言物象，或言事变。其称名也，可谓纷然杂出矣，而总不出乎阴阳之变，是称名虽杂而未始有逾越也。然尝稽考其事类，所以尽万物之变者，似非上古民淳俗朴不识不知之语也。盖文王周公见中古以来，人心日浇（薄）、迷谬愈甚，乃系卦爻之辞示吉凶之义，忧患后世之意甚深且切。其衰世之意邪？乃知圣人制作因乎其时。

当伏羲之画卦，凡事物之变已无不具于其中，特上古质朴无用费辞；至后世人情物态无所不有，文王周公目击身历，虑之也深，故言之也详，《易》之道乃无余蕴，亦时之不得不然也。

易经 夫《易》，彰往而察来，而微显阐幽；开而当（去声）名辨物，正言断辞则备矣。

解义 此一节，承上杂而不越而更言其理之备也。

按《本义》云，"而微显"恐当作"微显而"，"开而"之"而"亦疑有误；彰，彰明也；阐，阐发也。

孔子意曰：《易》既杂而不越，则理无不备。如天道之已然者谓之往，而《易》书卦爻之变象于阴阳消息已然之理，皆有以彰之；人事之未然者谓之来，而《易》书卦爻之占辞于吉凶悔吝未然之几，皆有以察之。日用所为者显也，《易》则推其根于理数之幽，使显者至微，盖以人事本之天道也。百姓不知者幽也，《易》则发其端于事为之显，使幽者毕阐，盖以天道用之人事也。天下不可乱者名分，《易》则于君臣父子之分（去声）、贵贱上下之等，各当（去声）其位矣。天下不可混者物类，《易》则于乾马、坤牛、离火、坎水之类，各辨其似矣。以明卦爻之义则有言，《易》之言皆本典常之道以发之，无不中正，言之正也。以告吉凶之故则有辞，而《易》之辞皆因得失之情以判之，无有回惑（回惑：迷惑），辞之断也。

盖《易》之理，精及无形、粗及有象，无弗备矣。而要其所以备者，即阴阳二物，有以体其撰、通其德也。乾坤不信为《易》之门耶？

易经 其称名也小，其取类也大；其旨远，其辞文，其言曲而中（去声），其事肆而隐；因贰以济民行，以明失得之报。

解义 此一节，承上节言理之备而详论其妙也。

肆，陈也；贰，疑也；报，犹应也。

孔子意曰：《易》辞纤悉无遗，其称名尝小矣，然其所取之类，皆本于乾之阳、坤之阴，何其大也！天地阴阳、道德性命，散见于诸卦爻之中，其旨甚远矣。而其所系之辞，经纬错综，焕然明白，何其文也！凡委曲其辞者，未必皆中（去声）于理，而《易》之言多委曲矣，乃适当于义理之极致，何其曲而中（去声）也！将以迪人从也。凡敷陈其事者，无有隐而不露，而《易》之于事，大小本末，无有不该，极其敷肆矣！然至理贯于其中，未易窥测，何其肆而隐也！将以启人思也。《易》书之曲尽其妙如此。盖后世民心不古，情伪爱恶相感相攻，而吉凶相杂，疑贰纷然，莫知趋避。圣人因其疑贰之情，欲济其行之所不及，故作《易》定吉凶以告人，明其失得之报，使知所趋避。所以济民之陷溺者端在乎此，圣人虑民之心深矣。

乃知乾坤二卦，已包三百八十四爻，而文王周公卦爻之辞即伏羲之画，先天尽意，后天尽言，而圣人开物成务（开物成务：揭开客观事物的规律，以成就社会事务）之功无不同也。

第七章

易经　《易》之兴也，其于中古乎？作《易》者，其有忧患乎？是故履，德之基也；谦，德之柄也；复，德之本也；恒，德之固也；损，德之修也；益，德之裕也；困，德之辨也；井，德之地也；巽，德之制也。

解义　此一章，是言《易》有处忧患之道，在于反身修德。而此二节，原《易》之所由兴，因举九卦之德以明其序也。

中古，谓文王时，文王拘于羑里（p.29注①）而系彖辞。

孔子意曰：《易》自羲皇而肇，其来远矣。然夏商之末，其道中微，《易》之复兴也，其在中古之时乎？当是时，文王以盛德而蒙大难，因演《易》六画之卦而系之彖辞，以垂教万世，操心危而虑变深，其有忧患之思乎？夫以忧患之心作《易》，则处忧患之道莫备于《易》矣。要其道，无如反身修德；而修之有序，大约于九卦可概见焉。

　　是故德莫先于立基，必谨于践履之实，则身心有所受治，而可以为积累之渐，履非德之基乎？德基始立，一有骄亢之念，即至隳坏，必守之以谦退，则有所执持而不失，谦非德之柄乎？既有执持，又必于念虑之萌，时时审几而反复于善，以存养其本体，故复为德之本。本既在我，而不能常守，虽得必失，又必其守之也；恒久不变，始安固而不摇，故恒为德之固。然持守虽固，私欲或未尽去也，损则惩忿窒欲以去其所本无，德于是乎修焉。然修省虽严，天理或未尽纯也，益则改过迁善以充其所固有，德于是乎裕焉。德既至于充裕，则可自验于处境矣；盖当困时，凡进退语默、取舍辞受之间最可观德，当义则是、违理则非，是困为德之辨也。德至于可以处困，则可施以及物矣；盖性体常定，始终无改而应变不穷，如井之泽及于物而未尝动焉，故井为德之地也。至此，则凡事之来，能以心顺入于其理而裁制得宜，盖事理之细微曲折，非此心巽入则所见必有未彻、不无几微之失，惟顺而能入、斯化裁尽妙，此巽所以为德之制也哉。凡此九卦，皆反身修德以处忧患之道也。

　　要之圣人之德，纯亦不已。心与《易》会，自居平以及处忧患，无非全体乎《易》，岂仅以此九卦为反身修德之事哉？孔子第就处忧患之道，而举其近似者言之，为万世学《易》者之法，可以见德之有序而其用无所不备耳。

　　易经　履和而至，谦尊而光，复小而辨于物，恒杂而不厌，损先难而后易，益长裕而不设，困穷而通，井居其所而迁，巽称（去声）而隐。履以和行，谦以制礼，复以自知，恒以一德，损以远害，益以兴利，困以寡怨，井以辨义，巽以行权。

　　解义　此二节，是言卦德之妙，而因以著圣人之用《易》也。物，指众阴言；设，是施为之意。

　　孔子意曰：《易》以九卦为反身修德之序，而其德之兼体用而咸备者，固无乎不宜也。"履"之为道，君臣上下固以各得其所为和矣；而平易近情之中，无非天理民彝（常规）之准，盖至极而无可加也。"谦"之为道，卑以自牧（p.45），固未尝自处于尊，而心愈敛则望愈崇，自光显而不可掩也。"复"以一阳动于群阴之下，善端甚微，似易为物之所淆，而理欲界限、判然分明，不既辨于物乎？事变之来，杂然不一，每易至于厌怠，惟德能有"恒"，则虽处纷扰而所守常定，何厌之有乎？"损"主惩忿窒欲，其功固先有所甚难矣，而克治既久，驯至私累自消，后何易耶？"益"主迁善改过，其势固滋长而充裕矣，然积累之基皆吾固有，何待于施设耶？身虽处"困"而道不与之俱困，无人不自得者，此其穷而能通也。立于不动而可以应天下之动，及物而不穷者，"井"之居而能迁也。至于"巽"以应事，能剂量（剂量：衡量）万物之宜而称物平施（p.157），不见表暴（表暴：自炫）之迹，乃所谓称而隐者也，

　　卦德之妙如此，以观于其用则何如？行己若不以礼，遂至乖戾，惟由于自然之节文，则有从容顺适之休，此行之所以和也，非"履"何以哉？行礼若无节制，亦为虚器；惟出之以卑逊，而自合于范围之节，此礼之所以得其制也，非"谦"何以哉？善端所存，在于一念憬然自觉，而其几自此日进，则"复"实以之。植德之方，在于始终纯一无间而不为事物所夺，则"恒"实以之。欲之日长（上声）也，其为德之害甚大，有以远之而非几不至于冒贡矣[1]，道在于用"损"，德之当修也，其为身心之利何穷？有以兴之，而积累自此日崇矣，道在于用"益"。用"困"之道以自处，则能尽其在我而随遇皆安，自无容其怨尤之意，非所以寡怨乎？用"井"之道以处物，则安而能虑，而事至吾前，自不淆于是非之正，非所以辨义乎？若夫"巽"顺在中，则与道为体，虽处变

事而能委曲合宜，此则权之所以行而"巽"之用为至也。卦德之用如此，自非圣人能全备是德，何以能处忧患而裕如哉？

按：《易》卦屯、坎、蹇，皆有处忧患之义，而此不之及。圣人处常、处变，总一修德而已，如履、谦、复、恒诸卦之德，岂待遇险难而后力行？若以忧患言，则困而不失其亨，即困之一卦，已不胜用矣。此章随举九卦，正以见圣人之体用无不备，而《易》之理无往不宜也。

注释　①几：法；冒：冒昧；贡：陷入；《书·顾命》："尔无以钊冒贡于非几。"你们不可使姬钊（即周康王）冒昧陷入非法。

第八章

易经　《易》之为书也，不可远，为道也屡迁；变动不居，周流六虚，上下无常，刚柔相易，不可为典要，唯变所适。其出入以度，外内使知惧。又明于忧患与故，无有师保（p.410注），如临父母。初率其辞而揆其方，既有典常，苟非其人，道不虚行。

解义　此一章，专论玩辞观变为学《易》之事，而深有望于其人也。

远，犹忘也；不可远，犹言不可离；不居，犹不止也；六虚，六位也，位未有爻曰虚，卦虽六位，而刚柔爻画，往来如寄，非实有也，故以虚言；出入者，以卦内外体言；出者，自内之外，往也；入者，自外之内也，来也；方，道也。

孔子意曰：圣人之作《易》也，其书所载皆天地自然之理，而人生日用之不可须臾离者，岂可远乎？盖《易》以中正有常之则而随时运动，其为道也屡迁矣。道不外乎阴阳，阴阳变动而不居其所，常周流于六虚位之间，或自上而降，或由下而升，而上下之无常；或柔来而文刚，或刚上而文柔，而刚柔之相易。此岂可以典要拘之哉？唯随时变易以从道，适得其宜而已。

　　《易》既惟变所适，故其卦体之一出一入，皆道之确然不可逾者。范围乎一定之矩，所谓度也。度之所在，使人知消息盈虚之理、出处进退之宜。出外入内，惕然知所戒惧而不敢妄有逾越，此其为教彰彰矣。

　　而且于出入以度之中，又独明忧患之事与所以致忧患之故，而一一详切示之，使人不致迷其所往。故居则观象玩辞，动则观变玩占，莫不惕然恐惧，虽无师保之儆戒，俨如父母之临于其上而不敢玩忽，则于知惧之中更有惧焉。

　　《易》之示人深切如此，其可远耶？故善学《易》者，始由卦爻既变之辞而度卦爻之理，则出入之度、忧患之故确有定向而不可为典要者，今则既有典常可以遵而行之矣。然人之由辞以达变者，于无定之中而求有定之体，即于不变之理而神其至变之用，是在于人之神而明之、推类而长（上声）之也。苟非其人，则《易》道虽日在天下而岂能虚行哉？

　　盖古者作《易》，以通神明之德、类万物之情，参伍错综，固有以极天下之变而为义类之所宗。所谓百姓日用而不知者也，自非极深研几之哲，则不能由辞以得其意而有以尽《易》之妙矣。此道之所以重有待乎其人也。

第九章

　　易经　《易》之为书也，原始要终，以为质也；六爻相杂，唯其时物也。其初难知，其上易知，本末也；初辞拟之，卒成之终。若夫杂物撰德，辨是与非，则非其中爻不备。噫！亦要存亡吉凶，则居可知矣；知（通智）者观其象辞，则思过半矣。

　　解义　此一章，专论爻画之义以示人。而此四节，首言立卦生爻之义，又析六爻之蕴而揭其要也。

　　质，以卦体言；时，谓六位之时；物，谓阴阳；中爻，卦中四

爻也；象辞（象辞：即卦辞，非指《象传》中的话，见 p.28 注），
统论一卦六爻之体者也。

孔子意曰：《易》之为书，卦立而爻生焉，是以全体而妙大用
者也。然卦有定体而爻无定用，原其一画之始以要其六画之终，
则内外刚柔无不毕备，卦之体质立矣。至卦有六爻，或阴居阳
位，或阳居阴位，相杂而成用，则唯六位之时不同而事物亦异，
阴阳各以时成，岂有定体之可执乎？

故以时物之见于初、上二爻者言，初则理微而难知，上则理
显而易知。盖初为卦之本，其质未明；上为卦之末，其质已著；
本末之分也。惟难知，故初爻所系之辞。必取其象与占而极拟
之；惟易知，故上爻之终，但因初之象占而卒成之，固无烦于拟
议也。夫初、上既足该始终之时物矣。

若夫阴阳赜乱之物，杂而陈之；刚柔中正之德，撰而出之。
物有纯有杂，则辨其物中之是与非；德有当有否，则辨其德中之
是与非。若是者以类万物之情、以通神明之德、以明失得之报，
洵（p.149）非中四爻不备也。总而论之，六爻既备，则天道存亡、
人事吉凶之理具焉。

噫！人亦要（阴平）其存亡吉凶之所归，则六爻之义居然可
洞晰而无疑矣，又况于智者能见事于未形？虽不必遍观六爻，但
观卦首之彖辞，则存亡吉凶之理具于全体中者，已得其概，所思
不已过半矣哉？

要之天下不皆智者，所以圣人作《易》既设卦而复陈爻，举
凡天道之消长、人事之得失，阐发详明，使天下后世知所趋避。
此圣人所以立开物成务之极也。

易经　二与四同功而异位，其善不同；二多誉，四多惧，近
也；柔之为道，不利远者；其要无咎，其用柔中也。三与五同功
而异位；三多凶，五多功，贵贱之等也；其柔危，其刚胜邪？

解义　此二节，又申论中四爻之义也。

近，谓四近君也；柔，指六言；刚，指九言。

孔子意曰：《易》书卦爻之义蕴，固理无不备矣。更以二、四言之，二与四皆阴爻，同有柔顺之事功，然所处之位则异，故其善有不同，二多声誉而四则多恐惧焉。盖四之位近于五，动则有逼上之嫌，所以多惧也。然论柔之为道，必附阳刚而后能自立，远则难援，本不利于远者，二柔而远于五，乃其要归于无咎而多誉。则以二居下体之中，其用柔得中故也。夫观二之多誉，由于得中，则四之多惧又岂独以近君之故乎？

更以三、五言之，三与五皆阳爻，同有阳刚之事功，然所处之位则异，故三多凶危而五则多功能焉。盖五为君位而贵，独操得为之权；三为臣位而贱，有难自擅之势，贵贱之等殊也。要之三、五皆阳位，以柔居之，懦弱不足以有为，三固多凶，五亦安能多功？鲜有不危者矣。惟以刚居之，强毅始足以济，五固多功，三亦不至多凶，岂有不能胜其事者耶？夫远近贵贱，物也；刚柔中正，德也；惧誉凶功，是非之辨也。惟中四爻悉备之。学《易》者洵不可不加之意也。

观孔子之言，是可见人臣当以刚中之德佐君有为，而人君任天下之重，临御兆民、日有万机，尤必刚健奋发以作于上，则股肱良而庶事康，天下未有不治者矣。

第十章

易经　《易》之为书也，广大悉备，有天道焉，有人道焉，有地道焉；兼三才而两之，故六；六者非它也，三才之道也。道有变动，故曰爻；爻有等，故曰物；物相杂，故曰文；文不当（去声），故吉凶生焉。

解义　此一章，言《易》具天、地、人之道也。

变动,谓卦之一体,非指阴阳老少之变也;物,指阴阳言;不当,谓爻不当位也。

孔子意曰:《易》之为书,以统体言,则浑沦而无外,极其广大;以条理言,则细密而无遗,又悉备也。盖天下之道,天地人尽之矣。方《易》之三画成卦,上画有天之道焉,中画有人之道焉,下画有地之道焉,是三画已具三才矣。又兼三才而两之,故有六画。是六画者,非它也,上二爻即天道之兼阴与阳,中二爻即人道之兼仁与义,下二爻即地道之兼柔与刚,固三才之道也。

夫道之变动不居,如乾之六画,潜、见、惕、跃、飞、亢之类,各得卦之一体,是皆道之变动而谓之爻。爻有远近贵贱之等级,森然齐列、判然分晰,故谓之物。物之刚间乎柔,柔间乎刚,六位杂陈,经纬灿然,故谓之文。是文也,有柔居刚位、刚居柔位而未必当(去声)者,亦有纯刚纯柔而位未必皆当者,故吉凶生于其间而为人事得失之象焉。是则爻也、物也、文也、吉凶也,皆道之所出,而三才之所统贯也。《易》诚广大悉备矣哉!

按:孔子以天、地、人为三才,才之为言,以其能有为而为万物之所利赖也。天地以覆载万物为功,圣人承天地以成万物,使莫不得其所。故《中庸》言至诚尽人物之性,而可以参赞化育[1]。斯所以统三才而建极(p.349)也欤?

注释 [1]《礼记·中庸》:"能尽物之性,则可以赞天地之化育;可以赞天地之化育,则可以与天地参矣。"

第十一章

易经 《易》之兴也,其当殷之末世,周之盛德邪?当文王与纣之事邪?是故其辞危,危者使平,易者使倾;其道甚大,百物不废;惧以终始,其要无咎,此之谓《易》之道也。

解义 此一章,原《易》兴于文王,而发其所以教人之旨也。

　　孔子意曰:《易》之所从来远矣,其复兴也,时当殷之末世、周之盛德,而其事当文王与纣之事耶?盖末世,则人之诈伪滋炽;盛德,则《易》之道有自传。文王以圣人之盛德为纣囚于羑里,于是处忧患而作《易》,故其所系之辞皆有危惧之意。凡危惧者,能使之平安,亨、利、吉、无咎是也;慢易(慢易:怠忽;轻慢)者,能使之倾覆,悔吝、凶害是也。盖出于理势之自然,若或使之,是其道为甚大,举天下百物之理,平未有不生于危,倾未有不生于易(平坦)者。祸福之由,皆有必然,谁能废之?故文王之作《易》,不过教人以危惧存心终如其始,则其要(阴平)归于无咎而有平无倾矣。此之谓《易》之道也。此圣人与民同患之心,存于《易》书之内者也。

　　按:孔子又尝言“天之生物必因材而笃,栽者培之,倾者覆之”;而《书·仲虺之诰》亦以“殖(树立)有礼、覆(覆灭)昏暴”,为慎终惟始之戒。其与此之言危、平、易、倾,惧以终始,义有相发明者矣。

第十二章

　　易经　夫乾,天下之至健也,德行恒易以知险;夫坤,天下之至顺也,德行恒简以知阻。能说诸心,能研诸侯之虑,定天下之吉凶,成天下之亹亹者。是故变化云为,吉事有祥;象事知器,占事知来。天地设位,圣人成能;人谋鬼谋,百姓与能。

　　解义　此一章,总言作《易》教人之功。而此四节,先言圣人体易简之理于心,可以无卜筮而知吉凶,次言圣人作《易》以成天地之能,而使百姓皆与其能者,不外此易简之理也。

　　德,是乾坤蕴诸心者;行,是乾坤现诸事者;“侯之”二字,衍文;亹亹(p.8注⑨),是不倦于趋避之意。

　　孔子意曰:夫《易》,乾坤而已矣。自其纯乎理者名乾,乾则自强不息，天下之至健也。以此至健之德见之于行，易固易也，即难亦无弗易，而见为恒易。易本无险，故凡险之几，举归坐照（举：举用；归：归田；坐照：通过禅定止息妄念，观照正理），以坦荡明白之衷，烛之而有余，不待险而知，自能见险而不陷也。自其顺于理者名坤，坤则安贞无为，天下之至顺也。以此至顺之德见之于行，简固简也，即烦亦无弗简，而见为恒简。简本无阻，故凡阻之几，无不洞晰，以卑约（卑约：谦让克制）敬慎之念，处之而无碍，不待阻而知，自能遇阻而不困也。

然此知险知阻，岂徒知之而已哉？是有其能矣。圣人于未事时，心与理会，融洽于中而莫可言喻，能以易简悦诸心焉；及应事时，理因虑审，精晰于中而无所参杂，能以易简研诸虑焉。惟悦心，是以吉凶之理皆吾心所素藏，险阻与否无不先知之，而吉凶有不定乎？惟研诸虑，是以趋避之几皆吾虑所密察，险阻与否无不预决之，而亹亹有不成乎？夫既悦心研虑、定吉凶、成亹亹，而其自然之知又可进推矣。

是故在天道，有盈虚消息而变化以成；在人事，有语默动静而云为以起。此理之显者也。至天道人事，各有吉事，必有祯祥（祯祥：吉兆）以征（证）其感应。如变化有吉，则祥征见于垂象；云为有吉，则祥征动于四体；此理之微者也。其在圣人，理之显者，循迹观变，比拟其象于既往，则一定之理，所谓器者，周知而不爽矣；理之微者，穷幽察隐，推验其占于将然，则先兆之几，所谓来者，早知而不惑矣。

若是者，圣人之能事，不假卜筮而知吉凶，百姓何由与（去声）能乎？试观天地设位，日以易简之理昭然示人，不能使人皆以易知险、以简知阻，是其能犹缺陷而未成也。惟圣人阐明此理，画卦系辞作为《易》书，赞天地所不及，教万世于无穷，以成大地之能焉。由是人欲定吉凶、成亹亹者，既先人谋以审其是非，而趋避未决又抱蓍问《易》，继之以鬼谋，则吉凶可定、亹亹可成。而圣人知险知阻之能，百姓虽愚，皆得与（去声）之，此圣人所以成能者也。

要之，成能者成之以此易此简，而与（去声）能者亦不外此"易知险、简知阻"之能也已。

易经 八卦以象告，爻彖以情言；刚柔杂居，而吉凶可见矣。变动以利言，吉凶以情迁；是故爱恶相攻而吉凶生，远近相取而悔吝生，情伪相感而利害生；凡《易》之情，近而不相得则凶，或害之，悔且吝。将叛者其辞惭，中心疑者其辞枝，吉人之辞寡，躁人之辞多，诬善之人其辞游，失其守者其辞屈。

解义 此三节，首二节，言圣人成能之事，使人由卜筮以知吉凶；末节即人之辞，以明卦爻之辞也。

告，告此险阻；言，言此险阻也；相攻，是两情相触；相取，是强（上声）为要结（要：阴平；要结：结交）；叛，背理也；疑，可否未决；枝，两岐（同歧）不一；失其守，无操持也。

孔子意曰：夫圣人成能，其事何如？天地之精非画无以示，先天画八卦，或以纯阴纯阳之象告，或以杂阴杂阳之象告矣。卦画之蕴非辞无以发，后天系爻彖（爻：指爻辞；彖：指彖辞，即卦辞），或以全体之情言，或以一节之情言矣。夫象所告、情所言，不过欲人知险知阻以趋避吉凶耳。

而吉凶于何见之？卦爻中刚柔杂居，如初、三、五，刚也，或杂之以柔；二、四、上，柔也，或杂之以刚。杂居而当（去声）位中正，则顺理而得；杂居而不当位、不中正，则逆理而失。吉凶不于此昭然可见乎？然是吉凶也，由象辞以见其体，必因变占以达其用。方揲蓍求卦之初，阴阳老少变动而未定，虽未成卦爻，而趋避之利已寓。言吉固利，言凶而使人避，亦利也。及求卦既成，占决已著，遂分吉凶。卦爻之情，有消息当否之异，而辞之吉凶因焉，非以情迁乎？情迁何如？如卦爻中正相与，是爱相攻也，情孚而理顺，故吉生；如不以中正相与，是恶相攻也，情乖而理拂，故凶生。吉凶以爱恶之情迁矣。至于吉凶未判曰悔吝，吉凶方萌曰利害，又何从生也？以远相取，则情虽合而病于疏；以近相取，则情或暌（同暌，隔离）而嫌于妄，悔吝不由此生乎？以情相感，则交以道义而利生；以伪相感，则合以私邪而害生，利害不由此而生乎？悔吝利害，又以远近情伪之情迁矣。要之，凡易之情，固贵近而相得，或远而不相得，亦无害也。惟近而不相得，则以恶相攻，所以致凶也；以伪相感，所以致害也；且以不善相取，所以致悔吝也。夫悔吝利害，皆吉凶之属，各推其情如此，故曰吉凶以情迁。可见圣人作《易》以成能，而众人必由卜筮以知吉凶者，此也。

夫所谓情迁者，岂特卦爻之辞为然？即凡人之辞，亦可见矣。理在人心，本自难昧，如叛正理者，其心多愧而辞惭恧（音女，去声，惭愧）。理有可否，岂宜迁就？如疑正理者，其心多惑而辞枝离。有德之吉人，养深蓄邃，言不妄发而辞寡；无德之躁人，轻浮浅露，言不由衷而辞多；谤善为恶者，毁誉失当，其辞浮游而不实；失所执守者，神气沮丧，其辞屈抑而不伸。凡此皆人之辞以情迁者也。由人之辞以推卦爻之辞，则险阻自无遁情。此圣人所以成能、百姓所以与（去声）能者，其为知险知阻，一而已矣。

按：《洪范》惟皇作极（p.177），凡厥庶民，不罹于咎。其即此作《易》教人之义也夫。

乾德以诚为本，元亨利贞之道，达于天而本乎性，即仁义礼智之德，元亨利贞，运于天而本乎性，维天之命於穆不已，乾之道也，至诚无息，纯亦不已，性之德也，故法天在於体乾，尽心由於知性，其实仁义礼智之性，即元亨利贞之天道，岂非有二也，帝王钦象天行，该圣德亦推於性，率加之意而已矣。

日讲易经解义卷之四

初九，潜龙勿用。

此一爻是言有德无时者，宜退而不宜进也。

画卦自下而上，故以下爻为初，九阳数，故谓阳爻为九，龙性属阳，因取象於龙，潜藏也。周公系乾初爻曰，初九阳居下位，是有可为之德，未遇者，其象如龙之潜藏未出，然既未出潜，即宜静以自守，若不能蛰藏待时而轻有露才躁进以试之，鲜有不致败者矣，抱龙德者，诚勿急求用。

卷之十八

《说卦传》前言

解义　按：伏羲画八卦，后重（阳平）为六十四卦，八卦为六十四卦之本。前系辞中，略言八卦小成，又曰八卦成列，至所谓引而伸之，重（阳平）三成六之意犹未明晰，又所谓仰观俯察近身远物之象，亦未详及焉。孔子于此，复一一推究明言之，并备陈卦位、卦德、卦象之说，以垂训后世，故名《说卦传》。首论生蓍倚数、立卦生爻为作《易》之本原。卦爻既具，然后言道德、义理、性命，以明作《易》之极功。盖《易》为道德性命而作，非蓍数卦爻无以发其蕴也。夫所谓性命之理，即阴阳、刚柔、仁义是也。统言一卦，三画已具三才，又兼三才而两其画，故六画成卦、六位成章，正圣人作《易》以顺性命之理。合观两章，则引伸重卦之由不昭然可见乎？次论伏羲文王先后天卦位之不同。先天圆图，始乾坤而后六子，八卦之序也；方图，先六子而终乾坤，终始相生，造化无穷之道也。后天圆图，始震终艮，为造化流行之序也，而要统之一神，正见流行对待、体用相须之妙，合先后天而归于一者也。次论卦德卦象，性情言其真，形象取其似，而复间（去声）以人道焉。其义何居？盖盈天地之间皆物，而物物各有男女之象，人特其贵焉者，故以人言之耳。至于末章，广言八卦之象，错举类推，虽取象不同，要不过通神明之德、类万物之情，而形上形下之道无不同条共贯、毕具于此矣。

注释　此节标题"《说卦传》前言"为整理者所加。

《说卦传》第一章

易经　昔者圣人之作《易》也，幽赞（幽赞：暗中得神的帮助）于神明而生蓍。参天两地而倚数。观变于阴阳而立卦，发挥于刚柔而生爻，和顺于道德而理于义，穷理尽性以至于命。

解义　此一章，言蓍之所由生、数之所由起，因而立卦生爻，见圣人之作《易》，有以尽三才之蕴而极功用之大也。

圣人，指伏羲；神明者，化育之主宰。

孔子意曰：昔者圣人之作《易》也，有蓍策以神其用，蓍何自而生乎？由圣人在上与天地合德。天地化育之功，生成变化，微妙不测，原极神明，而圣人中和之德笃恭（笃恭：纯厚恭敬）不显、默为感格（p.127），有以幽赞之，灵气所钟而蓍因以生焉。盖神物虽由神明而生，其实原本于圣人之幽赞也。

蓍既生矣，揲蓍求卦则必有数，数何自而起乎？数原于天地，天之体圆，圆者径一而围三，各为一奇，是天原有三数也，圣人本阳全之理，故参天而为三；地之体方，方者径一而围四，合为二偶，是地原有两数也，圣人裁阴半之义，故两地而为二。然后七、八、九、六之数，皆依此而起焉。三三则九，三二则六，两二、一三则七，两三、一二则八，无非倚此参两而自得之耳。于是七为少阳，八为少阴，九为老阳，六为老阴，此《易》之所以有数也。

数既形而卦斯定矣。揲蓍求卦时，参伍错综，观其阴变阳、阳变阴，为纯为杂，则所值之卦于是立焉。卦既列而爻亦备矣，初、三、五为刚，二、四、上为柔。从而阐发之，或动或静，则当动之爻，从此生焉。由是以思其功用，为何如哉？则所称共由（共由：共同奉行、遵从；王安石："道者，万物莫不由之者。"）曰道、自得曰德，而义即道德之散殊（散殊：各不相类，各有区别）也。《易》于进退存亡之道、健顺动止之德，有以旁通其情、融会其旨，无少乖逆而和顺矣。且于和顺之中，又随事各得其宜，而晰之极其精也。不其理于义乎？是道德与义合之为理，赋之为性，而理性之本原则为命也。《易》则穷事物之理，研究甚微；尽人物之性，区处（区处：区别、处置）甚当。且于理性之所从出者，一一溯源根极，与之浑合而无间也，不有以至于命乎？若是者，微显无不该，天人无不尽，蓍之所以神其用，而圣人作《易》之功，所以极其大也！

　　按：蓍数所起，非天地无以开圣人之先；卦爻所设，非圣人不能泄天地之秘，故一画为万世文字之祖。孔子韦编三绝，所以屡为称说而不已乎。

　　注释　原书《说卦传》没有章的序号，今整理者据朱熹《周易本义》加上了每章序号，共十一章。此第一章《说卦传》原文，《周易本义》分作了三节（段），但日讲官却作为一大段，现整理者据《周易本义》将日讲官的解义文字亦分成了三小段。以下各章解义文字（包括《序卦传》和《杂卦传》）的分段原则均同此，不再说明。

《说卦传》第二章

　　易经　昔者圣人之作《易》也，将以顺性命之理，是以立天之道曰阴与阳，立地之道曰柔与刚，立人之道曰仁与义；兼三才而两之，故《易》六画而成卦；分阴分阳，迭用柔刚，故《易》六位而成章。

　　解义　此一章，言《易》卦、爻、位之义，所以阐发天人性命之旨，不徒为卜筮之用也。

　　孔子意曰：昔者圣人之画卦作《易》也，岂徒迹象之粗哉？将举物所受为性、天所赋为命之理，一一摹写之而毫无违拂，以顺之焉耳。何以见其顺也？六爻，上二爻为天，下二爻为地，中二爻为人。天非以象立也，有立天之道焉；自其气而言之，有成物之阴与施生之阳，静专与动直合而天道有常运矣。地非以形立也，有立地之道焉；自其质而言之，有顺承之柔与持载之刚，静翕（音西，聚合）与动辟合而地道有常凝矣。天地既立，人生其间，有立人之道焉；自其性而言之，有慈惠之仁与裁制之义，恻怛（音侧达，同情，怜悯）与果断合而人道有常协（常协：经常协和）矣。是三才有由立，皆性命之理也。圣人作《易》，成卦成章，所以顺此性命之理也。当其画卦，三画已具三才之道，又统兼三才而各两之，故《易》有六画，然后一卦之体成。则初刚二柔、三仁四义、五阳上阴，而性命之理已顺之于全体中矣。六画所处，有其六位，分二、四、上为阴，初、三、五为阳，既分阴阳，乃迭用六八之柔爻、七九之刚爻而来居之，或以柔居阳位，或以刚居阴位，更相为用而不滞，故易有六位。而阴阳间杂自成经纬之文章，则刚柔交错、仁义相济、阴阳递运，而性命之理又顺之于一节中矣。洵（p.149）乎！《易》为尽性至命之书，不徒备卜筮之用也。

按：为学贵乎刚克柔克，为治贵乎有执有容。太刚则折，太柔则废，必不竞不絿（p.406），乃为无弊之道。古帝王开天明道即具有此理，稽古者尚其深思而自得之乎？

《说卦传》第三章

易经　天地定位，山泽通气，雷风相薄，水火不相射，八卦相错。数（音鼠，审辨，下同）往者（往者：过去的事）顺，知来者（来者：未来的事）逆（预先），是故《易》逆数（上声）也。

解义　此一章，是论伏羲先天圆图（图见本书第14面右图）。上节分列先天八卦之位，见其对待之体，自寓流行之用；下节承八卦相错而言，见《易》数之逆，正以成其顺也。

相薄，势相追也；不相射，谓不相害也；错，交也。

孔子意曰：先天图位，乾居南，坤居北，是天确然在上、地隤（p.551）然在下，两仪之位定矣；由是艮西北而兑东南，则山以融结之气下通于泽，泽以滋润之气上通于山也；震东北而巽西南，则雷因风而益迅，风因雷而益烈，相迫而成震荡之功也；离东而坎西，则水得火以济其寒，火得水以济其燥，相资而不相害也。然此对待之体，即有交变之用焉。以乾、兑、离、震为主，各与八卦相错，则自复至乾，三十有二之阳卦，成于圆图之左；以坤、艮、坎、巽为主，各与八卦相错，则自姤至坤，三十有二之阴卦，成于圆图之右。

此先天图位之列，观其对待而流行自在其中矣。若其生出之序，又可按图而知也。图由中起而分左右，自其左方数之，起一阳之震，历离、兑以至纯阳之乾，此卦之已生者，盖由震四、而离三、而兑二、而乾一，则已然之迹可见，如从今日以计往日，不亦顺而易知乎？自其右方数之，起一阴之巽，历坎、艮以至纯阴之坤，此卦之未生者，盖由巽五、而坎六、而艮七、而坤八，则将来之兆未形，如因今日以推来日，不亦逆而难知乎？夫图之中分，固有顺而有逆，而要其生出之序，则皆逆而后顺。有乾一、而后有兑二、离三、震四、巽五、坎六、艮七、坤八，无不自已生而及未生。故《易》之八卦，皆逆数也。逆故知来，所以能前民用者于此可见矣。

按：圣人作《易》，彰往而察来。既往之事、将来之几，备在卦爻之中。成王（p.263注）定鼎，卜世三十、卜年八百（指周朝共历三十四世王，八百余年），皆逆计而知之。此岂后世谶纬（谶纬：预测未来的隐语，汉代流行）之学所能测其万一乎？

《说卦传》第四章

易经　雷以动之，风以散之，雨以润之，日以晅（音宣，晒干）之；艮以止之，兑以说（通悦）之，乾以君之，坤以藏之。

解义　此一章，论伏羲先天方图（图见本书第14面左图）具造化之全功也。

孔子意曰：先天方图，中起震、巽，而始终于乾、坤。夫震、巽之位相对，雷为震象，所以奋动万物之生意；风为巽象，所以发散万物之郁气。此始物之功乎？坎、离之位相对，雨为坎象，既散之化机，由此滋润；日为离象，既润之材质，由之晅明。此亨物之功乎？艮、兑之位相对，艮之德为止，使物止其所而性命之各正；兑之德为悦，使物遂其生而太和之保合。此成物之功乎？六子既已循其序而司其职矣。然孰纲维是？乾居图之始，六子皆统宗乎乾而分职以治，则实君之也。抑孰翕受是？坤居图之终，六子皆包涵乎坤而乘时以出，则实藏之也。观其图，惟卦位之成列；而究其义，悟造化之流行。图学之所以令人紬绎（紬绎：引出头绪）而不穷欤。

按：论尊卑之序，宜先天地；而论化功之成，则归乾坤。先天图位，合观两章而自见矣。

《说卦传》第五章

易经　帝出乎震，齐乎巽，相见乎离，致役乎坤，说（通悦）言乎兑，战乎乾，劳乎坎，成言乎艮。万物出乎震，震东方也；齐乎巽，巽东南也，齐也者，言万物之洁齐也；离也者，明也，万物皆相见，南方之卦也，圣人南面而听天下，向明（向明：天将明）而治，盖取诸此也；坤也者，地也，万物皆致养焉，故曰致役乎坤；兑，正秋也，万物之所说（通悦）也，故曰说（通悦）言乎兑；战乎乾，乾西北之卦也，言阴阳相薄也；坎者，水也，正北方之卦也，劳卦也，万物之所归，故曰劳乎坎；艮，东北之卦也，万物之所成终而所成始也，故曰成言乎艮。

解义　此一章，论文王后天圆图（图见本书第18面右图）。上节先列后天八卦之位，见帝为生成之宰，其出入不可见；下节即物之出入，以可见者明其不可见也。

致役者，致力以为之役也；战，则搏击之谓。

孔子意曰：先天圆图，固有以立对待之体矣。文王取而更（阴平）置之，于以象一岁之运焉。盖造化之主宰谓之帝，当其出而生物，令方行而气方动，化育发端则出乎震焉，以震居卦位之首也。出则必齐，前此之萌动者，至此而化机毕达，是在巽矣，而巽固次震之位也。齐则相见，前此之毕达者，至此而光辉发越，是在离矣，而离固次巽之位也。凡此皆帝之出也。由是而出者将入，相见则致役，阴代阳以有终，于是乎效力而长（上声）养，其在坤乎？以坤位次离也。致役则必悦，养既盛而化始敛，于是乎欢忻而交畅，其在兑乎？以兑位次坤也。悦不已则战，故次之以乾，肃杀用事，与生育之气相为搏击而成战矣，而乾固战之位也。战不已则劳，故次之以坎，终岁勤动则物皆归藏，得所休息而慰劳矣，而坎固劳之位也。凡此皆帝之入也。自是而入者复将出，既劳则有成，一元奏效、终则有始，帝乃生克嗣续（嗣续：子孙繁衍）于斯焉，艮之所以次坎而居卦位之终也。卦位具而岁功成有如此。

然帝之出入不可见，即物之出入见之。帝出乎震，何也？以万物出乎震也。所以然者，震居东方，于时为春，草木萌动，物之所自出也。出则齐乎巽矣。巽居东南，时为春夏之交，物之长短不齐者，至此毕达，无不洁齐也。何以相见乎离？离德以明盛为义，万物至此，皆形色交辉而相见。所以然者，卦居南方，于时为夏，品物咸亨之候也。显推其义，圣人宅中御极（皇位），位必南面，布纲纪于天下，盖取诸南方与文明之会也。坤者地之象，于五行为土，土德王（去声）于夏秋之交，前此之火得土以制其烈，后此之金得土以制其寒，尽其力以长（上声）养万物而不靳（音近，吝惜）也，故曰致役乎坤。至于兑居西方，时为正秋，物无不向于实，生意充足，欣欣有得所之意矣，故曰悦言乎兑。战乎乾，何也？乾居西北，时为秋冬之交，阴盛阳微，阴与阳相薄而不免于战也。何以劳乎坎？坎于五行为水，卦居正北方，出而用事者，其归劳在此卦乎？万物至此，悦者恬休、战者宁定而得所归宿矣，故曰劳乎坎。成何以言乎艮？艮居东北，时为冬春之交，在今年为岁功之终，在明年又为岁功之始而皆受成于此，固万物之所成终而成始也，故曰成言乎艮。即物之出入，而帝之出入不可见乎？

　　按：天之帝即世之君，尽臣之所为功而莫非君之功；尽造化之所为生成而莫非帝之化。帝生万物，圣人生万民，其主宰洵（p.149）有同符矣！

《说卦传》第六章

　　易经　神也者，妙万物而为言者也；动万物者莫疾乎雷，挠万物者莫疾乎风，燥万物者莫熯（音汉，烘干）乎火，说（通悦）万物者莫说（通悦）乎泽，润万物者莫润乎水，终万物始万物者莫盛乎艮；故水火相逮，雷风不相悖，山泽通气，然后能变化，既成万物也。

　　解义　此一章，合论先后天之图而归之于神，见先天之对待自具流行之用，而后天之流行未尝无对待之体也。

　　疾，速也；挠，散也；逮，及也，相济之意；既，尽也。

　　孔子意曰：乾坤之功，分寄于六子；而六子之用，总归于一神。神也者，不离乎物，不倚乎物，无方不测，有莫知其所以然者。盖妙万物而为言者乎？物之始生，必有以鼓动其生意，震雷奋而物随以动，何疾如之？物之既动，必有以挠散其滞机，巽风发而物随以挠，何疾如之？离为火，火以燥其湿，而物乃得坚凝，则熯莫如火。兑为泽，泽之所濡（音如，湿润），生机利遂，无不欣畅，则悦莫如泽。坎为水，水德用事，根荄滋润，自然充足，则润莫如水。至于敛其实于既往而终万物之所无，启其机于将来而始万物之所有，惟艮兼主其事，则盛莫如艮。六子流行之用，无非神之所为也。然所以流行之故，未有不从对待中出者。故惟坎离得偶，水火恒相逮而相济矣；震巽得偶，雷风不相悖而相助矣；艮兑得偶，山泽通气而交相感应矣。然后阴阳合而自无趋有为变、自有返无为化，所以动挠与燥成万物之始，悦润终始成万物之终也。可见流行者，原本对待；而对待者，自具流行，总之一神之妙万物也。图学之理，先后天一而已矣。

按：专言六子，非去乾坤也，六子皆乾坤之功也，犹大君主治、六卿分职。神则其治道之精微也，尧曰广运、舜曰无为，其殆神之谓乎？

《说卦传》第七章

易经 乾，健也；坤，顺也；震，动也；巽，入也；坎，陷也；离，丽也；艮，止也；兑，说（通悦）也。

解义 此一章，即八卦之形体以言其性情也。

孔子意曰：八卦之画不同，则其性情亦异。三画皆奇曰乾，其体刚毅不挠，其用运行不息，盖健也。三画皆偶曰坤，其体至静无为，其用至简不扰，盖顺也。震一阳起于二阴之下，内有奋迅之志，外有发舒之气，其动乎？巽一阴伏于二阳之下，内有沈潜之体，外有婉转之机，其入乎？坎阳陷于阴中，则德蕴于中而用藏于事，故曰陷。离阴丽于阳中，是冲虚内涵而文明外被，故曰丽。一阳止于二阴之上为艮，阳动之终而主乎收敛，则止而已。一阴见于二阳之上为兑，阴静之终而主乎发散，则悦而已。

按：《易》以通神明之德，性则德之所存，情则德之所发，皆于卦画之阴阳推究而得之，固学《易》者，所当先知耳。

《说卦传》第八章

易经　乾为马，坤为牛，震为龙，巽为鸡，坎为豕，离为雉，艮为狗，兑为羊。

解义　此一章，远取诸物，见万物无非《易》理也。

孔子意曰：八卦之象，未及旁通，先有可专举者。乾，纯阳至健，物性之至健而行不息，莫如马也，乾则为马。坤，纯阴至顺，物性之至顺而任重载，莫如牛也，坤则为牛。震，阳动阴下，而龙潜隐在田，以时而奋起矣，震不为龙乎？巽，阴伏阳下，而鸡杂处在幽，以时而出声矣，巽不为鸡乎？坎，外柔而内刚，豕则外污浊而内刚躁，故其象为豕。离，外刚而内柔，雉则外文明而内柔怯，故其象为雉。艮，阳止于二阴之上，狗外刚能止物而内实懦，艮则为狗矣。兑，阴现于二阳之上，羊外柔能悦物而内实狠，兑则为羊矣。此取诸物者然也。

按：《易》以类万物之情，其变不可胜穷也。此专举一物以拟一卦之象，自在读《易》者神而明之，取其象以究其理耳。

《说卦传》第九章

易经　乾为首，坤为腹，震为足，巽为股，坎为耳，离为目，艮为手，兑为口。

解义　此一章，近取诸身，见人身无非《易》理也。

孔子意曰：八卦不徒有象于物，即吾身求之，有可分观者。乾，积阳在上而覆物，人首会诸阳，有居高体元之尊，故乾为首。坤，积阴在下而载物，人腹藏诸阴，有民胞物与之度，故坤为腹。震，阳动于下，人足在下而动，超越而善行，震则为足也。巽，阴偶居下，人股两垂于下，随足以为动，巽则为股也。坎，阳陷阴中，人之耳轮内陷，聪德具于中，坎不为耳乎？离，阴丽阳中，人之目睛外附,光明照于外,离不为目乎?艮,阳在上为止,人手刚在上,而能按止,艮盖为手矣。兑,阴在上能悦,人口开于上,亦善谀悦,兑盖为口矣。此取诸身者然也。

盖人身一小天地,故五官四肢不徒为形骸之末,而实有神明之用。然众人同具此理,惘然莫知。惟能践其形者,法乾坤之健顺,尽坎离之聪明,体震艮之动止,循巽兑之谦和。大人与天地合德,岂外此哉?

《说卦传》第十章

易经　乾,天也,故称乎父;坤,地也,故称乎母;震一索而得男,故谓之长男;巽一索而得女,故谓之长女;坎再索而得男,故谓之中男;离再索而得女,故谓之中女;艮三索而得男,故谓之少男;兑三索而得女,故谓之少女。

解义　此一章,申解后天卦图之义,明尊卑有等、长幼有序,本阴阳以正名分也。

索,求也,谓阴阳交相求也。

孔子意曰:观文王八卦次序(图见本书第18面左图),乾坤称父母,六子称男女,固矣。而其义何居?乾,纯阳至健,其象为天,物皆资始,犹父为人所资始也,故父之称不易焉。坤,纯阴至顺,其象为地,物皆资生,犹母为人所资生也,故母之称不易焉。至于六子,是乾坤互相求索而以次得者也。震,初画为阳,是坤一索而得乾之初画,体一而实、性动而健,男之象也,以其得之最先,故谓长男。巽,初画为阴,是乾一索而得坤之初画,体二而虚、性静而顺,女之象也,以其得之最先,故谓长女。其在坎,以坤再索而得乾之中画,性情形体犹之男也,以其得于再索而继震,则谓中男。其在离,以乾再索而得坤之中画,性情形体犹之女也,以其得于再索而继巽,则谓中女。至于艮,乃坤三索而得乾之上画，犹之震得乾道以成男也，以其三索得男而次坎，则谓少男。至于兑，乃乾三索而得坤之上画，犹之巽得坤道而成女也，以其三索得女而次离，则谓少女。八卦之称谓如此，《易》所为正名定分（去声）之书也。

按：卦象先天多言天道，后天多言人道。人道莫大于名分，此孔子申明其义以垂训乎？

《说卦传》第十一章

易经　乾为天，为圜（音圆，指天体），为君，为父，为玉，为金，为寒，为冰，为大赤，为良马，为老马，为瘠马，为驳马，为木果。

解义　此一章，推广八卦之象。此一节，言乾象也。

孔子意曰：三奇之卦，惟乾积阳成象而行健不息，其为天乎？从天之象而推之，其体旋转而循环不穷，为圜也。象人之至贵，莫如君父，乾则主宰六子，犹君之统万民也，故为君；资始万物，犹父之抚诸子也，故为父。象物之至贵，莫如金玉，乾则体纯粹而不杂，犹无瑕之玉也，故为玉；质坚刚而不屈，犹能断之金也，故为金。言乎卦位，乾在后天，位居西北，于时为寒，寒之极而冰始凝，则为冰；乾在先天，位居正南，于时盛夏而属火，其色则为大赤。取诸动物，则健行不息者为良马，健而最久者为老马，健之最坚者为瘠马，健之最猛者为驳马。取诸植物，则阳之体实，犹木果之实；阳之体圆，犹木果之圆，又为木果。乾象之无所不该如此。

按：《易》道精入无形、粗及有象。此广八卦，盖推举有象者以为言也。要之皆本至理，形上形下，固合精粗而为一者。由乾象推之，通德类情，无不可得意而忘象矣。

易经　坤为地，为母，为布，为釜，为吝啬，为均，为子母牛

（子母牛：指母牛；另说，指牛犊与母牛），为大舆，为文，为众，为柄，其于地也为黑。

解义　此一节，广坤卦之象也。

孔子意曰：坤象纯阴，积阴而下凝者惟地，故为地。从地象而广之，则资生万类，有母道焉，故为母。自其动辟而言，能敷布其发育之泽为布，虚而容物为釜。自其静翕而言，敛其生意，聚而不施，为吝啬。且赋形广大，气机所动无不周遍，为均。其顺承天施，则为生生不息、性极柔顺之子母牛，不但如上章之仅取象于牛也。其德厚载物，则为历久弥坚、广而容载之大舆，不但如坎之仅取象于舆也。且其画皆三偶，经纬灿然而文象显矣；偶数繁多，错综不一而众形著矣；柄以持物，而坤能持载，则为柄。黑乃阴色，而坤本纯阴，则为黑。坤象无所不该如此。

按：经文坤卦六爻，皆为臣道立训。此章上文既言乾为君，而此节独不言坤为臣者，盖以臣道无成，凡应尽之职业皆属君上所命，不敢自以为功，则坤象之所有无非臣道也。要之，坤元有配天无疆之德，故为推广其象，以见柔顺利贞之所发者如此。

易经　震为雷，为龙，为玄黄，为旉（音肤，同敷，旉布），为大途，为长子，为决躁，为苍筤（音狼）竹，为萑（音环）苇；其于马也，为善鸣，为馵（音住）足，为作足，为的颡；其于稼也，为反生；其究为健，为蕃鲜。

解义　此一节，广震卦之象也。

玄，乾色；黄，坤色；大途，通衢也；决躁，取其刚动也；苍，东方之色；筤，竹筴也；萑苇，即芦荻，下实上虚；马左足骹（即跤，胫骨近足细处）白曰馵；作足，马腾足也；的颡，白额马也；反生稼，根反在上也。

孔子意曰：震以一阳下动，犹雷奋于地，故为雷。从雷象而广之，则龙以阳物而奋起于渊，亦如阳之动也。乾坤始交而生震，兼有天地之色，故为玄黄。阳气初施，化育流行而无潜伏，则为旉。阳气一动，万物沛（旺盛）生而无壅滞，则为大途。取象于人，一索得男，性禀阳刚，位居元冑（长子），为宗社所托，有主鼎执鬯（p.407）之尊，故为长子。阳动而决二阴，其进也锐，有见义必为之勇，故为决躁。取象于物，则震居东方，有苍筤竹深青之色；下实上虚，有萑苇根实干（去声）虚之象。取象于马，则二阴上拆，犹马之开口而善鸣也；一阳下动，犹马之騿足而悬起也；阳动而健，犹马之超腾而作足也；二阴色白，犹马之上颡白也。取象于稼，则阳反动于阴下，如萌芽自下而生，故为反生。阳动必长（上声），长则中、上二爻皆变而为乾之健，故其究也为健。既变为乾，则阳气极盛，草木莫不蕃育而鲜明矣。震象无所不该如此。

按：震卦之义，虽无所不该，而其切于人事者，独称长子，诚重之也。是以古帝王之训太子，礼以修外，乐以修内，入则有保，出则有师，皆以养其阳刚之萌而底于乾健之德，然后统绪（统绪：传统、功绩）相传而国祚（音坐，皇位）永于磐石。夏之启、周之成王（p.263注），皆是道也。震之义不洵（p.149）大矣哉！

易经 巽为木，为风，为长女，为绳直，为工，为白，为长，为高，为进退，为不果，为臭；其于人也，为寡发，为广颡（音嗓，额）为多白眼，为近利市三倍，其究为躁卦。

解义 此一节，广巽卦之象也。

孔子意曰：巽以一阴伏二阳之下，其德柔顺而善入，而物之善入者，莫如木，故为木。从木象而广之，气之善入者，莫如风，故又为风。乾交于坤，一索得女，故为长女。绳者，所以纠木之曲而使直；工者，所以引绳之直而制木；巽者，德之制也，故为绳直、为工。巽属少（去声）阴而位西方，故于色为白。风之行，入乎微而遍乎远，长也。木之生，由萌蘖而至千寻，高也。

阴性多疑，中无决断，故为进退、为不果。一阴下郁，二阳外达而上行，故其象为臭。以人之体言之，发属阴，额属阳，眼之白者属阳，黑者属阴；巽阴在下，阴血不升，为寡发；二阳在上，阳气极盛，为广颡；一阴二阳，为多白眼。自人之情言之，义属阳、利属阴，巽以阴为主而又善入，是善于生财者，如市物而获利之多，为近利市三倍。其究则三爻，皆变为震卦之决躁矣。巽象无所不该如此。

按：六子中，独震、巽有"其究"二字。盖阴阳之始也，震一阳，望其变中、上二爻，而究归于乾；巽一阴，望其先变初爻之阴，然后尽变其中、上二爻，而究归于震。此圣人扶阳抑阴之微（精微）意也。推而论之，君子阳也、小人阴也，公理阳也、私欲阴也，是以人君当进君子而退小人，人臣当急国事而后家事，儒者当存天理而遏私欲。皆是道也夫！

易经　坎为水，为沟渎（音独），为隐伏，为矫輮（同揉），为弓轮；其于人也，为加忧，为心病，为耳痛，为血卦，为赤；其于马也，为美脊，为亟（音及，急迫）心，为下首，为薄蹄，为曳；其于舆也，为多眚（p.223），为通，为月，为盗；其于木也，为坚多心。

解义　此一节，广坎卦之象也。

矫者，使直为曲；輮者，使曲为直。

孔子意曰：坎居北方，其体内阳而外阴，犹水属北方，其体内明而外暗，故为水。从水象而广之，大为沟，小为渎，所以行水，互相灌注，流而不盈，故为沟渎。自其阳匿阴中，隐而不露，似君子存心之密，韬晦不行，非为隐伏乎？阳在阴中，抑而能制，似君子克己之勇、矫偏归正，非为矫輮乎？弓体弯，中劲以发矢；轮体圜，内实以行地，皆矫輮所成也，非为弓轮乎？其取象于人也，阳陷阴中则险而不宁，操心危而虑患深，忧所以加倍也；心以虚而睿，耳以虚而聪，坎体中实则私欲蔽锢，心将以物累而病，耳亦以物壅而痛也；在地则为水，在人则为血，故为血卦；大赤者，乾之色也，坎得乾之中画，故为赤。其取象于马也，阳明在中，为脊之美焉；刚躁在内，为心之亟焉；阳昂阴低，上画阴，为首，故下而不昂焉；阳厚阴薄，下画阴，为蹄，故薄而不厚焉；阳前阴后，蹄薄则不能致远，故为行之曳而不进焉。其取象于舆也，有险陷而多阻碍，则为多眚，盖行于险道，不若坤舆之行于平地者易且安也。又自水类取之，通者水之性，月者水之精，故为通、为月。又自人类取之，阳匿阴中，未免有盗名盗利之心，故为盗。其于木也，阳刚在内则为坚多心，坚取其刚，多心以其刚在内也。坎象无所不该如此。

按：坎为重（阳平）险，故其取象皆有险危之义。然帝王法天险而谨其礼乐制度以防于无形，法地险而修其城池兵甲以防于有形，自能化艰危而为荡平矣，虽险何惧乎？

易经　离为火，为日，为电，为中女，为甲胄，为戈兵；其于人也，为大腹；为干卦；为鳖，为蟹，为蠃（音罗，通螺），为蚌，为龟；其于木也，为科（空）上槁。

解义　此一节，广离卦之象也。

孔子意曰：内暗而外明，体阴而用阳者，火之德也。离卦内阴外阳，故为火。从火象而广之，火之精非日乎？火之光非电乎？乾与坤交，再索得女，非中女乎？甲以卫身，胄以捍首，其质外坚，离阳在外，故为甲胄；长而戈枪，短而兵刃，其锋上锐，离阳在上，故为戈兵。阴中虚而能容物，故于人为大腹。火炎上而能燥物，故于卦为干卦。鳖性静，象离之中柔焉；蟹性躁，象离之外刚焉；蠃善丽，象离之阴丽乎阳；蚌中虚，象离之一阴内伏焉；龟则中具五行、外负八卦，有文明之象，离德文明，取象于此；此五者皆以其内柔而外刚也。其于木也，则中之空者上必枯槁，有似离之中虚而上燥，故为科上槁。离象无所不该如此。

按：日本阳精，火、电皆具阳体，乃属于阴卦之离者。盖以上下两爻皆阳，而阳中藏阴，犹之坎卦上下两爻皆阴，而阴中藏阳，此固阴阳互藏其宅之至理也。至于体继离出治之道，则虚中以受善，明作而有功，而离照遍于四方矣。

易经 艮为山，为径路，为小石，为门阙，为果蓏，为阍寺（阍：音昏，门；阍寺：阍人和寺人，古代宫中掌管门禁的官），为指，为狗，为鼠，为黔喙之属；其于木也，为坚多节。

解义 此一节，广艮卦之象也。

植生曰果，木实也；蔓生曰蓏（音裸），草实也；黔，黑色，鸟属之喙多黑，故曰黔喙。

孔子意曰：隆起于地上者，山也。艮以一阳起于坤阴之上，故为山。从山象而广之，一阳横亘于上，有似山上之小蹊，故为径路；一阳竣立于上，有似山上之卷（通拳）石，故为小石；上画相连，中下二画双峙而虚，有似门阙之可通出入，故为门阙。以物言之，结实于山谷之中者，在木为果，在草为蓏，艮以一阳居上而实，非果蓏乎？以人言之，掌王宫中门之禁而止人之入者，阍人也；掌王之内人及宫女之戒令而止人之出者，寺人也；艮者，止也，非阍寺乎？人之能止物者，指也；物之能止物者，狗也。艮刚在前而鼠刚在齿，鸟刚在喙，皆刚之在前者也。艮刚在外，而木之坚多节则刚之在外者也。艮象无所不该如此。

按：艮之德为止，故其取象皆有止之义。君子体之而起居必饬、言动必慎，有范围不逾之则；而行无过举，有镇静不移之守；而心无轶思，一切非礼之视听、越位之谋为，皆禁遏而不敢纵。夫然后万物各止其所，而艮卦之理备矣。

易经 兑为泽，为少女，为巫，为口舌，为毁折，为附决；其于地也，为刚卤，为妾，为羊。

解义 此一节，广兑卦之象也。

毁折，条枯实落之象；附决者，柔附刚而刚决之也；卤者，水之死气，坎水绝于下，泽见于上，则足以为卤，其地不能生物也。

孔子意曰：兑之卦体，变坎之下阴爻而为阳，是塞坎水之下流也，有象于泽，故为泽。从泽象而广之，三索得女，故为少女；兑德为悦，象巫之以言悦神、口舌之以言悦人焉。兑时为秋，象物之全者以毁、刚者以折焉。观于人情则君子有嫉邪之义，柔附于刚必决柔也，兑以一阴处二阳之上，故为附决。察乎地宜，则石田无生物之能，土有下坚刚而上湿卤者，兑以一阴在二阳之上，故于地为刚卤。阴少（去声）而贱为妾；妾固以悦从人者，内刚外悦为羊，羊固见草则悦者。兑象无所不该如此。

按：兑卦象辞，兑有刚中柔外之德、顺天应人之用，其义甚大。而卦象所取多系卑贱不正之物者，盖天地间阳尊而阴卑、阳贵而阴贱，况兑属阴之尤少者乎？此亦圣人抑阴之意也。

大抵孔子此章广八卦之象，皆以通神明之德而类万物之情。凡首句为取象之始，其下俱以类取，或以卦画，或以卦德，或以先后天之位，或因象而转为义，或取其性，或取其变，相反相因，错综互见。可见易道之妙，微而造化，显而人事，大而君臣父子，细而草木昆虫，无所不备。非天下至圣，其孰知此？君子能于仰观俯察之间豁然贯通其理，则即器即道触皆《易》。人事既尽造化不违，将见天地平成、鸟兽咸若[1]，而羲、文、周、孔之奥义，体诸身而见诸治，一以贯之矣。

注释　①天地平成：指上下有序，诸事妥贴。鸟兽咸若：为称颂帝王教化之词，指万物皆能顺其性、应其时、得其宜。

《序卦传》前言

解义　此上下经六十四卦之序，孔子因卦名以叙其次第之义也。大抵《易》者，变易也。如反需为讼、泰为否、遁为蛊、晋为明夷、家人为睽，此不善变者也；如反剥为复、遯为壮、蹇为解、损为益、困为井，此善变者也。文王示人以可变之机，则危可安、乱可治，特在转移间耳。可见后天之学，以人事赞天地之妙，条贯（条贯：条达，贯穿）之中具有精理，故名序卦。

注释　此节标题"《序卦传》前言"为整理者所加。

《序卦传》上经

易经　有天地，然后万物生焉。盈天地之间者惟万物，故受之以屯；屯者，盈也；屯者，物之始生也。物生必蒙，故受之以蒙；蒙者，蒙也，物之稚也。物稚不可不养也，故受之以需；需者，饮食之道也。饮食必有讼，故受之以讼。讼必有众起，故受之以师；师者，众也。众必有所比，故受之以比；比者，比也。比必有所畜，故受之以小畜。物畜然后有礼，故受之以履。履而泰，然后安，故受之以泰。

解义　此一章，是发明序上经之义也。

孔子意曰：序上经之卦，始于乾坤、终于坎离者，何也？乾，天也；坤，地也。自太极判而两仪生，动生阳而成天，静生阴而成地，然后二气缊缊（同氤氲）、化生万物；气以成形，而理亦赋焉；是天地乃万物之父母，故乾坤居诸卦之首也。万物既生，则凡飞潜动植、血气心知之属，盈塞于天地间者，皆物也，故乾坤之后，受之以屯。屯有雷雨震荡、充塞满盈之义，然屯刚柔始交、形质初开，又有物始生之义。物之始生，纯朴未散、知识未启，是物生必蒙也，故屯之后受之以蒙。蒙者，蒙昧而无全觉，又幼稚而难遂长（上声），物稚而不养则无以遂其生，而天地之化育几于息矣；有开世觉人之责者必思所以养之，故蒙之后受之以需；需之象，饮食宴乐，养道也。然饮食者人之大欲，欲之所在，争端必起，于是干糇（音猴，干粮）致愆（p.471）、酒醴（甜酒）生祸，强凌弱、众暴（欺侮）寡，不至于讼不止，故需之后受之以讼。讼则相援相倾，朋党必众，故讼之后受之以师，盖用大兵以平其争也。然师者，众多之义；众无所统则乱，必仰比一人以为之君，施政教、申约束，使号令一而众志定，故师之后受之以比。比者，众所比辅也；夫民之比我，谓我能畜养之也，则必制田里、轻徭役；凡所以道之而遂其生者，宜施于既庶之后矣，故比之后受之以小畜。民既富矣，礼教可兴也，则必明彝伦（彝伦：天地人之常道）、敕秩叙（敕秩叙：帝王根据才能安排官职秩序）；凡所以教之而复其性者，宜施于既富之余矣，故小畜之后受之以履。履者，人之所行也；循礼而行，则上下有辨、亲疏有序，此心泰然而天下各得其所，故履之后受之以泰。斯则由庶而富，由富而教，而四海莫不乂安（乂：音义，治理；乂安：太平，安定）矣。

按：乾坤者，天地之太初也。屯蒙者，人物之太初也。有圣人出焉，为之养其稚而平其争，小罚则平以士师（士师：狱官），大罚则平以司马（司马：军官），使海隅日出咸知大一统之义而亲附于上，然后畜以养之、履以教之，而荡荡平平卒致久安长治之模，岂非王道之大成哉？昔汤武（p.103 注②）除暴以安天下，而即汲汲焉制助彻（助、彻：殷周时税法）之法、申庠序（庠序：古地方学校）之训，遂能使万民受保乂之德、国祚（p.341）安磐石之固，用此道也。

易经　泰者，通也，物不可以终通，故受之以否。物不可以终否，故受之以同人。与人同者，物必归焉，故受之以大有。有大者，不可以盈，故受之以谦。有大而能谦必豫，故受之以豫。豫必有随，故受之以随。以喜随人者必有事，故受之以蛊。蛊者，事也；有事而后可大，故受之以临；临者，大也。物大然后可观，故受之以观。可观而后有所合，故受之以噬嗑；嗑者，合也。物不可以苟合而已，故受之以贲；贲者，饰也。致饰然后亨则尽矣，故受之以剥；剥者，剥也。物不可以终尽剥，穷上反下，故受之以复。复则不妄矣，故受之以无妄。有无妄，然后可畜，故受之以大畜。物畜然后可养，故受之以颐；颐者，养也。不养则不可动，故受之以大过。物不可以终过，故受之以坎；坎者，陷也。陷必有所丽，故受之以离；离者，丽也。

解义　此发明否以下诸卦之义也。

孔子意曰：泰者，天地交而二气通，气化人事交通之谓也；然古今治乱迭相倚伏，物无常通之势，故泰之后受之以否。否者，上下不交、气化乖隔之谓也。然乱极必治，挽救在人，物亦无终否之理，故否之后受之以同人，此世运之循环如是也；同人者，君臣同心、协力以济其否也。既与人同，则能得天下之心而人土（原文为"土"，疑为"士"字之误）财用皆为我有矣，故同人之后受之以大有。所有既大，或好大喜功、满盈为害，有未可保也，故大有之后受之以谦。有大而能谦，则宜民宜人，受天百禄，可以长享其有而乐以天下矣，故谦之后受之以豫，此君道当如是也。夫人君能以谦致豫，则臣有钦若（钦：尊敬；若：顺从）之思，民有从义（p.608）之志，无不丕（音批，大）应而随顺，故豫之后受之以随。然人之喜悦而来者，非苟随也，必上下同心而有事于修治，故随之后受之以蛊；蛊者，政坏而振起之，必将有所事也。既有事于励精图治，而后一代之大功可以由此而起，故蛊之后受之以临；临者，遍临万国，有大无外之象。大则可以照曜天下，而文明光被赫然可观，故临之后受之以观。天子炳大观于上，海内自观化于下，东西南朔，来享来王而罔不合志矣，故观之后受之以噬嗑，此治道之相因者然也；嗑者，合而为一也。然使直情而行不加文饰，是为苟合，其始虽合，其终必离，是当有礼以饰之，故噬嗑之后受之以贲，所为文以救质也；贲者，礼以饰情之谓。质而有饰，亨道也，然饰不可致，致饰则繁文盛而实意衰，亨道反尽矣，故贲之后受之以剥，所为质以救文也，此文质之变如是也；剥者，剥尽之义也。物尽则反，无终尽之理，剥阳穷于上，则必反生于下，天心隐而复现，人心息而复生，皆此理也，故剥之后受之以复；此造化之机如是也。人心一复，则天理之诚常存、人欲之妄尽绝，故复之后受之以无妄。心既无妄，则善日积而崇高，恶日去而净尽，可以畜德而至于大，故无妄之后受之以大畜。所畜既大，而优游涵泳以俟其自化，是得养之义焉，故大畜之后受之以颐；颐者，涵养之正也。有大涵养方有大设施，未有养不豫（安乐）而能动（劳作）无不臧（通藏）者，故颐之后受之以大过；可见大过人之功必由于盛养也，此圣学之序也。然凡事贵乎得中，若恃才妄动，则终过而失中，必有险陷之患，故大过之后受之以坎；坎者，一阳之陷也。既陷于险，而求出险之道，则必有所附丽以自振作，庶可藉以免难，故坎之后受之以离；离者，一阴丽于二阳，有附丽之义也。上篇始乾坤而终坎离者，盖以水火共济为天地间之至理也。

　　按：古今治乱，一泰一否原自相循，全恃君臣一德以保泰济否，如舜得五臣（五臣：指禹、稷、契、皋陶、伯益）而拯昏垫（昏垫：陷溺，迷惘无所适从）之灾，武王得十人（十人：指周公旦、召公奭、太公望、毕公、荣公、太颠、闳夭、散宜生、南宫适及文王妃太姒）而致遏刘（刘：杀；遏刘：止杀）之烈。用能朝野同风、天下顺德，此同人、大有之明征也。然史之赞尧曰"允恭克让"（p.157注①），舜之称禹曰"不矜不伐"（p.155），乃知谦以致豫，千古同道。所以万姓归怀，百度（百度：各种制度）具举，居高临下，教洽（教洽：教化浃洽，教化普遍沾润）刑清（刑清：刑罚公正清明），治道之隆于斯为极。至如持文质之流，察造化之几，敦一诚以养圣学，察人事以审时宜，内圣外王之学莫备于斯矣。

　　注释　原书《序卦传》没有上、下经的标题，今整理者据

《周易本义》增加。

《序卦传》下经

易经　有天地然后有万物，有万物然后有男女，有男女然后有夫妇，有夫妇然后有父子，有父子然后有君臣，有君臣然后有上下，有上下然后礼义有所错（措置）。夫妇之道不可以不久也，故受之以恒；恒者，久也。物不可以久居其所，故受之以遁；遁者，退也。物不可以终遁，故受之以大壮。物不可以终壮，故受之以晋；晋者，进也。进必有所伤，故受之以明夷；夷者，伤也。伤于外者，必反（通返）其家，故受之以家人。家道穷必乖，故受之以睽；睽者，乖也。乖必有难（去声），故受之以蹇；蹇者，难也。物不可以终难，故受之以解；解者，缓也。缓必有所失，故受之以损。损而不已，必益，故受之以益。益而不已，必决，故受之以夬；夬者，决也。决必有所遇，故受之以姤；姤者，遇也。物相遇而后聚，故受之以萃；萃者，聚也。聚而上者谓之升，故受之以升。升而不已，必困，故受之以困。困乎上者必反下，故受之以井。井道不可不革，故受之以革。革物者，莫若鼎，故受之以鼎。

解义　此一章，是发明序下经之义也。

孔子意曰：序下经之卦，始于咸恒而终于未济者，何也？咸有夫妇之义，夫妇者人伦之始，天地者万物之始，下经始咸恒，犹上经始于乾坤也。自有天地，则气化形化而万物生；有万物，则分阴分阳而男女辨；有男女，则阴阳配合而夫妇成。此有夫妇之所由也。有夫妇，则生育相传而后有父子；有父子，则生齿日繁不可无主而后有君臣；有君臣，则尊卑贵贱、定分（去声）不淆而后有上下；有上下，则制之节文为礼，处之得宜为义，莫不各有其措置。此有夫妇之所致也。夫本于天地，以为万物男女之防维；

错为礼义，以为父子、君臣、上下所托始。夫妇所关大矣！所关既大，则倡随之道不可不久，故受之以恒；恒者，久也。然特夫妇之道宜久耳，若论君子出处（上声）之理，则盛满久者造物所忌，崇高久者祸机所伏，物不可以久居，故受之以遯；遯者，退避不居也。然屯极则亨，屈极则伸，物无终遯之理。由退而进，势将壮盛，故受之以大壮。壮必进用有为而不可以徒壮，故受之以晋；晋者，上进也。然不审乎盈虚消息之数而锐进不止，必有黜辱之伤，故受之以明夷；夷者，伤害之义。既伤于外，必反家以就安，故受之以家人；此以君子之出处言也。家道难齐，渐至于穷极，则父子兄弟夫妇之间情义乖离，故受之以睽；睽者，乖离之义。人情既乖，则戕贼萌于一心，戈矛起于一室，而内难（去声）必作，故受之以蹇；蹇者，所遇之蹇难也。然物无终难之理，难极则反身修德，正己可以正邦而难可解散矣，故受之以解；解者，解缓之义。难既解则怠缓易生，偷惰荒废必有所失，故受之以损。自睽至损，皆由家道以推之于世道，以进退治乱之理言也；损者，惩忿窒欲，其功不已，则人心日微、道心日长，未有不蒙其益者，故受之以益；益者，迁善改过。其功不已，则裕内利外，盈科以进，有若江河之决者，故受之以夬；此以君子之理学体用言也。夬又有君子决小人之象，小人决尽，则君子必遇矣，故受之以姤；姤者，遇也。君子既遇，则拔茅（p.3 注⑨）汇征（汇征：指连类而进）而同德相聚矣，故受之以萃；萃者，聚也。君子既聚，则多贤效力而大猷（道，法则）允升矣，故受之以升。然爵禄非一人之私，升而不已，则贪恋禄位招尤犯忌，困必及之，故受之以困。既困而不容于上，必降而伏处于下，至下者莫如井，故受之以井；自夬至井，皆以君子进退之理言也。夫井久必淤，犹法久必弊，道不可以不革，故受之以革。革物之故而为新者莫若鼎，犹欲变成法者必操大权也，故受之以鼎。

按：下经始于咸恒者，盖夫妇为人伦之首，汉儒所以言婚姻之礼正，然后品物遂（品物：犹万物；遂：生长）而天命全也，若出处之几、治乱之数，理学之消长、进退之合宜，其间盈虚消息各有天时，而匡救挽回、全赖人事。圣人、欲人于未变之先，防危虑患以谨其微；更欲人于将反之际，旋转乾坤以救其极。古大臣之持盈惧满、而不敢自暇自逸者，知此道也，至于革故取新，如汤武（p.103 注②）能以开创为革，殷武（殷武：指殷高宗武丁，见 p.88 注）周宣（周宣：指周宣王，见 p.409 注①）能以中兴为革。洵（p.149）乎！建大功者，必在于揽大权哉。

易经　主器者，莫若长子，故受之以震；震者，动也。物不可以终动，止之，故受之以艮；艮者，止也。物不可以终止，故受之以渐；渐者，进也。进必有所归，故受之以归妹。得其所归者，必大，故受之以丰；丰者，大也。穷大者必失其居，故受之以旅。旅而无所容，故受之以巽；巽者，入也。入而后说（通悦）之，故受之以兑；兑者，说（通悦）也。说（通悦）而后散之，故受之以涣；涣者，离也。物不可以终离，故受之以节。节而信之，故受之以中孚。有其信者，必行之，故受之以小过。有过物者，必济，故受之以既济。物不可穷也，故受之以未济，终焉。

解义　此发明震以下诸卦之义也。

孔子意曰：上文既明鼎为重器，而主此重器者莫如大君之长子，秉元良之德、居储副之位，所以上承宗社、下统臣民，故受之以震；此以治道言也。然震义主于动，物无终动，动极必静，天之道也，故受之以艮；艮义主于止，物无终止，静极复动，亦天之道也，故受之以渐；渐者，循序渐进也；此以造化之气机言也。气机动静、相因而生，如人学问有渐则成章后达，自然理有归宿，犹女之得所归也，故受之以归妹。既得所归，则万民归于帝王，万善归于圣贤，而圣功王道无不极其盛大矣，故受之以丰；丰者，盛大之义。然使穷极侈大，欲败度、纵败礼，必失居安之道，故受之以旅；旅者，寓于外也。在外则心不自安而无地可容，不得不巽顺以求返于所居，故受之以巽；巽则心入于理矣。夫心能入理，自觉意味长而旨趣永，此怡悦所由生也，故受之以兑；兑则理悦于心矣。夫理可悦心，自觉性情洽而睟盎（睟：音岁，润泽貌；盎：音昂。去声，盛貌；睟盎：睟面盎背）著，此泮奂（音判换，融解，分散）所由来也，故受之以涣；此以圣学言也。然涣又有离散之义，若人心分离解散而无所底止，非处涣之道，必当制度数（度数：法度礼数）、议德行，大为坊表（坊表：建牌坊表彰）以节制之，故受之以节。节道既立，则朝皆信道、野皆信法，百姓莫不中心诚服矣，故受之以中孚；此以君道言也。然天下事又当因时制宜，不可徒恃其信，苟硁硁（音坑，固执）然不度时势，而必信必果，必至以过中而妨义，故受之以小过。夫人虽不可过于信，然不可无过物之才，苟才可过人则必能拨祸乱、定太平以成济世宁民之功，故受之以既济；此以人事言也。夫物至于既济，则其功已成而数已穷矣，然物无终穷，如天地不穷于运会之循环，万物不穷于化育之生息，人事不穷于治乱之倚伏，终而复始，生生不息，故《易》以未济终焉；此以气运言也。

　　按：此篇推之于治道，参之于造化，微之为圣贤之学问，显之为帝王之治功，验于人事，极于气运，总不出卦体所自具。至于六十四卦循环往复、变化相生，所为终则复始、贞下起元。先儒邵雍（p.14 注）《皇极经世》一书，大指皆本于此。真能贯天地之阴阳、究古今变化者欤！

《杂卦传》前言

　　解义　此是杂揉众卦之刚柔动静、吉凶祸福而错综其义，与上文序卦互为经纬者也。孔子恐人紊乱序卦之次，上篇乃即卦名立义以联络之；又恐人株守序卦而失其反对之义，此篇乃复杂揉其卦而错综之，故名《杂卦》。

注释 此节标题"《杂卦传》前言"为整理者所加。

《杂卦传》

易经 乾刚坤柔，比乐师忧。临、观之义，或与或求。屯见（通现）而不失其居，蒙杂而著。震，起也；艮，止也；损、益，盛衰之始也。大畜，时也；无妄，灾也。萃聚而升不来也；谦轻而豫怠也。噬嗑，食也；贲，无色也。兑见（通现）而巽伏也。随，无故也；蛊，则饬也。剥，烂也；复，反也。晋，昼也；明夷，诛也。井通而困相遇也。

解义 此错杂乾坤至困三十卦，以明其义也。

孔子意曰：乾画皆奇，纯阳至健，其德则刚；坤画皆偶，纯阴至顺，其德则柔。比以一人而君四海，德位俱全，道可大行，故乐；师以一人而统三军，行险动众，安危攸系，故忧。

临则容保无疆，教思无穷，有与民以惠、与民以善之义；观则建中表正于上，而民有于我求中、于我求正之义，或与以应其求、或求以视其与，感应之理固然也。

屯以震遇坎，震动则现而坎险不行，是动乎险中而能固守不失其所居之贞也；蒙以坎遇艮，坎体虽幽而艮象光明，是质虽暗昧而学能破愚为明，杂而能著也。此以人心言也。

震者，阳起于下，静极而动，化机由以发端；艮者，阳止于上，动极而静，化机由以收敛。此天道通复之机也。损下将以益上，然君不能独富，虽未遽衰，为衰之始。益下似乎损上，然君不致独贫，虽未遽盛，为盛之始。此世道治乱之渐也。

大畜以艮畜乾，乾健难止而今能止者，时适然也，此见适然之福不足喜，而当有善后之道也；无妄以乾而动，不当取祸而不免灾者，亦偶值也，此见偶值之灾不足俱，而当思弭变之方也。

萃是考德问业，同聚于野而不往，以隐为高；升是得时行道，同升诸朝而不来，以仕为通。君子之出处（上声）分于此。谦则虚己下人，轻以自视；豫则志得意满，怠以居衷。君道之敬怠分于此。

噬嗑如有物见食，去其强梗以合天下之间（去声），刑教也；贲以无色受采，去其文饰以反天下之本，礼教也。

兑刚内柔外，见其情而悦人，其人心之感而接物乎？巽刚外柔内，隐其情而顺物，其人心之寂而退藏乎？

随则上下相交，幸无事故之可虞；蛊则废坏已极，亟宜更化以善治。盖守成中兴之异如此。

剥者一阳穷极于上，生意溃烂而归于无；复者一阳更生于下，生意复萌而反于有。盖造化消长之机如此。

晋以明出地上而为昼，此文明之象，世道所由隆也；明夷，明入地中而见伤，乃晦塞之秋，世道所由污也。

井以养物不穷，是吾道之通而泽得以遍及也；困则刚为柔掩，是吾道之塞，相遇而为所制也。

按：乾坤至困三十卦，适符上经之数；咸恒至夬三十四卦，亦符下经之数。而各杂十二卦于其中者，此变易之义也。而上始乾坤，下始咸恒，变易之中仍有不易之义。可见圣人诠《易》各具妙旨，大约皆于相反之中，分其吉凶消长之理。而上经所杂诸卦，则君民感应，化机循环，出处（上声）异宜，刑礼异治，圣狂分于克罔[①]，运会（运会：时运际会）别其污隆（污隆：盛衰），无一不关于治乱安危之数。人主能体圣人杂卦之意，知其相反之故而剖别几微、去此入彼，则唐虞（p.129注）三代（三代：指夏、商、周）之盛不难致矣。

　　注释　以上《杂卦传》所述之三十卦，原书"解义"部分作一大段，《周易本义》则分作十二节，本书则分作十二小段。

①圣：圣人；狂：愚顽之人；罔：无。《书·多方》："惟圣罔念作狂，惟狂克念作圣。"圣人无念于善就是狂人，狂人能念于善就是善人。

易经　咸，速也；恒，久也。涣，离也；节，止也；解，缓也；蹇，难（去声）也；睽，外也；家人，内也；否、泰，反其类也。大壮则止，遯则退也。大有，众也；同人，亲也；革，去故也；鼎，取新也；小过，过也；中孚，信也。丰，多故也；亲寡，旅也。离上而坎下也。小畜，寡也；履，不处也。需，不进也；讼，不亲也；大过，颠也；姤，遇也，柔遇刚也；渐，女归待男行也；颐，养正也；既济，定也；归妹，女之终也；未济，男之穷也；夬，决也，刚决柔也，君子道长（上声），小人道忧也。

解义　此错杂咸恒至夬三十四卦，以明其义也。

孔子意曰：王道有过化存神（p.398）之妙，咸者，感人心而天下和平，绥来动和，其道必速；王道无近功浅效之时，恒者，久于其道而天下化成，渐仁摩义，其道必久。

民心有离合之端，涣以风散水，为携贰（携贰：有二心）之象，无以合之，故离；节以泽限水，为制节之象，有以限之，故止；国势有安危之别，解出乎险，从容宽缓之时也；蹇在险中，患难危急之秋也；人情有亲疏之异，睽则情意乖隔，疏而外之矣；家人则恩义联属，亲而内之矣；否则大往小来，而小人道长（上声）；泰则小往大来，而君子道长。其类相反、至此已极，气运之循环又如此。

阳之方壮，不可恃壮而失防阴之道，故大壮则止而不宜轻进；阴之方长，虑其逞势而肆害阳之心，故遯则退而不可冒进。

大有之势，六合一家而所有者众；同人之情，兆姓一体而来附者亲；革以去故，必举积习之陋而尽更之；鼎以取新，必举维新之政而悉布之；治道如此，则莫不尊亲，而弊无不去、利无不兴矣。过不可有，细行不谨，虽小有失亦过也；信不可无，色取宜戒，中心之孚乃信也；制行立心（制行：规定道德和行为准则；立心：立意），不可不审已。

丰则明动相资，势盛而喜于有为，其故多也；旅则穷大失居，势孤而谁与为徒？其亲寡也。处事处人，不可不审已。

离火阴而附乎阳，其性炎上；坎水阳而附乎阴，其性润下。此阴阳之精气互藏其宅，为造化自然之理也。

小畜以一阴畜众阳，小难畜大，为寡不敌众之象；履以和悦蹑刚强，柔能制刚，为能进而不处之象。此见小人之寡不足害君子，而君子之刚自足御小人也。

事莫善于需，孚贞待时，为见险不进之象；事莫凶于讼，险健求胜，为与人不亲之象；此见静安义命者为君子，而动争是非者为小人也。大过本末俱弱，非遗大投艰（p.34 注①）之才，故颠；姤以一阴遇五阳，猝然相遇，遇不以正者也；君子以渐而进，如女之归，必待男之六礼备而后行，则进得其正矣；颐者内而养德、外而养身，见君子之学术皆有正道而不入于庞杂；既济者，纲举目张、礼备乐和，见君子之治功克致底定而不入于功利；归妹者，妇既从夫，终身有托，为女之终；未济者，三阳失位，夫道无权，为男之穷；夬之义为决，以五刚决一柔，是阳德大行、君子道长、阴邪屏息、小人道忧也。世道如此，不亦大可庆幸哉？

按：乾刚坤柔以下，惟姤曰柔遇刚、夬曰刚决柔。盖姤为柔进之始，进极则为坤；夬为柔退之终，一决则为乾；故独以二卦言之。且以乾始必以乾终，夬之一阴决尽即为纯乾。所谓贞下起元，孔子赞化育、扶世变之微意也。

注释　以上《杂卦传》所述之三十四卦，原书"解义"部分作一大段，《周易本义》则分作八节，本书则分作八小段。

《〈故宫珍本丛刊〉精选整理本丛书》 出版信息

御定六壬直指 分上下册共二册，每套138元（平装）。清内府刻本，不著撰者。六壬是我国最古老的预测吉凶的方法之一，与（奇门）遁甲、太乙（神数）合称"三式"，并被尊为"三式"之首；其法以占时加地盘取四课，以四课克贼发三传，以三传与干支的生克论吉凶。本书卷上为直指，即介绍六壬的基本理论和具体操作方法；卷下为析义，即对六壬的每一课（共720课）的课体、课义进行分析解释并给出断辞。

渊海子平 每册68元（平装）。本书是我国古代最经典、最有代表性的命书（俗称算八字）；命术相传始于先秦鬼谷子，至唐李虚中系统化，至宋徐子平即完善，故命术又称子平术，本书即为徐子平撰；子平以生人之年月日时四柱论命，以日为主，形成了一个非常完善自洽的理论系统。

平砂玉尺经 每册58元（平装）。元刘秉忠述，明刘基解，赖从谦发挥。我国古代看风水有三合理论一派，本书即是该派理论的经典著作；其法以二十四山分属水木火金，且以龙脉入首时左旋右旋分属阳阴，并配合五行十二支来论二十四山的龙脉、坐山、立向及水之来去的生旺墓绝；消砂拨水则以四大水口是否合法判断阴阳宅的吉凶。

水龙经 每册45元（平装）。晋郭景纯著，清蒋平阶编辑，清抄本。本书是专论水龙的经典著作；该书论述了水形有屈曲、回顾、绕抱、斜飞、直冲、反跳及来去分合的区别，又从理气天星、方位及喝形呼穴方面进行了探源，并说明其吉凶。

鲁班经　每册 45 元 (平装)。本书包括三种古籍：《鲁班经》《择日全纪》《秘诀仙机》。《鲁班经》，明午荣汇编，该书认为，建筑中常用的只砖片瓦、尺地寸木都与吉凶紧密相联，建筑物中的前后左右、高低尺寸也与祸福息息相关；《择日全纪》，明胡文焕德父校正，该书介绍古人怎样选择吉日；《秘诀仙机》，未另著撰者，该书则介绍古代禳解各种灾祸时常用的一些符咒。

阴阳五要奇书　分上中下共三册，每套 168 元 (平装)。本书包括五种古籍：《郭氏元经》《璇玑经》《阳明按索》《佐元直指》《三白宝海》，另附录《八宅明镜》。分别为晋郭璞、晋赵载、明陈复心、明刘伯温、元幕讲禅师、宋杨筠松著。前五种古籍实为明代选编的“选择 (择吉) 学”丛书，其中特别介绍了各种吉凶神煞及其趋避方法；附录《八宅明镜》，宋杨筠松著，该书则介绍了东四命、西四命人配东四宅、西四宅的理论和方法，为“风水 (地理) 学”的一个流派。

河洛理数　每册 58 元 (平装)。宋陈抟著，宋邵康节述。本书以易经和河图洛书为本，以易之卦爻配合生人的年月日时八字，来判断人或事的吉凶。

梅花易数　每册 35 元 (平装)。宋邵雍撰。本书或以年月日时起卦、或以字的笔画数起卦、或以某物的数目起卦，即所谓随物起数、随数起卦，然后利用易经、易理进行分析，以判断人或事的吉凶；此外，本书还详细介绍了我国传统“拆字术”的理论和方法。

御定六壬金口合占　分上中下共三册，每套共 138 元 (平装)。原书将六壬 720 课每课都分列“天时、射覆、行人、田宅、谒见、捕猎、疾病、出行、文信、来意、婚姻、迁移、孕产、失物”14 项古人常欲占断的事项并逐项给出了断辞；这些断辞都是根据六壬和金口诀两种方法的原理联合做出的。为了方便读者比较，我们将根据六壬做出的断辞（即《御定六壬直指析义》720课的全部内容）分别排在"合占"每一课的后面。由于原书没有关于六壬和金口诀的基本知识的介绍，为了方便初学者学习，本书将《故宫珍本丛刊》中的《御定六壬直指》和《官板大六壬神课金口诀》二书改成了简体横排并加注释，作为本书的一部分，一并出版。

增广太平惠民和剂局方　已出版，每册40元（平装）。原书系宋徽宗诏命措置药局检阅方书陈承、太医令裴宗元、库部郎中提辖措置药局陈师文共同编纂，本书则为日本前典药头橘亲显奉朝廷之命领衔整理汇校并作序，享保庚戌（1730年）官刻本。本书包括《太平惠民和剂局方》及三个附录：《图经本草药性总论》《局方指南总论》《诸品药石炮制总论》。《局方》，凡十卷，介绍了近八百个方剂，并载明主治病症。三个附录则分别介绍：数百味中药的药性、主治及产地；中医的基本原理和用药原则，各类疾病的证候，主要疾病的诊断和治疗原则；每味中药的炮制方法。

种杏仙方　内府药方　药性分类　已出版，每册24.80元（平装）。《种杏仙方》，明万历名医龚廷贤撰，凡四卷，介绍了99类疾病的治疗药方，每类疾病的疗方多至数个，甚至十数个；另有三个附录：经验秘方、日用杂方、续劝善良规四"十歌"。《内府药方》，清宫太医院御药房用书，不著撰者；凡四卷，分风痰、痰嗽、伤寒、暑湿、燥火、脾胃、眼科、疮科、妇科、小儿、补益、泻泄、气滞、痰症、杂治共十五"门"，各门下分列常用效方，共近五百个，每方之下详载药物、剂量、炮制方法等。《药性分类》，清宫太医院御药房用书，不著撰者，不分卷，但分脾胃、肝胆、肺大肠、肾膀胱、心小肠、痈疽破伤共六"门"；每门之下又分若干类，共收中药近四百味；每味药品载明功能、主治、宜忌、相畏、相恶、禁忌等内容。

三合集　卫生汇录　已出版，每册20元（平装）。《三合集》乃明代名医张继科平素所积医案及治疗经验，共约七十余项。包括各类病例；每例均包含病症、诊断、治疗药方等多项内容。因其临证"必以脉合证，证合药，药合脉"，故其书名曰"三合"。《卫生汇录》，清抄本，不著撰者，包括养生保健，祛病延年，居家防患等丰富内容共十章："食鉴本草"，介绍各种食物的药性；"食愈方"，介绍治疗各种疾病的食物处方；"经验良方"，介绍治疗各种疾病的简易良方；"起居饮食各法"，介绍日常保健美容等的方法；"长寿谱"，介绍道德修养、性生活与长寿的关系；"救命针"，介绍日常保健养生的理念；"居家应世养生调摄各法"，介绍日常保健养生的具体方法；"养生延年要法"，介绍饮食起居养生方法；"保元益寿秘诀"，从原理、运动、饮食、起居、月令等多方面介绍保元益寿的方法；"居家必知"，介绍居家保证安全卫生的方法。

名医类编　已出版，每册24.80元（平装）。清顺治刘泽芳撰，清顺治程应旄类编。本书主要内容可分三大部分。第一部分介绍诊断方法，即切脉的要领和各种脉象。第二部分介绍药性，作者编成了240首四言歌诀，每首四句，介绍了240味常用中药的药性和主治。第三部分内容最丰富，分门别类地介绍了治疗十类常见疾病的近千个处方及其炮制方法。

日讲易经解义（定价：45元）　**日讲书经解义**（定价：38元）　**日讲四书解义**（即出）　**日讲礼记解义**（即出）　**日讲春秋解义**（即出）　这五种书均由清康熙帝御定并作序，为清宫经筵日讲的教科书，后均收入清乾隆《四库全书》。此次整理，后三种均采用《四库全书》本作底本。现在市场上各种儒家经典的注本甚多，但比较起来，此次海南出版社出版的这五种"日讲"系列都有其特别精彩之处，即清帝师日讲所作的"解义"部分。该部分总结吸收了汉宋以来诸大儒的心得体会，又结合给皇帝、皇族和大臣们讲课的实际需要，对经典原文进行了准确、深刻、通俗的串讲，确实是"词近而旨远，语约而道宏"（《四库全书总目提要》语）。

御注道德经　即出。清顺治帝御注。古往今来《道德经》的注本不计其数，而此注本却有其独道之处，《四库全书总目提要》云：该注本"皆即寻常日用亲切说明，使读者销争竞而还淳朴，为独超于诸解之上。"该注本体例，先随原文注释较难懂字词的意思；然后每一章末再串讲该章原文的意义，该串讲极有特点：不注重与原文字、词、句的对应，惟注重对该章意义的阐明。此次整理，体例照旧，对较难字词进行了注音释义，并将顺治帝的串讲部分译成了白话文；此外，还将《道德经》原文中重要的词语编制了一个索引，作为附录。

御注孝经　即出。本书实际包含了三位皇帝御注的《孝经》，即：清顺治帝《御注孝经》、清雍正帝《御纂孝经集注》和唐玄宗《孝经注疏》。此次整理，惟后一种采用《四库全书》本作底本。《孝经》流传既广，注本亦多，而此三种注本，则更有其独特之处，《四库全书总目提要》云：此注本"语其平易，则人人可知可行；语其精微，则圣人亦覃思于阐绎"；使《孝经》"无一义之不彰，无一人之不喻"。